EBS 중
뉴런
| 수학 2(하) |
개념책

| 기획 및 개발 |

최다인 이소민 진은정(개발총괄위원)

| 집필 및 검토 |

김민정(관악고) 안영석(신길중) 정종식(중대부속중)

| 검토 |

이은영 양윤정 배수경 박성복

교재 정답지, 정오표 서비스 및 내용 문의   EBS 중학사이트 교재 검색 → 교재 선택

중학 영어듣기능력평가
완벽대비

전국 시·도교육청 주관
영어듣기능력평가 실전 대비서
중1 ~ 중3

전국 시·도교육청 영어듣기능력평가 시행 방송사 EBS가 만든
중학 영어듣기능력평가 완벽대비

실제 시험과 동일한 체제로 모의고사 12회 구성	실전 시험 형식 완벽 적응
최신 출제 경향을 반영한 유형 연습 구성	영어듣기능력평가 만점 완성 가능
Dictation과 Fun with Comics 구성	기본 영어 실력 증진

EBS 중학

뉴런

| 수학 2(하) |

개념책

Structure
이 책의 구성과 특징

개념책

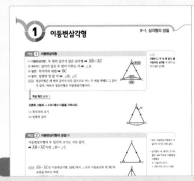

개념&확인 문제
자세하고 상세한 설명으로 쉽게 개념을 이해할 수 있습니다. 개념 확인 문제로 이해한 개념을 확인해 볼 수 있도록 문제를 구성하였습니다.

예제&유제 문제
개념의 대표적인 문제만을 골라 친절한 풀이와 함께 예제로 수록하였습니다. 예제를 통해 대표문제를 확인하고 유제로 다시 한 번 더 연습해 보세요.

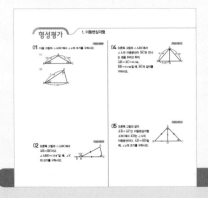

형성평가
소단원의 대표적인 문제를 형성평가 형태로 수록하였습니다. 문제를 통해 소단원 내용을 완전히 내 것으로 만들어 보세요.

중단원 마무리
중단원에서 중요한 문제만을 난이도별로 구성하였습니다. 난이도별로 문제를 풀어 봄으로써 문제 해결력을 기르고 다양한 문제로 중단원을 마무리할 수 있습니다.

수행평가 서술형으로 중단원 마무리
대표적인 서술형 문제를 풀어 봄으로써 서술형 문제를 연습하고, 수행평가에 대비할 수 있습니다.

문항 코드로 **빠르게 강의 검색하기**

❶ 교재에서
문항별 고유 코드를 교재에서 확인하세요.

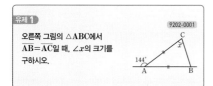

유제 1   9202-0001
오른쪽 그림의 △ABC에서
$\overline{AB}=\overline{AC}$일 때, ∠$x$의 크기를
구하시오.

❷ EBS 중학 PC/스마트폰에서
문항 코드를 검색창에 입력하세요.

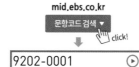

mid.ebs.co.kr
문항코드 검색 ▼
click!

9202-0001 ▶

중학 사이트 상단의 문항코드 검색 클릭 후 노출되는 창에서
교재에 있는 8자리 문항코드를 입력해 주세요.

❸ 강의 화면에서
해설 강의를 수강합니다.

실전책

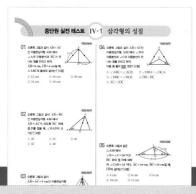

중단원 실전 테스트
실제 시험형태와 비슷하게 객관식, 주관식 비율을 맞추고, 문제는 100점 만점으로 구성하였습니다. 중단원 개념을 공부한 후 실제 시험처럼 풀어 보세요.

중단원 서술형 대비
서술형 문제를 수준별, 단계별로 학습하여 서술형 문제 유형을 완벽하게 연습하세요.

대단원 실전 테스트
실전을 위한 마지막 대비로 대단원별 중요 문제를 통해 실력을 점검하고 실제 시험에 대비하세요.

정답과 풀이

정답과 풀이
자세하고 친절한 풀이로 문제를 쉽게 설명하였습니다.

미니북

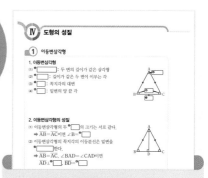

미니북 – 수학 족보
짧은 시간, 핵심만을 보고 싶을 때, 간단히 들고 다니며 볼 수 있는 수학 족보집입니다.

Contents 이 책의 차례

3. 피타고라스 정리

1. 경우의 수

확률

2. 확률

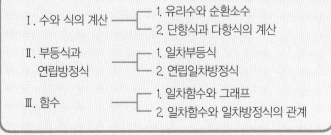

EBS 중학
뉴런 수학 2(상)
차례

Ⅰ. 수와 식의 계산 ── 1. 유리수와 순환소수
                    2. 단항식과 다항식의 계산

Ⅱ. 부등식과
    연립방정식 ── 1. 일차부등식
                2. 연립일차방정식

Ⅲ. 함수 ── 1. 일차함수와 그래프
            2. 일차함수와 일차방정식의 관계

IV

도형의 성질

1 이등변삼각형

개념 1 이등변삼각형

(1) 이등변삼각형: 두 변의 길이가 같은 삼각형 ➡ $\overline{AB} = \overline{AC}$

(2) 꼭지각: 길이가 같은 두 변이 이루는 각 ➡ ∠A

(3) 밑변: 꼭지각의 대변 ➡ $\overline{BC}$

(4) 밑각: 밑변의 양 끝 각 ➡ ∠B, ∠C

참고 정삼각형은 세 변의 길이가 모두 같으므로 어느 두 변을 택해도 그 길이가 같다. 따라서 정삼각형은 이등변삼각형이다.

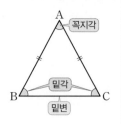

용어
이등변 (二 두 개, 等 같다, 邊 가장자리) 삼각형: 두 변의 길이가 같은 삼각형

개념 확인 문제 1

오른쪽 그림의 △ABC에서 다음을 구하시오.

(1) 꼭지각의 크기

(2) 밑변의 길이

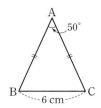

개념 2 이등변삼각형의 성질 (1)

이등변삼각형의 두 밑각의 크기는 서로 같다.

➡ $\overline{AB} = \overline{AC}$이면 ∠B = ∠C

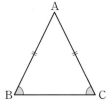

참고 $\overline{AB} = \overline{AC}$인 이등변삼각형 ABC에서 ∠A의 이등분선과 변 BC의 교점을 D라고 하면

△ABD와 △ACD에서

$\overline{AB} = \overline{AC}$ ...... ㉠

∠BAD = ∠CAD ...... ㉡

$\overline{AD}$는 공통 ...... ㉢

㉠, ㉡, ㉢에 의하여 △ABD≡△ACD (SAS 합동)이므로 ∠B = ∠C이다.

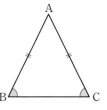

• 모든 이등변삼각형에서 두 밑각의 크기는 서로 같다.

• 삼각형의 세 내각의 크기의 합은 180°이므로 이등변삼각형에서
2 × (밑각의 크기) + (꼭지각의 크기) = 180°

개념 확인 문제 2

다음 □ 안에 알맞은 것을 써넣으시오.

오른쪽 그림의 △ABC는 $\overline{AB}$ = ☐ 이므로 이등변삼각형이다.

이때 ∠C = ∠☐ = 40°이고 ∠A + ∠B + ∠C = ☐ 이므로

∠A = 180° − (∠B + ∠C) = ☐ 이다.

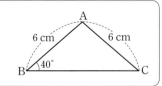

개념 ③ 이등변삼각형의 성질 (2)

이등변삼각형의 꼭지각의 이등분선은 밑변을 수직이등분한다.

➡ $\overline{AB}=\overline{AC}$, $\angle BAD=\angle CAD$이면 $\overline{AD}\perp\overline{BC}$이고 $\overline{BD}=\overline{CD}$

참고 개념②에서 △ABD≡△ACD (SAS 합동)이므로
$\overline{BD}=\overline{CD}$ ······ ㉠
또한 $\angle ADB=\angle ADC$이고 $\angle ADB+\angle ADC=180°$이므로
$\angle ADB=\angle ADC=90°$, 즉 $\overline{AD}\perp\overline{BC}$ ······ ㉡
㉠, ㉡에 의하여 $\overline{AD}$는 $\overline{BC}$를 수직이등분한다.

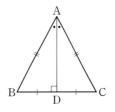

· $\angle ADB=90°$이므로 $\overline{AD}\perp\overline{BC}$

개념 확인 문제 3

다음 □ 안에 알맞은 것을 써넣으시오.

오른쪽 그림의 △ABC는 $\overline{AB}=$ □ 이므로 이등변삼각형이다.
□ 는 꼭지각의 이등분선이므로 밑변 BC를 수직이등분한다.
〈수직〉 □ $\perp\overline{BC}$이므로 $\angle ADB=\angle ADC=$ □ °이다.
〈이등분〉 □ $=\overline{CD}$이므로 $\overline{CD}=$ □ cm이다.

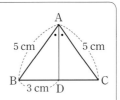

개념 ④ 이등변삼각형이 되는 조건

두 내각의 크기가 같은 삼각형은 이등변삼각형이다.

➡ $\angle B=\angle C$이면 $\overline{AB}=\overline{AC}$

 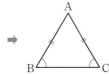

참고 $\angle B=\angle C$인 △ABC에서 $\angle A$의 이등분선과 변 BC의 교점을 D라고 하면
△ABD와 △ACD에서
$\angle BAD=\angle CAD$ ······ ㉠
$\overline{AD}$는 공통 ······ ㉡
$\angle B=\angle C$이므로 $\angle ADB=\angle ADC$ ······ ㉢
㉠, ㉡, ㉢에 의하여 △ABD≡△ACD (ASA 합동)이므로 $\overline{AB}=\overline{AC}$이다.

· $\angle B=\angle C$이고 $\angle BAD=\angle CAD$이므로
$\angle ADB$
$=180°-(\angle B+\angle BAD)$
$=180°-(\angle C+\angle CAD)$
$=\angle ADC$

개념 확인 문제 4

다음 □ 안에 알맞은 것을 써넣으시오.

오른쪽 그림의 △ABC는 $\angle B=\angle$ □ 이므로
□ $=\overline{AC}$인 이등변삼각형이다.
따라서 $\overline{AC}=$ □ cm이다.

대표예제

예제 **1** 이등변삼각형의 성질 (1)

오른쪽 그림의 △ABC에서
$\overline{AB}=\overline{AC}$이고 ∠A=110°일
때, ∠x의 크기를 구하시오.

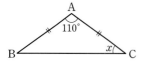

| 풀이전략 |
이등변삼각형의 두 밑각의 크기는 서로 같다.

| 풀이 |
$\overline{AB}=\overline{AC}$이므로 ∠B=∠C=∠$x$
삼각형의 세 내각의 크기의 합은 180°이므로
$2∠x+110°=180°$
따라서 $∠x=\dfrac{1}{2}×(180°-110°)=35°$

답 35°

유제 **1**

9202-0001

오른쪽 그림의 △ABC에서
$\overline{AB}=\overline{AC}$일 때, ∠$x$의 크기를
구하시오.

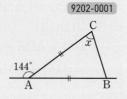

유제 **2**

9202-0002

오른쪽 그림의 △ABC에서
$\overline{AB}=\overline{AC}$일 때, ∠$x$의 크기를
구하시오.

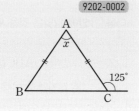

예제 **2** 이등변삼각형의 성질 (2)

오른쪽 그림과 같이
$\overline{AB}=\overline{AC}$인 이등변삼각형
ABC에서 ∠A의 이등분선
과 $\overline{BC}$의 교점을 D라고 하자.
$\overline{BC}=12$ cm일 때, 다음을
구하시오.

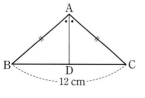

(1) ∠ADC의 크기
(2) $\overline{BD}$의 길이

| 풀이전략 |
이등변삼각형의 꼭지각의 이등분선은 밑변을 수직이등분한다.

| 풀이 |
(1) ∠ADC=90°
(2) 이등변삼각형의 꼭지각의 이등분선은 밑변을 수직이등분
하므로
$\overline{BD}=\overline{CD}=\dfrac{1}{2}\overline{BC}=6$(cm)

답 (1) 90° (2) 6 cm

유제 **3**

9202-0003

오른쪽 그림과 같이
$\overline{AB}=\overline{AC}$인 이등변삼각형
ABC에서 $\overline{AD}$는 ∠A의 이
등분선이다. ∠CAD=52°,
$\overline{BD}=3$ cm일 때, $x+y$의 값
을 구하시오.

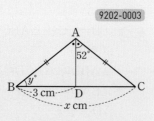

유제 **4**

9202-0004

오른쪽 그림과 같이 $\overline{AB}=\overline{AC}$인
이등변삼각형 ABC에서 $\overline{AD}$는 ∠A
의 이등분선이다. $\overline{AD}=9$ cm,
$\overline{BD}=4$ cm일 때, △ABC의 넓이를
구하시오.

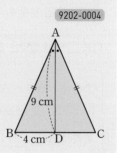

예제 ③ 이등변삼각형의 성질의 활용

오른쪽 그림에서
$\overline{AB}=\overline{AC}=\overline{CD}$이고
$\angle B=30°$일 때, $\angle x$의 크기
를 구하시오. (단, 세 점 B, A,
D는 한 직선 위에 있다.)

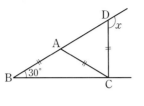

| 풀이전략 |
이등변삼각형의 두 밑각의 크기는 서로 같다.

| 풀이 |
$\overline{AB}=\overline{AC}$인 이등변삼각형 ABC에서
$\angle ACB=\angle B=30°$이므로
$\angle CAD=\angle B+\angle ACB=30°+30°=60°$
$\overline{CA}=\overline{CD}$인 이등변삼각형 CDA에서
$\angle CDA=\angle CAD=60°$
따라서 $\angle x=180°-\angle CDA=180°-60°=120°$

답 120°

유제 5   9202-0005

오른쪽 그림과 같이 세 점 B,
A, D가 한 직선 위에 있고
$\overline{AB}=\overline{AC}=\overline{CD}$이다.
$\angle B=24°$일 때, $\angle x$의
크기를 구하시오.

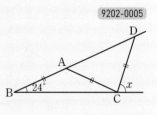

유제 6   9202-0006

오른쪽 그림과 같이 세 점 B,
A, D가 한 직선 위에 있고
$\overline{AB}=\overline{AC}=\overline{CD}$이다.
$\angle DCE=120°$일 때,
$\angle x$의 크기를 구하시오.

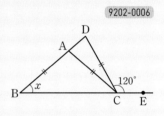

예제 ④ 이등변삼각형이 되는 조건

오른쪽 그림과 같이
$\triangle ABC$에서 $\overline{AC}$와 $\overline{BC}$의
연장선 위의 점을 각각 D,
E라고 하자. $\angle B=43°$,
$\angle DCE=43°$,
$\overline{AC}=9$ cm일 때, $\overline{AB}$의 길이를 구하시오.

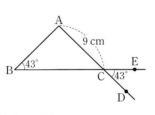

| 풀이전략 |
두 밑각의 크기가 같은 삼각형은 이등변삼각형이다.

| 풀이 |
$\angle ACB=\angle DCE=43°$ (맞꼭지각)
이때 $\angle ABC=\angle ACB$이므로
$\triangle ABC$는 $\overline{AB}=\overline{AC}$인 이등변삼각형이다.
따라서 $\overline{AB}=\overline{AC}=9$ cm

답 9 cm

유제 7   9202-0007

오른쪽 그림의 $\triangle ABC$에서
$\angle B=\angle C$이고 $\overline{AB}=10$ cm,
$\overline{BC}=13$ cm일 때, $\triangle ABC$의 둘
레의 길이를 구하시오.

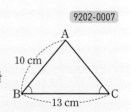

유제 8   9202-0008

오른쪽 그림과 같이 점 A를 지나
면서 $\overline{BC}$에 평행한 직선 AE가
$\angle DAC$의 이등분선이고
$\overline{AB}=19$ cm, $\overline{BC}=23$ cm일
때, $\triangle ABC$의 둘레의 길이를 구
하시오.

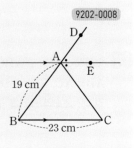

01 다음 그림의 △ABC에서 ∠x의 크기를 구하시오.

9202-0009

(1)
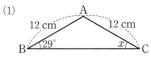

(2)

02 오른쪽 그림의 △ABC에서
$\overline{AB}=\overline{BC}$이고
∠ABD=154°일 때, ∠C
의 크기를 구하시오.

9202-0010

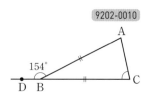

03 오른쪽 그림의 △ABC에서
$\overline{AB}=\overline{AC}$, $\overline{BC}=\overline{BD}$이고 ∠C=70°
일 때, ∠x의 크기를 구하시오.

9202-0011

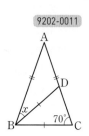

04 오른쪽 그림의 △ABC에서
∠A의 이등분선이 $\overline{BC}$와 만나
는 점을 D라고 하자.
$\overline{AB}=\overline{AC}=6$ cm,
$\overline{BD}=4$ cm일 때, $\overline{BC}$의 길이를
구하시오.

9202-0012

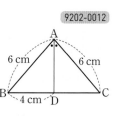

05 오른쪽 그림과 같이
$\overline{AB}=\overline{AC}$인 이등변삼각형
ABC에서 $\overline{AD}$는 ∠A의
이등분선이다. $\overline{AD}=\overline{BD}$일
때, ∠x의 크기를 구하시오.

9202-0013

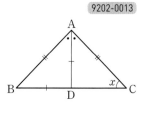

06 오른쪽 그림의 △ABC에서
$\overline{AB}=\overline{AC}$이고 ∠A의 이등분
선이 $\overline{BC}$와 만나는 점을 D라고
할 때, 다음 중 옳지 않은 것은?

9202-0014

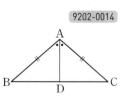

① $\overline{BD}=\overline{CD}$

② ∠ADB=90°

③ $\overline{AD}=\overline{CD}$

④ △ABD≡△ACD

⑤ ∠BAD+∠ACD=90°

07 오른쪽 그림의 △ABC에서 점 D는 $\overline{BC}$ 위의 점이고 $\overline{AD}=\overline{BD}=\overline{CD}$이다. ∠B=20°일 때, ∠$x$의 크기를 구하시오.

9202-0015

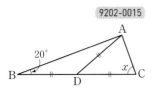

08 오른쪽 그림과 같이 ∠C=90°인 직각삼각형 ABC에서 ∠BAD=∠DAC이고 $\overline{AD}=\overline{BD}$일 때, ∠B의 크기를 구하시오.

9202-0016

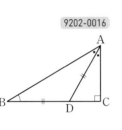

09 다음 중 이등변삼각형이 아닌 것은?

9202-0017

①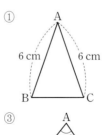

②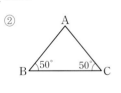

③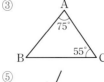

④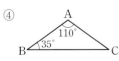

⑤

10 오른쪽 그림의 △ABC에서 $\overline{AD}$는 ∠A의 이등분선이다. $\overline{BC}=10$ cm이고 ∠B=∠C=35°일 때, $\overline{BD}$의 길이를 구하시오.

9202-0018

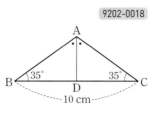

11 오른쪽 그림과 같이 $\overline{AB}=8$ cm이고 ∠B=∠C=40°인 △ABC에서 $\overline{BC}$ 위의 점 D에 대하여 ∠DAC=40°이다. ∠ADC의 이등분선과 $\overline{AC}$가 만나는 점을 E라고 할 때, $\overline{AE}$의 길이를 구하시오.

9202-0019

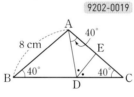

12 오른쪽 그림과 같이 직사각형 모양의 종이를 접었을 때, 다음 물음에 답하시오.

9202-0020

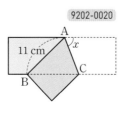

(1) ∠x와 크기가 같은 각을 모두 구하시오.

(2) $\overline{BC}$의 길이를 구하시오.

2 직각삼각형의 합동 조건

개념 1 직각삼각형의 합동 조건

(1) **직각삼각형**: 한 내각의 크기가 직각인 삼각형

(2) **직각삼각형의 합동 조건**

두 직각삼각형은 다음의 각 경우에 서로 합동이다.

① 빗변의 길이와 한 예각의 크기가 각각 같을 때 ➡ RHA 합동

> 참고 △ABC와 △DEF에서
>
> $\angle A = \angle D$ ...... ㉠
>
> $\overline{AB} = \overline{DE}$ ...... ㉡
>
> $\angle B = 180° - (\angle A + 90°)$
>
> $= 180° - (\angle D + 90°) = \angle E$
>
> 즉, $\angle B = \angle E$ ...... ㉢
>
> ㉠, ㉡, ㉢에 의하여 △ABC≡△DEF (ASA 합동)
>
> 따라서 빗변의 길이와 한 예각의 크기가 각각 같은 두 직각삼각형은 서로 합동이다.

② 빗변의 길이와 다른 한 변의 길이가 각각 같을 때 ➡ RHS 합동

> 참고 두 직각삼각형 ABC, DEF의 $\overline{AC}$와 $\overline{DF}$를 포개
>
> 어 놓으면
>
> $\angle ACB + \angle ACE = 90° + 90° = 180°$이므로
>
> 세 점 B, C(F), E는 한 직선 위에 있고
>
> △ABE는 이등변삼각형이다.
>
> 이등변삼각형의 두 밑각의 크기는 서로 같으므로
>
> $\angle B = \angle E$
>
> 즉, △ABC와 △DEF에서 두 직각삼각형의 빗
>
> 변의 길이와 한 예각의 크기가 각각 같으므로
>
> △ABC≡△DEF (RHA 합동)
>
> 따라서 빗변의 길이와 다른 한 변의 길이가 각각 같은 두 직각삼각형은 서로 합동이다.

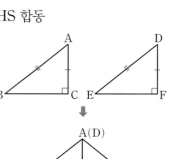
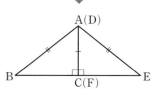

> 용어
> • **빗변**: 직각삼각형에서 직각의 대변
>
> • 직각삼각형의 합동 조건에서 R은 직각(Right Angle), H는 빗변(Hypotenuse), S는 변(Side), A는 각(Angle)의 첫 글자를 뜻한다.

개념 확인 문제 1

다음 〈보기〉의 직각삼각형 중에서 서로 합동인 것을 찾아 기호 ≡를 써서 나타내고, 각각의 합동 조건을 말하시오.

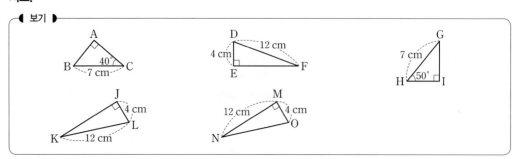

각의 이등분선의 성질

① 각의 이등분선 위의 한 점에서 그 각을 이루는 두 변까지의 거리는 같다.

➡ ∠XOP＝∠YOP이면 $\overline{PA}＝\overline{PB}$이다.

참고 △AOP와 △BOP에서

∠PAO＝∠PBO＝90° ······ ㉠

$\overline{OP}$는 공통 ······ ㉡

∠AOP＝∠BOP ······ ㉢

㉠, ㉡, ㉢에 의하여

△AOP≡△BOP (RHA 합동)

따라서 $\overline{PA}＝\overline{PB}$이다.

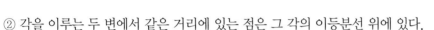

② 각을 이루는 두 변에서 같은 거리에 있는 점은 그 각의 이등분선 위에 있다.

➡ $\overline{AP}＝\overline{BP}$이면 ∠AOP＝∠BOP

참고 △AOP와 △BOP에서

∠PAO＝∠PBO＝90° ······ ㉠

$\overline{OP}$는 공통 ······ ㉡

$\overline{AP}＝\overline{BP}$ ······ ㉢

㉠, ㉡, ㉢에 의하여

△AOP≡△BOP (RHS 합동)

따라서 ∠AOP＝∠BOP이다.

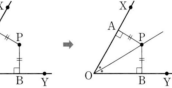

개념 확인 문제 2

다음 그림에서 x의 값을 구하시오.

(1)

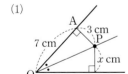

(2)

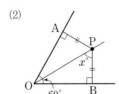

대표예제

예제 1 직각삼각형의 합동 조건

다음 그림의 두 직각삼각형 ABC, DEF에서
$\overline{BC}=\overline{DF}=13$ cm, $\overline{AB}=12$ cm, $\overline{AC}=5$ cm이고
$\angle C=\angle F$일 때, $\overline{EF}$의 길이를 구하시오.

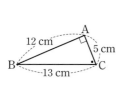
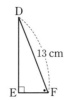

| 풀이전략 |
빗변의 길이와 한 예각의 크기가 같은 두 직각삼각형은 서로 합동이다.

| 풀이 |
△ABC와 △EDF에서
$\angle A=\angle E=90°$, $\overline{BC}=\overline{DF}$, $\angle C=\angle F$
이므로 △ABC≡△EDF (RHA 합동)
따라서 $\overline{EF}=\overline{AC}=5$ cm

🖋 5 cm

9202-0021

유제 1

다음 중 오른쪽 그림의 두
직각삼각형이 합동이 되도
록 하는 조건이 <u>아닌</u> 것은?

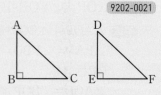

① $\overline{AB}=\overline{DE}$, $\overline{BC}=\overline{EF}$
② $\overline{AB}=\overline{DE}$, $\angle A=\angle D$
③ $\overline{AC}=\overline{DF}$, $\angle C=\angle F$
④ $\overline{AC}=\overline{DF}$, $\overline{BC}=\overline{EF}$
⑤ $\angle A=\angle D$, $\angle C=\angle F$

예제 2 직각삼각형의 합동 조건의 활용

오른쪽 그림과 같이 $\angle C=90°$인
직각삼각형 ABC에서 $\angle A$의 이
등분선과 $\overline{BC}$의 교점을 D라 하고
점 D에서 $\overline{AB}$에 내린 수선의 발을
E라고 하자. $\overline{AC}=8$ cm,
$\overline{CD}=3$ cm일 때, $\overline{AE}$의 길이와
$\overline{DE}$의 길이를 각각 구하시오.

| 풀이전략 |
두 직각삼각형이 합동이 되기 위한 조건을 생각한다.

| 풀이 |
△ACD와 △AED에서
$\angle ACD=\angle AED=90°$, $\angle CAD=\angle EAD$, $\overline{AD}$는 공통
이므로 △ACD≡△AED (RHA 합동)
따라서 $\overline{AE}=\overline{AC}=8$ cm, $\overline{DE}=\overline{DC}=3$ cm

🖋 $\overline{AE}=8$ cm, $\overline{DE}=3$ cm

9202-0022

유제 2

오른쪽 그림과 같이 $\angle C=90°$인
직각삼각형 ABC에서 $\angle A$의 이
등분선과 $\overline{BC}$의 교점을 D라 하
고 점 D에서 $\overline{AB}$에 내린 수선의
발을 E라고 하자. $\overline{AC}=7$ cm,
$\overline{DE}=4$ cm일 때, 사각형 AEDC의 넓이를 구하시오.

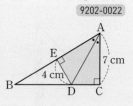

9202-0023

유제 3

오른쪽 그림과 같이 $\angle C=90°$인 직각
삼각형 ABC에서 $\angle A$의 이등분선과
$\overline{BC}$의 교점을 D라 하고 점 D에서 $\overline{AB}$
에 내린 수선의 발을 E라고 하자.
$\overline{AB}=13$ cm, $\overline{CD}=4$ cm일 때,
△ABD의 넓이를 구하시오.

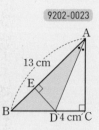

01 다음 〈보기〉 중 오른쪽 그림의 삼각형 과 합동인 것을 모두 찾고, 이때 사용 된 합동 조건을 말하시오.

9202-0024

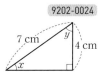

〈보기〉

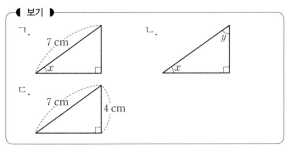

02 오른쪽 그림과 같이 $\overline{AB}$의 양 끝 점 A, B에서 $\overline{AB}$의 중점 M을 지나는 직선 l에 내린 수선의 발 을 각각 C, D라고 하자. $\overline{AC}=6$ cm, $\overline{MC}=8$ cm일 때, $\overline{BD}$의 길이를 구하시오.

9202-0025

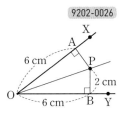

03 오른쪽 그림과 같이 ∠XOY의 내부의 한 점 P에서 두 변 OX, OY에 내린 수선의 발을 각각 A, B라고 하자. $\overline{OA}=\overline{OB}=6$ cm 이고 $\overline{PB}=2$ cm일 때, $\overline{PA}$의 길 이를 구하시오.

9202-0026

04 오른쪽 그림과 같이 ∠XOY의 내부의 한 점 P에서 두 변 OX, OY에 내린 수선의 발을 각각 A, B라고 하자. $\overline{PA}=\overline{PB}$일 때, 다 음 중 옳지 않은 것은?

9202-0027

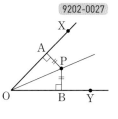

① ∠APO=∠BPO
② △AOP≡△BOP
③ $\overline{OA}=\overline{OB}$
④ $\overline{OA}=2\overline{AP}$
⑤ ∠AOB=2∠AOP

05 오른쪽 그림과 같이 ∠C=90°인 직각삼각형 ABC에서 ∠A의 이 등분선과 $\overline{BC}$가 만나는 점을 D라 하고 점 D에서 $\overline{AB}$에 내린 수선 의 발을 E라고 하자. $\overline{AB}=12$ cm, $\overline{AC}=8$ cm일 때, $\overline{BE}$의 길이를 구하시오.

9202-0028

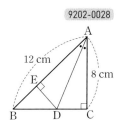

06 오른쪽 그림과 같이 ∠ABC=90°이고 $\overline{AB}=\overline{BC}$인 직각이등변삼 각형 ABC의 두 꼭짓점 A, C에서 꼭짓점 B를 지나는 직선 l에 내린 수선의 발을 각각 D, E라고 하자. $\overline{DE}=7$ cm, $\overline{AD}=3$ cm일 때, 다음을 구하시오.

9202-0029

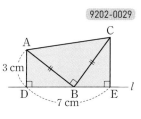

(1) $\overline{CE}$의 길이
(2) 사다리꼴 ADEC의 넓이

3 삼각형의 외심과 내심

개념 1 삼각형의 외접원과 외심

(1) **외접원과 외심**: 한 다각형의 모든 꼭짓점이 한 원 위에 있을 때, 이 원을 외접원이라 하고, 외접원의 중심을 외심이라고 한다.

(2) **삼각형의 외심**

① 삼각형의 세 변의 수직이등분선은 한 점 O에서 만나고, 이 점 O는 △ABC의 외심이다.

② 삼각형의 외심에서 세 꼭짓점에 이르는 거리는 같다.

➡ $\overline{OA}=\overline{OB}=\overline{OC}$ (외접원의 반지름의 길이)

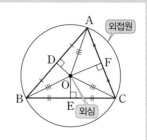
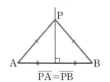

- 선분의 수직이등분선 위의 한 점에서 그 선분의 양 끝 점까지의 거리는 같다.

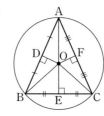

$\overline{PA}=\overline{PB}$

- 모든 삼각형은 하나의 외접원과 외심을 갖는다.

- 외심(Outer center)은 주로 O로 나타낸다.

- △ABC에서 $\overline{OD}, \overline{OE}, \overline{OF}$가 세 변의 수직이등분선일 때,
△AOD≡△BOD
△BOE≡△COE
△COF≡△AOF
따라서 $\overline{OA}=\overline{OB}=\overline{OC}$가 되어 점 O는 △ABC의 외심이다.

개념 확인 문제 1

오른쪽 그림에서 점 O가 △ABC의 외심일 때, 다음 삼각형 중 이등변삼각형인 것에는 ○표, 아닌 것에는 ×표를 하시오.

(1) △OAB (   )   (2) △OEC (   )

(3) △OFA (   )   (4) △OBC (   )

개념 2 삼각형의 외심의 위치

(1) **예각삼각형**: 삼각형의 내부

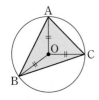

(2) **직각삼각형**: 빗변의 중점

(3) **둔각삼각형**: 삼각형의 외부

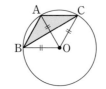

- △ABC가 직각삼각형일 때
(외접원의 반지름)
$=\overline{OA}=\overline{OB}=\overline{OC}$
$=$ (빗변의 길이)$\times\frac{1}{2}$

개념 확인 문제 2

오른쪽 그림의 △ABC는 ∠B=90°인 직각삼각형이고 점 O는 △ABC의 외심일 때, △ABC의 둘레의 길이를 구하시오.

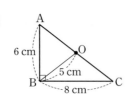

(1) 접선과 접점: 원 O와 직선 l이 한 점에서 만날 때, 직선 l은 원 O에
  접한다고 한다.
  ① 접선: 원과 한 점에서 만나는 직선
  ② 접점: 원과 접선이 만나는 점
(2) 원의 접선은 접점을 지나는 반지름과 서로 수직이다.
  ➡ $\overline{OT} \perp l$

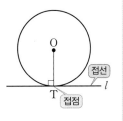

• 점 O에서 직선 l까지의 거리는 원 O의 반지름 $\overline{OT}$의 길이와 같다.

개념 확인 문제 3

오른쪽 그림에서 직선 l은 원 O의 접선이고 점 T에서 접한다. $\angle OAT = 27°$일
때, $\angle x$의 크기를 구하시오.

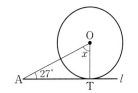

(1) 내접원과 내심: 원이 다각형의 모든 변에 접할 때, 이 원을 내
  접원이라 하고, 내접원의 중심을 내심이라고 한다.
(2) 삼각형의 내심
  ① 삼각형의 세 내각의 이등분선은 한 점 I에서 만나고, 이
    점 I는 △ABC의 내심이다.
  ② 삼각형의 내심에서 세 변에 이르는 거리는 같다.
    ➡ $\overline{ID} = \overline{IE} = \overline{IF}$ (내접원의 반지름의 길이)

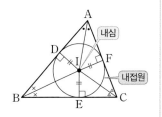

• 모든 삼각형은 하나의 내접
  원과 내심을 갖는다.

• 내심(In center)은 주로
  I로 나타낸다.

• △ABC에서 $\overline{IA}, \overline{IB}, \overline{IC}$가
  세 내각의 이등분선일 때,
  △ADI≡△AFI
  △BDI≡△BEI
  △CEI≡△CFI
  따라서 $\overline{ID}=\overline{IE}=\overline{IF}$가 되
  어 점 I는 △ABC의 내심
  이다.

개념 확인 문제 4

오른쪽 그림에서 점 I가 △ABC의 내심일 때, 다음을 구하시오.

(1) $\angle x$의 크기   (2) $\angle y$의 크기   (3) $\angle z$의 크기

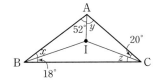

개념 5 삼각형의 외심과 내심의 활용

(1) 외심의 활용

점 O가 △ABC의 외심일 때

① $\angle x+\angle y+\angle z=90°$	② $\angle BOC=2\angle A$
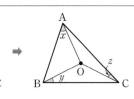	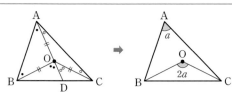

• 점 O가 △ABC의 외심일 때 △OAB, △OBC, △OCA 는 모두 이등변삼각형이다.

(2) 내심의 활용

점 I가 △ABC의 내심일 때

① $\angle x+\angle y+\angle z=90°$	② $\angle BIC=90°+\dfrac{1}{2}\angle A$
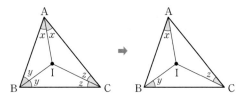	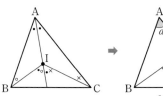

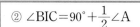

③ △ABC의 내접원의 반지름의 길이를 r라고 하면

$$\triangle ABC=\frac{1}{2}r(\overline{AB}+\overline{BC}+\overline{CA})$$
$$=\frac{1}{2}\times r\times(\triangle ABC의\ 둘레의\ 길이)$$

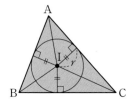

• △ABC
$=\triangle IAB+\triangle IBC+\triangle ICA$
$=\frac{1}{2}r\overline{AB}+\frac{1}{2}r\overline{BC}+\frac{1}{2}r\overline{CA}$
$=\frac{1}{2}r(\overline{AB}+\overline{BC}+\overline{CA})$

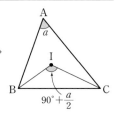

개념 확인 문제 5

다음 그림에서 점 O와 점 I가 각각 △ABC의 외심과 내심일 때, $\angle x$의 크기를 구하시오.

(1)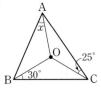

(2)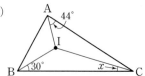

대표예제

예제 1 삼각형의 외심

오른쪽 그림에서 점 O가
△ABC의 외심일 때, 다음 중
옳지 않은 것은?

① $\overline{OA}=\overline{OB}=\overline{OC}$
② $\overline{AF}=\overline{BF}$
③ $\angle OAE=\angle OAF$
④ $\angle OBD=\angle OCD$
⑤ $\triangle OAF \equiv \triangle OBF$

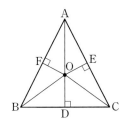

| 풀이전략 |
삼각형의 세 변의 수직이등분선의 교점은 외심이고, 삼각형의 외심에서 세 꼭짓점에 이르는 거리는 같다.

| 풀이 |
△OAC에서 $\overline{OA}=\overline{OC}$이므로 이등변삼각형이다.
따라서 ∠OAE=∠OCE이다.
이때 ∠OAE=∠OAF임은 알 수 없다.

답 ③

유제 1
9202-0030

오른쪽 그림에서 점 O가
△ABC의 외심일 때, $\angle x$의 크기를
구하시오.

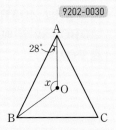

유제 2
9202-0031

오른쪽 그림에서 점 O가
△ABC의 외심일 때, $\angle x$의 크기
를 구하시오.

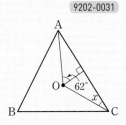

예제 2 삼각형의 외심의 위치

오른쪽 그림의 △ABC는
∠B=90°인 직각삼각형이다.
$\overline{AB}=6$ cm, $\overline{BC}=8$ cm,
$\overline{CA}=10$ cm일 때, △ABC의
외접원의 넓이를 구하시오.

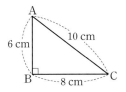

| 풀이전략 |
직각삼각형에서 외심은 빗변의 중점에 위치한다.

| 풀이 |
직각삼각형에서 외심은 빗변의 중점이므로
(외접원의 반지름의 길이)$=\frac{1}{2}\times$(빗변의 길이)
$=\frac{1}{2}\times 10=5$(cm)
따라서 △ABC의 외접원의 넓이는
$\pi \times 5^2=25\pi$(cm^2)

답 25π cm^2

유제 3
9202-0032

오른쪽 그림에서 점 O는
∠A=90°인 직각삼각형 ABC
의 외심이다. $\overline{OA}=4$ cm일 때,
$\overline{BC}$의 길이를 구하시오.

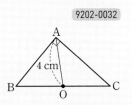

유제 4
9202-0033

오른쪽 그림에서 점 O는 ∠C=90°
인 직각삼각형 ABC의 외심일 때,
△OBC의 둘레의 길이를 구하시오.

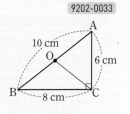

예제 3 삼각형의 외심의 활용

오른쪽 그림에서 점 O는 △ABC
의 외심이고 ∠OAB=34°,
∠OBC=32°일 때, ∠x의 크기
를 구하시오.

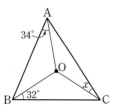

| 풀이전략 |

삼각형의 외심에서 각 꼭짓점에 이르는 거리가 같으므로 △OAB, △OBC,
△OCA는 모두 이등변삼각형이다.

| 풀이 |

∠OBA=∠OAB=34°, ∠OCB=∠OBC=32°

∠OAC=∠OCA=∠x이므로

$2 \times (34° + 32° + ∠x) = 180°$

$34° + 32° + ∠x = 90°$

따라서 ∠x=24°

답 24°

유제 5   9202-0034

오른쪽 그림에서 점 O는 △ABC의
외심이고 ∠OAC=16°,
∠OBA=24°일 때, ∠x와 ∠y의 크
기를 각각 구하시오.

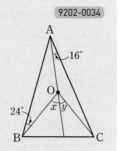

유제 6   9202-0035

오른쪽 그림에서 점 O는 △ABC의
외심이고 ∠A=53°일 때, ∠x의 크
기를 구하시오.

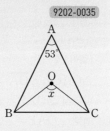

예제 4 삼각형의 내심

오른쪽 그림에서 점 I가 △ABC의
내심일 때, 다음 중 옳지 않은 것을
모두 고르면? (정답 2개)

① $\overline{IA} = \overline{IB}$

② $\overline{ID} = \overline{IF}$

③ $\overline{BD} = \overline{CD}$

④ ∠DBI = ∠FBI

⑤ △AFI ≡ △AEI

| 풀이전략 |

삼각형의 세 내각의 이등분선의 교점은 내심이고, 삼각형의 내심에서 세 변에
이르는 거리는 같다.

| 풀이 |

② 내심에서 세 변에 이르는 거리는 같으므로 $\overline{ID} = \overline{IF}$

④ 내심은 세 내각의 이등분선의 교점이므로 ∠DBI = ∠FBI

⑤ △AFI와 △AEI에서

  ∠IFA = ∠IEA = 90°, $\overline{AI}$는 공통,

  ∠FAI = ∠EAI이므로

  △AFI ≡ △AEI (RHA 합동)이다.

답 ①, ③

유제 7   9202-0036

오른쪽 그림에서 점 I는 △ABC의
내심이고 ∠IBA=28°,
∠C=64°일 때, ∠x의 크기를
구하시오.

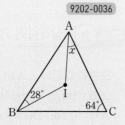

유제 8   9202-0037

오른쪽 그림에서 점 I는 △ABC
의 내심이고 ∠BIC=125°,
∠ICA=30°일 때, ∠x의 크기를
구하시오.

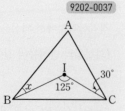

예제 5 삼각형의 내심의 활용 (1)

오른쪽 그림에서 점 I는 △ABC
의 내심이고 ∠IBC=23°,
∠ICA=27°일 때, ∠x의 크기
를 구하시오.

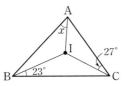

| 풀이전략 |
삼각형의 내심은 세 내각의 이등분선의 교점이다.

| 풀이 |

$\angle IAC = \angle IAB = \angle x$

$\angle IBA = \angle IBC = 23°$

$\angle ICB = \angle ICA = 27°$

$2 \times (\angle x + 23° + 27°) = 180°$

$\angle x + 23° + 27° = 90°$

따라서 $\angle x = 40°$

답 40°

유제 9   9202-0038

오른쪽 그림에서 점 I는 △ABC
의 내심이고 ∠A=80°일 때,
∠x의 크기를 구하시오.

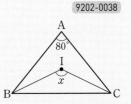

유제 10   9202-0039

오른쪽 그림에서 점 I는
△ABC의 내심이고
∠IBC=25°, ∠ICB=20°일
때, ∠x와 ∠y의 크기를 각각
구하시오.

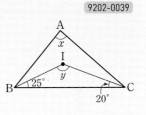

예제 6 삼각형의 내심의 활용 (2)

오른쪽 그림에서 점 I는 △ABC의
내심이고 $\overline{BC}=8$ cm, $\overline{DI}=3$ cm
일 때, △IBC의 넓이를 구하시오.

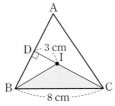

| 풀이전략 |
삼각형의 내심에서 세 변에 이르는 거리는 같다.

| 풀이 |

오른쪽 그림과 같이 점 I에서 $\overline{BC}$에 내린
수선의 발을 E라고 하면

$\overline{IE} = \overline{ID} = 3$ cm

따라서 △IBC의 넓이는

$\dfrac{1}{2} \times \overline{BC} \times \overline{IE} = \dfrac{1}{2} \times 8 \times 3 = 12 \, (\text{cm}^2)$

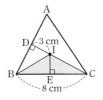

답 12 cm²

유제 11   9202-0040

오른쪽 그림에서 점 I는 △ABC의
내심이다. 내접원의 반지름의 길이
가 2 cm이고 △ABC의 둘레의 길
이가 23 cm일 때, △ABC의 넓이
를 구하시오.

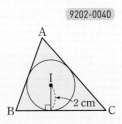

유제 12   9202-0041

오른쪽 그림에서 점 I는 △ABC
의 내심이고 $\overline{AB}=6$ cm,
$\overline{BC}=8$ cm, $\overline{CA}=10$ cm일 때,
x의 값을 구하시오.

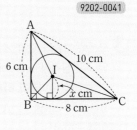

01 다음 〈보기〉 중 점 P가 삼각형 ABC의 외심인 것을 모두 고르시오.
9202-0042

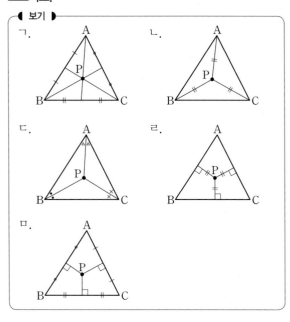

▶ 보기 ◀

ㄱ.

ㄴ.

ㄷ.

ㄹ.

ㅁ.

02 오른쪽 그림에서 점 O는 △ABC의 외심이고 세 점 D, E, F는 점 O에서 각각 세 변 AB, BC, CA에 내린 수선의 발이다. $\overline{AD}=4$ cm, $\overline{AF}=5$ cm, $\overline{CE}=6$ cm일 때, △ABC의 둘레의 길이를 구하시오.
9202-0043

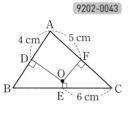

03 오른쪽 그림과 같이 ∠A=90° 인 직각삼각형 ABC에서 $\overline{BC}$ 의 중점을 M이라고 하자. $\overline{BC}=10$ cm일 때, $\overline{AM}$의 길이를 구하시오.
9202-0044

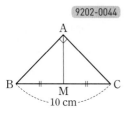

04 오른쪽 그림에서 점 O는 △ABC의 외심이고 $\overline{AO}$의 연장선이 $\overline{BC}$와 만나는 점을 D 라고 하자. ∠BOD=34°, ∠OCA=48°일 때, ∠x+∠y의 크기를 구하시오.
9202-0045

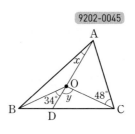

05 오른쪽 그림에서 점 O는 △ABC의 외심이고 ∠C=48° 일 때, ∠x+∠y의 크기를 구하시오.
9202-0046

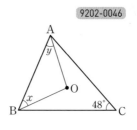

06 오른쪽 그림에서 점 O는 △ABC의 외심이고 ∠ABO=25°, ∠BOC=110°일 때, ∠x의 크기를 구하시오.
9202-0047

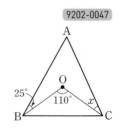

07 9202-0048
오른쪽 그림에서 점 I는 △ABC의 내심이고 ∠IAC=35°, ∠IBC=32°일 때, ∠x의 크기를 구하시오.

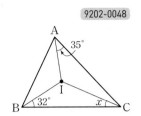

08 9202-0049
오른쪽 그림에서 점 I는 △ABC의 내심이고 ∠BIC=115°일 때, ∠x의 크기를 구하시오.

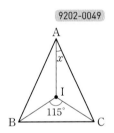

09 9202-0050
오른쪽 그림에서 점 I는 △ABC의 내심이고 ∠C=48°, ∠IAB=30°일 때, ∠x의 크기를 구하시오.

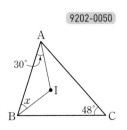

10 9202-0051
오른쪽 그림에서 반지름의 길이가 2 cm인 원 I는 △ABC의 내접원이다. $\overline{AB}$=7 cm, $\overline{AC}$=8 cm, $\overline{BC}$=12 cm일 때, △ABC의 넓이를 구하시오.

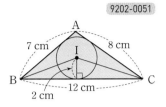

11 9202-0052
오른쪽 그림에서 점 I는 △ABC의 내심이다. $\overline{DE}$∥$\overline{BC}$이고 $\overline{AB}$=8 cm, $\overline{AC}$=9 cm, $\overline{BC}$=10 cm일 때, △ADE의 둘레의 길이를 구하시오.

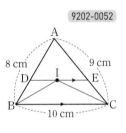

12 9202-0053
오른쪽 그림의 △ABC는 ∠B=90°인 직각삼각형이고 점 O와 점 I는 각각 △ABC의 외심과 내심이다. ∠IBO=15°일 때, ∠x의 크기를 구하시오.

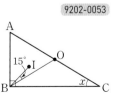

Level 1

01 오른쪽 그림과 같은 △ABC에서
$\overline{AB}=\overline{BC}=4$ cm이고
∠C=65°일 때, ∠x의 크기를
구하시오.

9202-0054

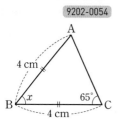

02 오른쪽 그림에서 △ABC는
∠A=∠B이고 $\overline{AB}=5$ cm,
$\overline{BC}=8$ cm일 때, △ABC의
둘레의 길이를 구하시오.

9202-0055

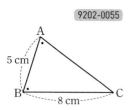

03 다음 〈보기〉의 삼각형 중에서 이등변삼각형이 되는 것을
모두 고르시오.

9202-0056

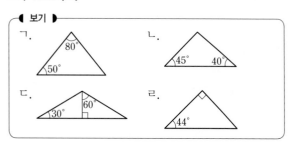

04 오른쪽 그림에서 점 O가
△ABC의 외심일 때, 다음 중
옳지 않은 것은?

9202-0057

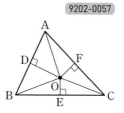

① $\overline{OA}=\overline{OC}$
② $\overline{OD}=\overline{OF}$
③ ∠AOD=∠BOD
④ ∠OBE=∠OCE
⑤ △OCF≡△OAF

05 오른쪽 그림과 같이
△ABC의 내부의 한 점 I에서
세 변 AB, BC, CA에 이르는
거리가 같다. ∠IBA=22°일 때,
∠x의 크기를 구하시오.

9202-0058

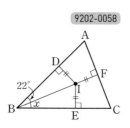

06 오른쪽 그림에서 점 I는 △ABC의
내심이다. ∠IAC=25°일 때,
∠x+∠y의 크기를 구하시오.

9202-0059

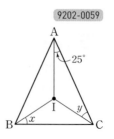

Level 2

07 9202-0060

다음은 이등변삼각형에서 꼭짓점과 밑변의 중점을 연결한 선은 꼭지각의 이등분선임을 설명하는 과정이다. □ 안에 들어갈 내용으로 옳지 <u>않은</u> 것은?

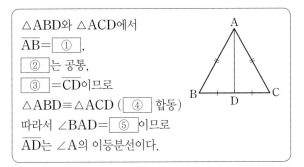

△ABD와 △ACD에서
$\overline{AB}=$ ① ,
② 는 공통,
③ $=\overline{CD}$이므로
△ABD≡△ACD (④ 합동)
따라서 ∠BAD= ⑤ 이므로
$\overline{AD}$는 ∠A의 이등분선이다.

① $\overline{AC}$ ② $\overline{AD}$ ③ $\overline{BC}$
④ SSS ⑤ ∠CAD

08 9202-0061

오른쪽 그림과 같이 $\overline{AB}=\overline{BC}$ 인 이등변삼각형 ABC에서 ∠B의 이등분선이 $\overline{AC}$와 만나는 점을 D라고 하자. $\overline{AC}=8$ cm, $\overline{BD}=7$ cm일 때, △ABD의 넓이를 구하시오.

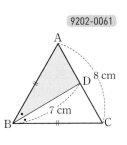

09 9202-0062

오른쪽 그림과 같이 ∠A=∠B=50°인 사각형 ABCD에서 $\overline{AD}$의 연장선과 $\overline{BC}$의 연장선이 만나는 점을 E라고 하자. $\overline{AD}=1$ cm, $\overline{BC}=4$ cm, $\overline{DE}=7$ cm일 때, $\overline{CE}$의 길이를 구하시오.

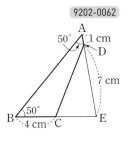

10 9202-0063

오른쪽 그림과 같이 두 직선 l, m이 평행하고 $\overline{AB}=10$ cm, $\overline{AC}=9$ cm, ∠DAB=∠BAC일 때, △ABC의 둘레의 길이를 구하시오.

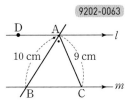

11 9202-0064

폭이 일정한 종이 테이프를 오른쪽 그림과 같이 접었다. ∠ABD=64°일 때, ∠x의 크기를 구하시오.

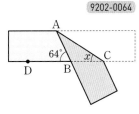

 중요
12 9202-0065

오른쪽 그림과 같이 ∠C=90°인 직각이등변삼각형 ABC에서 두 점 D, E는 각각 $\overline{AB}$, $\overline{BC}$ 위의 점이다. $\overline{AC}=\overline{AD}$이고 $\overline{AB}\perp\overline{DE}$일 때, ∠AEC의 크기는?

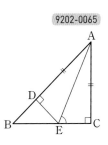

① 60° ② 62.5°
③ 65° ④ 67.5°
⑤ 70°

13 오른쪽 그림의 △ABC에서 ∠A의 이등분선과 $\overline{BC}$의 교점을 D라 하고, 점 D에서 $\overline{AB}$, $\overline{AC}$에 내린 수선의 발을 각각 E, F라고 하자. 다음 중 옳지 않은 것은?

9202-0066

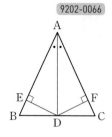

① $\overline{DE}=\overline{DF}$
② $\overline{AE}=\overline{AF}$
③ $\overline{AB}=\overline{AC}$
④ ∠ADE=∠ADF
⑤ △ADE≡△ADF

14 오른쪽 그림과 같이 ∠AOB와 반직선 OA 위의 점 C, $\overline{BC}$ 위의 점 P에 대하여 $\overline{PA}=\overline{PB}$, ∠PAO=∠PBO=90°이다. ∠APC=50°일 때, ∠POB의 크기를 구하시오.

9202-0067

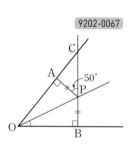

15 오른쪽 그림에서 점 O는 △ABC의 외심이고 세 점 D, E, F는 각 변의 중점이다. 다음 〈보기〉 중 이등변삼각형인 것을 모두 고르시오.

9202-0068

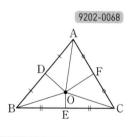

　◀ 보기 ▶
ㄱ. △OAD　　　　ㄴ. △OCE
ㄷ. △OAB　　　　ㄹ. △OAC

16 오른쪽 그림에서 점 O는 △ABC의 외심이고 ∠OAB=40°, ∠OCA=20°일 때, ∠x의 크기를 구하시오.

9202-0069

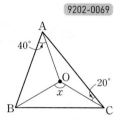

17 오른쪽 그림에서 점 O는 △ABC의 외심이고 ∠A=55°일 때, ∠x의 크기를 구하시오.

9202-0070

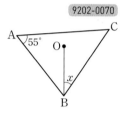

중요

18 오른쪽 그림에서 점 I는 △ABC의 내심이고 ∠A=50°, ∠ABI=25°일 때, ∠x+∠y의 크기를 구하시오.

9202-0071

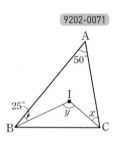

19 오른쪽 그림에서 점 O와 점 I는 각각 △ABC의 외심과 내심이다. ∠BOC=140°일 때, ∠BIC의 크기를 구하시오.

9202-0072

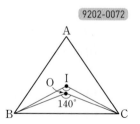

20 오른쪽 그림과 같이 △ABC 의 내심 I를 지나면서 $\overline{BC}$에 평행한 직선이 $\overline{AB}$, $\overline{AC}$와 만 나는 점을 각각 D, E라고 하자. $\overline{AD}$=14 cm, $\overline{AE}$=16 cm, $\overline{BD}$=7 cm, $\overline{CE}$=8 cm일 때, $\overline{DE}$의 길이를 구하시오.

9202-0073

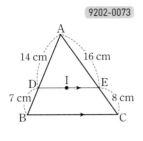

21 오른쪽 그림에서 점 I는 △ABC의 내심이고, 세 점 D, E, F는 각각 내접원과 $\overline{AB}$, $\overline{BC}$, $\overline{CA}$의 접점이다. $\overline{AB}$=5 cm, $\overline{AF}$=2 cm, $\overline{BC}$=8 cm일 때, $\overline{AC}$의 길이를 구하시오.

9202-0074

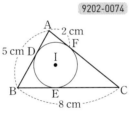

22 다음 그림과 같이 ∠C=90°인 직각삼각형 ABC에서 $\overline{AB}$=13 cm, $\overline{AC}$=5 cm, $\overline{BC}$=12 cm일 때, 내접원 I 의 반지름의 길이를 구하시오.

9202-0075

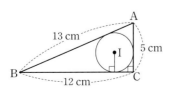

Level 3

23 오른쪽 그림과 같이 $\overline{AB}$=$\overline{AC}$인 이등변삼각형 ABC에서 $\overline{BD}$=$\overline{CE}$, $\overline{BE}$=$\overline{CF}$이고 ∠A=48°일 때, ∠DEF의 크기 를 구하시오.

9202-0076

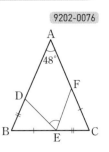

24 오른쪽 그림에서 점 O와 점 I는 각각 $\overline{AB}$=$\overline{AC}$인 이등변삼각형 ABC의 외심과 내심이다. ∠BIC-∠BOC=15°일 때, ∠A의 크기를 구하시오.

9202-0077

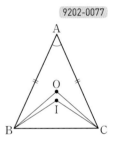

25 오른쪽 그림과 같은 △ABC 에서 내접원 I의 반지름의 길 이가 4 cm이고 △ABC의 둘 레의 길이가 42 cm일 때, 색 칠한 부분의 넓이를 구하시오.

9202-0078

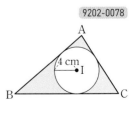

9202-0079

 예제 오른쪽 그림과 같이 $\overline{AB}=\overline{AC}$인 이등변삼각형 ABC에서 $\overline{AD}=\overline{BD}=\overline{BC}$이고 $\angle ABD=\angle DBC$일 때, $\angle x$의 크기를 구하시오.

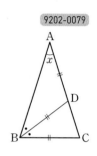

풀이

$\triangle DAB$는 $\overline{DA}=\overline{DB}$인 이등변삼각형이므로

$\boxed{}=\angle DAB=\angle x$

또 $\angle ABD=\angle DBC$이므로 $\angle DBC=\angle ABD=\angle x$

$\triangle ABC$는 $\overline{AB}=\overline{AC}$인 이등변삼각형이므로

$\angle ABC=\boxed{}=2\angle x$

삼각형의 세 내각의 크기의 합은 $\boxed{}$이므로 $\triangle ABC$에서

$\angle A+\angle ABC+\angle C=\angle x+\boxed{}+2\angle x=\boxed{}=180°$

따라서 $\angle x=\boxed{}$

9202-0080

서술형 유제 오른쪽 그림과 같이 $\overline{AB}=\overline{AC}$인 이등변삼각형 ABC에서 점 A가 점 B에 오도록 접었더니 $\angle DBC=15°$가 되었다. $\angle C$의 크기를 구하시오.

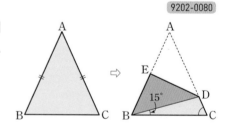

1 오른쪽 그림과 같은 △ABC에서 두 점 D, E는 각각 $\overline{AB}$, $\overline{BC}$ 위의 점이고 $\overline{AC}=\overline{AE}=\overline{DE}=\overline{DB}$이다. ∠CAF=84°일 때, ∠B의 크기를 구하시오.

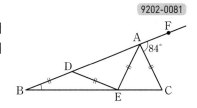

9202-0081

2 오른쪽 그림과 같이 ∠C=90°인 직각삼각형 ABC에서 ∠A의 이등분선과 $\overline{BC}$가 만나는 점을 D라고 하자. $\overline{AB}=17$ cm, $\overline{DC}=6$ cm일 때, △ABD의 넓이를 구하시오.

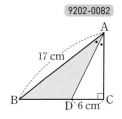

9202-0082

3 오른쪽 그림에서 점 O는 ∠C=90°인 직각삼각형 ABC의 외심이다. ∠AOC+∠OAC=112°일 때, ∠B의 크기를 구하시오.

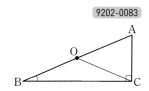

9202-0083

4 오른쪽 그림에서 점 I는 △ABC의 내심이다. ∠BDC=85°, ∠BEC=77°일 때, ∠A의 크기를 구하시오.

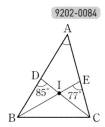

9202-0084

1 평행사변형

개념 1 평행사변형의 성질

(1) 사각형 기호: 사각형 ABCD를 기호로 □ABCD와 같이 나타낸다.

(2) 평행사변형: 두 쌍의 대변이 각각 평행한 사각형
→ □ABCD에서 $\overline{AB} /\!/ \overline{DC}$, $\overline{AD} /\!/ \overline{BC}$

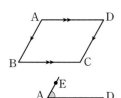

참고 $\overline{AB}$의 연장선 위에 점 E를 잡으면
∠B = ∠EAD (동위각)
∠BAD + ∠B = ∠BAD + ∠EAD = 180°이므로 평행사변형에서
이웃하는 두 내각의 크기의 합은 180°이다.

> • 대변: 서로 마주 보는 두 변
>

개념 확인 문제 1

오른쪽 그림과 같은 평행사변형 ABCD에서 두 대각선의 교점을 O라고 할 때,
∠x와 ∠y의 크기를 각각 구하시오.

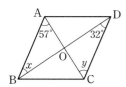

개념 2 평행사변형의 성질

(1) 두 쌍의 대변의 길이가 각각 같다.
→ $\overline{AB} = \overline{DC}$, $\overline{AD} = \overline{BC}$

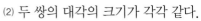

(2) 두 쌍의 대각의 크기가 각각 같다.
→ ∠A = ∠C, ∠B = ∠D

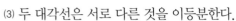

(3) 두 대각선은 서로 다른 것을 이등분한다.
→ $\overline{OA} = \overline{OC}$, $\overline{OB} = \overline{OD}$

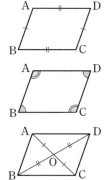

> • 대각: 서로 마주 보는 두 각
>

개념 확인 문제 2

다음은 □ABCD가 평행사변형일 때, $\overline{AB} = \overline{DC}$, $\overline{AD} = \overline{BC}$임을 보이는 과정이다. □ 안에 알맞은 것을 써넣으시오.

△ABC와 △CDA에서
□ = ∠CAD (엇각), □는 공통, ∠BAC = □ (엇각)
이므로 △ABC ≡ △CDA (□ 합동)
따라서 $\overline{AB} = \overline{DC}$, $\overline{AD} = \overline{BC}$이다.

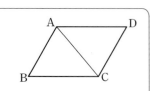

대표예제

예제 ① 평행사변형

오른쪽 그림과 같은 평행사변형 ABCD에서 $\angle x$와 $\angle y$의 크기를 각각 구하시오.

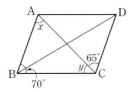

| 풀이전략 |
평행사변형은 두 쌍의 대변이 각각 평행하므로 엇각의 크기가 같다.

| 풀이 |
$\overline{AB} /\!/ \overline{DC}$이므로

$\angle x = \angle ACD = 65°$ (엇각)

또 평행사변형에서 이웃하는 두 내각의 크기의 합은 $180°$이므로 $\angle ABC + \angle BCD = 180°$에서

$70° + (\angle y + 65°) = 180°$

$\angle y = 45°$

🔁 $\angle x = 65°$, $\angle y = 45°$

유제 1

9202-0085

오른쪽 그림에서 □ABCD가 평행사변형일 때, $\angle x + \angle y$의 크기를 구하시오.

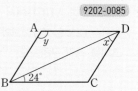

유제 2

9202-0086

오른쪽 그림과 같은 평행사변형 ABCD에서 두 대각선의 교점을 O라고 할 때, $\angle x$와 $\angle y$의 크기를 각각 구하시오.

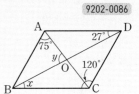

예제 ② 평행사변형의 성질 – 변

오른쪽 그림과 같은 평행사변형 ABCD에서 x, y의 값을 각각 구하시오.

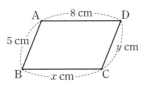

| 풀이전략 |
평행사변형에서 두 쌍의 대변의 길이는 각각 같다.

| 풀이 |
평행사변형에서 두 쌍의 대변의 길이는 각각 같으므로

$\overline{BC} = \overline{AD} = 8$ cm, 즉 $x = 8$

$\overline{DC} = \overline{AB} = 5$ cm, 즉 $y = 5$

🔁 $x = 8$, $y = 5$

유제 3

9202-0087

오른쪽 그림과 같은 평행사변형 ABCD의 둘레의 길이를 구하시오.

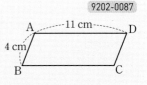

유제 4

9202-0088

오른쪽 그림과 같은 평행사변형 ABCD에서 x, y의 값을 각각 구하시오.

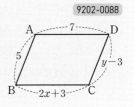

예제 3 평행사변형의 성질 – 각

오른쪽 그림의 평행사변형 ABCD에서 ∠C=125°일 때, ∠x와 ∠y의 크기를 각각 구하시오.

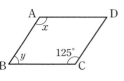

| 풀이전략 |
평행사변형에서 두 쌍의 대각의 크기는 각각 같다.

| 풀이 |
∠A=∠C이므로 ∠x=125°
평행사변형에서 이웃하는 두 내각의 크기의 합은 180°이므로
∠y+125°=180°
따라서 ∠y=55°

🅐 ∠x=125°, ∠y=55°

유제 5   9202-0089

오른쪽 그림과 같은 평행사변형 ABCD에서 ∠B=50°, ∠ACD=70°일 때, ∠x의 크기를 구하시오.

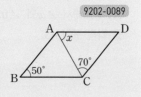

유제 6   9202-0090

오른쪽 그림과 같은 평행사변형 ABCD에서 ∠B : ∠C=1 : 2일 때, ∠A의 크기를 구하시오.

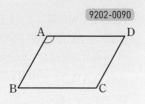

예제 4 평행사변형의 성질 – 대각선

다음은 평행사변형에서 두 대각선은 서로 다른 것을 이등분 함을 보이는 과정이다. □ 안에 알맞은 것을 써넣으시오.

△AOD와 △COB에서
∠OAD=□ (엇각),
□=CB,
∠ODA=□ (엇각)
이므로 △AOD≡△COB (□ 합동)
즉, $\overline{OA}$=$\overline{OC}$, $\overline{OB}$=$\overline{OD}$
따라서 평행사변형에서 두 대각선은 서로 다른 것을 이 등분한다.

| 풀이전략 |
평행사변형에서 두 쌍의 대변은 각각 평행하고, 두 쌍의 대변의 길이는 각각 같다.

| 풀이 |
△AOD와 △COB에서
$\overline{AD}$∥$\overline{BC}$이므로 ∠OAD=∠OCB (엇각)
$\overline{AD}$=$\overline{CB}$
$\overline{AD}$∥$\overline{BC}$이므로 ∠ODA=∠OBC (엇각)
따라서 △AOD≡△COB (ASA 합동)

🅐 ∠OCB, $\overline{AD}$, ∠OBC, ASA

유제 7   9202-0091

오른쪽 그림과 같은 평행사변형 ABCD에서 점 O는 두 대각선의 교점이다. $\overline{AC}$=22 cm, $\overline{OB}$=9 cm일 때, x, y의 값을 각각 구하시오.

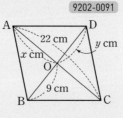

유제 8   9202-0092

오른쪽 그림과 같은 평행사변형 ABCD에서 점 O는 두 대각선의 교점이다. $\overline{AD}$=8 cm, $\overline{BD}$=12 cm, $\overline{AC}$=10 cm일 때, △OBC의 둘레의 길이를 구하시오.

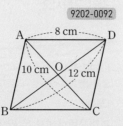

01 오른쪽 그림과 같은 평행사변형 ABCD에서 $\overline{AD}=5$ cm, $\overline{CD}=4$ cm일 때, □ABCD의 둘레의 길이를 구하시오.

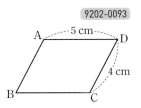

9202-0093

02 오른쪽 그림과 같은 평행사변형 ABCD의 둘레의 길이가 50 cm이고 $\overline{AB}=12$ cm일 때, $\overline{AD}$의 길이를 구하시오.

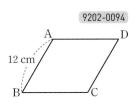

9202-0094

03 오른쪽 그림과 같은 평행사변형 ABCD에서 $\angle x$의 크기를 구하시오.

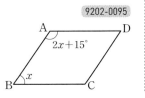

9202-0095

04 오른쪽 그림과 같은 평행사변형 ABCD에서 $\angle A$의 이등분선과 $\overline{BC}$의 교점을 E라고 하자. $\angle C=140°$일 때, $\angle x$의 크기를 구하시오.

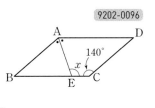

9202-0096

05 오른쪽 그림과 같은 평행사변형 ABCD에서 점 O는 두 대각선의 교점이다. $\overline{OA}=5$ cm, $\overline{OB}=7$ cm일 때, $y-x$의 값을 구하시오.

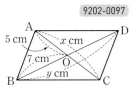

9202-0097

06 오른쪽 그림과 같은 평행사변형 ABCD에서 점 O는 두 대각선의 교점이다. $\overline{BC}=10$ cm, $\overline{CD}=6$ cm이고 △OCD의 둘레의 길이가 20 cm일 때, △OBC의 둘레의 길이를 구하시오.

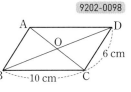

9202-0098

개념 ① 평행사변형이 되는 조건

□ABCD가 다음의 어느 한 조건을 만족시키면 평행사변형이 된다.

(1) 두 쌍의 대변이 각각 평행하다.
  ➡ $\overline{AB} /\!/ \overline{DC}$, $\overline{AD} /\!/ \overline{BC}$

(2) 두 쌍의 대변의 길이가 각각 같다.
  ➡ $\overline{AB} = \overline{DC}$, $\overline{AD} = \overline{BC}$

(3) 두 쌍의 대각의 크기가 각각 같다.
  ➡ $\angle A = \angle C$, $\angle B = \angle D$

(4) 두 대각선이 서로 다른 것을 이등분한다.
  ➡ $\overline{OA} = \overline{OC}$, $\overline{OB} = \overline{OD}$

(5) 한 쌍의 대변이 평행하고 그 길이가 같다.
  ➡ $\overline{AD} /\!/ \overline{BC}$, $\overline{AD} = \overline{BC}$

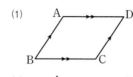
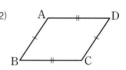
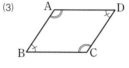
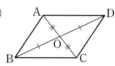
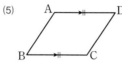

개념 확인 문제 1

다음 〈보기〉의 □ABCD 중 평행사변형인 것을 모두 고르시오.

◀ 보기 ▶

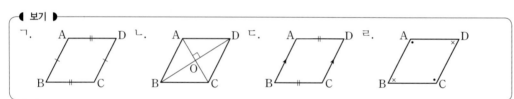

개념 ② 평행사변형과 넓이

(1) 평행사변형의 넓이는 두 대각선에 의해 사등분된다.
  평행사변형 ABCD에서 두 대각선의 교점을 O라고 하면
  ➡ $\triangle OAB = \triangle OBC = \triangle OCD = \triangle ODA = \dfrac{1}{4}\square ABCD$

(2) 평행사변형 내부의 임의의 한 점 P에 대하여
  ➡ $\triangle PAB + \triangle PCD = \triangle PAD + \triangle PBC = \dfrac{1}{2}\square ABCD$

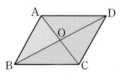
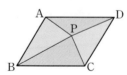

• 점 P를 지나고 두 변 AB, BC에 평행한 직선 l, m을 각각 그으면

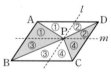

$\triangle PAB + \triangle PCD$
$= \triangle PAD + \triangle PBC$
$= \dfrac{1}{2}\square ABCD$

개념 확인 문제 2

오른쪽 그림과 같은 평행사변형 ABCD의 내부의 한 점 P에 대하여 색칠한 부분의 넓이가 26 cm²일 때, 평행사변형 ABCD의 넓이를 구하시오.

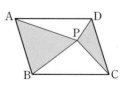

대표예제

예제 1 평행사변형이 되는 조건 – 변

다음 〈보기〉의 □ABCD 중 평행사변형인 것을 모두 고르시오.

◀ 보기 ▶
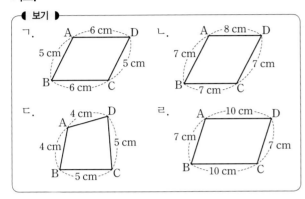

| 풀이전략 |
두 쌍의 대변의 길이가 각각 같은 사각형은 평행사변형이다.

| 풀이 |
두 쌍의 대변의 길이가 각각 같은 사각형은 평행사변형이므로 ㄱ과 ㄹ이다.

🖎 ㄱ, ㄹ

유제 1
9202-0099

오른쪽 그림과 같은 □ABCD가 평행사변형이 되기 위한 x, y의 값을 각각 구하시오.

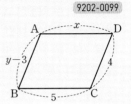

유제 2
9202-0100

오른쪽 그림과 같은 □ABCD가 평행사변형이 되도록 하는 x, y에 대하여 $x+y$의 값을 구하시오.

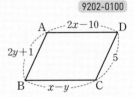

예제 2 평행사변형이 되는 조건 – 각

오른쪽 그림과 같은 □ABCD에서 $\overline{AD}$와 $\overline{DC}$의 길이를 각각 구하시오.

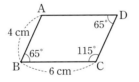

| 풀이전략 |
두 쌍의 대각의 크기가 각각 같은 사각형은 평행사변형이다.

| 풀이 |
□ABCD에서 ∠B=∠D=65°,
∠A=360°−(65°+115°+65°)=115°
즉, ∠A=∠C에서 두 쌍의 대각의 크기가 각각 같으므로
□ABCD는 평행사변형이다.
평행사변형의 두 쌍의 대변의 길이는 각각 같으므로
$\overline{AD}=\overline{BC}=6$ cm, $\overline{DC}=\overline{AB}=4$ cm

🖎 $\overline{AD}=6$ cm, $\overline{DC}=4$ cm

유제 3
9202-0101

오른쪽 그림과 같은 □ABCD가 평행사변형이 되도록 ∠x와 ∠y의 크기를 각각 구하시오.

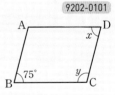

유제 4
9202-0102

다음 〈보기〉의 사각형 중 평행사변형인 것을 모두 고르시오.

◀ 보기 ▶
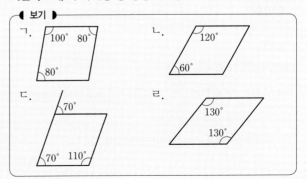

예제 ③ 평행사변형이 되는 조건의 활용

오른쪽 그림과 같이 평행사변형 ABCD의 두 꼭짓점 A와 C에서 대각선 BD에 내린 수선의 발을 각각 E, F라고 할 때, 다음 중 옳지 <u>않은</u> 것은?

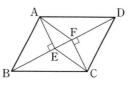

① $\overline{AE}=\overline{CF}$ ② $\overline{AF}=\overline{CE}$
③ $\angle ABE=\angle BCE$ ④ $\triangle ABE\equiv\triangle CDF$
⑤ □AECF는 평행사변형이다.

| 풀이전략 |
한 쌍의 대변이 평행하고 그 길이가 같은 사각형은 평행사변형이다.

| 풀이 |
$\triangle ABE$와 $\triangle CDF$에서
$\angle AEB=\angle CFD=90°$, $\overline{AB}=\overline{CD}$,
$\angle ABE=\angle CDF$ (엇각)
이므로 $\triangle ABE\equiv\triangle CDF$(RHA 합동) (④)
$\overline{AE}=\overline{CF}$ (①) …… ㉠
한편 $\angle AEF=\angle CFE=90°$, 즉 엇각의 크기가 같으므로
$\overline{AE}\,/\!/\,\overline{CF}$ …… ㉡
㉠, ㉡에 의하여 □AECF는 평행사변형이다. (⑤)
따라서 $\overline{AF}=\overline{CE}$ (②)   답 ③

예제 ④ 평행사변형과 넓이

오른쪽 그림과 같은 평행사변형 ABCD에서 점 O는 두 대각선의 교점이다. □ABCD=52 cm²일 때, 색칠한 부분의 넓이를 구하시오.

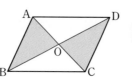

| 풀이전략 |
평행사변형의 넓이는 두 대각선에 의해 사등분된다.

| 풀이 |
평행사변형의 넓이는 두 대각선에 의해 사등분되므로
$\triangle OAB=\triangle OCD=\dfrac{1}{4}$□ABCD$=\dfrac{1}{4}\times52=13(\text{cm}^2)$
따라서 색칠한 부분의 넓이는
$\triangle OAB+\triangle OCD=13+13=26(\text{cm}^2)$

답 26 cm²

유제 ⑤ 9202-0103

오른쪽 그림과 같은 평행사변형 ABCD에서 $\overline{AD}$, $\overline{BC}$ 위에 $\overline{ED}=\overline{BF}$가 되도록 두 점 E, F를 잡을 때, □AFCE는 어떤 사각형인지 말하시오.

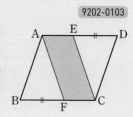

유제 ⑥ 9202-0104

오른쪽 그림과 같이 평행사변형 ABCD의 대각선 BD 위에 $\overline{BE}=\overline{DF}$가 되도록 두 점 E, F를 잡을 때, □AECF의 둘레의 길이를 구하시오. (단, 점 O는 두 대각선의 교점이다.)

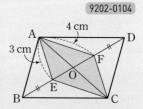

유제 ⑦ 9202-0105

오른쪽 그림과 같은 평행사변형 ABCD에서 점 O는 두 대각선의 교점이다. □ABCD=64 cm²일 때, 색칠한 부분의 넓이를 구하시오.

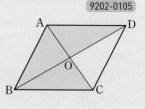

유제 ⑧ 9202-0106

오른쪽 그림과 같은 평행사변형 ABCD의 내부의 한 점 P에 대하여 $\triangle PAD=9$ cm², $\triangle PBC=12$ cm²일 때, 평행사변형 ABCD의 넓이를 구하시오.

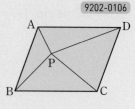

01 다음 〈보기〉의 사각형 중 평행사변형인 것을 모두 고르시오.

9202-0107

◀ 보기 ▶

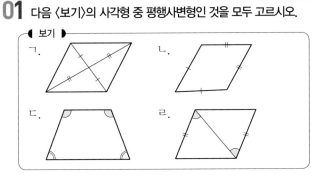

04 오른쪽 그림과 같은 □ABCD에서 $\overline{OA}=\overline{OC}$, $\overline{OB}=\overline{OD}$를 만족할 때, 다음 중 옳지 <u>않은</u> 것은? (단, 점 O는 두 대각선의 교점이다.)

9202-0110

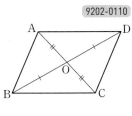

① $\overline{AB}=\overline{DC}$ ② $\overline{AD}=\overline{BC}$
③ $\overline{OA}=\overline{OB}$ ④ $\angle ABC=\angle ADC$
⑤ $\angle BAD=\angle BCD$

02 오른쪽 그림과 같은 □ABCD에서 $\overline{AB}=\overline{DC}=8$ cm, $\overline{AD}=\overline{BC}=7$ cm이고 $\angle A=130°$일 때, $\angle D$의 크기를 구하시오.

9202-0108

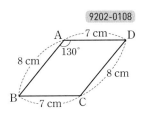

05 오른쪽 그림과 같은 평행사변형 ABCD에서 두 대각선의 교점을 O라고 하자. □ABCD$=50$ cm²일 때, 색칠한 부분의 넓이를 구하시오.

9202-0111

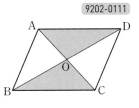

03 오른쪽 그림과 같은 □ABCD에서 $\angle A=\angle C=100°$, $\angle D=80°$이고 $\overline{AB}+\overline{AD}=15$ cm일 때, □ABCD의 둘레의 길이를 구하시오.

9202-0109

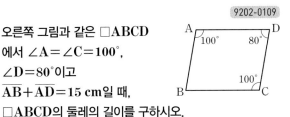

06 오른쪽 그림과 같은 평행사변형 ABCD의 내부의 한 점 P에 대하여 △PBC$=23$ cm²이고 □ABCD$=60$ cm²일 때, △PAD의 넓이를 구하시오.

9202-0112

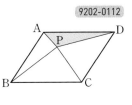

3 여러 가지 사각형

개념 1 직사각형

(1) **직사각형**: 네 내각의 크기가 같은 사각형

(2) **직사각형의 성질**

① 평행사변형의 모든 성질을 갖는다.

② 두 대각선의 길이가 같다. ← 직사각형만의 성질

(3) **평행사변형이 직사각형이 되는 조건**

① 한 내각의 크기가 $90°$인 평행사변형은 직사각형이다.

② 두 대각선의 길이가 같은 평행사변형은 직사각형이다.

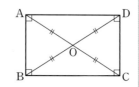

- 직사각형의 네 내각의 크기는 모두 같으므로
$\angle A = \angle B = \angle C = \angle D$
$= 90°$

- 직사각형은 두 쌍의 대각의 크기가 각각 같으므로 평행사변형이다.

- **평행사변형의 성질**
① 두 쌍의 대변의 길이가 각각 같다.
② 두 쌍의 대각의 크기가 각각 같다.
③ 두 대각선이 서로 다른 것을 이등분한다.

개념 확인 문제 1

오른쪽 그림과 같은 직사각형 ABCD에서 두 대각선의 교점을 O라고 할 때, x, y의 값을 각각 구하시오.

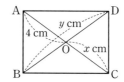

개념 2 마름모

(1) **마름모**: 네 변의 길이가 같은 사각형

(2) **마름모의 성질**

① 평행사변형의 모든 성질을 갖는다.

② 두 대각선은 서로 다른 것을 수직이등분한다. ← 마름모만의 성질

(3) **평행사변형이 마름모가 되는 조건**

① 이웃하는 두 변의 길이가 같은 평행사변형은 마름모이다.

② 두 대각선이 서로 수직인 평행사변형은 마름모이다.

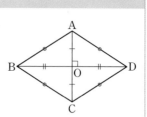

- 마름모의 네 변의 길이는 모두 같으므로
$\overline{AB} = \overline{BC} = \overline{CD} = \overline{DA}$

- 마름모는 두 쌍의 대변의 길이가 각각 같으므로 평행사변형이다.

개념 확인 문제 2

오른쪽 그림과 같은 마름모 ABCD에서 두 대각선의 교점을 O라고 할 때, $\angle x$와 $\angle y$의 크기를 각각 구하시오.

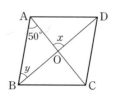

개념 ③ 정사각형

(1) **정사각형**: 네 변의 길이가 같고 네 내각의 크기가 같은 사각형

(2) **정사각형의 성질**

두 대각선은 <u>길이가 같고</u> <u>서로 다른 것을 수직이등분한다.</u>
     직사각형의 성질   마름모의 성질

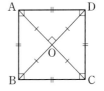

(3) **마름모가 정사각형이 되는 조건**

① 한 내각의 크기가 90°인 마름모는 정사각형이다.

② 두 대각선의 길이가 같은 마름모는 정사각형이다.

(4) **직사각형이 정사각형이 되는 조건**

① 이웃하는 두 변의 길이가 같은 직사각형은 정사각형이다.

② 두 대각선이 서로 수직인 직사각형은 정사각형이다.

- □ABCD가 정사각형이면
  ① $\angle A = \angle B = \angle C = \angle D$ $= 90°$
  ② $\overline{AB} = \overline{BC} = \overline{CD} = \overline{DA}$

- 정사각형은 직사각형인 동시에 마름모이므로 직사각형의 성질과 마름모의 성질을 모두 갖는다.

개념 확인 문제 3

오른쪽 그림과 같은 정사각형 ABCD에서 두 대각선의 교점을 O라고 할 때, 다음을 구하시오.

(1) $\angle x$의 크기

(2) y의 값

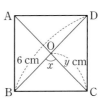

개념 ④ 등변사다리꼴

(1) **사다리꼴**: 한 쌍의 대변이 평행한 사각형

➡ $\overline{AD} /\!\!/ \overline{BC}$

(2) **등변사다리꼴**: 밑변의 양 끝 각의 크기가 같은 사다리꼴

➡ $\angle B = \angle C$

(3) **등변사다리꼴의 성질**

① 평행하지 않은 한 쌍의 대변의 길이가 같다.

➡ $\overline{AB} = \overline{DC}$

② 두 대각선의 길이가 같다.

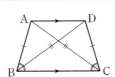

- $\overline{AD} /\!\!/ \overline{BC}$, $\angle B = \angle C$이면 □ABCD는 등변사다리꼴이다.

개념 확인 문제 4

오른쪽 그림과 같이 $\overline{AD} /\!\!/ \overline{BC}$인 등변사다리꼴 ABCD에서 x, y의 값을 각각 구하시오.

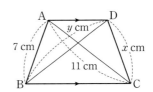

개념 **5** 여러 가지 사각형 사이의 관계

(1) 여러 가지 사각형 사이의 관계

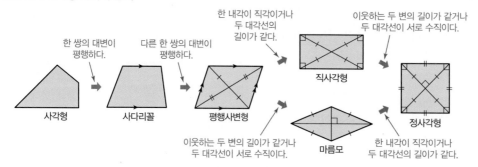

• 사각형의 각 변의 중점을 연결하여 만든 사각형

(2) 사각형의 각 변의 중점을 연결하여 만든 사각형

주어진 사각형의 각 변의 중점을 차례로 연결하여 만든 사각형은 다음과 같다.

① 평행사변형 ➡ 평행사변형   ② 직사각형 ➡ 마름모   ③ 마름모 ➡ 직사각형
④ 정사각형 ➡ 정사각형   ⑤ 등변사다리꼴 ➡ 마름모

개념 확인 문제 5

다음 도형에 대한 성질이 맞으면 ○표, 틀리면 ×표를 하시오.

(1) 두 대각선의 길이가 같은 평행사변형은 직사각형이다.   (   )
(2) 한 내각의 크기가 90°인 마름모는 정사각형이다.   (   )
(3) 두 대각선이 서로 수직인 평행사변형은 직사각형이다.   (   )
(4) 이웃하는 두 변의 길이가 같은 직사각형은 정사각형이다.   (   )

개념 **6** 평행선에서 삼각형의 넓이

(1) 평행선과 삼각형: 두 직선 l과 m이 평행할 때,
$\triangle ABC$와 $\triangle DBC$는 밑변 BC가 공통이고 높이는 h로 같으
므로 그 넓이는 서로 같다.

➡ $l /\!/ m$이면 $\triangle ABC = \triangle DBC = \dfrac{1}{2}ah$

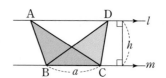

(2) 사각형과 넓이가 같은 삼각형

$\overline{AC} /\!/ \overline{DE}$이면 $\triangle ACD = \triangle ACE$이므로
$\square ABCD = \triangle ABC + \triangle ACD$
$\qquad\qquad = \triangle ABC + \triangle ACE = \triangle ABE$

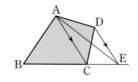

개념 확인 문제 6

오른쪽 그림과 같이 두 직선 l과 m이 평행하고 $\triangle ABC = 24 \text{ cm}^2$일 때, $\triangle DBC$의 넓이를 구하시오.

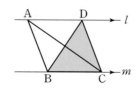

대표예제

예제 1 직사각형

오른쪽 그림과 같은 직사각형 ABCD에서 두 대각선의 교점이 O이고 ∠OCD=65°일 때, ∠x와 ∠y의 크기를 각각 구하시오.

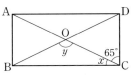

| 풀이전략 |
직사각형의 두 대각선은 길이가 같고 서로 다른 것을 이등분한다.

| 풀이 |
직사각형의 한 내각의 크기는 90°이므로
∠x=90°−65°=25°
직사각형의 두 대각선의 길이는 같으므로
$\overline{OA}=\overline{OB}=\overline{OC}=\overline{OD}$
즉, △OBC는 $\overline{OB}=\overline{OC}$인 이등변삼각형이므로
∠OBC=∠OCB=25°
△OBC에서 ∠y=180°−(25°+25°)=130°

      답 ∠x=25°, ∠y=130°

유제 1
9202-0113

다음 〈보기〉 중 평행사변형이 직사각형이 되기 위한 조건을 모두 고른 것은?

◀ 보기 ▶
ㄱ. 두 대각선의 길이가 같다.
ㄴ. 두 대각선이 서로 수직이다.
ㄷ. 두 대각선이 서로 다른 것을 이등분한다.
ㄹ. 이웃하는 두 내각의 크기가 같다.

① ㄱ, ㄴ   ② ㄱ, ㄷ   ③ ㄱ, ㄹ
④ ㄴ, ㄷ   ⑤ ㄴ, ㄹ

유제 2
9202-0114

오른쪽 그림과 같은 평행사변형 ABCD에서 점 O는 두 대각선의 교점이고 ∠ABC=90°, $\overline{OD}$=5 cm일 때, $\overline{AC}$의 길이를 구하시오.

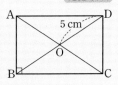

예제 2 마름모

오른쪽 그림과 같은 마름모 ABCD에서 두 대각선의 교점이 O이고 ∠CAD=40°일 때, ∠x와 ∠y의 크기를 각각 구하시오.

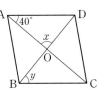

| 풀이전략 |
마름모의 두 대각선은 서로 다른 것을 수직이등분한다.

| 풀이 |
마름모의 두 대각선은 서로 다른 것을 수직이등분하므로
∠x=90°
또 ∠ACB=∠CAD=40°(엇각)이므로
∠y=180°−(90°+40°)=50°

      답 ∠x=90°, ∠y=50°

유제 3
9202-0115

오른쪽 그림과 같은 평행사변형 ABCD에서 점 O는 두 대각선의 교점이고 ∠AOB=90°, $\overline{AD}$=7 cm일 때, □ABCD의 둘레의 길이를 구하시오.

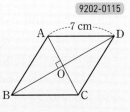

유제 4
9202-0116

오른쪽 그림과 같은 평행사변형 ABCD에서 점 O는 두 대각선의 교점이다. □ABCD가 마름모가 되기 위한 x, y의 값을 각각 구하시오.

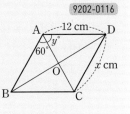

예제 3 정사각형

오른쪽 그림과 같은 정사각형 ABCD 에서 두 대각선의 교점을 O라고 할 때, x, y의 값을 각각 구하시오.

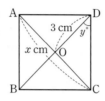

| 풀이전략 |

정사각형은 네 변의 길이와 네 각의 크기가 모두 같고, 정사각형의 두 대각선은 길이가 같고 서로 다른 것을 수직이등분한다.

| 풀이 |

□ABCD가 정사각형이므로 $\overline{OA}=\overline{OB}=\overline{OC}=\overline{OD}$에서

$\overline{AC}=2\overline{OD}=2\times3=6$(cm), 즉 $x=6$

또 $\angle ODC=\angle ODA$이고 $\angle ADC=90°$이므로

$\angle ODC=\dfrac{1}{2}\angle ADC=\dfrac{1}{2}\times90°=45°$

즉, $y=45$

답 $x=6$, $y=45$

유제 5
9202-0117

다음 〈보기〉 중 오른쪽 그림과 같은 마름모 ABCD가 정사각형이 되는 조건을 모두 고른 것은?

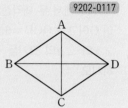

┌─ 보기 ┐
ㄱ. $\angle BAD=\angle ADC$　　ㄴ. $\overline{AB}=\overline{BC}=\overline{CD}=\overline{DA}$
ㄷ. $\overline{AC}\perp\overline{BD}$　　ㄹ. $\overline{AC}=\overline{BD}$
└─────┘

① ㄱ, ㄴ　　② ㄱ, ㄷ　　③ ㄱ, ㄹ
④ ㄴ, ㄹ　　⑤ ㄷ, ㄹ

유제 6
9202-0118

오른쪽 그림과 같은 정사각형 ABCD 에서 두 대각선의 교점이 O이고 $\overline{AC}=16$ cm일 때, □ABCD의 넓이를 구하시오.

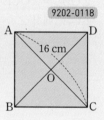

예제 4 등변사다리꼴

오른쪽 그림과 같이 $\overline{AD}\,\#\,\overline{BC}$인 등변사다리꼴 ABCD에서 두 대각선의 교점을 O라고 하자. $\overline{AC}=12$ cm, $\overline{OD}=4$ cm일 때, x의 값을 구하시오.

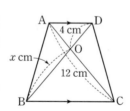

| 풀이전략 |

등변사다리꼴에서 두 대각선의 길이는 같다.

| 풀이 |

등변사다리꼴에서 두 대각선의 길이는 같으므로

$\overline{AC}=\overline{BD}$에서

$x+4=12$

따라서 $x=8$

답 8

유제 7
9202-0119

오른쪽 그림과 같이 $\overline{AD}\,\#\,\overline{BC}$인 등변사다리꼴 ABCD에서 $\angle x$와 $\angle y$의 크기를 각각 구하시오.

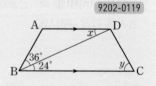

유제 8
9202-0120

오른쪽 그림과 같이 $\overline{AD}\,\#\,\overline{BC}$인 등변사다리꼴 ABCD에서 $\overline{AB}=\overline{AD}$이고 $\angle CAD=40°$일 때, $\angle B$의 크기를 구하시오.

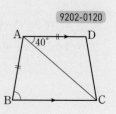

예제 5 여러 가지 사각형의 대각선의 성질

다음 〈보기〉에서 두 대각선의 길이가 같은 사각형을 모두 고르시오.

┤ 보기 ├
ㄱ. 등변사다리꼴   ㄴ. 평행사변형   ㄷ. 직사각형
ㄹ. 마름모   ㅁ. 정사각형

| 풀이전략 |

여러 가지 사각형의 대각선의 성질을 알아본다.

| 풀이 |

여러 가지 사각형의 대각선의 성질을 알아보면 다음과 같다.

ㄱ. 등변사다리꼴의 두 대각선의 길이는 같다.

ㄴ. 평행사변형의 두 대각선은 서로 다른 것을 이등분한다.

ㄷ. 직사각형의 두 대각선은 길이가 같고 서로 다른 것을 이등분한다.

ㄹ. 마름모의 두 대각선은 서로 다른 것을 수직이등분한다.

ㅁ. 정사각형의 두 대각선은 길이가 같고 서로 다른 것을 수직이등분한다.

따라서 두 대각선의 길이가 같은 사각형은 ㄱ, ㄷ, ㅁ이다.

🈁 ㄱ, ㄷ, ㅁ

예제 6 평행선과 넓이

오른쪽 그림과 같은 평행사변형 ABCD에서 점 E는 $\overline{AD}$ 위의 점이고 □ABCD=38 cm²일 때, △EBC의 넓이를 구하시오.

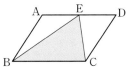

| 풀이전략 |

밑변에 평행한 직선 위의 한 점과 연결한 삼각형의 넓이는 모두 같다.

| 풀이 |

오른쪽 그림과 같이 $\overline{AC}$를 그으면

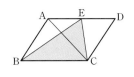

$$\triangle ABC = \frac{1}{2} \square ABCD$$
$$= \frac{1}{2} \times 38 = 19 (cm^2)$$

△ABC와 △EBC는 밑변 BC가 공통이고 높이가 같으므로

△EBC=△ABC=19 cm²

🈁 19 cm²

유제 9
9202-0121

오른쪽 그림과 같은 사각형 ABCD에서 $\overline{AC} \perp \overline{BD}$이다. 다음 중 이 사각형 ABCD가 될 수 있는 것으로만 짝지어진 것은?

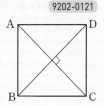

① 평행사변형, 직사각형

② 마름모, 등변사다리꼴

③ 마름모, 정사각형

④ 평행사변형, 정사각형

⑤ 등변사다리꼴, 정사각형

유제 10
9202-0122

다음 조건을 모두 만족하는 사각형을 모두 고르면? (정답 2개)

(가) 두 대각선이 서로 수직이다.
(나) 두 대각선이 서로 다른 것을 이등분한다.
(다) 대각선이 한 내각을 이등분한다.

① 평행사변형   ② 마름모   ③ 직사각형
④ 정사각형   ⑤ 등변사다리꼴

유제 11
9202-0123

오른쪽 그림과 같이 $\overline{AD} /\!/ \overline{BC}$인 사다리꼴 ABCD에서 두 대각선의 교점을 O라고 하자.

△ABC=35 cm²,

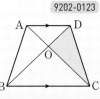

△OBC=21 cm²일 때, △DOC의 넓이를 구하시오.

유제 12
9202-0124

오른쪽 그림과 같은 사각형 ABCD에서 $\overline{AC} /\!/ \overline{DE}$이고 □ABCD의 넓이가 42 cm²일 때, △ABE의 넓이를 구하시오.

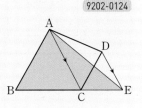

01 오른쪽 그림과 같은 직사각
형 ABCD에서 두 대각선
의 교점이 O이고
$\overline{AC}=13\ cm$, $\overline{AB}=5\ cm$
일 때, △OCD의 둘레의 길이를 구하시오.

9202-0125

02 오른쪽 그림과 같은 직사각형
ABCD에서 두 대각선의 교점을 O
라고 할 때, 다음 중 변의 길이가 나머
지 넷과 다른 하나는?

9202-0126

① $\overline{OA}$ ② $\overline{AB}$ ③ $\overline{OB}$
④ $\overline{OC}$ ⑤ $\overline{OD}$

03 다음 중 평행사변형 ABCD가 직사각형이 되는 것을 〈보기〉
에서 모두 고른 것은?

9202-0127

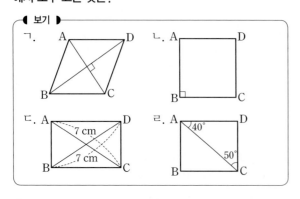

▶ 보기 ◀

① ㄱ, ㄷ   ② ㄱ, ㄹ
③ ㄱ, ㄴ, ㄹ   ④ ㄴ, ㄷ, ㄹ
⑤ ㄱ, ㄴ, ㄷ, ㄹ

04 오른쪽 그림과 같은 마름모
ABCD에서 두 대각선의 교
점이 O이고
∠BAO=65°일 때,
∠ADO의 크기를 구하시오.

9202-0128

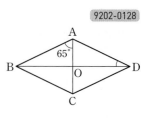

05 다음 그림과 같은 □ABCD에서
$\overline{AB}=\overline{BC}=\overline{CD}=\overline{DA}=5\ cm$이고 두 대각선의 교점을 O
라고 할 때, $\angle x + \angle y$의 크기를 구하시오.

9202-0129

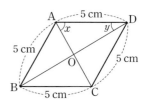

06 오른쪽 그림과 같은 정사각형 ABCD
에서 대각선 BD 위에 한 점 E가 있
다. ∠DAE=35°일 때, $\angle x$의 크기
를 구하시오.

9202-0130

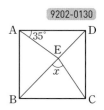

07 오른쪽 그림과 같이 $\overline{AD} /\!/ \overline{BC}$인 등변사다리꼴 ABCD에서 ∠C = 60°이고 $\overline{BC} = 9$ cm, $\overline{CD} = 5$ cm일 때, $\overline{AD}$의 길이를 구하시오.

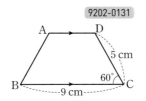

9202-0131

08 오른쪽 그림의 평행사변형 ABCD에 대한 다음 설명 중 옳은 것은?

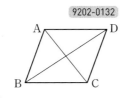

9202-0132

① ∠A = 90°이면 □ABCD는 정사각형이다.
② $\overline{AB} = \overline{BC}$이면 □ABCD는 직사각형이다.
③ $\overline{AC} = \overline{BD}$이면 □ABCD는 마름모이다.
④ $\overline{AC} \perp \overline{BD}$이면 □ABCD는 마름모이다.
⑤ ∠A = ∠B이면 정사각형이다.

09 다음 〈보기〉 중 항상 옳은 것을 모두 고른 것은?

9202-0133

◀ 보기 ▶
ㄱ. 직사각형의 두 대각선은 서로 수직이다.
ㄴ. 마름모의 두 쌍의 대각의 크기는 각각 같다.
ㄷ. 정사각형의 두 대각선의 길이는 같다.

① ㄴ   ② ㄷ   ③ ㄱ, ㄴ
④ ㄴ, ㄷ   ⑤ ㄱ, ㄴ, ㄷ

10 오른쪽 그림과 같은 마름모 ABCD의 각 변의 중점을 E, F, G, H라고 할 때, 다음 중 □EFGH에 대한 설명으로 옳지 <u>않은</u> 것을 모두 고르면? (정답 2개)

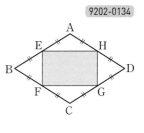

9202-0134

① 네 변의 길이가 모두 같다.
② 네 각의 크기가 모두 같다.
③ 두 대각선의 길이가 같다.
④ 두 대각선이 서로 다른 것을 이등분한다.
⑤ 두 대각선이 서로 다른 것을 수직이등분한다.

11 오른쪽 그림에서 두 직선 l과 m은 평행하고 △ABE = 34 cm², △EBC = 26 cm²일 때, △DBC의 넓이를 구하시오.

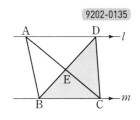

9202-0135

12 오른쪽 그림에서 $\overline{AC} /\!/ \overline{DF}$이고 $\overline{AE} \perp \overline{BC}$이다. $\overline{AE} = 6$ cm, $\overline{BC} = 5$ cm, $\overline{CF} = 2$ cm일 때, □ABCD의 넓이를 구하시오.

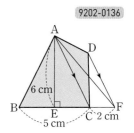

9202-0136

Level 1

01 오른쪽 그림과 같은 평행사변형 ABCD의 둘레의 길이가 20 cm이고 $\overline{AB}=4$ cm일 때, $\overline{AD}$의 길이를 구하시오.

9202-0137

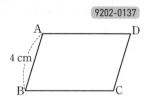

02 오른쪽 그림과 같은 평행사변형 ABCD에서 $\angle A=125°$일 때, $\angle x$와 $\angle y$의 크기를 바르게 짝지은 것은?

9202-0138

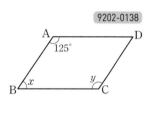

① $\angle x=45°$, $\angle y=115°$ ② $\angle x=45°$, $\angle y=125°$

③ $\angle x=55°$, $\angle y=115°$ ④ $\angle x=55°$, $\angle y=125°$

⑤ $\angle x=65°$, $\angle y=115°$

03 다음 〈보기〉의 사각형 중에서 평행사변형인 것을 모두 고른 것은?

9202-0139

보기

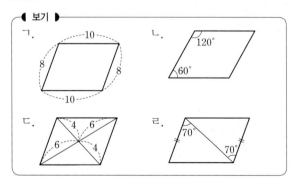

① ㄱ, ㄷ   ② ㄱ, ㄹ   ③ ㄴ, ㄷ

④ ㄴ, ㄹ   ⑤ ㄱ, ㄷ, ㄹ

중요

04 오른쪽 그림의 □ABCD에서 점 O는 두 대각선의 교점이다. $\angle ABD=40°$, $\overline{OA}=\overline{OC}=6$ cm, $\overline{OB}=\overline{OD}=8$ cm일 때, $\angle x$의 크기를 구하시오.

9202-0140

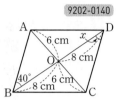

05 오른쪽 그림의 직사각형 ABCD에서 두 대각선의 교점이 O이고 $\overline{AB}=6$ cm, $\overline{AD}=8$ cm, $\overline{OA}=5$ cm일 때, △DBC의 둘레의 길이를 구하시오.

9202-0141

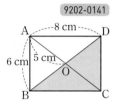

06 다음 중 오른쪽 그림과 같은 정사각형 ABCD에서 두 대각선의 교점을 O라고 할 때, 다음 중 옳지 않은 것은?

9202-0142

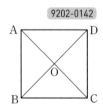

① $\overline{OA}=\overline{OB}$

② $\overline{OB}=\overline{OD}$

③ $\overline{AD}=\overline{OD}$

④ $\angle OAD=\angle ODA$

⑤ $\angle BOC=\angle COD$

07 오른쪽 그림에서 $\overleftrightarrow{AD}\,/\!/\,\overleftrightarrow{BC}$이고 $\angle ABC=90°$, $\overline{AB}=4$ cm, $\overline{BC}=6$ cm일 때, △DBC의 넓이를 구하시오.

9202-0143

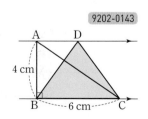

Level 2

08 오른쪽 그림과 같은 평행사변형 ABCD에서 $\overline{AB}=2x+3$, $\overline{AD}=3x-1$, $\overline{CD}=x+7$ 일 때, $\overline{BC}$의 길이를 구하시오.

9202-0144

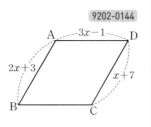

09 오른쪽 그림과 같은 평행사변형 ABCD에서 ∠C의 이등분선이 $\overline{AD}$와 만나는 점을 E라고 하자. $\overline{BC}=9$ cm, $\overline{CD}=7$ cm 일 때, $\overline{AE}$의 길이를 구하시오.

9202-0145

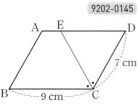

10 오른쪽 그림의 평행사변형 ABCD에서 ∠A : ∠D=7 : 11일 때, ∠C의 크기를 구하시오.

9202-0146

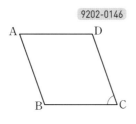

11 오른쪽 그림의 평행사변형 ABCD에서 점 E는 꼭짓점 A에서 $\overline{BC}$에 내린 수선의 발이고 ∠D=50°일 때, ∠BAE의 크기를 구하시오.

9202-0147

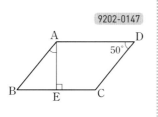

12 오른쪽 그림의 평행사변형 ABCD에서 점 O는 두 대각선의 교점이다. 색칠한 부분의 넓이가 63 cm²일 때, □ABCD의 넓이를 구하시오.

9202-0148

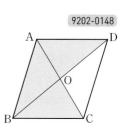

13 오른쪽 그림과 같이 평행사변형 ABCD의 내부의 한 점 P를 지나는 $\overline{EF}$와 $\overline{GH}$가 있다. $\overline{AD}$ // $\overline{EF}$ // $\overline{BC}$, $\overline{AB}$ // $\overline{GH}$ // $\overline{DC}$이고 □ABCD의 넓이가 58 cm²일 때, 색칠한 부분의 넓이를 구하시오.

9202-0149

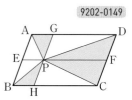

14 오른쪽 그림의 직사각형 ABCD에서 두 대각선의 교점을 O라고 할 때, 다음 〈보기〉 중 옳은 것을 모두 고른 것은?

9202-0150

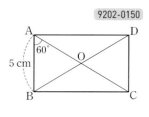

◀ 보기 ▶
ㄱ. $\overline{CD}=5$ cm   ㄴ. $\overline{BD}=10$ cm
ㄷ. ∠DBC=30°   ㄹ. ∠AOB=90°

① ㄱ, ㄴ   ② ㄱ, ㄹ   ③ ㄴ, ㄷ
④ ㄱ, ㄴ, ㄷ   ⑤ ㄴ, ㄷ, ㄹ

15 오른쪽 그림의 평행사변형 ABCD에서 점 O는 두 대각선의 교점이고 ∠BCD=∠ADC이다. $\overline{AC}=11$ cm일 때, $\overline{OD}$의 길이를 구하시오.

9202-0151

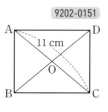

16 오른쪽 그림의 마름모 ABCD에서 점 O는 두 대각선의 교점이고 ∠x : ∠y=5 : 4이다. 이때 ∠x−∠y의 크기를 구하시오.

9202-0152

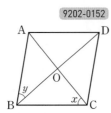

17 오른쪽 그림과 같은 평행사변형 ABCD에서 두 대각선의 교점을 O라고 하자. $\overline{AD}$=5 cm, ∠AOB=90°, ∠BCO=55° 일 때, 다음 〈보기〉 중에서 항상 옳은 것을 모두 고른 것은?

9202-0153

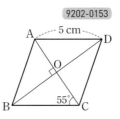

◀ 보기 ▶
ㄱ. ∠BAD=90°   ㄴ. $\overline{AB}$=5 cm
ㄷ. $\overline{AC}$=$\overline{BD}$ ㄹ. ∠CBO=35°

① ㄱ, ㄴ　　② ㄱ, ㄷ　　③ ㄴ, ㄷ
④ ㄴ, ㄹ　　⑤ ㄱ, ㄴ, ㄹ

18 오른쪽 그림과 같은 □ABCD에서 $\overline{OA}$=$\overline{OC}$, $\overline{OB}$=$\overline{OD}$이고 $\overline{AC}$⊥$\overline{BD}$이다. ∠OBC=35° 일 때, ∠x의 크기를 구하시오. (단, 점 O는 두 대각선의 교점이다.)

9202-0154

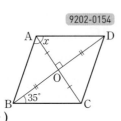

19 오른쪽 그림의 평행사변형 ABCD에서 점 O는 두 대각선의 교점이고 ∠ABD=35°, $\overline{DC}$=7 cm이다. 다음 중 $\overline{BC}$=7 cm가 되는 조건이 아닌 것은?

9202-0155

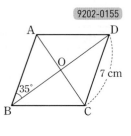

① $\overline{AD}$=7 cm　　② $\overline{OB}$=7 cm
③ ∠OCD=55°　　④ ∠AOB=90°
⑤ ∠ODA=35°

20 오른쪽 그림과 같이 정사각형 ABCD에서 $\overline{OA}$=4 cm일 때, 다음 중 옳지 않은 것은? (단, 점 O는 두 대각선의 교점이다.)

9202-0156

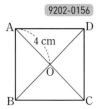

① $\overline{OD}$=4 cm
② $\overline{AC}$=8 cm
③ $\overline{AD}$=8 cm
④ ∠BOC=90°
⑤ ∠OAB=∠OBA

21 오른쪽 그림의 마름모 ABCD에서 두 대각선의 교점을 O라고 할 때, 마름모 ABCD가 정사각형이 되는 조건을 〈보기〉에서 모두 고르시오.

9202-0157

중요

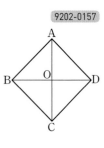

◀ 보기 ▶
ㄱ. $\overline{OA}$=$\overline{OB}$ ㄴ. $\overline{AC}$=$\overline{AD}$
ㄷ. ∠ABC=90°   ㄹ. ∠OCD=∠ODC

22 오른쪽 그림에서 □ABCD는 평행사변형이고 □ABCE는 등변사다리꼴이다. ∠B=75° 일 때, ∠DCE의 크기를 구하시오.

9202-0158

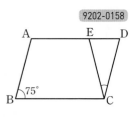

23 다음 사각형 중에서 대각선의 길이가 같은 사각형은 a개, 대각선이 서로 다른 것을 수직이등분하는 사각형은 b개이다. 이때 $a+b$의 값을 구하시오.

> 평행사변형, 직사각형, 마름모, 정사각형, 등변사다리꼴

9202-0159

---

24 다음 그림과 같은 직사각형 ABCD에서 ∠A의 이등분선과 $\overline{BC}$가 만나는 점을 E, ∠B의 이등분선과 $\overline{AD}$가 만나는 점을 F라 하고 $\overline{AE}$와 $\overline{BF}$의 교점을 O라고 하자. $\overline{AB}=6$ cm일 때, □ABEF의 넓이를 구하시오.

9202-0160

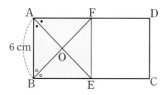

---

25 오른쪽 그림의 평행사변형 ABCD에서 색칠한 부분의 넓이가 38 cm^{2}일 때, 평행사변형 ABCD의 넓이를 구하시오.

9202-0161

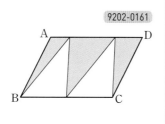

---

26 오른쪽 그림과 같이 점 A를 지나는 직선 l이 직선 BG에 평행하고 $\overline{BC}=\overline{CD}=\overline{DE}=\overline{EF}=\overline{FG}$이다. △ABG의 넓이가 90 cm^{2}일 때, △ACE의 넓이를 구하시오.

9202-0162

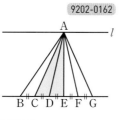

Level 3

27 오른쪽 그림과 같이 $\overline{AB}=\overline{AC}$인 이등변삼각형 ABC에서 $\overline{AB}/\!\!/\overline{DE}$가 되도록 $\overline{AC}$, $\overline{BC}$ 위에 각각 두 점 D, E를 잡고 점 E를 지나면서 $\overline{AC}$에 평행한 직선이 $\overline{AB}$와 만나는 점을 F라고 하자. $\overline{AB}=8$ cm일 때, 사각형 AFED의 둘레의 길이를 구하시오.

9202-0163

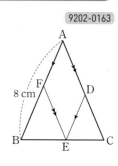

---

28 오른쪽 그림의 평행사변형 ABCD에서 점 A가 $\overline{CD}$ 위의 점 F에 오도록 접었더니 □EBCD가 등변사다리꼴이 되었다. ∠C=70°일 때, ∠BFC의 크기를 구하시오.

9202-0164

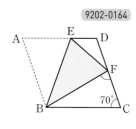

---

29 오른쪽 그림과 같이 $\overline{AD}/\!\!/\overline{BC}$인 사다리꼴 ABCD에서 두 대각선의 교점을 O라고 하자. $\overline{AD}:\overline{BC}=5:6$이고 △OAD=$25$ cm^2, △OBC=36 cm^{2}일 때, 사다리꼴 ABCD의 넓이를 구하시오.

9202-0165

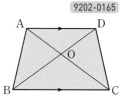

서술형 예제

9202-0166

오른쪽 그림과 같은 평행사변형 ABCD의 대각선 BD의 중점 O를 지나고
$\overline{BD}$에 수직인 직선이 $\overline{AD}$, $\overline{BC}$와 만나는 점을 각각 E, F라고 할 때,
□EBFD는 어떤 사각형인지 설명하시오.

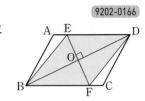

풀이

□ABCD는 평행사변형이므로
$\overline{AD}\,/\!/\,\overline{BC}$에서 $\overline{ED}\,/\!/$ [   ] ······ ㉠
△EOD와 △FOB에서
∠EOD=∠FOB, $\overline{OD}=$ [   ], ∠EDO= [   ] (엇각)
이므로 △EOD≡△FOB ([   ] 합동)
즉, $\overline{ED}=$ [   ] ······ ㉡
㉠, ㉡에서 □EBFD는 [   ]이다.
이때 $\overline{EF}\perp\overline{BD}$이므로 □EBFD는 [   ]이다.

서술형 유제

9202-0167

오른쪽 그림과 같은 평행사변형 ABCD의 네 내각의 이등분선이 만드는 사
각형 EFGH는 어떤 사각형인지 설명하시오.

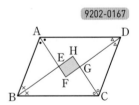

1 오른쪽 그림과 같이 평행사변형 ABCD의 두 대각선의 교점 O를 지나는 직선이 $\overline{\text{AD}}$, $\overline{\text{BC}}$와 만나는 점을 각각 E, F라고 하자. △ODE와 △OCF의 넓이의 합이 18 cm²일 때, 평행사변형 ABCD의 넓이를 구하시오.

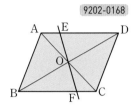

9202-0168

2 오른쪽 그림과 같은 평행사변형 ABCD의 대각선 BD에서 $\overline{\text{BE}}=\overline{\text{EF}}=\overline{\text{FD}}$이다. □ABCD의 넓이가 72 cm²일 때, 색칠한 부분의 넓이를 구하시오.

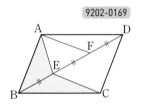

9202-0169

3 오른쪽 그림에서 □ABCD와 □OEFG는 각각 한 변의 길이가 10 cm인 정사각형이고 점 O는 □ABCD의 두 대각선 AC와 BD의 교점이다. 색칠한 부분의 넓이를 구하시오.

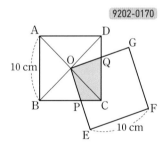

9202-0170

4 오른쪽 그림과 같은 평행사변형 ABCD의 내부의 한 점 P에 대하여 △PAB의 넓이는 △PCD의 넓이보다 8 cm²만큼 크다고 한다. □ABCD의 넓이가 96 cm²일 때, △PCD의 넓이를 구하시오.

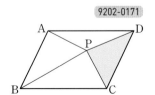

9202-0171

도형의 닮음과 피타고라스 정리

1 닮은 도형

개념 ① 닮은 도형

(1) **닮음**: 한 도형을 일정한 비율로 확대하거나 축소한 도형이 다른 도형과 합동일 때, 그 두 도형을 서로 닮음인 관계에 있다고 한다.

(2) **닮은 도형**: 서로 닮음인 관계에 있는 두 도형

• 합동인 두 도형은 닮은 도형이다.

• **항상 닮음인 평면도형**
  두 원, 변의 개수가 같은 두 정다각형, 두 직각이등변삼각형

• **항상 닮음인 입체도형**
  두 구, 면의 개수가 같은 두 정다면체

개념 확인 문제 1

다음 □ 안에 알맞은 말을 써넣으시오.

(1) 한 도형을 일정한 비율로 확대하거나 축소한 도형이 다른 도형과 합동일 때, 그 두 도형은 서로 □ 인 관계에 있다고 한다.

(2) (1)과 같은 관계에 있는 두 도형을 □ 이라고 한다.

개념 ② 기호 ∽와 닮음비

(1) △ABC와 △DEF가 서로 닮은 도형일 때, 이것을 기호 ∽를 써서 다음과 같이 나타낸다.

$$\triangle ABC \backsim \triangle DEF$$

주의 두 도형이 닮음임을 기호 ∽로 나타낼 때는 두 도형의 대응하는 꼭짓점을 같은 순서로 써야 한다.

(2) **닮음비**: 닮은 두 도형에서 대응변의 길이의 비

참고 닮음비는 보통 가장 간단한 자연수의 비로 나타낸다.

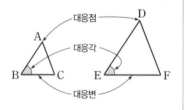

• 두 삼각형 ABC와 DEF가
  ① 합동이면
    △ABC≡△DEF
  ② 닮음이면
    △ABC∽△DEF
  ③ 넓이가 같으면
    △ABC=△DEF

• 입체도형의 닮음비는 대응하는 모서리의 길이의 비이다.

개념 확인 문제 2

오른쪽 그림에서 □ABCD∽□EFGH일 때, 다음을 구하시오.

(1) 점 A에 대응하는 꼭짓점

(2) 변 BC에 대응하는 변

(3) ∠H에 대응하는 각

(4) □ABCD와 □EFGH의 닮음비

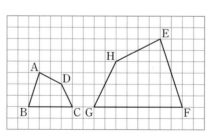

• 두 원의 닮음비는 반지름의 길이의 비이다.

개념 ③ 평면도형에서 닮음의 성질

닮은 두 평면도형에서

① 대응하는 변의 길이의 비는 일정하다.

② 대응하는 각의 크기는 각각 같다.

③ 닮음비가 $m : n$이면 넓이의 비는 $m^2 : n^2$이다.

예 오른쪽 그림에서 $\triangle ABC \backsim \triangle DEF$일 때,

$$\overline{AB} : \overline{DE} = \overline{BC} : \overline{EF} = \overline{CA} : \overline{FD}$$

이고

$$\angle A = \angle D, \ \angle B = \angle E, \ \angle C = \angle F$$

이다.

또 두 도형의 닮음비가 $2 : 4 = 1 : 2$이므로 넓이의 비는 $1^2 : 2^2 = 1 : 4$이다.

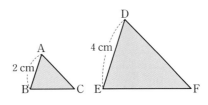

개념 확인 문제 3

오른쪽 그림에서 □ABCD∽□EFGH이고
□EFGH의 넓이가 8 cm²일 때, 다음을 구하시오.

(1) $\overline{AB}$의 길이

(2) ∠D의 크기

(3) □ABCD의 넓이

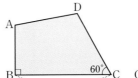
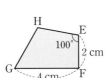

개념 ④ 입체도형에서 닮음의 성질

(1) 평면도형에서와 마찬가지로 한 입체도형을 일정한 비율로 확대하거나 축소한 도형이 다른 입체도형과 모양과 크기가 같을 때, 이 두 입체도형은 '서로 닮음인 관계에 있다.' 또는 '서로 닮은 도형'이라고 한다.

(2) 닮은 두 입체도형에서

① 대응하는 모서리의 길이의 비는 일정하다.

② 대응하는 면은 닮은 도형이다.

③ 닮음비가 $m : n$이면 부피의 비는 $m^3 : n^3$이다.

• 두 구의 닮음비는 반지름의 길이의 비이다.

개념 확인 문제 4

오른쪽 그림에서 두 직육면체는 서로 닮은 도형이고
□EFGH에 대응하는 면이 □MNOP이다. 작은 직육면체의 부피가 20 cm³일 때, 다음을 구하시오.

(1) x의 값

(2) 큰 직육면체의 부피

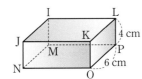

대표예제

예제 ① 닮은 도형

다음 중에서 항상 서로 닮은 도형인 것을 모두 고르시오.

> 두 정삼각형, 두 이등변삼각형, 두 원,
> 두 마름모, 두 평행사변형

| 풀이전략 |

일정한 비율로 확대하거나 축소하여 항상 합동이 되는 두 도형을 찾는다.

| 풀이 |

두 정삼각형에서 한 정삼각형을 일정한 비율로 확대하거나 축소하면 다른 정삼각형과 합동이 되므로 두 도형은 서로 닮음이다. 같은 방법으로 두 원도 서로 닮음이다.

🖍 두 정삼각형, 두 원

유제 1

9202-0172

다음 중 항상 서로 닮은 도형인 것은?

① 두 사다리꼴　　② 두 직사각형
③ 두 원기둥　　　④ 두 부채꼴
⑤ 두 직각이등변삼각형

유제 2

9202-0173

다음 중 항상 닮음인 도형을 모두 고르면? (정답 2개)

① 두 마름모　　② 두 정오각형　　③ 두 원뿔
④ 두 정사면체　　⑤ 두 삼각기둥

예제 ② 평면도형에서 닮음의 성질

아래 그림에서 △ABC∽△DEF일 때, 다음을 구하시오.

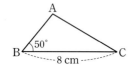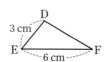

(1) △ABC와 △DEF의 닮음비
(2) $\overline{AB}$의 길이　　　(3) ∠E의 크기

| 풀이전략 |

△ABC와 △DEF에서 대응변과 대응각을 찾는다.

| 풀이 |

(1) $\overline{BC}$의 대응변은 $\overline{EF}$이고, $\overline{BC}$=8 cm, $\overline{EF}$=6 cm이므로
　 $\overline{BC} : \overline{EF}$=8 : 6=4 : 3
　 따라서 △ABC와 △DEF의 닮음비는 4 : 3이다.
(2) $\overline{AB}$의 대응변은 $\overline{DE}$이고, $\overline{DE}$=3 cm
　 두 삼각형의 닮음비는 4 : 3이므로
　 $\overline{AB}$: 3=4 : 3, $\overline{AB}$=4
　 따라서 $\overline{AB}$=4 cm
(3) ∠B의 대응각은 ∠E이므로 ∠E=∠B=50°

🖍 (1) 4 : 3　(2) 4 cm　(3) 50°

유제 3

9202-0174

아래 그림에서 △ABC∽△DEF일 때, 다음을 구하시오.

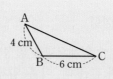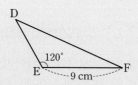

(1) △ABC와 △DEF의 닮음비
(2) $\overline{DE}$의 길이　　　(3) ∠B의 크기

유제 4

9202-0175

아래 그림에서 □ABCD∽□EFGH일 때, 다음을 구하시오.

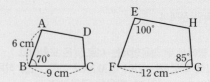

(1) □ABCD와 □EFGH의 닮음비
(2) $\overline{EF}$의 길이　　　(3) ∠H의 크기

예제 **3** 평면도형에서 닮음비의 응용

아래 그림에서 △ABC∽△DEF이고 닮음비는 3 : 2이다. △ABC의 넓이가 108 cm²일 때, 다음을 구하시오.

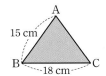

(1) △DEF의 둘레의 길이   (2) △DEF의 넓이

| 풀이전략 |
닮음비가 $a : b$인 두 도형의 넓이의 비는 $a^2 : b^2$이다.

| 풀이 |

(1) △ABC와 △DEF의 닮음비가 3 : 2이므로
　$15 : \overline{DE} = 3 : 2$, $\overline{DE} = 10$ cm
　$18 : \overline{EF} = 3 : 2$, $\overline{EF} = 12$ cm
　따라서 △DEF의 둘레의 길이는 $10 + 12 + 10 = 32$ (cm)
(2) △ABC와 △DEF의 넓이의 비는 $3^2 : 2^2 = 9 : 4$이다.
　따라서 △DEF의 넓이는 $108 \times \dfrac{4}{9} = 48$ (cm²)

　　　　　　　　　　　　🖎 (1) 32 cm   (2) 48 cm²

예제 **4** 입체도형에서 닮음의 성질

다음 그림의 두 직육면체는 서로 닮은 도형이고 $\overline{AB}$에 대응하는 모서리가 $\overline{IJ}$일 때, $x + y$의 값을 구하시오.

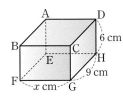 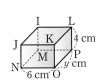

| 풀이전략 |
두 직육면체의 닮음비는 $\overline{DH} : \overline{LP} = 3 : 2$이다.

| 풀이 |
두 도형의 닮음비는 $\overline{DH} : \overline{LP} = 6 : 4 = 3 : 2$이다.
$x : 6 = 3 : 2$, $x = 9$
$9 : y = 3 : 2$, $y = 6$
따라서 $x + y = 9 + 6 = 15$

　　　　　　　　　　　　🖎 15

유제 **5**
9202-0176

다음 그림의 두 평행사변형은 서로 닮은 도형이고 닮음비는 1 : 2이다. $\overline{AB}$에 대응하는 변이 $\overline{EF}$일 때, □ABCD의 둘레의 길이를 구하시오.

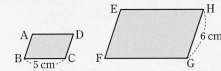

유제 **6**
9202-0177

원 O와 원 O′의 닮음비가 2 : 3이고 원 O의 넓이가 8π cm²일 때, 원 O′의 넓이를 구하시오.

유제 **7**
9202-0178

다음 그림의 두 삼각뿔은 서로 닮은 도형이다. $\overline{AD}$에 대응하는 모서리가 $\overline{EH}$일 때, $x + y$의 값을 구하시오.

 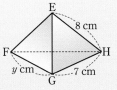

유제 **8**
9202-0179

다음 두 정사면체는 서로 닮은 도형이고 닮음비는 4 : 3일 때, 정사면체 V−ABC의 모든 모서리의 길이의 합을 구하시오.

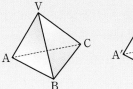

예제 5 입체도형에서 닮음비의 응용 – 원기둥

다음 그림과 같은 두 원기둥 A, B가 서로 닮음일 때, 원기둥 B의 밑면의 넓이를 구하시오.

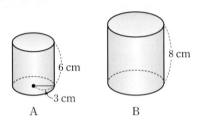

| 풀이전략 |
두 원기둥 A, B의 닮음비는 3 : 4이다.

| 풀이 |

두 원기둥 A, B의 닮음비는 $6 : 8 = 3 : 4$이다.
원기둥 B의 밑면의 반지름의 길이를 x cm라고 하면
$3 : x = 3 : 4$, $x = 4$
따라서 원기둥 B의 밑면의 넓이는 16π cm^{2}이다.

답 16π cm^2

유제 9 9202-0180

다음 그림과 같은 두 원기둥 A, B가 서로 닮은 도형일 때, 원기둥 B의 옆면의 넓이를 구하시오.

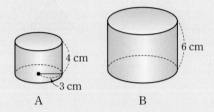

유제 10 9202-0181

두 원기둥 A, B가 서로 닮은 도형이고 닮음비는 2 : 3이다. 원기둥 A의 부피가 16π cm^{3}일 때, 원기둥 B의 부피를 구하시오.

예제 6 입체도형에서 닮음비의 응용 – 원뿔

다음 그림과 같은 두 원뿔 A, B가 서로 닮음이고 원뿔 A의 밑면의 넓이가 50π cm^{2}일 때, 원뿔 B의 밑면의 넓이를 구하시오.

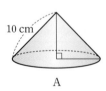 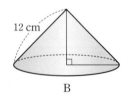

| 풀이전략 |
두 원뿔 A, B의 닮음비는 5 : 6이다.

| 풀이 |

두 원뿔 A, B가 서로 닮음이므로 두 원뿔의 밑면도 서로 닮음이다. 그런데 두 원뿔 A, B의 닮음비는 $10 : 12 = 5 : 6$이므로 두 원뿔의 밑면의 넓이의 비는 $5^2 : 6^2 = 25 : 36$

따라서 원뿔 B의 밑면의 넓이는 $50\pi \times \dfrac{36}{25} = 72\pi \, (\text{cm}^2)$

답 72π cm^2

유제 11 9202-0182

다음 그림과 같은 두 원뿔 A, B가 서로 닮은 도형일 때, 원뿔 A의 옆면의 넓이를 구하시오.

 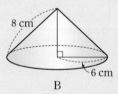

유제 12 9202-0183

두 원뿔 A, B가 서로 닮은 도형이고 닮음비는 3 : 5이다. 원뿔 A의 부피가 27π cm^{3}일 때, 원뿔 B의 부피를 구하시오.

형성평가
1. 닮은 도형

01 다음 〈보기〉에서 항상 닮은 도형인 것을 모두 고르시오.
9202-0184

◀ 보기 ▶
ㄱ. 두 직사각형 ㄴ. 두 정사각형
ㄷ. 두 마름모 ㄹ. 두 원기둥

02 닮은 도형에 대한 다음 설명 중 옳은 것을 모두 고르면?
9202-0185
(정답 2개)

① 한 예각의 크기가 같은 두 직각삼각형은 닮은 도형이다.
② 한 내각의 크기가 같은 두 이등변삼각형은 닮은 도형이다.
③ 반지름의 길이가 같은 두 부채꼴은 닮은 도형이다.
④ 한 내각의 크기가 같은 두 마름모는 닮은 도형이다.
⑤ 밑면의 반지름의 길이가 같은 두 원기둥은 닮은 도형이다.

03 다음 그림에서 △ABC∽△DEF일 때, 다음을 구하시오.
9202-0186

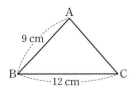
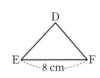

(1) △ABC와 △DEF의 닮음비
(2) $\overline{DE}$의 길이

04 아래 그림의 두 삼각기둥은 서로 닮은 도형이고 $\overline{AB}$에 대응하는 모서리가 $\overline{GH}$일 때, 다음 중 옳지 않은 것은?
9202-0187

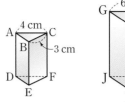
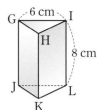

① △ABC∽△GHI
② □ADEB∽□GJKH
③ 닮음비는 2 : 3이다.
④ $\overline{HI}$=4.5 cm
⑤ $\overline{AD}$=5 cm

05 다음 그림에서 □ABCD∽□EFGH이고 □ABCD의 넓이가 28 cm²일 때, □EFGH의 넓이를 구하시오.
9202-0188

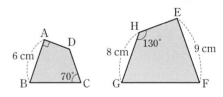

06 다음 그림의 두 원기둥 A, B는 서로 닮은 도형이다. 원기둥 A의 부피가 27π cm³일 때, 원기둥 B의 부피를 구하시오.
9202-0189

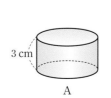
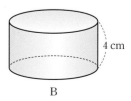

A   B

2 삼각형의 닮음 조건

개념 ① 삼각형의 닮음 조건

두 삼각형 ABC와 A′B′C′이 다음 세 조건 중 하나를 만족하면 서로 닮은 도형이다.

① 세 쌍의 대응변의 길이의 비가 각각 같을 때

(SSS 닮음)

➡ $a : a′ = b : b′ = c : c′$

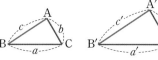

② 두 쌍의 대응변의 길이의 비가 각각 같고 그 끼인각의 크기가 같을 때 (SAS 닮음)

➡ $a : a′ = c : c′$, $∠B = ∠B′$

③ 두 쌍의 대응각의 크기가 각각 같을 때 (AA 닮음)

➡ $∠B = ∠B′$, $∠C = ∠C′$

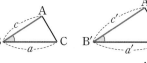

> • 삼각형의 합동조건
> 두 삼각형은 다음과 같은 경우에 합동이다.
> ① 세 쌍의 대응하는 변의 길이가 각각 같을 때
> (SSS 합동)
> ② 두 쌍의 대응하는 변의 길이가 각각 같고, 그 끼인각의 크기가 같을 때
> (SAS 합동)
> ③ 한 쌍의 대응하는 변의 길이가 같고, 그 양 끝 각의 크기가 각각 같을 때
> (ASA 합동)

개념 확인 문제 1

다음은 △ABC와 △DEF가 서로 닮은 도형임을 설명한 것이다. □ 안에 알맞은 것을 써넣으시오.

> △ABC와 △DEF에서
> $\overline{AB} : \overline{DE} = 1 : k$,
> $\overline{BC} : \overline{EF} = \boxed{} : \boxed{}$,
> $\overline{AC} : \overline{DF} = \boxed{} : \boxed{}$
> 이므로 세 쌍의 대응변의 길이의 비가 각각 같다.
> 따라서 △ABC∽△DEF ($\boxed{}$ 닮음)

개념 확인 문제 2

다음은 ∠B=∠E인 △ABC와 △DEF가 서로 닮은 도형임을 설명한 것이다. □ 안에 알맞은 것을 써넣으시오.

> △ABC와 △DEF에서
> $\overline{AB} : \overline{DE} = 1 : k$,
> $\overline{BC} : \overline{EF} = \boxed{} : \boxed{}$,
> $∠B = \boxed{}$
> 이므로 두 쌍의 대응변의 길이의 비가 각각 같고 그 끼인각의 크기가 같다.
> 따라서 △ABC∽△DEF ($\boxed{}$ 닮음)

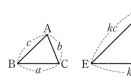

∠A=90°인 직각삼각형 ABC의 꼭짓점 A에서 빗변 BC에 내린
수선의 발을 D라고 하자.

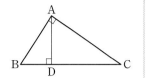

① △ABC와 △DBA에서

　∠BAC=∠BDA=90°　……㉠

　∠B는 공통　　　　　……㉡

　㉠, ㉡에 의하여

　△ABC∽△DBA (AA 닮음)

　따라서

$$\overline{AB} : \overline{DB} = \overline{BC} : \overline{BA}$$
$$\overline{AB}^2 = \overline{BD} \times \overline{BC}$$

② △ABC와 △DAC에서

　∠BAC=∠ADC=90°　……㉠

　∠C는 공통　　　　　……㉡

　㉠, ㉡에 의하여

　△ABC∽△DAC (AA 닮음)

　따라서

$$\overline{BC} : \overline{AC} = \overline{AC} : \overline{DC}$$
$$\overline{AC}^2 = \overline{CD} \times \overline{CB}$$

③ △DBA와 △DAC에서

　∠BDA=∠ADC=90°　……㉠

　∠ABD+∠BAD=90°이고

　∠CAD+∠BAD=90°이므로

　∠ABD=∠CAD　　　……㉡

　㉠, ㉡에 의하여

　△DBA∽△DAC (AA 닮음)

　따라서

$$\overline{BD} : \overline{AD} = \overline{AD} : \overline{CD}$$
$$\overline{AD}^2 = \overline{BD} \times \overline{CD}$$

• 다음 그림에서 $x^2 = yz$이다.

①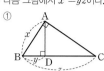
②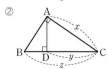
③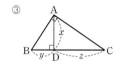

개념 확인 문제 3

오른쪽 그림과 같이 ∠A=90°인 직각삼각형 ABC의 꼭짓점 A에서 빗변 BC
에 내린 수선의 발을 D라고 할 때, □ 안에 알맞은 것을 써넣으시오.

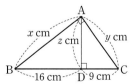

(1) $\overline{AB}^2 = \overline{BD} \times$ [ ]이므로 $x=$ [ ]

(2) $\overline{AC}^2 =$ [ ] $\times \overline{CB}$이므로 $y=$ [ ]

(3) $\overline{AD}^2 = \overline{BD} \times$ [ ]이므로 $z=$ [ ]

대표예제

예제 ① 삼각형의 닮음 조건

다음 〈보기〉의 삼각형 중에서 서로 닮음인 도형을 찾고, 그 닮음 조건을 말하시오.

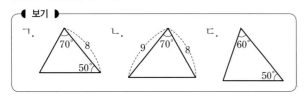

| 풀이전략 |
두 쌍의 대응각의 크기가 각각 같은 두 삼각형을 찾는다.

| 풀이 |

ㄱ과 ㄷ의 삼각형이 서로 닮음이고, 닮음 조건은 AA 닮음이다.   🔑 ㄱ과 ㄷ, AA 닮음

유제 1   9202-0190

오른쪽 그림의 △ABC와 △DEF가 다음 조건을 만족시킬 때, △ABC∽△DEF가 아닌 것은?

① $\overline{AB} : \overline{DE} = \overline{BC} : \overline{EF} = \overline{AC} : \overline{DF}$
② $\overline{AB} : \overline{DE} = \overline{BC} : \overline{EF}$, ∠B=∠F
③ $\overline{AB} : \overline{DE} = \overline{AC} : \overline{DF}$, ∠A=∠D
④ $\overline{BC} : \overline{EF} = \overline{AC} : \overline{DF}$, ∠C=∠F
⑤ ∠B=∠E, ∠C=∠F

예제 ② 두 삼각형이 닮음이 되기 위해 추가해야 할 조건

오른쪽 그림의 △ABC와 △DEF가 서로 닮은 도형이 되기 위해 다음 중 추가해야 하는 조건은?

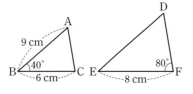

① ∠A=∠D   ② ∠C=80°
③ ∠E=40°   ④ $\overline{AC}$=4.5 cm, $\overline{DF}$=6 cm
⑤ $\overline{DE}$=12 cm, ∠E=40°

| 풀이전략 |
AA 닮음 또는 SAS 닮음이 되도록 하는 조건을 찾는다.

| 풀이 |
⑤ $\overline{DE}$=12 cm, ∠E=40°이면 두 쌍의 대응변의 길이의 비가 각각 같고 그 끼인각의 크기가 같으므로 SAS 닮음이다.   🔑 ⑤

유제 2   9202-0191

오른쪽 그림과 같은 두 삼각형 ABC와 DEF가 서로 닮은 도형이 되기 위한 조건으로 옳은 것을 〈보기〉에서 모두 고르시오.

◀ 보기 ▶

ㄱ. ∠A=40°   ㄴ. ∠E=75°
ㄷ. $\overline{AC}$=12 cm, $\overline{DF}$=18 cm

유제 3   9202-0192

오른쪽 그림과 같은 △ABC와 △DEF에서 한 가지 조건만을 추가하여 서로 닮은 도형이 되게 하려고 한다. 다음 중 필요한 조건은? (정답 2개)

① $\overline{DF}$=b   ② $\overline{DF}$=2b   ③ ∠A=∠D
④ ∠B=∠E   ⑤ ∠C=∠F

예제 ❸ **삼각형의 닮음 조건 – SAS 닮음**

오른쪽 그림과 같은
△ABC에서 $\overline{AD}$=8 cm,
$\overline{DB}$=4 cm, $\overline{AE}$=6 cm,
$\overline{EC}$=10 cm, $\overline{BC}$=18 cm일
때, 다음 물음에 답하시오.

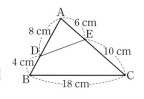

(1) △ABC∽△AED임을 설명하시오.

(2) $\overline{DE}$의 길이를 구하시오.

| 풀이전략 |
두 삼각형에서 대응변의 길이의 비를 찾아 닮음임을 설명한다.

| 풀이 |

(1) △ABC와 △AED에서 $\overline{AB}$: $\overline{AE}$=12 : 6=2 : 1,
  $\overline{AC}$: $\overline{AD}$=16 : 8=2 : 1, ∠A는 공통
  이므로 △ABC∽△AED (SAS 닮음)

(2) △ABC∽△AED이므로
  $\overline{AB}$: $\overline{AE}$=$\overline{BC}$: $\overline{ED}$, 12 : 6=18 : $\overline{ED}$
  따라서 $\overline{DE}$=9 cm

📋 (1) 풀이 참조 (2) 9 cm

유제 ❹

9202-0193

오른쪽 그림과 같은 △ABC에
서 $\overline{AB}$=4 cm, $\overline{AC}$=7 cm,
$\overline{BD}$=2 cm, $\overline{CD}$=6 cm일 때,
다음 물음에 답하시오.

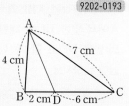

(1) △ABC∽△DBA임을 설명하시오.

(2) $\overline{AD}$의 길이를 구하시오.

유제 ❺

9202-0194

오른쪽 그림에서 점 C가 $\overline{AD}$와
$\overline{BE}$의 교점일 때, $\overline{AB}$의 길이를
구하시오.

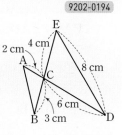

예제 ❹ **삼각형의 닮음 조건 – AA 닮음**

오른쪽 그림과 같은 △ABC에
서 ∠A = ∠DEC이고
$\overline{AD}$=2 cm, $\overline{DC}$=6 cm,
$\overline{EC}$=4 cm일 때, 다음 물음에
답하시오.

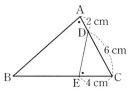

(1) △ABC∽△EDC임을 설명하시오.

(2) $\overline{BE}$의 길이를 구하시오.

| 풀이전략 |
두 삼각형에서 공통인 각을 찾아 닮음임을 설명한다.

| 풀이 |

(1) △ABC와 △EDC에서 ∠C는 공통, ∠A = ∠DEC
  이므로 △ABC∽△EDC (AA 닮음)

(2) △ABC∽△EDC이므로
  $\overline{AC}$: $\overline{EC}$=$\overline{BC}$: $\overline{DC}$, 8 : 4=$\overline{BC}$: 6, $\overline{BC}$=12 cm
  따라서 $\overline{BE}$=$\overline{BC}$-$\overline{EC}$=12-4=8(cm)

📋 (1) 풀이 참조 (2) 8 cm

유제 ❻

9202-0195

오른쪽 그림과 같은 △ABC에서
∠C=∠ABD이고
$\overline{AB}$=6 cm, $\overline{AD}$=4 cm일 때,
다음 물음에 답하시오.

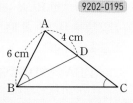

(1) △ABC∽△ADB임을 설명하시오.

(2) $\overline{CD}$의 길이를 구하시오.

유제 ❼

9202-0196

오른쪽 그림과 같은
△ABC에서
∠C=∠ADE이고
$\overline{AD}$=4 cm, $\overline{AC}$=9 cm,
$\overline{DE}$=6 cm일 때, $\overline{BC}$의 길이를 구하시오.

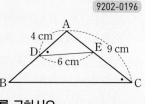

대표예제

예제 5 직각삼각형의 닮음의 응용 (1)

오른쪽 그림과 같이 $\angle A=90°$
인 직각삼각형 ABC의 꼭짓점
A에서 빗변 BC에 내린 수선
의 발을 D라고 할 때, 다음 물
음에 답하시오.

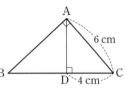

(1) $\triangle ABC \backsim \triangle DAC$임을 설명하시오.
(2) $\overline{BD}$의 길이를 구하시오.

| 풀이전략 |
두 직각삼각형에서 공통인 각을 찾아 닮음임을 설명한다.

| 풀이 |

(1) $\triangle ABC$와 $\triangle DAC$에서
  $\angle BAC = \angle ADC = 90°$, $\angle C$는 공통
  따라서 $\triangle ABC \backsim \triangle DAC$ (AA 닮음)
(2) $\triangle ABC \backsim \triangle DAC$이므로
  $\overline{AC}^2 = \overline{CD} \times \overline{CB}$, $36 = 4 \times \overline{CB}$, $\overline{BC}=9$ cm
  따라서 $\overline{BD} = \overline{BC} - \overline{DC} = 9-4 = 5 \text{(cm)}$

🅰 (1) 풀이 참조 (2) 5 cm

유제 8

9202-0197

오른쪽 그림과 같이
$\angle A=90°$인 직각삼각형
ABC의 꼭짓점 A에서 빗변
BC에 내린 수선의 발을 D라
고 하자. $\overline{AB}=15$ cm,
$\overline{BD}=9$ cm일 때, 다음 물음에 답하시오.

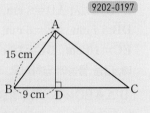

(1) $\triangle ABC \backsim \triangle DBA$임을 설명하시오.
(2) $\overline{CD}$의 길이를 구하시오.

예제 6 직각삼각형의 닮음의 응용 (2)

오른쪽 그림과 같이 $\angle A=90°$
인 직각삼각형 ABC의 꼭짓
점 A에서 빗변 BC에 내린 수
선의 발을 D라고 할 때, 다음
물음에 답하시오.

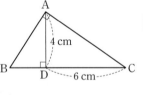

(1) $\triangle DBA \backsim \triangle DAC$임을 설명하시오.
(2) $\overline{BD}$의 길이를 구하시오.

| 풀이전략 |
두 직각삼각형에서 크기가 같은 각을 찾는다.

| 풀이 |

(1) $\triangle DBA$와 $\triangle DAC$에서 $\angle BDA = \angle ADC = 90°$이고
  $\angle ABD + \angle BAD = 90°$, $\angle CAD + \angle BAD = 90°$
  이므로 $\angle ABD = \angle CAD$
  따라서 $\triangle DBA \backsim \triangle DAC$ (AA 닮음)
(2) $\triangle DBA \backsim \triangle DAC$이므로
  $\overline{AD}^2 = \overline{BD} \times \overline{CD}$, $16 = \overline{BD} \times 6$
  따라서 $\overline{BD} = \dfrac{8}{3}$ cm

🅰 (1) 풀이 참조 (2) $\dfrac{8}{3}$ cm

유제 9

9202-0198

오른쪽 그림과 같이
$\angle A=90°$인 직각삼각형
ABC의 꼭짓점 A에서 빗변
BC에 내린 수선의 발을 D라
고 하자. $\overline{AD}=9$ cm,
$\overline{BD}=6$ cm일 때, $\overline{CD}$의 길이를 구하시오.

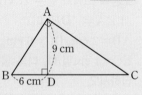

01 다음 그림의 △ABC와 △A′B′C′이 서로 닮음이 되는 경우를 〈보기〉에서 모두 고르시오.

9202-0199

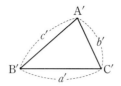

◀ 보기 ▶
ㄱ. ∠A=∠B, ∠A′=∠B′
ㄴ. $a:a′=b:b′$, ∠C=∠C′
ㄷ. $a:a′=b:b′=c:c′$

02 다음 그림에서 닮음인 두 삼각형을 찾아 기호 ∽로 나타내고, 그 닮음 조건을 말하시오.

9202-0200

(1)
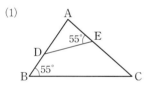

(2)
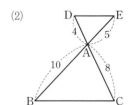

03 오른쪽 그림의 △ABC에서 $\overline{AB}=4\ cm$, $\overline{AC}=6\ cm$, $\overline{BD}=5\ cm$, $\overline{CD}=4\ cm$일 때, $\overline{AD}$의 길이를 구하시오.

9202-0201

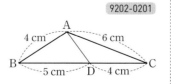

04 오른쪽 그림의 △ABC에서 ∠B=∠AED이고 $\overline{AD}=4\ cm$, $\overline{AE}=6\ cm$, $\overline{CE}=2\ cm$일 때, $\overline{BD}$의 길이를 구하시오.

9202-0202

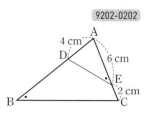

05 오른쪽 그림과 같이 ∠A=90°인 직각삼각형 ABC의 꼭짓점 A에서 빗변 BC에 내린 수선의 발을 D라고 하자. $\overline{AC}=6\ cm$, $\overline{CD}=3\ cm$일 때, $\overline{BD}$의 길이를 구하시오.

9202-0203

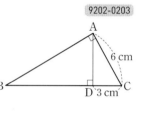

06 오른쪽 그림과 같이 ∠A=90°인 직각삼각형 ABC의 꼭짓점 A에서 빗변 BC에 내린 수선의 발을 D라고 하자. $\overline{AD}=6\ cm$, $\overline{BD}=4\ cm$일 때, $\overline{CD}$의 길이를 구하시오.

9202-0204

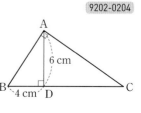

Level 1

01 9202-0205

다음 그림에서 △ABC ∽ △DEF일 때, $\overline{AB}$에 대응하는 변과 ∠F에 대응하는 각을 순서대로 적은 것은?

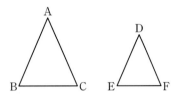

① $\overline{DE}$, ∠B
② $\overline{DE}$, ∠C
③ $\overline{DF}$, ∠B
④ $\overline{DF}$, ∠C
⑤ $\overline{EF}$, ∠A

02 9202-0206

다음 중 항상 닮은 도형인 것은?

① 두 이등변삼각형
② 두 마름모
③ 두 원뿔
④ 두 원기둥
⑤ 두 구

03 중요 9202-0207

아래 그림에서 □ABCD∽□EFGH일 때, 다음 중 옳지 않은 것은?

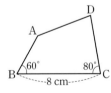 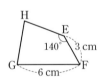

① ∠A=140°
② ∠H=80°
③ $\overline{AD}$=10 cm
④ $\overline{AB}$=4 cm
⑤ □ABCD와 □EFGH의 닮음비는 4 : 3이다.

04 9202-0208

다음 그림의 두 평행사변형은 서로 닮은 도형이고 닮음비는 2 : 5이다. $\overline{AB}$에 대응하는 변이 $\overline{EF}$일 때, □EFGH의 둘레의 길이는?

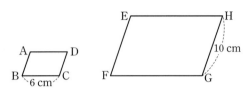

① 35 cm
② 40 cm
③ 45 cm
④ 50 cm
⑤ 55 cm

05 9202-0209

중심이 같은 두 원에서 작은 원의 반지름의 길이가 2 cm이고 큰 원의 둘레의 길이는 8π cm일 때, 작은 원과 큰 원의 닮음비는?

① 1 : 2
② 1 : 3
③ 1 : 4
④ 2 : 3
⑤ 2 : 5

06 9202-0210

오른쪽 그림에서 점 E가 $\overline{AB}$와 $\overline{CD}$의 교점일 때, x의 값은?

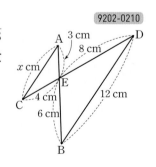

① 3
② 4
③ 5
④ 6
⑤ 7

Level 2

9202-0211

07 닮은 도형에 대한 다음 설명 중 옳지 <u>않은</u> 것은?

① 모든 원은 닮은 도형이다.

② 모든 직육면체는 닮은 도형이다.

③ 한 예각의 크기가 같은 두 직각삼각형은 닮은 도형이다.

④ 꼭지각의 크기가 같은 두 이등변삼각형은 닮은 도형이다.

⑤ 중심각의 크기가 같은 두 부채꼴은 닮은 도형이다.

9202-0212

08 다음 그림의 두 삼각기둥은 서로 닮은 도형이고, $\triangle ABC \infty \triangle GHI$일 때, xy의 값은?

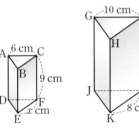

① 36 　　② 48 　　③ 60

④ 72 　　⑤ 84

9202-0213

09 오른쪽 그림의 □ABCD는 직사각형이고 □ABCD∽□DAEF이다. $\overline{AB}=25$ cm, $\overline{AD}=20$ cm 일 때, $\overline{FC}$의 길이는?

① 5 cm 　　② 6 cm

③ 7 cm 　　④ 8 cm

⑤ 9 cm

9202-0214

10 다음 그림의 두 삼각형이 서로 닮은 도형이 되지 <u>않는</u> 경우를 모두 고르면? (정답 2개)

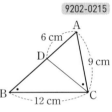

① $a : a' = b : b' = c : c'$

② $a : a' = b : b'$, $\angle B = \angle B'$

③ $a : a' = c : c'$, $\angle C = \angle C'$

④ $b : b' = c : c'$, $\angle A = \angle A'$

⑤ $\angle A = \angle A'$, $\angle B = \angle B'$

9202-0215

11 오른쪽 그림의 $\triangle ABC$에서 $\angle B = \angle ACD$이고 $\overline{AC}=9$ cm, $\overline{AD}=6$ cm, $\overline{BC}=12$ cm일 때, $\triangle DBC$의 둘레의 길이는?

① 26 cm 　　② $\dfrac{53}{2}$ cm 　　③ 27 cm

④ $\dfrac{55}{2}$ cm 　　⑤ 28 cm

9202-0216

12 오른쪽 그림의 평행사변형 ABCD에서 $\angle ADF = \angle CDF$, $\angle BAE = \angle DAE$이고 $\overline{AB}=8$ cm, $\overline{AD}=12$ cm 일 때, $\triangle AOD$와 $\triangle EOF$의 닮음비는?

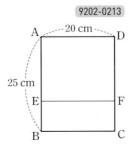

① 9 : 4 　　② 3 : 1 　　③ 9 : 2

④ 8 : 3 　　⑤ 4 : 1

13 오른쪽 그림에서
∠BAC=∠CBD,
∠BCA=∠CDB이고
$\overline{AB}$=9 cm, $\overline{BC}$=12 cm
일 때, $\overline{CD}$의 길이는?

9202-0217

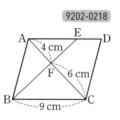

① 14 cm   ② 15 cm   ③ 16 cm
④ 17 cm   ⑤ 18 cm

14 오른쪽 그림의 평행사변형
ABCD에서 점 F는 변 AD 위
의 점 E와 꼭짓점 B를 이은 선분
과 대각선 AC의 교점이다.
$\overline{BC}$=9 cm, $\overline{AF}$=4 cm,
$\overline{FC}$=6 cm일 때, $\overline{AE}$의 길이는?

9202-0218

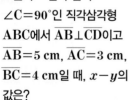

① 4 cm   ② 5 cm   ③ 6 cm
④ 7 cm   ⑤ 8 cm

15 오른쪽 그림과 같이
∠C=90°인 직각삼각형
ABC에서 $\overline{AB}\perp\overline{CD}$이고
$\overline{AB}$=5 cm, $\overline{AC}$=3 cm,
$\overline{BC}$=4 cm일 때, $x-y$의
값은?

★중요

9202-0219

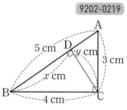

① $\frac{2}{5}$ ② $\frac{3}{5}$ ③ $\frac{4}{5}$
④ 1   ⑤ $\frac{6}{5}$

16 오른쪽 그림과 같이
∠B=90°인 직각삼각형
ABC의 두 꼭짓점 A, C에
서 점 B를 지나는 직선에
내린 수선의 발을 각각 D,
E라고 하자. $\overline{AD}$=4 cm, $\overline{BE}$=8 cm, $\overline{CE}$=10 cm일
때, $\overline{BD}$의 길이는?

9202-0220

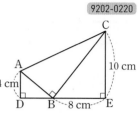

① $\frac{9}{2}$ cm   ② 5 cm   ③ $\frac{11}{2}$ cm
④ 6 cm   ⑤ $\frac{13}{2}$ cm

17 오른쪽 그림과 같이 직선
$4x+3y=12$가 x축, y축과 만나는
점을 각각 A, B라 하고, 원점 O에서
이 직선에 내린 수선의 발을 H라 하
자. $\overline{AB}$=5일 때, $\overline{AH}$의 길이는?

9202-0221

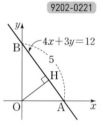

① $\frac{8}{5}$ ② $\frac{9}{5}$ ③ 2
④ $\frac{11}{5}$ ⑤ $\frac{12}{5}$

18 오른쪽 그림에서
∠BAC=∠DEB이고
$\overline{AB}$=8 cm, $\overline{AC}$=5 cm,
$\overline{AD}$=4 cm, $\overline{BC}$=6 cm일
때, $x+y$의 값은?

9202-0222

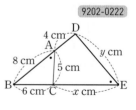

① 18   ② 19   ③ 20
④ 21   ⑤ 22

19 오른쪽 그림과 같이 직사각형
ABCD를 선분 BF를 접는
선으로 하여 꼭짓점 C가 $\overline{\text{AD}}$
위의 점 E에 오도록 접었을
때, $\overline{\text{DF}}$의 길이는?

9202-0223

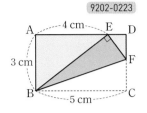

① 1 cm   ② $\dfrac{4}{3}$ cm   ③ $\dfrac{5}{3}$ cm

④ 2 cm   ⑤ $\dfrac{7}{3}$ cm

20 오른쪽 그림과 같은 원뿔 모양의 그
릇에 물을 부어서 높이의 $\dfrac{3}{4}$만큼 채
웠을 때, 물의 단면의 둘레의 길이는?
(단, 그릇의 밑면은 지면에 평행하다.)

9202-0224

① 9π cm   ② 12π cm   ③ 15π cm

④ 18π cm   ⑤ 21π cm

21 오른쪽 그림에서 $\overline{\text{AD}} /\!/ \overline{\text{BC}}$,
$\overline{\text{AB}} /\!/ \overline{\text{DE}}$이고 $\overline{\text{AD}}=8$ cm,
$\overline{\text{AE}}=6$ cm, $\overline{\text{BC}}=12$ cm
일 때, $\overline{\text{EC}}$의 길이는?

9202-0225

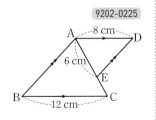

① 2 cm   ② 3 cm

③ 4 cm   ④ 5 cm

⑤ 6 cm

Level 3

22 오른쪽 그림의 △ABC에서
∠ABD=∠BCE=∠CAF
이고 $\overline{\text{BC}}=8$ cm,
$\overline{\text{DE}}=3$ cm, $\overline{\text{EF}}=4$ cm일
때, $\overline{\text{AB}}$의 길이를 구하시오.

9202-0226

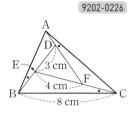

23 오른쪽 그림과 같이 정삼각형
ABC를 선분 DF를 접는 선으
로 하여 꼭짓점 A가 $\overline{\text{BC}}$ 위의 점
E에 오도록 접었을 때, $\overline{\text{BD}}$의
길이를 구하시오.

9202-0227

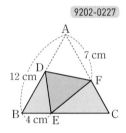

24 다음 그림과 같이 ∠A=90°인 직각삼각형 ABC에서 점
M은 $\overline{\text{BC}}$의 중점이고 $\overline{\text{AD}} \perp \overline{\text{BC}}$, $\overline{\text{DE}} \perp \overline{\text{AM}}$이다.
$\overline{\text{AD}}=8$ cm, $\overline{\text{BD}}=16$ cm일 때, $\overline{\text{DE}}$의 길이를 구하시오.

9202-0228

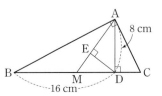

 예제

오른쪽 그림의 △ABC에서 ∠B=∠AED이고 $\overline{AD}$=8 cm, $\overline{AE}$=10 cm, $\overline{BD}$=7 cm일 때, $\overline{EC}$의 길이를 구하시오.

9202-0229

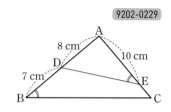

풀이

△ABC와 △AED에서

∠ABC=∠AED,

◻︎는 공통

이므로 △ABC∽△AED (AA 닮음)

$\overline{AB}:\overline{AE}=\overline{AC}:$◻︎

15 : 10=$\overline{AC}$: ◻︎

$\overline{AC}=$◻︎ cm

따라서 $\overline{EC}=\overline{AC}-\overline{AE}=$◻︎$-10=$◻︎(cm)

9202-0230

 유제

오른쪽 그림에서 $\overline{BD}\perp\overline{AC}$, $\overline{CE}\perp\overline{AB}$이고 $\overline{AD}$=6 cm, $\overline{AE}$=8 cm, $\overline{BE}$=4 cm일 때, $\overline{CD}$의 길이를 구하시오.

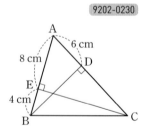

1 오른쪽 그림과 같은 △ABC에서 ∠B=∠CAD이고 $\overline{AC}$=6 cm, $\overline{BC}$=9 cm일 때, $\overline{CD}$의 길이를 구하시오.

9202-0231

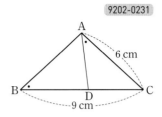

2 오른쪽 그림에서 $\overline{BE}$ 위의 한 점 C에 대하여 △ABC∽△DCE이고, 점 F는 $\overline{AE}$와 $\overline{CD}$의 교점이다. $\overline{AB}$=6 cm, $\overline{BC}$=4 cm, $\overline{CE}$=8 cm일 때, $\overline{CF}$의 길이를 구하시오.

9202-0232

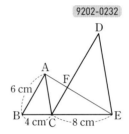

3 오른쪽 그림의 △ABC에서 점 D가 $\overline{BC}$ 위의 점일 때, $\overline{AD}$의 길이를 구하시오.

9202-0233

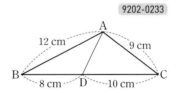

4 오른쪽 그림과 같은 △ABC에서 ∠A=∠EDC=90°이고 $\overline{BD}$=12 cm, $\overline{CD}$=8 cm, $\overline{CE}$=10 cm일 때, $\overline{AE}$의 길이를 구하시오.

9202-0234

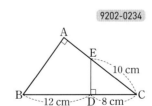

1 삼각형의 한 변과 그 변에 평행한 선분의 길이의 비

개념 1 삼각형에서 평행선에 의하여 생기는 선분의 길이의 비

△ABC에서 $\overline{BC}$에 평행한 직선과 $\overline{AB}$, $\overline{AC}$ 또는 그 연장선의 교점을 각각 D, E라고 하면

① $\overline{AB} : \overline{AD} = \overline{AC} : \overline{AE} = \overline{BC} : \overline{DE}$　　② $\overline{AD} : \overline{DB} = \overline{AE} : \overline{EC}$

> • △ABC∽△ADE
> (AA 닮음)이므로
> $\overline{AB} : \overline{AD} = \overline{AC} : \overline{AE}$
> $= \overline{BC} : \overline{DE}$
> 가 성립한다.
>
> • $\overline{AD} : \overline{DB} \neq \overline{DE} : \overline{BC}$
> 임에 주의한다.

개념 확인 문제 1

다음은 △ABC에서 $\overline{BC}$에 평행한 직선과 $\overline{AB}$, $\overline{AC}$의 교점을 각각 D, E라고 할 때, $\overline{AB} : \overline{AD} = \overline{AC} : \overline{AE} = \overline{BC} : \overline{DE}$임을 설명하는 과정이다. □ 안에 알맞은 것을 써넣으시오.

△ABC와 △ADE에서

∠A는 공통, ∠ABC = ☐ (동위각)

이므로 △ABC∽☐ (AA 닮음)이다. 따라서 다음이 성립한다.

$\overline{AB} : \overline{AD} = \overline{AC} : \overline{AE} = $ ☐ : ☐

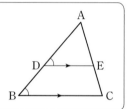

개념 2 삼각형에서 평행선 찾기

△ABC에서 두 점 D, E가 각각 $\overline{AB}$, $\overline{AC}$ 또는 그 연장선 위의 점일 때,

① $\overline{AB} : \overline{AD} = \overline{AC} : \overline{AE}$이면 $\overline{BC} /\!/ \overline{DE}$　　② $\overline{AD} : \overline{DB} = \overline{AE} : \overline{EC}$이면 $\overline{BC} /\!/ \overline{DE}$

> • $\overline{AB} : \overline{AD} = \overline{AC} : \overline{AE}$
> 이면
> △ABC∽△ADE
> (SAS 닮음)
> 따라서 ∠B = ∠D이므로
> $\overline{BC} /\!/ \overline{DE}$

개념 확인 문제 2

다음은 △ABC에서 두 점 D, E가 각각 $\overline{AB}$, $\overline{AC}$ 위의 점일 때, $\overline{BC} /\!/ \overline{DE}$임을 설명하는 과정이다. □ 안에 알맞은 것을 써넣으시오.

△ABC와 △ADE에서

∠A는 공통, $\overline{AB} : \overline{AD} = $ ☐ : ☐, $\overline{AC} : \overline{AE} = $ ☐ : ☐

이므로 △ABC∽△ADE (SAS 닮음)이다.

따라서 ∠ABC = ☐ 이므로 평행선의 성질에 의하여 $\overline{BC} /\!/ \overline{DE}$

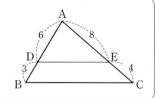

삼각형의 두 변의 중점을 연결한 선분은 나머지 한 변과 평행하고, 그 길이는 나머지 한 변의 길이의 $\frac{1}{2}$과 같다.

즉, 오른쪽 그림의 △ABC에서 $\overline{AB}$, $\overline{AC}$의 중점을 각각 M, N이라고 하면

$$\overline{BC} /\!/ \overline{MN}, \ \overline{MN} = \frac{1}{2}\overline{BC}$$

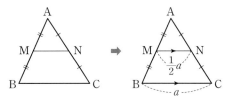

• 삼각형의 두 변의 중점을 연결한 선분의 성질을 중점 연결 정리라고 하기도 한다.

개념 확인 문제 3

오른쪽 그림과 같은 △ABC에서 두 점 M, N은 각각 $\overline{AB}$, $\overline{AC}$의 중점이고 $\overline{BC} = 10 \text{ cm}$일 때, x의 값을 구하시오.

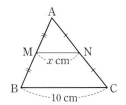

삼각형의 한 변의 중점을 지나고 다른 한 변에 평행한 직선은 나머지 한 변의 중점을 지난다.

즉, 오른쪽 그림의 △ABC에서 $\overline{AB}$의 중점 M을 지나고 $\overline{BC}$에 평행한 직선과 $\overline{AC}$와의 교점을 N이라고 하면

$$\overline{AN} = \overline{NC}$$

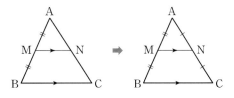

• $\overline{BC} /\!/ \overline{MN}$이면
 ∠B = ∠AMN이므로
 △ABC ∽ △AMN
 (AA 닮음)

• $\overline{AN} : \overline{NC} = \overline{AM} : \overline{MB}$

개념 확인 문제 4

오른쪽 그림과 같은 △ABC에서 $\overline{AB}$의 중점 M을 지나고 $\overline{BC}$에 평행한 직선과 $\overline{AC}$와의 교점을 N이라고 할 때, $x+y$의 값을 구하시오.

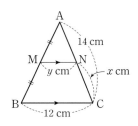

대표예제

예제 **1** 삼각형에서 평행선과 선분의 길이의 비 (1)

오른쪽 그림과 같은 △ABC에서 $\overline{BC} \parallel \overline{DE}$일 때, xy의 값을 구하시오.

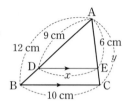

| 풀이전략 |
△ABC∽△ADE이므로 대응하는 변의 길이의 비가 같음을 이용한다.

| 풀이 |
$\overline{AB} : \overline{AD} = \overline{BC} : \overline{DE}$이므로

$4 : 3 = 10 : x$, $x = \dfrac{15}{2}$

또 $\overline{AB} : \overline{AD} = \overline{AC} : \overline{AE}$이므로

$4 : 3 = y : 6$, $y = 8$

따라서 $xy = \dfrac{15}{2} \times 8 = 60$

📋 60

유제 **1**

9202-0235

오른쪽 그림과 같은 △ABC에서 $\overline{BC} \parallel \overline{DE}$일 때, $\overline{BD}$의 길이를 구하시오.

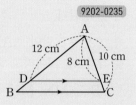

유제 **2**

9202-0236

오른쪽 그림과 같은 △ABC에서 $\overline{BC} \parallel \overline{DE}$일 때, $x+y$의 값을 구하시오.

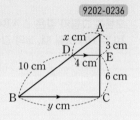

예제 **2** 삼각형에서 평행선과 선분의 길이의 비 (2)

오른쪽 그림에서 $\overline{BC} \parallel \overline{ED}$일 때, $x+y$의 값을 구하시오.

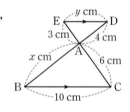

| 풀이전략 |
△ABC∽△ADE이므로 대응하는 변의 길이의 비가 같음을 이용한다.

| 풀이 |
$\overline{AB} : \overline{AD} = \overline{AC} : \overline{AE}$이므로

$x : 4 = 6 : 3$, $x = 8$

또 $\overline{AC} : \overline{AE} = \overline{BC} : \overline{DE}$이므로

$6 : 3 = 10 : y$, $y = 5$

따라서 $x+y = 8+5 = 13$

📋 13

유제 **3**

9202-0237

오른쪽 그림에서 $\overline{BC} \parallel \overline{ED}$일 때, x의 값을 구하시오.

유제 **4**

9202-0238

다음 그림에서 $\overline{BC} \parallel \overline{ED}$일 때, $x+y$의 값을 구하시오.

예제 3 삼각형에서 평행선과 선분의 길이의 비 응용

오른쪽 그림과 같은 △ABC에서
$\overline{BC} /\!/ \overline{DE}$일 때, $\overline{DG}$의 길이를 구하시오.

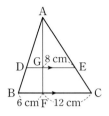

| 풀이전략 |
△ADG∽△ABF이고 △AGE∽△AFC임을 이용한다.

| 풀이 |
$\overline{DG} : \overline{BF} = \overline{AG} : \overline{AF}$이고 $\overline{AG} : \overline{AF} = \overline{GE} : \overline{FC}$이므로
$\overline{DG} : \overline{BF} = \overline{GE} : \overline{FC}$이다.
즉, $\overline{DG} : 6 = 8 : 12$이므로
$\overline{DG} : 6 = 2 : 3$, $3\overline{DG} = 12$
따라서 $\overline{DG} = 4$ cm

🖹 4 cm

예제 4 평행선 찾기

다음 그림의 △ABC에서 두 점 D, E가 각각 $\overline{AB}$, $\overline{AC}$ 또는 그 연장선 위의 점일 때, $\overline{BC} /\!/ \overline{DE}$가 아닌 것은?

①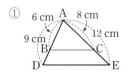

②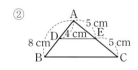

③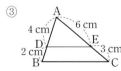

④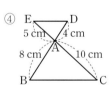

⑤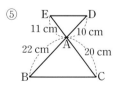

| 풀이전략 |
동위각이나 엇각의 크기가 같은지 확인한다.

| 풀이 |
⑤ △ABC∽△AED (SAS 닮음)이므로 ∠B=∠E인데
∠B≠∠D이므로 $\overline{BC}$와 $\overline{DE}$는 평행하지 않다.

🖹 ⑤

유제 5 9202-0239

오른쪽 그림의 △ABC에서
$\overline{BC} /\!/ \overline{DE}$, $\overline{CD} /\!/ \overline{EF}$이고
$\overline{AF} = 6$ cm, $\overline{FD} = 2$ cm일
때, $\overline{DB}$의 길이를 구하시오.

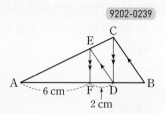

유제 6 9202-0240

오른쪽 그림의 △ABC에서
$\overline{BC} /\!/ \overline{DF}$, $\overline{BF} /\!/ \overline{DE}$이고
$\overline{AE} = 3$ cm, $\overline{EF} = 4$ cm일 때,
$\overline{CF}$의 길이를 구하시오.

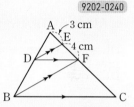

유제 7 9202-0241

오른쪽 그림의 $\overline{DE}$, $\overline{EF}$, $\overline{DF}$ 중
에서 △ABC의 어느 한 변과 평
행한 선분을 모두 말하시오.

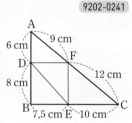

유제 8 9202-0242

오른쪽 그림과 같은 △ABC에서
$\overline{AD} : \overline{AB} = 3 : 7$일 때, 다음 중
옳지 않은 것은?

① $\overline{BC} /\!/ \overline{DE}$
② $\overline{DE} = 9$ cm
③ △ABC∽△ADE
④ $\overline{DE} : \overline{BC} = 3 : 7$
⑤ $\overline{AD} : \overline{DB} = 3 : 4$

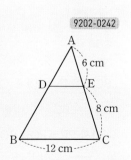

대표예제

예제 5 삼각형의 두 변의 중점을 연결한 선분의 성질 (1)

오른쪽 그림의 △ABC에서
두 점 D, E가 각각 $\overline{AB}$, $\overline{AC}$
의 중점일 때, $x+y$의 값을 구
하시오.

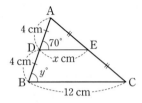

| 풀이전략 |
삼각형의 두 변의 중점을 연결한 선분은 나머지 한 변과 평행하고 그 길이는
나머지 한 변의 길이의 $\dfrac{1}{2}$과 같다.

| 풀이 |
△ABC∽△ADE (SAS 닮음)이므로
$\overline{DE}=\dfrac{1}{2}\overline{BC}$에서 $x=\dfrac{1}{2}\times12=6$
$\overline{DE}\,/\!/\,\overline{BC}$이므로
∠B=∠ADE, $y=70$
따라서 $x+y=6+70=76$

🔲 76

유제 9
9202-0243

오른쪽 그림에서 네 점 M, N, P,
Q는 각각 $\overline{AB}$, $\overline{AC}$, $\overline{DB}$, $\overline{DC}$의
중점이고 $\overline{MN}=4$ cm일 때, $\overline{PQ}$
의 길이를 구하시오.

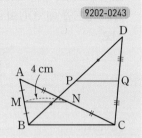

유제 10
9202-0244

오른쪽 그림의 △ABC에서
세 점 D, E, F는 각각 $\overline{AB}$,
$\overline{BC}$, $\overline{CA}$의 중점일 때,
△DEF의 둘레의 길이를
구하시오.

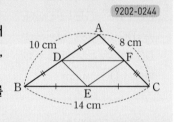

예제 6 삼각형의 두 변의 중점을 연결한 선분의 성질 (2)

오른쪽 그림에서 두 점 M, Q는
각각 $\overline{AB}$, $\overline{DC}$의 중점이고
$\overline{MN}\,/\!/\,\overline{BC}\,/\!/\,\overline{PQ}$이다.
$\overline{MN}=8$ cm, $\overline{RQ}=5$ cm일
때, $\overline{PR}$의 길이를 구하시오.

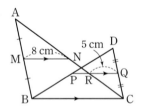

| 풀이전략 |
삼각형의 한 변의 중점을 지나고 다른 한 변에 평행한 직선은 나머지 한 변의
중점을 지난다.

| 풀이 |
$\overline{BC}=2\overline{MN}=2\times8=16$(cm)이고
$\overline{PQ}=\dfrac{1}{2}\overline{BC}=\dfrac{1}{2}\times16=8$(cm)
따라서 $\overline{PR}=\overline{PQ}-\overline{RQ}=8-5=3$(cm)

🔲 3 cm

유제 11
9202-0245

오른쪽 그림에서 두 점 M, N은
각각 $\overline{DB}$, $\overline{AC}$의 중점이고
$\overline{AD}\,/\!/\,\overline{MN}\,/\!/\,\overline{BC}$이다.
$\overline{AD}=6$ cm, $\overline{BC}=14$ cm일 때,
$\overline{MN}$의 길이를 구하시오.

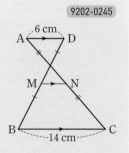

유제 12
9202-0246

오른쪽 그림의 △ABC에서 두 점
D, E는 각각 $\overline{BC}$, $\overline{AD}$의 중점이고
$\overline{BF}\,/\!/\,\overline{DG}$이다. $\overline{DG}=4$ cm일 때,
$\overline{BE}$의 길이를 구하시오.

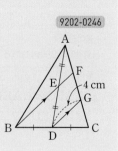

01 오른쪽 그림과 같은 △ABC
에서 $\overline{BC}\,//\,\overline{DE}$이고
$\overline{AD}=6$ cm, $\overline{AE}=8$ cm,
$\overline{CE}=4$ cm일 때, x의 값을
구하시오.

9202-0247

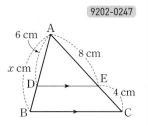

04 오른쪽 그림에서 네 점 M, N,
P, Q는 각각 $\overline{AB}$, $\overline{AC}$, $\overline{DB}$,
$\overline{DC}$의 중점이고 $\overline{MN}=3$ cm일
때, $x+y$의 값을 구하시오.

9202-0250

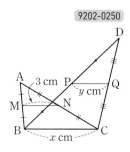

02 오른쪽 그림에서
$\overline{BC}\,//\,\overline{ED}$이고 $\overline{AE}=12$ cm,
$\overline{BC}=10$ cm, $\overline{DE}=15$ cm
일 때, x의 값을 구하시오.

9202-0248

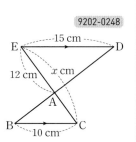

05 오른쪽 그림의 △ABC에서
점 D는 $\overline{BC}$의 중점이고 점 E는
$\overline{AD}$의 중점이다. $\overline{BF}\,//\,\overline{DG}$이고
$\overline{EF}=3$ cm일 때, $\overline{BE}$의 길이
를 구하시오.

9202-0251

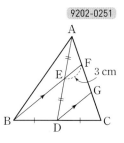

03 오른쪽 그림과 같은 △ABC에서
$\overline{BC}\,//\,\overline{DE}$, $\overline{AC}\,//\,\overline{DF}$이고
$\overline{AE}=12$ cm, $\overline{CE}=9$ cm,
$\overline{DE}=8$ cm일 때, $\overline{BF}$의 길이를 구
하시오.

9202-0249

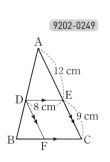

06 오른쪽 그림과 같은
□ABCD에서 $\overline{AB}$, $\overline{BC}$,
$\overline{CD}$, $\overline{DA}$의 중점을 각각 E,
F, G, H라고 하자.
$\overline{AC}=8$ cm, $\overline{BD}=10$ cm
일 때, □EFGH의 둘레의
길이를 구하시오.

9202-0252

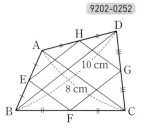

2 평행선 사이의 선분의 길이의 비

개념 1 평행선 사이의 선분의 길이의 비

세 개 이상의 평행선이 다른 두 직선과 만날 때, 평행선 사이에 생기는 선분의 길이의 비는 같다.

오른쪽 그림에서 $l /\!/ m /\!/ n$인 세 직선 l, m, n과 두 직선 p, q의 교점을 각각 A, B, C, A′, B′, C′이라 하고, $\overline{AC'}$과 직선 m의 교점을 P라고 하자.

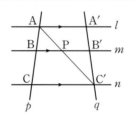

△ACC′에서 $\overline{BP} /\!/ \overline{CC'}$이므로
$$\overline{AB} : \overline{BC} = \overline{AP} : \overline{PC'} \quad \cdots\cdots ㉠$$
또 △C′A′A에서 $\overline{B'P} /\!/ \overline{A'A}$이므로
$$\overline{AP} : \overline{PC'} = \overline{A'B'} : \overline{B'C'} \quad \cdots\cdots ㉡$$
㉠, ㉡에 의하여
$$\overline{AB} : \overline{BC} = \overline{A'B'} : \overline{B'C'}$$
즉, $l /\!/ m /\!/ n$일 때,

(1) $a : b = a' : b'$ (2) $a : a' = b : b'$

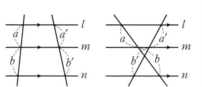

• 거꾸로 $a : b = a' : b'$인 경우, 세 직선 l, m, n이 평행하지 않을 수도 있다.

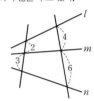

개념 확인 문제 1

오른쪽 그림에서 $l /\!/ m /\!/ n$일 때, x의 값을 구하시오.

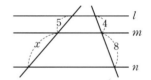

개념 2 평행선 사이의 선분의 길이의 비의 응용

$\overline{AC}$와 $\overline{BD}$의 교점을 E라고 할 때,
$\overline{AB} /\!/ \overline{EF} /\!/ \overline{DC}$이고 $\overline{AB} = a$, $\overline{CD} = b$이면

(1) △AEB∽△CED이므로 $\overline{AE} : \overline{CE} = \overline{AB} : \overline{CD} = a : b$
    △CAB에서 $\overline{BF} : \overline{FC} = \overline{AE} : \overline{EC} = a : b$
    따라서 $\overline{BF} : \overline{FC} = a : b$

(2) △CAB∽△CEF이므로 $\overline{CA} : \overline{CE} = \overline{AB} : \overline{EF}$
    $(a+b) : b = a : \overline{EF}$에서 $\overline{EF} = \dfrac{ab}{a+b}$

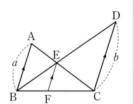

• $\overline{AB} /\!/ \overline{DC}$이므로 평행선의 성질에 의하여
  △AEB∽△CED
  (AA 닮음)

• $\overline{AB} /\!/ \overline{EF}$이므로 평행선의 성질에 의하여
  △CAB∽△CEF
  (AA 닮음)

개념 확인 문제 2

오른쪽 그림에서 $\overline{AB} /\!/ \overline{EF} /\!/ \overline{DC}$일 때, 다음을 구하시오.

(1) $\overline{AE} : \overline{EC}$
(2) $\overline{BF} : \overline{FC}$
(3) $\overline{EF}$의 길이

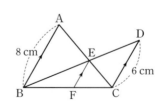

대표예제

예제 ① 평행선 사이의 선분의 길이의 비

오른쪽 그림에서 $l /\!/ m /\!/ n$일 때, xy의 값을 구하시오.

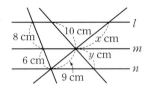

| 풀이전략 |

세 개 이상의 평행선이 다른 두 직선과 만날 때, 평행선 사이에 생기는 선분의 길이의 비는 같다.

| 풀이 |

$8 : 6 = x : 9 = 10 : y$이므로

$6x = 72$, $x = 12$

$8y = 60$, $y = \dfrac{15}{2}$

따라서 $xy = 12 \times \dfrac{15}{2} = 90$

탑 90

유제 1
9202-0253

오른쪽 그림에서 $l /\!/ m /\!/ n$일 때, x의 값을 구하시오.

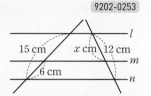

유제 2
9202-0254

다음 그림에서 $l /\!/ m /\!/ n$일 때, $x+y$의 값을 구하시오.

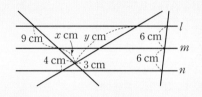

예제 ② 사다리꼴에서 평행선 사이의 선분의 길이의 비

오른쪽 그림과 같은 사다리꼴 ABCD에서 $\overline{\mathrm{AD}} /\!/ \overline{\mathrm{EF}} /\!/ \overline{\mathrm{BC}}$일 때, $\overline{\mathrm{EF}}$의 길이를 구하시오.

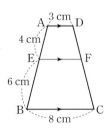

| 풀이전략 |

점 A를 지나면서 $\overline{\mathrm{DC}}$에 평행한 직선을 긋는다.

| 풀이 |

오른쪽 그림과 같이 점 A를 지나면서 $\overline{\mathrm{DC}}$에 평행한 직선을 긋고, $\overline{\mathrm{EF}}$, $\overline{\mathrm{BC}}$와 만나는 점을 각각 G, H라고 하면 □AHCD는 평행사변형이므로 $\overline{\mathrm{GF}} = \overline{\mathrm{HC}} = \overline{\mathrm{AD}} = 3$ cm이다. $\overline{\mathrm{BH}} = 8 - 3 = 5$(cm)이므로 △ABH에서 $\overline{\mathrm{AE}} : \overline{\mathrm{AB}} = \overline{\mathrm{EG}} : \overline{\mathrm{BH}}$, $4 : 10 = \overline{\mathrm{EG}} : 5$, $\overline{\mathrm{EG}} = 2$ cm이다.

따라서 $\overline{\mathrm{EF}} = \overline{\mathrm{EG}} + \overline{\mathrm{GF}} = 2 + 3 = 5$(cm)

탑 5 cm

유제 3
9202-0255

오른쪽 그림과 같은 사다리꼴 ABCD에서 $\overline{\mathrm{AD}} /\!/ \overline{\mathrm{EF}} /\!/ \overline{\mathrm{BC}}$이고 $\overline{\mathrm{AH}} /\!/ \overline{\mathrm{DC}}$이다. $\overline{\mathrm{AE}} : \overline{\mathrm{EB}} = 3 : 2$이고 $\overline{\mathrm{EG}} = 6$ cm, $\overline{\mathrm{BC}} = 13$ cm 일 때, $\overline{\mathrm{AD}}$의 길이를 구하시오.

유제 4
9202-0256

오른쪽 그림과 같은 사다리꼴 ABCD에서 $\overline{\mathrm{AD}} /\!/ \overline{\mathrm{EF}} /\!/ \overline{\mathrm{BC}}$이고 $\overline{\mathrm{AE}} : \overline{\mathrm{EB}} = 3 : 5$이다. $\overline{\mathrm{AD}} = 5$ cm, $\overline{\mathrm{BC}} = 21$ cm 일 때, $\overline{\mathrm{EF}}$의 길이를 구하시오.

대표예제

예제 3 | 사다리꼴에서 평행선과 대각선

오른쪽 그림의 사다리꼴 ABCD에서 $\overline{AD} /\!/ \overline{EF} /\!/ \overline{BC}$ 이고 $\overline{AE} : \overline{EB} = 3 : 2$일 때, $\overline{MN}$의 길이를 구하시오.

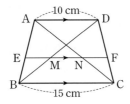

| 풀이전략 |
△ABD와 △ABC에서 각각 $\overline{EM}$과 $\overline{EN}$의 길이를 구한다.

| 풀이 |

△ABD에서 $\overline{AB} : \overline{EB} = 5 : 2$이고

$\overline{AB} : \overline{EB} = \overline{AD} : \overline{EM}$이므로

$5 : 2 = 10 : \overline{EM}$, $\overline{EM} = 4$ cm

△ABC에서 $\overline{AE} : \overline{AB} = 3 : 5$이고

$\overline{AE} : \overline{AB} = \overline{EN} : \overline{BC}$이므로

$3 : 5 = \overline{EN} : 15$, $\overline{EN} = 9$ cm

따라서 $\overline{MN} = \overline{EN} - \overline{EM} = 9 - 4 = 5 (cm)$

답 5 cm

유제 5
9202-0257

오른쪽 그림의 사다리꼴 ABCD에서 $\overline{AD} /\!/ \overline{EF} /\!/ \overline{BC}$이고, $\overline{EM} = \overline{MN} = \overline{NF}$이다. $\overline{AE} = 3\overline{EB}$일 때, $\overline{BC}$의 길이를 구하시오.

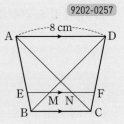

유제 6
9202-0258

오른쪽 그림의 사다리꼴 ABCD에서 $\overline{AD} /\!/ \overline{EF} /\!/ \overline{BC}$이고, 점 O는 두 대각선의 교점이다. $\overline{EF}$가 점 O를 지날 때, $\overline{EO}$의 길이를 구하시오.

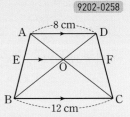

예제 4 | 평행선 사이의 선분의 길이의 비의 응용

오른쪽 그림에서 $\overline{AB} /\!/ \overline{EF} /\!/ \overline{DC}$일 때, x, y의 값을 각각 구하시오.

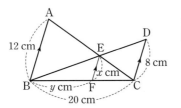

| 풀이전략 |
△BCD와 △CAB에서 평행선에 의하여 생기는 선분의 길이의 비를 각각 구한다.

| 풀이 |

△BCD에서 $y : 20 = x : 8$

$y = \dfrac{5}{2}x$ ...... ㉠

△CAB에서 $x : 12 = (20 - y) : 20$

$20x = 240 - 12y$ ...... ㉡

㉠을 ㉡에 대입하면

$20x = 240 - 30x$

$x = \dfrac{24}{5}$, $y = \dfrac{5}{2} \times \dfrac{24}{5} = 12$

답 $x = \dfrac{24}{5}$, $y = 12$

유제 7
9202-0259

오른쪽 그림에서 $\overline{AB} /\!/ \overline{EF} /\!/ \overline{DC}$일 때, $\overline{AE} : \overline{AC}$를 가장 간단한 자연수의 비로 나타내시오.

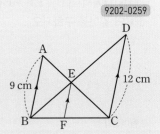

유제 8
9202-0260

다음 그림에서 $\angle ABC = \angle DCB = 90°$이고 $\overline{AB} = 4$ cm, $\overline{BC} = 18$ cm, $\overline{CD} = 8$ cm일 때, △EBC의 넓이를 구하시오.

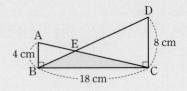

01 다음 그림에서 $l /\!/ m /\!/ n$일 때, $x+y$의 값을 구하시오.

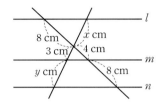

9202-0261

02 오른쪽 그림과 같은 사다리꼴 ABCD에서 $\overline{AD} /\!/ \overline{EF} /\!/ \overline{BC}$이고, $2\overline{AE}=\overline{BE}$이다. $\overline{AD}=3 \text{ cm}$, $\overline{BC}=12 \text{ cm}$일 때, $\overline{EF}$의 길이를 구하시오.

9202-0262

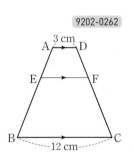

03 오른쪽 그림과 같은 사다리꼴 ABCD에서 $\overline{AD} /\!/ \overline{EF} /\!/ \overline{BC}$이고, $\overline{AE} : \overline{EB}=5 : 3$일 때, $\overline{MN}$의 길이를 구하시오.

9202-0263

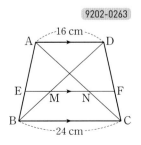

04 오른쪽 그림과 같은 사다리꼴 ABCD에서 $\overline{AD} /\!/ \overline{EF} /\!/ \overline{BC}$이고, 점 O는 두 대각선의 교점이다. $\overline{EF}$가 점 O를 지날 때, $\overline{EO}$의 길이를 구하시오.

9202-0264

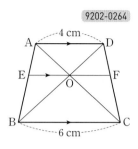

05 오른쪽 그림에서 $\overline{AB} /\!/ \overline{EF} /\!/ \overline{DC}$일 때, x의 값을 구하시오.

9202-0265

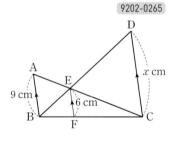

06 다음 그림에서 $\angle ABC = \angle DCB = 90°$이고 $\overline{AB}=6 \text{ cm}$, $\overline{BC}=14 \text{ cm}$, $\overline{CD}=8 \text{ cm}$일 때, $\triangle EBC$의 넓이를 구하시오.

9202-0266

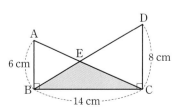

3 삼각형의 무게중심

개념 1 삼각형의 중선과 무게중심

(1) 삼각형의 중선: 삼각형에서 한 꼭짓점과 그 대변의 중점을 이은 선분

(2) 삼각형의 중선의 성질: 삼각형의 한 중선은 그 삼각형의 넓이를 이등분한다.

➡ $\overline{AD}$가 $\triangle ABC$의 중선이면

$$\triangle ABD = \triangle ACD = \frac{1}{2}\triangle ABC$$

(3) 삼각형의 무게중심: 삼각형의 세 중선은 한 점에서 만나고, 그 점을 삼각형의 무게중심이라고 한다.

(4) 삼각형의 무게중심의 성질: 삼각형의 무게중심은 세 중선의 길이를 각 꼭짓점으로부터 각각 2 : 1로 나눈다.

즉, 오른쪽 그림과 같이 $\triangle ABC$의 무게중심을 G라고 하면

$$\overline{AG} : \overline{GD} = \overline{BG} : \overline{GE} = \overline{CG} : \overline{GF} = 2 : 1$$

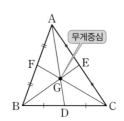

• 정삼각형은 무게중심, 외심, 내심이 모두 일치한다.

• 이등변삼각형의 무게중심, 외심, 내심은 모두 꼭지각의 이등분선 위에 있다.

개념 확인 문제 1

오른쪽 그림에서 점 G는 $\triangle ABC$의 무게중심이고 $\overline{BG}=8\ cm$, $\overline{DG}=3\ cm$일 때, x, y의 값을 각각 구하시오.

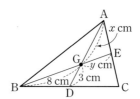

개념 2 삼각형의 무게중심과 넓이

삼각형의 세 중선에 의하여 나누어진 여섯 개의 삼각형의 넓이는 모두 같다.

즉, 오른쪽 그림의 $\triangle ABC$에서 점 G가 무게중심일 때,

$$\triangle GAF = \triangle GBF = \triangle GBD$$
$$= \triangle GCD = \triangle GCE = \triangle GAE = \frac{1}{6}\triangle ABC$$

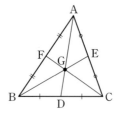

• $\triangle GAB$와 $\triangle GBD$에서 $\overline{AG} : \overline{GD} = 2 : 1$이므로 $\triangle GAB : \triangle GBD$ $= \overline{AG} : \overline{GD} = 2 : 1$ 같은 방법으로 하면 $\triangle GBC : \triangle GCE = 2 : 1$ $\triangle GCA : \triangle GAF = 2 : 1$

개념 확인 문제 2

오른쪽 그림에서 점 G는 $\triangle ABC$의 무게중심이고 $\triangle ABC$의 넓이가 $30\ cm^2$일 때, $\triangle GDC$의 넓이를 구하시오.

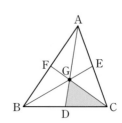

대표예제

예제 **1** 삼각형의 중선의 성질

오른쪽 그림의 △ABC에서 점 M
은 $\overline{BC}$의 중점이고 점 N은 $\overline{AM}$의
중점이다. △NMC의 넓이가
6 cm²일 때, △ABC의 넓이를 구
하시오.

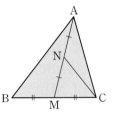

| 풀이전략 |
삼각형의 한 중선은 그 삼각형의 넓이를 이등분한다.

| 풀이 |
△AMC=2△NMC=12(cm²)이므로
△ABC=2△AMC=24(cm²)

🅐 24 cm²

유제 **1**
9202-0267

오른쪽 그림의 △ABC에서 $\overline{AM}$은
중선이고 점 P는 $\overline{AM}$ 위의 점이다.
△ABC와 △ABP의 넓이가 각각
38 cm², 11 cm²일 때, △PMC의
넓이를 구하시오.

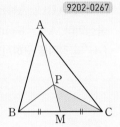

유제 **2**
9202-0268

오른쪽 그림의 △ABC에서 점 M은
$\overline{BC}$의 중점이고, 점 H는 점 A에서
$\overline{BC}$에 내린 수선의 발이다.
$\overline{BC}$=12 cm이고 △AMC의 넓이
가 27 cm²일 때, $\overline{AH}$의 길이를 구
하시오.

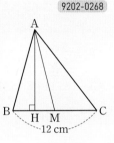

예제 **2** 삼각형의 무게중심의 성질 (1)

오른쪽 그림에서 점 G가
△ABC의 무게중심일 때,
xy의 값을 구하시오.

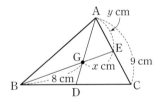

| 풀이전략 |
삼각형의 무게중심은 세 중선의 길이를 각 꼭짓점으로부터 각각 2 : 1로 나눈다.

| 풀이 |
$\overline{BE}$는 중선이므로 $y=\frac{1}{2}\overline{AC}=\frac{9}{2}$

삼각형의 무게중심은 세 중선의 길이를 각 꼭짓점으로부터
각각 2 : 1로 나누므로

$x=\frac{1}{2}\times8=4$

따라서 $xy=4\times\frac{9}{2}=18$

🅐 18

유제 **3**
9202-0269

오른쪽 그림과 같이 ∠C=90°인
직각삼각형 ABC에서 점 G가 무게
중심이고 $\overline{AB}$=12 cm일 때, $\overline{DG}$의
길이를 구하시오.

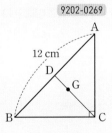

유제 **4**
9202-0270

오른쪽 그림의 △ABC에서 두 중선
BD, CE의 교점이 G이고
$\overline{BG}$=8 cm일 때, $\overline{BD}$의 길이를 구
하시오.

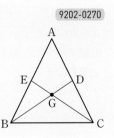

예제 ③ 삼각형의 무게중심의 성질(2)

오른쪽 그림에서 두 점 G, G′은
각각 △ABC, △GBC의 무게
중심이다. $\overline{AG}=6$ cm일 때,
$\overline{GG'}$의 길이를 구하시오.

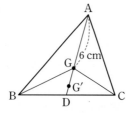

| 풀이전략 |
삼각형의 무게중심은 세 중선의 길이를 각 꼭짓점으로부터 각각 2 : 1로 나눈다.

| 풀이 |
삼각형의 무게중심은 세 중선의 길이를 각 꼭짓점으로부터
각각 2 : 1로 나누므로

$$\overline{GD}=\frac{1}{2}\overline{AG}=\frac{1}{2}\times6=3(\text{cm})$$

$\overline{GG'} : \overline{G'D}=2 : 1$이므로

$$\overline{GG'}=\frac{2}{3}\overline{GD}=\frac{2}{3}\times3=2(\text{cm})$$

답 2 cm

유제 5

9202-0271

오른쪽 그림에서 두 점 G, G′은
각각 △ABC, △GBC의 무게중
심이다. $\overline{AD}=18$ cm일 때, $\overline{AG'}$
의 길이를 구하시오.

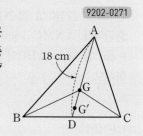

유제 6

9202-0272

오른쪽 그림에서 두 점 G, G′은
각각 △ABC, △GBC의 무게중
심일 때, $\overline{AG} : \overline{GG'} : \overline{G'D}$를 가
장 간단한 자연수의 비로 나타내
시오.

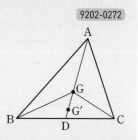

예제 ④ 삼각형의 무게중심의 응용(1)

오른쪽 그림에서 점 G는
△ABC의 무게중심이고
$\overline{BM} / \!/ \overline{DN}$이다. $\overline{GM}=4$ cm
일 때, x, y의 값을 각각 구하시
오.

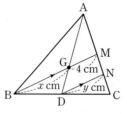

| 풀이전략 |
삼각형의 무게중심은 세 중선의 길이를 각 꼭짓점으로부터 각각 2 : 1로 나눈다.

| 풀이 |
삼각형의 무게중심은 세 중선의 길이를 각 꼭짓점으로부터
각각 2 : 1로 나누므로
$x=2\times4=8$
$\overline{BM} / \!/ \overline{DN}$이고 $\overline{AG} : \overline{AD}=2 : 3$이므로
△ADN에서
$4 : y=2 : 3$
$y=6$

답 $x=8$, $y=6$

유제 7

9202-0273

오른쪽 그림에서 점 G는 △ABC
의 무게중심이고 $\overline{BM} / \!/ \overline{DN}$일 때,
$\overline{AN} : \overline{MC}$를 가장 간단한 자연수
의 비로 나타내시오.

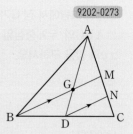

유제 8

9202-0274

오른쪽 그림에서 점 G는 △ABC
의 무게중심이고, 점 F는 $\overline{BD}$의
중점이다. $\overline{AG}=4$ cm일 때, x의
값을 구하시오.

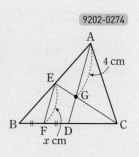

예제 ⑤ 삼각형의 무게중심의 응용 (2)

오른쪽 그림에서 점 G는 △ABC의 무게중심이고 $\overline{BC}$∥$\overline{DE}$이다. $\overline{AG}$=12 cm, $\overline{BM}$=6 cm일 때, x, y의 값을 각각 구하시오.

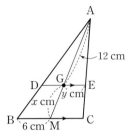

| 풀이전략 |
삼각형의 무게중심은 세 중선의 길이를 각 꼭짓점으로부터 각각 2 : 1로 나눈다.

| 풀이 |
삼각형의 무게중심은 세 중선의 길이를 각 꼭짓점으로부터 각각 2 : 1로 나누므로 $x=\dfrac{1}{2}\times12=6$

$\overline{BC}$∥$\overline{DE}$이고

$\overline{AG}$: $\overline{AM}$=2 : 3, $\overline{CM}$=$\overline{BM}$=6 cm이므로

△AMC에서 y : 6=2 : 3

$3y=12$, $y=4$

답 $x=6$, $y=4$

예제 ⑥ 삼각형의 무게중심과 넓이

오른쪽 그림에서 점 G는 △ABC의 무게중심이다. △ABC의 넓이가 24 cm²일 때, □EBDG의 넓이를 구하시오.

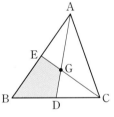

| 풀이전략 |
삼각형의 세 중선에 의하여 삼각형의 넓이는 6등분된다.

| 풀이 |
$\overline{BG}$의 연장선이 $\overline{AC}$와 만나는 점을 F라고 하면

$\triangle GEB=\triangle GBD=\dfrac{1}{6}\triangle ABC$이므로

$\square EBDG=\triangle GEB+\triangle GBD$

$\qquad=\dfrac{1}{6}\triangle ABC+\dfrac{1}{6}\triangle ABC$

$\qquad=\dfrac{1}{3}\triangle ABC=\dfrac{1}{3}\times24=8\,(\text{cm}^2)$

답 8 cm²

유제 9
9202-0275

오른쪽 그림과 같이 $\overline{AB}$=$\overline{AC}$인 이등변삼각형 ABC에서 점 M은 $\overline{BC}$ 위의 점이고, 두 점 G, G'은 각각 △ABM, △AMC의 무게중심이다. $\overline{GG'}$=8 cm일 때, $\overline{BC}$의 길이를 구하시오.

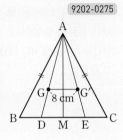

유제 10
9202-0276

오른쪽 그림에서 점 G는 △ABC의 무게중심이고 $\overline{BC}$∥$\overline{FE}$이다. $\overline{AD}$=18 cm일 때, $\overline{FG}$의 길이를 구하시오.

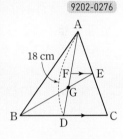

유제 11
9202-0277

오른쪽 그림에서 점 G는 ∠C=90°인 직각삼각형 ABC의 무게중심이다. $\overline{AC}$=6 cm, $\overline{BC}$=10 cm일 때, △AGC의 넓이를 구하시오.

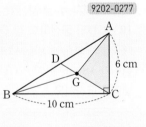

유제 12
9202-0278

오른쪽 그림에서 점 G는 △ABC의 무게중심이고 두 점 D, E는 각각 $\overline{BG}$, $\overline{CG}$의 중점이다. △ABC의 넓이가 36 cm²일 때, 색칠한 부분의 넓이를 구하시오.

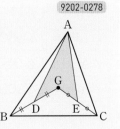

대표예제

예제 7 평행사변형에서 삼각형의 무게중심의 응용 – 길이

오른쪽 그림의 평행사변형 ABCD에서 두 점 M, N은 각각 $\overline{BC}$, $\overline{CD}$의 중점이다. $\overline{PQ}=6\,cm$일 때, $\overline{BD}$의 길이를 구하시오.

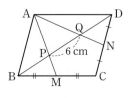

| 풀이전략 |
두 점 P, Q는 각각 △ABC, △ACD의 무게중심이다.

| 풀이 |

평행사변형 ABCD에서 $\overline{AC}$를 긋고 두 대각선의 교점을 O라고 하면 $\overline{AO}=\overline{OC}$, $\overline{BO}=\overline{OD}$이므로 두 점 P, Q는 각각 △ABC, △ACD의 무게중심이다.

$\overline{BO}=3\overline{PO}$, $\overline{OD}=3\overline{OQ}$
그런데 $\overline{PO}+\overline{OQ}=\overline{PQ}=6\,cm$이므로
$\overline{BD}=\overline{BO}+\overline{OD}=3(\overline{PO}+\overline{OQ})=3\times 6=18\,(cm)$

🖐 18 cm

유제 13

9202-0279

오른쪽 그림의 평행사변형 ABCD에서 두 점 M, N은 각각 $\overline{AD}$, $\overline{BC}$의 중점이고 $\overline{BD}=12\,cm$일 때, $\overline{PQ}$의 길이를 구하시오.

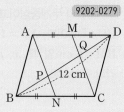

유제 14

9202-0280

오른쪽 그림의 평행사변형 ABCD에서 두 점 M, N은 각각 $\overline{BC}$, $\overline{CD}$의 중점이고 점 O는 두 대각선의 교점이다. $\overline{PQ}=3\,cm$일 때, $\overline{MN}$의 길이를 구하시오.

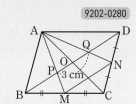

예제 8 평행사변형에서 삼각형의 무게중심의 응용 – 넓이

오른쪽 그림의 평행사변형 ABCD에서 두 점 M, N은 각각 $\overline{BC}$, $\overline{CD}$의 중점이고 점 O는 두 대각선의 교점이다. □ABCD의 넓이가 $48\,cm^2$일 때, △APQ의 넓이를 구하시오.

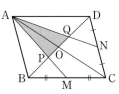

| 풀이전략 |
두 점 P, Q는 각각 △ABC, △ACD의 무게중심이다.

| 풀이 |

$\triangle ABC = \triangle ACD = \dfrac{1}{2}\square ABCD = \dfrac{1}{2}\times 48 = 24\,(cm^2)$

△ABC에서 점 P는 무게중심이므로

$\triangle APO = \dfrac{1}{6}\triangle ABC = \dfrac{1}{6}\times 24 = 4\,(cm^2)$

△ACD에서 점 Q는 무게중심이므로

$\triangle AOQ = \dfrac{1}{6}\triangle ACD = \dfrac{1}{6}\times 24 = 4\,(cm^2)$

따라서 $\triangle APQ = \triangle APO + \triangle AOQ = 4+4 = 8\,(cm^2)$

🖐 $8\,cm^2$

유제 15

9202-0281

오른쪽 그림의 평행사변형 ABCD에서 점 M은 $\overline{BC}$의 중점이고 □ABCD의 넓이가 $24\,cm^2$일 때, △PBM의 넓이를 구하시오.

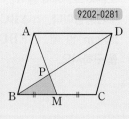

유제 16

9202-0282

오른쪽 그림의 평행사변형 ABCD에서 두 점 M, N은 각각 $\overline{BC}$, $\overline{CD}$의 중점이고 점 O는 두 대각선의 교점이다. □ABCD의 넓이가 $36\,cm^2$일 때, 색칠한 부분의 넓이를 구하시오.

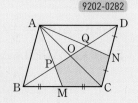

형성평가

3. 삼각형의 무게중심

01 9202-0283

오른쪽 그림의 △ABC에서
$\overline{AM}$은 중선이고 점 P는 $\overline{AM}$ 위
의 점이다. △ABC와 △APC의
넓이가 각각 48 cm², 17 cm²일
때, △PBM의 넓이를 구하시오.

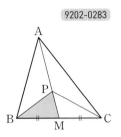

02 9202-0284

오른쪽 그림에서 점 G는
△ABC의 무게중심이고
$\overline{AG}=10$ cm, $\overline{EG}=8$ cm
일 때, $x+y$의 값을 구하
시오.

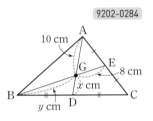

03 9202-0285

오른쪽 그림에서 두 점 G, G′
은 각각 △ABC, △GBC의
무게중심이다. △ABC의 넓이
가 27 cm²일 때, △G′BC의
넓이를 구하시오.

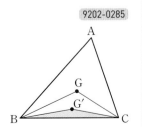

04 9202-0286

오른쪽 그림에서 점 G는
△ABC의 무게중심이고
점 F는 $\overline{BD}$의 중점이다.
$\overline{EF}=6$ cm일 때, $\overline{AG}$의 길이
를 구하시오.

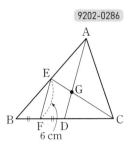

05 9202-0287

오른쪽 그림에서 점 G는
△ABC의 무게중심이고
△ABC의 넓이가 42 cm²일
때, △AEG의 넓이를 구하시오.

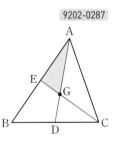

06 9202-0288

오른쪽 그림과 같이 평행사변
형 ABCD에서 점 M은 $\overline{BC}$
의 중점이고 점 P는 $\overline{BD}$와
$\overline{AM}$의 교점이다.
$\overline{BD}=24$ cm일 때, $\overline{OP}$의 길
이를 구하시오.

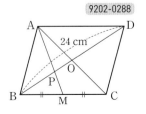

Level 1

01 오른쪽 그림과 같은 △ABC에서
$\overline{BC}/\!/\overline{DE}$, $\overline{AC}/\!/\overline{DF}$일 때, $\overline{DE}$의
길이는?

① 3 cm　　② 4 cm

③ 5 cm　　④ 6 cm

⑤ 7 cm

9202-0289

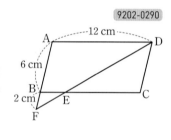

02 오른쪽 그림과 같은
평행사변형 ABCD에서
$\overline{AB}$의 연장선과 $\overline{DE}$의
연장선이 만나는 점을 F
라고 할 때, $\overline{EC}$의 길이
는?

① 5 cm　　② 6 cm　　③ 7 cm

④ 8 cm　　⑤ 9 cm

9202-0290

03 오른쪽 그림과 같은
△ABC에서
$\overline{BC}/\!/\overline{DE}$, $\overline{AB}/\!/\overline{EF}$이고
$\overline{AB}=10$ cm,
$\overline{DB}=\overline{DE}=6$ cm일 때, $\overline{CF}$의 길이는?

① 6 cm　　② 7 cm　　③ 8 cm

④ 9 cm　　⑤ 10 cm

9202-0291

04 오른쪽 그림과 같은 △ABC
에서 $\overline{AB}$, $\overline{BC}$, $\overline{CA}$의 중점
을 각각 점 D, E, F라 하고
$\overline{AB}=9$ cm, $\overline{BC}=11$ cm,
$\overline{CA}=8$ cm일때, △DEF의
둘레의 길이는?

① 13 cm　　② 14 cm　　③ 15 cm

④ 16 cm　　⑤ 17 cm

9202-0292

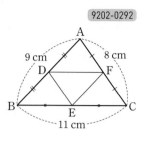

05 오른쪽 그림에서 $l/\!/m/\!/n$
일 때, x의 값은?

① 12　　② 13

③ 14　　④ 15

⑤ 16

9202-0293

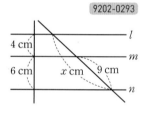

06 오른쪽 그림과 같이 ∠B=90°인
직각삼각형 ABC에서 점 G가 무게
중심이고 $\overline{AC}=18$ cm일 때, $\overline{PG}$
의 길이는?

① 2 cm　　② 3 cm

③ 4 cm　　④ 5 cm

⑤ 6 cm

9202-0294

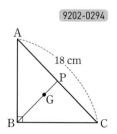

07 오른쪽 그림에서 $\overline{BC} /\!/ \overline{DE}$ 일 때, $x+y$의 값은?

9202-0295

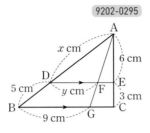

① 14   ② 15

③ 16   ④ 17

⑤ 18

08 오른쪽 그림에서 $\overline{AB} /\!/ \overline{EF} /\!/ \overline{DC}$일 때, $\overline{EF}$의 길이는?

9202-0296

 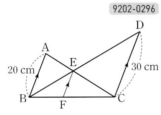

① 10 cm

② 11 cm

③ 12 cm

④ 13 cm

⑤ 14 cm

09 오른쪽 그림에서 네 점 P, Q, R, S는 □ABCD의 각 변의 중점이다. $\overline{AC}=17$ cm, $\overline{BD}=18$ cm일 때, □PQRS의 둘레의 길이는?

9202-0297

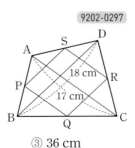

① 34 cm   ② 35 cm   ③ 36 cm

④ 37 cm   ⑤ 38 cm

10 오른쪽 그림의 △ABC에서 $\overline{AD}:\overline{DB}=3:4$이고 $\overline{BC} /\!/ \overline{DE}$, $\overline{AC} /\!/ \overline{DF}$, $\overline{AB} /\!/ \overline{EG}$이다. $\overline{BC}=21$ cm 일 때, $\overline{GF}$의 길이는?

9202-0298

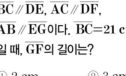 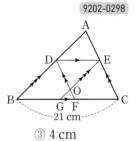

① 2 cm   ② 3 cm   ③ 4 cm

④ 5 cm   ⑤ 6 cm

11 오른쪽 그림과 같은 사다리꼴 ABCD에서 $\overline{AD} /\!/ \overline{EF} /\!/ \overline{BC}$이고 $3\,\overline{AE}=2\,\overline{BE}$일 때, $\overline{EF}$의 길이는?

9202-0299

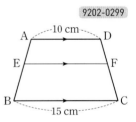

① 10 cm   ② 11 cm   ③ 12 cm

④ 13 cm   ⑤ 14 cm

12 오른쪽 그림에서 $l /\!/ m /\!/ n$ 일 때, x의 값은?

9202-0300

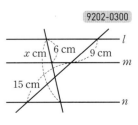

① 12   ② 13

③ 14   ④ 15

⑤ 16

13 오른쪽 그림의 △ABC에서
$\overline{AD}=\overline{BE}=3$ cm, $\overline{AF}=4$ cm,
$\overline{DB}=7$ cm, $\overline{FC}=8$ cm,
$\overline{EC}=6$ cm일 때, 다음 중 옳은
것을 모두 고르면? (정답 2개)

9202-0301

① $\overline{AB} /\!/ \overline{FE}$
② $\overline{AC} /\!/ \overline{DE}$
③ $\overline{BC} /\!/ \overline{DF}$
④ ∠BAC=∠CFE
⑤ ∠BDE=∠CFE

14 오른쪽 그림과 같은
△ABC와 △DBF에서
$\overline{DA}=\overline{AB}$, $\overline{AE}=\overline{EC}$이고
$\overline{DF}=8$ cm일 때, $\overline{EF}$의 길이
를 구하시오.

9202-0302

15 오른쪽 그림의 △ABC에서
$\overline{BD}=\overline{DC}$, $\overline{AG}=\overline{GD}$이고,
$\overline{BE} /\!/ \overline{DF}$이다. $\overline{DF}=6$ cm일
때, $\overline{BG}$의 길이는?

★중요

9202-0303

① 5 cm   ② 6 cm
③ 7 cm   ④ 8 cm
⑤ 9 cm

16 오른쪽 그림과 같이 $\overline{AD} /\!/ \overline{BC}$
인 사다리꼴 ABCD에서
$\overline{AM} : \overline{MB} = 3 : 1$이다.
$\overline{MN} /\!/ \overline{BC}$이고 $\overline{AD}=8$ cm,
$\overline{PQ}=7$ cm일 때, $\overline{BC}$의 길이
를 구하시오.

9202-0304

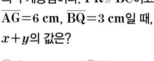

17 오른쪽 그림에서 점 G는 △ABC
의 무게중심이다. $\overline{PR} /\!/ \overline{BC}$이고
$\overline{AG}=6$ cm, $\overline{BQ}=3$ cm일 때,
$x+y$의 값은?

9202-0305

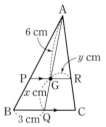

① 4   ② 5
③ 6   ④ 7
⑤ 8

18 오른쪽 그림에서 점 G는 △ABC
의 무게중심이고 △ABC의 넓이
가 36 cm²일 때, □EBDG의
넓이는?

★중요

9202-0306

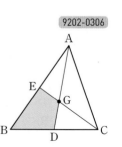

① 6 cm²   ② 8 cm²
③ 10 cm² ④ 12 cm²
⑤ 14 cm²

19 오른쪽 그림의 △ABC에서 점 D는 $\overline{BC}$ 위의 한 점이고, 두 점 G, G′은 각각 △ABD, △ADC의 무게중심이다. $\overline{BC}=18\,cm$일 때, $\overline{GG'}$의 길이는?

9202-0307

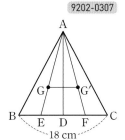

① 5 cm　② 6 cm

③ 7 cm　④ 8 cm

⑤ 9 cm

20 오른쪽 그림에서 두 점 G, G′은 각각 △ABC, △GBC의 무게중심이다. 다음 중 옳지 않은 것은?

9202-0308

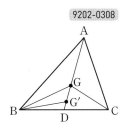

① $\overline{AG}:\overline{GD}=2:1$

② $\overline{GG'}:\overline{G'D}=2:1$

③ $\overline{AG}:\overline{GG'}=3:1$

④ (△BG′G의 넓이)$=\dfrac{1}{3}\times$(△AGC의 넓이)

⑤ (△BDG의 넓이)$=\dfrac{1}{9}\times$(△ABC의 넓이)

21 오른쪽 그림과 같은 정사각형 ABCD에서 두 점 E, F는 각각 $\overline{AB}$, $\overline{BC}$의 중점이고, 점 G는 $\overline{AF}$와 $\overline{CE}$의 교점이다. △AEG의 넓이가 3 cm²일 때, □ABCD의 넓이는?

9202-0309

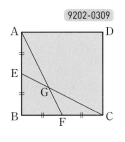

① 33 cm²　② 36 cm²　③ 39 cm²

④ 42 cm²　⑤ 45 cm²

Level 3

22 오른쪽 그림과 같은 △ABC에서 $\overline{BC}\,/\!/\,\overline{DE}$, $\overline{CD}\,/\!/\,\overline{EF}$이다. $\overline{AF}:\overline{DF}=3:2$이고 $\overline{AD}=8\,cm$일 때, $\overline{BD}$의 길이를 구하시오.

9202-0310

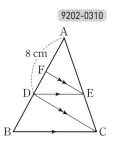

23 다음 그림과 같이 점 G가 무게중심이고 중선의 길이가 9 cm인 정삼각형 ABC를 직선 l 위에서 1회전시켰을 때, 점 G가 움직인 거리를 구하시오.

9202-0311

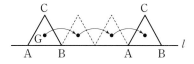

24 오른쪽 그림과 같이 ∠A=90°인 직각삼각형 ABC에서 두 점 G, G′은 각각 △ABD, △ACD의 무게중심이다. $\overline{AB}=8\,cm$, $\overline{BC}=10\,cm$, $\overline{AC}=6\,cm$일 때, △AGG′의 넓이를 구하시오.

9202-0312

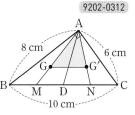

예제

오른쪽 그림과 같이 한 모서리의 길이가 8 cm인 정사면체에서 네 점 P, Q, R, S는 각각 네 모서리 AC, BC, BD, AD의 중점일 때, □PQRS의 둘레의 길이를 구하시오.

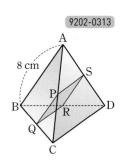

풀이

△ABC에서 △ABC∽△PQC(SAS 닮음)이므로

$\overline{PQ} = \overline{AB} \times \boxed{} = \boxed{}$ (cm)

같은 방법으로 하면

$\overline{QR} = \overline{RS} = \overline{SP} = \boxed{}$ (cm)

따라서 □PQRS의 둘레의 길이는 $\boxed{}$ cm이다.

 유제

오른쪽 그림의 △ABC에서 $\overline{AC} \parallel \overline{FE}$, $\overline{AE} \parallel \overline{FD}$이고 $\overline{BD} = 6$ cm, $\overline{BF} : \overline{FA} = 3 : 1$일 때, $\overline{EC}$의 길이를 구하시오.

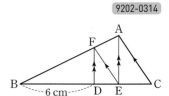

1 오른쪽 그림의 □ABCD에서 네 변 AB, BC, CD, DA의 중점을 각각 E, F, G, H라고 할 때, □EFGH는 평행사변형임을 설명하시오.

9202-0315

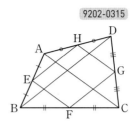

2 오른쪽 그림과 같은 사다리꼴 ABCD에서 $\overline{AD} \parallel \overline{EF} \parallel \overline{BC}$이고 점 P는 $\overline{AC}$와 $\overline{EF}$의 교점이다. $\overline{AD}=5$ cm, $\overline{AE}=3$ cm, $\overline{BC}=10$ cm, $\overline{BE}=2$ cm일 때, $\overline{EF}$의 길이를 구하시오.

9202-0316

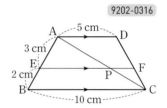

3 오른쪽 그림에서 점 G는 직각삼각형 ABC의 무게중심이고 $\overline{BF}=3$ cm, $\overline{BD}=4$ cm일 때, △GDC의 넓이를 구하시오.

9202-0317

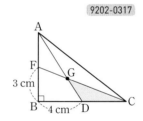

4 오른쪽 그림에서 점 G는 △ABC의 무게중심이고 $\overline{FE} \parallel \overline{BC}$이다. △ABC의 넓이가 27 cm²일 때, △DEF의 넓이를 구하시오.

9202-0318

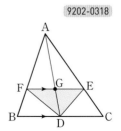

1 피타고라스 정리

개념 1 피타고라스 정리

(1) **피타고라스 정리**: 직각삼각형에서 직각을 낀 두 변의 길이의 제곱의
합은 빗변의 길이의 제곱과 같다.
즉, 직각삼각형에서 직각을 낀 두 변의 길이를 각각 a, b라 하고, 빗
변의 길이를 c라고 하면
$$a^2+b^2=c^2$$
이 성립한다.

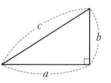

- a, b, c는 변의 길이이므로 항상 양수이다.

- 피타고라스 정리는 직각삼각형에서만 성립한다.

참고 오른쪽 그림과 같이 $\angle C=90°$인 직각삼각형 ABC의 꼭짓점 C
에서 $\overline{AB}$에 내린 수선의 발을 D라 하고
$\overline{BC}=a$, $\overline{CA}=b$, $\overline{AB}=c$, $\overline{AD}=x$, $\overline{DB}=y$라고 하자.
$\triangle ACD \backsim \triangle ABC$ (AA 닮음)이므로
$b^2=cx$ ...... ㉠
$\triangle CBD \backsim \triangle ABC$ (AA 닮음)이므로
$a^2=cy$ ...... ㉡
㉠, ㉡에 의하여
$a^2+b^2=cx+cy=c(x+y)=c^2$

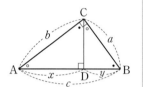

개념 확인 문제 1

오른쪽 그림과 같이 $\angle C=90°$인 **직각삼각형 ABC에서** $\overline{AC}=6$ cm,
$\overline{BC}=8$ cm일 때, x의 값을 구하시오.

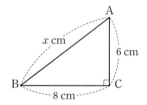

개념 2 직각삼각형이 되는 조건

세 변의 길이가 a, b, c인 삼각형에서
$$a^2+b^2=c^2$$
이 성립하면, 이 삼각형은 빗변의 길이가 c인
직각삼각형이다.

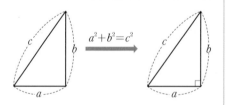

- 세 변의 길이가 3, 4, 5인 삼각형은 $3^2+4^2=5^2$이므로 빗변의 길이가 5인 직각삼각형이다.

개념 확인 문제 2

세 변의 길이가 2, 3, 4인 삼각형은 직각삼각형인지 아닌지 판단하고, 그 이유를 설명하시오.

대표예제

예제 1 피타고라스 정리를 이용하여 삼각형의 변의 길이 구하기

오른쪽 그림에서 x, y의 값을 각각 구하시오.

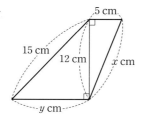

| 풀이전략 |

직각삼각형에서 직각을 낀 두 변의 길이의 제곱의 합은 빗변의 길이의 제곱과 같다.

| 풀이 |

피타고라스 정리에 의하여

$5^2+12^2=x^2$, $x^2=169$

그런데 $x>0$이므로

$x=13$

또 $y^2+12^2=15^2$, $y^2=81$

그런데 $y>0$이므로

$y=9$

🖎 $x=13$, $y=9$

유제 1

9202-0319

빗변의 길이가 25 cm이고 다른 한 변의 길이가 24 cm인 직각삼각형이 있다. 이 직각삼각형에서 나머지 한 변의 길이를 구하시오.

유제 2

9202-0320

오른쪽 그림과 같은 △ABC에서 $\overline{AD}\perp\overline{BC}$일 때, $\overline{AB}$의 길이를 구하시오.

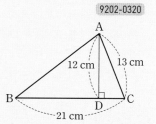

예제 2 피타고라스 정리와 정사각형의 넓이

오른쪽 그림은 ∠B=90°인 직각삼각형 ABC에서 각 변을 한 변으로 하는 세 정사각형을 그린 것이다. □FGBA=9 cm², □ACDE=25 cm²일 때, □BHIC의 넓이를 구하시오.

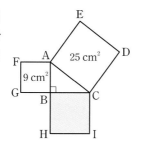

| 풀이전략 |

$\overline{AB}^2+\overline{BC}^2=\overline{CA}^2$이 성립한다.

| 풀이 |

직각삼각형 ABC에서 피타고라스 정리에 의하여

$\overline{AB}^2+\overline{BC}^2=\overline{CA}^2$이므로

$9+\overline{BC}^2=25$, $\overline{BC}^2=16$

따라서 □BHIC의 넓이는 16 cm²이다.

🖎 16 cm²

유제 3

9202-0321

오른쪽 그림은 ∠C=90°인 직각삼각형 ABC에서 각 변을 한 변으로 하는 세 정사각형을 그린 것이다. □AFGB=42 cm², □CBHI=17 cm²일 때, $\overline{AC}$의 길이를 구하시오.

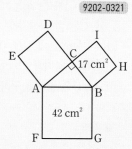

유제 4

9202-0322

오른쪽 그림과 같이 ∠C=90°인 직각삼각형 ABC의 세 변 AB, BC, CA를 각각 한 변으로 하는 세 정사각형의 넓이를 P, Q, R라고 하자. $\overline{AB}:\overline{AC}=7:5$일 때, $P:Q$를 가장 간단한 자연수의 비로 나타내시오.

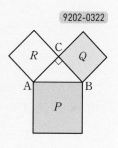

예제 **3** 사각형에서 피타고라스 정리 이용하기

오른쪽 그림과 같이
$\overline{\text{AD}} /\!/ \overline{\text{BC}}$인 등변사다리꼴
ABCD의 넓이를 구하시오.

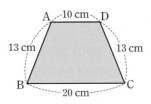

| 풀이전략 |

두 꼭짓점 A, D에서 $\overline{\text{BC}}$에 각각 수선을 내린다.

| 풀이 |

두 꼭짓점 A, D에서 $\overline{\text{BC}}$에 내린
수선의 발을 각각 E, F라고 하면
두 직각삼각형 ABE와 DCF는
합동이므로 $\overline{\text{BE}} = \overline{\text{CF}} = 5$ cm

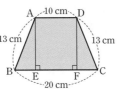

직각삼각형 ABE에서 피타고라스 정리에 의하여
$5^2 + \overline{\text{AE}}^2 = 13^2$, $\overline{\text{AE}}^2 = 144$
그런데 $\overline{\text{AE}} > 0$이므로 $\overline{\text{AE}} = 12$ cm
따라서 등변사다리꼴 ABCD의 넓이는

$\dfrac{1}{2} \times (10+20) \times 12 = 180 (\text{cm}^2)$

📖 180 cm²

유제 **5**
9202-0323

오른쪽 그림에서 □ABCD와
□GCEF가 정사각형이고 세 점
B, C, E가 한 직선 위에 있을 때,
$\overline{\text{CE}}$의 길이를 구하시오.

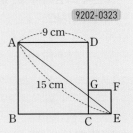

유제 **6**
9202-0324

오른쪽 그림의 사다리꼴 ABCD
에서 ∠A = ∠B = 90°이고
$\overline{\text{AD}} = \overline{\text{CD}} = 5$ cm, $\overline{\text{BC}} = 8$ cm
일 때, $\overline{\text{AC}}$를 한 변으로 하는 정
사각형의 넓이를 구하시오.

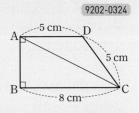

예제 **4** 평면도형에서 피타고라스 정리의 활용

오른쪽 그림에서 두 직각삼각형
ABE와 CDB는 합동이고 세 점
A, B, C는 한 직선 위에 있다.
$\overline{\text{AB}} = 7$ cm, ∠EBD = 90°이고
△EBD의 넓이가 29 cm²일 때,
□EACD의 넓이를 구하시오.

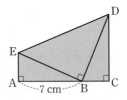

| 풀이전략 |

$\overline{\text{BE}}$를 한 변으로 하는 정사각형의 넓이는 58 cm²이다.

| 풀이 |

△EBD는 직각이등변삼각형이므로 $\overline{\text{BE}}$를 한 변으로 하는 정
사각형의 넓이는 58 cm²이다. 따라서 $\overline{\text{BE}}^2 = 58$
직각삼각형 ABE에서 피타고라스 정리에 의하여
$\overline{\text{AE}}^2 + \overline{\text{AB}}^2 = \overline{\text{BE}}^2$, $\overline{\text{AE}}^2 + 49 = 58$, $\overline{\text{AE}}^2 = 9$
그런데 $\overline{\text{AE}} > 0$이므로 $\overline{\text{AE}} = 3$ cm
따라서 □EACD의 넓이는

$\dfrac{1}{2} \times (3+7) \times (7+3) = 50 (\text{cm}^2)$

📖 50 cm²

유제 **7**
9202-0325

오른쪽 그림에서 두 직각삼각형
BAC와 CDE는 합동이고 세 점 A, C,
D는 한 직선 위에 있다. $\overline{\text{AB}} = 2$ cm,
$\overline{\text{DE}} = 6$ cm일 때, △BCE의 넓이를
구하시오.

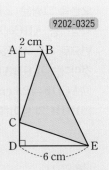

유제 **8**
9202-0326

오른쪽 그림에서 두 직각삼각형
FAB와 BCD는 합동이고
□EFBD는 정사각형이다. 세 점
A, B, C는 한 직선 위에 있고
□EFBD의 넓이가 74 cm²일
때, △BCD의 넓이를 구하시오.

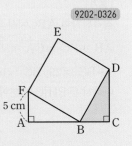

예제 5 **입체도형에서 피타고라스 정리의 활용**

오른쪽 그림과 같은 직각삼각형을 직선 l을 축으로 하여 1회전시킬 때 생기는 입체도형의 부피를 구하시오.

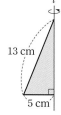

13 cm

5 cm

| 풀이전략 |

직각삼각형에서 직각을 낀 두 변의 길이의 제곱의 합은 빗변의 길이의 제곱과 같다.

| 풀이 |

직선 l을 축으로 하여 1회전시킬 때 생기는 입체도형은 오른쪽 그림과 같은 원뿔이다. 원뿔의 높이를 h cm라고 하면 피타고라스 정리에 의하여

$5^2+h^2=13^2$, $h^2=144$

그런데 $h>0$이므로 $h=12$

따라서 원뿔의 부피는 $\dfrac{1}{3}\times25\pi\times12=100\pi\,(\text{cm}^3)$

🖎 $100\pi\,\text{cm}^3$

유제 9 9202-0327

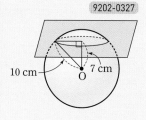

오른쪽 그림과 같이 반지름의 길이가 10 cm인 구의 중심에서 7 cm 떨어진 평면으로 자를 때 생기는 단면인 원의 넓이를 구하시오.

10 cm / O / 7 cm

유제 10 9202-0328

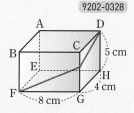

오른쪽 그림과 같은 직육면체의 꼭짓점 D에서 겉면을 따라 모서리 CG를 지나 점 F에 이르는 최단 거리를 구하시오.

A / D / B / C / 5 cm / E / H / F / 8 cm / G / 4 cm

예제 6 **직각삼각형이 되는 조건**

세 변의 길이가 〈보기〉와 같은 삼각형에서 직각삼각형인 것을 모두 고르시오.

◀ 보기 ▶

ㄱ. 4, 5, 6   ㄴ. 5, 12, 13

ㄷ. 6, 8, 10   ㄹ. 9, 16, 25

| 풀이전략 |

세 변의 길이가 a, b, c인 삼각형에서 $a^2+b^2=c^2$이 성립하면, 이 삼각형은 빗변의 길이가 c인 직각삼각형이다.

| 풀이 |

ㄱ. $6^2<4^2+5^2$이므로 $6^2\neq4^2+5^2$이다.

　따라서 이 삼각형은 직각삼각형이 아니다.

ㄴ. $13^2=5^2+12^2$이므로 이 삼각형은 직각삼각형이다.

ㄷ. $10^2=6^2+8^2$이므로 이 삼각형은 직각삼각형이다.

ㄹ. $25^2>9^2+16^2$이므로 $25^2\neq9^2+16^2$이다.

　따라서 이 삼각형은 직각삼각형이 아니다.

🖎 ㄴ, ㄷ

유제 11 9202-0329

길이가 각각 5 cm, 6 cm, 8 cm, 10 cm, 12 cm인 막대 5개 중 세 개를 골라 직각삼각형을 만들려고 할 때, 가능한 직각삼각형의 둘레의 길이를 구하시오. (단, 돌리거나 뒤집어서 포개어질 경우 같은 것으로 생각한다.)

유제 12 9202-0330

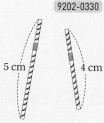

길이가 각각 4 cm, 5 cm인 빨대에 길이가 x cm인 빨대를 추가하여 직각삼각형을 만들었다고 할 때, 길이가 x cm인 빨대를 한 변으로 하는 정사각형의 넓이를 모두 구하시오.

5 cm / 4 cm

형성평가

1. 피타고라스 정리

01 오른쪽 그림과 같이 ∠C=90°인 직각삼각형 ABC에서 $\overline{AC}$=12 cm, $\overline{BC}$=5 cm일 때, x의 값을 구하시오.

9202-0331

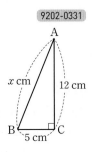

02 오른쪽 그림은 ∠C=90°인 직각삼각형 ABC에서 각 변을 한 변으로 하는 세 정사각형을 그린 것이다. □AFGB=65 cm², □CBHI=16 cm²일 때, $\overline{AC}$의 길이를 구하시오.

9202-0332

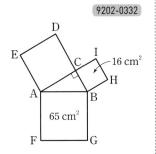

03 오른쪽 그림과 같이 $\overline{AD}$ ∥ $\overline{BC}$인 등변사다리꼴 ABCD의 넓이를 구하시오.

9202-0333

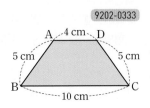

04 오른쪽 그림과 같이 반지름의 길이가 12 cm인 구의 중심에서 8 cm 떨어진 평면으로 자를 때 생기는 단면인 원의 넓이를 구하시오.

9202-0334

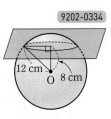

05 오른쪽 그림과 같은 직육면체의 꼭짓점 A에서 겉면을 따라 두 모서리 BC, FG를 지나 점 H에 이르는 최단 거리를 구하시오.

9202-0335

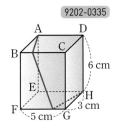

06 세 변의 길이가 7, 8, 9인 삼각형은 직각삼각형인지 아닌지 판단하고, 그 이유를 설명하시오.

9202-0336

중단원 마무리

01 오른쪽 그림과 같이 ∠A=90°인 직각삼각형 ABC의 각 변을 지름으로 하는 반원의 넓이를 각각 S_1, S_2, S_3이라고 하자. $S_1=15\pi$ cm², $S_3=40\pi$ cm² 일 때, S_2의 넓이를 구하시오.

9202-0337

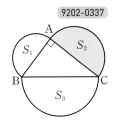

02 오른쪽 그림과 같이 ∠C=90°인 직각삼각형 ABC의 세 변 AB, BC, CA를 각각 한 변으로 하는 세 정사각형의 넓이를 P, Q, R라고 하자.
$\overline{AB} : \overline{BC}=8 : 3$일 때, $P : R$를 가장 간단한 자연수의 비로 나타내시오.

9202-0338

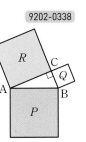

03 오른쪽 그림과 같이 넓이가 각각 9 cm², 81 cm²인 두 정사각형 ABCD, ECGF를 붙여 놓았다. 이때 $\overline{BF}$의 길이를 구하시오.

9202-0339

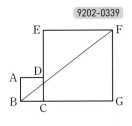

04 오른쪽 그림에서 두 직각삼각형 EAB와 BCD는 합동이고 세 점 A, B, C는 한 직선 위에 있다. $\overline{AB}=5$ cm이고 △EBD의 넓이가 17 cm²일 때, □EACD의 넓이를 구하시오.

9202-0340

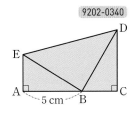

05 오른쪽 그림과 같이 모선의 길이가 13 cm이고 밑면의 넓이가 25π cm²인 원뿔의 부피를 구하시오.

9202-0341

06 세 변의 길이가 각각 3, 4, a인 삼각형이 직각삼각형이 되도록 하는 자연수 a의 값을 구하시오.

9202-0342

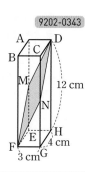

9202-0343

오른쪽 그림과 같은 직육면체에서 두 점 M, N은 각각 $\overline{AE}$, $\overline{CG}$의 중점이다. $\overline{FG}$=3 cm, $\overline{GH}$=4 cm, $\overline{DH}$=12 cm라고 할 때, $\frac{1}{2} \times \overline{MN} \times \overline{DF}$를 구하시오.

풀이

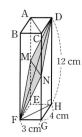

$\overline{MN} = \overline{AC}$이므로 △ABC에서 피타고라스 정리에 의하여

$\overline{AC}^2 = 3^2 + 4^2 = \boxed{}$

그런데 $\overline{AC}$>0이므로 $\overline{AC}$=$\boxed{}$ cm, 즉 $\overline{MN}$=$\boxed{}$ cm

△DFH에서 $\overline{FH}$=$\boxed{}$ cm이고 피타고라스 정리에 의하여

$\overline{DF}^2 = \boxed{} + 12^2 = \boxed{}$

그런데 $\overline{DF}$>0이므로 $\overline{DF}$=$\boxed{}$ cm

따라서

$\frac{1}{2} \times \overline{MN} \times \overline{DF} = \frac{1}{2} \times \boxed{} \times \boxed{} = \boxed{}$

9202-0344

오른쪽 그림과 같은 △ABC에서 $\overline{AD} \perp \overline{BC}$이고 $\overline{AB}$=17 cm, $\overline{AC}$=10 cm, $\overline{AD}$=8 cm일 때, $\overline{BC}$의 길이를 구하시오.

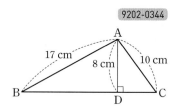

1 오른쪽 그림과 같이 ∠BAC=90°, $\overline{\text{AB}}$=3 cm, $\overline{\text{AC}}$=4 cm인 직각삼각형 ABC를 밑면으로 하고 높이가 6 cm인 삼각기둥이 있다. 꼭짓점 A에서 출발하여 겉면을 따라 모서리 BE를 지나 점 F에 이르는 최단 거리를 구하시오.

9202-0345

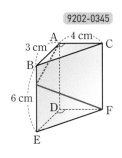

2 좌표평면 위의 두 점 A(3, −2), B(−5, 4) 사이의 거리를 구하시오.

9202-0346

3 오른쪽 그림과 같이 ∠A=90°인 직각삼각형 ABC에서 $\overline{\text{AH}}\perp\overline{\text{BC}}$일 때, $x-y$의 값을 구하시오.

9202-0347

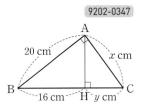

4 오른쪽 그림에서 두 직각삼각형 FAB와 BCD는 합동이고 □EFBD는 정사각형이다. 세 점 A, B, C는 한 직선 위에 있고 □EFBD의 넓이가 113 cm²일 때, 색칠한 부분의 넓이를 구하시오.

9202-0348

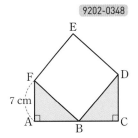

VI

확률

1 사건과 경우의 수

개념 ① 사건과 경우의 수

(1) **사건**: 동일한 조건 아래에서 여러 번 반복할 수 있는 실험이나 관찰에 의하여 나타나는 결과

(2) **경우의 수**: 어떤 사건에 대하여 일어날 수 있는 모든 경우에 대한 가짓수

> **예** 한 개의 주사위를 던질 때, '소수의 눈이 나온다.'는 하나의 사건이고 소수의 눈이 나오는 경우는 2, 3, 5의 3가지이므로 소수의 눈이 나오는 경우의 수는 3이다.

사건	경우	경우의 수
소수의 눈이 나온다.	⚁ ⚂ ⚄	3

- 경우의 수를 구할 때에는 사건을 빠짐없이 구하되 중복되지 않도록 유의해야 한다.

- 그림이나 표를 이용해서 경우의 수를 구하면 편리하다.

개념 확인 문제 1

주머니 속에 1부터 12까지의 자연수가 각각 하나씩 적힌 12개의 구슬이 있다. 이 중에서 한 개의 구슬을 꺼낼 때, 소수가 적힌 구슬이 나오는 경우의 수를 구하시오.

개념 ② 사건 A 또는 사건 B가 일어나는 경우의 수

두 사건 A, B가 동시에 일어나지 않을 때,
사건 A가 일어나는 경우의 수가 m, 사건 B가 일어나는 경우의 수가 n이면

(사건 A 또는 사건 B가 일어나는 경우의 수)$=m+n$

> **예** 한 개의 주사위를 던질 때,
> 3의 배수의 눈이 나오는 경우의 수는 2이고 5의 배수의 눈이 나오는 경우의 수는 1이므로 3의 배수 또는 5의 배수의 눈이 나오는 경우의 수는 $2+1=3$

- 일반적으로 '또는', '이거나' 라는 표현이 있으면 두 경우의 수를 더해서 구한다.

- 동시에 일어나지 않는 사건의 경우의 수를 구할 때에는 겹치는 경우가 없는지 꼭 확인해야 한다.

개념 확인 문제 2

오른쪽 표는 서현이네 가족이 전주세계소리축제에 방문하기 위하여 교통편과 그에 따른 출발 시각을 조사한 것이다. 고속버스 또는 KTX를 타고 가는 경우의 수를 구하시오.

고속버스	출발 시각	KTX	출발 시각
	06 : 00		06 : 30
	07 : 00		
	08 : 00		08 : 00
	09 : 00		09 : 30
	10 : 00		
	11 : 00		11 : 00
	12 : 00		12 : 30

두 사건 *A*와 *B*가 서로 영향을 주지 않을 때,
사건 *A*가 일어나는 경우의 수가 m이고, 그 각각에 대하여 사건 *B*가 일어나는 경우의 수가 n이면

(사건 *A*와 사건 *B*가 동시에 일어나는 경우의 수)$=m \times n$

예 흰색, 검정색, 파란색 3종류의 티셔츠와 베이지색, 검정색 2종류의 바지가 있을 때, 티셔츠와 바지를 짝지어 입을 수 있는 경우는 다음과 같다.

따라서 3종류의 티셔츠를 입는 각각의 경우에 대하여 바지를 짝짓는 방법이 2가지씩 있으므로 3종류의 티셔츠와 2종류의 바지를 짝지어 입을 수 있는 경우의 수는 $3 \times 2 = 6$

- '동시에' 일어난다는 것은 같은 시간에 일어나는 것 뿐만 아니라 두 사건 *A*와 *B*가 모두 일어난다는 의미이다.

- 동시에 일어나는 사건의 경우에는 나뭇가지 그림(수형도)를 그려서 생각하면 쉽게 이해할 수 있다.

개념 확인 문제 3

인형놀이를 하면서 인형에게 상의와 하의를 골라 입히려고 한다. 상의는 3벌, 하의는 4벌이 있을 때, 인형에게 상의와 하의를 짝지어 입힐 수 있는 방법은 모두 몇 가지인지 구하시오.

개념 확인 문제 4

다음은 재희네 학교에서 실시하는 방과후 학교 프로그램이다. 재희가 교과 프로그램과 예체능 프로그램을 각각 하나씩 고르는 경우의 수를 구하시오.

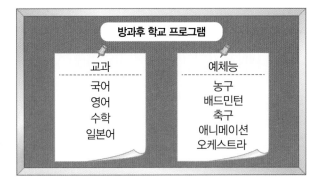

대표예제

한 개의 주사위를 던질 때, 다음 사건이 일어나는 경우를 나열하고 그 경우의 수를 구하시오.

(1) 4보다 작은 수의 눈이 나오는 사건

경우	경우의 수

(2) 5의 배수의 눈이 나오는 사건

경우	경우의 수

(3) 소수의 눈이 나오는 사건

경우	경우의 수

(4) 짝수의 눈이 나오는 사건

경우	경우의 수

| 풀이전략 |
경우의 수를 구할 때는 사건을 중복하지 않고 빠짐없이 구해야 한다.

| 풀이 |
(1) 4보다 작은 수의 눈이 나오는 사건

경우	경우의 수
1, 2, 3	3

(2) 5의 배수의 눈이 나오는 사건

경우	경우의 수
5	1

(3) 소수의 눈이 나오는 사건

경우	경우의 수
2, 3, 5	3

(4) 짝수의 눈이 나오는 사건

경우	경우의 수
2, 4, 6	3

유제 1   9202-0349

오른쪽 그림과 같이 10등분된 원판을 돌려 멈춘 후 바늘이 가리키는 숫자를 읽을 때, 다음 사건이 일어나는 경우를 나열하고 그 경우의 수를 구하시오.
(단, 바늘이 경계선을 가리키는 경우는 생각하지 않는다.)

(1) 3의 배수가 나오는 사건

경우	경우의 수

(2) 8의 약수가 나오는 사건

경우	경우의 수

(3) 5보다 크고 9보다 작은 수가 나오는 사건

경우	경우의 수

유제 2   9202-0350

주머니 속에 1부터 15까지의 자연수가 각각 하나씩 적힌 15개의 구슬이 있다. 이 중에서 한 개의 구슬을 꺼낼 때, 소수가 적힌 구슬이 나오는 경우의 수를 구하시오.

예제 2 사건 A 또는 사건 B가 일어나는 경우의 수

수인이네 학교에는 체육 동아리 4종류와 문화 예술 동아리
5종류가 있다. 수인이가 체육 동아리 또는 문화 예술 동아리
중 한 가지 동아리를 선택하는 경우의 수를 구하시오.

체육 동아리	
컬링반	○○○
배드민턴반	○○○
뉴스포츠반	○○○
축구반	○○○

문화 예술 동아리	
영화감상반	○○○
뮤지컬반	○○○
문예창작반	○○○
합창반	○○○
댄스반	○○○

| 풀이전략 |

사건 A 또는 사건 B가 일어나는 경우의 수는 각각의 경우의 수의 합으로 구
한다.

| 풀이 |

체육 동아리를 선택하는 경우의 수는 4이고 문화 예술 동아
리를 선택하는 경우의 수는 5이다. 따라서 체육 동아리 또는
문화 예술 동아리 중 한 가지 동아리를 선택하는 경우의 수는
$4+5=9$

답 9

유제 3

9202-0351

오른쪽 그림과 같이 각 면에 1부터 12까
지의 자연수가 각각 하나씩 적혀 있는
정십이면체 모양의 주사위를 한 번 던질
때, 바닥에 닿는 면의 수가 3의 배수 또
는 5의 배수인 경우의 수를 구하시오.

유제 4

9202-0352

주머니 속에 1부터 8까지의 자연수가
각각 하나씩 적힌 공 8개가 들어 있다.
이 주머니에서 임의로 한 개의 공을 꺼
낼 때, 짝수 또는 2보다 작은 수가 적힌
공이 나오는 경우의 수를 구하시오.

예제 3 사건 A와 사건 B가 동시에 일어나는 경우의 수

어느 분식집의 차림표에는 김밥 3종류, 라면 4종류가 있다.
이 분식집에서 김밥과 라면을 각각 한 개씩 주문할 때, 주문
할 수 있는 경우의 수를 구하시오.

차림표

- 야채 김밥 2,500원
- 치즈 김밥 3,000원
- 참치 김밥 3,000원
- 카레 라면 2,000원
- 치즈 라면 2,500원
- 해물 라면 3,000원
- 비빔 라면 2,500원

| 풀이전략 |

두 사건이 동시에 일어나므로 각각의 경우의 수를 구하여 곱한다.

| 풀이 |

김밥은 3종류를 고를 수 있고, 각각의 경우에 대하여 라면은
4종류를 고를 수 있으므로 주문할 수 있는 경우의 수는
$3\times4=12$

답 12

유제 5

9202-0353

다음 그림과 같이 출발 지점에서 휴게소까지 가는 방법은 3가
지이고, 휴게소에서 수학봉까지 가는 방법도 3가지이다.
출발 지점에서 휴게소를 거쳐 수학봉까지 가는 경우의 수를
구하시오.

유제 6

9202-0354

어느 학교 야구 동아리에는 투수가 3명, 포수가 2명 있다고
한다. 투수와 포수를 임의로 한 명씩 선택할 때, 투수와 포수
를 짝짓는 경우의 수를 구하시오.

01 9202-0355
자판기에서 600원짜리 음료수를 뽑으려고 한다. 500원짜리 동전 1개와 100원짜리 동전 4개, 50원짜리 동전 6개가 있을 때, 동전을 넣을 수 있는 모든 경우의 수는?

① 3   ② 4   ③ 5
④ 6   ⑤ 7

02 9202-0356
1부터 25까지의 자연수가 각각 하나씩 적힌 구슬 25개가 들어 있는 상자에서 구슬 한 개를 임의로 꺼낼 때, 소수가 적힌 구슬이 나오는 경우의 수는?

① 5   ② 6   ③ 7
④ 8   ⑤ 9

03 9202-0357
한 개의 주사위를 던질 때, 나오는 눈의 수가 5의 배수 또는 6의 약수인 경우의 수는?

① 3   ② 5   ③ 7
④ 9   ⑤ 11

04 9202-0358
어떤 음식점의 차림표에는 면 6종류, 밥 8종류가 있다. 면 또는 밥 중에서 한 가지만 주문할 때, 식사를 주문하는 경우의 수를 구하시오.

05 9202-0359
어느 독서실의 평면도가 다음 그림과 같을 때, 소셜룸에서 복도를 거쳐 스터디룸으로 가는 방법의 수를 구하시오.

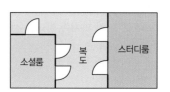

06 9202-0360
봉화는 삼국시대부터 통신 수단의 하나로 이용되어 왔다. 5개의 연기 구멍이 나란히 배열되어 있는 봉화대에서 표현할 수 있는 신호는 모두 몇 가지인가? (단, 연기를 피우지 않는 것도 신호에 포함한다.)

① 8가지   ② 16가지   ③ 24가지
④ 32가지   ⑤ 40가지

2 여러 가지 경우의 수

개념 1 동전 또는 주사위 던지기

(1) 동전 또는 주사위를 동시에 던질 때, 일어나는 모든 경우의 수

	동전	주사위
1개 던질 때	2	6
2개 던질 때	$2 \times 2 = 2^2$	$6 \times 6 = 6^2$
3개 던질 때	$2 \times 2 \times 2 = 2^3$	$6 \times 6 \times 6 = 6^3$
⋮	⋮	⋮
n개 던질 때	$2 \times 2 \times \cdots \times 2 = 2^n$	$6 \times 6 \times \cdots \times 6 = 6^n$

(참고) 보통 동전의 앞면을 H, 뒷면을 T로 나타낸다.

(2) 동전과 주사위를 동시에 던질 때 일어나는 경우의 수: 동전을 던질 때 일어나는 경우의 수와 주사위를 던질 때 일어나는 경우의 수의 곱

(예) 동전 1개와 주사위 1개를 동시에 던질 때, 일어나는 모든 경우를 순서쌍으로 나타내면 다음과 같다.

$$(H, 1), (H, 2), (H, 3), (H, 4), (H, 5), (H, 6),$$
$$(T, 1), (T, 2), (T, 3), (T, 4), (T, 5), (T, 6)$$

동전의 앞면과 뒷면이 나오는 각 경우마다 주사위의 눈의 수가 1부터 6까지 나올 수 있으므로 구하는 경우의 수는 $2 \times 6 = 12$

- 동전 n개와 주사위 m개를 동시에 던질 때 일어나는 모든 경우의 수는 $2^n \times 6^m$이다.

- 서로 다른 주사위 A, B를 동시에 던질 때, 나올 수 있는 두 눈의 수의 합은 다음과 같다.

A\B	⚀	⚁	⚂	⚃	⚄	⚅
⚀	2	3	4	5	6	7
⚁	3	4	5	6	7	8
⚂	4	5	6	7	8	9
⚃	5	6	7	8	9	10
⚄	6	7	8	9	10	11
⚅	7	8	9	10	11	12

(예) 두 눈의 수의 합이 7인 경우의 수는 6이다.

개념 확인 문제 1

50원짜리 동전 1개, 100원짜리 동전 1개, 500원짜리 동전 1개를 동시에 던질 때, 일어날 수 있는 모든 경우의 수를 구하시오.

개념 2 가위바위보 하기

A, B 두 사람이 가위바위보를 하면 다음과 같이 모두 9가지의 경우가 발생하며, 이 중 A가 이기는 경우가 3가지, 비기는 경우가 3가지, B가 이기는 경우가 3가지이다.

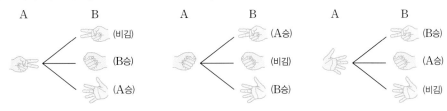

- 두 명이 가위바위보를 할 때, 한 명이 이기는 경우는 다른 한 사람이 지는 경우가 된다.

개념 확인 문제 2

민주와 서현이가 가위바위보를 했을 때, 비기는 경우의 수를 구하시오.

개념 ③ 숫자카드로 수 만들기

(1) 0이 포함되지 않는 경우

　0이 아닌 서로 다른 한 자리의 숫자가 각각 적힌 n장의 카드 중에서

　① 2장을 뽑아 만들 수 있는 두 자리의 자연수의 개수는

　　$n \times (n-1)$(개)

　② 3장을 뽑아 만들 수 있는 세 자리의 자연수의 개수는

　　$n \times (n-1) \times (n-2)$(개)

(2) 0이 포함된 경우

　0을 포함하여 서로 다른 한 자리의 숫자가 각각 적힌 n장의 카드 중에서

　① 2장을 뽑아 만들 수 있는 두 자리의 자연수의 개수는

　　$(n-1) \times (n-1)$(개)

　② 3장을 뽑아 만들 수 있는 세 자리의 자연수의 개수는

　　$(n-1) \times (n-1) \times (n-2)$(개)

> • 두 자리의 자연수를 만들 때에는 십의 자리에 0이 올 수 없고 세 자리의 자연수를 만들 때에는 백의 자리에 0이 올 수 없다.

개념 확인 문제 3

1, 2, 3, 4의 숫자가 각각 하나씩 적힌 4장의 카드가 있다. 이 중에서 2장을 뽑아 만들 수 있는 두 자리의 자연수의 개수를 구하시오.

$$\boxed{1} \quad \boxed{2} \quad \boxed{3} \quad \boxed{4}$$

개념 ④ 한 줄로 세우기

(1) 한 줄로 세우는 경우의 수

　서로 다른 n개를 한 줄로 세우는 경우의 수는

　　$n \times (n-1) \times (n-2) \times \cdots \times 3 \times 2 \times 1$

(2) 한 줄로 세울 때 이웃하여 세우는 경우의 수

　이웃하는 것을 하나로 묶어 한 줄로 세우는 경우의 수를 구하고, 묶음 안에서 자리를 바꾸는 경우의 수를 구하여 두 경우의 수를 곱한다.

　예 A, B, C, D 네 명을 한 줄로 세울 때, A, B가 서로 이웃하여 서는 경우의 수

　(i) A, B를 하나로 묶어 한 사람으로 생각하여 Ⓐ, Ⓑ, C, D의 3명을 한 줄로 세우는 경우의 수는 $3 \times 2 \times 1 = 6$

　(ii) 묶음 안에서 A, B가 서로 자리를 바꾸는 경우의 수는 2

　(i), (ii)에서 구하는 경우의 수는

$$\left(\begin{matrix} \text{A, B를 하나로 묶어} \\ \text{한 줄로 세우는 경우의 수} \end{matrix} \right) \times \left(\begin{matrix} \text{A, B의 자리를} \\ \text{바꾸는 경우의 수} \end{matrix} \right) = 6 \times 2 = 12$$

개념 확인 문제 4

윤정이네 반 계주 선수인 윤정, 미희, 선우, 영태가 달리는 순서를 정하는 경우의 수를 구하시오.

개념 5 대표 뽑기

(1) 자격이 다른 대표를 뽑는 경우

　　n명 중에서 자격이 다른 2명의 대표를 뽑는 경우의 수는

　　　　$n \times (n-1)$

　　참고 회장, 부회장을 뽑는 경우는 자격이 다른 대표를 뽑는 경우이다.

(2) 자격이 같은 대표를 뽑는 경우

　　n명 중에서 자격이 같은 2명의 대표를 뽑는 경우의 수는

　　　　$\dfrac{n \times (n-1)}{2}$

　　참고 대표 2명을 뽑거나 학급도우미 2명을 뽑는 경우는 자격이 같은 대표를 뽑는 경우이다.

- 자격이 같은 두 명을 뽑을 때는 (A, B)와 (B, A)는 같은 경우로 생각하므로 2로 나누어 경우의 수를 구한다.

- 자격이 같은 대표 2명을 뽑을 때는 순서와 관계가 없다.

개념 확인 문제 5

A, B, C 3명의 학생 중에서 다음과 같이 2명을 뽑는 경우의 수를 구하시오.

(1) 회장 1명, 부회장 1명　　　　　　　　(2) 학급도우미 2명

개념 6 색칠하기

(1) 모두 다른 색을 칠하는 경우

　　한 번 사용한 색은 다시 사용할 수 없음에 유의하여 구한다.

(2) 같은 색을 다시 사용해서 칠해도 되나 이웃하는 영역은 서로 다른 색으로 칠하는 경우

　　이웃하지 않는 영역은 칠한 색을 다시 사용할 수 있음에 유의하여 구한다.

　　예 오른쪽 그림과 같이 A, B, C 세 영역에 빨강, 파랑, 노랑의 3가 지 색을 칠하려고 한다. 각 영역에 같은 색을 여러 번 사용해도 좋으나 이웃하는 영역에는 서로 다른 색을 칠해야 한다고 할 때, 칠하는 모든 경우의 수를 구해 보면 다음과 같다.

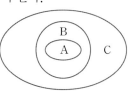

　　A에 칠할 수 있는 색은 3가지, B에 칠할 수 있는 색은 A에 칠한 색을 제외한 2가지, C에 칠할 수 있는 색은 B에 칠한 색을 제외한 2가지이므로 칠하는 모든 경우의 수는

　　　　$3 \times 2 \times 2 = 12$

- 색칠하기의 경우는 동시에 일어나지는 않으나 이어서 칠해지므로 각 경우의 수를 곱하여 구한다.

- 이웃하는 영역에는 같은 색을 사용할 수 없음에 유의한다.

개념 확인 문제 6

빨간색, 주황색, 노란색, 초록색의 4가지 색의 물감을 이용하여 오른쪽 그림과 같은 원의 A, B, C 세 부분에 서로 다른 색을 칠하는 방법은 모두 몇 가지인지 구하시오.

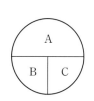

예제 **1** 동전 또는 주사위 던지기

서로 다른 동전 2개와 주사위 1개를 동시에 던질 때, 일어나는 모든 경우의 수는?

① 16   ② 20   ③ 24

④ 28   ⑤ 32

| 풀이전략 |

동시에 던지므로 동전의 경우의 수와 주사위의 경우의 수를 곱하여 구한다.

| 풀이 |

서로 다른 동전 2개를 던져서 나오는 경우의 수는 $2 \times 2 = 4$

주사위 1개를 던져서 나오는 경우의 수는 6

따라서 구하는 경우의 수는 $4 \times 6 = 24$

답 ③

유제 **1**   9202-0361

동전 한 개와 주사위 한 개를 동시에 던질 때, 일어날 수 있는 모든 경우의 수를 a라 하고, 동전은 앞면, 주사위는 홀수의 눈이 나오는 경우의 수를 b라고 하자. 이때 $a+b$의 값은?

① 9   ② 11   ③ 13

④ 15   ⑤ 17

유제 **2**   9202-0362

서로 다른 두 개의 주사위를 동시에 던질 때, 나오는 두 눈의 수의 차가 4인 경우의 수를 구하시오.

예제 **2** 가위바위보 하기

은지와 민수가 가위바위보를 했을 때, 승부가 결정되는 경우의 수는?

① 3   ② 4   ③ 5

④ 6   ⑤ 7

| 풀이전략 |

승부가 결정되는 것은 둘 중 한 사람이 이긴 경우이다.

| 풀이 |

은지가 이기는 경우가 3가지, 민수가 이기는 경우가 3가지이므로 승부가 결정되는 경우의 수는 $3+3=6$

답 ④

유제 **3**   9202-0363

유진, 창희, 서진 세 사람이 가위바위보를 한 번 했을 때, 일어날 수 있는 모든 경우의 수를 구하시오.

유제 **4**   9202-0364

A, B 두 사람이 가위바위보를 해서 이긴 사람이 주사위를 던져서 짝수의 눈이 나오면 승리하는 게임을 하려고 한다. A가 이 게임에서 승리하는 경우의 수는?

① 5   ② 6   ③ 7

④ 8   ⑤ 9

예제 ❸ 숫자카드로 수 만들기

1, 2, 3, 4, 5의 숫자가 각각 하나씩 적힌 5장의 카드가 있다. 이 중에서 3장의 카드를 뽑아 만들 수 있는 세 자리의 정수 중 400보다 큰 수의 개수를 구하시오.

| 풀이전략 |
세 자리의 정수가 400보다 크려면 백의 자리의 숫자는 4, 5이어야 한다.

| 풀이 |
(ⅰ) 백의 자리에 4가 오는 경우
십의 자리에 올 수 있는 숫자는 1, 2, 3, 5의 4개,
일의 자리에 올 수 있는 숫자는 백의 자리, 십의 자리의
숫자를 제외한 3개이므로 모두
4×3=12(개)
(ⅱ) 백의 자리에 5가 오는 경우
십의 자리에 올 수 있는 숫자는 1, 2, 3, 4의 4개,
일의 자리에 올 수 있는 숫자는 백의 자리, 십의 자리에
온 숫자를 제외한 3개이므로 모두
4×3=12(개)
따라서 400보다 큰 수의 개수는 12+12=24(개)
🖪 24개

유제 5
9202-0365

0부터 5까지의 정수가 각각 하나씩 적힌 6장의 카드가 있다. 이 중에서 2장을 뽑아 두 자리의 자연수를 만들려고 한다. 두 자리의 자연수를 a개, 두 자리의 홀수를 b개라고 할 때, $a-b$의 값을 구하시오.

`0` `1` `2`
`3` `4` `5`

유제 6
9202-0366

수학 동아리실 출입문의 자물쇠는 비밀번호가 2자리이다. 각 자리는 1부터 9까지의 자연수로 이루어져 있는데 같은 숫자를 여러 번 사용해도 된다고 할 때, 만들 수 있는 비밀번호의 개수는?

① 9개 　② 18개 　③ 27개
④ 81개 　⑤ 243개

예제 ❹ 한 줄로 세우기

A, B, C, D, E 5명 중에서 3명을 뽑아 한 줄로 세우는 경우의 수는?

① 30 　② 40 　③ 50
④ 60 　⑤ 70

| 풀이전략 |
n명 중에서 3명을 뽑아 한 줄로 세우는 경우의 수는
$n×(n-1)×(n-2)$이다.

| 풀이 |
첫 번째 자리에 올 수 있는 사람은 5명, 두 번째 자리에 올 수 있는 사람은 4명, 세 번째 자리에 올 수 있는 사람은 3명이므로 구하는 경우의 수는 5×4×3=60
🖪 ④

유제 7
9202-0367

루브르 박물관에는 리슐리외관, 쉴리관, 드농관의 세 전시관이 있다. 박물관에 여행간 민아가 세 전시관을 둘러보는 순서를 짜는 경우의 수는?

① 3 　② 4 　③ 5
④ 6 　⑤ 7

유제 8
9202-0368

A, B, C, D 네 사람을 한 줄로 세울 때, B가 맨 앞 또는 맨 뒤에 서는 경우의 수를 구하시오.

대표예제

예제 5 대표 뽑기

A, B, C, D 네 명의 후보 중에서 대표와 부대표를 각각 1명씩 뽑는 경우의 수는?

① 8   ② 12   ③ 16

④ 10   ⑤ 24

| 풀이전략 |

n명 중에서 대표와 부대표를 각각 한 명씩 뽑는 경우의 수는 $n \times (n-1)$이다.

| 풀이 |

대표와 부대표를 각각 한 명씩 뽑는 경우이므로 구하는 경우의 수는 $4 \times 3 = 12$

답 ②

유제 9
9202-0369

행복구는 구의원이 2명이다. 5명의 구의원 후보 중에서 2명의 구의원을 뽑는 경우의 수를 구하시오.

유제 10
9202-0370

남학생 6명과 여학생 4명이 있다. 남학생 중에서 2명, 여학생 중에서 1명의 환경도우미를 뽑는 경우의 수를 구하시오.

예제 6 색칠하기

오른쪽 그림과 같이 직사각형을 A, B, C, D 네 부분으로 나누어 서로 구분하여 색을 칠하려고 한다. 빨강, 보라, 초록, 검정의 4가지 색을 각각 한 번씩만 사용하여 색을 칠하는 경우의 수를 구하시오.

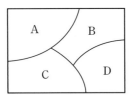

| 풀이전략 |

4가지 색을 순서대로 늘어 놓는 것과 같다.

| 풀이 |

A, B, C, D 네 부분에 4가지 색을 칠하므로 4가지 색을 한 줄로 세우는 경우와 같다.

따라서 구하는 경우의 수는

$4 \times 3 \times 2 \times 1 = 24$

답 24

유제 11
9202-0371

다음은 유럽에 있는 인접한 4개국의 지도이다. 빨강, 파랑, 노랑 3가지 색으로 칠하되 인접한 국가는 다른 색으로 칠하는 경우의 수를 구하시오. (단, 색은 여러 번 사용할 수 있다.)

유제 12
9202-0372

빨강, 주황, 노랑, 초록, 파랑, 보라의 6가지 색 중에서 4가지 색을 선택하려고 할 때, 빨강, 주황이 선택될 경우의 수는?

① 3   ② 5   ③ 6

④ 10   ⑤ 15

형성평가

2. 여러 가지 경우의 수

01 9202-0373
주사위 한 개를 두 번 던질 때, 처음에는 짝수의 눈이 나오고 나중에는 소수의 눈이 나오는 경우의 수는?

① 3 ② 6 ③ 9
④ 12 ⑤ 15

02 9202-0374
5개의 숫자 0, 1, 2, 3, 4 중에서 서로 다른 3개의 숫자를 택하여 만들 수 있는 세 자리의 자연수는 몇 개인가?

① 40개 ② 42개 ③ 44개
④ 46개 ⑤ 48개

03 9202-0375
여학생 3명과 남학생 3명이 있다. 이 6명을 한 줄로 세울 때, 남학생과 여학생이 번갈아 서는 경우의 수는?

① 60 ② 66 ③ 72
④ 78 ⑤ 84

04 9202-0376
A, B, C, D, E 다섯 사람이 한 줄로 설 때, A, B가 이웃하고 A가 B 뒤에 서는 경우의 수는?

① 18 ② 20 ③ 22
④ 24 ⑤ 26

05 9202-0377
배드민턴 선수 5명 중에서 2명으로 이루어진 복식팀을 만드는 경우의 수는?

① 10 ② 12 ③ 20
④ 24 ⑤ 28

06 9202-0378
다음 그림과 같은 가, 나, 다, 라, 마의 다섯 부분에 빨강, 파랑, 노랑, 검정, 초록의 5가지 색을 모두 사용하여 칠할 수 있는 경우의 수는?

① 110 ② 120 ③ 130
④ 140 ⑤ 150

Level 1

01 9202-0379

한 개의 주사위를 던질 때, 다음 중 사건이 일어날 경우의 수가 가장 작은 것은?

① 2 이상의 눈이 나온다.
② 짝수의 눈이 나온다.
③ 소수의 눈이 나온다.
④ 4의 약수의 눈이 나온다.
⑤ 3의 배수의 눈이 나온다.

02 9202-0380

서로 다른 두 개의 주사위를 던질 때, 두 눈의 수의 합이 8인 경우의 수는?

① 3   ② 4   ③ 5
④ 6   ⑤ 7

03 9202-0381

책꽂이에 소설책 4권과 만화책 5권이 꽂혀 있다. 이 중에서 소설책 또는 만화책 1권을 꺼낼 경우의 수는?

① 5   ② 6   ③ 7
④ 8   ⑤ 9

04 중요 9202-0382

남학생 4명과 여학생 3명이 한 팀이 되어 봉사활동을 하려고 한다. 이 중에서 2명의 대표를 뽑을 때, 남학생 1명과 여학생 1명을 대표로 뽑는 경우의 수는?

① 10   ② 12   ③ 20
④ 24   ⑤ 26

05 9202-0383

멥쌀, 쑥, 흑미의 3종류의 반죽과 깨, 녹두, 콩, 팥의 4종류의 소가 있다. 반죽과 소를 각각 한 종류씩 골라 송편을 빚는 경우의 수는?

① 10   ② 11   ③ 12
④ 13   ⑤ 14

06 9202-0384

집에서 학교까지 가는 길은 3가지, 학교에서 도서관까지 가는 길은 5가지이다. 집에서 학교를 거쳐 도서관까지 가는 방법은 모두 몇 가지인가?

① 15가지   ② 16가지   ③ 17가지
④ 18가지   ⑤ 19가지

07 9202-0385

A, B, C, D, E, F 6명의 학생 중에서 3명을 뽑아 한 줄로 세우는 경우의 수는?

① 110   ② 120   ③ 130
④ 140   ⑤ 150

Level 2

9202-0386

08 500원짜리 동전 2개, 100원짜리 동전 3개가 있다. 두 종류의 동전을 각각 한 개 이상씩 사용하여 만들 수 있는 금액은 모두 몇 가지인가? (단, 같은 금액은 한 가지 경우로 본다.)

① 6가지 　　② 7가지 　　③ 8가지
④ 9가지 　　⑤ 10가지

9202-0387

09 0, 1, 2, 3의 숫자가 각각 하나씩 적힌 4장의 카드 중에서 2장을 뽑아 두 자리의 자연수를 만들 때, 만들 수 있는 짝수는 모두 몇 개인가?

① 5개 　　② 6개 　　③ 7개
④ 8개 　　⑤ 9개

9202-0388

10 주머니 속에 1부터 8까지의 자연수가 각각 하나씩 적힌 공 8개가 들어 있다. 이 주머니에서 한 개의 공을 꺼낼 때, 3의 배수 또는 8의 약수가 적힌 공이 나오는 경우의 수는?

① 5 　　② 6 　　③ 7
④ 8 　　⑤ 9

9202-0389

11 동전 2개와 주사위 2개를 동시에 던질 때, 일어날 수 있는 경우의 수는?

① 130 　　② 136 　　③ 140
④ 144 　　⑤ 150

9202-0390

12 4개의 자음 ㄱ, ㄷ, ㅇ, ㅊ과 2개의 모음 ㅏ, ㅗ가 있다. 이 중에서 자음 한 개와 모음 한 개를 짝지어 만들 수 있는 글자는 모두 몇 개인가?

① 4개 　　② 5개 　　③ 6개
④ 7개 　　⑤ 8개

9202-0391

13 다음 그림과 같은 길이 있다. A 지점에서 C 지점으로 가는 경우의 수는? (단, 같은 지점은 두 번 이상 지나지 않는다.)

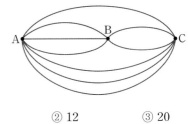

① 10 　　② 12 　　③ 20
④ 24 　　⑤ 26

9202-0392

14 민주는 학교 나눔 매장에서 상의 2종류, 하의 5종류, 모자 3종류를 구입하였다. 구입한 상의, 하의, 모자를 짝지어 입는 경우의 수는?

① 24 　　② 26 　　③ 28
④ 30 　　⑤ 32

9202-0393

15 서로 다른 두 개의 주머니에 1, 2, 3의 숫자가 각각 적힌 3개의 공이 들어 있다. 각 주머니에서 한 개의 공을 꺼낼 때, 꺼낸 공에 적힌 수의 합이 4 또는 5인 경우의 수를 구하시오.

16 어느 놀이동산에서 오른쪽 그림과 같은 과녁에 화살을 세 번 쏘아서 나온 점수의 합이 7점 이상이면 인형을 상품으로 탈 수 있다고 한다. 상품을 탈 수 있는 경우의 수는? (단, 이 과녁을 벗어나거나 경계선을 맞히는 경우는 생각하지 않는다.)

9202-0394

① 4　　　　② 6　　　　③ 8
④ 10　　　　⑤ 12

17 오른쪽 그림과 같은 도로가 있다. 서진이가 학교에서 출발하여 우체국을 들러 집까지 최단 거리로 가는 방법의 수는?

9202-0395

① 5　　　　② 6　　　　③ 7
④ 8　　　　⑤ 9

18 오른쪽 그림과 같이 세 부분으로 나누어진 삼각형이 있다. 이 중에서 두 부분을 골라 빨간색과 파란색을 각각 칠하는 경우의 수는? (단, 각 부분은 한 가지 색으로 칠하고, 같은 색을 중복하여 사용하지 않는다.)

9202-0396

① 4　　　　② 5　　　　③ 6
④ 7　　　　⑤ 8

19 오른쪽 그림과 같이 구분된 벽의 각 부분을 빨강, 주황, 노랑, 초록, 파랑의 5가지 색을 한 번씩 사용하여 칠하려고 한다. 이때 칠할 수 있는 경우의 수는?

9202-0397

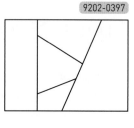

① 110　　　　② 120　　　　③ 130
④ 140　　　　⑤ 150

20 어느 학교 야구 대회에서 6개 반의 대진표를 짜려고 한다. 각각 서로 한 번씩 시합을 하려고 할 때, 모두 몇 번의 경기를 해야 하는지 구하시오.

9202-0398

21 전자계산기의 0부터 9까지의 숫자 중에서 3개를 눌러 만들 수 있는 세 자리의 자연수의 개수는?

9202-0399

① 700개　　　　② 750개　　　　③ 800개
④ 850개　　　　⑤ 900개

★중요

22 6개의 영문자 F, A, T, H, E, R를 일렬로 배열할 때, T가 E 바로 앞에 오는 경우의 수는?

9202-0400

① 120　　　　② 130　　　　③ 140
④ 150　　　　⑤ 160

23 9202-0401

서로 다른 동전 3개를 동시에 던질 때, 앞면이 나오는 동전의 개수를 x, 뒷면이 나오는 동전의 개수를 y라고 하자. 이때 $x-y=1$인 경우의 수는?

① 3 　　　　 ② 6 　　　　 ③ 9

④ 12 　　　　 ⑤ 15

24 9202-0402

어떤 원 위에 서로 다른 7개의 점이 있다. 이 중에서 두 점을 잇는 선분은 모두 몇 개인가?

① 15개 　　　 ② 18개 　　　 ③ 21개

④ 24개 　　　 ⑤ 27개

25 9202-0403

어느 옷가게에 서로 다른 티셔츠 4개와 서로 다른 바지 5개가 있다. 이 중에서 티셔츠와 바지를 각각 2개씩 사는 방법은 모두 몇 가지인가?

① 56가지 　　 ② 60가지 　　 ③ 66가지

④ 72가지 　　 ⑤ 76가지

26 9202-0404

1, 2, 3, 4, 5의 숫자가 각각 하나씩 적힌 5장의 카드에서 2장을 뽑아 두 자리의 정수를 만들 때, 만든 두 자리의 정수가 3의 배수가 되는 경우의 수는?

① 6 　　　　 ② 7 　　　　 ③ 8

④ 9 　　　　 ⑤ 12

Level 3

27 9202-0405

어느 은행에서 100번부터 399번까지의 수가 적힌 번호표를 받은 사람이 은행 업무를 보고 갔다면 이 번호표에 적힌 수 중에서 숫자 3이 포함된 번호표는 몇 장인지 구하시오.

28 9202-0406

오른쪽 그림과 같이 정육면체의 각 면에 1, 2, 3, 4, 5, 6의 숫자가 하나씩 적혀 있다. 이 정육면체를 두 번 던져서 처음에 나온 밑면의 수를 a, 나중에 나온 밑면의 수를 b라고 할 때, 방정식 $ax=b$의 해가 정수가 되는 경우의 수를 구하시오.

29 9202-0407

다음 그림과 같이 D와 E를 연결하는 도로만 빼고 모든 도시가 연결되어 있는 도로망을 가진 5개의 도시 A, B, C, D, E가 있다. A에서 출발하여 나머지 네 도시를 각각 한 번씩만 방문하고 돌아오는 경우의 수는?

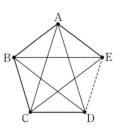

① 10 　　　　 ② 12 　　　　 ③ 20

④ 24 　　　　 ⑤ 26

9202-0408

남학생 4명과 여학생 3명이 한 줄로 설 때, 남학생은 남학생끼리, 여학생은 여학생끼리 이웃하여 한 줄로 서는 경우의 수를 구하시오.

풀이

남학생끼리만 한 줄로 서는 경우의 수는

☐ × ☐ × ☐ × ☐ = ☐

여학생끼리만 한 줄로 서는 경우의 수는

☐ × ☐ × ☐ = ☐

남학생들과 여학생들을 각각 한 묶음으로 보고 한 줄로 세우는 경우의 수는

☐ × ☐ = ☐

따라서 남학생은 남학생끼리, 여학생은 여학생끼리 이웃하여 한 줄로 서는 경우의 수는

☐ × ☐ × ☐ = ☐

9202-0409

성인 3명과 학생 4명이 극장에 가서 한 줄로 앉으려고 한다. 성인 중 2명이 양 끝에 앉게 되는 경우의 수를 구하시오.

1 9202-0410

5명의 후보 중에서 대표 2명을 뽑는 경우의 수를 a, 회장과 부회장을 뽑는 경우의 수를 b라고 할 때, a와 b의 값을 각각 구하시오.

2 9202-0411

주사위 한 개를 던져서 나오는 눈의 수를 a라고 할 때, x에 대한 방정식 $2x-a-1=0$의 해가 정수가 되는 경우의 수를 구하시오.

3 9202-0412

오른쪽 그림과 같이 수직선 위의 원점에 점 P를 놓고, 한 개의 동전을 던져서 앞면이 나오면 양의 방향으로 1만큼, 뒷면이 나오면 음의 방향으로 1만큼 이동시킨다. 한 개의 동전을 4번 던질 때, 점 P가 원점에 오는 경우의 수를 구하시오.

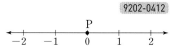

4 9202-0413

1, 2, 3, 4의 숫자가 각각 적힌 4장의 카드가 들어 있는 주머니가 있다. 이 주머니에서 3장의 카드를 동시에 뽑아 세 자리의 정수를 만들 때, 작은 수부터 크기순으로 19번째인 수를 구하시오.

1 확률의 뜻과 기본 성질

개념 1 확률의 뜻

모든 경우가 일어날 가능성이 같은 어떤 실험이나 관찰에서 일어날 수 있는 모든 경우의 수에 대한 사건 A가 일어나는 경우의 수의 비율을 사건 A가 일어날 확률이라고 한다.

참고 오른쪽 표는 한 개의 동전을 여러 번 반복하여 던지는 실험을 하여 앞면이 나온 횟수와 그 상대도수를 나타낸 것이다. 이 표의 상대도수를 그래프로 나타내면 다음 그림과 같다.

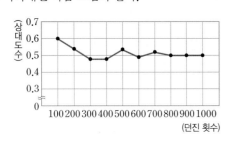

던진 횟수	앞면이 나온 횟수	상대도수
100	61	0.6100
200	108	0.5400
300	144	0.4800
400	191	0.4775
500	265	0.5300
600	294	0.4900
700	362	0.5171
800	405	0.5063
900	453	0.5033
1000	501	0.5010

위의 그래프에서 동전을 던진 횟수가 많아질수록 앞면이 나오는 상대도수는 일정한 값 $0.5 = \frac{1}{2}$에 가까워짐을 알 수 있다.

• 모든 경우가 일어날 가능성이 같은 어떤 실험이나 관찰을 여러 번 반복할 때, 어떤 사건이 일어나는 상대도수가 일정한 값에 가까워지면 이 일정한 값은 일어날 수 있는 모든 경우의 수에 대한 그 사건이 일어나는 경우의 수의 비율과 같다.

개념 확인 문제 1

상자 속에 1부터 20까지의 자연수가 각각 하나씩 적힌 카드 20장이 들어 있다. 이 상자에서 한 장의 카드를 임의로 꺼낼 때, 소수가 적힌 카드가 나올 확률을 구하시오.

개념 2 확률

어떤 실험이나 관찰에서 각 경우가 일어날 가능성이 같을 때, 일어날 수 있는 모든 경우의 수를 n, 사건 A가 일어나는 경우의 수를 a라고 하면 사건 A가 일어날 확률 p는

$$p = \frac{(\text{사건 } A\text{가 일어나는 경우의 수})}{(\text{모든 경우의 수})} = \frac{a}{n}$$

용어
• 확률은 영어 단어 probability의 첫 글자를 따서 보통 p로 나타내기도 한다.

• 각각의 경우가 일어날 가능성이 똑같다는 가정 아래서 구하는 확률을 수학적 확률이라고 한다.

개념 확인 문제 2

오른쪽 표는 어느 반 학생들이 사는 마을을 조사한 것이다. 이 반 학생 중에서 한 명을 선택할 때, 그 학생이 D 마을에 살 확률을 구하시오.

거주지	A 마을	B 마을	C 마을	D 마을	합계
학생 수(명)	11	6	15	8	40

(1) 어떤 사건이 일어날 확률을 p라고 하면 $0 \leq p \leq 1$이다.

(2) 절대로 일어나지 않는 사건의 확률은 0이다.

(3) 반드시 일어나는 사건의 확률은 1이다.

예 오른쪽 그림과 같이 흰 구슬 4개와 검은 구슬 3개
가 들어 있는 주머니 A와 검은 구슬 7개가 들어 있
는 주머니 B가 있다.

각 주머니에서 임의로 한 개의 구슬을 꺼낼 때,

A 주머니에서 흰 구슬이 나올 확률은 $\dfrac{4}{7}$

B 주머니에서 흰 구슬이 나올 확률은 $\dfrac{0}{7} = 0$

B 주머니에서 검은 구슬이 나올 확률은 $\dfrac{7}{7} = 1$

A　　　　　B

• 모든 사건이 일어나는 경우의
수를 n, 사건 A가 일어나는
경우의 수를 a라고 하면
$0 \leq a \leq n$에서
$\dfrac{0}{n} \leq \dfrac{a}{n} \leq \dfrac{n}{n}$이므로
$0 \leq p \leq 1$

개념 확인 문제 3

10개의 제비가 들어 있는 상자 안에 당첨 제비가 다음과 같이 들어 있다. 한 개의 제비를 임의로 뽑을 때,
당첨 제비를 뽑을 확률을 구하시오.

(1) 당첨 제비가 5개일 경우

(2) 당첨 제비가 0개일 경우

(3) 당첨 제비가 10개일 경우

사건 A가 일어날 확률을 p라고 하면

(사건 A가 일어나지 않을 확률) $= 1 - p$

예 3개의 불량품이 섞여 있는 10개의 제품 중에서 한 개를 임의로 택할 때,

불량품이 나올 확률은 $\dfrac{3}{10}$이므로 불량품이 나오지 않을 확률은 $1 - \dfrac{3}{10} = \dfrac{7}{10}$

• 사건 A가 일어날 확률을 p,
사건 A가 일어나지 않을 확
률을 q라고 하면
$p + q = 1$에서 $q = 1 - p$

• 일반적으로 문제에
'적어도', '아닐', '∼ 못할'과
같은 표현이 있을 때 사건
A가 일어나지 않을 확률을
이용하면 편리하다.

개념 확인 문제 4

1부터 20까지의 자연수가 각각 하나씩 적힌 20장의 카드에서 한 장의 카드를 임의로 뽑을 때, 20의 약수가
아닌 수가 적힌 카드가 뽑힐 확률을 구하시오.

대표예제

예제 ❶ 확률의 뜻

오른쪽 그림과 같이 흰 구슬 3개, 검은 구슬 4개가 들어 있는 주머니에서 임의로 한 개의 구슬을 꺼낼 때, 다음을 구하시오.

(1) 모든 경우의 수
(2) 꺼낸 구슬이 흰 구슬인 경우의 수
(3) 꺼낸 구슬이 흰 구슬일 확률

| 풀이전략 |
모든 경우의 수와 어떤 사건이 일어나는 경우의 수를 구한 후 이를 이용하여 확률을 구한다.

| 풀이 |
(1) 전체 구슬의 수가 7개이므로 모든 경우의 수는 7이다.
(2) 꺼낸 구슬이 흰 구슬인 경우의 수는 3이다.
(3) 꺼낸 구슬이 흰 구슬일 확률은 $\frac{3}{7}$이다.

답 (1) 7 (2) 3 (3) $\frac{3}{7}$

유제 1
9202-0414

1부터 12까지의 자연수가 각각 하나씩 적혀 있는 공 12개가 담긴 상자에서 임의로 한 개의 공을 꺼낼 때, 다음을 구하시오.

(1) 모든 경우의 수
(2) 꺼낸 공이 3의 배수인 경우의 수
(3) 꺼낸 공이 3의 배수일 확률

유제 2
9202-0415

오른쪽 그림과 같이 12등분된 원판에 1부터 12까지의 자연수가 각각 하나씩 적혀 있다. 원판의 바늘을 한 번 돌린 후 멈추었을 때, 바늘이 놓인 칸에 적힌 수가 10의 약수일 확률을 구하시오.
(단, 바늘이 경계선을 가리키는 경우는 없다.)

예제 ❷ 확률

서로 다른 두 개의 주사위를 동시에 던질 때, 나오는 두 눈의 수의 합이 8이 될 확률을 구하시오.

| 풀이전략 |
$p = \dfrac{(\text{어떤 사건이 일어나는 경우의 수})}{(\text{모든 경우의 수})}$

| 풀이 |
서로 다른 두 개의 주사위를 동시에 던질 때
나올 수 있는 모든 경우는 $6 \times 6 = 36$(가지)이고,
이 중에서 두 눈의 수의 합이 8인 경우는
$(2, 6)$, $(3, 5)$, $(4, 4)$, $(5, 3)$, $(6, 2)$의 5가지이므로
구하는 확률은 $\frac{5}{36}$이다.

답 $\frac{5}{36}$

유제 3
9202-0416

100원짜리 동전 1개와 500원짜리 동전 1개를 동시에 던질 때, 서로 다른 면이 나올 확률을 구하시오.

유제 4
9202-0417

어느 반 학생 32명에게 1부터 32까지의 자연수가 각각 적힌 행운권을 하나씩 나누어 주었다. 이 중에서 다음과 같은 번호의 행운권을 가진 학생에게 상품을 준다고 할 때, 그 번호가 뽑힐 확률을 구하시오.

(1) 17
(2) 5의 배수
(3) 두 자리의 숫자가 같은 수

예제 ③ 확률의 성질

다음 〈보기〉의 사건이 일어날 확률이 높은 것부터 차례로 나열하시오.

◀ 보기 ▶

ㄱ. 서로 다른 동전 2개를 던져 둘 다 같은 면이 나온다.

ㄴ. 서로 다른 주사위 2개를 던져서 나온 두 눈의 수의 합이 1이다.

ㄷ. 주사위 1개를 던져서 나온 눈의 수가 6 이하이다.

| 풀이전략 |

일어나지 않는 사건의 확률은 0, 반드시 일어나는 사건의 확률은 1이다.

| 풀이 |

ㄱ. 서로 다른 동전 2개를 던질 때 모든 경우의 수는 4이고, 같은 면이 나오는 경우의 수는 2이므로 구하는 확률은

$$\frac{2}{4} = \frac{1}{2}$$

ㄴ. 서로 다른 주사위 2개를 던져서 나온 두 눈의 수의 합은 2 이상으로 1이 나오는 사건은 절대로 일어날 수 없는 사건이므로 확률은 0이다.

ㄷ. 주사위 1개를 던져서 나온 눈의 수는 모두 6 이하로 반드시 일어나는 사건이므로 확률은 1이다.

따라서 확률이 높은 것부터 차례로 나열하면 ㄷ, ㄱ, ㄴ이다.

답 ㄷ, ㄱ, ㄴ

예제 ④ 사건 A가 일어나지 않을 확률

1부터 25까지의 자연수가 각각 하나씩 적힌 25장의 카드가 있다. 이 중에서 한 장의 카드를 뽑을 때, 6의 배수가 아닌 수가 적힌 카드가 나올 확률을 구하시오.

| 풀이전략 |

사건 A가 일어날 확률이 p이면 사건 A가 일어나지 않을 확률은 $1-p$이다.

| 풀이 |

1부터 25까지의 자연수가 각각 하나씩 적힌 25장의 카드 중에서 6의 배수가 적힌 카드는 6, 12, 18, 24의 4장이다.

따라서 6의 배수의 수가 적힌 카드가 나올 확률은 $\frac{4}{25}$이므로

6의 배수가 아닌 수가 적힌 카드가 나올 확률은

$$1 - \frac{4}{25} = \frac{21}{25}$$

답 $\frac{21}{25}$

유제 **5** 9202-0418

25개의 제비가 들어 있는 상자에서 제비 한 개를 뽑으려고 한다. 당첨 제비의 개수가 다음과 같을 때, 당첨 제비를 뽑을 확률을 각각 구하시오.

(1) 당첨 제비가 25개

(2) 당첨 제비가 10개

(3) 당첨 제비가 0개

유제 **6** 9202-0419

1부터 10까지의 자연수가 각각 하나씩 적힌 10장의 카드 중에서 한 장의 카드를 고르려고 할 때, 다음 중 옳지 <u>않은</u> 것은?

① 은주: 10이 나올 확률은 $\frac{1}{10}$이야.

② 형주: 1이 나올 확률은 $\frac{1}{10}$이야.

③ 민주: 3이 나올 확률은 $\frac{3}{10}$이야.

④ 형진: 10 이하의 자연수가 나올 확률은 1이야.

⑤ 유진: 10보다 큰 자연수가 나올 확률은 0이야.

유제 **7** 9202-0420

어느 회사의 제품 100개 중에는 8개의 불량품이 들어 있다고 한다. 이들 제품 중에서 임의로 한 개의 제품을 고를 때, 합격품이 나올 확률을 구하시오.

유제 **8** 9202-0421

총을 10발 쏘아서 평균 7발을 명중시키는 사격 선수가 있다. 이 사격 선수가 한 발을 쏘았을 때, 명중시키지 못할 확률을 구하시오.

01 9202-0422

서로 다른 두 개의 주사위를 동시에 던질 때, 나오는 두 눈의 수의 합이 5일 확률은?

① $\frac{1}{13}$　　② $\frac{1}{9}$　　③ $\frac{1}{6}$

④ $\frac{1}{4}$　　⑤ $\frac{1}{3}$

02 9202-0423

1, 2, 3, 4, 5, 6의 숫자가 각각 하나씩 적힌 6장의 카드에서 2장을 뽑아 정수를 만들 때, 30보다 큰 수가 나올 확률은?

① $\frac{1}{12}$　　② $\frac{2}{5}$　　③ $\frac{5}{12}$

④ $\frac{1}{2}$　　⑤ $\frac{2}{3}$

03 9202-0424

흰 구슬 2개, 검은 구슬 8개가 들어 있는 주머니에 흰 구슬을 몇 개 더 넣은 뒤 한 개의 구슬을 꺼내려고 한다. 이때 검은 구슬이 나올 확률이 $\frac{2}{3}$가 되기 위해서는 흰 구슬을 몇 개 더 넣어야 하는가?

① 1개　　② 2개　　③ 3개

④ 4개　　⑤ 5개

04 9202-0425

남자 3명, 여자 5명으로 구성된 동아리 모임에서 대표 2명을 뽑을 때, 남녀 각각 1명씩 뽑을 확률을 구하시오.

05 9202-0426

다음 확률을 구한 것 중 옳지 <u>않은</u> 것은?

① 모든 제비가 당첨 제비인 상자에서 제비를 한 장 뽑을 때, 당첨 제비일 확률은 1이다.

② 주사위 1개를 던질 때, 6 이하의 눈의 수가 나올 확률은 1이다.

③ 주사위 2개를 던질 때, 나온 두 눈의 수의 합이 2보다 작을 확률은 0이다.

④ 동전 1개를 던질 때, 앞면이 나올 확률은 $\frac{1}{2}$이다.

⑤ 1, 2, 3의 숫자를 한 번씩만 사용하여 세 자리의 자연수를 만들 때, 그 수가 3의 배수일 확률은 $\frac{1}{3}$이다.

06 9202-0427

두 사람이 가위바위보를 할 때, 한 번에 승부가 날 확률은?

① $\frac{1}{4}$　　② $\frac{1}{3}$　　③ $\frac{1}{2}$

④ $\frac{2}{3}$　　⑤ $\frac{5}{6}$

07 9202-0428

두 사람 A, B가 한 개의 주사위를 각각 던져서 큰 수가 나온 사람이 이긴다고 할 때, A가 이길 확률은?

① $\frac{1}{5}$　　② $\frac{1}{4}$　　③ $\frac{3}{11}$

④ $\frac{5}{12}$　　⑤ $\frac{2}{3}$

2 확률의 계산

개념 1 사건 A 또는 사건 B가 일어날 확률

두 사건 A, B가 동시에 일어나지 않을 때,
사건 A가 일어날 확률을 p, 사건 B가 일어날 확률을 q라고 하면

    (사건 A 또는 사건 B가 일어날 확률)$=p+q$

예 1부터 10까지의 자연수가 각각 하나씩 적힌 10장의 카드 중에서 한 장의
카드를 뽑을 때, 4 미만 또는 8 이상의 수가 적힌 카드를 뽑을 확률

    (i) 4 미만의 숫자가 적힌 카드를 뽑을 확률: $\dfrac{3}{10}$

    (ii) 8 이상의 숫자가 적힌 카드를 뽑을 확률: $\dfrac{3}{10}$

    (i), (ii)에서 구하는 확률은 $\dfrac{3}{10}+\dfrac{3}{10}=\dfrac{6}{10}=\dfrac{3}{5}$

> • '또는', '~이거나' 등의 표현이 있을 때, 경우의 수에서와 같이 각각의 사건이 일어나는 확률을 구하여 더한다.

개념 확인 문제 1

서로 다른 두 개의 주사위를 동시에 던질 때, 나오는 두 눈의 수의 합이 5 또는 8일 확률을 구하시오.

개념 2 사건 A와 사건 B가 동시에 일어날 확률

두 사건 A, B가 서로 영향을 끼치지 않을 때,
사건 A가 일어날 확률을 p, 사건 B가 일어날 확률을 q라고 하면

    (사건 A와 사건 B가 동시에 일어날 확률)$=p\times q$

예 두 개의 주사위 A, B를 동시에 던질 때,
주사위 A에서는 홀수의 눈이 나오고 주사위 B에서는 6의 약수의 눈이 나올 확률

    (i) 주사위 A에서 홀수의 눈이 나올 확률: $\dfrac{3}{6}=\dfrac{1}{2}$

    (ii) 주사위 B에서 6의 약수의 눈이 나올 확률: $\dfrac{4}{6}=\dfrac{2}{3}$

    (i), (ii)에서 구하는 확률은 $\dfrac{1}{2}\times\dfrac{2}{3}=\dfrac{1}{3}$

> • 사건 A와 사건 B가 동시에 일어날 확률에서 '동시에' 라는 말은 경우의 수에서와 같이 사건 A의 각각의 경우에 사건 B가 일어난다는 뜻이다.

개념 확인 문제 2

동전 한 개와 주사위 한 개를 동시에 던질 때, 동전은 앞면이 나오고 주사위는 2 이하의 눈이 나올 확률을 구하시오.

개념 ③ 연속하여 뽑는 경우의 확률

주머니에서 연속하여 2개의 공을 꺼낼 때, 꺼낸 것을 다시 넣고 뽑으면 처음에 일어난 사건이 나중에 일어나는 사건에 영향을 주지 않는다.

즉, 처음과 나중의 조건이 같다.

> **예** 흰 공 4개, 검은 공 3개가 들어 있는 주머니에서 한 개의 공을 꺼내 확인하고 다시 넣어서
> 또 한 개의 공을 꺼낼 때, 두 개 모두 흰 공일 확률은
>
> $$\frac{4}{7} \times \frac{4}{7} = \frac{16}{49}$$

• 꺼낸 것을 다시 넣고 뽑는 것은 처음과 나중의 조건이 같으므로 같은 사건에 대하여 처음과 나중의 확률이 같다.

개념 확인 문제 3

초록색 클립 8개와 보라색 클립 4개가 들어 있는 통이 있다. 이 통에서 클립을 한 개씩 두 번 꺼낼 때, 2개 모두 초록색일 확률을 구하시오. (단, 꺼낸 클립은 다시 넣는다.)

개념 ④ 도형에서의 확률

도형에서의 확률은 모든 경우의 수를 전체 넓이로 두고, 어떤 사건이 일어나는 경우의 수를 해당하는 부분의 넓이로 두어 계산한다.

즉, 어떤 도형에서 특정한 영역 A가 선택될 확률 p는

$$p = \frac{(A\text{에 해당하는 부분의 넓이})}{(\text{도형 전체의 넓이})}$$

• 도형에서의 확률은 도형 전체에서 차지하는 비율을 이용해서 구할 수 있다.

개념 확인 문제 4

오른쪽 그림과 같이 5등분된 원판을 회전시킨 후 화살을 던질 때, 화살이 원판의 A 부분에 맞을 확률을 구하시오. (단, 화살은 반드시 원판에 맞으며 경계선에 맞는 경우는 없다.)

대표예제

예제 1 사건 A 또는 사건 B가 일어날 확률

오른쪽 그림과 같이 1, 3, 5, 7의 숫자가 각각 적힌 4개의 구슬 중에서 2개를 고를 때, 구슬에 적힌 두 수의 합이 4의 배수 또는 5의 배수일 확률을 구하시오.

| 풀이전략 |
각각의 확률을 구하여 더한다.

| 풀이 |

4개의 구슬 중에서 2개를 고르는 경우의 수는 $\dfrac{4 \times 3}{2} = 6$

구슬에 적힌 두 수의 합이 4의 배수인 경우는
$(1, 3)$, $(1, 7)$, $(3, 5)$, $(5, 7)$로 모두 4가지이므로

4의 배수일 확률은 $\dfrac{4}{6}$

구슬에 적힌 두 수의 합이 5의 배수인 경우는
$(3, 7)$의 1가지이므로

5의 배수일 확률은 $\dfrac{1}{6}$

따라서 구하는 확률은 $\dfrac{4}{6} + \dfrac{1}{6} = \dfrac{5}{6}$

답 $\dfrac{5}{6}$

유제 1
9202-0429

오른쪽 그림과 같이 각 면에 1부터 12까지의 자연수가 각각 하나씩 적혀 있는 정십이면체를 던질 때, 바닥에 닿는 면의 수가 3의 배수 또는 5의 배수일 확률을 구하시오.

유제 2
9202-0430

1부터 20까지의 자연수가 각각 하나씩 적힌 20개의 구슬이 들어 있는 주머니가 있다. 이 주머니에서 한 개의 구슬을 꺼낼 때, 6의 배수 또는 소수가 적힌 구슬이 나올 확률은?

① $\dfrac{3}{20}$ ② $\dfrac{3}{10}$ ③ $\dfrac{11}{20}$

④ $\dfrac{13}{20}$ ⑤ $\dfrac{7}{10}$

예제 2 사건 A와 사건 B가 동시에 일어날 확률

동전 1개와 주사위 1개를 동시에 던질 때, 동전은 뒷면이 나오고 주사위는 2 이상의 눈이 나올 확률은?

① $\dfrac{4}{25}$ ② $\dfrac{1}{5}$ ③ $\dfrac{5}{12}$

④ $\dfrac{1}{2}$ ⑤ $\dfrac{4}{5}$

| 풀이전략 |
두 사건이 서로 영향을 주지 않으므로 동시에 일어날 확률을 구한다.

| 풀이 |

동전 1개를 던져서 뒷면이 나올 확률은 $\dfrac{1}{2}$

주사위 1개를 던져서 2 이상의 눈이 나올 확률은 $\dfrac{5}{6}$

이때 이 두 사건은 서로 영향을 주지 않으므로
구하는 확률은 $\dfrac{1}{2} \times \dfrac{5}{6} = \dfrac{5}{12}$

답 ③

유제 3
9202-0431

은수가 두 개의 수학 문제 1, 2번을 푸는데, 1번 문제를 맞힐 확률은 $\dfrac{1}{3}$이고 2번 문제를 맞힐 확률은 $\dfrac{1}{5}$이다. 은수가 두 문제를 모두 맞힐 확률은?

① $\dfrac{1}{15}$ ② $\dfrac{2}{15}$ ③ $\dfrac{1}{5}$

④ $\dfrac{1}{3}$ ⑤ $\dfrac{14}{15}$

유제 4
9202-0432

어느 샌드위치 가게에서 치즈 샌드위치 40개와 갈릭 샌드위치 30개를 파는데, 개업 기념 행사로 이 중 치즈 샌드위치 15개와 갈릭 샌드위치 12개에 무료 음료 쿠폰을 넣었다. 치즈 샌드위치와 갈릭 샌드위치를 각각 한 개씩 임의로 고를 때, 두 샌드위치에 모두 쿠폰이 들어 있을 확률을 구하시오.

예제 3 연속하여 뽑는 경우의 확률

오른쪽 그림과 같이 주머니 속에 딸기 맛 사탕 3개, 포도맛 사탕 2개가 들어 있다. 처음에 꺼낸 사탕이 딸기맛 사탕 이고 두 번째 꺼낸 사탕이 포도맛 사탕 일 확률을 구하시오.
(단, 꺼낸 사탕은 다시 넣는다.)

| 풀이전략 |
꺼낸 것을 다시 넣을 때는 처음과 조건이 같아진다.

| 풀이 |
처음에 딸기맛 사탕을 꺼낼 확률은 $\dfrac{3}{5}$

두 번째에 포도맛 사탕을 꺼낼 확률은 $\dfrac{2}{5}$

따라서 구하는 확률은

$\dfrac{3}{5} \times \dfrac{2}{5} = \dfrac{6}{25}$

답 $\dfrac{6}{25}$

유제 5

9202-0433

은주와 세창이가 흰 구슬 3개, 검은 구슬 5개가 들어 있는 주머니에서 구슬을 연속하여 1개씩 차례로 뽑을 때, 은주는 흰 구슬을 꺼내고 세창이는 검은 구슬을 꺼낼 확률을 구하시 오. (단, 꺼낸 구슬은 다시 넣는다.)

유제 6

9202-0434

15장의 카드 중에 당첨 카드가 5장 들어 있다. 이 카드를 연 속하여 2장을 뽑을 때, 적어도 한 장은 당첨 카드일 확률을 구하시오. (단, 꺼낸 카드는 다시 넣는다.)

예제 4 도형에서의 확률

오른쪽 그림과 같이 8등분된 원판이 있다. 회전시킨 원판에 화살을 쏘았을 때, 8의 약수가 적힌 부분에 맞을 확률 을 구하시오. (단, 화살은 반드시 원판 에 맞으며 경계선에 맞는 경우는 없다.)

| 풀이전략 |
어떤 사건이 일어나는 경우의 수는 도형에서 해당하는 부분의 넓이로 생각하 여 계산한다.

| 풀이 |
전체 8칸 중에서 8의 약수가 적힌 부분은 1, 2, 4, 8의 4칸이 므로 구하는 확률은

$\dfrac{4}{8} = \dfrac{1}{2}$

답 $\dfrac{1}{2}$

유제 7

9202-0435

오른쪽 그림과 같이 8등분된 원판 위에 0, 1, 2의 숫자가 각각 적혀 있다. 이 원판을 회전시켜 화살을 쏠 때, 0이 적 힌 부분에 맞을 확률을 구하시오.
(단, 화살은 반드시 원판에 맞으며 경계 선에 맞는 경우는 없다.)

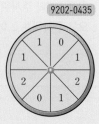

유제 8

9202-0436

오른쪽 그림과 같이 4등분된 원판 위에 0, 1, 2의 숫자가 각각 적혀 있다. 이 원판의 바늘을 연속해서 두 번 돌릴 때, 바늘이 0, 1을 순서대로 가리킬 확률을 구하시오. (단, 바늘이 경계선에 멈추는 경우는 생각하지 않는다.)

01 9202-0437
두 개의 주사위를 동시에 던질 때, 나온 두 눈의 수의 합이 5 또는 10이 될 확률은?

① $\frac{7}{36}$ ② $\frac{5}{36}$ ③ $\frac{1}{9}$

④ $\frac{1}{8}$ ⑤ $\frac{7}{18}$

02 9202-0438
한 개의 주사위를 두 번 던질 때, 처음은 3의 배수의 눈이 나오고, 두 번째는 소수의 눈이 나올 확률은?

① $\frac{5}{36}$ ② $\frac{11}{15}$ ③ $\frac{1}{2}$

④ $\frac{1}{3}$ ⑤ $\frac{1}{6}$

03 9202-0439
오른쪽 그림과 같은 가위바위보 토너먼트 경기에서 A와 C가 결승전에서 경기를 하게 될 확률은? (단, 각 팀의 경기력은 모두 같다.)

① $\frac{1}{4}$ ② $\frac{3}{8}$ ③ $\frac{1}{2}$

④ $\frac{3}{4}$ ⑤ $\frac{4}{5}$

04 9202-0440
○, × 퀴즈 대회에 나간 지윤이는 세 문제의 정답을 몰라 임의로 답을 말하였다. 이때 세 문제를 모두 맞힐 확률은?

① $\frac{1}{16}$ ② $\frac{1}{8}$ ③ $\frac{1}{4}$

④ $\frac{1}{2}$ ⑤ 1

05 9202-0441
주머니 안에 파란 공 3개와 노란 공 7개가 들어 있다. 이 주머니에서 민주가 공을 한 개 꺼내고, 다음으로 정희가 공을 한 개 꺼낼 때, 다음 확률을 구하시오.

(단, 꺼낸 공은 다시 넣는다.)

(1) 두 사람 모두 파란 공을 꺼낼 확률
(2) 두 사람이 서로 다른 색깔의 공을 꺼낼 확률
(3) 적어도 한 명은 파란 공을 꺼낼 확률

06 9202-0442
다음 그림과 같이 5등분, 8등분된 두 원판 A, B에 각각 화살을 쏠 때, 원판 A에는 홀수가 적힌 부분을 맞히고, 원판 B에는 짝수가 적힌 부분을 맞힐 확률을 구하시오. (단, 화살은 원판을 벗어나거나 경계선을 맞히는 경우는 생각하지 않는다.)

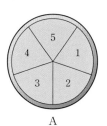
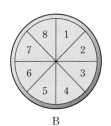

A   B

중단원 마무리

Level 1

01 9202-0443

다음 표는 어느 중학교 2학년 전체 학생들의 혈액형을 조사하여 나타낸 것이다. 이 학교 2학년 학생 중에서 한 명을 선택할 때, 혈액형이 A형일 확률은?

혈액형	A형	B형	O형	AB형
학생 수(명)	40	15	35	10

① $\dfrac{1}{4}$ ② $\dfrac{1}{3}$ ③ $\dfrac{1}{2}$

④ $\dfrac{2}{5}$ ⑤ $\dfrac{5}{6}$

02 9202-0444

1부터 20까지의 자연수가 각각 하나씩 적힌 20장의 카드가 있다. 이 중에서 한 장의 카드를 뽑을 때, 5로 나누어 떨어지지 않는 수가 적힌 카드가 나올 확률은?

① $\dfrac{1}{20}$ ② $\dfrac{1}{10}$ ③ $\dfrac{8}{15}$

④ $\dfrac{2}{3}$ ⑤ $\dfrac{4}{5}$

03 9202-0445

어떤 퀴즈 쇼에서 참가자가 6개의 문 중에서 하나를 선택하면 그 문 뒤에 있는 상품을 준다고 한다. 6개의 문 중에서 2개의 문 뒤에만 상품이 있을 때, 참가자가 상품을 타지 못할 확률을 구하시오.

04 9202-0446

게임 카드 52장 중에는 K가 4장, Q가 4장 들어 있다. 이 52장의 카드를 잘 섞은 후 한 장을 선택할 때, K 또는 Q가 나올 확률은?

① $\dfrac{1}{13}$ ② $\dfrac{3}{26}$ ③ $\dfrac{2}{13}$

④ $\dfrac{5}{26}$ ⑤ $\dfrac{5}{52}$

05 9202-0447

오른쪽 그림과 같이 1, 2, 3, 4의 숫자가 각각 하나씩 적혀 있는 네 장의 카드가 들어 있는 상자가 있다. 이 상자에서 한 장의 카드를 꺼내어 적힌 숫자를 확인하고 한 장을 더 꺼내어 볼 때, 두 번 모두 4의 약수가 적힌 카드가 나올 확률을 구하시오. (단, 꺼낸 카드는 다시 넣는다.)

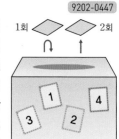

06 9202-0448

○, ×를 표시하는 3개의 문제가 있다. 각 문제에 ○, × 중 하나를 표시할 때, 적어도 한 문제를 맞힐 확률을 구하시오.

Level 2

9202-0449

07 혈액형이 모두 **AB**형인 부부 사이에서 태어난 자녀의 혈액형이 될 수 있는 것은 **A**형, **AB**형, **B**형이며 이들의 비는 **1 : 2 : 1**이라고 한다. 이 부부가 낳은 자녀의 혈액형이 **B**형이 될 확률은?

① $\dfrac{1}{8}$　　　② $\dfrac{1}{4}$　　　③ $\dfrac{1}{2}$

④ $\dfrac{3}{4}$　　　⑤ 1

9202-0450

08 4명의 남학생과 3명의 여학생 중에서 남학생과 여학생을 각각 한 명씩 뽑아 탁구 남녀 복식조를 만들려고 한다. 이 중 남학생인 민수와 여학생인 은진이가 한 조가 될 확률은?

① $\dfrac{1}{12}$　　　② $\dfrac{1}{6}$　　　③ $\dfrac{1}{3}$

④ $\dfrac{1}{2}$　　　⑤ $\dfrac{2}{3}$

 중요

9202-0451

09 서로 다른 두 개의 주사위를 동시에 던질 때, 나오는 두 눈의 수의 합이 4 또는 11이 될 확률은?

① $\dfrac{1}{36}$　　　② $\dfrac{1}{18}$　　　③ $\dfrac{1}{12}$

④ $\dfrac{1}{9}$　　　⑤ $\dfrac{5}{36}$

10 오른쪽 표는 어느 반 학생 35명의 가족 수를 조사하여 나타낸 것이다. 이 반 학생 중에서 한 명을 선택할 때, 그 학생의 가족 수가 3명 또는 4명일 확률을 구하시오.

9202-0452

가족 수	해당 학생 수(명)
3명	10
4명	11
5명	6
6명	5
7명	3
합계	35

9202-0453

11 다음 중 확률이 1인 경우가 <u>아닌</u> 것은?

① 2개의 검은 돌만 들어 있는 주머니에서 검은 돌을 뽑을 확률

② 주사위 1개를 던질 때, 6 이하의 눈의 수가 나올 확률

③ 모든 제비가 당첨 제비인 상자에서 제비를 한 장 뽑을 때, 당첨 제비일 확률

④ 동전 1개를 던질 때, 앞면 또는 뒷면이 나올 확률

⑤ 주사위 2개를 던질 때, 나온 두 눈의 수의 합이 2보다 클 확률

9202-0454

12 A, B 두 사람이 어느 오디션 프로그램에 진출하여 예선에 합격할 확률이 각각 $\dfrac{2}{5}$, $\dfrac{1}{4}$일 때, A, B 모두 예선에 합격하지 못할 확률을 구하시오.

 중요

9202-0455

13 서로 다른 세 개의 동전을 동시에 던질 때, 적어도 한 번은 앞면이 나올 확률은?

① $\dfrac{1}{8}$　　　② $\dfrac{1}{4}$　　　③ $\dfrac{1}{2}$

④ $\dfrac{3}{4}$　　　⑤ $\dfrac{7}{8}$

9202-0456

14 다음 그림과 같이 1, 3, 5, 7의 숫자가 각각 하나씩 적힌 4개의 구슬 중에서 2개를 고를 때, 구슬에 적힌 두 수의 합이 짝수가 될 확률을 구하시오.

15 다음 그림과 같이 A 주머니에는 파란 공 4개, 노란 공 2개
가 들어 있고, B 주머니에는 파란 공 4개, 노란 공 4개가 들
어 있다. A 주머니와 B 주머니에서 각각 한 개의 공을 임의
로 꺼낼 때, 2개 모두 노란 공일 확률은?

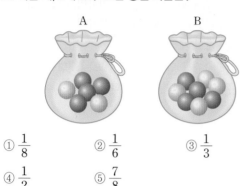

① $\dfrac{1}{8}$ ② $\dfrac{1}{6}$ ③ $\dfrac{1}{3}$

④ $\dfrac{1}{2}$ ⑤ $\dfrac{7}{8}$

16 영주의 사물함 자물쇠는 비밀번호 네 자리를 맞추어 여는
방식이다. 각 자리에 0부터 9까지의 숫자를 하나씩 맞추어
네 자리가 모두 맞았을 때 자물쇠를 열 수 있다. 영주가 자물
쇠의 비밀번호 중 앞의 두 자리만 기억나고 뒤의 두 자리가
기억나지 않았을 때, 영주가 한 번에 자물쇠를 열지 못할 확률
을 구하시오. (단, 자물쇠를 여는 비밀번호는 하나뿐이다.)

17 윤서와 민아는 번갈아 가며 주사위를 던져서 나온 눈의 수
만큼 말을 수직선 위에서 오른쪽으로 이동하는 게임을 하고
있다. 이 게임에서 9의 위치에 먼저 정확하게 도달하면 승
리한다. 현재 윤서의 말은 6의 위치에, 민아의 말은 3의 위
치에 있고 민아가 주사위를 던져 말을 움직일 차례일 때, 민
아가 이번에 승리할 확률을 구하시오. (단, 다른 사람의 말
을 잡으면 주사위를 한 번 더 던질 수 있다.)

18 한 개의 주사위를 두 번 던져서 첫 번째 나온 눈의 수를 a,
두 번째로 나온 눈의 수를 b라고 할 때, x에 대한 일차방정
식 $ax-b=0$의 해가 1 또는 3이 될 확률은?

① $\dfrac{1}{9}$ ② $\dfrac{2}{9}$ ③ $\dfrac{1}{3}$

④ $\dfrac{4}{9}$ ⑤ $\dfrac{5}{9}$

19 승환이와 민이가 다트를 던져서 다트판을 맞힐 확률이 각각
$\dfrac{1}{2}$, $\dfrac{2}{5}$이다. 두 사람이 동시에 다트를 던질 때, 한 명만 다트
판을 맞힐 확률을 구하시오.

20 다음 〈보기〉 중 항상 옳은 것을 모두 고르시오.

▌ 보기 ▐
ㄱ. 어떤 사건 A가 일어날 확률은
   $\dfrac{(\text{사건 } A\text{가 일어나는 경우의 수})}{(\text{모든 경우의 수})}$ 이다.

ㄴ. 반드시 일어나는 사건의 확률은 1이다.

ㄷ. 절대로 일어나지 않는 사건의 확률은 0이다.

ㄹ. 어떤 사건 A가 일어날 확률을 p라고 하면
   $0<p<1$이다.

ㅁ. 어떤 사건 A가 일어날 확률을 p라고 하면
   사건 A가 일어나지 않을 확률은 $p-1$이다.

9202-0463

21 어느 지역에 비가 온 다음 날 비가 올 확률은 30 %이고, 비가 오지 않은 다음 날 비가 올 확률은 20 %라고 한다. 이 지역에 오늘 비가 내렸다고 할 때, 이틀 후에도 비가 올 확률을 구하시오.

9202-0464

22 오른쪽 그림과 같은 전기 회로에서 두 스위치 A, B가 닫힐 확률이 각각 $\frac{3}{4}$, $\frac{1}{2}$일 때, 전구에 불이 들어오지 않을 확률을 구하시오.

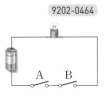

9202-0465

23 오른쪽 그림과 같은 원판 모양의 표적에 한 개의 화살을 쏘았을 때, 색칠한 부분을 맞힐 확률을 구하시오. (단, 화살은 반드시 과녁에 맞으며 경계선에 맞는 경우는 없다.)

9202-0466

24 명중률이 각각 $\frac{1}{2}$, $\frac{2}{3}$, $\frac{3}{4}$인 A, B, C 세 사람이 동시에 한 풍선을 향하여 다트를 던졌을 때, 풍선이 터질 확률을 구하시오.

Level **3**

9202-0467

25 1부터 10까지의 자연수가 각각 하나씩 적힌 카드 중에서 한 장을 뽑아 확인하고 다시 넣은 후 또 한 장의 카드를 뽑을 때, 첫 번째 뽑은 카드에 적힌 수를 a, 두 번째 뽑은 카드에 적힌 수를 b라고 하자. 이때 분수 $\frac{1}{ab}$이 자연수이거나 유한소수로 나타낼 수 있는 분수일 확률을 구하시오.

9202-0468

26 두 개의 주사위 A, B를 동시에 던질 때, 주사위 A에서 나온 눈의 수를 a, 주사위 B에서 나온 눈의 수를 b라고 하자. 이때 점 $P(a, b)$가 일차함수 $y=2x-1$ 또는 $y=x+3$의 그래프 위의 점일 확률을 구하시오.

9202-0469

27 서진이와 창희가 주사위 던지는 놀이를 하는데 주사위 1개를 서로 번갈아 가며 던지고 6의 약수의 눈이 먼저 나오는 사람이 이긴다고 한다. 서진이가 먼저 주사위를 던져서 모두 4회를 던질 때, 4회 이내에 창희가 이길 확률을 구하시오.

 예제

9202-0470

어떤 동물원에 있는 두 종류의 알의 인공 부화율이 각각 $\frac{1}{2}$, $\frac{1}{3}$일 때, 두 종류의 알이 모두 부화되지 않을 확률을 구하시오.

풀이

첫 번째 종류의 알이 부화되지 않을 확률은

두 번째 종류의 알이 부화되지 않을 확률은

따라서 두 종류의 알이 모두 부화되지 않을 확률은

유제

9202-0471

사격 경기에서 두 사람 A, B가 표적을 맞힐 확률이 각각 $\frac{1}{4}$, $\frac{2}{3}$이다. 두 사람이 동시에 사격을 할 때, 한 사람만이 표적을 맞힐 확률을 구하시오.

1 20개의 제비 중 5개의 당첨 제비가 들어 있는 상자에서 2개의 제비를 연속하여 뽑을 때, 2개 모두 당첨 제비일 확률을 구하시오. (단, 뽑은 제비는 다시 넣는다.)

9202-0472

2 서로 다른 두 개의 주사위를 동시에 던질 때, 나온 두 눈의 수의 합이 9이거나 두 눈의 수의 차가 2일 확률을 구하시오.

9202-0473

3 혜정이와 창국이는 주사위 1개를 서로 번갈아 가면서 던지기로 하였는데, 혜정이는 나온 눈의 수가 3의 배수이면 위로, 3의 배수가 아니면 오른쪽으로 한 칸씩 말을 이동하고, 창국이는 주사위를 던져서 나온 눈의 수가 짝수이면 아래로, 홀수이면 왼쪽으로 한 칸씩 말을 이동한다. 혜정이와 창국이가 각각 두 번씩 던졌을 때, 연못이 아닌 곳에서 혜정이의 말과 창국이의 말이 서로 만날 확률을 구하시오.

9202-0474

4 두 상자 A, B에는 1부터 13까지의 자연수가 각각 하나씩 적힌 카드가 13장씩 똑같이 들어 있다. 두 상자 A, B에서 각각 한 장의 카드를 임의로 꺼낼 때, 꺼낸 카드에 적힌 두 수의 합이 홀수일 확률을 구하시오.

9202-0475

● 수와 연산

중1	중2	중3
소인수분해 정수와 유리수	유리수와 순환소수	제곱근과 실수

● 문자와 식

중1	중2	중3
문자의 사용과 식의 계산 일차방정식	식의 계산 일차부등식과 연립일차방정식	다항식의 곱셈과 인수분해 이차방정식

● 함수

중1	중2	중3
좌표평면과 그래프	일차함수와 그래프 일차함수와 일차방정식의 관계	이차함수와 그래프

● 기하

중1	중2	중3
기본도형 작도와 합동 평면도형의 성질 입체도형의 성질	삼각형과 사각형의 성질 도형의 닮음 피타고라스 정리	삼각비 원의 성질

● 확률과 통계

중1	중2	중3
자료의 정리와 해석	확률과 그 기본 성질	대푯값과 산포도 상관관계

MEMO

MEMO

EBS 중학

뉴런

| 수학 2(하) |

실전책

| 기획 및 개발 |

최다인 이소민 진은정(개발총괄위원)

| 집필 및 검토 |

김민정(관악고) 안영석(신길중) 정종식(중대부속중)

| 검토 |

이은영 양윤정 배수경 박성복

교재 정답지, 정오표 서비스 및 내용 문의   EBS 중학사이트   교재 검색 ➡ 교재 선택

시작이 반!
제대로 시작하자

고등 예비과정
ENTER

고 등
입문서
NO.1
고등
예비
과정

○ 모든 교과서를 한 권에 담아 단숨에!

○ 고1 내신을 위한 교과 핵심 내용을 빠르고 쉽게!

○ EBS 무료강의 & AI 푸리봇으로 학습 효율을 최대로!

▶ 공통국어/공통수학/공통영어/한국사/통합사회/통합과학 발간

2022 개정 교육과정 적용

EBS 중학

뉴런

| 수학 2(하) |

실전책

Application

1 방송 시청을 생활화

방송 강의의 특성상 시청 시간을 한두 번 놓치면 계속 학습할 의욕을 잃게 되기 마련입니다. 강의를 방송 시간에 시청할 수 없을 경우에는 EBS 홈페이지의 무료 VOD 서비스를 활용하도록 하세요.

2 철저한 예습은 필수

방송 강의는 마법이 아닙니다. 자신의 노력 없이 단순히 강의만 열심히 들으면 실력이 저절로 향상될 것이라고 믿으면 오산! 예습을 통해 학습할 내용과 자신의 약한 부분을 파악하고, 강의를 들을 때 이 부분에 중점을 두어 학습하도록 합니다.

3 적극적이고 능동적으로 강의에 참여

수동적으로 강의를 듣기만 하는 것이 아니라 직접 강의에 참여하는 자세가 중요합니다. 중요한 내용이나 의문 사항을 메모하는 습관은 학습 내용의 이해와 복습을 위해 필수입니다.

4 자신의 약점을 파악한 후 선택적으로 집중 복습

자신이 약한 부분과 개념, 문항들을 점검하여 집중 복습함으로써 확실한 자기 지식으로 만드는 과정이 더해진다면, 어느 날 실력이 눈부시게 발전한 자신과 마주하게 될 것입니다.

- EBS 홈페이지(mid.ebs.co.kr)로 들어오셔서 회원으로 등록하세요.
- 본 방송교재의 프로그램 내용은 EBS 인터넷 방송을 통해 동영상(VOD)으로 다시 보실 수 있습니다.

Contents 이 책의 차례

교재 및 강의 내용에 대한 문의는 EBS 홈페이지(mid.ebs.co.kr)의 Q&A 서비스를 활용하시기 바랍니다.

01 오른쪽 그림과 같이 $\overline{AB}=\overline{AC}$
인 이등변삼각형 ABC에서
∠A의 이등분선과 $\overline{BC}$가 만
나는 점을 D라고 하자.
$\overline{AB}=6$ cm, $\overline{CD}=4$ cm일 때,
△ABC의 둘레의 길이는? [3점]

9202-0476

① 12 cm   ② 16 cm   ③ 20 cm
④ 24 cm   ⑤ 28 cm

02 오른쪽 그림과 같이 $\overline{AB}=\overline{BC}$
인 이등변삼각형 ABC에서
$\overline{AD}=\overline{AC}$가 되도록 $\overline{BC}$ 위에
점 D를 잡을 때, ∠BAD의 크
기는? [4점]

9202-0477

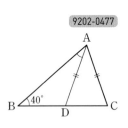

① 20°   ② 25°   ③ 30°
④ 35°   ⑤ 40°

03 오른쪽 그림과 같이
$\overline{AB}=\overline{AC}=8$ cm인 이등변삼각형
ABC에서 ∠A의 이등분선과 $\overline{BC}$가
만나는 점을 D라고 하자.
∠BAC=40°일 때, ∠x+∠y의
크기는? [3점]

9202-0478

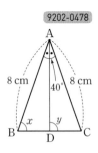

① 130°   ② 140°   ③ 150°
④ 160°   ⑤ 170°

04 오른쪽 그림과 같이 $\overline{AB}=\overline{AC}$인
이등변삼각형 ABC에서 ∠B의
이등분선과 ∠C의 이등분선이 만
나는 점을 D라고 하자.
다음 중 옳지 <u>않은</u> 것은? [4점]

9202-0479

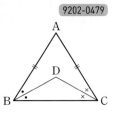

① ∠ABC=∠ACB   ② ∠DBA=∠DCA
③ ∠DBC=∠DCB   ④ $\overline{DB}=\overline{DC}$
⑤ $\overline{AC}=2\overline{DC}$

05 오른쪽 그림과 같은
△ABC에서
∠B=∠C=26°이고
$\overline{BC}$ 위의 점 D에 대하
여 ∠CAD=51°이다. $\overline{AC}=10$ cm, $\overline{BC}=18$ cm일 때,
$\overline{CD}$의 길이는? [4점]

9202-0480

① 4 cm   ② 6 cm   ③ 8 cm
④ 10 cm   ⑤ 12 cm

06 9202-0481

오른쪽 그림에서
∠ABC＝20˚,
∠CAD＝40˚,
∠DCE＝60˚,
∠EDF＝80˚일 때, 다음 중 그 길이가 나머지 넷과 다른 하나는? [4점]

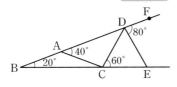

① $\overline{AB}$　　② $\overline{AC}$　　③ $\overline{AD}$

④ $\overline{CD}$　　⑤ $\overline{DE}$

07 9202-0482

직사각형 모양의 종이를 오른쪽 그림과 같이 접었을 때, ∠EGF의 크기와 $\overline{EF}$의 길이를 차례로 구하면? [4점]

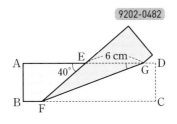

① 15˚, 5 cm　　② 20˚, 6 cm

③ 20˚, 7 cm　　④ 40˚, 6 cm

⑤ 40˚, 7 cm

08 9202-0483

오른쪽 그림과 같이 정오각형 ABCDE의 두 꼭짓점 B, E에서 $\overline{CD}$의 연장선에 내린 수선의 발을 각각 F, G라고 할 때, $\overline{BF}＝\overline{EG}$임을 보이려고 한다. 다음 중 그 과정에서 사용되는 것이 아닌 것은? [4점]

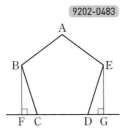

① $\overline{FC}＝\overline{GD}$

② $\overline{BC}＝\overline{ED}$

③ ∠BFC＝∠EGD＝90˚

④ ∠BCF＝∠EDG

⑤ △BCF≡△EDG

09 9202-0484

오른쪽 그림과 같이 ∠B＝90˚인 직각삼각형 ABC에서 $\overline{AC}$의 중점을 M이라 하고, 점 M에서 $\overline{AB}$와 $\overline{BC}$에 내린 수선의 발을 각각 D, E라고 할 때, 다음 중 옳지 않은 것은? [3점]

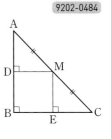

① $\overline{AD}＝\overline{ME}$

② $\overline{DM}＝\overline{EC}$

③ ∠DAM＝∠EMC

④ ∠AMD＝∠CME

⑤ △ADM≡△MEC

10 9202-0485

오른쪽 그림과 같이 ∠C＝90˚인 직각삼각형 ABC에서 $\overline{AB}⊥\overline{DE}$, $\overline{AC}＝\overline{AE}$이다.
∠BDE＝66˚일 때, ∠DAC의 크기는? [4점]

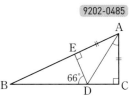

① 31˚　　② 32˚　　③ 33˚

④ 34˚　　⑤ 35˚

11 오른쪽 그림과 같이 직선 AB는 점
B에서 원 O와 접한다. $\overline{OA}$와 원 O
의 교점이 C이고 $\overline{AC}=\overline{CB}$일 때,
∠AOB의 크기는? [4점]

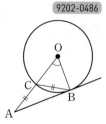

9202-0486

① 30° ② 45°

③ 50° ④ 55°

⑤ 60°

12 오른쪽 그림에서 점 O는 △ABC
의 외심이다.
∠B+∠AOC=126°일 때,
∠B의 크기는? [4점]

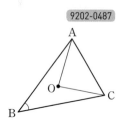

9202-0487

① 40° ② 41°

③ 42° ④ 43°

⑤ 44°

13 오른쪽 그림에서 점 O는 △ABC의
외심이다. $\overline{OA}=6$ cm이고
∠ABO=27°, ∠ACO=33°일 때,
∠BOC를 중심각으로 하는 부채꼴
OBC의 넓이는? [4점]

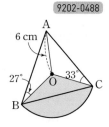

9202-0488

① 10π cm² ② 12π cm²

③ 14π cm² ④ 16π cm²

⑤ 18π cm²

14 다음 〈보기〉 중 점 I가 △ABC의 내심이 되는 것을 바르게
짝지은 것은? [4점]

9202-0489

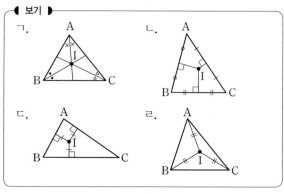

① ㄱ, ㄴ ② ㄱ, ㄷ ③ ㄴ, ㄷ

④ ㄴ, ㄹ ⑤ ㄷ, ㄹ

15 오른쪽 그림에서 점 I는 $\overline{BA}=\overline{BC}$ 인 이등변삼각형 ABC의 내심이 고 $\angle IAC=35°$일 때, $\angle x$의 크기는? [4점]

9202-0490

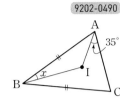

① 20°　　② 25°　　③ 30°

④ 35°　　⑤ 40°

16 오른쪽 그림에서 △ABC의 둘레 의 길이가 32 cm이고 넓이가 24 cm²일 때, 내접원 I의 반지름 의 길이는? (단, 점 I는 원의 중 심이다.) [4점]

9202-0491

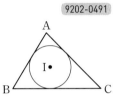

① 1 cm　　② $\frac{3}{2}$ cm　　③ 2 cm

④ $\frac{5}{2}$ cm　　⑤ 3 cm

17 오른쪽 그림과 같은 △ABC의 외심 O와 내심 I에 대하여 $\angle BIC=125°$일 때, $\angle OBC$의 크기는? [5점]

9202-0492

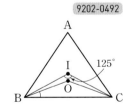

① 20°　　② 22°

③ 24°　　④ 26°

⑤ 28°

18 오른쪽 그림과 같이 $\overline{AB}=\overline{AC}=7$ cm인 이등변삼각 형 ABC에서 $\angle A=60°$일 때, $\overline{BC}$의 길이를 구하시오. [3점]

9202-0493

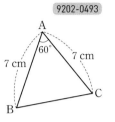

19 오른쪽 그림과 같이 $\angle B=\angle C$인 △ABC에서 점 M은 $\overline{BC}$의 중점이고 점 M에서 $\overline{AB}$, $\overline{AC}$에 내린 수선의 발을 각각 D, E라고 하자. $\overline{AB}=8$ cm, $\overline{CE}=5$ cm일 때, $\overline{AD}$의 길이를 구하시오. [3점]

9202-0494

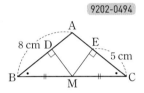

20 오른쪽 그림에서 점 O는 △ABC 의 외심이고 $\angle A=52°$일 때, $\angle OCB$의 크기를 구하시오. [4점]

9202-0495

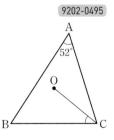

21 오른쪽 그림과 같이 △ABC에 내접하는 원이 $\overline{AB}$, $\overline{BC}$, $\overline{CA}$ 와 만나는 점을 각각 D, E, F 라고 하자. $\overline{AB}=13$ cm, $\overline{BC}=14$ cm, $\overline{AC}=11$ cm일 때, $\overline{CF}$의 길이를 구하시오. [5점]

9202-0496

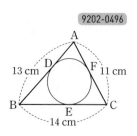

22 오른쪽 그림에서 점 I는 ∠B=90°인 직각삼각형 ABC의 내심이고 내접원의 반지름의 길이는 1 cm이다. $\overline{AB}=3$ cm, $\overline{BC}=4$ cm일 때, $\overline{AC}$의 길이를 구하시오. [4점]

9202-0497

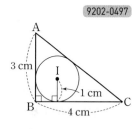

23 서술형 오른쪽 그림과 같이 두 직선 l과 m은 평행하고 $\overline{AB}$는 직선 l과 $\overline{AC}$가 이루는 각의 이등분선이다. $\overline{AB}=6$ cm, $\overline{BC}=4$ cm일 때, $\overline{AC}$의 길이를 구하시오. [4점]

9202-0498

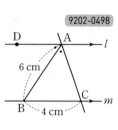

24 서술형 오른쪽 그림과 같이 ∠C=90°인 직각삼각형 ABC에서 $\overline{AB}=10$ cm, $\overline{BC}=6$ cm, $\overline{CA}=8$ cm이다. ∠A의 이등분선과 $\overline{BC}$가 만나는 점을 D라 하고 점 D에서 $\overline{AB}$에 내린 수선의 발을 E라고 할 때, $\overline{DE}$의 길이를 구하시오. [6점]

9202-0499

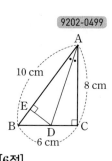

25 서술형 오른쪽 그림에서 점 I는 △ABC의 내심이고 점 I를 지나면서 $\overline{BC}$에 평행한 직선이 $\overline{AB}$, $\overline{AC}$와 만나는 점을 각각 D, E라고 하자. △ABC의 둘레의 길이가 21 cm이고 △ADE 의 둘레의 길이가 15 cm일 때, $\overline{BC}$ 의 길이를 구하시오. [5점]

9202-0500

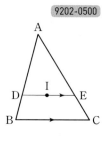

01 오른쪽 그림과 같은 평행사변형 ABCD에서 ∠C=115°이고 ∠AED=75°일 때, ∠x의 크기는? [4점]

9202-0501

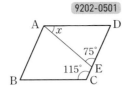

① 35° ② 40° ③ 45°
④ 50° ⑤ 55°

02 오른쪽 그림의 평행사변형 ABCD에서 ∠A : ∠B=17 : 3일 때, ∠D의 크기는? [4점]

9202-0502

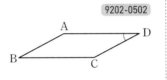

① 27° ② 30° ③ 33°
④ 36° ⑤ 39°

03 오른쪽 그림의 평행사변형 ABCD에서 점 O는 두 대각선의 교점이고, $\overline{OA}$=4 cm, $\overline{OB}$=5 cm, ∠BAO=∠COD일 때, △OCD의 둘레의 길이는? [4점]

9202-0503

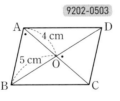

① 12 cm ② 13 cm ③ 14 cm
④ 15 cm ⑤ 16 cm

04 다음 〈보기〉의 사각형 중 평행사변형인 것을 모두 고른 것은? [3점]

9202-0504

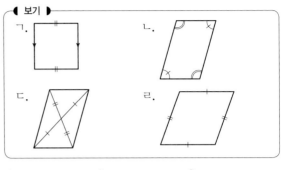

① ㄱ, ㄷ ② ㄱ, ㄹ ③ ㄴ, ㄷ
④ ㄴ, ㄷ, ㄹ ⑤ ㄱ, ㄴ, ㄷ, ㄹ

05 다음은 오른쪽 그림과 같은 평행사변형 ABCD에서 $\overline{AD}$와 $\overline{BC}$의 중점을 각각 M과 N이라 할 때, 사각형 MNCD가 평행사변형임을 보이는 과정이다. □ 안에 들어갈 내용으로 옳은 것은? [4점]

9202-0505

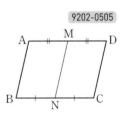

> 평행사변형 ABCD에서 $\overline{AD}$=$\overline{BC}$이므로
> $\overline{MD}=\frac{1}{2}\overline{AD}=\frac{1}{2}\overline{BC}=\overline{NC}$
> 한편 $\overline{AD}$ // $\overline{BC}$이므로 $\overline{MD}$ // $\overline{NC}$이다.
> 따라서 사각형 MNCD는 [   ]
> 평행사변형이다.

① 두 쌍의 대변이 각각 평행하므로
② 두 쌍의 대변의 길이가 각각 같으므로
③ 두 쌍의 대각의 크기가 각각 같으므로
④ 두 대각선이 서로 다른 것을 이등분하므로
⑤ 한 쌍의 대변이 평행하고 그 길이가 같으므로

06 오른쪽 그림과 같은 평행사변형 ABCD에서 점 O는 두 대각선의 교점이고 □ABCD=64 cm²일 때, △OBC의 넓이는? [3점]

9202-0506

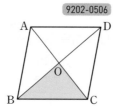

① 16 cm² ② 20 cm²
③ 24 cm² ④ 28 cm²
⑤ 32 cm²

07 오른쪽 그림과 같은 평행사변형 ABCD의 내부의 한 점 P에 대하여 △PAB=15 cm², △PBC=17 cm², △PAD=18 cm²일 때, △PCD의 넓이는? [4점]

9202-0507

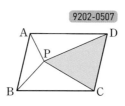

① 19 cm² ② 20 cm² ③ 21 cm²
④ 22 cm² ⑤ 23 cm²

08 다음 중 오른쪽 그림과 같은 평행사변형 ABCD가 직사각형이 되기 위한 조건이 아닌 것을 모두 고르면? (정답 2개) [4점]

9202-0508

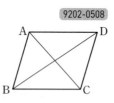

① ∠ABC=90° ② ∠BCD=∠ADC
③ $\overline{AC} \perp \overline{BD}$ ④ $\overline{AC}=\overline{BD}$
⑤ $\overline{AB}=\overline{AD}$

09 오른쪽 그림과 같은 마름모 ABCD에서 두 대각선의 교점을 O라고 할 때, 다음 중 옳지 않은 것은? [4점]

9202-0509

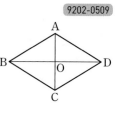

① △OBC는 직각삼각형이다.
② △ABD는 이등변삼각형이다.
③ △ABC는 정삼각형이다.
④ △ACD와 △BCD의 넓이는 같다.
⑤ △OAB와 △OCB는 합동이다.

10 오른쪽 그림과 같은 평행사변형 ABCD가 마름모가 되도록 하는 ∠x의 크기와 $\overline{AD}$의 길이를 차례로 구하면? (단, 점 O는 두 대각선의 교점이다.) [3점]

9202-0510

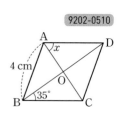

① 35°, 3 cm ② 35°, 4 cm
③ 55°, 3 cm ④ 55°, 4 cm
⑤ 70°, 4 cm

11 다음 〈보기〉의 사각형 중 정사각형인 것을 모두 고른 것은? [4점]

9202-0511

◀ 보기 ▶
ㄱ. 한 내각의 크기가 직각인 마름모
ㄴ. 두 대각선이 서로 다른 것을 수직이등분하는 직사각형
ㄷ. 네 내각의 크기가 모두 같은 등변사다리꼴
ㄹ. 네 변의 길이가 모두 같은 평행사변형

① ㄱ, ㄴ   ② ㄱ, ㄷ   ③ ㄴ, ㄷ
④ ㄴ, ㄹ   ⑤ ㄷ, ㄹ

12 오른쪽 그림과 같이 $\overline{AD} \parallel \overline{BC}$ 인 등변사다리꼴 ABCD의 꼭짓점 D에서 $\overline{BC}$에 내린 수선의 발을 E라고 하자. $\overline{AD}=8$ cm, $\overline{BC}=12$ cm일 때, $\overline{CE}$의 길이는? [4점]

9202-0512

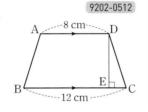

① 1 cm   ② 2 cm   ③ 3 cm
④ 4 cm   ⑤ 5 cm

13 다음 중 옳은 것은? [4점]

9202-0513

① 두 대각선의 길이가 같은 평행사변형은 마름모이다.
② 두 대각선이 수직인 평행사변형은 직사각형이다.
③ 한 내각이 직각인 마름모는 정사각형이다.
④ 이웃하는 두 변의 길이가 같은 평행사변형은 직사각형이다.
⑤ 한 내각이 직각인 등변사다리꼴은 마름모이다.

14 다음 중 사각형과 〈보기〉의 성질이 바르게 짝지어지지 <u>않은</u> 것은? [4점]

9202-0514

◀ 보기 ▶
ㄱ. 두 대각선이 서로 다른 것을 이등분한다.
ㄴ. 두 대각선의 길이가 같다.
ㄷ. 두 대각선이 서로 수직으로 만난다.

① 등변사다리꼴 – ㄴ   ② 평행사변형 – ㄴ
③ 마름모 – ㄱ, ㄷ   ④ 직사각형 – ㄱ, ㄴ
⑤ 정사각형 – ㄱ, ㄴ, ㄷ

15 오른쪽 그림과 같이 두 직선 l과 m이 평행하고 △ABE=27 cm²일 때, △DEC의 넓이는? [4점]

9202-0515

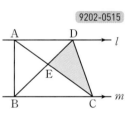

① 27 cm²   ② 30 cm²
③ 36 cm²   ④ 40 cm²
⑤ 54 cm²

16 오른쪽 그림과 같은 □ABCD에서 점 D를 지나고 $\overline{AC}$에 평행한 직선을 그어 $\overline{BC}$의 연장선과 만나는 점을 E라고 하자. □ABCD=40 cm²이고 $\overline{BC}=8$ cm, $\overline{AH}=8$ cm일 때, $\overline{CE}$의 길이는? [4점]

9202-0516

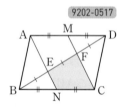

① 1 cm ② 2 cm ③ 3 cm
④ 4 cm ⑤ 5 cm

17 오른쪽 그림과 같은 평행사변형 ABCD에서 두 점 E, F는 대각선 BD를 삼등분하는 점이고, 두 점 M, N은 각각 $\overline{AD}$, $\overline{BC}$의 중점이다. □ABCD=96 cm²일 때, □ENCF의 넓이는? [5점]

9202-0517

① 16 cm² ② 20 cm² ③ 24 cm²
④ 28 cm² ⑤ 32 cm²

주관식

18 오른쪽 그림과 같은 평행사변형 ABCD에서 $\overline{BC}$의 길이를 구하시오. [3점]

9202-0518

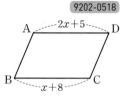

19 오른쪽 그림과 같은 평행사변형 ABCD에서 ∠C의 이등분선이 $\overline{AD}$와 만나는 점을 E라 하고, ∠D의 이등분선이 $\overline{BC}$와 만나는 점을 F라고 하자. $\overline{BF}=3$ cm, $\overline{DE}=5$ cm일 때, 평행사변형 ABCD의 둘레의 길이를 구하시오. [4점]

9202-0519

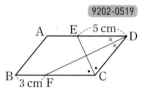

20 직사각형 ABCD를 대각선 BD를 접는 선으로 하여 접었더니 오른쪽 그림과 같았다. ∠C′DB=75°일 때, ∠x의 크기를 구하시오. [5점]

9202-0520

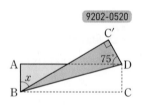

21 오른쪽 그림과 같이 $\overline{AD} \, /\!/ \, \overline{BC}$ 인 등변사다리꼴 ABCD에서 점 A를 지나고 $\overline{DC}$에 평행한 직선을 그어 $\overline{BC}$와 만나는 점을 E라고 하자.

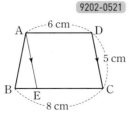

9202-0521

$\overline{AD}=6$ cm, $\overline{BC}=8$ cm, $\overline{DC}=5$ cm일 때, $\triangle$ABE의 둘레의 길이를 구하시오. [4점]

22 오른쪽 그림과 같은 평행사변형 ABCD에서 점 O는 두 대각선의 교점이고 $\overline{BE}=\overline{EF}=\overline{FD}$이다. $\square$ABCD$=60$ cm^{2}일 때, 색칠한 부분의 넓이를 구하시오. [4점]

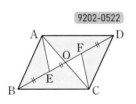

9202-0522

23 오른쪽 그림의 $\square$ABCD에서 $x+y$의 값을 구하시오. [3점]

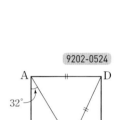

9202-0523

24 오른쪽 그림과 같은 정사각형 ABCD의 내부의 한 점 E에 대하여 $\overline{AD}=\overline{DE}$이고 $\angle$BAE$=32°$일 때, $\angle$DCE의 크기를 구하시오. [5점]

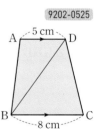

9202-0524

25 오른쪽 그림과 같이 $\overline{AD} \, /\!/ \, \overline{BC}$인 사다리꼴 ABCD에서 $\triangle$BCD의 넓이가 32 cm^{2}일 때, 사다리꼴 ABCD의 넓이를 구하시오. [6점]

9202-0525

01 다음 그림에서 □ABCD와 □EFGH가 서로 닮은 도형일 때, $\overline{AB}$의 대응변과 ∠G의 대응각을 차례로 적은 것은?
[3점]

9202-0526

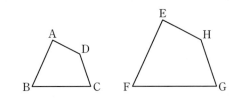

① $\overline{EF}$, ∠A ② $\overline{EF}$, ∠B ③ $\overline{EF}$, ∠C
④ $\overline{EH}$, ∠B ⑤ $\overline{EH}$, ∠C

02 다음 중 항상 닮은 도형인 것을 모두 고르면? (정답 2개)
[3점]

9202-0527

① 한 내각의 크기가 같은 두 마름모
② 한 변의 길이가 같은 두 직사각형
③ 한 변의 길이가 같은 두 평행사변형
④ 한 내각의 크기가 같은 두 사다리꼴
⑤ 한 변의 길이가 같은 두 직각이등변삼각형

03 다음 그림의 두 삼각기둥은 서로 닮은 도형이고, △ABC와 △GHI가 대응하는 면일 때, xy의 값은? [3점]

9202-0528

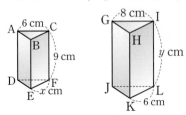

① 48   ② 54   ③ 60
④ 66   ⑤ 72

04 다음 그림에서 △ABC∽△DEF이고 닮음비가 3 : 4일 때, △ABC의 둘레의 길이는? [3점]

9202-0529

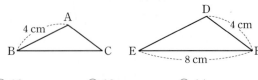

① 12 cm   ② 13 cm   ③ 14 cm
④ 15 cm   ⑤ 16 cm

05 다음 그림의 두 원기둥 A, B가 서로 닮은 도형일 때, 원기둥 B의 밑면의 둘레의 길이는? [3점]

9202-0530

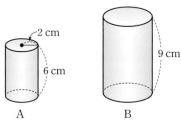

① 4π cm   ② 5π cm   ③ 6π cm
④ 7π cm   ⑤ 8π cm

06 한 모서리의 길이가 10 cm인 정육면체 모양의 양초를 녹여서 한 모서리의 길이가 2 cm인 정육면체 모양의 양초를 만들려고 할 때, 만들 수 있는 양초의 개수는? [4점]

9202-0531

① 25개   ② 50개   ③ 75개
④ 100개   ⑤ 125개

07 다음 중 오른쪽 그림의 △ABC
와 닮은 도형을 모두 고르면?
(정답 2개) [3점]

9202-0532

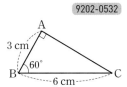

①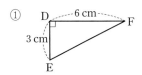

②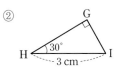

③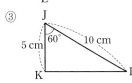

④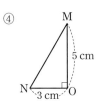

⑤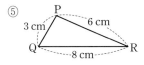

08 다음 그림의 △ABC와 △DEF가 서로 닮은 도형이 되기
위해 추가해야 할 조건으로 옳은 것은? [3점]

9202-0533

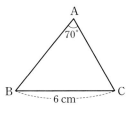

① $\overline{AB}=8$ cm, $\overline{DE}=4$ cm
② $\overline{AC}=6$ cm, $\overline{DF}=3$ cm
③ $\overline{AC}=5$ cm, ∠C=60°
④ ∠C=60°, ∠D=70°
⑤ ∠B=40°, ∠E=40°

09 오른쪽 그림과 같은 △ABC
에서 $\overline{DE}$의 길이는? [3점]

9202-0534

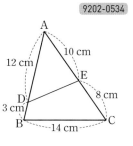

① 8 cm   ② $\frac{26}{3}$ cm

③ $\frac{28}{3}$ cm   ④ 10 cm

⑤ $\frac{32}{3}$ cm

10 오른쪽 그림과 같은
△ABC에서
∠B=∠ACD이고
$\overline{AC}=8$ cm, $\overline{AD}=6$ cm
일 때, $\overline{BD}$의 길이는? [3점]

9202-0535

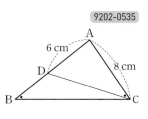

① 4 cm   ② $\frac{14}{3}$ cm   ③ $\frac{16}{3}$ cm

④ 6 cm   ⑤ $\frac{20}{3}$ cm

11 오른쪽 그림에서 $\overline{AB} /\!/ \overline{DE}$
이고 $\overline{AE}$와 $\overline{BD}$의 교점을
C라고 할 때, $\overline{DE}$의 길이
는? [3점]

9202-0536

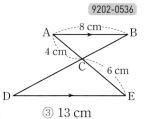

① 11 cm   ② 12 cm   ③ 13 cm
④ 14 cm   ⑤ 15 cm

12 오른쪽 그림에서 $\overline{BD} \perp \overline{AC}$, $\overline{CE} \perp \overline{AB}$이고 $\overline{AD}=4$ cm, $\overline{AE}=6$ cm, $\overline{BD}=8$ cm일 때, △AEC의 넓이는? [3점]

9202-0537

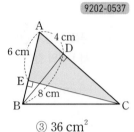

① 24 cm²   ② 30 cm²   ③ 36 cm²

④ 42 cm²   ⑤ 48 cm²

13 오른쪽 그림과 같은 마름모 ABCD에서 점 F는 $\overline{AE}$의 연장선과 $\overline{DC}$의 연장선의 교점이고 $\overline{AB}=8$ cm, $\overline{BE}=6$ cm일 때, $\overline{CF}$의 길이는? [4점]

9202-0538

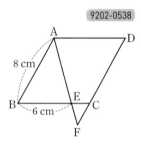

① 2 cm   ② $\frac{7}{3}$ cm   ③ $\frac{8}{3}$ cm

④ 3 cm   ⑤ $\frac{10}{3}$ cm

14 오른쪽 그림의 △ABC에서 $\angle ABD = \angle BCE = \angle CAF$이고, $\overline{BC}=6$ cm, $\overline{DE}=3$ cm, $\overline{EF}=4$ cm일 때, $\overline{AB}$의 길이는? [4점]

9202-0539

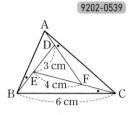

① 4 cm   ② $\frac{9}{2}$ cm   ③ 5 cm

④ $\frac{11}{2}$ cm   ⑤ 6 cm

15 오른쪽 그림과 같이 $\angle A = 90°$인 직각삼각형 ABC의 꼭짓점 A에서 빗변 BC에 내린 수선의 발을 D라고 하자. $\overline{AC}=4$ cm, $\overline{CD}=2$ cm일 때, $\overline{BD}$의 길이는? [4점]

9202-0540

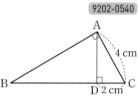

① 5 cm   ② 6 cm   ③ 7 cm

④ 8 cm   ⑤ 9 cm

16 오른쪽 그림과 같이 $\angle A = 90°$인 직각삼각형 ABC의 꼭짓점 A에서 빗변 BC에 내린 수선의 발을 D라고 하자. $\overline{AD}=12$ cm, $\overline{BD}=9$ cm일 때, $\overline{CD}$의 길이는? [4점]

9202-0541

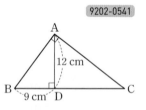

① 13 cm   ② 14 cm   ③ 15 cm

④ 16 cm   ⑤ 17 cm

17 오른쪽 그림과 같이 정삼각형 ABC를 꼭짓점 A가 변 BC 위의 점 E에 오도록 접었을 때, $\overline{CF}$의 길이는? [4점]

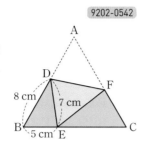

① 6 cm ② $\frac{25}{4}$ cm

③ $\frac{13}{2}$ cm ④ $\frac{27}{4}$ cm

⑤ 7 cm

19 오른쪽 그림과 같은 △ABC에서 $\overline{AD}$의 길이를 구하시오. [5점]

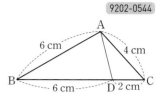

20 오른쪽 그림의 직사각형 ABCD에서 $\overline{OP}=\overline{OQ}$이고 $\overline{PQ}\perp\overline{BD}$이다. $\overline{AB}=6$ cm, $\overline{BC}=8$ cm, $\overline{OB}=5$ cm일 때, $\overline{OQ}$의 길이를 구하시오. [5점]

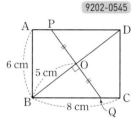

주관식

18 오른쪽 그림과 같은 원뿔 모양의 그릇에 물을 높이의 $\frac{3}{4}$만큼 채웠다. 원뿔 모양의 그릇의 밑면은 지면과 평행할 때, 물의 부피를 구하시오. [5점]

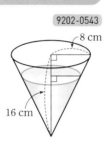

21 다음 그림과 같이 네 점 A, B, C, D는 한 직선 위에 있고, △ABE, △BCF, △CDG는 각각 $\overline{AB}$, $\overline{BC}$, $\overline{CD}$를 한 변으로 하는 정삼각형이다. 점 H는 세 점 E, F, G를 지나는 직선과 직선 AB와의 교점일 때, $\overline{CG}$의 길이를 구하시오. [5점]

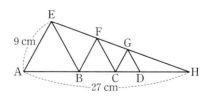

서술형   9202-0547

22 오른쪽 그림과 같이 원뿔의 모선을 삼등
분하여 원뿔을 밑면에 평행하게 잘랐을
때 생기는 세 입체도형을 각각 A, B, C
라고 하자. 입체도형 B의 부피가 21 cm³
일 때, 입체도형 C의 부피를 구하시오.
[6점]

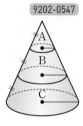

서술형   9202-0549

24 오른쪽 그림과 같이 직사각
형 ABCD를 대각선 BD를
접는 선으로 하여 점 C가 점
E에 오도록 접었다. $\overline{AD}$와
$\overline{BE}$의 교점 P에서 $\overline{BD}$에 내
린 수선의 발을 Q라고 할 때,
$\overline{AP}$의 길이를 구하시오. [6점]

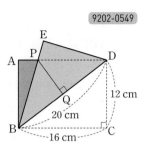

서술형   9202-0548

23 다음 그림에서 ∠ADB=∠ABC=∠BEC=90°이고
$\overline{AD}$=12 cm, $\overline{DB}$=8 cm, $\overline{CE}$=6 cm일 때, □ADEC
의 넓이를 구하시오. [5점]

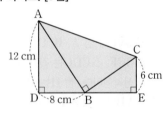

서술형   9202-0550

25 다음 그림과 같이 ∠A=90°인 직각삼각형 ABC에서
점 M은 $\overline{BC}$의 중점이고, $\overline{AD}\perp\overline{BC}$, $\overline{DE}\perp\overline{AM}$이다.
$\overline{BD}$=4 cm, $\overline{CD}$=16 cm일 때, $\overline{DE}$의 길이를 구하시오.
[6점]

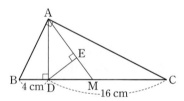

01 오른쪽 그림에서
$\overline{BC}/\!\!/\overline{DE}$일 때, x의 값은?
[3점]

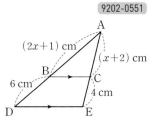

① 3   ② 4
③ 5   ④ 6
⑤ 7

02 오른쪽 그림과 같은 △ABC에서 $\overline{DE}/\!\!/\overline{BC}$이고
$\overline{AD}=6$ cm, $\overline{BD}=4$ cm이다. $\overline{BC}=a$ cm일 때, $\overline{DE}$의 길이를 a에 관한 식으로 나타내면? [3점]

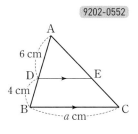

① $\frac{1}{5}a$ cm   ② $\frac{2}{5}a$ cm   ③ $\frac{3}{5}a$ cm

④ $\frac{1}{3}a$ cm   ⑤ $\frac{2}{3}a$ cm

03 다음 그림에서 $\overline{DE}/\!\!/\overline{BC}$이고 $\overline{AC}=6$ cm, $\overline{BC}=4$ cm, $\overline{CE}=8$ cm일 때, 옳지 <u>않은</u> 것은? [3점]

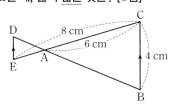

① $\overline{AE}=2$ cm   ② △ADE∽△ABC
③ $\overline{DE}:\overline{BC}=1:3$ ④ $\overline{AE}:\overline{DE}=3:2$
⑤ $\overline{DE}=3$ cm

04 오른쪽 그림과 같은 △ABC에서 $\overline{DE}/\!\!/\overline{BC}$이고 $\overline{BF}=4$ cm, $\overline{CF}=8$ cm, $\overline{DG}=3$ cm일 때, $\overline{GE}$의 길이는? [3점]

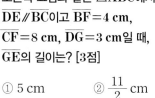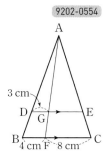

① 5 cm   ② $\frac{11}{2}$ cm

③ 6 cm   ④ $\frac{13}{2}$ cm

⑤ 7 cm

05 오른쪽 그림과 같은 △ABC에 대하여 〈보기〉에서 옳은 것을 모두 고른 것은? [4점]

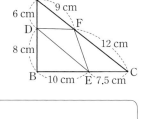

◀ 보기 ▶
ㄱ. $\overline{DF}:\overline{BC}=3:7$
ㄴ. $\overline{AB}/\!\!/\overline{FE}$
ㄷ. △DBE∽△ABC

① ㄱ   ② ㄴ   ③ ㄱ, ㄷ
④ ㄴ, ㄷ   ⑤ ㄱ, ㄴ, ㄷ

9202-0556

06 오른쪽 그림의 △ABC에서
세 점 D, E, F는 각각 $\overline{AB}$,
$\overline{BC}$, $\overline{CA}$의 중점이고 △ABC
의 넓이가 12 cm²일 때,
△DEF의 넓이는? [3점]

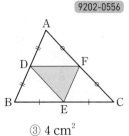

① 2 cm²   ② 3 cm²   ③ 4 cm²

④ 5 cm²   ⑤ 6 cm²

9202-0557

07 오른쪽 그림의 △ABC
에서 $\overline{BC}\,/\!/\,\overline{DE}$,
$\overline{CD}\,/\!/\,\overline{EF}$이고
$\overline{AF}=8$ cm,
$\overline{AE}:\overline{EC}=4:1$일 때,
$\overline{DB}$의 길이는? [4점]

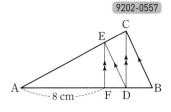

① 2 cm   ② $\dfrac{5}{2}$ cm   ③ 3 cm

④ $\dfrac{7}{2}$ cm   ⑤ 4 cm

9202-0558

08 다음 그림에서 $l\,/\!/\,m\,/\!/\,n$일 때, $x+y$의 값은? [3점]

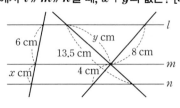

① 11   ② 12   ③ 13

④ 14   ⑤ 15

9202-0559

09 오른쪽 그림과 같은
사다리꼴 ABCD에서
$\overline{AD}\,/\!/\,\overline{EF}\,/\!/\,\overline{BC}$일 때,
$\overline{AD}$의 길이는? [3점]

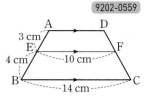

① 6 cm   ② $\dfrac{13}{2}$ cm   ③ 7 cm

④ $\dfrac{15}{2}$ cm   ⑤ 8 cm

9202-0560

10 오른쪽 그림의 사다리꼴 ABCD
에서 $\overline{AD}\,/\!/\,\overline{EF}\,/\!/\,\overline{BC}$이고, 점 O
는 두 대각선의 교점이다. $\overline{EF}$가
점 O를 지나고 $\overline{AD}=10$ cm,
$\overline{BC}=15$ cm일 때, $\overline{EO}$의 길이
는? [3점]

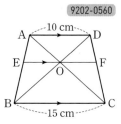

① 5 cm   ② 6 cm   ③ 7 cm

④ 8 cm   ⑤ 9 cm

9202-0561

11 다음 그림에서 $\overline{AB}\,/\!/\,\overline{EF}\,/\!/\,\overline{CD}$이고 $\overline{AB}=6$ cm,
$\overline{BC}=18$ cm, $\overline{CD}=12$ cm일 때, $x+y$의 값은? [4점]

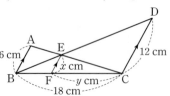

① 12   ② 13   ③ 14

④ 15   ⑤ 16

12 9202-0562

오른쪽 그림에서 점 G는 △ABC의 무게중심이고 $\overline{BC}=10$ cm, $\overline{GD}=3$ cm일 때, $x+y$의 값은? [3점]

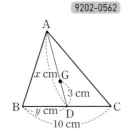

① 10   ② 11
③ 12   ④ 13
⑤ 14

13 9202-0563

오른쪽 그림의 직각삼각형 ABC에서 점 G는 무게중심이고 $\overline{AB}=18$ cm일 때, $\overline{DG}$의 길이는? [3점]

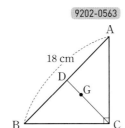

① 2 cm   ② 3 cm
③ 4 cm   ④ 5 cm
⑤ 6 cm

14 9202-0564

오른쪽 그림에서 두 점 G, G′은 각각 △ABC, △DBC의 무게중심이다. $\overline{GG'}=3$ cm일 때, $\overline{AD}$의 길이는? [4점]

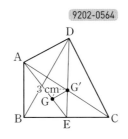

① 5 cm   ② 6 cm
③ 7 cm   ④ 8 cm
⑤ 9 cm

15 9202-0565

오른쪽 그림에서 점 G는 △ABC의 무게중심이고 $\overline{BC} /\!/ \overline{EF}$이다. $\overline{AF}=6$ cm, $\overline{BC}=12$ cm, $\overline{BE}=4$ cm일 때, $x+y+z$의 값은? [3점]

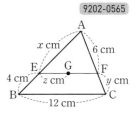

① 12   ② 13   ③ 14
④ 15   ⑤ 16

16 9202-0566

오른쪽 그림에서 점 G는 △ABC의 무게중심이고 △ABC=45 cm²이다. $\overline{FE} /\!/ \overline{BC}$일 때, △DEF의 넓이는? [4점]

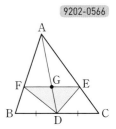

① 9 cm²   ② 10 cm²
③ 11 cm²   ④ 12 cm²
⑤ 13 cm²

17 9202-0567

오른쪽 그림의 평행사변형 ABCD에서 두 점 M, N은 각각 $\overline{AD}$, $\overline{BC}$의 중점이고 $\overline{BD}=24$ cm일 때, $\overline{PQ}$의 길이는? [4점]

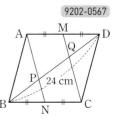

① 5 cm   ② 6 cm   ③ 7 cm
④ 8 cm   ⑤ 9 cm

9202-0568

18 오른쪽 그림의 △ABC에서 $\overline{AD}=\overline{DF}=\overline{FB}$, $\overline{AE}=\overline{EG}=\overline{GC}$이고 $\overline{DE}=8$ cm 일 때, $\overline{PQ}$의 길이를 구하시오. [5점]

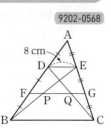

9202-0570

20 오른쪽 그림의 △ABC에서 두 점 M, N은 각각 $\overline{AB}$, $\overline{AC}$의 중점이 고 점 G는 $\overline{BN}$, $\overline{CM}$의 교점이다. △GMN의 넓이가 3 cm²일 때, △GBC의 넓이를 구하시오. [5점]

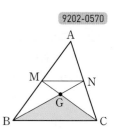

9202-0569

19 오른쪽 그림의 □ABCD에서 네 점 P, Q, R, S는 각각 $\overline{AD}$, $\overline{BD}$, $\overline{BC}$, $\overline{AC}$의 중점이다. $\overline{AB}=13$ cm, $\overline{CD}=11$ cm일 때, □PQRS의 둘레의 길이를 구하시오. [5점]

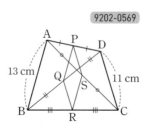

9202-0571

21 오른쪽 그림의 평행사변형 ABCD에서 두 점 M, N은 각각 $\overline{BC}$, $\overline{CD}$의 중점이고 □ABCD의 넓이가 24 cm²일 때, △APQ의 넓이를 구하시오. [5점]

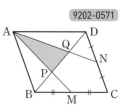

서술형   9202-0572

22 오른쪽 그림의 △ABC에서 $\overline{AE}=\overline{EF}=\overline{FB}$, $\overline{BD}=\overline{DC}$ 이다. 점 G는 $\overline{AD}$와 $\overline{CE}$의 교점이고 $\overline{EG}=4$ cm일 때, $\overline{CG}$ 의 길이를 구하시오. [5점]

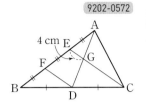

서술형   9202-0574

24 다음 그림에서 $\overline{AB}\perp\overline{BC}$, $\overline{CD}\perp\overline{BC}$이고 $\overline{AB}=3$ cm, $\overline{BC}=12$ cm, $\overline{CD}=6$ cm일 때, △PBC의 넓이를 구하시오. [6점]

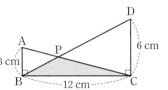

서술형   9202-0573

23 오른쪽 그림의 사다리꼴 ABCD 에서 $\overline{AD}/\!/\overline{EF}/\!/\overline{BC}$이고 $\overline{AE}:\overline{EB}=3:1$이다. $\overline{AD}=6$ cm, $\overline{BC}=8$ cm일 때, $\overline{MN}$의 길이를 구하시오. [6점]

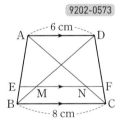

서술형   9202-0575

25 오른쪽 그림에서 두 점 G, G′ 은 각각 △ABC, △GBC의 무게중심이다. $\angle BAC=90°$이고 $\overline{GG'}=4$ cm일 때, $\overline{BC}$의 길이를 구하시오. [6점]

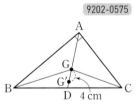

01 오른쪽 그림의 △ABC에서 $\overline{AD}\perp\overline{BC}$이고 $\overline{AB}=20$ cm, $\overline{AC}=13$ cm, $\overline{CD}=5$ cm일 때, $x+y$의 값은? [12점]

9202-0576

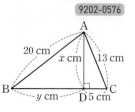

① 20   ② 22   ③ 24

④ 26   ⑤ 28

03 오른쪽 그림의 사다리꼴 ABCD에서 $\angle A=\angle B=90°$이고 $\overline{AD}=6$ cm, $\overline{BC}=11$ cm, $\overline{CD}=13$ cm일 때, $\overline{BD}$를 한 변으로 하는 정사각형의 넓이는? [16점]

9202-0578

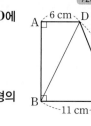

① 160 cm²   ② 170 cm²   ③ 180 cm²

④ 190 cm²   ⑤ 200 cm²

02 오른쪽 그림은 $\angle C=90°$인 직각삼각형 ABC에서 각 변을 한 변으로 하는 세 정사각형을 그린 것이다. □AFGB$=113$ cm²이고 $\overline{BC}=7$ cm일 때, $\overline{AC}$의 길이는? [10점]

9202-0577

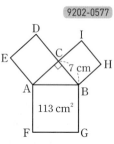

① 6 cm   ② 7 cm   ③ 8 cm

④ 9 cm   ⑤ 10 cm

04 오른쪽 그림과 같이 반지름의 길이가 11 cm인 구의 중심에서 7 cm 떨어진 평면으로 자를 때 생기는 단면인 원의 넓이는? [10점]

9202-0579

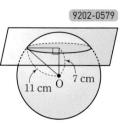

① 72π cm²   ② 74π cm²   ③ 76π cm²

④ 78π cm²   ⑤ 80π cm²

주관식

05 오른쪽 그림과 같은 ∠C=90°
인 직각삼각형 ABC를 직선 l을
축으로 하여 1회전시킬 때 생기
는 입체도형의 부피를 구하시오.
[12점]

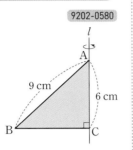

06 세 변의 길이가 7, 24, 25인 삼각형은 직각삼각형인지 아닌
지 판단하고, 그 이유를 설명하시오. [10점]

9202-0580

9202-0581

9202-0582

서술형

07 오른쪽 그림과 같이
∠ABC=90°이고
$\overline{AB}$=8 cm, $\overline{BC}$=6 cm인
직각삼각형 ABC를 밑면으로
하고 높이가 12 cm인 삼각기
둥이 있다. 점 A에서 출발하여
겉면을 따라 모서리 CF를 지나
점 E에 이르는 최단 거리를 구하시오. [16점]

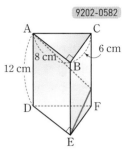

서술형

9202-0583

08 세 변의 길이가 각각 a, 12, 13인 삼각형이 직각삼각형일
때, 가능한 a^2의 값을 모두 구하시오. [14점]

01 오른쪽 그림에서 빨간 모자 소녀가 늑대를 피해 할머니 댁에 가려고 할 때, 최단 거리로 가는 방법은 모두 몇 가지인가? [3점]

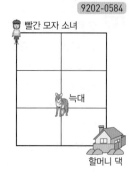

① 3가지   ② 4가지
③ 5가지   ④ 6가지
⑤ 7가지

9202-0584

02 오른쪽 그림과 같이 1부터 8까지의 숫자가 각각 하나씩 적혀 있는 정팔면체 모양의 주사위 한 개를 던질 때, 바닥에 닿는 면에 적힌 숫자가 짝수인 경우의 수는? [3점]

① 3   ② 4   ③ 5
④ 6   ⑤ 7

9202-0585

03 500원짜리, 100원짜리, 50원짜리 동전이 각각 1개씩 있다. 이 동전 세 개를 동시에 던질 때, 앞면이 2개 이상 나오는 경우의 수는? [3점]

① 2   ② 3   ③ 4
④ 5   ⑤ 6

9202-0586

04 오른쪽 그림과 같이 서로 다른 두 개의 주사위를 동시에 던질 때, 나오는 두 눈의 수의 차가 2인 경우의 수는? [3점]

① 4   ② 5   ③ 6
④ 7   ⑤ 8

9202-0587

05 서현이와 친구들이 국립민속박물관을 견학하기 위해 교통편을 알아보니 버스 노선은 5가지가 있고, 지하철 노선은 6가지가 있었다. 서현이와 친구들이 버스 또는 지하철을 이용하여 국립민속박물관에 가는 방법은 모두 몇 가지인가? [3점]

① 8가지   ② 9가지   ③ 10가지
④ 11가지   ⑤ 12가지

9202-0588

06 제주도에 여행 간 유정이네는 올레길 코스 21개와 한라산 등반 코스 3개 중에서 한 코스만을 골라 걷기로 하였다. 이때 코스를 고를 수 있는 경우의 수는? [3점]

① 24   ② 30   ③ 36
④ 48   ⑤ 63

9202-0589

07 9202-0590
서로 다른 두 개의 주사위를 동시에 던질 때, 나온 두 눈의 수의 합이 3 또는 8인 경우의 수는? [3점]

① 5   ② 6   ③ 7
④ 8   ⑤ 9

08 9202-0591
다음 그림과 같이 6등분한 서로 다른 원판 두 개에 1부터 6까지의 자연수가 각각 하나씩 적혀 있다. 두 원판이 각각 돌다가 멈추었을 때, 두 원판의 각 바늘이 가리킨 두 수의 차가 3 또는 4가 되는 경우의 수는? (단, 바늘이 경계선을 가리키는 경우는 생각하지 않는다.) [4점]

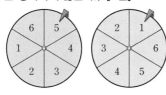

① 8   ② 10   ③ 12
④ 14   ⑤ 16

09 9202-0592
다음 그림과 같이 1, 2, 3, 4의 숫자가 각각 적힌 4장의 카드에서 3장을 뽑아 만들 수 있는 세 자리의 정수는 모두 몇 개인가? [3점]

| 1 | 2 | 3 | 4 |

① 21개   ② 22개   ③ 23개
④ 24개   ⑤ 25개

10 9202-0593
3개의 자음 ㄱ, ㄴ, ㄷ과 5개의 모음 ㅏ, ㅓ, ㅗ, ㅜ, ㅣ가 있다. 자음 한 개와 모음 한 개를 짝지어 만들 수 있는 글자는 모두 몇 개인가? [3점]

① 4개   ② 6개   ③ 10개
④ 12개   ⑤ 15개

11 9202-0594
민수, 영수, 은경, 수민, 영주 다섯 명을 한 줄로 세우는 경우의 수는? [3점]

① 12   ② 18   ③ 24
④ 60   ⑤ 120

12 9202-0595
은주네 학교에서는 A, B, C, D, E 5명의 학생 중에서 지역 노래 경연대회에 2명을 대표로 뽑아 출전시키려고 한다. 2명을 뽑는 경우의 수는? [3점]

① 4   ② 6   ③ 10
④ 12   ⑤ 16

13 집에서 버스정류장까지 가는 길은 2가지, 버스정류장에서 학교까지 가는 버스 노선은 5가지이다. 집에서 버스정류장까지 가서 버스를 타고 학교에 가는 경우의 수는? [3점]

9202-0596

① 6 　　　　　② 7 　　　　　③ 8
④ 9 　　　　　⑤ 10

14 민선이는 분식집에서 파는 야채김밥, 치즈김밥, 참치김밥, 소고기김밥 4가지 김밥 중에서 한 가지와 고기만두, 김치만두, 갈비만두, 왕만두 4가지 만두 중에서 한 가지를 선택하여 사려고 한다. 민선이가 메뉴를 선택할 수 있는 경우의 수는? [3점]

9202-0597

① 16 　　　　　② 18 　　　　　③ 20
④ 22 　　　　　⑤ 24

15 할머니, 아버지, 어머니, 주호, 주희 다섯 식구가 나란히 옆으로 서서 가족 사진을 찍으려고 한다. 이때 아버지와 어머니가 이웃하여 가족 사진을 찍게 되는 경우의 수는? [4점]

9202-0598

① 24 　　　　　② 48 　　　　　③ 60
④ 96 　　　　　⑤ 120

16 서진이는 방학 때 A 도시를 출발하여 D 도시까지 가는 여행 계획을 세웠더니 다음 그림과 같은 경로가 있었다. 서진이가 A 도시에서 D 도시까지 가는 모든 경우의 수는? (단, 한 번 지나간 지점은 다시 가지 않는다.) [4점]

9202-0599

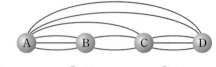

① 17 　　　　　② 19 　　　　　③ 21
④ 23 　　　　　⑤ 25

17 6명이 한 사람도 빠짐없이 서로 한 번씩 악수를 하려면 모두 몇 번의 악수를 해야 하는가? [3점]

9202-0600

① 5번 　　　　　② 10번 　　　　　③ 15번
④ 20번 　　　　　⑤ 25번

18 오른쪽 그림과 같이 한 원 위에 5개의 점이 있다. 이 중에서 세 점을 이어 삼각형을 만들 때, 점 A를 한 꼭짓점으로 하는 삼각형은 몇 개인가? [4점]

9202-0601

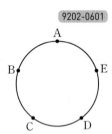

① 6개 　　　　　② 7개
③ 8개 　　　　　④ 9개
⑤ 10개

9202-0602

19 오른쪽 그림과 같이 **10**등분된 원판의 바늘을 돌려 바늘이 멈춘 후 가리키는 숫자를 읽을 때, 다음 중 경우의 수가 가장 큰 사건은? (단, 바늘이 경계선에 멈추는 경우는 생각하지 않는다.) [4점]

① 사건 A: 4의 배수가 나온다.
② 사건 B: 9의 약수가 나온다.
③ 사건 C: 3보다 크고 7보다 작은 수가 나온다.
④ 사건 D: 6의 약수가 나온다.
⑤ 사건 E: 7보다 큰 수가 나온다.

9202-0604

21 오른쪽 그림과 같이 반원 위에 서로 다른 8개의 점이 있다. 이 중에서 2개의 점을 연결하여 만들 수 있는 직선은 모두 몇 개인지 구하시오. [4점]

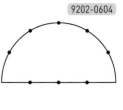

9202-0605

22 A, B, C, D, E 다섯 명이 한 줄로 늘어서서 사진을 찍을 때, A, E가 양 끝에 서는 경우의 수를 구하시오. [3점]

주관식

9202-0603

20 빨간색, 주황색, 노란색, 초록색, 파란색의 5가지 물감으로 다음 그림과 같은 A, B, C, D, E 다섯 부분에 서로 다른 색을 칠할 수 있는 경우의 수를 구하시오. (단, 같은 색은 여러 번 사용할 수 있으나 이웃하는 영역에는 서로 다른 색을 칠해야 한다.) [4점]

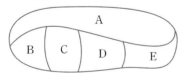

9202-0606

23 오른쪽 그림과 같은 네 개의 칸에 3개의 기호 ♥, ★, ◆를 하나씩 써넣어 암호를 만들려고 한다. 같은 기호를 여러 번 사용해도 될 때, 만들 수 있는 암호의 개수를 구하시오. [4점]

24 다음 그림과 같은 두 원판을 동시에 돌려서 바늘이 가리키는 숫자를 각각 십의 자리와 일의 자리로 하는 두 자리의 자연수를 만들 때, 40 이상인 자연수의 개수를 구하시오. (단, 바늘이 경계선을 가리키는 경우는 생각하지 않는다.) [5점]

9202-0607

십의 자리
숫자 원판

일의 자리
숫자 원판

9202-0609

26 서술형 오른쪽 그림과 같은 좌표 위에 민지네 동네 길을 표시했을 때, 민지가 집에서 출발하여 병원을 들러서 약국까지 최단 거리로 가는 경우의 수를 구하시오. [4점]

27 서술형 다음 그림과 같이 5개의 깃발이 있다. 각각의 깃발을 올리거나 올리지 않는 것으로 만들 수 있는 서로 다른 신호의 개수를 구하시오. (단, 깃발을 모두 올리지 않는 경우는 신호로 생각하지 않는다.) [4점]

9202-0610

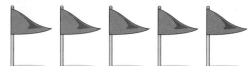

25 서술형 연필은 4종류가 있고 볼펜은 6종류가 있을 때, 연필 또는 볼펜 중에서 한 종류를 고르는 경우의 수는 a이고 연필과 볼펜을 각각 한 종류씩 고르는 경우의 수는 b이다. 이때 $a+b$의 값을 구하시오. [5점]

9202-0608

28 서술형 1부터 9까지 9개의 숫자를 이용하여 두 자리의 비밀번호를 만들려고 한다. 이때 만들어진 두 자리의 비밀번호가 홀수인 경우의 수를 구하시오. (단, 같은 번호를 여러 번 사용해도 된다.) [5점]

9202-0611

01 한 개의 주사위를 던질 때, 나오는 눈의 수가 4의 약수일 확률은? [3점]

9202-0612

① $\dfrac{1}{2}$　　　② $\dfrac{2}{3}$　　　③ $\dfrac{3}{4}$

④ $\dfrac{4}{5}$　　　⑤ $\dfrac{5}{6}$

02 흰 공이 2개, 빨간 공이 8개 들어 있는 주머니 속에서 임의로 한 개의 공을 꺼낼 때, 꺼낸 공이 빨간 공일 확률은? [3점]

9202-0613

① $\dfrac{3}{10}$　　　② $\dfrac{1}{3}$　　　③ $\dfrac{1}{2}$

④ $\dfrac{4}{5}$　　　⑤ 1

03 다음 표는 창희네 반 학생 30명의 혈액형을 조사하여 나타낸 것이다. 창희네 반 학생 중 한 명을 뽑을 때, 학생의 혈액형이 A형 또는 B형일 확률은? [3점]

9202-0614

혈액형	A형	B형	O형	AB형
학생 수(명)	4	8	7	11

① $\dfrac{1}{15}$　　　② $\dfrac{2}{5}$　　　③ $\dfrac{7}{18}$

④ $\dfrac{4}{5}$　　　⑤ $\dfrac{8}{15}$

04 두 개의 주사위를 던질 때, 나온 두 눈의 수의 합이 두 눈의 수의 차의 두 배일 확률은? [3점]

9202-0615

① $\dfrac{1}{18}$　　　② $\dfrac{1}{9}$　　　③ $\dfrac{1}{5}$

④ $\dfrac{1}{4}$　　　⑤ $\dfrac{1}{3}$

05 각 면에 1부터 12까지의 자연수가 각각 하나씩 적힌 정십이면체를 한 번 던질 때, 바닥에 닿는 면에 적힌 수가 13일 확률은? [3점]

9202-0616

① 0　　　② $\dfrac{1}{2}$　　　③ $\dfrac{1}{4}$

④ $\dfrac{1}{6}$　　　⑤ 1

06 다음 중 그 확률이 1인 것은? [3점]

9202-0617

① 동전 한 개를 던질 때, 뒷면이 나올 확률
② 주사위 한 개를 던질 때, 홀수의 눈이 나올 확률
③ 4개의 윷가락을 동시에 던질 때, 윷이 나올 확률
④ 1부터 4까지의 자연수가 각각 하나씩 적힌 4장의 카드 중 임의로 한 장을 뽑을 때, 4 이하의 숫자가 적힌 카드가 나올 확률
⑤ 모양과 크기가 같은 검은 공 6개가 들어 있는 주머니에서 공 한 개를 꺼낼 때, 흰 공이 나올 확률

07 9202-0618
불량품 5개를 포함하여 20개의 제품이 들어 있는 상자에서 제품 한 개를 임의로 고를 때, 불량품이 아닌 제품이 나올 확률은? [3점]

① $\dfrac{1}{3}$　　② $\dfrac{8}{15}$　　③ $\dfrac{3}{4}$

④ $\dfrac{2}{9}$　　⑤ $\dfrac{1}{4}$

08 9202-0619
다음은 2019년 9월의 달력이다. 우진이는 9월 중에 어느 한 날을 선택하여 봉사활동을 다녀오려고 할 때, 그 날이 수요일이 아닐 확률은? [4점]

9월						
일	월	화	수	목	금	토
1	2	3	4	5	6	7
8 백로	9	10	11	12	13 추석	14
15	16	17	18 철도의 날	19	20	21
22	23 추분	24	25	26	27	28
29	30					

① $\dfrac{1}{3}$　　② $\dfrac{3}{5}$　　③ $\dfrac{13}{15}$

④ $\dfrac{15}{16}$　　⑤ 1

09 9202-0620
주사위 두 개를 동시에 던질 때, 나온 두 눈의 수의 합이 4 또는 8이 될 확률은? [3점]

① $\dfrac{1}{6}$　　② $\dfrac{2}{9}$　　③ $\dfrac{4}{9}$

④ $\dfrac{5}{9}$　　⑤ $\dfrac{5}{18}$

10 9202-0621
동전 한 개와 주사위 한 개를 동시에 던질 때, 동전은 앞면이 나오고 주사위는 소수의 눈이 나올 확률은? [3점]

① $\dfrac{1}{12}$　　② $\dfrac{1}{6}$　　③ $\dfrac{1}{4}$

④ $\dfrac{1}{3}$　　⑤ $\dfrac{1}{2}$

11 9202-0622
A 주머니에는 모양과 크기가 같은 흰 공 3개, 검은 공 2개가 들어 있고, B 주머니에는 모양과 크기가 같은 흰 공 2개, 검은 공 4개가 들어 있다. 두 주머니에서 공을 각각 한 개씩 꺼낼 때, A 주머니에서는 흰 공, B 주머니에서는 검은 공이 나올 확률은? [3점]

① $\dfrac{1}{15}$　　② $\dfrac{4}{15}$　　③ $\dfrac{1}{3}$

④ $\dfrac{2}{5}$　　⑤ $\dfrac{8}{15}$

12 9202-0623
어떤 야구팀의 두 야구 선수 A, B가 안타를 칠 확률은 각각 0.3, 0.25이다. 이 두 선수가 차례로 타석에 들어섰을 때, 모두 안타를 칠 확률은? [3점]

① $\dfrac{3}{40}$　　② $\dfrac{1}{8}$　　③ $\dfrac{9}{40}$

④ $\dfrac{3}{10}$　　⑤ $\dfrac{13}{40}$

13 흰 돌이 4개, 검은 돌이 6개 들어 있는 주머니에서 한 개씩 연속하여 두 번 돌을 꺼낼 때, 두 번 모두 흰 돌일 확률은? (단, 꺼낸 돌은 다시 넣는다.) [3점]

① $\dfrac{3}{25}$ ② $\dfrac{4}{25}$ ③ $\dfrac{1}{4}$

④ $\dfrac{2}{3}$ ⑤ $\dfrac{3}{4}$

14 현수, 민아, 은지 세 사람이 가위바위보를 한 번 할 때, 승부가 나지 <u>않을</u> 확률은? [4점]

① $\dfrac{1}{9}$ ② $\dfrac{1}{3}$ ③ $\dfrac{1}{2}$

④ $\dfrac{2}{3}$ ⑤ $\dfrac{3}{4}$

15 다음 중 그 확률이 가장 큰 것은? [4점]

① 모양과 크기가 같은 빨간 구슬 8개가 들어 있는 주머니에서 한 개의 구슬을 꺼낼 때, 파란 구슬일 확률
② 주사위 한 개를 던질 때, 6 이상의 눈이 나올 확률
③ A, B 두 사람을 한 줄로 세울 때, A가 앞에 설 확률
④ 서로 다른 두 개의 주사위를 동시에 던질 때, 서로 다른 눈이 나올 확률
⑤ 동전 두 개를 동시에 던질 때, 둘 다 앞면이 나올 확률

16 명중률이 각각 $\dfrac{3}{5}$, $\dfrac{7}{9}$인 두 사격 선수 A, B가 과녁을 향해서 각각 한 발의 총을 쏘았을 때, A 선수만 과녁을 맞힐 확률은? [4점]

① $\dfrac{1}{10}$ ② $\dfrac{2}{19}$ ③ $\dfrac{2}{15}$

④ $\dfrac{13}{14}$ ⑤ $\dfrac{14}{15}$

17 남학생 2명과 여학생 3명 중에서 2명의 대표를 뽑을 때, 여학생이 적어도 한 명 뽑힐 확률은? [3점]

① $\dfrac{1}{3}$ ② $\dfrac{2}{5}$ ③ $\dfrac{5}{12}$

④ $\dfrac{5}{13}$ ⑤ $\dfrac{9}{10}$

18 한 개의 주사위를 두 번 던져서 첫 번째 나온 눈의 수를 a, 두 번째 나온 눈의 수를 b라고 할 때, 직선 $ax+by-5=0$이 점 $(1, 1)$을 지나지 <u>않을</u> 확률은? [3점]

① $\dfrac{1}{5}$ ② $\dfrac{2}{9}$ ③ $\dfrac{1}{3}$

④ $\dfrac{8}{9}$ ⑤ 1

19 9202-0630

다음은 은주네 반 학생들의 통학 시간을 조사하여 나타낸 도수분포표이다. 은주네 반 학생 중 한 명을 임의로 택하였을 때, 통학 시간이 30분 이상 40분 미만일 확률이 $\frac{1}{5}$이다. x의 값은? [4점]

통학 시간(분)	학생 수(명)
$0^{이상} \sim 10^{미만}$	4
10 $\sim$ 20	6
20 $\sim$ 30	x
30 $\sim$ 40	5
40 $\sim$ 50	4
50 $\sim$ 60	1
합계	$20+x$

① 3   ② 5   ③ 10

④ 15   ⑤ 20

9202-0632

21 다음 그림과 같은 두 회전판 A, B를 돌린 다음 멈추었을 때, A 회전판의 화살표가 가리키는 수가 B 회전판의 화살표가 가리키는 수의 약수일 확률을 구하시오. [4점]

 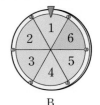

A   B

9202-0633

22 0부터 6까지의 정수가 각각 하나씩 적힌 7장의 카드에서 2장을 뽑아 두 자리의 자연수를 만들 때, 그 수가 45 이상이 될 확률을 구하시오. [3점]

주관식

9202-0631

20 농구 경기에서 A, B, C 세 선수가 3점 슛에 성공할 확률은 각각 $\frac{4}{7}$, $\frac{2}{3}$, $\frac{1}{4}$이다. 세 사람이 3점 슛을 각각 한 번씩 던질 때, 적어도 한 사람은 슛을 성공시킬 확률을 구하시오. [3점]

9202-0634

23 자연수가 각각 하나씩 적힌 카드가 들어 있는 두 상자가 있다. 두 상자에서 각각 한 장의 카드를 임의로 뽑았을 때, 짝수가 적힌 카드가 나올 확률은 각각 $\frac{3}{5}$, $\frac{5}{8}$라고 한다. 이 두 상자에서 각각 카드 한 장씩을 뽑았을 때, 카드에 적힌 두 자연수의 곱이 짝수일 확률을 구하시오. [4점]

24 다음 그림과 같이 점 P가 수직선 위의 원점에 놓여 있다. 주사위 한 개를 던져서 짝수의 눈이 나오면 그 수만큼 양의 방향으로 이동하고, 홀수의 눈이 나오면 그 수만큼 음의 방향으로 이동한다고 한다. 주사위를 두 번 던졌을 때, 점 P의 위치가 -1일 확률을 구하시오. [5점]

9202-0635

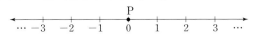

25 명중률이 각각 $\frac{3}{4}$, $\frac{2}{3}$, $\frac{4}{5}$인 세 양궁 선수 A, B, C가 과녁에 화살을 한 번씩 쏜다고 한다. 세 선수가 모두 명중시킬 확률을 p, 세 선수가 모두 명중시키지 못할 확률을 q, 세 선수 중 적어도 한 명 이상이 명중시킬 확률을 r라고 할 때, $p-q+r$의 값을 구하시오. [5점]

서술형 9202-0636

26 주사위 A, B를 동시에 던져서 주사위 A에서 나온 눈의 수를 x, 주사위 B에서 나온 눈의 수를 y라고 할 때, $2x+y \geq 7$일 확률을 구하시오. [4점]

서술형 9202-0637

27 남학생 3명, 여학생 4명 중에서 2명의 대표를 뽑을 때, 적어도 한 명은 여학생이 뽑힐 확률을 구하시오. [4점]

서술형 9202-0638

28 다음 그림과 같이 한 변의 길이가 1인 정오각형 ABCDE에서 점 P는 꼭짓점 A를 출발하여 한 개의 주사위를 던져서 나온 눈의 수만큼 화살표 방향으로 움직인다. 주사위를 연속하여 두 번 던졌을 때, 점 P가 꼭짓점 C에 위치할 확률을 구하시오. (단, 두 번째는 첫 번째 나온 눈의 수만큼 이동한 점에서 출발한다.) [5점]

서술형 9202-0639

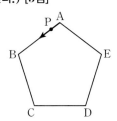

Level ①

9202-0640

01 오른쪽 그림에서 △ABC, △DCE는 각각 $\overline{AB}=\overline{AC}$, $\overline{DC}=\overline{DE}$인 이등변삼각형이다. ∠BAC=20°, ∠CDE=50°일 때, ∠x의 크기를 구하시오.

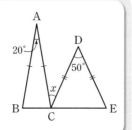

풀이 과정

△ABC는 $\overline{AB}=\overline{AC}$인 이등변삼각형이므로 두 밑각의 크기가 같다.

∠□=∠ACB=∠a라고 하면

20°+∠a+∠a=□이므로 ∠a=□

또 △DCE도 $\overline{DC}=\overline{DE}$인 이등변삼각형이므로 두 밑각의 크기가 같다.

∠DCE=∠□=∠b라고 하면

50°+∠b+∠b=□이므로 ∠b=□

이때 ∠a+∠x+∠b=180°이므로

□+∠x+65°=□

따라서 ∠x=□

9202-0641

02 오른쪽 그림에서 ∠PAO=∠PBO=90°, ∠AOB=50°이고 $\overline{PA}=\overline{PB}$일 때, ∠APO의 크기를 구하시오.

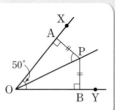

풀이 과정

△AOP와 △BOP에서

□=∠PBO=90°, $\overline{OP}$는 공통,

$\overline{PA}$=□이므로

△AOP≡△BOP(□ 합동)

즉, ∠AOP=∠BOP=$\frac{1}{2}$∠AOB=□이므로

∠APO=180°−(90°+□)=□

9202-0642

03 오른쪽 그림에서 점 O는 △ABC의 외심이다. ∠OAB=33°, ∠OCA=31°일 때, ∠x의 크기를 구하시오.

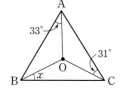

풀이 과정

△OAB에서 $\overline{OA}=\overline{OB}$이므로 □=∠OAB=33°

△OBC에서 $\overline{OB}=\overline{OC}$이므로 □=∠OBC=∠$x$

△OCA에서 $\overline{OA}=\overline{OC}$이므로 □=∠OCA=31°

△ABC의 세 내각의 크기의 합은 180°이므로

2×(33°+∠x+31°)=180°, ∠x+64°=□

따라서 ∠x=□

9202-0643

04 오른쪽 그림에서 점 I는 △ABC의 내심이고, 내접원의 반지름의 길이가 2 cm이다. $\overline{BC}$=14 cm, $\overline{CA}$=15 cm이고 △ABC=42 cm²일 때, $\overline{AB}$의 길이를 구하시오.

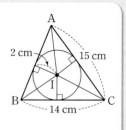

풀이 과정

$\overline{AB}=x$ cm라고 하면

△IAB=$\frac{1}{2}$×x×□=x(cm²)

△IBC=$\frac{1}{2}$×□×2=□(cm²)

△ICA=$\frac{1}{2}$×□×2=□(cm²)

△ABC=△IAB+△IBC+△ICA이므로

42=x+□+□, x=□

따라서 $\overline{AB}$의 길이는 □ cm이다.

Level ②

9202-0644

05 오른쪽 그림과 같이 정사각형 ABCD 의 $\overline{BC}$를 한 변으로 하는 정삼각형을 그려 나머지 한 점을 E라고 할 때, ∠BAE의 크기를 구하시오.

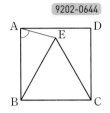

9202-0645

06 오른쪽 그림에서 $\overline{BC}=\overline{AC}=\overline{AD}$이고 ∠B=25°일 때, ∠DAE의 크기를 구하시오.

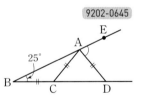

9202-0646

07 오른쪽 그림과 같이 △ABC에서 점 M은 $\overline{AB}$ 의 중점이고 점 M에서 $\overline{AC}$, $\overline{BC}$에 내린 수선의 발을 각 각 D, E라고 하자. $\overline{MD}=\overline{ME}$이고 ∠C=130°일 때, ∠A의 크기를 구하시 오.

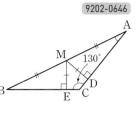

9202-0647

08 직사각형 모양의 종이를 오 른쪽 그림과 같이 접었다. $\overline{AB}=8$ cm, ∠AGC′=90°일 때, △GEF의 넓이를 구하시오.

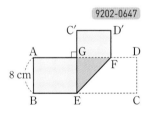

09 오른쪽 그림과 같이 ∠B=90°인 직각삼각형 ABC에서 ∠A의 이등분선이 $\overline{BC}$와 만나는 점을 D라 하고 점 D에서 $\overline{AC}$에 내린 수선의 발을 E라고 하자. $\overline{AC}$=11 cm, $\overline{BD}$=4 cm일 때, △ADC의 넓이를 구하시오.

9202-0648

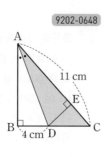

10 오른쪽 그림에서 점 O가 △ABC의 외접원의 중심이고 점 O에서 $\overline{AB}$, $\overline{BC}$, $\overline{CA}$에 내린 수선의 발을 D, E, F라고 하자. $\overline{AD}$=5 cm, $\overline{BE}$=6 cm, $\overline{CF}$=7 cm일 때, △ABC의 둘레의 길이를 구하시오.

9202-0649

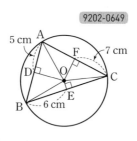

11 오른쪽 그림에서 점 O는 △ABC의 외심이고 점 D는 $\overline{AO}$의 연장선과 $\overline{BC}$가 만나는 점이다. ∠BAO=40°, ∠OCA=15°일 때, ∠ADB의 크기를 구하시오.

9202-0650

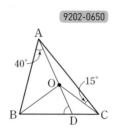

12 오른쪽 그림에서 점 I는 $\overline{AB}$=$\overline{AC}$인 이등변삼각형 ABC의 내심이고 점 D는 $\overline{AI}$의 연장선과 $\overline{BC}$가 만나는 점이다. ∠B=65°일 때, ∠x의 크기를 구하시오.

9202-0651

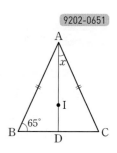

13 오른쪽 그림에서 점 I는 △ABC의 내심이다. ∠ABC=80°일 때, ∠x+∠y의 크기를 구하시오.

9202-0652

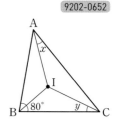

14 오른쪽 그림에서 점 I는 △ABC의 내심이고 점 I를 지나면서 $\overline{BC}$에 평행한 직선이 $\overline{AB}$, $\overline{AC}$와 만나는 점을 각각 D, E라고 하자. $\overline{AB}$=11 cm, $\overline{AC}$=13 cm일 때, △ADE의 둘레의 길이를 구하시오.

9202-0653

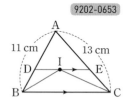

중단원 서술형 대비

Level ③

15 오른쪽 그림과 같이 $\overline{BA}=\overline{BC}$인
이등변삼각형 ABC에서 ∠ABC
의 외각의 이등분선 위의 한 점을
D라 하자. ∠DBC=115°일 때,
∠x의 크기를 구하시오.

9202-0654

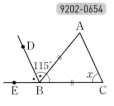

16 오른쪽 그림에서 점 O는 원의 중심
이고 세 점 A, B, C는 원 위의 점
이다. ∠BOC=60°일 때, ∠x의
크기를 구하시오.

9202-0655

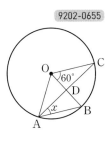

17 오른쪽 그림에서 □ABCD는
∠BAD=∠B=90°인 사다
리꼴이다. $\overline{AC}$ 위의 점 E에 대
하여 $\overline{AC}\perp\overline{DE}$이고
$\overline{AE}=3$ cm, $\overline{EC}=2$ cm,
$\overline{AD}=5$ cm, $\overline{ED}=4$ cm일 때, □ABCD의 넓이를 구하
시오.

9202-0656

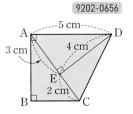

18 오른쪽 그림에서 점 O는
△ABC의 외심이고
∠CBO=35°,
∠ACB=15°일 때,
∠A의 크기를 구하시오.

9202-0657

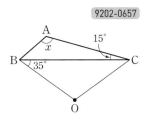

19 오른쪽 그림에서 점 I는 △ABC
의 내심이고 점 D는 $\overline{AI}$의 연장
선이 $\overline{BC}$와 만나는 점이다.
$\overline{AB}=\overline{AC}=10$ cm,
$\overline{BC}=12$ cm, $\overline{AD}=8$ cm일 때,
$\overline{AI}$의 길이를 구하시오.

9202-0658

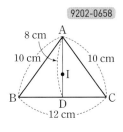

Level 1

9202-0659

01 오른쪽 그림과 같은 평행사변형 ABCD에서 ∠B=55°일 때, ∠CDE의 크기를 구하시오.

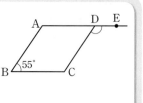

풀이 과정

평행사변형의 두 쌍의 [   ]의 크기는 각각 같으므로

∠A=∠[   ], ∠CDA=∠[   ]=55°

따라서

∠CDE=180°−∠[   ]

       =180°−[   ]=[   ]

9202-0660

02 오른쪽 그림과 같은 □ABCD에서 점 O는 두 대각선의 교점이고 ∠DAB=∠DCB=40°, ∠ABC=140°이고 $\overline{OA}=\overline{DB}=8$ cm일 때, $\overline{OB}$와 $\overline{AC}$의 길이를 각각 구하시오.

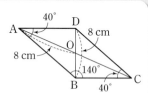

풀이 과정

∠CDA=360°−(2×40°+140°)=[   ]

□ABCD는 두 쌍의 [   ]의 크기가 각각 같으므로

[   ]이다.

[   ]에서 두 대각선이 서로 다른 것을 [   ]하므로

$\overline{OB}=\dfrac{1}{2}\times$[   ]$=\dfrac{1}{2}\times 8=$[   ](cm)

$\overline{AC}=2\times$[   ]$=2\times 8=$[   ](cm)

9202-0661

03 오른쪽 그림과 같은 □ABCD에서 $\overline{AB}=\overline{BC}=\overline{CD}=\overline{DA}$ 이고, 두 대각선의 교점이 O이다. ∠ODC=26°일 때, ∠x와 ∠y의 크기를 각각 구하시오.

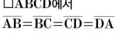

풀이 과정

△CDB에서 $\overline{CB}=$[   ]이므로

∠CBD=∠[   ]=26°, ∠x=[   ]

□ABCD는 네 변의 길이가 같으므로 마름모이다.

마름모의 두 대각선은 서로 수직이므로 ∠BOC=[   ]

이고 ∠BCO=180°−(90°+26°)=[   ]

△BAC에서 [   ]=$\overline{BC}$이므로

∠BAC=∠BCA=[   ], ∠y=[   ]

9202-0662

04 오른쪽 그림과 같은 □ABCD에서 점 D를 지나고 $\overline{AC}$에 평행한 직선을 그어 $\overline{BC}$의 연장선과 만나는 점을 E라고 하자. $\overline{AH}\perp\overline{BC}$이고 $\overline{AH}=7$ cm, $\overline{BE}=8$ cm일 때, □ABCD의 넓이를 구하시오.

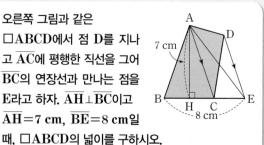

풀이 과정

$\overline{AC}/\!/\overline{DE}$이므로 △ACD=[   ]이다.

□ABCD=△ABC+△ACD

       =△ABC+[   ]

       =△ABE

따라서 △ABE=$\dfrac{1}{2}\times$[   ]$\times 7=$[   ](cm²)이므로

□ABCD의 넓이는 [   ] cm²이다.

Level ②

05 오른쪽 그림과 같은 평행사변형
ABCD에서
∠BAD=∠BDC이다.
$\overline{AB}$=5 cm, $\overline{AD}$=8 cm
일 때, △BCD의 둘레의 길이를 구하시오.

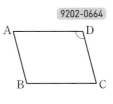

9202-0663

06 오른쪽 그림과 같은 평행사변형
ABCD에서 ∠A : ∠B=5 : 7
을 만족할 때, ∠D의 크기를 구하
시오.

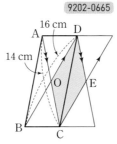

9202-0664

07 오른쪽 그림과 같이 평행사변형
ABCD에서 점 O는 두 대각선의
교점이고, 점 C를 지나면서 $\overline{BD}$에
평행한 직선과 점 D를 지나면서
$\overline{AC}$에 평행한 직선의 교점을 E라
고 하자.
$\overline{AC}$=14 cm, $\overline{BD}$=16 cm일
때, □OCED의 둘레의 길이를 구하시오.

9202-0665

08 오른쪽 그림과 같은 평행사변형
ABCD에서 ∠B의 이등분선
과 $\overline{CD}$의 연장선이 만나는 점을
E라고 할 때, $\overline{DE}$의 길이를 구
하시오.

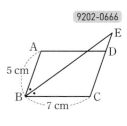

9202-0666

09 오른쪽 그림과 같은 평행사
변형 ABCD의 내부의 한
점 P에 대하여
△PAB=11 cm²일 때,
△PCD의 넓이를 구하
시오.

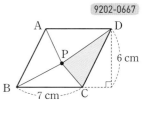

9202-0667

10 오른쪽 그림과 같은 직사각형
ABCD에서 두 대각선의 교점
을 O라고 하자.
∠AOD=144°일 때,
∠ODC의 크기를 구하시오.

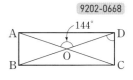

9202-0668

11 오른쪽 그림과 같이 $\overline{AB}=\overline{BC}$인 평행사변형 ABCD에서 $\overline{AB}$, $\overline{BC}$, $\overline{CD}$, $\overline{DA}$의 중점을 각각 E, F, G, H라고 할 때, ∠FGH의 크기를 구하시오.

9202-0669

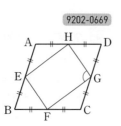

12 오른쪽 그림에서 □ABCD는 정사각형이고 $\overline{AD}=\overline{AE}$이다. ∠ABE=35°일 때, ∠$x$의 크기를 구하시오.

9202-0670

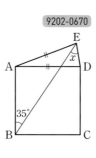

13 오른쪽 그림과 같이 $\overline{AD}\,/\!/\,\overline{BC}$인 등변사다리꼴 ABCD의 꼭짓점 A에서 $\overline{BC}$에 내린 수선의 발을 E라고 하자. $\overline{AD}=7$ cm, $\overline{BE}=3$ cm일 때, $\overline{EC}$의 길이를 구하시오.

9202-0671

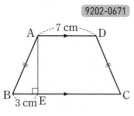

14 오른쪽 그림과 같이 $\overline{AD}\,/\!/\,\overline{BC}$인 등변사다리꼴 ABCD에서 두 대각선의 교점이 O이다. △OAB=15 cm², △OBC=30 cm²일 때, △DBC의 넓이를 구하시오.

9202-0672

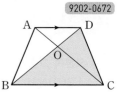

15 오른쪽 그림과 같이 직사각형 ABCD의 대각선 BD를 접는 선으로 하여 점 C가 점 E에 오도록 접으면 ∠DBC=32°이다. $\overline{BA}$와 $\overline{DE}$의 연장선의 교점을 F라고 할 때, ∠x의 크기를 구하시오.

9202-0673

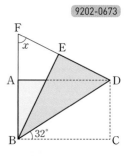

Level ③

16 오른쪽 그림과 같은 평행사변형
ABCD에서 $\overline{\text{BA}}$의 연장선 위의 한 점
E에 대하여 $\overline{\text{AE}}=\overline{\text{DE}}=\overline{\text{BD}}$일 때,
∠BAD의 크기를 구하시오.

9202-0674

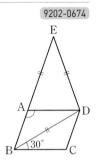

18 오른쪽 그림과 같이
$\overline{\text{AB}}=6$ cm, $\overline{\text{AD}}=8$ cm인 직
사각형 ABCD의 한 변 BC를
대각선 BD에 오도록 접었다.
$\overline{\text{BD}}=10$ cm일 때, $\overline{\text{DE}}$의 길이
를 구하시오.

9202-0676

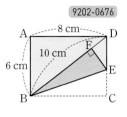

17 오른쪽 그림과 같은 직사각형
ABCD의 대각선 BD의 중점을
O라 하고, 점 O를 지나면서 $\overline{\text{BD}}$
에 수직인 직선과 $\overline{\text{AD}}$, $\overline{\text{BC}}$가
만나는 점을 각각 E, F라고 하자. □ABCD의 둘레의 길
이가 20 cm일 때, △DFC의 둘레의 길이를 구하시오.

9202-0675

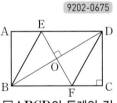

19 오른쪽 그림과 같이 △ABC
는 ∠B=90°인 직각삼각형
이고 $\overline{\text{AB}}$ 위의 점 D와 $\overline{\text{BC}}$의
연장선 위의 점 E에 대하여
$\overline{\text{AE}} /\!/ \overline{\text{DC}}$이다.
$\overline{\text{AD}}=2$ cm, $\overline{\text{DB}}=4$ cm, $\overline{\text{CE}}=3$ cm일 때, $\overline{\text{BC}}$의 길이
를 구하시오.

9202-0677

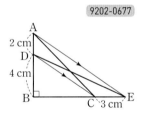

Level 1

9202-0678

01 다음 그림의 두 삼각뿔은 서로 닮은 입체도형이고, △BCD∽△FGH일 때, $x+y$의 값을 구하시오.

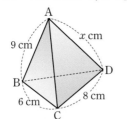

풀이 과정

두 입체도형의 닮음비는

$\overline{CD}$: ☐ =2 : ☐ 이므로

x : 5=2 : ☐, $x=$ ☐

6 : y=2 : ☐, $y=$ ☐

따라서 $x+y=$ ☐

03 오른쪽 그림에서 $\overline{AB}$∥$\overline{CD}$이고 $\overline{AC}$와 $\overline{BD}$의 교점을 E라고 하자. $\overline{AB}=10$ cm, $\overline{CE}=6$ cm, $\overline{CD}=14$ cm일 때, $\overline{AE}$의 길이를 구하시오.

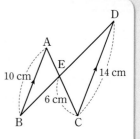

풀이 과정

$\overline{AB}$∥$\overline{CD}$이므로 △ABE와 △CDE에서

∠ABE= ☐ , ∠BAE= ☐

이므로 △ABE∽△CDE (AA 닮음)

그러므로 $\overline{AB}$: $\overline{CD}$=$\overline{AE}$: ☐

10 : 14=$\overline{AE}$: ☐

따라서 $\overline{AE}=$ ☐ cm

9202-0679

02 오른쪽 그림의 △ABC에서 ∠A=∠BCD이고 $\overline{AC}=12$ cm, $\overline{BC}=9$ cm, $\overline{CD}=6$ cm일 때, $\overline{AB}$의 길이를 구하시오.

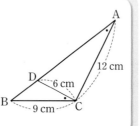

풀이 과정

△ABC와 △CBD에서

∠CAB=∠DCB이고 ☐ 는 공통

이므로 △ABC∽△CBD (AA 닮음)

그러므로 $\overline{AB}$: $\overline{CB}$=$\overline{AC}$: ☐

$\overline{AB}$: 9=12 : ☐

따라서 $\overline{AB}=$ ☐ cm

04 오른쪽 그림과 같이 ∠A=90°인 직각삼각형 ABC의 꼭짓점 A에서 빗변 BC에 내린 수선의 발을 D라고 하자. $\overline{AC}=6$ cm, $\overline{CD}=4$ cm일 때, $\overline{BD}$의 길이를 구하시오.

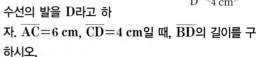

풀이 과정

△ABC와 △DAC에서

∠BAC= ☐ ,

∠C는 공통

이므로 △ABC∽△DAC (AA 닮음)

그러므로 $\overline{AC}^2=$ ☐ $\times\overline{CB}$

36= ☐ $\times\overline{CB}$

$\overline{CB}=$ ☐ cm

따라서 $\overline{BD}=\overline{BC}-\overline{DC}=$ ☐ (cm)

Level ❷

05 오른쪽 그림과 같은 원뿔 모양의 그릇에 물을 높이의 $\dfrac{2}{3}$만큼 채웠다. 원뿔 모양의 그릇의 밑면은 지면과 평행할 때, 물의 부피를 구하시오.

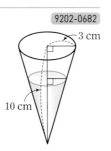

9202-0682

06 다음 그림과 같은 △ABC에서 $\overline{AB}=6$ cm, $\overline{AC}=10$ cm, $\overline{BC}=12$ cm, $\overline{BD}=3$ cm일 때, $\overline{AD}$의 길이를 구하시오.

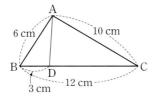

9202-0683

07 오른쪽 그림의 △ABC에서 $\angle A=\angle DEC$이고 $\overline{AD}=3$ cm, $\overline{CD}=9$ cm, $\overline{CE}=6$ cm일 때, $\overline{BE}$의 길이를 구하시오.

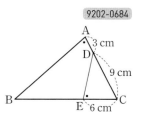

9202-0684

08 다음 그림의 △ABC에서 $\angle ABD=\angle BCE=\angle CAF$이고 $\overline{BC}=8$ cm, $\overline{DF}=5$ cm, $\overline{EF}=6$ cm일 때, $\overline{AC}$의 길이를 구하시오.

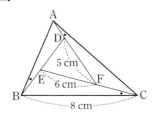

9202-0685

09 오른쪽 그림의 직사각형 ABCD
의 꼭짓점 A에서 $\overline{BD}$에 내린 수
선의 발을 H라고 하자.
$\overline{BC}=20$ cm, $\overline{DH}=16$ cm
일 때, $\overline{AH}$의 길이를 구하시오.

9202-0686

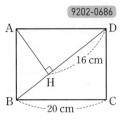

11 다음 그림에서 $\angle ADB=\angle ABC=\angle BEC=90°$이고
$\overline{AD}=8$ cm, $\overline{BD}=6$ cm, $\overline{CE}=3$ cm일 때, $\square ADEC$
의 넓이를 구하시오.

9202-0688

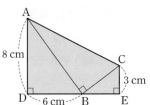

10 오른쪽 그림의 평행사변형
ABCD에서
$\angle ADF=\angle CDF$,
$\angle BAE=\angle DAE$이고
$\overline{AB}=9$ cm, $\overline{AD}=12$ cm
일 때, △AOD와 △EOF의 닮음비를 가장 간단한 자연수
의 비로 나타내시오.

9202-0687

12 오른쪽 그림은 직사각형
ABCD를 대각선 BD를 접
는 선으로 하여 접은 것이다.
$\overline{AD}$와 $\overline{BC'}$의 교점 P에서
$\overline{BD}$에 내린 수선의 발을 Q라
하고 $\overline{AB}=6$ cm,
$\overline{BC}=8$ cm, $\overline{BD}=10$ cm
일 때, $\overline{AP}$의 길이를 구하시오.

9202-0689

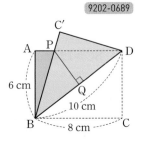

Level ③

9202-0690

13 닮음비가 3 : 5인 두 종류의 그릇이 있다. 작은 그릇에 물을 가득 담아 큰 그릇을 가득 채우려고 할 때, 최소한 몇 번을 부어야 큰 그릇 3개를 가득 채울 수 있는지 구하시오.

9202-0692

15 오른쪽 그림과 같이 정삼각형 ABC를 꼭짓점 A가 변 BC 위의 점 E에 오도록 접었다. $\overline{AB}=24$ cm, $\overline{BE}=8$ cm, $\overline{AF}=14$ cm일 때, $\overline{BD}$의 길이를 구하시오.

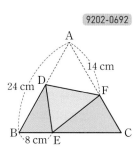

9202-0691

14 오른쪽 그림에서 $\overline{BE}$ 위의 한 점 C에 대하여 △ABC∽△DCE이고, 점 F는 $\overline{AE}$와 $\overline{CD}$의 교점이다. $\overline{AB}=7$ cm, $\overline{BC}=6$ cm, $\overline{CE}=8$ cm일 때, $\overline{DF}$의 길이를 구하시오.

9202-0693

16 오른쪽 그림과 같은 ∠A=90°인 직각삼각형 ABC에서 점 M은 $\overline{BC}$의 중점이고 $\overline{AD}\perp\overline{BC}$, $\overline{DE}\perp\overline{AM}$이다. $\overline{BD}=18$ cm, $\overline{AD}=12$ cm일 때, $\overline{DE}$의 길이를 구하시오.

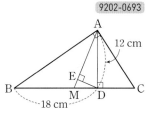

Level 1

9202-0694

01 오른쪽 그림과 같은 △ABC에서 $\overline{DE}/\!/\overline{BC}$이고 $\overline{AB}=12$ cm, $\overline{AD}=4$ cm, $\overline{CE}=12$ cm, $\overline{DE}=6$ cm일 때, △ABC의 둘레의 길이를 구하시오.

풀이 과정

$\overline{DE}/\!/\overline{BC}$이므로

$\overline{AD}:\overline{DB}=\overline{AE}:\boxed{}$

$4:8=\overline{AE}:\boxed{}$

$\overline{AE}=\boxed{}$ cm

또 $\overline{AD}:\overline{AB}=\boxed{}:\overline{BC}$

$4:12=\boxed{}:\overline{BC}$

$\overline{BC}=\boxed{}$ cm

따라서 △ABC의 둘레의 길이는 $\boxed{}$ cm이다.

9202-0695

02 다음 그림에서 $l/\!/m/\!/n$일 때, $x+y$의 값을 구하시오.

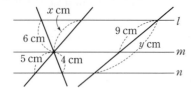

풀이 과정

$x:5=6:\boxed{}$, $x=\boxed{}$

또 $y:9=10:\boxed{}$, $y=\boxed{}$

따라서 $x+y=\boxed{}$

9202-0696

03 오른쪽 그림의 △ABC에서 세 점 D, E, F는 각각 $\overline{AB}, \overline{BC}, \overline{CA}$의 중점이고 △ABC의 넓이가 20 cm²일 때, △DEF의 넓이를 구하시오.

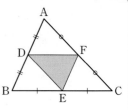

풀이 과정

$\overline{AC}=\overline{DE}\times\boxed{}$, $\overline{AB}=\overline{EF}\times\boxed{}$, $\overline{BC}=\overline{DF}\times\boxed{}$

이므로 △ABC∽△EFD (SSS 닮음)

△ABC와 △EFD의

닮음비는 $\boxed{}:\boxed{}$이므로

넓이의 비는 $\boxed{}:\boxed{}$이다.

따라서 △DEF의 넓이는 $\boxed{}$ cm²이다.

9202-0697

04 오른쪽 그림에서 점 G가 △ABC의 무게중심이고 $\overline{BC}=8$ cm, $\overline{GD}=5$ cm일 때, $x+y$의 값을 구하시오.

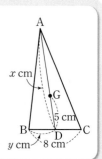

풀이 과정

삼각형의 무게중심은 세 중선의 길이를 각 꼭짓점으로부터

각각 $\boxed{}:\boxed{}$로 나누므로

$x=\boxed{}$

이고 $y=\boxed{}$

따라서 $x+y=\boxed{}$

Level ②

9202-0698

05 오른쪽 그림의 △ABC에서
$\overline{DE} /\!/ \overline{BC}$이고 $\overline{BF}=6$ cm,
$\overline{CF}=10$ cm, $\overline{EG}=8$ cm일 때,
$\overline{DG}$의 길이를 구하시오.

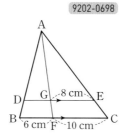

9202-0699

06 다음 그림의 △ABC에서 $\overline{BC} /\!/ \overline{DE}$, $\overline{CD} /\!/ \overline{EF}$이고
$\overline{AF}=6$ cm, $\overline{AE} : \overline{EC}=3 : 1$일 때, $\overline{DB}$의 길이를 구하
시오.

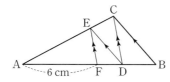

9202-0700

07 오른쪽 그림의 △ABC에서
$\overline{AE}=\overline{EF}=\overline{FB}$, $\overline{BD}=\overline{DC}$
이고 점 G는 $\overline{AD}$와 $\overline{CE}$의 교
점이다. $\overline{EG}=6$ cm일 때,
$\overline{CG}$의 길이를 구하시오.

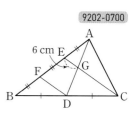

9202-0701

08 오른쪽 그림과 같이 $\overline{AD} /\!/ \overline{BC}$인
등변사다리꼴 ABCD에서 네 점
E, F, G, H는 각각 $\overline{AB}$, $\overline{BC}$,
$\overline{CD}$, $\overline{DA}$의 중점이다. □EFGH
의 둘레의 길이가 24 cm일 때,
$\overline{BD}$의 길이를 구하시오.

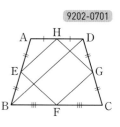

09 오른쪽 그림의 사다리꼴 ABCD
에서 $\overline{AD} /\!/ \overline{EF} /\!/ \overline{BC}$이고 점 O
는 두 대각선의 교점이다. $\overline{EF}$가
점 O를 지나고 $\overline{AD}=12$ cm,
$\overline{BC}=15$ cm일 때, $\overline{EO}$의 길이를
구하시오.

9202-0702

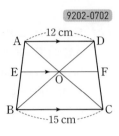

11 오른쪽 그림에서 두 점 G, G′은 각
각 △ABC, △GBC의 무게중심
이다. $\overline{G'D}=4$ cm일 때, $\overline{AG}$의
길이를 구하시오.

9202-0704

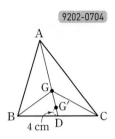

10 오른쪽 그림에서
$\overline{AB} /\!/ \overline{EF} /\!/ \overline{CD}$이고
$\overline{AB}=12$ cm,
$\overline{CD}=16$ cm일 때,
$\overline{EF}$의 길이를 구하시오.

9202-0703

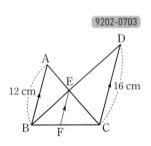

12 오른쪽 그림에서 두 점 G, G′은
각각 △ABC, △GBC의 무게
중심이다. △ABC의 넓이가
36 cm²일 때, △G′BD의 넓이
를 구하시오.

9202-0705

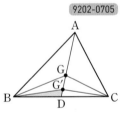

Level 3

9202-0706

13 오른쪽 그림의 △ABC에서 점 D는
$\overline{AB}$의 중점이고 점 E는 $\overline{DC}$의 중점
일 때, $\dfrac{\overline{BF}}{\overline{CF}}$의 값을 구하시오.

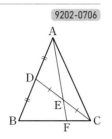

9202-0708

15 오른쪽 그림의 평행사변형
ABCD에서 두 점 M, N은 각
각 $\overline{BC}$, $\overline{CD}$의 중점이고
□ABCD의 넓이가 48 cm²일
때, 색칠한 부분의 넓이를 구하시오.

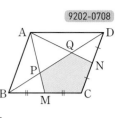

9202-0707

14 오른쪽 그림의 사다리꼴
ABCD에서 $\overline{AD}$∥$\overline{EF}$∥$\overline{BC}$
이고 $\overline{AE}$: $\overline{EB}$=4 : 3이다.
$\overline{AD}$=14 cm, $\overline{MN}$=10 cm
일 때, $\overline{BC}$의 길이를 구하시오.

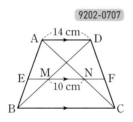

9202-0709

16 오른쪽 그림에서 점 G는 △ABC
의 무게중심이고 $\overline{EF}$∥$\overline{BC}$이다.
△ABC의 넓이가 27 cm²일 때,
△DEF의 넓이를 구하시오.

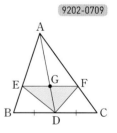

Level 1

9202-0710

01 오른쪽 그림은 ∠C=90° 인 직각삼각형 ABC에서 각 변을 한 변으로 하는 세 정사각형을 그린 것이다. □AFGB=74 cm² 이고 $\overline{BC}$=5 cm일 때, $\overline{AC}$의 길이를 구하시오.

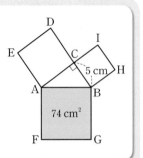

풀이 과정

직각삼각형 ABC에서 피타고라스 정리에 의하여

$\overline{AC}^2+\overline{BC}^2=\boxed{}$, $\overline{AC}^2+25=\boxed{}$

$\overline{AC}^2=\boxed{}$

그런데 $\overline{AC}>0$이므로

$\overline{AC}=\boxed{}$ cm

9202-0711

02 오른쪽 그림의 △ABC 에서 $\overline{AD}\perp\overline{BC}$이고 $\overline{BC}$=21 cm, $\overline{AC}$=13 cm, $\overline{AD}$=12 cm일 때, $\overline{AB}$의 길이를 구하시오.

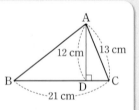

풀이 과정

직각삼각형 ADC에서 피타고라스 정리에 의하여

$\overline{AD}^2+\overline{CD}^2=\boxed{}$, $144+\overline{CD}^2=\boxed{}$

$\overline{CD}^2=\boxed{}$

그런데 $\overline{CD}>0$이므로

$\overline{CD}=\boxed{}$ cm

그러므로 $\overline{BD}=\boxed{}$ cm

또 직각삼각형 ABD에서 피타고라스 정리에 의하여

$\overline{AB}^2=\overline{AD}^2+\boxed{}$, $\overline{AB}^2=144+\boxed{}$

$\overline{AB}^2=\boxed{}$

그런데 $\overline{AB}>0$이므로

$\overline{AB}=\boxed{}$ cm

Level 2

9202-0712

03 오른쪽 그림과 같이 ∠C=90°인 직각삼각형 ABC의 세 변 AB, BC, CA를 각각 한 변으로 하는 세 정사각형의 넓이를 P, Q, R라 하고, $\overline{AB}:\overline{BC}=7:4$일 때, $P:R$를 가장 간단한 자연수의 비로 나타내시오.

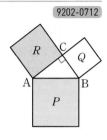

9202-0713

04 오른쪽 그림은 ∠A=90°인 직각삼각형 ABC에서 각 변을 지름으로 하는 세 반원을 그린 것이다. $\overline{AB}$=8 cm, $\overline{BC}$=10 cm 일 때, 색칠한 부분의 넓이를 구하시오.

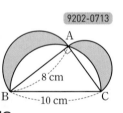

05 9202-0714
오른쪽 그림과 같이 일차함수 $y=\dfrac{5}{12}x+5$의 그래프가 x축과 만나는 점을 A, y축과 만나는 점을 B라고 할 때, $\overline{AB}$의 길이를 구하시오.

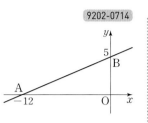

06 9202-0715
오른쪽 그림에서 두 직각삼각형 EAB와 BCD는 합동이고 세 점 A, B, C는 한 직선 위에 있다. $\overline{AB}=9$ cm이고 △EBD의 넓이가 65 cm²일 때, □EACD의 넓이를 구하시오.

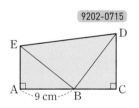

07 9202-0716
오른쪽 그림의 사다리꼴 ABCD에서 $\angle A=\angle B=90°$이고 $\overline{AD}=8$ cm, $\overline{BC}=14$ cm, $\overline{CD}=11$ cm일 때, $\overline{AC}$를 한 변으로 하는 정사각형의 넓이를 구하시오.

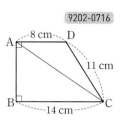

08 9202-0717
오른쪽 그림과 같은 직육면체의 꼭짓점 B에서 겉면을 따라서 세 모서리 AE, DH, CG를 지나 점 F에 이르는 최단 거리를 구하시오.

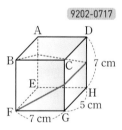

Level 1

9202-0718

01 다음 그림과 같은 길을 따라 A 역에서 C 역까지 가는 방법은 모두 몇 가지인지 구하시오. (단, 같은 지점을 두 번 이상 지나지 않는다.)

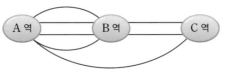

풀이 과정

A 역에서 C 역으로 바로 가는 경우: ☐가지

A 역에서 B 역을 거쳐서 C 역으로 가는 경우:

☐×☐=☐(가지)

따라서 A 역에서 C 역까지 가는 방법은

☐+☐=☐(가지)

9202-0719

02 각 면에 1부터 20까지의 숫자가 각각 하나씩 적힌 정이십면체 모양의 주사위가 있다. 이 주사위를 한 번 던질 때, 바닥에 닿는 면에 적힌 수가 3의 배수 또는 7의 배수일 경우의 수를 구하시오.

풀이 과정

3의 배수가 나오는 경우는

☐, ☐, ☐, ☐, ☐, ☐의 ☐가지이다.

7의 배수가 나오는 경우는 ☐, ☐의 ☐가지이다.

따라서 구하는 경우의 수는

☐+☐=☐

9202-0720

03 A 주머니에는 흰 공 5개, 검은 공 4개가 들어 있고, B 주머니에는 흰 공 3개, 검은 공 2개가 들어 있다. A와 B 주머니에서 구슬을 각각 한 개씩 꺼낼 때, 서로 다른 색의 공이 나올 경우의 수를 구하시오.

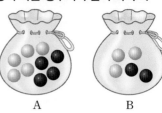

A   B

풀이 과정

A 주머니에서 흰 공이 나오고 B 주머니에서 검은 공이 나오는 경우의 수는 ☐×☐=☐

A 주머니에서 검은 공이 나오고 B 주머니에서 흰 공이 나오는 경우의 수는 ☐×☐=☐

따라서 서로 다른 색의 공이 나올 경우의 수는

☐+☐=☐

9202-0721

04 학생회장 후보 성준, 민서, 지수, 은지, 현우 다섯 명이 한 명씩 소견 발표를 하려고 할 때, 순서를 정하는 모든 경우의 수를 a, 성준이가 가장 나중에 발표하고 나머지 4명이 먼저 소견 발표를 하는 경우의 수를 b라고 할 때, $a+b$의 값을 구하시오.

풀이 과정

순서를 정하는 모든 경우의 수는 5명을 한 줄로 세우는 경우의 수를 구하는 것과 같으므로

$a=$☐×☐×☐×☐×☐=☐

성준이가 가장 나중에 소견 발표를 하는 경우의 수는

$b=$☐×☐×☐×☐=☐

따라서 $a+b=$☐+☐=☐

Level ❷

9202-0722

05 다음 그림과 같은 반원 위에 6개의 점이 있다. 이 중에서 2개의 점을 이어 만들 수 있는 직선의 개수를 a, 반직선의 개수를 b라고 할 때, $a+b$의 값을 구하시오.

9202-0723

06 0부터 5까지의 정수가 각각 하나씩 적힌 6장의 카드 중에서 3장을 뽑아 만들 수 있는 세 자리의 정수는 모두 몇 개인지 구하시오.

9202-0724

07 0, 1, 2, 3, 4의 숫자가 각각 하나씩 적힌 5장의 카드 중에서 3장의 카드를 뽑아 세 자리의 정수를 만들 때, 만들 수 있는 짝수의 개수를 구하시오.

9202-0725

08 월드컵 축구 대회의 본선 경기는 리그전과 토너먼트전으로 진행된다. 리그전은 조별로 경기에 참가한 모든 팀이 각각 돌아가면서 한 차례씩 대전하여 그 성적에 따라 순위를 가리는 경기 진행 방식이고, 토너먼트전은 대진표에 따라 치러진 경기 결과에 의해 이긴 팀만 다음 경기를 하여 우승 팀을 가리는 경기 진행 방식이다. 다음과 같이 경기가 이루어질 때, 전체 경기의 수를 구하시오.

> • 32개 팀을 한 조에 4개 팀씩 8개 조로 나누어 먼저 각 조에서 리그전을 한다.
> • 각 조의 상위 2개 팀이 16강에 진출하여 토너먼트 전을 한다.
> • 준결승전에 이긴 팀끼리 1, 2위전을 하고 진 팀끼리 3, 4위전을 한다.

9202-0726

09 오른쪽 그림과 같이 원의 4개의 부분에 주황, 보라, 연두, 빨강의 4가지 색을 이용하여 칠하려고 한다. 같은 색을 여러 번 사용해도 좋으나 이웃하는 부분에는 서로 다른 색으로 칠하는 경우의 수를 구하시오.

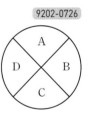

10 각 면에 1부터 12까지의 자연수가 각각 하나씩 적힌 정십이면체 A, B가 있다. A, B 두 개를 동시에 던져서 바닥에 닿는 면에 적힌 수를 각각 a, b라고 할 때, 두 직선 $y=ax$와 $y=x+b$의 교점의 x좌표가 2가 되는 경우의 수를 구하시오.

9202-0727

12 한 개의 주사위를 두 번 던져서 첫 번째에 나온 눈의 수를 a, 두 번째에 나온 눈의 수를 b라고 하자. 직선 $y=ax+b$를 좌표평면 위에 나타낼 때, 점 $(-2, -4)$를 지나는 경우의 수를 구하시오.

9202-0729

11 여학생 6명과 남학생 4명 중에서 봉사활동에 참여할 2명을 뽑을 때, 2명의 성별이 같은 경우의 수를 구하시오.

9202-0728

13 여학생 4명과 남학생 3명이 있다. 이 중에서 회장 1명과 여자 부회장 1명, 남자 부회장 1명을 뽑는 경우의 수를 구하시오.

9202-0730

Level ③

9202-0731

14 1부터 6까지의 자연수가 각각 하나씩 적힌 6장의 카드를 한 줄로 늘어 놓았을 때, 양 끝에 모두 짝수가 오는 경우의 수를 구하시오.

9202-0732

15 1부터 10까지의 자연수가 각각 하나씩 적힌 10장의 카드가 들어 있는 상자에서 4장의 카드를 동시에 꺼낼 때, 카드에 적힌 두 번째로 큰 수가 9인 경우의 수를 구하시오. (단, 뽑는 순서는 생각하지 않는다.)

9202-0733

16 A, B, C, D 네 지점 사이에 다음 그림과 같은 도로망이 있다. 같은 지점은 한 번 밖에 지나갈 수 없을 때, A 지점에서 D 지점으로 가는 경우의 수를 구하시오.

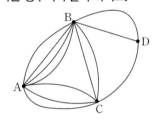

9202-0734

17 어느 옷가게에서는 서로 다른 여자 마네킹 4개와 아동 마네킹 2개를 세워 상품을 진열하고 있다. 아동 마네킹 2개는 항상 이웃하게 세우고 2주일마다 진열 순서를 바꾼다고 할 때, 진열 방법이 같지 않게 진열할 수 있는 것은 몇 주 동안인지 구하시오.

9202-0735

18 학생 5명이 각각 다른 선물을 하나씩 준비했다. 선물을 모아 탁자 위에 올려 놓고 5명이 임의로 선물을 하나씩 선택했을 때, 2명만 자신이 가져온 선물을 선택하고 나머지는 다른 학생이 가져온 선물을 선택하게 되는 경우의 수를 구하시오. (단, 선물 상자의 모양과 크기는 모두 같고 선물의 포장지도 동일하다.)

Level ①

9202-0736

01 서로 다른 두 개의 주사위를 동시에 던졌을 때, 나온 두 눈의 수의 합이 5일 확률을 구하시오.

풀이 과정

서로 다른 두 개의 주사위를 동시에 던졌을 때
일어나는 모든 경우의 수는

□ × □ = □

두 눈의 수의 합이 5인 경우를 순서쌍으로 나타내면

(□, □), (□, □), (□, □), (□, □)의

□ 가지이므로

두 눈의 수의 합이 5일 확률은

□ = □

9202-0737

02 다음 그림과 같이 1부터 8까지의 숫자가 각각 하나씩 적힌 원판에 화살을 두 번 쏘아 첫 번째에 맞힌 숫자를 십의 자리의 수로 하고, 두 번째에 맞힌 숫자를 일의 자리의 수로 하여 두 자리의 정수를 만들 때, 30 미만 인 자연수가 나올 확률을 구하시오. (단, 각 부분의 넓 이는 같고, 화살이 원판에 맞지 않거나 경계선에 맞는 경우는 없다.)

풀이 과정

두 번 쏘아 만들 수 있는 두 자리의 정수는

□ × □ = □ (개)

30 미만인 자연수가 나오는 경우는 십의 자리에 올 수 있는

숫자는 □ 개, 일의 자리에 올 수 있는 숫자는 □ 개이므로

□ × □ = □ (개)

따라서 구하는 확률은

□ = □

9202-0738

03 흰 공 4개, 검은 공 4개가 들어 있는 A 주머니와 흰 공 7개, 검은 공 1개가 들어 있는 B 주머니가 있다. 두 주 머니 A, B에서 각각 한 개씩의 공을 임의로 꺼냈을 때, 두 공이 서로 같은 색일 확률을 구하시오.

풀이 과정

A, B 두 주머니에서 모두 흰 공을 꺼낼 확률은

□ × □ = □

A, B 두 주머니에서 모두 검은 공을 꺼낼 확률은

□ × □ = □

따라서 꺼낸 두 공이 서로 같은 색일 확률은

□ + □ = □ = □

9202-0739

04 자연수가 각각 하나씩 적힌 카드가 들어 있는 두 상자 가 있다. 두 상자 A, B에서 각각 한 장씩의 카드를 임 의로 뽑을 때, 카드에 적힌 수가 짝수일 확률은 각각 $\frac{1}{3}$, $\frac{3}{5}$이라고 한다. 이 두 상자 A, B에서 각각 한 장 씩의 카드를 뽑았을 때, 카드에 적힌 두 자연수의 곱이 짝수일 확률을 구하시오.

풀이 과정

A, B 두 상자에서 홀수가 적힌 카드가 각각 뽑힐 확률은

$1 -$ □ $=$ □ $, 1 -$ □ $=$ □

카드에 적힌 두 자연수의 곱이 홀수일 확률은

□ × □ = □

따라서 카드에 적힌 두 자연수의 곱이 짝수일 확률은

$1 -$ □ $=$ □

Level ②

9202-0740

05 두 개의 주사위 A, B를 동시에 던져서 A 주사위에서 나온 눈의 수를 x, B 주사위에서 나온 눈의 수를 y라고 할 때, $x+y$가 소수일 확률을 구하시오.

9202-0741

06 다섯 개의 숫자 0, 1, 2, 3, 4 중에서 두 개의 숫자를 뽑아 두 자리의 정수를 만들 때, 그 수가 소수 또는 10의 배수일 확률을 구하시오.

9202-0742

07 A 주머니에는 빨간 구슬 3개와 흰 구슬 5개가 들어 있고, B 주머니에는 빨간 구슬 6개와 흰 구슬 4개가 들어 있다. A 주머니에서 구슬 한 개를 임의로 꺼내어 B 주머니에 넣은 다음 B 주머니에서 구슬 한 개를 임의로 꺼낼 때, 그것이 빨간 구슬일 확률을 구하시오.

9202-0743

08 어느 프로야구팀의 주말 승률을 알아보았더니 토요일에 이길 확률은 30 %, 일요일에 이길 확률은 60 %였다. 이 프로야구팀이 주말에 적어도 한 번은 이길 확률을 구하시오.
(단, 비기는 경우는 생각하지 않는다.)

9202-0744

09 주사위 한 개를 두 번 던져서 첫 번째 나온 눈의 수를 x, 두 번째 나온 눈의 수를 y라고 할 때, $2x-y=2$를 만족할 확률을 구하시오.

9202-0745

10 세 번의 경기 중에서 두 번을 먼저 이기면 승리하는 게임이 있다. 한 경기에서 B팀이 A팀을 이길 확률이 $\dfrac{2}{5}$라고 할 때, A팀과 B팀의 게임에서 A팀이 승리할 확률을 구하시오.
(단, 비기는 경우는 없다.)

11 은지가 아침 운동을 할 확률이 $\frac{1}{3}$일 때, 주말 이틀 중 하루만 아침 운동을 할 확률을 구하시오.

9202-0746

12 주머니 속에 모양과 크기가 같은 빨간 공 2개와 파란 공 5개가 들어 있다. 이 주머니에서 2개의 공을 차례로 꺼낼 때, 적어도 한 개는 빨간 공이 나올 확률을 구하시오. (단, 첫 번째로 꺼낸 공은 색을 확인한 후 다시 주머니에 넣는다.)

9202-0747

13 남이네 학교에서는 이번 주 목요일과 금요일에 1박 2일로 수련회를 갈 예정인데 비가 오는 날에는 야외활동을 할 수 없다고 한다. 기상 예보에 의하면 목요일에 비가 올 확률은 $\frac{2}{3}$이고 금요일에 비가 올 확률은 $\frac{2}{5}$라고 한다. 남이가 적어도 하루는 야외활동을 할 수 있을 확률을 구하시오.

9202-0748

14 주머니 속에 흰 공 3개, 노란 공 6개, 빨간 공 x개가 들어 있다. 이 주머니에서 한 개의 공을 임의로 꺼낼 때, 흰 공 또는 노란 공이 나올 확률은 $\frac{1}{2}$이라고 한다. 이 주머니 속에 들어 있는 빨간 공의 개수를 구하시오.

9202-0749

15 현민이가 동전 한 개를 던져서 앞면이 나오면 계단을 위로 1칸 올라가고, 뒷면이 나오면 아래로 1칸 내려가기로 하였다. 동전을 3번 던졌을 때, 현민이가 처음 위치보다 1칸 위에 있을 확률을 구하시오.

9202-0750

중단원 서술형 대비

Level ③

16 다음 그림과 같은 9개의 점이 있다. 4개 이상의 서로 다른 점을 이어서 직사각형을 만들 때, 만든 직사각형이 정사각형이 될 확률을 구하시오. (단, 가로 또는 세로로 인접한 두 점 사이의 거리는 같다.)

9202-0751

17 수직선 위를 움직이는 점 P가 원점에 놓여 있다. 주사위 한 개를 던져서 짝수의 눈이 나오면 오른쪽으로 1만큼 이동하고, 홀수의 눈이 나오면 왼쪽으로 2만큼 이동한다고 한다. 주사위를 4번 던졌을 때, 점 P가 1에 있을 확률을 구하시오.

9202-0752

18 오른쪽 그림과 같이 △ABC의 꼭짓점 A에서 출발하여 주사위를 던져 나온 눈의 수만큼 삼각형의 변의 수를 지나 화살표 방향으로 점이 이동하고, 그 자리에서 다시 한 번 주사위를 던져 나온 눈의 수만큼 같은 방향으로 이동할 때, 마지막 위치가 점 A가 될 확률을 구하시오.

9202-0753

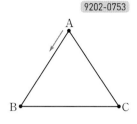

19 1부터 100까지의 자연수가 각각 하나씩 적힌 100장의 카드를 뒤집어 놓고, 이 중에서 한 장을 뽑아 나온 카드에 적힌 수를 336으로 나누었을 때, 그 수가 유한소수가 될 수 없을 확률을 구하시오.

9202-0754

01 9202-0755

오른쪽 그림에서 △ABC는 $\overline{CA}=\overline{CB}$인 이등변삼각형이고 △DBC는 $\overline{DB}=\overline{DC}$인 이등변삼각형이다.
∠DCE=136°일 때, ∠x의 크기는?

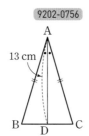

① 20°   ② 24°   ③ 28°

④ 32°   ⑤ 36°

02 9202-0756

오른쪽 그림과 같이 $\overline{AB}=\overline{AC}$인 이등변삼각형 ABC에서 ∠A의 이등분선과 $\overline{BC}$가 만나는 점을 D라고 하자. $\overline{AD}=13$ cm이고 △ABC=52 cm² 일 때, $\overline{CD}$의 길이는?

① 2 cm   ② 4 cm

③ 6 cm   ④ 8 cm

⑤ 10 cm

03 9202-0757

오른쪽 그림과 같이 $\overline{AB}=\overline{AC}$인 이등변삼각형 ABC와 $\overline{BC}$의 연장선 위의 점 D에 대해 ∠ABC의 이등분선과 ∠ACD의 이등분선과 교점을 점 E라고 하자. ∠A=28°일 때, ∠BEC의 크기를 구하시오.

04 9202-0758

직사각형 모양의 테이프를 접었더니 오른쪽 그림과 같았다. △GEF의 넓이는?

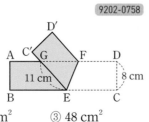

① 40 cm²   ② 44 cm²   ③ 48 cm²

④ 52 cm²   ⑤ 56 cm²

05 9202-0759

오른쪽 그림과 같은 직각삼각형과 합동인 것을 〈보기〉에서 모두 고른 것은?

〈 보기 〉

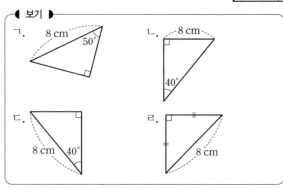

ㄱ. 8 cm 50°
ㄴ. 8 cm 40°
ㄷ. 8 cm 40°
ㄹ. 8 cm

① ㄱ, ㄴ   ② ㄱ, ㄷ   ③ ㄱ, ㄹ

④ ㄴ, ㄷ   ⑤ ㄷ, ㄹ

06 서술형 9202-0760

오른쪽 그림에서 $\overline{AD}$와 $\overline{CD}$는 각각 $\overline{AB}$와 $\overline{BC}$에 수직이고 $\overline{AB}=6$ cm, $\overline{AD}=\overline{CD}=4$ cm 일 때, □ABCD의 넓이를 구하시오.

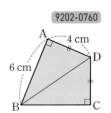

07 발전 9202-0761

오른쪽 그림에서 점 O가 △ABC의 외심일 때, 다음 〈보기〉 중 옳은 것을 모두 고른 것은?

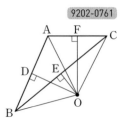

〈 보기 〉

ㄱ. $\overline{OA}=\overline{OC}$ ㄴ. $\overline{OD}=\overline{OF}$

ㄷ. ∠AOD=∠AOF   ㄹ. ∠OBC=∠OCB

ㅁ. △AOD≡△BOD   ㅂ. △COE≡△OAF

① ㄱ, ㄷ, ㅁ   ② ㄴ, ㄷ, ㅁ   ③ ㄱ, ㄷ, ㅂ

④ ㄴ, ㄹ, ㅂ   ⑤ ㄱ, ㄹ, ㅁ

08 오른쪽 그림에서 점 O는
∠B=90°인 직각삼각형
ABC의 외심이다.
$\overline{AB}$=5 cm,
$\overline{BC}$=12 cm이고 △OAB의 둘레의 길이가 18 cm일 때,
△ABC의 둘레의 길이는?

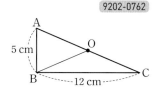

① 25 cm   ② 30 cm   ③ 35 cm

④ 40 cm   ⑤ 45 cm

09 오른쪽 그림에서 점 O는
△ABC의 외심이고
∠a+∠b=∠c일 때,
∠x의 크기는?

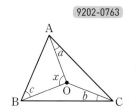

① 60°   ② 70°

③ 80°   ④ 90°

⑤ 100°

10 오른쪽 그림에서 점 I는
△ABC의 내심이고 $\overline{BI}$의
연장선이 $\overline{AC}$와 만나는 점
을 D라고 하자.
∠BAI=35°,
∠IBC=40°일 때, ∠IDC의 크기는?

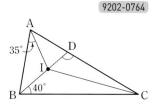

① 90°   ② 100°   ③ 110°

④ 120°   ⑤ 130°

11 오른쪽 그림에서 점 I는
△ABC의 내심이고
△ABC=36 cm²일 때,
△ICA의 넓이를 구하시오.

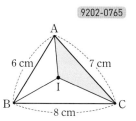

12 오른쪽 그림과 같은 평행사변형
ABCD가 있다. 다음 중 항상 참
인 것을 〈보기〉에서 모두 고른 것
은? (단, 점 O는 두 대각선의 교
점이다.)

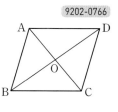

┌ 보기 ┐
ㄱ. $\overline{AB}=\overline{DC}$ ㄴ. ∠ABC=∠CDA
ㄷ. $\overline{OA}=\overline{OC}$ ㄹ. ∠AOB=∠AOD

① ㄱ, ㄴ, ㄷ   ② ㄱ, ㄴ, ㄹ   ③ ㄱ, ㄷ, ㄹ

④ ㄴ, ㄷ, ㄹ   ⑤ ㄱ, ㄴ, ㄷ, ㄹ

13 오른쪽 그림과 같은 평행사변형
ABCD에서 ∠B의 이등분선
이 $\overline{CD}$와 만나는 점을 E라고
하자. $\overline{BC}$=4 cm, $\overline{DE}$=3 cm
일 때, □ABCD의 둘레의 길
이는?

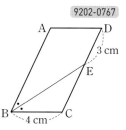

① 20 cm   ② 22 cm   ③ 24 cm

④ 26 cm   ⑤ 28 cm

14 다음 중 오른쪽 그림과 같은 사각형 ABCD가 평행사변형이 되는 조건이 아닌 것은? (단, 점 O는 두 대각선의 교점이다.)

9202-0768

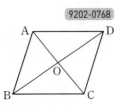

① $\overline{OA}=\overline{OC}$, $\overline{OB}=\overline{OD}$

② $\overline{AB}=\overline{DC}$, $\overline{AD}=\overline{BC}$

③ $\angle BAD=\angle DCB$, $\angle ABC=\angle CDA$

④ $\angle OAB=\angle OCD$, $\angle OBC=\angle ODA$

⑤ $\angle OAB=\angle OCD$, $\overline{AD}=\overline{BC}$

15 오른쪽 그림의 평행사변형 ABCD에서 $\angle A=65°$, $\angle BDC=65°$일 때, 다음 중 옳지 않은 것은?

9202-0769

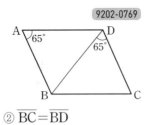

① $\overline{AD}=\overline{BD}$

② $\overline{BC}=\overline{BD}$

③ $\angle ADB=50°$

④ $\angle DBC=45°$

⑤ $\angle ABD=65°$

발전

16 오른쪽 그림과 같이 평행사변형 ABCD의 내부의 한 점 P를 지나면서 $\overline{BC}$에 수직인 $\overline{EF}$에 대하여 $\overline{PE}:\overline{PF}=3:5$이다. $\triangle PBC=20\ cm^2$일 때, $\square ABCD$의 넓이를 구하시오.

9202-0770

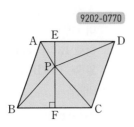

17 오른쪽 그림과 같은 직사각형 ABCD에서 점 O는 두 대각선의 교점이다.
$\overline{AB}=12\ cm$,
$\angle ABO=60°$일 때 $\triangle OCD$의 둘레의 길이는?

9202-0771

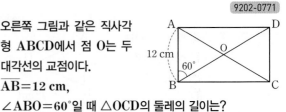

① 24 cm   ② 28 cm   ③ 32 cm

④ 36 cm   ⑤ 40 cm

18 다음 중 오른쪽 그림과 같은 평행사변형 ABCD가 마름모가 되기 위한 조건을 〈보기〉에서 모두 고른 것은? (단, 점 O는 두 대각선의 교점이다.)

9202-0772

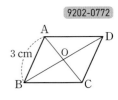

◀ 보기 ▶

ㄱ. $\overline{AC}=3\ cm$ ㄴ. $\overline{BC}=3\ cm$

ㄷ. $\angle COD=90°$ ㄹ. $\angle BCD=90°$

① ㄱ, ㄴ   ② ㄱ, ㄷ   ③ ㄴ, ㄷ

④ ㄴ, ㄹ   ⑤ ㄷ, ㄹ

19 오른쪽 그림과 같은 정사각형 ABCD에서 점 O는 두 대각선의 교점이고 $\overline{OA}=4\ cm$일 때, $\square ABCD$의 넓이를 구하시오.

9202-0773

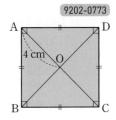

20 오른쪽 그림과 같은 마름모 ABCD가 정사각형이 되기 위한 조건으로 다음 중 옳지 <u>않은</u> 것은? (단, 점 O는 두 대각선의 교점이다.)

9202-0774

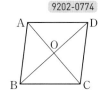

① ∠ABC=90°   ② ∠OBC=45°

③ ∠ADC=∠DCB   ④ $\overline{OA}=\overline{OD}$

⑤ $\overline{AC}=\overline{AD}$

서술형

21 오른쪽 그림과 같이 $\overline{AD} /\!/ \overline{BC}$인 사다리꼴 ABCD에서 점 O는 두 대각선의 교점이고 $\overline{AB}=\overline{AD}=\overline{DC}$이다. ∠OBC=30°일 때, ∠$x$의 크기를 구하시오.

9202-0775

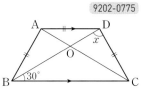

22 다음은 오른쪽 그림의 $\overline{AD} /\!/ \overline{BC}$인 등변사다리꼴 ABCD에서 두 대각선의 교점이 O일 때, $\overline{OB}=\overline{OC}$임을 설명하는 과정이다. □ 안의 (가), (나), (다)에 들어갈 내용을 차례로 적은 것은?

9202-0776

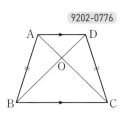

△ABC와 △DCB에서
$\overline{AB}=\overline{DC}$, $\overline{BC}$는 공통, ∠ABC= (가)
이므로 △ABC≡△DCB((나) 합동)
따라서 △OBC에서 ∠OBC= (다) 이고 두 밑각의
크기가 같으면 이등변삼각형이므로 $\overline{OB}=\overline{OC}$이다.

① ∠DCB, SAS, ∠OCB

② ∠DCB, RHS, ∠OCB

③ ∠DCB, SAS, ∠ODA

④ ∠ADC, RHS, ∠ODA

⑤ ∠ADC, SAS, ∠OCB

23 □ABCD가 다음 조건을 모두 만족할 때, □ABCD가 될 수 있는 것을 모두 고른 것은?

9202-0777

(가) □ABCD는 두 대각선의 길이가 같다.
(나) □ABCD는 두 대각선이 서로 다른 것을 이등분한다.

① 평행사변형, 마름모   ② 평행사변형, 직사각형

③ 직사각형, 마름모   ④ 마름모, 정사각형

⑤ 직사각형, 정사각형

24 오른쪽 그림에서 원 O 위의 세 점 A, B, C에 대하여 □AOBC는 평행사변형이고 $\overline{OB}=4$ cm 일 때, 색칠한 부분의 넓이를 구하시오.

9202-0778

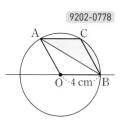

서술형

25 오른쪽 그림과 같은 □ABCD에서 $\overline{BC}$의 연장선 위의 점 E에 대하여 $\overline{AC} /\!/ \overline{DE}$일 때, △ABE 의 넓이를 구하시오.

9202-0779

01 오른쪽 그림과 같은 정오각형 ABCDE에서 ∠x의 크기는?

9202-0780

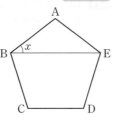

① 27°　　② 30°

③ 36°　　④ 42°

⑤ 48°

02 오른쪽 그림과 같이 $\overline{AB}=\overline{AC}$인 이등변삼각형 ABC에서 ∠A의 이등분선이 $\overline{BC}$와 만나는 점을 D라고 할 때, 다음 중 옳지 <u>않은</u> 것은?

9202-0781

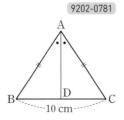

① ∠B=∠C　　② ∠ADC=90°

③ $\overline{BD}=5$ cm　　④ $\overline{AB}=10$ cm

⑤ △ABD≡△ACD

03 오른쪽 그림에서 △ABC, △DEF는 각각 $\overline{AB}=\overline{BC}$, $\overline{DE}=\overline{DF}$인 이등변삼각형이다. ∠ABC=∠EDF이고 $\overline{AC}=5$ cm, $\overline{DF}=7$ cm일 때, $\overline{AD}$의 길이는?

9202-0782

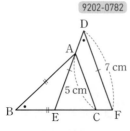

① 1 cm　　② $\dfrac{4}{3}$ cm　　③ $\dfrac{5}{3}$ cm

④ 2 cm　　⑤ $\dfrac{7}{3}$ cm

04 직사각형 모양의 테이프를 오른쪽 그림과 같이 점 B가 점 D에 오도록 접었다. $\overline{DF}=5$ cm, $\overline{FC}=4$ cm, $\overline{CD}=3$ cm일 때, △DA′E의 넓이를 구하시오.

[발전] [서술형]　9202-0783

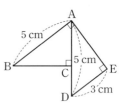

05 다음 그림에서 ∠ACB=∠AED=∠BAE=90°이고 $\overline{AB}=\overline{AD}=5$ cm, $\overline{DE}=3$ cm일 때, $\overline{CD}$의 길이를 구하시오.

[발전]　9202-0784

06 오른쪽 그림에서 점 O는 △ABC의 외심이다. △ABC의 둘레의 길이는 36 cm이고 △OAB, △OBC, △OCA의 둘레의 길이의 합이 66 cm일 때, △ABC의 외접원의 둘레의 길이는?

9202-0785

① 10π cm　　② 12π cm　　③ 14π cm

④ 16π cm　　⑤ 18π cm

07 오른쪽 그림에서 점 O는
△ABC의 외심이고,
∠OAB=24°, ∠AOC=100°
일 때, ∠x의 크기는?

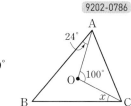

① 24° ② 25°

③ 26° ④ 27°

⑤ 28°

08 오른쪽 그림의 △ABC에서
$\overline{ID}=\overline{IE}=\overline{IF}$이고
$\overline{ID}$, $\overline{IE}$, $\overline{IF}$가 각각 세 변
AB, BC, CA와 수직일 때,
다음 〈보기〉 중 옳은 것을 모
두 고른 것은?

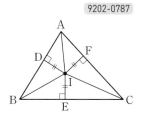

◀ 보기 ▶

ㄱ. $\overline{AD}=\overline{BD}$ ㄴ. $\overline{BD}=\overline{BE}$

ㄷ. ∠IAD=∠IBD   ㄹ. ∠ICE=∠ICF

ㅁ. △IBE≡△ICE   ㅂ. △IAD≡△IAF

① ㄱ, ㄴ, ㄹ   ② ㄱ, ㄹ, ㅂ

③ ㄴ, ㄷ, ㅁ   ④ ㄴ, ㄹ, ㅂ

⑤ ㄴ, ㅁ, ㅂ

09 오른쪽 그림에서 점 I는
∠A=90°인 직각삼각형
ABC의 내심이다.
∠x＋∠y의 크기는?

① 45°   ② 50°   ③ 55°

④ 60°   ⑤ 65°

10 오른쪽 그림에서 점 I는 △ABC
의 내심이고 $\overline{DE}$∥$\overline{BC}$이다.
$\overline{DB}=3$ cm, $\overline{DE}=7$ cm일 때,
$\overline{CE}$의 길이는?

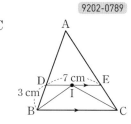

① 1 cm   ② 2 cm

③ 3 cm   ④ 4 cm

⑤ 5 cm

11 오른쪽 그림에서 점 O와 점 I는 각
각 △ABC의 외심과 내심일 때,
∠BIC의 크기는?

① 100°   ② 105°

③ 110°   ④ 115°

⑤ 120°

12 오른쪽 그림과 같이
$\overline{AB}=5$ cm, $\overline{BC}=4$ cm,
∠C=100°인 평행사변형
ABCD에서 x, y, z의 값은?

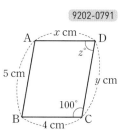

① $x=5$, $y=4$, $z=80$

② $x=5$, $y=4$, $z=100$

③ $x=4$, $y=5$, $z=80$

④ $x=4$, $y=5$, $z=100$

⑤ $x=5$, $y=5$, $z=80$

13 발전 서술형   9202-0792

오른쪽 그림과 같은 평행사변형 ABCD에서 ∠A의 이등분선과 ∠D의 이등분선이 $\overline{BC}$와 만나는 점을 각각 E, F라고 하자.

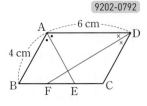

$\overline{AB}=4$ cm, $\overline{AD}=6$ cm일 때, $\overline{EF}$의 길이를 구하시오.

14   9202-0793

오른쪽 그림과 같이 평행사변형 ABCD에서 두 대각선의 교점을 O라고 하자. 점 C를 지나면서 $\overline{BD}$에 평행한 직선과 점 D를 지나면서 $\overline{AC}$에 평행한 직선의 교점을 E라고 할 때, □OCED의 둘레의 길이는?

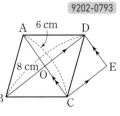

① 14 cm   ② 16 cm   ③ 18 cm

④ 20 cm   ⑤ 22 cm

15   9202-0794

오른쪽 그림과 같은 □ABCD에서 $\overline{AD}=\overline{BC}=6$ cm이고 ∠OAD=∠OCB=65°일 때, 〈보기〉에서 옳은 것을 모두 고른 것은? (단, 점 O는 두 대각선의 교점이다.)

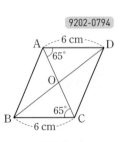

┌─ 보기 ────────────────┐
ㄱ. $\overline{AB}=\overline{DC}$ ㄴ. $\overline{OB}=\overline{OD}$
ㄷ. ∠ODA=∠OBC   ㄹ. ∠BAD=∠BCD
└──────────────────────┘

① ㄱ, ㄹ   ② ㄴ, ㄷ   ③ ㄱ, ㄴ, ㄹ

④ ㄴ, ㄷ, ㄹ   ⑤ ㄱ, ㄴ, ㄷ, ㄹ

16 서술형   9202-0795

오른쪽 그림과 같이 평행사변형 ABCD의 대각선 AC 위의 두 점 P, Q에 대하여 △PAB=12 cm², △PBC=30 cm², △QAD=26 cm²일 때, △DQC의 넓이를 구하시오.

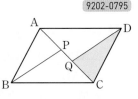

17   9202-0796

오른쪽 그림과 같은 직사각형 ABCD에서 점 O는 두 대각선의 교점이고 $\overline{AO}=4x+2$, $\overline{CO}=5x-1$일 때, $\overline{BD}$의 길이를 구하시오.

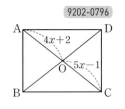

18 발전   9202-0797

오른쪽 그림의 □ABCD는 정사각형이고 대각선 BD 위의 점 P에 대하여 $\overline{AB}=\overline{BP}$가 성립할 때, ∠APC의 크기를 구하시오.

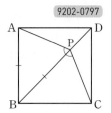

19 오른쪽 그림과 같은 평행사변형 ABCD가 〈보기〉의 조건을 만족할 때, 정사각형이 되는 것을 모두 고르시오. (단, 점 O는 두 대각선의 교점이다.)

9202-0798

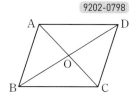

━━◀ 보기 ▶━━
ㄱ. $\overline{AB}=\overline{BC}$, $\angle A=90°$
ㄴ. $\overline{AB}=\overline{BC}$, $\angle BOC=90°$
ㄷ. $\overline{AC}=\overline{BD}$, $\angle C=90°$
ㄹ. $\overline{AC}=\overline{BD}$, $\angle AOD=90°$

20 오른쪽 그림과 같이 $\overline{AD}\,/\!/\,\overline{BC}$인 등변사다리꼴 ABCD에서 $\angle ADB=45°$, $\angle ABD=20°$ 일 때, $\angle BDC$의 크기를 구하시오.

9202-0799

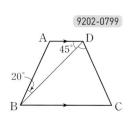

21 오른쪽 그림과 같이 마름모 ABCD의 각 변의 중점을 각각 E, F, G, H라고 할 때, □EFGH에 대하여 〈보기〉 중 옳은 것을 모두 고르시오.

9202-0800

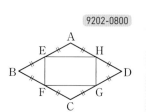

━━◀ 보기 ▶━━
ㄱ. $\overline{EF}=\overline{HG}$
ㄴ. $\angle BEF=\angle AEH$
ㄷ. $\angle EFG=90°$
ㄹ. $\triangle AEH\equiv\triangle DHG$

22 다음 중 두 대각선이 서로 다른 것을 수직이등분하는 사각형을 모두 고르면? (정답 2개)

9202-0801

① 등변사다리꼴
② 평행사변형
③ 마름모
④ 직사각형
⑤ 정사각형

23 다음 〈보기〉에서 두 쌍의 대변의 길이가 각각 같은 사각형의 개수를 a, 네 내각의 크기가 모두 같은 사각형의 개수를 b라고 할 때, $a+b$의 값은?

9202-0802

━━◀ 보기 ▶━━
사다리꼴, 등변사다리꼴, 평행사변형,
마름모, 직사각형, 정사각형

① 2
② 3
③ 4
④ 5
⑤ 6

24 오른쪽 그림과 같이 평행사변형 ABCD의 대각선 AC 위에 $\overline{AE}=\overline{EF}=\overline{FC}$가 되도록 두 점 E, F를 잡았다. □ABCD$=84\,cm^2$일 때, 색칠한 부분의 넓이를 구하시오.

9202-0803

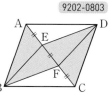

01 9202-0804

다음 중 항상 닮음인 도형은?

① 두 이등변삼각형 ② 두 마름모
③ 두 육각형 ④ 두 원기둥
⑤ 두 반원

02 9202-0805

다음 그림에서 두 삼각형 ABC와 DEF가 서로 닮은 도형일 때, 두 삼각형의 닮음비로 옳은 것은?

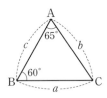
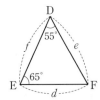

① $a:d$ ② $a:f$ ③ $b:d$
④ $b:e$ ⑤ $c:d$

03 9202-0806

다음 그림의 두 원뿔 A, B가 서로 닮은 도형일 때, 원뿔 A의 밑면의 둘레의 길이는?

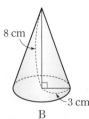

① 4π cm ② $\dfrac{9}{2}\pi$ cm ③ 5π cm
④ $\dfrac{11}{2}\pi$ cm ⑤ 6π cm

04 9202-0807

닮은 두 입체도형 A, B의 겉넓이가 각각 $24\ \mathrm{cm^2}$, $54\ \mathrm{cm^2}$이다. 입체도형 A의 부피가 $32\ \mathrm{cm^3}$일 때, B의 부피를 구하시오.

05 발전 9202-0808

오른쪽 그림과 같이 $\overline{AE}=\overline{EG}=\overline{GC}$이고 $\angle C=90^\circ$인 직각삼각형 ABC를 $\overline{AC}$를 회전축으로 하여 1회전시켰다. $\triangle ADE$, $\square DFGE$, $\square FBCG$에 의해 생기는 입체도형의 부피의 비는?

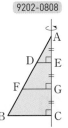

① 1 : 6 : 15 ② 1 : 6 : 18
③ 1 : 7 : 15 ④ 1 : 7 : 19
⑤ 1 : 8 : 19

06 9202-0809

오른쪽 그림의 $\triangle ABC$에서 $\angle AED=\angle C$이고 $\overline{AE}=3\ \mathrm{cm}$, $\overline{AD}=5\ \mathrm{cm}$, $\overline{CD}=4\ \mathrm{cm}$일 때, x의 값은?

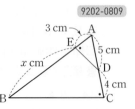

① 8 ② 9 ③ 10
④ 11 ⑤ 12

07 오른쪽 그림의 직각삼각형
ABC에서 $\overline{AD} \perp \overline{BC}$이고
$\overline{AD}=8$ cm, $\overline{BD}=10$ cm
일 때, $\overline{CD}$의 길이는?

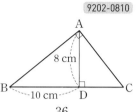

① $\dfrac{32}{5}$ cm ② $\dfrac{34}{5}$ cm ③ $\dfrac{36}{5}$ cm

④ $\dfrac{38}{5}$ cm ⑤ 8 cm

08 오른쪽 그림의 △ABC에서
$\overline{BC} /\!/ \overline{DE}$이고 $\overline{BC} : \overline{DE}=3 : 2$이다.
△ABC$=12$ cm²일 때, □DBCE
의 넓이는?

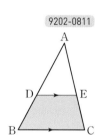

① 4 cm² ② $\dfrac{14}{3}$ cm²

③ $\dfrac{16}{3}$ cm² ④ 6 cm²

⑤ $\dfrac{20}{3}$ cm²

09 오른쪽 그림의 △ABC에서
두 점 D, E는 두 점 B, C에서
$\overline{AC}$, $\overline{AB}$에 내린 수선의 발이
다. $\overline{AD}=8$ cm,
$\overline{AE}=11$ cm, $\overline{CD}=14$ cm
일 때, $\overline{BE}$의 길이를 구하시오.

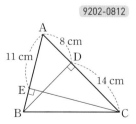

10 오른쪽 그림의 평행사변형
ABCD에서 두 점 E, F는
점 A에서 각각 변 BC, CD
에 내린 수선의 발이다.
$\overline{AB}=12$ cm,
$\overline{AD}=16$ cm, $\overline{CE}=10$ cm일 때, $\overline{CF}$의 길이를 구하시오.

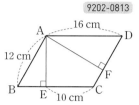

11 오른쪽 그림은 직사각형 ABCD
를 대각선 BD를 접는 선으로
하여 접은 것이다. $\overline{AD}$와 $\overline{BC'}$
의 교점 P에서 $\overline{BD}$에 내린 수
선의 발을 Q라 하고
$\overline{AB}=6$ cm, $\overline{BC}=8$ cm,
$\overline{BD}=10$ cm일 때, $\overline{PC'}$의 길이는?

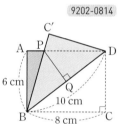

① $\dfrac{3}{2}$ cm ② $\dfrac{7}{4}$ cm ③ 2 cm

④ $\dfrac{9}{4}$ cm ⑤ $\dfrac{5}{2}$ cm

12 오른쪽 그림과 같이 정삼각형
ABC를 $\overline{DF}$를 접는 선으로 하
여 꼭짓점 A가 $\overline{BC}$ 위의 점 E
에 오도록 접었다. $\overline{BD}=8$ cm,
$\overline{BE}=5$ cm, $\overline{DE}=7$ cm일 때,
$\overline{EF}$의 길이를 구하시오.

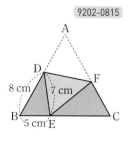

13 오른쪽 그림의 평행사변형 ABCD에서 점 E는 $\overline{AB}$와 $\overline{DF}$의 연장선의 교점이다.
$\overline{AB}$=4 cm,
$\overline{AD}$=9 cm, $\overline{BE}$=2 cm일 때, $\overline{CF}$의 길이를 구하시오.

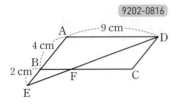

9202-0816

16 발전

오른쪽 그림의 △ABC에서 점 D는 $\overline{AB}$의 중점이고 점 E는 $\overline{DC}$의 중점이다. 점 F가 $\overline{AE}$의 연장선과 $\overline{BC}$의 교점이고 $\overline{CF}$=3 cm일 때, $\overline{BF}$의 길이는?

① 3 cm ② 4 cm
③ 5 cm ④ 6 cm ⑤ 7 cm

9202-0819

14 서술형

오른쪽 그림의 △ABC에서 $\overline{AC}\parallel\overline{DF}$, $\overline{AF}\parallel\overline{DE}$이고 $\overline{AD}$=6 cm, $\overline{BD}$=9 cm, $\overline{CF}$=10 cm일 때, $\overline{EF}$의 길이를 구하시오.

9202-0817

17 다음 그림에서 $l\parallel m\parallel n$일 때, xy의 값을 구하시오.

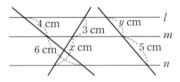

9202-0820

18 다음 그림에서 $\overline{AB}\parallel\overline{CD}\parallel\overline{EF}$이고 $\overline{AB}$=8 cm, $\overline{EF}$=12 cm일 때, $\overline{CD}$의 길이는?

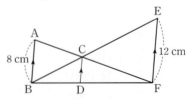

① $\dfrac{22}{5}$ cm ② $\dfrac{24}{5}$ cm ③ $\dfrac{26}{5}$ cm
④ $\dfrac{28}{5}$ cm ⑤ 6 cm

9202-0821

15 오른쪽 그림의 △ABC에서 세 점 D, E, F는 각각 $\overline{AB}$, $\overline{BC}$, $\overline{CA}$의 중점이고 $\overline{AB}$=10 cm, $\overline{BC}$=12 cm, $\overline{CA}$=8 cm일 때, △DEF의 둘레의 길이는?

① 12 cm ② 13 cm ③ 14 cm
④ 15 cm ⑤ 16 cm

9202-0818

19 오른쪽 그림에서 점 G는 직각삼각형 ABC의 무게중심이고 $\overline{AG}=6$ cm일 때, $\overline{BC}$의 길이는?

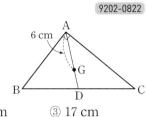

① 15 cm ② 16 cm ③ 17 cm
④ 18 cm ⑤ 19 cm

9202-0822

20 오른쪽 그림에서 점 G는 △ABC의 무게중심이다. $\overline{EF}\,/\!/\,\overline{BC}$이고 $\overline{AD}=12$ cm일 때, $\overline{GE}$의 길이는?

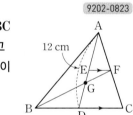

① 1 cm ② $\dfrac{3}{2}$ cm
③ 2 cm ④ $\dfrac{5}{2}$ cm ⑤ 3 cm

9202-0823

21 오른쪽 그림의 평행사변형 ABCD에서 두 점 M, N은 각각 $\overline{BC}$, $\overline{CD}$의 중점이고 $\overline{PQ}=6$ cm일 때, $\overline{MN}$의 길이를 구하시오.

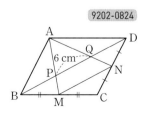

9202-0824

22 오른쪽 그림에서 두 점 G, G′은 각각 △ABC, △GBC의 무게중심이다. △ABC의 넓이가 72 cm²일 때, △GG′C의 넓이를 구하시오.

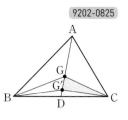

9202-0825

23 오른쪽 그림과 같이 모선의 길이가 25 cm이고 밑면의 둘레의 길이가 14π cm인 원뿔의 높이는?

① 20 cm ② 21 cm
③ 22 cm ④ 23 cm
⑤ 24 cm

9202-0826

25 cm

24 오른쪽 그림은 ∠B=90°인 직각삼각형 ABC에서 각 변을 한 변으로 하는 세 정사각형을 그린 것이다. □FGBA=18 cm², □ACDE=34 cm²일 때, $\overline{BC}$의 길이를 구하시오.

9202-0827

E
F A 34 cm² D
18 cm²
G B C
H I

01 닮은 도형에 대한 다음 설명 중 옳은 것을 모두 고르면?

(정답 2개)

9202-0828

① 모든 원은 닮은 도형이다.
② 모든 직육면체는 닮은 도형이다.
③ 모든 마름모는 닮은 도형이다.
④ 한 예각의 크기가 같은 두 직각삼각형은 항상 닮은 도형이다.
⑤ 한 내각의 크기가 같은 두 이등변삼각형은 닮은 도형이다.

02 다음 그림의 두 삼각기둥은 서로 닮음이다. $\overline{AB}$에 대응하는 모서리가 $\overline{A'B'}$일 때, $x+y$의 값은?

9202-0829

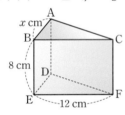

① 11　　② 12　　③ 13
④ 14　　⑤ 15

03 반지름의 길이가 10 cm인 쇠공을 녹여 반지름의 길이가 2 cm인 쇠구슬을 만들려고 할 때, 만들 수 있는 쇠구슬의 개수는?

9202-0830

① 25개　　② 50개　　③ 75개
④ 100개　　⑤ 125개

04 오른쪽 그림과 같이 높이가 10 cm인 원뿔 모양의 그릇에 일정한 속도로 물을 채우고 있다. 물을 넣은 지 8분 만에 물의 높이가 4 cm가 되었다고 할 때, 그릇에 물을 가득 채우기 위해 더 걸리는 시간을 구하시오.

9202-0831

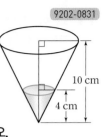

05 다음 그림에서 △ABC∽△DEF가 되도록 하는 조건으로 옳은 것은?

9202-0832

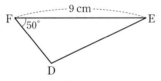

① $\overline{AB} : \overline{DE}=4 : 9$, ∠C$=50°$
② $\overline{AB} : \overline{DE}=4 : 9$, ∠E$=25°$
③ $\overline{AB} : \overline{DE}=9 : 4$, ∠D$=75°$
④ $\overline{AC} : \overline{DF}=9 : 4$, ∠C$=50°$
⑤ ∠A$=50°$, ∠D$=75°$

06 오른쪽 그림에서 ∠BAD$=$∠C이고 $\overline{AB}=9$ cm, $\overline{BC}=15$ cm이다. $\overline{BD}$의 길이는?

9202-0833

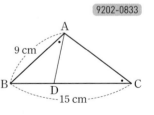

① $\dfrac{18}{5}$ cm　　② $\dfrac{21}{5}$ cm　　③ $\dfrac{24}{5}$ cm
④ $\dfrac{27}{5}$ cm　　⑤ 6 cm

07 오른쪽 그림과 같이 ∠A＝90°인 직각삼각형 ABC에서 $\overline{AD}\perp\overline{BC}$이고 $\overline{BD}$＝24 cm, $\overline{CD}$＝6 cm일 때, △ABC의 넓이를 구하시오.

9202-0834

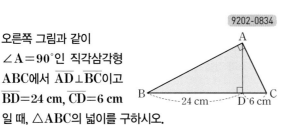

08 오른쪽 그림의 평행사변형 ABCD에서 점 E는 $\overline{BC}$의 중점이고 점 F는 $\overline{BD}$와 $\overline{AE}$의 교점이다. $\overline{AD}$＝8 cm, $\overline{BD}$＝12 cm일 때, $\overline{BF}$의 길이는?

9202-0835

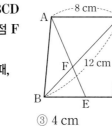

① 3 cm ② $\dfrac{7}{2}$ cm ③ 4 cm

④ $\dfrac{9}{2}$ cm ⑤ 5 cm

09 오른쪽 그림과 같은 △ABC에서 $\overline{AC}$＝12 cm, $\overline{BC}$＝16 cm, $\overline{CD}$＝9 cm일 때, 서로 닮음인 삼각형을 찾아 기호로 나타내고, 그 때의 닮음 조건을 쓰시오.

9202-0836

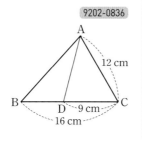

10 오른쪽 그림의 직각삼각형 ABC에서 세 점 D, E, F가 각각 $\overline{AB}$, $\overline{BC}$, $\overline{AC}$ 위에 있고 □DBEF는 정사각형이다. $\overline{AB}$＝3 cm, $\overline{BC}$＝6 cm일 때, △FEC의 넓이는?

9202-0837

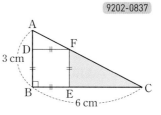

① 2 cm² ② 4 cm² ③ 6 cm²

④ 8 cm² ⑤ 10 cm²

서술형
11 오른쪽 그림과 같은 △ABC의 넓이가 36 cm²일 때, □DECA의 넓이를 구하시오.

9202-0838

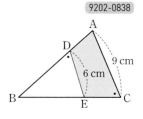

발전
12 오른쪽 그림의 △ABC에서 두 점 D, E와 두 점 F, G는 각각 변 AB와 변 AC의 삼등분점이다. □DEGF의 넓이가 12 cm²일 때, □EBCG의 넓이는?

9202-0839

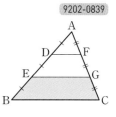

① 12 cm² ② 16 cm² ③ 20 cm²

④ 24 cm² ⑤ 28 cm²

13 오른쪽 그림에서
$\angle BAC = \angle ADC = 90°$
이고 $\overline{AB} \parallel \overline{ED}$일 때, 다음
중 $\triangle ABC$와 닮은 도형이
아닌 것은?

9202-0840

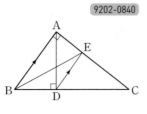

① $\triangle DBA$ ② $\triangle ABE$ ③ $\triangle EDC$
④ $\triangle EAD$ ⑤ $\triangle DAC$

14 오른쪽 그림에서 $\overline{AC} \parallel \overline{DE}$,
$\overline{DC} \parallel \overline{FE}$이고 $\overline{AB} = 8$ cm,
$\overline{AD} = 6$ cm일 때, $\overline{DF}$의 길이
는?

9202-0841

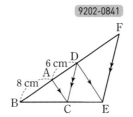

① 9 cm ② $\dfrac{19}{2}$ cm
③ 10 cm ④ $\dfrac{21}{2}$ cm ⑤ 11 cm

15 오른쪽 그림과 같이 $\square ABCD$
의 네 변의 중점을 각각 P, Q,
R, S라고 할 때, 다음 중 옳지
않은 것은?

9202-0842

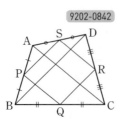

① $\overline{PQ} = \overline{PS}$ ② $\overline{PQ} = \dfrac{1}{2}\overline{AC}$
③ $\overline{PQ} \parallel \overline{SR}$ ④ $\overline{PS} \parallel \overline{QR}$
⑤ $\angle QPS = \angle QRS$

16 오른쪽 그림의 $\triangle ABC$에서
$\overline{AM} = \overline{MB}$, $\overline{AN} = \overline{NC}$일 때,
x의 값을 구하시오.

9202-0843

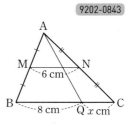

발전
17 오른쪽 그림과 같은 $\triangle ABC$에
서 $\angle BAD = \angle CAD$이고
$\overline{AB} = 9$ cm, $\overline{AC} = 6$ cm,
$\overline{BC} = 8$ cm일 때, $\overline{DC}$의 길이
는?

9202-0844

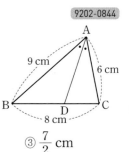

① 3 cm ② $\dfrac{16}{5}$ cm ③ $\dfrac{7}{2}$ cm
④ $\dfrac{19}{5}$ cm ⑤ 4 cm

발전
18 오른쪽 그림과 같이 평
행사변형 ABCD에서
$\angle A$, $\angle D$의 이등분선
이 $\overline{BC}$와 만나는 점을
각각 E, F라 하고, $\overline{AE}$와 $\overline{DF}$가 만나는 점을 O라고 하자.
$\overline{AD} = 15$ cm, $\overline{CD} = 10$ cm일 때, $\overline{OA} : \overline{OE}$는?

9202-0845

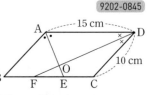

① 2 : 1 ② 9 : 4 ③ 7 : 3
④ 5 : 2 ⑤ 3 : 1

서술형

19 오른쪽 그림의 사다리꼴
ABCD에서
$\overline{AD}$∥$\overline{EF}$∥$\overline{BC}$이고
$\overline{AE}=3$ cm, $\overline{AD}=6$ cm,
$\overline{BC}=9$ cm, $\overline{BE}=2$ cm
일 때, $\overline{EF}$의 길이를 구하시오.

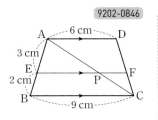

9202-0846

20 오른쪽 그림에서 점 G는 삼각형
ABC의 무게중심이고, 점 M은
$\overline{AD}$의 중점이다. $\overline{GM}=3$ cm일
때, $\overline{AD}$의 길이는?

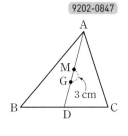

9202-0847

① 12 cm   ② $\dfrac{27}{2}$ cm

③ 15 cm   ④ $\dfrac{33}{2}$ cm   ⑤ 18 cm

서술형

21 오른쪽 그림에서 점 G는 삼각형
ABC의 무게중심이고, 두 점 D,
E는 각각 $\overline{BG}$, $\overline{CG}$의 중점이다.
△ABC의 넓이를 a cm²라고 할
때, 색칠한 부분의 넓이를 a에 관
한 식으로 나타내시오.

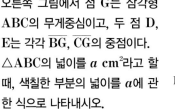

9202-0848

22 오른쪽 그림과 같은 □ABCD
에서 $\overline{AC}=12$ cm,
$\overline{BC}=9$ cm, $\overline{CD}=13$ cm
일 때, $x+y$의 값은?

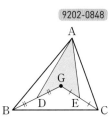

9202-0849

① 16   ② 18

③ 20   ④ 22

⑤ 24

23 세 변의 길이가 각각 다음과 같은 삼각형 중 직각삼각형인
것은?

9202-0850

① 1, 2, 2   ② 3, 4, 6   ③ 6, 8, 9
④ 5, 12, 13   ⑤ 7, 9, 12

24 오른쪽 그림에서 두 직각삼각
형 EAB와 BCD는 합동이고
세 점 A, B, C는 한 직선 위에
있다. $\overline{AB}=8$ cm이고
△EBD의 넓이가 40 cm²일
때, □EACD의 넓이를 구하시오.

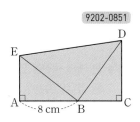

9202-0851

01 책꽂이에 소설책 5권과 만화책 3권이 꽂혀 있다. 이 중 소설책 또는 만화책을 꺼낼 경우의 수는?

9202-0852

① 6　　　　　② 8　　　　　③ 10
④ 13　　　　　⑤ 15

02 희성이는 3가지 종류의 모자, 2가지 종류의 티셔츠, 5가지 종류의 바지를 갖고 있다. 희성이가 모자와 티셔츠와 바지를 각각 하나씩 짝지어 입는 경우의 수는?

9202-0853

① 16　　　　　② 24　　　　　③ 30
④ 36　　　　　⑤ 48

03 서로 다른 두 개의 주사위를 동시에 던질 때, 나오는 두 눈의 수의 합이 4 또는 6이 되는 경우의 수는?

9202-0854

① 6　　　　　② 8　　　　　③ 10
④ 13　　　　　⑤ 15

04 한 개의 동전을 연속하여 네 번 던질 때, 일어날 수 있는 모든 경우의 수는?

9202-0855

① 2　　　　　② 4　　　　　③ 6
④ 8　　　　　⑤ 16

05 남학생 3명, 여학생 2명이 한 줄로 설 때, 남학생과 여학생이 교대로 서는 경우의 수는?

9202-0856

① 12　　　　　② 18　　　　　③ 24
④ 30　　　　　⑤ 36

06 2, 3, 4, 5의 숫자가 각각 하나씩 적힌 4장의 카드 중에서 2장의 카드를 뽑아 만들 수 있는 두 자리의 자연수는 모두 몇 개인가?

9202-0857

① 12개　　　　② 18개　　　　③ 24개
④ 30개　　　　⑤ 36개

07 6개의 영문자 S, C, H, O, O, L을 일렬로 배열할 때, 'O'가 양 끝에 오는 경우의 수를 구하시오.

9202-0858

08 0, 1, 2, 3, 4의 숫자가 각각 하나씩 적힌 5장의 카드 중에서 2장을 뽑아 만들 수 있는 두 자리의 정수 중 30 이상의 정수는 모두 몇 개인가? (단, 각 숫자는 한 번씩만 사용한다.)

9202-0859

① 8개　　　　　② 12개　　　　③ 16개
④ 20개　　　　⑤ 24개

09 8개의 축구팀이 서로 한 번씩 빠짐없이 경기를 하려고 한다. 경기는 모두 몇 번을 해야 하는가?

9202-0860

① 24번 ② 28번 ③ 32번

④ 36번 ⑤ 42번

10 1부터 6까지의 자연수가 각각 하나씩 적힌 6장의 카드가 있다. 이 중에서 2장을 뽑아 두 자리의 자연수를 만들 때, 홀수가 되는 경우의 수를 구하시오.

9202-0861

11 현주, 진영, 은주, 미소 네 명의 학생을 한 줄로 세울 때, 현주가 미소보다 앞에 서는 경우의 수는?

9202-0862

① 12 ② 14 ③ 16

④ 18 ⑤ 20

서술형

12 남자 4명과 여자 5명의 후보 중에서 대표를 뽑으려고 한다. 전체 후보 중에서 대표 2명을 뽑는 경우의 수를 a, 남자 대표 1명과 여자 대표 1명을 뽑는 경우의 수를 b라고 할 때, $a-b$의 값을 구하시오.

9202-0863

13 어떤 사건 A가 일어날 확률을 p, 일어나지 않을 확률을 q라고 할 때, 다음 〈보기〉에서 옳은 것을 모두 고른 것은?

9202-0864

◀ 보기 ▶
ㄱ. $p=q-1$
ㄴ. $0 \leq p \leq 1$
ㄷ. $q=0$이면 사건 A는 반드시 일어난다.
ㄹ. $-1 \leq q \leq 0$

① ㄱ, ㄴ ② ㄱ, ㄷ ③ ㄴ, ㄷ

④ ㄴ, ㄹ ⑤ ㄷ, ㄹ

14 'MATHEMATICS'의 각 알파벳이 하나씩 적혀 있는 11장의 카드 중에서 한 장의 카드를 임의로 뽑을 때, 모음이 적힌 카드가 뽑힐 확률은?

9202-0865

① $\dfrac{3}{11}$ ② $\dfrac{4}{11}$ ③ $\dfrac{5}{11}$

④ $\dfrac{6}{11}$ ⑤ $\dfrac{7}{11}$

15 A, B, C, D 네 사람을 한 줄로 세울 때, B가 맨 앞 또는 맨 뒤에 설 확률을 구하시오.

9202-0866

16 서로 다른 두 개의 주사위를 동시에 던질 때, 나온 두 눈의 수의 차가 3 이하일 확률은?

9202-0867

① $\frac{1}{2}$ ② $\frac{7}{12}$ ③ $\frac{3}{4}$

④ $\frac{5}{6}$ ⑤ $\frac{11}{12}$

17 1부터 7까지의 자연수가 각각 하나씩 적힌 7장의 카드 중에서 한 장의 카드를 임의로 꺼낼 때, 카드에 적힌 수가 짝수이거나 5의 배수일 확률은?

9202-0868

① $\frac{2}{7}$ ② $\frac{3}{7}$ ③ $\frac{4}{7}$

④ $\frac{5}{7}$ ⑤ $\frac{6}{7}$

18 발전

오른쪽 그림과 같은 정사각형 ABCD의 꼭짓점 A에서 출발하여 주사위를 던져서 나온 눈의 수만큼 화살표 방향으로 말을 이동한다고 한다. 주사위를 두 번 던졌을 때, 말이 점 C에 놓이게 될 확률을 구하시오.

9202-0869

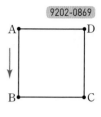

19 두 자연수 a, b가 홀수일 확률이 각각 $\frac{1}{3}$, $\frac{1}{2}$일 때, $a+b$가 짝수일 확률을 구하시오.

9202-0870

20 발전

각 면에 -1, 0, 1, 2가 각각 적힌 정사면체 모양의 주사위를 두 번 던질 때, 바닥에 닿은 면에 적힌 두 수의 합이 0이 될 확률을 구하시오.

9202-0871

21 A, B 두 사람이 가위바위보를 할 때, 첫 번째는 비기고, 두 번째는 B가 이길 확률은?

9202-0872

① $\frac{1}{9}$ ② $\frac{2}{9}$ ③ $\frac{1}{3}$

④ $\frac{4}{9}$ ⑤ $\frac{2}{3}$

22 다음 사건 중 일어날 확률이 가장 큰 것은?

9202-0873

① 2명이 가위바위보를 할 때 비긴다.
② 주사위 1개를 던질 때 6의 눈이 나온다.
③ 서로 다른 두 개의 주사위를 던질 때 나온 두 눈의 수가 서로 같다.
④ 동전 1개를 던질 때 앞면이 나온다.
⑤ 서로 다른 두 개의 동전을 던질 때 모두 뒷면이 나온다.

23 **발전**

9202-0874

상자 안에 2부터 6까지의 자연수가 각각 하나씩 적힌 5장의 카드가 들어 있는데 여기서 한 장을 뽑고 다시 넣기를 두 번 반복한다고 한다. 처음 뽑은 카드에 적힌 숫자를 x, 나중에 뽑은 카드에 적힌 숫자를 y라고 할 때, 점 (x, y)가 아래 그림의 직선 위에 있을 확률을 구하시오.

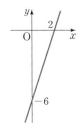

24 A, B 두 농구 선수의 자유투 성공률이 각각 $\frac{4}{5}$, $\frac{7}{10}$이다. 두 선수 A, B가 차례로 자유투를 던질 때, 두 선수 모두 실패할 확률을 구하시오.

9202-0875

25 **서술형**

9202-0876

주사위 한 개를 두 번 던져서 첫 번째 나온 눈의 수를 a, 두 번째 나온 눈의 수를 b라고 할 때, 방정식 $ax-b=0$의 해가 1 또는 3이 될 확률을 구하시오.

26 다음 그림과 같은 지도에서 각 나라 A, B, C, D에 빨강, 노랑, 초록, 파랑의 4가지 색을 이용하여 칠하려고 한다. 같은 색을 몇 번이든 사용해도 좋으나 이웃한 나라는 다른 색으로 칠하려고 할 때, 색을 칠하는 방법은 모두 몇 가지인지 구하시오.

9202-0877

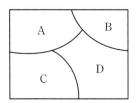

01 다음 중 경우의 수를 바르게 구한 것은?

9202-0878

① 주사위를 한 번 던질 때, 3보다 작은 수의 눈이 나온다. ⇨ 2

② 주사위를 한 번 던질 때, 2보다 작거나 같은 수의 눈이 나온다. ⇨ 1

③ 주사위를 한 번 던질 때, 6보다 큰 수의 눈이 나온다. ⇨ 1

④ 한 개의 동전을 던졌을 때 앞면이 나온다. ⇨ 2

⑤ 1부터 10까지의 자연수가 각각 하나씩 적힌 10장의 카드 중에서 한 장을 뽑을 때, 소수가 적힌 카드를 뽑는다. ⇨ 5

02 유진이네 반은 현장 체험 학습으로 아래 표에 나와 있는 역사 체험 2가지, 자연 체험 2가지, 문화 체험 3가지 프로그램 중 한 가지를 선택하여 가려고 한다. 역사 체험 또는 문화 체험 프로그램 중 한 가지를 선택하는 경우의 수는?

9202-0879

역사 체험	자연 체험	문화 체험
• 길상사 탐방 • 창덕궁 탐방	• 미래숲 탐방 • 갯벌 체험	• 놀이공원 • 연극관람 • 농촌 문화 체험

① 2   ② 3   ③ 4
④ 5   ⑤ 6

03 다음 그림과 같은 길을 따라 A 마을에서 C 마을로 가는 방법은 모두 몇 가지인지 구하시오. (단, 한 번 갔던 마을은 다시 가지 않는다.)

9202-0880

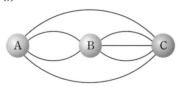

04 빨간 공 5개, 파란 공 4개, 초록 공 3개가 들어 있는 주머니가 있다. 이 주머니에서 한 개의 공을 꺼낼 때, 빨간 공 또는 파란 공이 나오는 경우의 수는?

9202-0881

① 5   ② 9   ③ 12
④ 15   ⑤ 20

05 윤주, 민주, 희영, 서영, 서연 5명 중에서 회장 1명과 부회장 1명을 뽑는 경우의 수는?

9202-0882

① 5   ② 9   ③ 12
④ 15   ⑤ 20

06 다음은 어느 햄버거 가게에서 판매되는 햄버거와 음료의 종류이다. 이 가게에서 햄버거와 음료를 한 가지씩 선택하여 세트를 구성할 때, 만들 수 있는 세트의 경우의 수는?

9202-0883

<햄버거>

더블 디럭스 쉬림프 버거   베이컨 토마토 디럭스 버거   토마토 치즈 버거

<음료>

오렌지 주스   망고 주스   바닐라쉐이크   딸기쉐이크

① 7   ② 9   ③ 10
④ 11   ⑤ 12

07 ^{발전} 9202-0884

부모님을 포함한 5명의 가족이 여행을 가려고 한다. 오른쪽 그림의 **A** 운전석에는 부모님 중 한 분만 앉을 수 있을 때, 자동차에 앉는 경우의 수를 구하시오.

08 9202-0885

한 개의 주사위를 두 번 던져서 처음에 나온 수를 x, 나중에 나온 수를 y라고 할 때, $2x+y=8$이 되는 확률은?

① $\dfrac{1}{2}$ ② $\dfrac{3}{4}$ ③ $\dfrac{5}{6}$

④ $\dfrac{1}{12}$ ⑤ $\dfrac{5}{36}$

09 9202-0886

상자 속에 1부터 15까지의 자연수가 각각 하나씩 적힌 15개의 구슬이 들어 있다. 이 상자에서 한 개의 구슬을 꺼낼 때, 꺼낸 구슬에 적힌 수가 3의 배수일 확률은?

① $\dfrac{1}{15}$ ② $\dfrac{1}{5}$ ③ $\dfrac{1}{3}$

④ $\dfrac{7}{15}$ ⑤ $\dfrac{3}{5}$

10 9202-0887

한 개의 주사위를 던질 때, 다음 중 옳지 <u>않은</u> 것은?

① 3의 약수의 눈이 나올 확률은 $\dfrac{1}{2}$이다.

② 8의 배수의 눈이 나올 확률은 0이다.

③ 2의 배수의 눈이 나올 확률은 $\dfrac{1}{2}$이다.

④ 홀수의 눈이 나올 확률은 $\dfrac{1}{2}$이다.

⑤ 7 미만의 눈이 나올 확률은 1이다.

11 9202-0888

동전 한 개와 주사위 한 개를 동시에 던질 때, 동전은 앞면이 나오고 주사위는 6의 약수의 눈이 나올 확률은?

① $\dfrac{1}{3}$ ② $\dfrac{1}{2}$ ③ $\dfrac{2}{3}$

④ $\dfrac{3}{4}$ ⑤ $\dfrac{5}{12}$

12 9202-0889

1부터 10까지의 자연수가 각각 하나씩 적힌 10장의 카드에서 한 장의 카드를 뽑을 때, 다음 중 확률이 가장 큰 것은?

① 소수가 나올 확률

② 3의 배수가 나올 확률

③ 6보다 큰 수가 나올 확률

④ 12의 약수가 나올 확률

⑤ 3보다 크고 8보다 작은 수가 나올 확률

13 9202-0890

한 개의 주사위를 두 번 던질 때, 처음에는 소수의 눈이 나오고 나중에는 짝수의 눈이 나올 확률은?

① $\dfrac{1}{2}$ ② $\dfrac{1}{3}$ ③ $\dfrac{1}{4}$

④ $\dfrac{1}{6}$ ⑤ $\dfrac{1}{8}$

14 9202-0891

동전 2개를 동시에 던질 때, 다음 〈보기〉에서 옳은 것을 모두 고른 것은?

┌─ 보기 ───────────────────┐
ㄱ. 일어날 수 있는 모든 경우의 수는 4이다.

ㄴ. 모두 뒷면이 나올 확률은 $\dfrac{1}{4}$이다.

ㄷ. 앞면이 적어도 1개 이상 나올 경우의 수는 2이다.
└──────────────────────────┘

① ㄱ ② ㄱ, ㄴ ③ ㄱ, ㄷ

④ ㄴ, ㄷ ⑤ ㄱ, ㄴ, ㄷ

15 교내 체육대회에 참가한 은주, 지영, 윤성, 병연 네 사람이 이어달리기 순서를 정하려고 한다. 병연이가 마지막 주자로 달릴 확률은?

9202-0892

① $\dfrac{1}{2}$ ② $\dfrac{1}{3}$ ③ $\dfrac{1}{4}$

④ $\dfrac{1}{6}$ ⑤ $\dfrac{1}{8}$

16 사건 A가 일어날 확률을 p라고 할 때, 다음 〈보기〉에서 옳은 것을 모두 고른 것은?

9202-0893

◀ 보기 ▶
ㄱ. $0 < p < 1$
ㄴ. 반드시 일어나는 사건 A의 확률은 1이다.
ㄷ. 절대로 일어나지 않는 사건 A의 확률은 0이다.
ㄹ. 사건 A가 일어나지 않을 확률은 $p-1$이다.

① ㄱ, ㄴ ② ㄴ, ㄷ ③ ㄱ, ㄴ, ㄷ
④ ㄱ, ㄴ, ㄹ ⑤ ㄴ, ㄷ, ㄹ

17 남학생 3명과 여학생 2명 중에서 2명의 대표를 뽑을 때, 여학생이 적어도 한 명 뽑힐 확률은?

9202-0894

① $\dfrac{1}{3}$ ② $\dfrac{1}{2}$ ③ $\dfrac{2}{3}$

④ $\dfrac{7}{10}$ ⑤ $\dfrac{5}{12}$

18 0, 1, 2, 3, 4, 5의 숫자가 각각 하나씩 적힌 6장의 카드에서 2장을 뽑아 두 자리의 정수를 만들 때, 그 수가 5의 배수일 확률은?

9202-0895

① $\dfrac{1}{3}$ ② $\dfrac{2}{5}$ ③ $\dfrac{3}{10}$

④ $\dfrac{7}{15}$ ⑤ $\dfrac{9}{25}$

서술형

19 안타를 칠 확률이 0.3인 야구 선수가 있다. 이 선수가 어느 경기에서 타석에 3번 들어 섰을 때, 적어도 한 번은 안타를 칠 확률을 구하시오.

9202-0896

20 당첨 제비 3개를 포함하여 제비 8개가 들어 있는 상자에서 A, B 두 사람이 차례로 한 개씩의 제비를 뽑을 때, 적어도 한 사람이 당첨될 확률은? (단, 뽑은 제비는 다시 넣는다.)

9202-0897

① $\dfrac{5}{14}$ ② $\dfrac{9}{64}$ ③ $\dfrac{13}{14}$

④ $\dfrac{25}{64}$ ⑤ $\dfrac{39}{64}$

21 9202-0898

A 주머니에는 빨간 공 3개, 파란 공 5개가 들어 있고, B 주머니에는 빨간 공 6개, 파란 공 4개가 들어 있다. A 주머니와 B 주머니에서 각각 한 개씩의 공을 꺼낼 때, 두 공의 색깔이 서로 다를 확률을 구하시오.

22 9202-0899

서로 다른 두 개의 주사위 A, B를 동시에 던져서 A 주사위에서 나온 눈의 수를 x, B 주사위에서 나온 눈의 수를 y라고 할 때, $x+3y>18$일 확률은?

① $\dfrac{1}{3}$ ② $\dfrac{1}{4}$ ③ $\dfrac{1}{6}$

④ $\dfrac{1}{12}$ ⑤ $\dfrac{1}{18}$

23 9202-0900

상자 안에 1부터 10까지의 자연수가 각각 하나씩 적힌 10장의 카드가 들어 있다. 이 중에서 카드 한 장을 꺼내 숫자를 확인하고 다시 넣은 후 한 장을 더 꺼낼 때, 첫 번째는 짝수가 나오고 두 번째는 홀수가 나올 확률은?

① $\dfrac{1}{16}$ ② $\dfrac{1}{12}$ ③ $\dfrac{1}{6}$

④ $\dfrac{1}{4}$ ⑤ $\dfrac{1}{3}$

24 서술형 9202-0901

서로 다른 두 개의 주사위 A, B를 동시에 던질 때, 주사위 A에서 나오는 눈의 수를 x, 주사위 B에서 나오는 눈의 수를 y라고 하자. 이때 $\dfrac{y}{x}$의 값이 2가 아닐 확률을 구하시오.

25 9202-0902

동매와 윤아가 어떤 문제의 정답을 맞힐 확률이 각각 $\dfrac{1}{2}$, $\dfrac{1}{3}$일 때, 둘 중 한 명만 정답을 맞힐 확률은?

① $\dfrac{1}{5}$ ② $\dfrac{1}{4}$ ③ $\dfrac{1}{3}$

④ $\dfrac{1}{2}$ ⑤ $\dfrac{2}{3}$

26 발전 9202-0903

한 개의 주사위를 두 번 던져서 처음에 나온 눈의 수를 a, 나중에 나온 눈의 수를 b라고 하자. 오른쪽 그림에서 일차함수 $y=-ax+b$의 그래프가 □ABCD와 만날 확률을 구하시오.

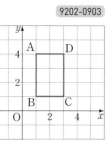

MEMO

EBS 중학

뉴런

| 수학 2(하) |

정답과 풀이 <개념책>

IV 도형의 성질

1. 삼각형의 성질

1 이등변삼각형

본문 8~11쪽

개념 확인 문제

1 (1) $50°$ (2) $6\,\text{cm}$　2 $\overline{AC}$, B, $180°$, $100°$
3 $\overline{AC}$, $\overline{AD}$, $\overline{AD}$, 90, $\overline{BD}$, 3　4 C, $\overline{AB}$, 5

유제 1

△ABC에서 $\overline{AB}=\overline{AC}$이므로
$\angle ABC=\angle C=\angle x$
삼각형의 한 외각은 그와 이웃하지 않는 두 내각의 크기의 합과 같으므로
$\angle ABC+\angle C=\angle x+\angle x=144°$
따라서 $\angle x=72°$

달 $72°$

유제 2

$\angle ACB=180°-125°=55°$
△ABC에서 $\overline{AB}=\overline{AC}$이므로
$\angle B=\angle ACB=55°$
따라서
$\angle x=180°-(\angle B+\angle ACB)$
$=180°-(55°+55°)$
$=70°$

달 $70°$

유제 3

이등변삼각형의 꼭지각의 이등분선은 밑변을 수직이등분하므로
$\overline{BC}=2\overline{BD}=2\times3=6(\text{cm})$, 즉 $x=6$
$\overline{AD}\perp\overline{BC}$이므로 $\angle ADC=90°$
$\angle B=\angle C=180°-(90°+52°)=38°$, 즉 $y=38$
따라서 $x+y=6+38=44$

달 44

유제 4

이등변삼각형의 꼭지각의 이등분선은 밑변을 수직이등분하므로
$\overline{AD}\perp\overline{BC}$이고 $\overline{BC}=2\overline{BD}=2\times4=8(\text{cm})$

따라서
$$\triangle ABC=\frac{1}{2}\times\overline{BC}\times\overline{AD}$$
$$=\frac{1}{2}\times8\times9=36(\text{cm}^2)$$

달 $36\,\text{cm}^2$

유제 5

△ABC에서
$\angle ACB=\angle B=24°$이므로
$\angle CDA=\angle CAD=24°+24°=48°$
△BCD에서
$\angle x=\angle B+\angle BDC=24°+48°=72°$

달 $72°$

유제 6

△ABC에서
$\angle ACB=\angle B=\angle x$이므로
$\angle CDA=\angle CAD=\angle x+\angle x=2\angle x$
△BCD에서
$\angle x+2\angle x=120°$, $3\angle x=120°$
따라서 $\angle x=40°$

달 $40°$

유제 7

$\angle B=\angle C$이므로 △ABC는 $\overline{AB}=\overline{AC}$인 이등변삼각형이다.
즉, $\overline{AC}=\overline{AB}=10\,\text{cm}$
따라서 삼각형 ABC의 둘레의 길이는
$10+13+10=33(\text{cm})$

달 $33\,\text{cm}$

유제 8

$\overline{AE}\,/\!/\,\overline{BC}$이므로
$\angle C=\angle EAC$ (엇각)　……　㉠
$\angle B=\angle DAE$ (동위각)　……　㉡
㉠, ㉡에 의하여 $\angle B=\angle C$이므로
△ABC는 $\overline{AB}=\overline{AC}$인 이등변삼각형이다.
즉, $\overline{AC}=\overline{AB}=19\,\text{cm}$
따라서 삼각형 ABC의 둘레의 길이는
$19+23+19=61(\text{cm})$

달 $61\,\text{cm}$

01 (1) 29° (2) 74°　**02** 77°　**03** 30°　**04** 8 cm　**05** 45°
06 ③　**07** 70°　**08** 30°　**09** ③　**10** 5 cm　**11** 4 cm
12 (1) ∠BAC, ∠BCA (2) 11 cm

01

(1) $\overline{AB}=\overline{AC}$이므로 △ABC는 이등변삼각형이다.
　이등변삼각형의 두 밑각의 크기는 서로 같으므로
　$\angle x=\angle ABC=29°$

(2) $\overline{AB}=\overline{BC}$이므로 △ABC는 이등변삼각형이다.
　이등변삼각형의 두 밑각의 크기는 서로 같으므로
　$\angle C=\angle A=\angle x$
　삼각형의 세 내각의 크기의 합은 180°이므로
　$32°+2\angle x=180°$, $2\angle x=148°$
　따라서 $\angle x=74°$

답 (1) 29° (2) 74°

02

$\angle ABC=180°-154°=26°$
$\angle A=\angle C$이고 △ABC의 세 내각의 크기의 합은 180°이므로
$26°+2\angle C=180°$, $2\angle C=154°$
따라서 $\angle C=77°$

답 77°

03

△ABC에서 $\overline{AB}=\overline{AC}$이므로
$\angle ABC=\angle ACB=70°$
△BCD에서 $\overline{BC}=\overline{BD}$이므로
$\angle BDC=\angle BCD=70°$
△BCD의 세 내각의 크기의 합은 180°이므로
$\angle DBC=180°-(70°+70°)$
　　　　$=40°$
따라서
$\angle x=\angle ABC-\angle DBC$
　　$=70°-40°$
　　$=30°$

답 30°

04

$\overline{AB}=\overline{AC}$이므로 △ABC는 이등변삼각형이다.
$\overline{AD}$가 ∠A의 이등분선이므로

$\overline{DC}=\overline{BD}=4$ cm
따라서 $\overline{BC}=2\overline{BD}=8$(cm)

답 8 cm

05

△ABC에서 $\overline{AB}=\overline{AC}$이므로
$\angle ABC=\angle ACB=\angle x$
△ABD에서 $\overline{DB}=\overline{DA}$이므로
$\angle BAD=\angle ABD=\angle x$
이때 $\angle CAD=\angle BAD=\angle x$이고
△ABC의 세 내각의 크기의 합은 180°이므로
$2\angle x+\angle x+\angle x=180°$
$4\angle x=180°$
따라서 $\angle x=45°$

답 45°

[다른 풀이]
△ABC에서 $\overline{AB}=\overline{AC}$이므로
$\angle ABC=\angle ACB=\angle x$
△ABD에서 $\overline{DB}=\overline{DA}$이므로
$\angle BAD=\angle ABD=\angle x$
$\overline{AD}$가 ∠A의 이등분선이므로 $\angle ADB=90°$
△ABD의 세 내각의 크기의 합은 180°이므로
$90°+\angle x+\angle x=180°$
따라서 $\angle x=45°$

06

①, ② 이등변삼각형의 꼭지각의 이등분선은 밑변을 수직이등분
　하므로 $\overline{BD}=\overline{CD}$, $\overline{AD}\perp\overline{BC}$ ($\angle ADB=90°$)
③ 주어진 조건만으로 $\overline{AD}=\overline{CD}$인지는 알 수 없다.
④ △ABD와 △ACD에서
　$\overline{AB}=\overline{AC}$, $\angle BAD=\angle CAD$, $\overline{AD}$는 공통
　이므로 △ABD≡△ACD (SAS 합동)
⑤ $\angle BAD=\angle CAD$이고 $\angle ADC=90°$이므로
　$\angle BAD+\angle ACD=\angle CAD+\angle ACD$
　　　　　　　$=180°-90°=90°$

답 ③

07

△DAB와 △DCA는 이등변삼각형이므로
$\angle DAB=\angle DBA=20°$
$\angle DAC=\angle DCA=\angle x$
△ABC의 세 내각의 크기의 합은 180°이므로
$(20°+\angle x)+20°+\angle x=180°$

$40°+2∠x=180°$, $2∠x=140°$

따라서 $∠x=70°$

답 70°

[다른 풀이]

△DAB는 이등변삼각형이므로 $∠DAB=∠DBA=20°$이고

$∠ADC=20°+20°=40°$

△DCA는 $\overline{DA}=\overline{DC}$인 이등변삼각형이므로

$∠DAC=∠DCA=∠x$

△ADC의 세 내각의 크기의 합은 180°이므로

$2∠x+40°=180°$, $2∠x=140°$

따라서 $∠x=70°$

08

$∠ABD=∠x$라고 하면 △ABD에서 $\overline{AD}=\overline{BD}$이므로

$∠DAB=∠DBA=∠x$

$∠DAC=∠DAB=∠x$

△ABC의 세 내각의 크기의 합은 180°이므로

$2∠x+∠x+90°=180°$

$3∠x+90°=180°$

$3∠x=90°$

따라서 $∠x=30°$

답 30°

09

두 변의 길이가 같거나 두 내각의 크기가 같으면 이등변삼각형이다.

③ $∠B=180°-(75°+55°)=50°$이므로 두 내각의 크기가 같지 않다.

④ $∠C=180°-(110°+35°)=35°$이므로 $∠B=∠C$

⑤ $∠BAC=180°-130°=50°$, $∠C=180°-(65°+50°)=65°$ 이므로 $∠B=∠C$

답 ③

10

$∠B=∠C$이므로 △ABC는 $\overline{AB}=\overline{AC}$인 이등변삼각형이다.

∠A의 이등분선인 $\overline{AD}$는 밑변을 수직이등분하므로

$\overline{BD}=\dfrac{1}{2}\overline{BC}=\dfrac{1}{2}×10=5(cm)$

답 5 cm

11

$∠B=∠C$이므로 △ABC는 $\overline{AB}=\overline{AC}$인 이등변삼각형이다.

또 $∠DAC=∠DCA$이므로 △DAC는 $\overline{DA}=\overline{DC}$인 이등변

삼각형이고, $\overline{DE}$는 ∠ADC의 이등분선이므로 $\overline{AC}$를 수직이등분한다.

따라서 $\overline{AE}=\dfrac{1}{2}\overline{AC}=\dfrac{1}{2}\overline{AB}=\dfrac{1}{2}×8=4(cm)$

답 4 cm

12

(1) $∠BAC=∠x$ (접은 각)

또 $∠BCA=∠x$ (엇각)

따라서 $∠BAC=∠BCA=∠x$

(2) $∠BAC=∠BCA$이므로 △ABC는 이등변삼각형이다.

따라서 $\overline{BC}=\overline{BA}=11\ cm$

답 (1) ∠BAC, ∠BCA (2) 11 cm

② 직각삼각형의 합동 조건

본문 14~16쪽

개념 확인 문제

1 △ABC≡△IHG (RHA 합동), △DEF≡△LJK (RHS 합동)

2 (1) 3 (2) 60

2 (2) △AOP≡△BOP (RHS 합동)이므로

$∠AOP=∠BOP=\dfrac{1}{2}×60°=30°$

△POB에서 $∠OPB=180°-(30°+90°)=60°$

따라서 $x=60$

유제 1

① SAS 합동

② ASA 합동

③ RHA 합동

④ RHS 합동

답 ⑤

유제 2

△ADC와 △ADE에서

$∠ACD=∠AED=90°$ ······ ㉠

$∠CAD=∠EAD$ ······ ㉡

$\overline{AD}$는 공통 ······ ㉢

㉠, ㉡, ㉢에 의하여

△ADC≡△ADE (RHA 합동)

$\overline{\text{CD}} = \overline{\text{ED}} = 4$ cm이고

$\triangle \text{ACD} = \triangle \text{AED} = \dfrac{1}{2} \times 7 \times 4 = 14(\text{cm}^2)$

따라서 사각형 AEDC의 넓이는

$\triangle \text{ACD} + \triangle \text{AED} = 14 + 14$

$\qquad\qquad = 28(\text{cm}^2)$

冒 28 cm²

유제 3

$\triangle \text{ADC}$와 $\triangle \text{ADE}$에서

$\angle \text{ACD} = \angle \text{AED} = 90°$ $\quad$ …… ㉠

$\angle \text{CAD} = \angle \text{EAD}$ $\quad$ …… ㉡

$\overline{\text{AD}}$는 공통 $\quad$ …… ㉢

㉠, ㉡, ㉢에 의하여

$\triangle \text{ADC} \equiv \triangle \text{ADE}$ (RHA 합동)

즉, $\overline{\text{DE}} = \overline{\text{DC}} = 4$ cm

따라서

$\triangle \text{ABD} = \dfrac{1}{2} \times \overline{\text{AB}} \times \overline{\text{DE}}$

$\qquad\quad = \dfrac{1}{2} \times 13 \times 4$

$\qquad\quad = 26(\text{cm}^2)$

冒 26 cm²

형성평가   본문 17쪽

01 ㄱ(RHA 합동), ㄷ(RHS 합동)	02 6 cm	03 2 cm
04 ④ 05 4 cm 06 (1) 4 cm (2) $\dfrac{49}{2}$ cm²		

01

ㄱ. 두 직각삼각형에서 빗변의 길이와 한 예각의 크기가 각각 같은 경우이므로 RHA 합동이다.

ㄴ. 대응하는 세 내각의 크기가 각각 같은 두 삼각형이 항상 합동 인 것은 아니다.

ㄷ. 두 직각삼각형에서 빗변의 길이와 다른 한 변의 길이가 각각 같은 경우이므로 RHS 합동이다.

冒 ㄱ(RHA 합동), ㄷ(RHS 합동)

02

$\triangle \text{AMC}$와 $\triangle \text{BMD}$에서

$\angle \text{ACM} = \angle \text{BDM} = 90°$, $\overline{\text{AM}} = \overline{\text{BM}}$,

$\angle \text{AMC} = \angle \text{BMD}$ (맞꼭지각)이므로

$\triangle \text{AMC} \equiv \triangle \text{BMD}$ (RHA 합동)

따라서 $\overline{\text{BD}} = \overline{\text{AC}} = 6$ cm

冒 6 cm

03

$\triangle \text{PAO}$와 $\triangle \text{PBO}$에서

$\angle \text{PAO} = \angle \text{PBO} = 90°$, $\overline{\text{OP}}$는 공통, $\overline{\text{OA}} = \overline{\text{OB}}$이므로

$\triangle \text{PAO} \equiv \triangle \text{PBO}$ (RHS 합동)

따라서 $\overline{\text{PA}} = \overline{\text{PB}} = 2$ cm

冒 2 cm

04

$\triangle \text{AOP}$와 $\triangle \text{BOP}$에서

$\angle \text{OAP} = \angle \text{OBP} = 90°$, $\overline{\text{OP}}$는 공통, $\overline{\text{PA}} = \overline{\text{PB}}$이므로

$\triangle \text{AOP} \equiv \triangle \text{BOP}$ (RHS 합동)

따라서 $\overline{\text{OA}} = \overline{\text{OB}}$, $\angle \text{AOP} = \angle \text{BOP}$, $\angle \text{APO} = \angle \text{BPO}$

⑤ $\angle \text{AOB} = \angle \text{AOP} + \angle \text{BOP}$

$\qquad\quad = 2\angle \text{AOP}$

冒 ④

05

$\triangle \text{ADE}$와 $\triangle \text{ADC}$에서

$\angle \text{AED} = \angle \text{ACD} = 90°$, $\overline{\text{AD}}$는 공통, $\angle \text{DAE} = \angle \text{DAC}$

이므로 $\triangle \text{ADE} \equiv \triangle \text{ADC}$ (RHA 합동)

즉, $\overline{\text{AE}} = \overline{\text{AC}} = 8$ cm

따라서

$\overline{\text{BE}} = \overline{\text{AB}} - \overline{\text{AE}}$

$\qquad = 12 - 8 = 4(\text{cm})$

冒 4 cm

06

$\triangle \text{ADB}$와 $\triangle \text{BEC}$에서

$\angle \text{ADB} = \angle \text{BEC} = 90°$, $\overline{\text{AB}} = \overline{\text{BC}}$,

$\angle \text{DAB} = 90° - \angle \text{ABD} = \angle \text{EBC}$

이므로 $\triangle \text{ADB} \equiv \triangle \text{BEC}$ (RHA 합동)

즉, $\overline{\text{BE}} = \overline{\text{AD}} = 3$ cm

(1) $\overline{\text{CE}} = \overline{\text{BD}} = 7 - 3 = 4(\text{cm})$

(2) $\square \text{ADEC} = \dfrac{1}{2} \times (3 + 4) \times 7$

$\qquad\qquad\quad = \dfrac{49}{2}(\text{cm}^2)$

冒 (1) 4 cm   (2) $\dfrac{49}{2}$ cm²

3 삼각형의 외심과 내심
본문 18~23쪽

개념 확인 문제

1 (1) ○ (2) × (3) × (4) ○ **2** 24 cm **3** 63°
4 (1) 18° (2) 52° (3) 20° **5** (1) 35° (2) 16°

3 원의 접선은 접점을 지나는 반지름과 서로 수직이므로
$\overline{OT} \perp l$, 즉 $\angle OTA = 90°$
따라서 △OAT에서
$\angle x = 180° - (90° + 27°) = 63°$

5 (1) 점 O가 △ABC의 외심이므로
$\angle x + 30° + 25° = 90°$에서
$\angle x = 35°$
(2) 점 I가 △ABC의 내심이므로
$44° + 30° + \angle x = 90°$에서
$\angle x = 16°$

유제 1
△OAB는 $\overline{OA} = \overline{OB}$인 이등변삼각형이므로
$\angle x = 180° - (28° + 28°) = 124°$

답 124°

유제 2
△OAC는 $\overline{OA} = \overline{OC}$인 이등변삼각형이므로
$\angle OCA = \angle OAC$
$\angle x = \angle OAC = 180° - (90° + 62°) = 28°$

답 28°

유제 3
직각삼각형의 외심은 빗변의 중점이므로
$\overline{BC} = 2\overline{OA} = 2 \times 4 = 8(\text{cm})$

답 8 cm

유제 4
직각삼각형의 외심은 빗변의 중점이므로
$\overline{OA} = \overline{OB} = \overline{OC} = \dfrac{1}{2} \times 10 = 5(\text{cm})$
따라서 △OBC의 둘레의 길이는
$\overline{OB} + \overline{OC} + \overline{BC} = 5 + 5 + 8 = 18(\text{cm})$

답 18 cm

유제 5
△OAB는 $\overline{OA} = \overline{OB}$인 이등변삼각형이므로
$\angle OAB = \angle OBA = 24°$
$\angle x = \angle OAB + \angle OBA = 24° + 24° = 48°$
△OAC는 $\overline{OA} = \overline{OC}$인 이등변삼각형이므로
$\angle OCA = \angle OAC = 16°$
$\angle y = \angle OAC + \angle OCA = 16° + 16° = 32°$

답 $\angle x = 48°$, $\angle y = 32°$

유제 6
$\angle x = 2\angle A = 2 \times 53° = 106°$

답 106°

유제 7
삼각형의 내심은 세 내각의 이등분선의
교점이므로 $\angle IBC = \angle IBA = 28°$,
$\angle IAB = \angle IAC = \angle x$
△ABC에서
$2\angle x + 2 \times 28° + 64° = 180°$이므로
$2\angle x = 60°$
따라서 $\angle x = 30°$

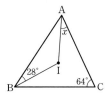

답 30°

유제 8
삼각형의 내심은 세 내각의 이등분선의 교점이므로
$\angle IBC = \angle IBA = \angle x$, $\angle ICB = \angle ICA = 30°$이므로
△IBC에서 $125° + \angle x + 30° = 180°$
따라서 $\angle x = 25°$

답 25°

유제 9
$\angle x = 90° + \dfrac{1}{2}\angle A = 90° + 40° = 130°$

답 130°

유제 10
△IBC에서 $\angle y = 180° - (25° + 20°) = 135°$이고
$\angle BIC = 90° + \dfrac{1}{2}\angle x$이므로
$90° + \dfrac{1}{2}\angle x = 135°$
따라서 $\angle x = 2 \times (135° - 90°) = 2 \times 45° = 90°$

답 $\angle x = 90°$, $\angle y = 135°$

유제 11

$\triangle ABC$의 내접원의 반지름의 길이를 r cm라고 하면

$\triangle ABC = \frac{1}{2}r(\overline{AB} + \overline{BC} + \overline{CA})$이므로

$\triangle ABC = \frac{1}{2} \times 2 \times 23 = 23(cm^2)$

답 23 cm²

유제 12

$\triangle ABC = \frac{1}{2} \times 6 \times 8 = 24(cm^2)$이므로

$\frac{1}{2} \times x \times (6 + 8 + 10) = 24$

$12x = 24$에서 $x = 2$

답 2

형성평가

본문 24~25쪽

01 ㄴ, ㅁ	**02** 30 cm	**03** 5 cm	**04** 113°	**05** 84°
06 30°	**07** 23°	**08** 25°	**09** 36°	**10** 27 cm²
11 17 cm	**12** 30°			

01

ㄴ. 점 P에서 각 꼭짓점에 이르는 거리가 같으므로 외심이다.
ㅁ. 삼각형의 세 변의 수직이등분선의 교점이므로 외심이다.

답 ㄴ, ㅁ

02

점 O가 $\triangle ABC$의 세 변의 수직이등분선의 교점이므로

$\overline{DB} = \overline{DA} = 4$ cm

$\overline{EB} = \overline{EC} = 6$ cm

$\overline{FC} = \overline{FA} = 5$ cm

따라서 $\triangle ABC$의 둘레의 길이는

$2 \times (4 + 6 + 5) = 30(cm)$

답 30 cm

03

직각삼각형의 외심은 빗변의 중점이므로

$\overline{AM} = \overline{BM} = \overline{CM} = \frac{1}{2}\overline{BC} = \frac{1}{2} \times 10 = 5(cm)$

답 5 cm

04

$\triangle OAB$는 $\overline{OA} = \overline{OB}$인 이등변삼각형이므로

$\angle OBA = \angle OAB = \angle x$

$\triangle OAB$에서 $\angle x + \angle x = 34°$, $2\angle x = 34°$

$\angle x = 17°$

$\triangle OAC$는 $\overline{OA} = \overline{OC}$인 이등변삼각형이므로

$\angle OAC = \angle OCA = 48°$

$\triangle OAC$에서 $\angle y = 48° + 48° = 96°$

따라서 $\angle x + \angle y = 17° + 96° = 113°$

답 113°

05

$\angle AOB = 2\angle C = 2 \times 48° = 96°$이므로

$\triangle OAB$에서 $\angle x + \angle y + 96° = 180°$

따라서 $\angle x + \angle y = 84°$

답 84°

06

오른쪽 그림과 같이
$\overline{OA}$를 그으면

$\triangle OAB$에서 $\overline{OA} = \overline{OB}$이므로

$\angle OAB = \angle OBA = 25°$

$\triangle OAC$에서 $\overline{OA} = \overline{OC}$이므로

$\angle OAC = \angle OCA = \angle x$

즉, $\angle BAC = \angle x + 25°$

$\angle BOC = 2\angle BAC$이므로

$2 \times (\angle x + 25°) = 110°$

$\angle x + 25° = 55°$

따라서 $\angle x = 30°$

답 30°

07

$35° + 32° + \angle x = 90°$

따라서 $\angle x = 23°$

답 23°

08

$\angle BIC = 90° + \frac{1}{2}\angle BAC$이므로

$115° = 90° + \frac{1}{2} \times 2\angle x$

$115° = 90° + \angle x$

따라서 $\angle x = 25°$

답 25°

09

$\angle AIB = 90° + \dfrac{1}{2} \times 48° = 114°$이므로

$\triangle ABI$에서 $30° + \angle x + 114° = 180°$

따라서 $\angle x = 36°$

📋 36°

10

다음 그림과 같이 $\overline{AI}$를 그으면

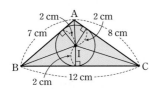

$\triangle ABC = \triangle IAB + \triangle IBC + \triangle ICA$

$\qquad = \dfrac{1}{2} \times 7 \times 2 + \dfrac{1}{2} \times 12 \times 2 + \dfrac{1}{2} \times 8 \times 2$

$\qquad = 7 + 12 + 8$

$\qquad = 27 (cm^2)$

📋 27 cm²

11

$\triangle DBI$에서

$\angle DBI = \angle IBC = \angle DIB$이므로

$\overline{DI} = \overline{DB}$

$\triangle EIC$에서

$\angle ECI = \angle ICB = \angle EIC$이므로

$\overline{EI} = \overline{EC}$

따라서 $\triangle ADE$의 둘레의 길이는

$\overline{AD} + \overline{DE} + \overline{AE} = \overline{AD} + \overline{DI} + \overline{IE} + \overline{AE}$

$\qquad\qquad\qquad\qquad = (\overline{AD} + \overline{DB}) + (\overline{EC} + \overline{AE})$

$\qquad\qquad\qquad\qquad = \overline{AB} + \overline{AC}$

$\qquad\qquad\qquad\qquad = 8 + 9$

$\qquad\qquad\qquad\qquad = 17 (cm)$

📋 17 cm

12

삼각형의 내심은 세 내각의 이등분선의 교점이므로

$\angle IBC = \dfrac{1}{2} \times 90° = 45°$

$\triangle OBC$에서 $\overline{OB} = \overline{OC}$이므로

$\angle OBC = \angle OCB = \angle x$

$\angle IBO = \angle IBC - \angle OBC$이므로

$15° = 45° - \angle x$

따라서 $\angle x = 30°$

📋 30°

---

01 50°	**02** 21 cm	**03** ㄱ, ㄷ	**04** ②	**05** 22°
06 65°	**07** ③	**08** 14 cm²	**09** 4 cm	**10** 28 cm
11 32°	**12** ④	**13** ③	**14** 25°	**15** ㄷ, ㄹ	**16** 120°
17 35°	**18** 155°	**19** 125°	**20** 15 cm		**21** 7 cm
22 2 cm	**23** 66°	**24** 50°	**25** $(84 - 16\pi)$ cm²	

01

$\triangle ABC$는 $\overline{AB} = \overline{BC}$인 이등변삼각형이므로

$\angle A = \angle C = 65°$

삼각형의 세 내각의 크기의 합은 180°이므로

$\angle x = 180° - (65° + 65°)$

$\qquad = 50°$

📋 50°

02

$\angle A = \angle B$이면 $\triangle ABC$는 $\overline{AC} = \overline{BC}$인 이등변삼각형이므로

$\overline{AC} = \overline{BC} = 8$ cm

따라서 $\triangle ABC$의 둘레의 길이는

$5 + 8 + 8 = 21 (cm)$

📋 21 cm

03

삼각형의 나머지 한 각의 크기를 구하면 다음과 같다.

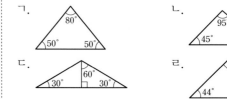

따라서 이등변삼각형이 되는 것은 ㄱ, ㄷ이다.

📋 ㄱ, ㄷ

04

점 O가 $\triangle ABC$의 외심이므로

$\overline{OA} = \overline{OB} = \overline{OC}$

또 외심은 삼각형의 세 변의 수직이등분선의 교점이므로

$\triangle OAD \equiv \triangle OBD$, $\triangle OBE \equiv \triangle OCE$, $\triangle OCF \equiv \triangle OAF$

(SAS 합동)이다.

따라서 $\triangle OAD \equiv \triangle OBD$에서 $\angle AOD = \angle BOD$,

$\triangle OBE \equiv \triangle OCE$에서 $\angle OBE = \angle OCE$

📋 ②

05

삼각형의 내부의 한 점에서 각 변에 이르는 거리가 같은 점 I는 삼각형의 내심이고, 내심은 세 내각의 이등분선의 교점이다.

따라서 $\angle x = \angle IBA = 22°$

目 22°

06

점 I는 $\triangle ABC$의 내심이므로

$\angle x + \angle y + 25° = 90°$에서

$\angle x + \angle y = 65°$

目 65°

07

③ $\overline{CD}$와 길이가 같은 선분은 $\overline{BD}$이다.

目 ③

08

이등변삼각형에서 꼭지각의 이등분선은 밑변을 수직이등분하므로

$\overline{AC} \perp \overline{BD}$이고 $\overline{AD} = \overline{CD} = \dfrac{1}{2} \times 8 = 4\,(\text{cm})$

따라서 $\triangle ABD$의 넓이는

$\dfrac{1}{2} \times \overline{AD} \times \overline{BD} = \dfrac{1}{2} \times 4 \times 7 = 14\,(\text{cm}^2)$

目 14 cm²

09

두 밑각의 크기가 같으므로 $\triangle ABE$는 $\overline{AE} = \overline{BE}$인 이등변삼각형이다.

즉, $4 + \overline{CE} = 1 + 7$에서

$\overline{CE} = 4\,\text{cm}$

目 4 cm

10

오른쪽 그림에서 $l /\!/ m$이면

$\angle ABC = \angle BAD$ (엇각)이므로

$\triangle ABC$는 $\overline{AC} = \overline{BC}$인 이등변삼각형이다.

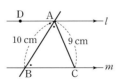

따라서 $\overline{BC} = \overline{AC} = 9\,\text{cm}$이므로 삼각형 ABC의 둘레의 길이는

$10 + 9 + 9 = 28\,(\text{cm})$

目 28 cm

11

$\overline{AE} /\!/ \overline{BC}$이므로

$\angle CAE = \angle BCA = \angle x$ (엇각)

$\angle BAC = \angle CAE = \angle x$ (접은 각)

즉, $\angle BAC = \angle BCA = \angle x$

$\triangle ABC$에서 $\angle x + \angle x = 64°$

따라서 $\angle x = 32°$

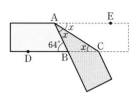

目 32°

12

$\triangle ACE$와 $\triangle ADE$에서

$\angle ACE = \angle ADE = 90°$, $\overline{AE}$는 공통, $\overline{AC} = \overline{AD}$이므로

$\triangle ACE \equiv \triangle ADE$ (RHS 합동)

즉, $\angle EAC = \angle EAD$ ······ ㉠

$\triangle ABC$는 $\angle C = 90°$이고 $\overline{AC} = \overline{BC}$인 직각이등변삼각형이므로

$\angle A = \angle B = 45°$ ······ ㉡

㉠, ㉡에 의하여

$\angle EAC = \dfrac{1}{2}\angle A = 22.5°$

$\triangle AEC$에서

$\angle AEC = 180° - (22.5° + 90°) = 67.5°$

目 ④

13

$\triangle ADE$와 $\triangle ADF$에서

$\angle AED = \angle AFD = 90°$, $\overline{AD}$는 공통, $\angle DAE = \angle DAF$

이므로 $\triangle ADE \equiv \triangle ADF$ (RHA 합동)

그러므로 $\overline{DE} = \overline{DF}$, $\overline{AE} = \overline{AF}$이고

$\angle ADE = \angle ADF$

目 ③

14

$\angle APB = 180° - 50° = 130°$

$\triangle PAO$와 $\triangle PBO$에서

$\angle PAO = \angle PBO = 90°$, $\overline{OP}$는 공통, $\overline{PA} = \overline{PB}$

이므로 $\triangle PAO \equiv \triangle PBO$ (RHS 합동)

$\angle APO = \angle BPO = \dfrac{1}{2}\angle APB = \dfrac{1}{2} \times 130° = 65°$

$\triangle PBO$에서 $\angle POB = 180° - (90° + 65°) = 25°$

目 25°

15

점 O가 △ABC의 외심이면 $\overline{OA}=\overline{OB}=\overline{OC}$이므로 이 세 변 중 두 변을 변으로 갖는 삼각형은 이등변삼각형이다.

즉, △OAB, △OBC, △OCA는 모두 이등변삼각형이다.

탑 ㄷ, ㄹ

16

$\angle OBC+40°+20°=90°$이므로

$\angle OBC=30°$

$\angle OCB=\angle OBC=30°$

따라서 $\angle x=180°-(30°+30°)=120°$

탑 120°

17

점 O가 △ABC의 외심이므로 오른쪽 그림과 같이 $\overline{OC}$를 그으면 △OBC는 $\overline{OB}=\overline{OC}$인 이등변삼각형이고 $\angle OCB=\angle OBC=\angle x$

또 $\angle BOC=2\angle A=2\times55°=110°$이므로

△OBC에서

$\angle x+\angle x+110°=180°$

$2\angle x=70°$

따라서 $\angle x=35°$

탑 35°

18

삼각형의 내심은 세 내각의 이등분선의 교점이므로

$\angle IBC=\angle IBA=25°$, $\angle ICB=\angle ICA=\angle x$

△ABC에서

$50°+(25°+25°)+(\angle x+\angle x)=180°$

$2\angle x=80°$

$\angle x=40°$

또 △IBC에서

$\angle y+25°+40°=180°$

$\angle y=115°$

따라서 $\angle x+\angle y=40°+115°=155°$

탑 155°

19

$\angle BOC=140°$이므로

$\angle A=\dfrac{1}{2}\angle BOC=\dfrac{1}{2}\times140°=70°$

따라서

$\angle BIC=90°+\dfrac{1}{2}\angle A$

$\qquad =90°+\dfrac{1}{2}\times70°=125°$

탑 125°

20

오른쪽 그림과 같이 $\overline{BI}$, $\overline{CI}$를 그으면

△DBI에서

$\angle DBI=\angle IBC=\angle DIB$이므로

$\overline{DI}=\overline{DB}=7$ cm

△EIC에서

$\angle ECI=\angle ICB=\angle EIC$이므로

$\overline{EI}=\overline{EC}=8$ cm

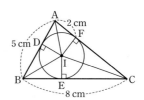

따라서

$\overline{DE}=\overline{DI}+\overline{IE}=7+8=15$(cm)

탑 15 cm

21

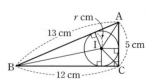

△ADI≡△AFI (RHA 합동)에서

$\overline{AD}=\overline{AF}=2$ cm

$\overline{BD}=\overline{AB}-\overline{AD}=5-2=3$(cm)

△BEI≡△BDI (RHA 합동)에서

$\overline{BE}=\overline{BD}=3$ cm이므로

$\overline{CE}=\overline{BC}-\overline{BE}=8-3=5$(cm)

△CFI≡△CEI (RHA 합동)에서

$\overline{CF}=\overline{CE}=5$ cm이므로

$\overline{AC}=\overline{AF}+\overline{CF}=2+5=7$(cm)

탑 7 cm

22

내접원 I의 반지름의 길이를 r cm라고 하면

△IAB$=\dfrac{1}{2}\times\overline{AB}\times r=\dfrac{1}{2}\times13\times r=\dfrac{13}{2}r(\text{cm}^2)$

$$\triangle IBC = \frac{1}{2} \times \overline{BC} \times r = \frac{1}{2} \times 12 \times r = 6r(cm^2)$$

$$\triangle ICA = \frac{1}{2} \times \overline{CA} \times r = \frac{1}{2} \times 5 \times r = \frac{5}{2}r(cm^2)$$

이므로

$\triangle ABC = \triangle IAB + \triangle IBC + \triangle ICA$에서

$$\frac{1}{2} \times 12 \times 5 = \frac{13}{2}r + 6r + \frac{5}{2}r$$

$15r = 30, \ r = 2$

따라서 내접원 I의 반지름의 길이는 2 cm이다.

目 2 cm

23

$$\angle B = \angle C = \frac{1}{2} \times (180° - 48°) = 66°$$

$\triangle DBE \equiv \triangle ECF$ (SAS 합동)이므로

$\angle BDE = \angle CEF$

$\angle BED + \angle BDE = 180° - 66° = 114°$이므로

$\angle BED + \angle CEF = \angle BED + \angle BDE = 114°$

따라서 $\angle DEF = 180° - 114° = 66°$

目 66°

24

$\angle BOC = 2\angle A$이고

$\angle BIC = 90° + \frac{1}{2}\angle A$이므로

$\angle BIC - \angle BOC = 15°$에서

$$\left(90° + \frac{1}{2}\angle A\right) - 2\angle A = 15°$$

$$90° - \frac{3}{2}\angle A = 15°$$

$$\frac{3}{2}\angle A = 75°$$

따라서 $\angle A = 50°$

目 50°

25

$\triangle ABC$

$= \frac{1}{2} \times (내접원의 반지름) \times (\triangle ABC의 둘레의 길이)$

$= \frac{1}{2} \times 4 \times 42 = 84(cm^2)$

내접원 I의 넓이는 $\pi \times 4^2 = 16\pi(cm^2)$

따라서 색칠한 부분의 넓이는

$\triangle ABC - (원 I의 넓이) = 84 - 16\pi(cm^2)$

目 $(84 - 16\pi)$ cm²

수행평가 **서술형으로 중단원 마무리** 본문 30~31쪽

| 서술형 예제 | $\angle DBA$, $\angle C$, $180°$, $2\angle x$, $5\angle x$, $36°$ |
| 서술형 유제 | $65°$ |

1 21° **2** 51 cm² **3** 22° **4** 48°

서술형 예제

$\triangle DAB$는 $\overline{DA} = \overline{DB}$인 이등변삼각형이므로

$\boxed{\angle DBA} = \angle DAB = \angle x$

또 $\angle ABD = \angle DBC$이므로

$\angle DBC = \angle ABD = \angle x$ ··· **1단계**

$\triangle ABC$는 $\overline{AB} = \overline{AC}$인 이등변삼각형이므로

$\angle ABC = \boxed{\angle C} = 2\angle x$

삼각형의 세 내각의 크기의 합은 $\boxed{180°}$이므로 $\triangle ABC$에서

$\angle A + \angle ABC + \angle C = \angle x + \boxed{2\angle x} + 2\angle x$ ··· **2단계**

$= \boxed{5\angle x}$

$= 180°$

따라서 $\angle x = \boxed{36°}$ ··· **3단계**

目 풀이 참조

단계	채점 기준	비율
1단계	$\angle ABC$와 $\angle C$를 $\angle x$로 나타낸 경우	40 %
2단계	$\triangle ABC$의 세 내각의 크기의 합을 $\angle x$로 나타낸 경우	40 %
3단계	$\angle x$의 크기를 구한 경우	20 %

서술형 유제

$\angle A = \angle a$라고 하면

$\angle DBE = \angle A = \angle a$

$\angle B = \angle a + 15° = \angle C$ ··· **1단계**

삼각형의 세 내각의 크기의 합은 180°이므로 $\triangle ABC$에서

$\angle a + (\angle a + 15°) + (\angle a + 15°) = 180°$

$3\angle a + 30° = 180°$

$\angle a = 50°$ ··· **2단계**

따라서 $\angle C = 50° + 15° = 65°$ ··· **3단계**

目 65°

단계	채점 기준	비율
1단계	$\angle A = \angle a$라고 할 때, $\angle B$, $\angle C$를 $\angle a$로 나타낸 경우	40 %
2단계	$\angle a$의 크기를 구한 경우	40 %
3단계	$\angle C$의 크기를 구한 경우	20 %

정답과 풀이 ● **11**

1

$\angle B = \angle x$라고 하면 $\overline{DB} = \overline{DE}$이므로

$\angle DEB = \angle B = \angle x$ … **1단계**

$\triangle DBE$에서

$\angle EDA = \angle x + \angle x = 2\angle x$

$\overline{ED} = \overline{EA}$이므로

$\angle EAD = \angle EDA = 2\angle x$ … **2단계**

$\triangle ABE$에서

$\angle AEC = \angle x + 2\angle x = 3\angle x$

$\triangle AEC$에서

$\overline{AE} = \overline{AC}$이므로

$\angle ACE = \angle AEC = 3\angle x$ … **3단계**

$\triangle ABC$에서

$\angle CAF = \angle x + 3\angle x = 4\angle x$ … **4단계**

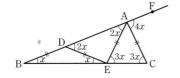

따라서 $4\angle x = 84°$이므로

$\angle x = 21°$ … **5단계**

답 $21°$

단계	채점 기준	비율
1단계	$\angle B = \angle x$라고 할 때, $\angle DEB$를 $\angle x$로 나타낸 경우	10 %
2단계	$\angle EDA$, $\angle EAD$를 $\angle x$로 나타낸 경우	30 %
3단계	$\angle AEC$, $\angle ACE$를 $\angle x$로 나타낸 경우	30 %
4단계	$\angle CAF$를 $\angle x$로 나타낸 경우	10 %
5단계	$\angle B$의 크기를 구한 경우	20 %

2

오른쪽 그림과 같이 점 D에서 $\overline{AB}$에 내린
수선의 발을 E라고 하면

$\triangle ADC$와 $\triangle ADE$에서

$\angle ACD = \angle AED = 90°$,

$\overline{AD}$는 공통,

$\angle DAC = \angle DAE$

이므로 $\triangle ADC \equiv \triangle ADE$ (RHA 합동)   … **1단계**

즉, $\overline{DE} = \overline{DC} = 6 \text{ cm}$ … **2단계**

따라서 $\triangle ABD$의 넓이는

$\dfrac{1}{2} \times \overline{AB} \times \overline{DE} = \dfrac{1}{2} \times 17 \times 6$

$\qquad\qquad\qquad = 51 (\text{cm}^2)$ … **3단계**

답 51 cm^2

단계	채점 기준	비율
1단계	$\triangle ADC$와 $\triangle ADE$가 합동임을 보인 경우	50 %
2단계	$\overline{DE}$의 길이를 구한 경우	20 %
3단계	$\triangle ABD$의 넓이를 구한 경우	30 %

3

$\triangle OAC$의 세 내각의 크기의 합은 $180°$이므로

$\angle OCA + \angle AOC + \angle OAC = 180°$

$\angle OCA + 112° = 180°$에서

$\angle OCA = 68°$ … **1단계**

점 O가 직각삼각형 ABC의 외심이므로

$\overline{OA} = \overline{OB} = \overline{OC}$에서

$\angle OAC = \angle OCA = 68°$ … **2단계**

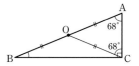

$\triangle ABC$에서 세 내각의 크기의 합은 $180°$이므로

$\angle B + 68° + 90° = 180°$

따라서 $\angle B = 22°$ … **3단계**

답 $22°$

단계	채점 기준	비율
1단계	$\angle OCA$의 크기를 구한 경우	40 %
2단계	$\angle OAC$의 크기를 구한 경우	30 %
3단계	$\angle B$의 크기를 구한 경우	30 %

4

$\angle DIE = \angle BIC = 90° + \dfrac{1}{2}\angle A$ … **1단계**

$\angle ADI = 180° - 85° = 95°$,

$\angle AEI = 180° - 77° = 103°$ … **2단계**

사각형 ADIE에서

$\angle A + 95° + 103° + \left(90° + \dfrac{1}{2}\angle A\right) = 360°$

$\dfrac{3}{2}\angle A = 72°$

따라서 $\angle A = 48°$ … **3단계**

답 $48°$

단계	채점 기준	비율
1단계	$\angle DIE = 90° + \dfrac{1}{2}\angle A$임을 보인 경우	30 %
2단계	$\angle ADI$, $\angle AEI$의 크기를 각각 구한 경우	30 %
3단계	$\angle A$의 크기를 구한 경우	40 %

2. 사각형의 성질

 1 평행사변형

본문 32~34쪽

개념 확인 문제

1 $\angle x=32°$, $\angle y=57°$ 2 $\angle$ACB, $\overline{AC}$, $\angle$DCA, ASA

유제 1

$\overline{AB}/\!/\overline{DC}$이므로

$\angle$ABD$=\angle$CDB$=\angle x$ (엇각)

평행사변형에서 이웃하는 두 내각의 크기의 합은 $180°$이므로

$\angle$DAB$+\angle$ABC$=180°$에서

$\angle y+(\angle x+24°)=180°$

따라서 $\angle x+\angle y=156°$

답 $156°$

유제 2

$\overline{AD}/\!/\overline{BC}$이므로

$\angle x=\angle$ADB$=27°$ (엇각)

$\overline{AB}/\!/\overline{DC}$이므로 $\angle$DCA$=\angle$BAC$=75°$ (엇각)

$\angle$ACB$=120°-\angle$DCA$=120°-75°=45°$이므로

$\triangle$OBC에서 $\angle y=\angle$OCB$+\angle x=45°+27°=72°$

답 $\angle x=27°$, $\angle y=72°$

유제 3

$\overline{BC}=\overline{AD}=11$ cm, $\overline{DC}=\overline{AB}=4$ cm이므로

평행사변형 ABCD의 둘레의 길이는

$4+11+4+11=30$(cm)

답 30 cm

유제 4

평행사변형에서 두 쌍의 대변의 길이는 각각 같으므로

$2x+3=7$에서 $x=2$

$y-3=5$에서 $y=8$

답 $x=2$, $y=8$

유제 5

평행사변형에서 두 쌍의 대각의 크기는 각각 같으므로

$\angle$D$=\angle$B$=50°$

$\triangle$ACD에서 $\angle x+70°+50°=180°$

따라서 $\angle x=60°$

답 $60°$

유제 6

$\angle$B$=\angle x$라고 하면 $\angle$B : $\angle$C$=1 : 2$이므로

$\angle$C$=2\angle x$

이웃하는 두 내각의 크기의 합은 $180°$이므로

$\angle$B$+\angle$C$=\angle x+2\angle x=180°$

$3\angle x=180°$

$\angle x=60°$

따라서 평행사변형에서 대각의 크기는 같으므로

$\angle$A$=\angle$C$=2\angle x=120°$

답 $120°$

유제 7

평행사변형의 두 대각선은 서로 다른 것을 이등분하므로

$\overline{OA}=\overline{OC}$, $\overline{OB}=\overline{OD}$

$\overline{OA}=\dfrac{1}{2}\overline{AC}=\dfrac{1}{2}\times22=11$(cm), 즉 $x=11$

$\overline{OD}=\overline{OB}=9$ cm, 즉 $y=9$

답 $x=11$, $y=9$

유제 8

평행사변형에서 대변의 길이는 같으므로

$\overline{BC}=\overline{AD}=8$ cm

또 대각선은 서로 다른 것을 이등분하므로

$\overline{OB}=\dfrac{1}{2}\overline{BD}=\dfrac{1}{2}\times12=6$(cm)

$\overline{OC}=\dfrac{1}{2}\overline{AC}=\dfrac{1}{2}\times10=5$(cm)

따라서 $\triangle$OBC의 둘레의 길이는

$\overline{OB}+\overline{BC}+\overline{OC}=6+8+5=19$(cm)

답 19 cm

형성평가

본문 35쪽

| **01** 18 cm | **02** 13 cm | **03** 55° |
| **04** 110° | **05** 4 | **06** 24 cm |

01

평행사변형에서 두 쌍의 대변의 길이는 각각 같으므로

$\overline{BC}=\overline{AD}=5$ cm, $\overline{AB}=\overline{DC}=4$ cm

따라서 □ABCD의 둘레의 길이는

$4+5+4+5=18(cm)$

答 18 cm

02

$\overline{AD}=x$ cm라고 하면 평행사변형 ABCD의 둘레의 길이가 50 cm이므로

$2x+24=50$, $x=13$

따라서 $\overline{AD}=13$ cm

答 13 cm

03

평행사변형에서 이웃하는 두 내각의 크기의 합은 $180°$이므로

$2\angle x+15°+\angle x=180°$

$3\angle x+15°=180°$

따라서 $\angle x=55°$

答 $55°$

04

$\angle BAD=\angle C=140°$이므로

$\angle EAD=\dfrac{1}{2}\times 140°=70°$

$\overline{AD}/\!/\overline{BC}$이므로

$\angle AEB=\angle EAD=70°$

따라서

$\angle x=180°-\angle AEB$

$\quad=180°-70°=110°$

答 $110°$

05

평행사변형에서 두 대각선은 서로 다른 것을 이등분하므로

$\overline{AC}=2\overline{OA}=2\times 5=10(cm)$, 즉 $x=10$

$\overline{BD}=2\overline{OB}=2\times 7=14(cm)$, 즉 $y=14$

따라서 $y-x=14-10=4$

答 4

06

$\triangle OCD$에서 $\overline{OC}+\overline{OD}+\overline{CD}=20$ cm이고

$\overline{CD}=6$ cm이므로

$\overline{OC}+\overline{OD}=14$ cm

$\overline{OB}=\overline{OD}$이므로

$\overline{OC}+\overline{OB}=\overline{OC}+\overline{OD}=14$ cm

따라서 $\triangle OBC$의 둘레의 길이는

$\overline{OB}+\overline{OC}+\overline{BC}=14+10$

$\quad=24(cm)$

答 24 cm

② 평행사변형이 되는 조건

본문 36~38쪽

개념 확인 문제

1 ㄱ, ㄹ   2 52 cm²

유제 1

두 쌍의 대변의 길이가 각각 같은 사각형은 평행사변형이므로

$x=5$

$y-3=4$에서 $y=7$

答 $x=5$, $y=7$

유제 2

두 쌍의 대변의 길이가 각각 같은 사각형은 평행사변형이므로

$2y+1=5$에서 $y=2$

$2x-10=x-y$에서

$x=-y+10=-2+10=8$

따라서 $x+y=8+2=10$

答 10

유제 3

두 쌍의 대각의 크기가 각각 같은 사각형은 평행사변형이므로

$\angle x=\angle B=75°$, $\angle A=\angle C=\angle y$

평행사변형 ABCD의 네 내각의 크기의 합은 $360°$이므로

$2\angle x+2\angle y=360°$에서

$150°+2\angle y=360°$

따라서 $\angle y=105°$

答 $\angle x=75°$, $\angle y=105°$

유제 4

ㄴ. 나머지 두 각의 크기의 합은 $180°$이지만 두 쌍의 대각의 크기가 각각 같은지 알 수 없다.

ㄹ. 나머지 한 쌍의 대각의 크기가 서로 같은지 알 수 없다.

答 ㄱ, ㄷ

유제 5

□ABCD가 평행사변형이므로
$\overline{AE}\,/\!/\,\overline{FC}$ ····· ㉠
$\overline{AD}=\overline{BC}$, $\overline{ED}=\overline{BF}$이므로
$\overline{AE}=\overline{FC}$ ····· ㉡
㉠, ㉡에 의하여 한 쌍의 대변이 평행하고 그 길이가 같으므로
□AFCE는 평행사변형이다.

🖺 평행사변형

유제 6

□ABCD는 평행사변형이므로
$\overline{OA}=\overline{OC}$, $\overline{OB}=\overline{OD}$
이때 $\overline{BE}=\overline{DF}$이므로
$\overline{OE}=\overline{OF}$
즉, 두 대각선이 서로 다른 것을 이등분하므로
□AECF는 평행사변형이다.
$\overline{EC}=\overline{AF}=4\,\text{cm}$, $\overline{FC}=\overline{AE}=3\,\text{cm}$
따라서 □AECF의 둘레의 길이는
$\overline{AE}+\overline{EC}+\overline{CF}+\overline{FA}=3+4+3+4$
$=14(\text{cm})$

🖺 14 cm

유제 7

평행사변형의 넓이는 두 대각선에 의해 사등분되므로
$\triangle OCD=\dfrac{1}{4}\square ABCD$
$=\dfrac{1}{4}\times 64=16(\text{cm}^2)$
따라서 색칠한 부분의 넓이는
$\square ABCD-\triangle OCD=64-16$
$=48(\text{cm}^2)$

🖺 48 cm²

유제 8

$\triangle PAB+\triangle PCD=\triangle PAD+\triangle PBC=\dfrac{1}{2}\square ABCD$이므로
$\square ABCD=2(\triangle PAD+\triangle PBC)$
$=2\times(9+12)$
$=2\times 21$
$=42(\text{cm}^2)$

🖺 42 cm²

| **01** ㄱ, ㄹ | **02** 50° | **03** 30 cm |
| **04** ③ | **05** 25 cm² | **06** 7 cm² |

01

ㄱ. 두 대각선이 서로 다른 것을 이등분하므로 평행사변형이다.
ㄴ. 두 쌍의 대변의 길이가 각각 같아야 평행사변형인데 주어진 사각형은 대변의 길이가 각각 같지 않다.
ㄷ. 두 쌍의 대각의 크기가 각각 같아야 평행사변형인데 주어진 사각형은 대각의 크기가 각각 같지 않다.
ㄹ. 엇각의 크기가 같으므로 한 쌍의 대변이 평행하고 그 길이가 같으므로 평행사변형이다.
따라서 평행사변형인 것은 ㄱ, ㄹ이다.

🖺 ㄱ, ㄹ

02

□ABCD에서 $\overline{AB}=\overline{DC}=8\,\text{cm}$, $\overline{AD}=\overline{BC}=7\,\text{cm}$
즉, 두 쌍의 대변의 길이가 각각 같으므로 □ABCD는 평행사변형이다.
평행사변형에서 이웃하는 두 내각의 크기의 합은 180°이므로
$\angle A+\angle D=180°$에서 $130°+\angle D=180°$
따라서 $\angle D=50°$

🖺 50°

03

□ABCD에서 $\angle B=360°-(100°+80°+100°)=80°$
두 쌍의 대각의 크기가 각각 같으므로 □ABCD는 평행사변형이다.
평행사변형의 두 쌍의 대변의 길이는 각각 같으므로
$\overline{AB}=\overline{DC}$, $\overline{AD}=\overline{BC}$
따라서 □ABCD의 둘레의 길이는
$2(\overline{AB}+\overline{AD})=2\times 15=30(\text{cm})$

🖺 30 cm

04

두 대각선이 서로 다른 것을 이등분하므로 □ABCD는 평행사변형이다.
평행사변형은 두 쌍의 대변의 길이가 각각 같고, 두 쌍의 대각의 크기가 각각 같으므로
$\overline{AB}=\overline{DC}$, $\overline{AD}=\overline{BC}$,
$\angle BAD=\angle BCD$, $\angle ABC=\angle ADC$

🖺 ③

05

색칠한 부분의 넓이는

$$\triangle OAD + \triangle OBC = \frac{1}{2}\square ABCD$$
$$= \frac{1}{2} \times 50$$
$$= 25(\text{cm}^2)$$

답 $25\,\text{cm}^2$

06

$$\triangle PAD + \triangle PBC = \frac{1}{2}\square ABCD$$이므로

$$\triangle PAD + \triangle PBC = \frac{1}{2} \times 60 = 30(\text{cm}^2)$$

이때 $\triangle PBC = 23\,\text{cm}^2$이므로

$$\triangle PAD + 23 = 30$$

따라서 $\triangle PAD = 7\,\text{cm}^2$

답 $7\,\text{cm}^2$

 3 **여러 가지 사각형**   본문 40~45쪽

개념 확인 문제

1 $x=4,\ y=8$ 2 $\angle x=90^\circ,\ \angle y=40^\circ$
3 (1) 90° (2) 3 4 $x=7,\ y=11$
5 (1) ○ (2) ○ (3) × (4) ○   6 $24\,\text{cm}^2$

1 직사각형의 두 대각선은 서로 다른 것을 이등분하므로
$\overline{OC}=\overline{OA}=4\,\text{cm}$, 즉 $x=4$
또 직사각형의 두 대각선의 길이는 같으므로
$\overline{BD}=\overline{AC}=8\,\text{cm}$, 즉 $y=8$

2 마름모의 두 대각선은 서로 수직이므로
$\angle x=90^\circ$
$\triangle AOB$에서 $50^\circ+\angle y+90^\circ=180^\circ$이므로
$\angle y=40^\circ$

3 (1) 정사각형의 두 대각선은 서로 수직이므로
$\angle x=90^\circ$
(2) $\overline{AC}=\overline{BC}=6\,\text{cm}$
$\overline{OC}=\frac{1}{2}\overline{AC}=3(\text{cm})$, 즉 $y=3$

4 등변사다리꼴은 평행하지 않은 한 쌍의 대변의 길이가 같으므로
$\overline{DC}=\overline{AB}=7\,\text{cm}$, 즉 $x=7$
또 등변사다리꼴의 두 대각선의 길이는 같으므로
$\overline{BD}=\overline{AC}=11\,\text{cm}$, 즉 $y=11$

5 (3) 두 대각선이 서로 수직인 평행사변형은 마름모이다.

6 $\triangle DBC=\triangle ABC=24\,\text{cm}^2$

유제 1

평행사변형이 직사각형이 되기 위해서는 두 대각선의 길이가 같거나 한 내각의 크기가 90°(이웃하는 두 내각의 크기가 같다.)이어야 한다.
따라서 〈보기〉 중 평행사변형이 직사각형이 되기 위한 조건은
ㄱ, ㄹ이다.

답 ③

유제 2

한 내각이 직각인 평행사변형 ABCD는 직사각형이다.
직사각형의 두 대각선의 길이는 같고 서로 다른 것을 이등분하므로
$\overline{OA}=\overline{OB}=\overline{OC}=\overline{OD}=5\,\text{cm}$
따라서 $\overline{AC}=2\overline{OD}=2\times5=10(\text{cm})$

답 $10\,\text{cm}$

유제 3

두 대각선이 서로 다른 것을 수직이등분하므로 평행사변형 ABCD는 마름모이다.
마름모의 네 변의 길이는 모두 같으므로
$\square ABCD$의 둘레의 길이는
$4\overline{AD}=4\times7=28(\text{cm})$

답 $28\,\text{cm}$

유제 4

평행사변형이 마름모가 되기 위해서는 이웃하는 두 변의 길이가 같거나 두 대각선이 서로 다른 것을 수직이등분해야 한다.
$\overline{AD}=\overline{CD}$이어야 하므로 $x=12$
$\angle BAO=\angle DAO$이어야 하므로
$\angle DAO=60^\circ$에서 $y=60$

답 $x=12,\ y=60$

유제 5

정사각형은 마름모인 동시에 직사각형이므로 직사각형의 성질을 만족하도록 조건을 추가해야 한다.

즉, 한 내각이 직각이거나 두 대각선의 길이가 같아야 한다.

따라서 마름모 ABCD가 정사각형이 되는 조건은 ㄱ, ㄹ이다.

답 ③

유제 6

정사각형의 두 대각선은 길이가 같고 서로 다른 것을 수직이등분하므로 $\overline{OA}=\overline{OB}=\overline{OC}=\overline{OD}=\dfrac{1}{2}\overline{AC}=\dfrac{1}{2}\times 16=8(\text{cm})$이고 $\overline{AC}\perp\overline{BD}$이다.

$\triangle$OAB에서 $\overline{OA}=\overline{OB}=8$ cm이고 $\angle$AOB$=90°$이므로

$\triangle$OAB$=\dfrac{1}{2}\times 8\times 8=32(\text{cm}^2)$

따라서

$\square$ABCD$=4\triangle$OAB

$=4\times 32=128(\text{cm}^2)$

답 128 cm^2

유제 7

$\overline{AD}\,//\,\overline{BC}$이므로

$\angle$ADB$=\angle$DBC$=24°$ (엇각)

즉, $\angle x=24°$

또 등변사다리꼴에서 밑변의 양 끝 각의 크기는 서로 같으므로

$\angle y=36°+24°=60°$

답 $\angle x=24°$, $\angle y=60°$

유제 8

$\overline{AB}=\overline{AD}=\overline{CD}$이므로 $\triangle$DAC는 이등변삼각형이다.

즉, $\angle$DCA$=\angle$DAC$=40°$

$\angle$D$=180°-(40°+40°)=100°$

$\angle$DCB$+\angle$D$=180°$이므로

$\angle$DCB$+100°=180°$

$\angle$DCB$=80°$

따라서 $\angle$B$=\angle$DCB$=80°$

답 $80°$

[다른 풀이]

$\overline{AB}=\overline{AD}=\overline{CD}$이므로 $\angle$DCA$=\angle$DAC$=40°$

$\overline{AD}\,//\,\overline{BC}$이므로 $\angle$ACB$=\angle$DAC$=40°$ (엇각)

$\angle$DCB$=40°+40°=80°$

따라서 $\angle$B$=\angle$DCB$=80°$

유제 9

두 대각선이 항상 서로 수직인 사각형은 마름모와 정사각형뿐이다.

답 ③

유제 10

주어진 조건은 마름모의 성질이므로 네 변의 길이가 모두 같은 사각형은 마름모와 정사각형이다.

답 ②, ④

유제 11

$\overline{AD}\,//\,\overline{BC}$이므로

$\triangle$DBC$=\triangle$ABC$=35$ cm^2

따라서

$\triangle$DOC$=\triangle$DBC$-\triangle$OBC

$=35-21=14(\text{cm}^2)$

답 14 cm^2

유제 12

$\overline{AC}\,//\,\overline{DE}$이므로 $\triangle$ACD$=\triangle$ACE

이때

$\square$ABCD$=\triangle$ABC$+\triangle$ACD

$=\triangle$ABC$+\triangle$ACE

$=\triangle$ABE

따라서 $\triangle$ABE의 넓이는 42 cm^{2}이다.

답 42 cm^2

형성평가

본문 46~47쪽

01 18 cm	02 ②	03 ④	04 25°	05 90°
06 80°	07 4 cm	08 ④	09 ④	10 ①, ⑤	11 60 cm²

12 21 cm²

01

직사각형은 두 대각선의 길이가 같고 서로 다른 것을 이등분하므로

$\overline{OA}=\overline{OB}=\overline{OC}=\overline{OD}=\dfrac{1}{2}\overline{AC}=\dfrac{13}{2}$ cm

따라서 △OCD의 둘레의 길이는
$$\overline{OC}+\overline{OD}+\overline{CD}=\overline{OC}+\overline{OD}+\overline{AB}$$
$$=\frac{13}{2}+\frac{13}{2}+5$$
$$=13+5=18(cm)$$

달 18 cm

02

직사각형은 두 대각선의 길이가 같고 서로 다른 것을 이등분하므로 $\overline{OA}=\overline{OB}=\overline{OC}=\overline{OD}$이다.

달 ②

03

ㄱ. 두 대각선이 서로 수직인 평행사변형 ABCD는 마름모이다.

ㄴ. 한 내각의 크기가 90°인 평행사변형 ABCD는 직사각형이다.

ㄷ. 두 대각선의 길이가 같은 평행사변형 ABCD는 직사각형이다.

ㄹ. △ACD에서 ∠D=180°−(40°+50°)=90°이므로 한 내각의 크기가 90°인 평행사변형 ABCD는 직사각형이다.

따라서 직사각형이 되는 조건은 ㄴ, ㄷ, ㄹ이다.

달 ④

04

△ABO에서 ∠AOB=90°이므로
∠ABO=180°−(90°+65°)=25°
△ABD는 $\overline{AB}=\overline{AD}$인 이등변삼각형이므로
∠ADO=∠ABO=25°

달 25°

05

네 변의 길이가 같은 사각형은 마름모이고, 마름모의 두 대각선은 서로 수직이다.

따라서 △AOD에서 ∠AOD=90°이므로
∠x+∠y+90°=180°
∠x+∠y=90°

달 90°

06

△AED와 △CED에서
$\overline{AD}=\overline{CD}$, ∠ADE=∠CDE=45°, $\overline{DE}$는 공통
이므로 △AED≡△CED (SAS 합동)

즉, ∠DCE=∠DAE=35°
따라서 △DEC에서
∠x=45°+35°=80°

달 80°

07

오른쪽 그림과 같이 점 D를 지나면서 $\overline{AB}$에 평행한 직선이 $\overline{BC}$와 만나는 점을 E라고 하자.

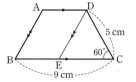

$\overline{AB} /\!/ \overline{DE}$이므로
∠DEC=∠B=∠C=60°
∠EDC=180°−(60°+60°)=60°이므로
△DEC는 정삼각형이다.
즉, $\overline{EC}=\overline{DC}=5$ cm
$\overline{BE}=\overline{BC}-\overline{EC}=9-5=4(cm)$
이때 □ABED는 평행사변형이므로
$\overline{AD}=\overline{BE}=4$ cm

달 4 cm

08

① ∠A=90°이면 □ABCD는 직사각형이다.

② $\overline{AB}=\overline{BC}$이면 □ABCD는 마름모이다.

③ $\overline{AC}=\overline{BD}$이면 □ABCD는 직사각형이다.

⑤ ∠A=∠B이면 □ABCD는 직사각형이다.

달 ④

09

ㄱ. 두 대각선이 서로 수직인 것은 마름모의 성질이므로 직사각형에서 항상 성립하는 것은 아니다.

ㄴ. 두 쌍의 대각의 크기가 각각 같은 것은 평행사변형의 성질이고 마름모는 평행사변형이므로 항상 성립한다.

ㄷ. 대각선의 길이가 같은 것은 직사각형의 성질이고 정사각형은 직사각형이므로 항상 성립한다.

따라서 옳은 것은 ㄴ, ㄷ이다.

달 ④

10

마름모의 각 변의 중점을 연결한 사각형은 직사각형이다.

따라서 □EFGH는 직사각형이므로 직사각형의 성질로 옳지 않은 것은 ①, ⑤이다.

달 ①, ⑤

11

$l /\!/ m$이므로 $\triangle ABC = \triangle DBC$

따라서

$\triangle DBC = \triangle ABC = \triangle ABE + \triangle EBC$
$\qquad = 34 + 26 = 60 (cm^2)$

답 $60\ cm^2$

12

$\overline{AC} /\!/ \overline{DF}$이므로

$\triangle ACD = \triangle ACF$

따라서

$\square ABCD = \triangle ABC + \triangle ACD$
$\qquad = \triangle ABC + \triangle ACF$
$\qquad = \triangle ABF$
$\qquad = \dfrac{1}{2} \times 6 \times (5+2)$
$\qquad = 21 (cm^2)$

답 $21\ cm^2$

중단원 마무리

본문 48~51쪽

01 6 cm	02 ④	03 ⑤	04 40°	05 24 cm
06 ③	07 12 cm²	08 11	09 2 cm	10 70°
11 40°	12 84 cm²	13 29 cm²	14 ④	15 $\dfrac{11}{2}$ cm
16 10°	17 ④	18 110°	19 ②	20 ③
21 ㄱ, ㄷ, ㄹ	22 30°	23 5	24 36 cm²	25 76 cm²
26 36 cm²	27 16 cm	28 80°	29 121 cm²	

01

평행사변형 ABCD의 둘레의 길이가 20 cm이고

$\overline{AB} = 4$ cm이므로

$2(\overline{AD} + 4) = 20$에서

$\overline{AD} + 4 = 10$

따라서 $\overline{AD} = 6$ cm

답 6 cm

02

평행사변형에서 두 쌍의 대각의 크기는 각각 같으므로

$\angle y = \angle A = 125°$

또 이웃하는 두 내각의 크기의 합이 180°이므로

$\angle x + 125° = 180°$에서

$\angle x = 55°$

답 ④

03

ㄱ. 두 쌍의 대변의 길이가 각각 같으므로 평행사변형이다.

ㄴ. 이웃하는 두 내각의 크기의 합이 180°이어도 평행사변형이

아닐 수 있다.

ㄷ. 두 대각선이 서로 다른 것을 이등분하므로 평행사변형이다.

ㄹ. 한 쌍의 대변이 평행하고 그 길이가 같으므로 평행사변형이다.

따라서 평행사변형인 것은 ㄱ, ㄷ, ㄹ이다.

답 ⑤

04

두 대각선이 서로 다른 것을 이등분하므로 □ABCD는 평행사변

형이다.

$\overline{AB} /\!/ \overline{DC}$이므로

$\angle x = \angle ABD = 40°$ (엇각)

답 40°

05

직사각형은 평행사변형이므로 두 쌍의 대변의 길이가 각각 같다.

즉, $\overline{BC} = \overline{AD} = 8$ cm, $\overline{DC} = \overline{AB} = 6$ cm

또한 직사각형은 두 대각선의 길이가 같고 서로 다른 것을 이등분

하므로 $\overline{OC} = \overline{OA} = 5$ cm이고

$\overline{BD} = 2\overline{OA} = 2 \times 5 = 10 (cm)$

따라서 $\triangle DBC$의 둘레의 길이는

$\overline{DB} + \overline{BC} + \overline{CD} = 10 + 8 + 6$
$\qquad = 24 (cm)$

답 24 cm

06

정사각형의 두 대각선은 서로 다른 것을 수직이등분하므로

$\overline{AC} \perp \overline{BD}$, $\overline{OA} = \overline{OB} = \overline{OC} = \overline{OD}$

따라서 $\angle BOC = \angle COD = 90°$,

$\angle OAD = \angle ODA = 45°$

답 ③

07

$\triangle DBC = \triangle ABC = \dfrac{1}{2} \times 6 \times 4$
$\qquad = 12 (cm^2)$

답 $12\ cm^2$

08

평행사변형에서 두 쌍의 대변의 길이는 각각 같으므로
$2x+3=x+7$에서 $x=4$
따라서 $\overline{BC}=\overline{AD}=3\times4-1=11$

답 11

09

$\overline{AD}\,/\!/\,\overline{BC}$이므로
$\angle CED=\angle ECB$ (엇각)
△DEC에서 $\angle DEC=\angle DCE$이므로
△DEC는 $\overline{DE}=\overline{DC}=7$ cm인 이등변삼각형이다.

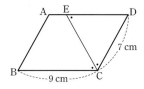

따라서 $\overline{AD}=\overline{BC}=9$ cm이므로
$\overline{AE}=\overline{AD}-\overline{DE}$
$\quad=9-7=2(\text{cm})$

답 2 cm

10

평행사변형에서 이웃하는 두 내각의 크기의 합은 $180°$이므로
$\angle A+\angle D=180°$
$\angle A : \angle D=7 : 11$이므로
$\angle A=180°\times\dfrac{7}{18}=70°$
따라서 $\angle C=\angle A=70°$

답 $70°$

11

평행사변형의 대각의 크기는 같으므로
$\angle B=\angle D=50°$
따라서 △ABE에서
$\angle BAE=180°-(90°+50°)=40°$

답 $40°$

12

□ABCD는 두 대각선에 의하여 사등분되므로
$\square ABCD\times\dfrac{3}{4}=63$
따라서 $\square ABCD=63\times\dfrac{4}{3}=84(\text{cm}^2)$

답 $84\,\text{cm}^2$

13

색칠한 부분의 넓이는 평행사변형 ABCD의 넓이의 $\dfrac{1}{2}$이므로
$\dfrac{1}{2}\square ABCD=\dfrac{1}{2}\times58=29(\text{cm}^2)$

답 $29\,\text{cm}^2$

14

□ABCD가 직사각형이므로
$\overline{DC}=\overline{AB}=5$ cm이고 $\overline{OA}=\overline{OB}=\overline{OC}=\overline{OD}$
△OAB는 이등변삼각형이므로 $\angle AOB=60°$
△OAB는 세 내각의 크기의 합은 $180°$이므로
$\angle AOB=180°-(60°+60°)=60°$
즉, △OAB는 정삼각형이므로
$\overline{OA}=\overline{AB}=5$ cm
$\overline{BD}=2\overline{OA}=2\times5=10(\text{cm})$
$\angle DBC=\angle ABC-\angle ABD$
$\qquad=90°-60°=30°$
따라서 옳은 것은 ㄱ, ㄴ, ㄷ이다.

답 ④

15

$\angle BCD=\angle ADC$이면 이웃하는 두 각의 크기가 같으므로
평행사변형 ABCD는 직사각형이다.
따라서 직사각형의 두 대각선의 길이는 서로 같으므로
$\overline{OD}=\dfrac{1}{2}\overline{BD}=\dfrac{1}{2}\overline{AC}=\dfrac{11}{2}(\text{cm})$

답 $\dfrac{11}{2}$ cm

16

$\overline{AB}=\overline{BC}$이므로 △ABC는 이등변삼각형이다.
$\angle BAC=\angle BCA=\angle x$
△ABO에서 $\angle AOB=90°$이므로
$\angle x+\angle y=90°$
또, $\angle x : \angle y=5 : 4$이므로
$\angle x=90°\times\dfrac{5}{9}=50°$
$\angle y=90°\times\dfrac{4}{9}=40°$
따라서 $\angle x-\angle y=50°-40°=10°$

답 $10°$

17

두 대각선이 서로 수직이므로 평행사변형 ABCD는 마름모이다.

ㄴ. 마름모는 네 변의 길이가 모두 같으므로
$$\overline{AB}=\overline{AD}=5\ cm$$

ㄹ. ∠BOC=90°이므로 △BOC에서
$$\angle CBO=180°-(90°+55°)=35°$$

따라서 항상 옳은 것은 ㄴ, ㄹ이다.

답 ④

18

$\overline{OA}=\overline{OC}$, $\overline{OB}=\overline{OD}$이고 $\overline{AC}\perp\overline{BD}$인 사각형 ABCD는 마름모이다.

$$\angle ABC=2\angle OBC=2\times35°=70°$$

마름모는 평행사변형이므로 이웃하는 두 내각의 크기의 합이 180°이다.

∠x+∠ABC=180°에서 ∠x+70°=180°

따라서 ∠x=110°

답 110°

19

$\overline{BC}=7\ cm$가 되면 이웃하는 두 변의 길이가 같게 되어 평행사변형 ABCD는 마름모가 된다. 따라서 마름모가 되지 않는 조건을 찾는다.

① 이웃하는 두 변의 길이가 같은 평행사변형은 마름모이다.

③, ④ 두 대각선이 직교하는 평행사변형은 마름모이다.

⑤ △ABD는 $\overline{AB}=\overline{AD}$인 이등변삼각형이므로 이웃하는 두 변의 길이가 같은 평행사변형은 마름모이다.

답 ②

20

정사각형의 두 대각선은 길이가 같고 서로 다른 것을 수직이등분하므로

$$\overline{OA}=\overline{OB}=\overline{OC}=\overline{OD}=4\ cm,$$
$$\overline{AC}=\overline{BD}=2\overline{OA}=2\times4=8(cm)$$

△OAB에서 $\overline{OA}=\overline{OB}$이므로 ∠OAB=∠OBA

또한 $\overline{AC}\perp\overline{BD}$이므로

$$\angle BOC=90°$$

답 ③

21

ㄱ. $\overline{OA}=\overline{OB}$이면 $\overline{AC}=2\overline{OA}=2\overline{OB}=\overline{BD}$이므로
$\overline{AC}=\overline{BD}$인 마름모는 정사각형이다.

ㄷ. ∠ABC=90°인 마름모는 정사각형이다.

ㄹ. ∠OCD=∠ODC이면 △OCD는 $\overline{OC}=\overline{OD}$인 이등변삼각형이므로 $\overline{AC}=2\overline{OC}=2\overline{OD}=\overline{BD}$이다.
따라서 $\overline{AC}=\overline{BD}$인 마름모는 정사각형이다.

답 ㄱ, ㄷ, ㄹ

22

□ABCD는 평행사변형이므로
$$\overline{AB}=\overline{DC} \quad\cdots\cdots \text{㉠}$$

□ABCE는 등변사다리꼴이므로
$$\overline{AB}=\overline{EC} \quad\cdots\cdots \text{㉡}$$

㉠, ㉡에서

△ECD는 $\overline{EC}=\overline{DC}$인 이등변삼각형이다.

□ABCD에서 ∠D=∠B=75°이고

△ECD에서 ∠DEC=∠D=75°

따라서
$$\angle DCE=180°-(75°+75°)$$
$$=30°$$

답 30°

23

대각선의 길이가 같은 사각형은 직사각형, 정사각형, 등변사다리꼴이므로 $a=3$

대각선이 서로 다른 것을 수직이등분하는 사각형은 마름모, 정사각형이므로 $b=2$

따라서 $a+b=3+2=5$

답 5

24

∠OAB=∠OBA=45°이므로 $\overline{AE}\perp\overline{BF}$이다.

따라서 □ABEF는 정사각형이므로

$$\square ABEF=6\times6=36(cm^2)$$

답 36 cm²

25

오른쪽 그림과 같이
$\overline{BG}$, $\overline{BD}$를 그으면
△ABE+△EFG+△GCD
=△ABE+△EBG+△GBD
=△ABD

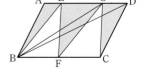

즉, 색칠한 부분의 넓이는 평행사변형 ABCD의 넓이의 $\dfrac{1}{2}$이다.

따라서 □ABCD=2×38=76(cm²)

답 76 cm²

26

$\triangle ABC = \triangle ACD = \triangle ADE = \triangle AEF = \triangle AFG$

이므로 각 삼각형의 넓이는 $90 \times \dfrac{1}{5} = 18(\text{cm}^2)$

따라서

$\triangle ACE = \triangle ACD + \triangle ADE$
$\qquad = 18 + 18 = 36(\text{cm}^2)$

답 $36\,\text{cm}^2$

27

$\angle ABC = \angle ACB = \angle FEB$ (동위각)이므로
$\triangle FBE$는 이등변삼각형이 되고 $\overline{FB} = \overline{FE}$
즉, $\overline{AF} + \overline{FE} = \overline{AF} + \overline{FB} = \overline{AB} = 8\,\text{cm}$
평행사변형의 두 쌍의 대변의 길이는 각각 같으므로
평행사변형 AFED의 둘레의 길이는
$2(\overline{AF} + \overline{FE}) = 2 \times 8 = 16(\text{cm})$

답 $16\,\text{cm}$

28

$\overline{AB} = \overline{DC} = \overline{EB} = \overline{BF}$이므로
$\triangle BEF$는 $\overline{BE} = \overline{BF}$인 이등변삼각형이고
$\angle BFE = \angle BEF = 70°$
$\angle ABC = 180° - 70° = 110°$이고
$\angle ABE = \angle EBF = 180° - (70° + 70°) = 40°$이므로
$\angle FBC = 110° - (40° + 40°) = 30°$
따라서 $\angle BFC = 180° - (30° + 70°) = 80°$

답 $80°$

29

$\triangle ABC$와 $\triangle DBC$는 밑변 BC가 공통이고 높이가 같으므로 넓이가 서로 같다.
$\triangle ABC = \triangle OAB + \triangle OBC$이고
$\triangle DBC = \triangle ODC + \triangle OBC$이므로
$\triangle OAB = \triangle ODC$이다.
이때 $\triangle OAB = \triangle ODC = x\,\text{cm}^2$라고 하면
$\triangle ABC : \triangle ABD = (36 + x) : (25 + x) = 6 : 5$에서
$180 + 5x = 150 + 6x$
$x = 30$
따라서 사다리꼴 ABCD의 넓이는
$25 + 30 + 36 + 30 = 121(\text{cm}^2)$

답 $121\,\text{cm}^2$

서술형 예제 : $\overline{BF}$, $\overline{OB}$, $\angle FBO$, ASA, $\overline{FB}$, 평행사변형, 마름모

서술형 유제 : 풀이 참조

1 $72\,\text{cm}^2$ **2** $24\,\text{cm}^2$ **3** $25\,\text{cm}^2$ **4** $20\,\text{cm}^2$

서술형 예제

$\square ABCD$는 평행사변형이므로
$\overline{AD} /\!/ \overline{BC}$에서 $\overline{ED} /\!/ \boxed{\overline{BF}}$ $\quad$ …… ㉠ … 1단계
$\triangle EOD$와 $\triangle FOB$에서
$\angle EOD = \angle FOB$, $\overline{OD} = \boxed{\overline{OB}}$, $\angle EDO = \boxed{\angle FBO}$ (엇각)
이므로 $\triangle EOD \equiv \triangle FOB$ ($\boxed{ASA}$ 합동)
즉, $\overline{ED} = \boxed{\overline{FB}}$ $\quad$ …… ㉡ … 2단계
㉠, ㉡에서 $\square EBFD$는 $\boxed{평행사변형}$ 이다. … 3단계
이때 $\overline{EF} \perp \overline{BD}$이므로 $\square EBFD$는 $\boxed{마름모}$ 이다. … 4단계

답 풀이 참조

단계	채점 기준	비율
1단계	$\overline{ED} /\!/ \overline{BF}$임을 보인 경우	20 %
2단계	$\overline{ED} = \overline{FB}$임을 보인 경우	40 %
2단계	$\square EBFD$가 평행사변형임을 알아낸 경우	20 %
4단계	$\square EBFD$가 마름모임을 알아낸 경우	20 %

서술형 유제

$\triangle FDA$에서
$2(\angle FAD + \angle FDA) = 180°$
$\angle FAD + \angle FDA = 90°$이므로
$\angle AFD = 180° - 90° = 90°$
$\triangle HBC$에서
$\angle HBC + \angle HCB = 90°$이므로
$\angle BHC = 180° - 90° = 90°$ … 1단계
$\triangle EAB$에서
$\angle EAB + \angle EBA = 90°$이므로
$\angle AEB = 180° - 90° = 90° = \angle FEH$
$\triangle GCD$에서
$\angle GCD + \angle GDC = 90°$이므로
$\angle CGD = 180° - 90° = 90° = \angle HGF$ … 2단계
따라서 $\square EFGH$는 네 내각의 크기가 모두 직각이므로 직사각형이다. … 3단계

답 풀이 참조

단계	채점 기준	비율
1단계	∠AFD와 ∠BHC가 각각 90°임을 보인 경우	40 %
2단계	∠FEH와 ∠HGF가 각각 90°임을 보인 경우	40 %
3단계	□EFGH가 직사각형임을 알아낸 경우	20 %

1

$\triangle$OAE와 $\triangle$OCF에서

$\overline{OA}=\overline{OC}$, $\angle$AOE$=\angle$COF (맞꼭지각),

$\angle$OAE$=\angle$OCF (엇각)

이므로 $\triangle$OAE$\equiv$$\triangle$OCF (ASA 합동) ··· 1단계

$$\triangle OAD = \triangle ODE + \triangle OAE$$
$$= \triangle ODE + \triangle OCF$$
$$= 18(cm^2) \quad ··· \text{2단계}$$

$\triangle$OAD$=\dfrac{1}{4}$□ABCD이므로

$$\square ABCD = 4\triangle OAD = 4\times 18 = 72(cm^2) \quad ··· \text{3단계}$$

단계	채점 기준	비율
1단계	$\triangle$OAE와 $\triangle$OCF가 합동임을 알아낸 경우	40 %
2단계	$\triangle$OAD의 넓이를 구한 경우	30 %
3단계	□ABCD의 넓이를 구한 경우	30 %

2

평행사변형에서 한 대각선에 의하여 넓이는 이등분되므로

$\triangle$ABD$=\dfrac{1}{2}$□ABCD이고

$$\triangle ABE = \frac{1}{3}\triangle ABD = \frac{1}{6}\square ABCD \quad ··· \text{1단계}$$

마찬가지로 $\triangle$CBD$=\dfrac{1}{2}$□ABCD이고

$$\triangle CBE = \frac{1}{3}\triangle CBD = \frac{1}{6}\square ABCD \quad ··· \text{2단계}$$

따라서 색칠한 부분의 넓이는

$$\triangle ABE + \triangle CBE = \frac{1}{6}\square ABCD + \frac{1}{6}\square ABCD$$
$$= \frac{1}{3}\square ABCD$$
$$= \frac{1}{3}\times 72$$
$$= 24(cm^2) \quad ··· \text{3단계}$$

답 24 cm²

단계	채점 기준	비율
1단계	$\triangle$ABE$=\dfrac{1}{6}$□ABCD임을 알아낸 경우	30 %
2단계	$\triangle$CBE$=\dfrac{1}{6}$□ABCD임을 알아낸 경우	30 %
3단계	색칠한 부분의 넓이를 구한 경우	40 %

3

$\triangle$OCP와 $\triangle$ODQ에서

$\overline{OC}=\overline{OD}$,

$\angle$OCP$=\angle$ODQ,

$\angle$POC$=90°-\angle$COQ$=\angle$QOD

이므로

$\triangle$OCP$\equiv$$\triangle$ODQ (ASA 합동) ··· 1단계

따라서 색칠한 부분의 넓이는

$$\triangle OCQ + \triangle OCP = \triangle OCQ + \triangle ODQ$$
$$= \triangle OCD \quad ··· \text{2단계}$$
$$= \frac{1}{4}\square ABCD$$
$$= \frac{1}{4}\times 10 \times 10$$
$$= 25(cm^2) \quad ··· \text{3단계}$$

답 25 cm²

단계	채점 기준	비율
1단계	$\triangle$OCP와 $\triangle$ODQ가 합동임을 알아낸 경우	50 %
2단계	색칠한 부분의 넓이가 $\triangle$OCD의 넓이와 같음을 알아낸 경우	30 %
3단계	색칠한 부분의 넓이를 구한 경우	20 %

4

$$\triangle PAB + \triangle PCD = \frac{1}{2}\square ABCD \quad ··· \text{1단계}$$
$$= \frac{1}{2}\times 96$$
$$= 48(cm^2) \quad ··· \text{2단계}$$

$\triangle$PCD의 넓이를 x cm²라고 하면

$\triangle$PAB$=(x+8)$ cm²이고

$(x+8)+x=48$에서

$2x=40$

$x=20$

따라서 $\triangle$PCD의 넓이는 20 cm²이다. ··· 3단계

단계	채점 기준	비율
1단계	$\triangle$PAB$+\triangle$PCD$=\dfrac{1}{2}$□ABCD임을 알아낸 경우	30 %
2단계	$\triangle$PAB$+\triangle$PCD의 넓이를 구한 경우	20 %
3단계	$\triangle$PCD의 넓이를 구한 경우	50 %

V 도형의 닮음과 피타고라스 정리

1. 도형의 닮음

1 닮은 도형

본문 56~60쪽

개념 확인 문제

1 (1) 닮음 (2) 닮은 도형
2 (1) 점 E (2) 변 FG (3) ∠D (4) 1 : 2
3 (1) 3 cm (2) 110° (3) 18 cm² **4** (1) 3 (2) 160 cm³

유제 1

⑤ 두 직각이등변삼각형은 한 직각이등변삼각형을 일정한 비율로 확대하거나 축소하면 다른 직각이등변삼각형과 합동이 되므로 두 도형은 서로 닮은 도형이다.

답 ⑤

유제 2

두 정오각형은 한 정오각형을 일정한 비율로 확대하거나 축소하면 다른 정오각형과 합동이 되므로 두 도형은 서로 닮은 도형이다. 같은 방법으로 두 정사면체도 서로 닮은 도형이다.

답 ②, ④

유제 3

(1) 대응하는 두 변 BC와 EF의 길이의 비가
   6 : 9=2 : 3이므로
   닮음비는 2 : 3
(2) △ABC와 △DEF의 닮음비가 2 : 3이므로
   4 : $\overline{DE}$=2 : 3
   2$\overline{DE}$=12
   따라서 $\overline{DE}$=6 cm
(3) ∠B=∠E=120°

답 (1) 2 : 3 (2) 6 cm (3) 120°

유제 4

(1) 대응하는 두 변 BC와 FG의 길이의 비가
   9 : 12=3 : 4이므로
   닮음비는 3 : 4
(2) 두 사각형의 닮음비가 3 : 4이므로
   6 : $\overline{EF}$=3 : 4
   3$\overline{EF}$=24
   따라서 $\overline{EF}$=8 cm

(3) ∠F=∠B=70°이고
   사각형의 네 내각의 크기의 합은 360°이므로
   100°+70°+85°+∠H=360°
   따라서 ∠H=105°

답 (1) 3 : 4 (2) 8 cm (3) 105°

유제 5

□ABCD와 □EFGH의 닮음비가 1 : 2이므로
$\overline{CD} : \overline{GH}$=1 : 2
$\overline{CD}$: 6=1 : 2
2$\overline{CD}$=6
$\overline{CD}$=3 cm
이때 $\overline{AB}=\overline{DC}$=3 cm, $\overline{AD}=\overline{BC}$=5 cm
따라서 □ABCD의 둘레의 길이는
2×(5+3)=16(cm)

답 16 cm

유제 6

원 O와 원 O′의 닮음비는 2 : 3이고
넓이의 비는 $2^2 : 3^2$=4 : 9
따라서 원 O′의 넓이는
$8\pi \times \dfrac{9}{4}=18\pi(cm^2)$

답 18π cm²

유제 7

두 닮은 입체도형에서 대응하는 모서리의 길이의 비가 닮음비이므로
$\overline{AD} : \overline{EH}$=4 : 8=1 : 2에서
두 도형의 닮음비는 1 : 2
x : 7=1 : 2
2x=7
$x=\dfrac{7}{2}$
3 : y=1 : 2
y=6
따라서 $x+y=\dfrac{7}{2}+6=\dfrac{19}{2}$

답 $\dfrac{19}{2}$

유제 8

두 정사면체의 닮음비는 4 : 3이므로
$\overline{VC}$: 6=4 : 3
3$\overline{VC}$=24

$\overline{VC}=8$ cm

그런데 정사면체의 모서리는 6개이고 그 길이가 모두 같으므로

정사면체 $V-ABC$의 모든 모서리의 길이의 합은

$8\times 6=48$(cm)

答 48 cm

유제 9

두 원기둥 A, B의 닮음비는 $4:6=2:3$이므로

원기둥 B의 밑면의 지름의 길이를 x cm라고 하면

$6:x=2:3$

$2x=18$

$x=9$

따라서 원기둥 B의 옆면의 넓이는

$9\pi\times 6=54\pi$(cm^2)

答 54π cm^2

유제 10

두 원기둥 A, B의 닮음비는 $2:3$이므로

부피의 비는 $2^3:3^3=8:27$이다.

따라서 원기둥 B의 부피는

$16\pi\times\dfrac{27}{8}=54\pi$(cm^3)

答 54π cm^3

유제 11

두 원뿔 A, B의 닮음비는

$6:8=3:4$

원뿔 A의 밑면의 반지름의 길이를 x cm라고 하면

$x:6=3:4$

$4x=18$

$x=\dfrac{9}{2}$

따라서 원뿔 A의 옆면의 넓이는

$\dfrac{1}{2}\times 6\times 9\pi=27\pi$(cm^2)

答 27π cm^2

유제 12

두 원뿔 A, B의 닮음비는 $3:5$이므로

부피의 비는 $3^3:5^3=27:125$

따라서 원뿔 B의 부피는

$27\pi\times\dfrac{125}{27}=125\pi$(cm^3)

答 125π cm^3

형성평가
본문 61쪽

01 ㄴ	**02** ①, ④	**03** (1) 3 : 2 (2) 6 cm
04 ⑤	**05** 63 cm^2	**06** 64π cm^3

01

ㄴ. 두 정사각형은 항상 서로 닮은 도형이다.

答 ㄴ

02

① 두 직각삼각형에서 한 예각의 크기가 같으면 닮은 도형이다.

④ 마름모는 이웃한 두 내각의 크기의 합이 $180°$이고 네 변의 길이가 모두 같으므로 한 내각의 크기가 같은 두 마름모는 닮은 도형이다.

答 ①, ④

03

(1) 대응하는 두 변 BC와 EF의 길이의 비가

$12:8=3:2$이므로

닮음비는 $3:2$이다.

(2) 두 삼각형의 닮음비가 $3:2$이므로

$9:\overline{DE}=3:2$

$3\overline{DE}=18$

따라서 $\overline{DE}=6$ cm

答 (1) 3 : 2 (2) 6 cm

04

⑤ $2:3=\overline{AD}:8$

$3\overline{AD}=16$

따라서 $\overline{AD}=\dfrac{16}{3}$ cm

答 ⑤

05

대응하는 두 변 AB와 EF의 길이의 비가 $6:9=2:3$이므로

넓이의 비는 $2^2:3^2=4:9$이다.

따라서 □EFGH의 넓이는

$28\times\dfrac{9}{4}=63$(cm^2)

答 63 cm^2

06

두 원기둥 A와 B의 닮음비가 $3:4$이므로

부피의 비는 $3^3:4^3=27:64$이다.

따라서 원기둥 B의 부피는

$27\pi \times \dfrac{64}{27} = 64\pi\,(\text{cm}^3)$

🔲 $64\pi\ \text{cm}^3$

2 삼각형의 닮음 조건

본문 62~66쪽

개념 확인 문제

1 1, k, 1, k, SSS   2 1, k, ∠E, SAS
3 (1) $\overline{\text{BC}}$, 20 (2) $\overline{\text{CD}}$, 15 (3) $\overline{\text{CD}}$, 12

유제 1

② $\overline{\text{AB}} : \overline{\text{DE}} = \overline{\text{BC}} : \overline{\text{EF}}$이므로 ∠B=∠E일 때,
  △ABC∽△DEF이다.

🔲 ②

유제 2

ㄱ. ∠A=40°이면 두 삼각형은 AA 닮음이다.
ㄴ. 두 삼각형이 닮음인지 판단할 수 없다.
ㄷ. $\overline{\text{AC}}$=12 cm, $\overline{\text{DF}}$=18 cm이면 두 삼각형은 SAS 닮음이다.

🔲 ㄱ, ㄷ

유제 3

② $\overline{\text{DF}}=2b$이면 세 쌍의 대응변의 길이의 비가 각각 같으므로
  두 삼각형은 SSS 닮음이다.
④ ∠B=∠E이면 두 쌍의 대응변의 길이의 비가 각각 같고 그
  끼인각의 크기가 같으므로 두 삼각형은 SAS 닮음이다.

🔲 ②, ④

유제 4

(1) △ABC와 △DBA에서
   $\overline{\text{AB}} : \overline{\text{DB}} = 4 : 2 = 2 : 1$,
   $\overline{\text{BC}} : \overline{\text{BA}} = 8 : 4 = 2 : 1$,
   ∠B는 공통
   이므로 두 쌍의 대응하는 변의 길이의 비가 같고
   그 끼인각의 크기가 같다.
   따라서 △ABC∽△DBA (SAS 닮음)
(2) △ABC∽△DBA이므로
   $\overline{\text{AB}} : \overline{\text{DB}} = \overline{\text{AC}} : \overline{\text{DA}}$
   $4 : 2 = 7 : \overline{\text{DA}}$

$2\overline{\text{DA}}=7$

따라서 $\overline{\text{AD}} = \dfrac{7}{2}$ cm

🔲 (1) 풀이 참조 (2) $\dfrac{7}{2}$ cm

유제 5

△ABC와 △EDC에서
$\overline{\text{AC}} : \overline{\text{EC}} = 2 : 4 = 1 : 2$,
$\overline{\text{BC}} : \overline{\text{DC}} = 3 : 6 = 1 : 2$,
∠ACB=∠ECD (맞꼭지각)
이므로 △ABC∽△EDC (SAS 닮음)
$\overline{\text{AC}} : \overline{\text{EC}} = \overline{\text{AB}} : \overline{\text{ED}}$
$2 : 4 = \overline{\text{AB}} : 8$
$2\overline{\text{AB}}=8$
따라서 $\overline{\text{AB}}$=4 cm

🔲 4 cm

유제 6

(1) △ABC와 △ADB에서
   ∠A는 공통,
   ∠C=∠ABD
   이므로 두 쌍의 대응하는 각의 크기가 각각 같다.
   따라서 △ABC∽△ADB (AA 닮음)
(2) △ABC∽△ADB이므로
   $\overline{\text{AB}} : \overline{\text{AD}} = \overline{\text{AC}} : \overline{\text{AB}}$
   $6 : 4 = \overline{\text{AC}} : 6$
   $2\overline{\text{AC}}=18$
   $\overline{\text{AC}}$=9 cm
   따라서
   $\overline{\text{CD}} = \overline{\text{AC}} - \overline{\text{AD}}$
      $=9-4$
      $=5\,(\text{cm})$

🔲 (1) 풀이 참조 (2) 5 cm

유제 7

△ABC∽△AED (AA 닮음)이므로
$\overline{\text{AC}} : \overline{\text{AD}} = \overline{\text{BC}} : \overline{\text{ED}}$
$9 : 4 = \overline{\text{BC}} : 6$
$4\overline{\text{BC}}=54$
따라서 $\overline{\text{BC}} = \dfrac{27}{2}$ cm

🔲 $\dfrac{27}{2}$ cm

유제 8

(1) △ABC와 △DBA에서

∠BAC=∠BDA=90°,

∠B는 공통

이므로 △ABC∽△DBA (AA 닮음)

(2) △ABC∽△DBA이므로

$\overline{AB}^2=\overline{BD}\times\overline{BC}$

$225=9\times\overline{BC}$

$\overline{BC}=25$ cm

따라서

$\overline{CD}=\overline{BC}-\overline{BD}$

　　$=25-9$

　　$=16$(cm)

🔲 (1) 풀이 참조 (2) 16 cm

유제 9

△DBA와 △DAC에서

∠BDA=∠ADC=90° ……㉠

∠ABD+∠BAD=90°이고

∠CAD+∠BAD=90°이므로

∠ABD=∠CAD ……㉡

㉠, ㉡에 의하여

△DBA∽△DAC (AA 닮음)이므로

$\overline{AD}^2=\overline{BD}\times\overline{CD}$

$81=6\times\overline{CD}$

따라서 $\overline{CD}=\dfrac{27}{2}$ cm

🔲 $\dfrac{27}{2}$ cm

형성평가 본문 67쪽

01 ㄴ, ㄷ

02 (1) △ABC∽△AED (AA 닮음)

　　 (2) △ABC∽△AED (SAS 닮음)

03 $\dfrac{8}{3}$ cm　　**04** 8 cm　　**05** 9 cm　　**06** 9 cm

01

ㄴ. SAS 닮음

ㄷ. SSS 닮음

🔲 ㄴ, ㄷ

02

(1) △ABC와 △AED에서

∠A는 공통, ∠B=∠AED=55°

이므로 두 쌍의 대응각의 크기가 각각 같다.

따라서 △ABC∽△AED (AA 닮음)

(2) △ABC와 △AED에서

$\overline{AB}:\overline{AE}=2:1$, $\overline{AC}:\overline{AD}=2:1$,

∠BAC=∠EAD (맞꼭지각)

이므로 두 쌍의 대응변의 길이의 비가 각각 같고

그 끼인각의 크기가 같다.

따라서 △ABC∽△AED (SAS 닮음)

🔲 (1) △ABC∽△AED (AA 닮음)

　　 (2) △ABC∽△AED (SAS 닮음)

03

△ABC와 △DAC에서

$\overline{AC}:\overline{DC}=6:4=3:2$,

$\overline{BC}:\overline{AC}=9:6=3:2$,

∠C는 공통

이므로 △ABC∽△DAC (SAS 닮음)

$\overline{AC}:\overline{DC}=\overline{AB}:\overline{DA}$

$6:4=4:\overline{DA}$

$3\overline{DA}=8$

따라서 $\overline{AD}=\dfrac{8}{3}$ cm

🔲 $\dfrac{8}{3}$ cm

04

△ABC와 △AED에서

∠ABC=∠AED,

∠A는 공통

이므로 △ABC∽△AED (AA 닮음)

$\overline{AB}:\overline{AE}=\overline{AC}:\overline{AD}$

$\overline{AB}:6=8:4$

$\overline{AB}=12$ cm

따라서

$\overline{BD}=\overline{AB}-\overline{AD}$

　　$=12-4$

　　$=8$(cm)

🔲 8 cm

05

$\triangle ABC$와 $\triangle DAC$에서

$\angle BAC = \angle ADC = 90°$,

$\angle C$는 공통

이므로 $\triangle ABC \backsim \triangle DAC$ (AA 닮음)

$\overline{AC}^2 = \overline{CD} \times \overline{CB}$

$36 = 3 \times \overline{CB}$

$\overline{CB} = 12$ cm

따라서

$\overline{BD} = \overline{BC} - \overline{DC}$

$\quad = 12 - 3$

$\quad = 9$(cm)

답 9 cm

06

$\triangle DAB$와 $\triangle DCA$에서

$\angle ADB = \angle CDA = 90°$ ······ ㉠

$\angle ABD + \angle BAD = 90°$이고

$\angle CAD + \angle BAD = 90°$이므로

$\angle ABD = \angle CAD$ ······ ㉡

㉠, ㉡에 의하여

$\triangle DAB \backsim \triangle DCA$ (AA 닮음)

$\overline{AD}^2 = \overline{BD} \times \overline{CD}$

$36 = 4 \times \overline{CD}$

따라서 $\overline{CD} = 9$ cm

답 9 cm

중단원 마무리

본문 68~71쪽

01 ②	02 ⑤	03 ③	04 ④	05 ①	06 ④
07 ②	08 ④	09 ⑤	10 ②, ③	11 ④	12 ②
13 ③	14 ③	15 ③	16 ②	17 ②	18 ③
19 ②	20 ④	21 ②	22 6 cm		
23 $\frac{32}{5}$ cm		24 $\frac{24}{5}$ cm			

01

$\triangle ABC \backsim \triangle DEF$이므로

$\overline{AB}$에 대응하는 변은 $\overline{DE}$이고

$\angle F$에 대응하는 각은 $\angle C$이다.

답 ②

02

⑤ 두 구는 항상 서로 닮음이다.

답 ⑤

03

② $\angle H = 360° - (80° + 60° + 140°) = 80°$

③ $\overline{AD}$의 길이는 알 수 없다.

답 ③

04

$\overline{BC} : \overline{FG} = 2 : 5$

$6 : \overline{FG} = 2 : 5$

$2\overline{FG} = 30$

$\overline{FG} = 15$ cm

따라서 □EFGH의 둘레의 길이는

$2 \times (15 + 10) = 50$(cm)

답 ④

05

작은 원의 반지름의 길이는 2 cm이므로 작은 원의 둘레의 길이는 4π cm이다.

따라서 작은 원과 큰 원의 닮음비는

$4\pi : 8\pi = 1 : 2$

답 ①

06

$\triangle ACE \backsim \triangle BDE$ (SAS 닮음)이고

닮음비가 $3 : 6 = 1 : 2$이므로

$x : 12 = 1 : 2$

$2x = 12$

따라서 $x = 6$

답 ④

07

② 모든 직육면체가 닮은 도형인 것은 아니다.

답 ②

08

두 삼각기둥의 닮음비는

$\overline{AC} : \overline{GI} = 6 : 10 = 3 : 5$이므로

$x : 8 = 3 : 5$에서

$5x = 24$

$x = \frac{24}{5}$

또 $9 : y = 3 : 5$에서

$3y = 45$

$y = 15$

따라서 $xy = \dfrac{24}{5} \times 15 = 72$

답 ④

09

$\overline{AB} : \overline{DA} = \overline{AD} : \overline{DF}$이므로

$25 : 20 = 20 : \overline{DF}$

$5\overline{DF} = 80$

$\overline{DF} = 16 \text{ cm}$

따라서

$\overline{FC} = \overline{DC} - \overline{DF}$

$\quad = 25 - 16$

$\quad = 9 (\text{cm})$

답 ⑤

10

②, ③ 두 쌍의 대응하는 변의 길이의 비는 각각 같으나 크기가 같은 두 대응하는 각이 그 끼인각이 아니므로 닮음이 아니다.

답 ②, ③

11

$\triangle ABC$와 $\triangle ACD$에서

$\angle B = \angle ACD$, $\angle A$는 공통

이므로 $\triangle ABC \backsim \triangle ACD$ (AA 닮음)

이때 닮음비는 $\overline{AC} : \overline{AD} = 9 : 6 = 3 : 2$이므로

$\overline{AB} : \overline{AC} = 3 : 2$

$\overline{AB} : 9 = 3 : 2$

$2\overline{AB} = 27$

$\overline{AB} = \dfrac{27}{2} (\text{cm})$

$\overline{DB} = \overline{AB} - \overline{AD}$

$\quad = \dfrac{27}{2} - 6$

$\quad = \dfrac{15}{2} (\text{cm})$

$\overline{BC} : \overline{CD} = 3 : 2$

$12 : \overline{CD} = 3 : 2$

$3\overline{CD} = 24$

$\overline{CD} = 8 \text{ cm}$

따라서 $\triangle DBC$의 둘레의 길이는

$\dfrac{15}{2} + 12 + 8 = \dfrac{55}{2} (\text{cm})$

답 ④

12

$\overline{AD} /\!/ \overline{BC}$이고

$\triangle ABE$와 $\triangle DFC$는 모두 이등변삼각형이므로

$\overline{BE} = 8 \text{ cm}$, $\overline{CF} = 8 \text{ cm}$

이때 $\overline{BC} = \overline{BF} + \overline{FE} + \overline{EC}$이므로

$12 = 8 + 8 - \overline{FE}$

$\overline{FE} = 16 - 12 = 4 (\text{cm})$

따라서 $\triangle AOD$와 $\triangle EOF$의 닮음비는

$\overline{AD} : \overline{EF} = 12 : 4 = 3 : 1$

답 ②

13

$\triangle ABC \backsim \triangle BCD$ (AA 닮음)이므로

$\overline{AB} : \overline{BC} = \overline{BC} : \overline{CD}$

$9 : 12 = 12 : \overline{CD}$

$3 : 4 = 12 : \overline{CD}$

$3\overline{CD} = 48$

따라서 $\overline{CD} = 16 \text{ cm}$

답 ③

14

$\triangle AFE \backsim \triangle CFB$ (AA 닮음)이므로

$\overline{AF} : \overline{CF} = \overline{AE} : \overline{CB}$

$4 : 6 = \overline{AE} : 9$

$2 : 3 = \overline{AE} : 9$

$3\overline{AE} = 18$

따라서 $\overline{AE} = 6 \text{ cm}$

답 ③

15

$\triangle ABC \backsim \triangle CBD \backsim \triangle ACD$ (AA 닮음)이므로

$\overline{AB} : \overline{CB} = \overline{BC} : \overline{BD}$에서

$5 : 4 = 4 : x$

$5x = 16$

$x = \dfrac{16}{5}$

$\overline{AB} : \overline{AC} = \overline{BC} : \overline{CD}$에서

$5 : 3 = 4 : y$

$5y = 12$

$y = \dfrac{12}{5}$

따라서 $x - y = \dfrac{16}{5} - \dfrac{12}{5} = \dfrac{4}{5}$

답 ③

16

$\angle DAB + \angle ABD = 90°$이고
$\angle CBE + \angle ABD = 90°$이므로
$\angle DAB = \angle CBE$
$\triangle ADB \backsim \triangle BEC$ (AA 닮음)이므로
$\overline{AD} : \overline{BE} = \overline{DB} : \overline{EC}$에서
$4 : 8 = \overline{DB} : 10$
$1 : 2 = \overline{DB} : 10$
$2\overline{DB} = 10$
따라서 $\overline{DB} = 5$ cm

답 ②

17

A(3, 0), B(0, 4)이므로
$\overline{OA} = 3$, $\overline{OB} = 4$이고
$\triangle AOB \backsim \triangle AHO$ (AA 닮음)이므로
$\overline{AO} : \overline{AH} = \overline{AB} : \overline{AO}$
$3 : \overline{AH} = 5 : 3$
$5\overline{AH} = 9$
따라서 $\overline{AH} = \dfrac{9}{5}$

답 ②

18

$\triangle DBE \backsim \triangle CBA$ (AA 닮음)이므로
$\overline{DB} : \overline{CB} = \overline{BE} : \overline{BA}$에서
$12 : 6 = (6 + x) : 8$
$2 : 1 = (6 + x) : 8$
$6 + x = 16$
$x = 10$
또
$\overline{DB} : \overline{CB} = \overline{DE} : \overline{CA}$에서
$12 : 6 = y : 5$
$2 : 1 = y : 5$
$y = 10$
따라서 $x + y = 10 + 10 = 20$

답 ③

19

$\triangle ABE$와 $\triangle DEF$에서
$\angle ABE + \angle BEA = 90°$이고
$\angle BEA + \angle FED = 90°$이므로
$\angle ABE = \angle FED$

$\angle A = \angle D$
이므로 $\triangle ABE \backsim \triangle DEF$ (AA 닮음)이다.
$\overline{DE} = 1$ cm이므로
$\overline{AB} : \overline{DE} = \overline{AE} : \overline{DF}$에서
$3 : 1 = 4 : \overline{DF}$, $3\overline{DF} = 4$
따라서 $\overline{DF} = \dfrac{4}{3}$ cm

답 ②

20

그릇과 채워진 물의 모양이 닮은 도형이고 닮음비는 $4 : 3$이다.
물의 단면의 둘레의 길이를 x cm라고 하면
$4 : 3 = 24\pi : x$
$4x = 72\pi$, $x = 18\pi$
따라서 물의 단면의 둘레의 길이는 18π cm이다.

답 ④

21

$\triangle ABC \backsim \triangle EDA$ (AA 닮음)이므로
$\overline{BC} : \overline{DA} = \overline{AC} : \overline{EA}$에서
$12 : 8 = \overline{AC} : 6$, $3 : 2 = \overline{AC} : 6$
$2\overline{AC} = 18$
$\overline{AC} = 9$ cm
따라서 $\overline{EC} = \overline{AC} - \overline{AE} = 9 - 6 = 3$(cm)

답 ②

22

$\triangle ABC$와 $\triangle DEF$에서
$\angle ABC = \angle DEF$,
$\angle BCA = \angle EFD$
이므로 $\triangle ABC \backsim \triangle DEF$ (AA 닮음)
$\overline{BC} : \overline{EF} = \overline{AB} : \overline{DE}$에서
$8 : 4 = \overline{AB} : 3$
$2 : 1 = \overline{AB} : 3$
따라서 $\overline{AB} = 6$ cm

답 6 cm

23

$\triangle BDE$와 $\triangle CEF$에서
$\angle B = \angle C = 60°$ ······ ㉠
$\angle BDE + \angle DEB = 120°$이고
$\angle DEB + \angle CEF = 120°$이므로
$\angle BDE = \angle CEF$ ······ ㉡

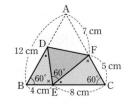

㉠, ㉡에 의하여

△BDE∽△CEF (AA 닮음)

$\overline{CF}=5$ cm, $\overline{CE}=8$ cm이므로

$\overline{BD}:\overline{CE}=\overline{BE}:\overline{CF}$에서

$\overline{BD}:8=4:5$

$5\overline{BD}=32$

따라서 $\overline{BD}=\dfrac{32}{5}$ cm

답 $\dfrac{32}{5}$ cm

24

△ABC에서 $8^2=16\times\overline{CD}$

$\overline{CD}=4$ cm

점 M은 △ABC의 외심이므로

$\overline{AM}=\overline{BM}=\overline{CM}=\dfrac{1}{2}\times(16+4)=10$ (cm)이고

$\overline{MD}=10-4=6$ (cm)이므로

△AMD에서

$\overline{AD}\times\overline{MD}=\overline{AM}\times\overline{DE}$

$8\times6=10\times\overline{DE}$

따라서 $\overline{DE}=\dfrac{48}{10}=\dfrac{24}{5}$ (cm)

답 $\dfrac{24}{5}$ cm

| 서술형 예제 | ∠A, $\overline{AD}$, 8, 12, 12, 2 |
| 서술형 유제 | 10 cm |

1 4 cm   **2** 4 cm   **3** 6 cm   **4** 6 cm

서술형 예제

△ABC와 △AED에서

∠ABC=∠AED,

∠A 는 공통

이므로 △ABC∽△AED (AA 닮음)   ··· 1단계

$\overline{AB}:\overline{AE}=\overline{AC}:\overline{AD}$

$15:10=\overline{AC}:8$

$\overline{AC}=12$ cm   ··· 2단계

따라서 $\overline{EC}=\overline{AC}-\overline{AE}=12-10=2$ (cm)   ··· 3단계

답 풀이 참조

단계	채점 기준	비율
1단계	△ABC∽△AED임을 설명한 경우	30 %
2단계	$\overline{AC}$의 길이를 구한 경우	50 %
3단계	$\overline{EC}$의 길이를 구한 경우	20 %

서술형 유제

△ADB와 △AEC에서

∠ADB=∠AEC=90°,

∠A는 공통

이므로 △ADB∽△AEC (AA 닮음)   ··· 1단계

$\overline{AB}:\overline{AC}=\overline{AD}:\overline{AE}$

$12:\overline{AC}=6:8$

$12:\overline{AC}=3:4$

$3\overline{AC}=48$

$\overline{AC}=16$ cm   ··· 2단계

따라서

$\overline{CD}=\overline{AC}-\overline{AD}$

$=16-6$

$=10$ (cm)   ··· 3단계

답 10 cm

단계	채점 기준	비율
1단계	△ADB∽△AEC임을 설명한 경우	30 %
2단계	$\overline{AC}$의 길이를 구한 경우	50 %
3단계	$\overline{CD}$의 길이를 구한 경우	20 %

1

△ABC와 △DAC에서

∠B=∠CAD,

∠C는 공통

이므로 △ABC∽△DAC (AA 닮음)   ··· 1단계

$\overline{BC}:\overline{AC}=\overline{AC}:\overline{DC}$ ··· 2단계

$9:6=6:\overline{DC}$

$3:2=6:\overline{DC}$

$3\overline{DC}=12$

$\overline{DC}=4$ cm

따라서 $\overline{CD}=4$ cm   ··· 3단계

답 4 cm

단계	채점 기준	비율
1단계	△ABC∽△DAC임을 설명한 경우	40 %
2단계	$\overline{CD}$에 관한 비례식을 구한 경우	40 %
3단계	$\overline{CD}$의 길이를 구한 경우	20 %

2

△ABC∽△DCE에서 $\overline{AB} : \overline{DC} = \overline{BC} : \overline{CE}$

$6 : \overline{DC} = 4 : 8$

$\overline{DC} = 12$ cm ··· 1단계

그런데 ∠ABC=∠DCE이므로 $\overline{AB} \parallel \overline{DC}$

즉, △FAC∽△FED이므로

$\overline{CF} : \overline{DF} = \overline{AC} : \overline{ED}$ ··· 2단계

$\overline{CF} : (12 - \overline{CF}) = 1 : 2$

$2\overline{CF} = 12 - \overline{CF}$, $3\overline{CF} = 12$

따라서 $\overline{CF} = 4$ cm ··· 3단계

답 4 cm

단계	채점 기준	비율
1단계	$\overline{DC}$의 길이를 구한 경우	30 %
2단계	$\overline{CF}$에 관한 비례식을 구한 경우	50 %
3단계	$\overline{CF}$의 길이를 구한 경우	20 %

3

△ABC와 △DBA에서

$\overline{AB} : \overline{DB} = 12 : 8 = 3 : 2$, $\overline{BC} : \overline{BA} = 18 : 12 = 3 : 2$,

∠B가 공통이므로 △ABC∽△DBA (SAS 닮음) ··· 1단계

$\overline{AB} : \overline{DB} = \overline{CA} : \overline{AD}$ ··· 2단계

$12 : 8 = 9 : \overline{AD}$, $3 : 2 = 9 : \overline{AD}$

$3\overline{AD} = 18$

따라서 $\overline{AD} = 6$ cm ··· 3단계

답 6 cm

단계	채점 기준	비율
1단계	△ABC∽△DBA임을 설명한 경우	40 %
2단계	$\overline{AD}$에 관한 비례식을 구한 경우	40 %
3단계	$\overline{AD}$의 길이를 구한 경우	20 %

4

△ABC와 △DEC에서

∠A=∠EDC=90°, ∠C는 공통

이므로 △ABC∽△DEC (AA 닮음) ··· 1단계

$\overline{BC} : \overline{EC} = \overline{AC} : \overline{DC}$

$20 : 10 = \overline{AC} : 8$, $2 : 1 = \overline{AC} : 8$

$\overline{AC} = 16$ cm ··· 2단계

따라서 $\overline{AE} = \overline{AC} - \overline{EC} = 16 - 10 = 6$(cm) ··· 3단계

답 6 cm

단계	채점 기준	비율
1단계	△ABC∽△DEC임을 설명한 경우	40 %
2단계	$\overline{AC}$의 길이를 구한 경우	40 %
3단계	$\overline{AE}$의 길이를 구한 경우	20 %

2. 평행선 사이의 선분의 길이의 비

① 삼각형의 한 변과 그 변에 평행한 선분의 길이의 비

본문 74~78쪽

개념 확인 문제

1 ∠ADE, △ADE, $\overline{BC}$, $\overline{DE}$

2 3, 2, 3, 2, ∠ADE

3 5   4 13

유제 1

$\overline{AD} : \overline{DB} = \overline{AE} : \overline{EC}$이므로

$12 : \overline{BD} = 8 : 2$

$12 : \overline{BD} = 4 : 1$

$4\overline{BD} = 12$

따라서 $\overline{BD} = 3$ cm

답 3 cm

유제 2

$\overline{AD} : \overline{DB} = \overline{AE} : \overline{EC}$이므로

$x : 10 = 3 : 6$

$x : 10 = 1 : 2$

$2x = 10$

$x = 5$

또 $\overline{AE} : \overline{AC} = \overline{DE} : \overline{BC}$이므로

$3 : 9 = 4 : y$

$1 : 3 = 4 : y$

$y = 12$

따라서 $x + y = 5 + 12 = 17$

답 17

유제 3

$\overline{AB} : \overline{AD} = \overline{AC} : \overline{AE}$이므로

$15 : (x - 15) = 12 : 8$

$15 : (x - 15) = 3 : 2$

$3 \times (x - 15) = 30$

$x - 15 = 10$

따라서 $x = 25$

답 25

유제 4

$\overline{AC} : \overline{AE} = \overline{BC} : \overline{DE}$이므로

$8 : 4 = 6 : x$

$2 : 1 = 6 : x$

$2x = 6$

$x = 3$

또 $\overline{AB} : \overline{AD} = \overline{AC} : \overline{AE}$이므로

$y : 6 = 8 : 4$

$y : 6 = 2 : 1$

$y = 12$

따라서 $x + y = 3 + 12 = 15$

🔲 15

유제 5

$\overline{AF} : \overline{FD} = \overline{AE} : \overline{EC} = \overline{AD} : \overline{DB}$이므로

$\overline{AF} : \overline{FD} = \overline{AD} : \overline{DB}$에서

$6 : 2 = 8 : \overline{DB}$

$3 : 1 = 8 : \overline{DB}$

$3\overline{DB} = 8$

따라서 $\overline{DB} = \dfrac{8}{3}$ cm

🔲 $\dfrac{8}{3}$ cm

유제 6

$\overline{AE} : \overline{EF} = \overline{AD} : \overline{DB} = \overline{AF} : \overline{FC}$이므로

$\overline{AE} : \overline{EF} = \overline{AF} : \overline{FC}$에서

$3 : 4 = 7 : \overline{FC}$

$3\overline{FC} = 28$

따라서 $\overline{FC} = \dfrac{28}{3}$ cm

🔲 $\dfrac{28}{3}$ cm

유제 7

$\overline{AD} : \overline{DB} = \overline{AF} : \overline{FC} = 3 : 4$이므로

$\overline{DF} /\!/ \overline{BC}$

$\overline{CF} : \overline{FA} = \overline{CE} : \overline{EB} = 4 : 3$이므로

$\overline{EF} /\!/ \overline{AB}$

🔲 $\overline{DF}$, $\overline{EF}$

유제 8

$\overline{AD} : \overline{DB} = \overline{AE} : \overline{EC} = 3 : 4$이므로

$\overline{DE} /\!/ \overline{BC}$

② $\overline{AD} : \overline{AB} = \overline{DE} : \overline{BC}$이므로

$\quad 3 : 7 = \overline{DE} : 12$

$7\overline{DE} = 36$

따라서 $\overline{DE} = \dfrac{36}{7}$ cm

🔲 ②

유제 9

$\overline{BC} = 2\overline{MN} = 2 \times 4 = 8 \,(\text{cm})$

따라서 $\overline{PQ} = \dfrac{1}{2}\overline{BC} = \dfrac{1}{2} \times 8 = 4 \,(\text{cm})$

🔲 4 cm

유제 10

$\overline{DE} = \dfrac{1}{2}\overline{AC} = \dfrac{1}{2} \times 8 = 4 \,(\text{cm})$

$\overline{EF} = \dfrac{1}{2}\overline{AB} = \dfrac{1}{2} \times 10 = 5 \,(\text{cm})$

$\overline{DF} = \dfrac{1}{2}\overline{BC} = \dfrac{1}{2} \times 14 = 7 \,(\text{cm})$

따라서 △DEF의 둘레의 길이는

$4 + 5 + 7 = 16 \,(\text{cm})$

🔲 16 cm

유제 11

점 D를 지나면서 $\overline{AC}$에 평행한 선분이 $\overline{MN}$, $\overline{BC}$의 연장선과 만나는 점을 각각 E, F라고 하자.

$\overline{NE} = \overline{CF} = \overline{AD} = 6$ cm

$\overline{ME} = \dfrac{1}{2}\overline{BF}$

$\qquad = \dfrac{1}{2} \times 20$

$\qquad = 10 \,(\text{cm})$

따라서

$\overline{MN} = \overline{ME} - \overline{NE}$

$\qquad = 10 - 6$

$\qquad = 4 \,(\text{cm})$

🔲 4 cm

유제 12

$\overline{EF} = \dfrac{1}{2}\overline{DG} = \dfrac{1}{2} \times 4 = 2 \,(\text{cm})$이고

$\overline{BF} = 2\overline{DG} = 2 \times 4 = 8 \,(\text{cm})$

따라서

$\overline{BE} = \overline{BF} - \overline{EF}$

$\qquad = 8 - 2$

$\qquad = 6 \,(\text{cm})$

🔲 6 cm

형성평가

| 01 9 | 02 20 | 03 6 cm | 04 9 | 05 9 cm | 06 18 cm |

01

$\overline{AD} : \overline{AB} = \overline{AE} : \overline{AC}$이므로

$6 : x = 8 : 12$, $6 : x = 2 : 3$

$2x = 18$

따라서 $x = 9$

답 9

02

$\overline{AE} : \overline{AC} = \overline{ED} : \overline{BC}$이므로

$12 : (x - 12) = 15 : 10$

$12 : (x - 12) = 3 : 2$

$3 \times (x - 12) = 24$

$x - 12 = 8$

따라서 $x = 20$

답 20

03

$\overline{AE} : \overline{AC} = \overline{DE} : \overline{BC}$이므로

$12 : 21 = 8 : \overline{BC}$, $4 : 7 = 8 : \overline{BC}$

$4\overline{BC} = 56$

$\overline{BC} = 14$ cm

따라서

$\overline{BF} = \overline{BC} - \overline{FC} = 14 - 8 = 6$(cm)

답 6 cm

04

$x = 2\overline{MN} = 2 \times 3 = 6$

이므로 $y = \frac{1}{2}x = \frac{1}{2} \times 6 = 3$

따라서 $x + y = 6 + 3 = 9$

답 9

05

$\overline{DG} = 2\overline{EF} = 2 \times 3 = 6$(cm)이고

$\overline{BF} = 2\overline{DG} = 2 \times 6 = 12$(cm)

따라서

$\overline{BE} = \overline{BF} - \overline{EF} = 12 - 3 = 9$(cm)

답 9 cm

06

$\overline{EH} = \frac{1}{2}\overline{BD} = \frac{1}{2} \times 10 = 5$(cm)이고

$\overline{FG} = \frac{1}{2}\overline{BD} = \frac{1}{2} \times 10 = 5$(cm)

$\overline{EF} = \frac{1}{2}\overline{AC} = \frac{1}{2} \times 8 = 4$(cm)이고

$\overline{HG} = \frac{1}{2}\overline{AC} = \frac{1}{2} \times 8 = 4$(cm)

따라서 □EFGH의 둘레의 길이는

$2 \times (5 + 4) = 18$(cm)

답 18 cm

2 평행선 사이의 선분의 길이의 비

개념 확인 문제

1 10   2 (1) 4 : 3 (2) 4 : 3 (3) $\frac{24}{7}$ cm

1 $l /\!/ m /\!/ n$이므로

$5 : x = 4 : 8$

$x = 10$

2 (1) $\overline{AE} : \overline{CE} = \overline{AB} : \overline{CD} = 8 : 6$

따라서 $\overline{AE} : \overline{EC} = 4 : 3$

(2) $\overline{BF} : \overline{FC} = \overline{AE} : \overline{EC} = 4 : 3$

(3) △CAB와 △CEF에서

$\overline{AB} /\!/ \overline{EF}$이므로

∠CAB = ∠CEF, ∠C는 공통

따라서 △CAB ∽ △CEF (AA 닮음)

$\overline{AE} : \overline{EC} = 4 : 3$이므로

$\overline{CA} : \overline{CE} = \overline{AB} : \overline{EF}$

$7 : 3 = 8 : \overline{EF}$

$7\overline{EF} = 24$

따라서 $\overline{EF} = \frac{24}{7}$ cm

유제 1

$15 : 9 = 12 : x$이므로

$5x = 36$

따라서 $x = \frac{36}{5}$

답 $\frac{36}{5}$

유제 2

$9:(x+3)=6:6$이므로

$x=6$

$3:(9+6)=4:y$이므로

$3y=60,\ y=20$

따라서 $x+y=6+20=26$

답 26

유제 3

$\overline{AE}:\overline{EB}=3:2$이므로

$\overline{AE}:\overline{AB}=3:5$

$\overline{AE}:\overline{AB}=\overline{EG}:\overline{BH}$이므로

$3:5=6:\overline{BH}$

$3\overline{BH}=30$

$\overline{BH}=10$ cm

따라서 $\overline{HC}=13-10=3(\text{cm})$이므로

$\overline{AD}=\overline{HC}=3$ cm

답 3 cm

유제 4

오른쪽 그림과 같이 점 A를 지나면서 $\overline{DC}$에 평행한 직선을 긋고, $\overline{EF}$, $\overline{BC}$와 만나는 점을 각각 G, H라고 하면 □AHCD는 평행사변형이므로

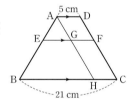

$\overline{GF}=\overline{HC}=\overline{AD}=5$ cm이므로

$\overline{BH}=21-5=16(\text{cm})$

$\triangle ABH$에서 $\overline{AE}:\overline{EB}=3:5$이므로

$\overline{AE}:\overline{AB}=3:8$

$3:8=\overline{EG}:16$

$8\overline{EG}=48$

$\overline{EG}=6$ cm

따라서 $\overline{EF}=6+5=11(\text{cm})$

답 11 cm

유제 5

$\triangle ABD$에서

$\overline{AB}:\overline{EB}=4:1$이고

$\overline{AB}:\overline{EB}=\overline{AD}:\overline{EM}$이므로

$4:1=8:\overline{EM}$

$4\overline{EM}=8$

$\overline{EM}=2$ cm

그러므로 $\overline{MN}=\overline{NF}=\overline{EM}=2$ cm

$\triangle ABC$에서

$\overline{AE}:\overline{AB}=3:4$이고

$\overline{AE}:\overline{AB}=\overline{EN}:\overline{BC}$이므로

$3:4=4:\overline{BC}$

$3\overline{BC}=16$

따라서 $\overline{BC}=\dfrac{16}{3}$ cm

답 $\dfrac{16}{3}$ cm

유제 6

$\triangle ODA \backsim \triangle OBC$ (AA 닮음)이므로

$\overline{AO}:\overline{CO}=8:12=2:3$

$\triangle ABC$에서

$\overline{AO}:\overline{AC}=\overline{EO}:\overline{BC}$이고

$\overline{AO}:\overline{AC}=2:5$이므로

$2:5=\overline{EO}:12$

$5\overline{EO}=24$

따라서 $\overline{EO}=\dfrac{24}{5}$ cm

답 $\dfrac{24}{5}$ cm

유제 7

$\triangle EAB \backsim \triangle ECD$ (AA 닮음)이므로

$\overline{AE}:\overline{CE}=9:12=3:4$

따라서 $\overline{AE}:\overline{AC}=3:7$

답 3 : 7

유제 8

$\triangle EAB \backsim \triangle ECD$ (AA 닮음)이므로

$\overline{AE}:\overline{CE}=4:8=1:2$

오른쪽 그림과 같이 $\triangle ABC$의 점 E에서 $\overline{BC}$에 내린 수선의 발을 F라고 하면

$\triangle CAB$에서

$\overline{CE}:\overline{CA}=\overline{EF}:\overline{AB}$이고

$\overline{CE}:\overline{EA}=2:1$이므로

$2:3=\overline{EF}:4$

$3\overline{EF}=8$

$\overline{EF}=\dfrac{8}{3}$ cm

따라서 $\triangle EBC$의 넓이는

$\dfrac{1}{2}\times 18\times\dfrac{8}{3}=24(\text{cm}^2)$

답 24 cm²

01 12	02 6 cm	03 9 cm	04 $\frac{12}{5}$ cm
05 18	06 24 cm^2		

01

$x : 3 = 8 : 4$이므로

$x = 6$

또 $3 : y = 4 : 8$이므로

$y = 6$

따라서 $x + y = 6 + 6 = 12$

답 12

02

오른쪽 그림과 같이 점 A를 지나면서 $\overline{DC}$에 평행한 직선을 긋고, $\overline{EF}$, $\overline{BC}$와 만나는 점을 각각 G, H라고 하면 □AHCD는 평행사변형이다.

$\overline{GF} = \overline{HC} = \overline{AD} = 3$ cm이므로

$\overline{BH} = 12 - 3 = 9 (\text{cm})$

△ABH에서

$\overline{AE} : \overline{AB} = 1 : 3$

$1 : 3 = \overline{EG} : 9$

$3\overline{EG} = 9$

$\overline{EG} = 3$ cm

따라서 $\overline{EF} = 3 + 3 = 6 (\text{cm})$

답 6 cm

03

△ABD에서

$\overline{AB} : \overline{EB} = 8 : 3$이고

$\overline{AB} : \overline{EB} = \overline{AD} : \overline{EM}$이므로

$8 : 3 = 16 : \overline{EM}$

$8\overline{EM} = 48$

$\overline{EM} = 6$ cm

△ABC에서

$\overline{AE} : \overline{AB} = 5 : 8$이고

$\overline{AE} : \overline{AB} = \overline{EN} : \overline{BC}$이므로

$5 : 8 = \overline{EN} : 24$

$8\overline{EN} = 120$

$\overline{EN} = 15$ cm

따라서

$\overline{MN} = \overline{EN} - \overline{EM} = 15 - 6 = 9 (\text{cm})$

답 9 cm

04

△ODA ∽ △OBC (AA 닮음)이므로

$\overline{AD} : \overline{CB} = 4 : 6 = 2 : 3$

△ABC에서

$\overline{AO} : \overline{AC} = \overline{EO} : \overline{BC}$이고

$\overline{AO} : \overline{AC} = 2 : 5$이므로

$2 : 5 = \overline{EO} : 6$

$5\overline{EO} = 12$

따라서 $\overline{EO} = \frac{12}{5}$ cm

답 $\frac{12}{5}$ cm

05

△CAB에서

$\overline{CE} : \overline{CA} = 6 : 9 = 2 : 3$이므로

$\overline{CE} : \overline{EA} = 2 : 1$

△EAB ∽ △ECD (AA 닮음)이므로

$\overline{AE} : \overline{CE} = \overline{AB} : \overline{CD} = 1 : 2$

$9 : x = 1 : 2$

따라서 $x = 18$

답 18

06

△EAB ∽ △ECD (AA 닮음)이므로

$\overline{AE} : \overline{CE} = \overline{AB} : \overline{CD} = 3 : 4$

오른쪽 그림과 같이 △ABC의 점 E에서 $\overline{BC}$에 내린 수선의 발을 F라고 하면 △ABC에서

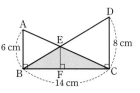

$\overline{CE} : \overline{CA} = \overline{EF} : \overline{AB}$이고

$\overline{CE} : \overline{EA} = 4 : 3$이므로

$4 : 7 = \overline{EF} : 6$

$\overline{EF} = \frac{24}{7}$ cm

따라서 △EBC의 넓이는

$\frac{1}{2} \times 14 \times \frac{24}{7} = 24 (\text{cm}^2)$

답 24 cm^2

3 삼각형의 무게중심   본문 84~88쪽

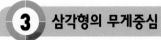

개념 확인 문제

1 $x = 6, y = 4$ 2 5 cm^2

1 삼각형의 무게중심은 세 중선의 길이를 각 꼭짓점으로부터 각각 $2:1$로 나누므로
$$x=2\overline{GD}=2\times3=6$$
$$y=\frac{1}{2}\overline{BG}=\frac{1}{2}\times8=4$$

2 삼각형의 세 중선에 의하여 삼각형의 넓이는 6등분되므로
$$\triangle GDC=\frac{1}{6}\triangle ABC=\frac{1}{6}\times30=5(\text{cm}^2)$$

유제 1
$$\triangle ABM=\frac{1}{2}\triangle ABC=\frac{1}{2}\times38=19(\text{cm}^2)$$
$\triangle ABM=\triangle ABP+\triangle PBM$이므로
$$19=11+\triangle PBM$$
$$\triangle PBM=8\text{ cm}^2$$
따라서
$$\triangle PMC=\triangle PBM=8\text{ cm}^2$$

답 8 cm^2

유제 2
$$\triangle ABC=2\triangle AMC=2\times27=54(\text{cm}^2)$$
$\dfrac{1}{2}\times12\times\overline{AH}=54$이므로
$$6\overline{AH}=54$$
따라서 $\overline{AH}=9\text{ cm}$

답 9 cm

유제 3
삼각형의 무게중심은 세 중선의 교점이므로
$$\overline{AD}=\overline{BD}=6\text{ cm}$$
그런데 직각삼각형의 외심은 빗변의 중점이므로
$$\overline{CD}=6\text{ cm}$$
또 삼각형의 무게중심은 세 중선의 길이를 각 꼭짓점으로부터 각각 $2:1$로 나누므로
$$\overline{DG}=\frac{1}{3}\times6=2(\text{cm})$$

답 2 cm

유제 4
삼각형의 무게중심은 세 중선의 길이를 각 꼭짓점으로부터 각각 $2:1$로 나누므로
$$\overline{BD}=\frac{3}{2}\overline{BG}=\frac{3}{2}\times8=12(\text{cm})$$

답 12 cm

유제 5
$$\overline{AG}=\frac{2}{3}\overline{AD}=\frac{2}{3}\times18=12(\text{cm})$$
$$\overline{GD}=\frac{1}{3}\overline{AD}=\frac{1}{3}\times18=6(\text{cm})$$
이고
$$\overline{GG'}=\frac{2}{3}\overline{GD}=\frac{2}{3}\times6=4(\text{cm})$$
따라서
$$\overline{AG'}=\overline{AG}+\overline{GG'}$$
$$=12+4=16(\text{cm})$$

답 16 cm

유제 6
$\triangle GBC$에서
$$\overline{GG'}=2\overline{G'D}$$
$\triangle ABC$에서
$$\overline{AG}=2\overline{GD}=2\times(3\overline{G'D})=6\overline{G'D}$$
따라서 $\overline{AG}:\overline{GG'}:\overline{G'D}=6:2:1$

답 $6:2:1$

유제 7
$\triangle CMB$에서 $\overline{CD}=\overline{DB}$이므로
$$\overline{CN}=\overline{MN}$$
$\triangle ADN$에서 $\overline{AG}:\overline{GD}=2:1$이므로
$$\overline{AM}:\overline{MN}=2:1$$
따라서
$$\overline{AN}:\overline{MC}=3\overline{MN}:2\overline{MN}=3:2$$

답 $3:2$

유제 8
$$\overline{AD}=\frac{3}{2}\overline{AG}=\frac{3}{2}\times4=6(\text{cm})$$
$\triangle BDA$에서
점 E, F는 각각 $\overline{BA}$, $\overline{BD}$의 중점이므로
$$x=\frac{1}{2}\overline{AD}=\frac{1}{2}\times6=3$$

답 3

유제 9
$\overline{AG}:\overline{AD}=\overline{AG'}:\overline{AE}=2:3$이므로
$$\overline{GG'}:\overline{DE}=2:3$$
$$\overline{DE}=\frac{3}{2}\overline{GG'}=\frac{3}{2}\times8=12(\text{cm})$$
따라서
$$\overline{BC}=2\overline{DE}=2\times12=24(\text{cm})$$

답 24 cm

유제 10

$\overline{GD} = \dfrac{1}{3}\overline{AD} = \dfrac{1}{3} \times 18 = 6(cm)$

이고 $\triangle GBD \backsim \triangle GEF$ (AA닮음)이므로

$\overline{GD} : \overline{GF} = \overline{GB} : \overline{GE} = 2 : 1$

따라서 $\overline{FG} = \dfrac{1}{2}\overline{GD} = \dfrac{1}{2} \times 6 = 3(cm)$

답 3 cm

유제 11

삼각형의 무게중심에서 세 꼭짓점을 선분으로 연결하면 삼각형의 넓이는 3등분되므로

$$\begin{aligned}\triangle AGC &= \dfrac{1}{3}\triangle ABC \\ &= \dfrac{1}{3} \times \left(\dfrac{1}{2} \times 10 \times 6 \right) \\ &= \dfrac{1}{3} \times 30 = 10(cm^2)\end{aligned}$$

답 10 cm^2

유제 12

삼각형의 무게중심에서 세 꼭짓점을 선분으로 연결하면 삼각형의 넓이는 3등분되므로

오른쪽 그림과 같이 $\overline{AG}$를 그으면

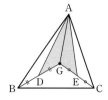

$$\begin{aligned}\triangle ABG &= \dfrac{1}{3}\triangle ABC \\ &= \dfrac{1}{3} \times 36 \\ &= 12(cm^2)\end{aligned}$$

이고

$\triangle ADG = \dfrac{1}{2}\triangle ABG = \dfrac{1}{2} \times 12 = 6(cm^2)$

같은 방법으로 하면

$\triangle AEG = \dfrac{1}{2}\triangle ACG = \dfrac{1}{2} \times 12 = 6(cm^2)$

따라서 색칠한 부분의 넓이는

$\triangle ADG + \triangle AEG = 6 + 6 = 12(cm^2)$

답 12 cm^2

유제 13

오른쪽 그림과 같이 $\overline{AC}$를 긋고 $\overline{BD}$와의 교점을 O라고 하면 평행사변형의 두 대각선은 서로 다른 것을 이등분하므로

$\overline{AO} = \overline{OC}, \overline{BO} = \overline{OD}$

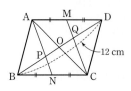

따라서 두 점 P, Q는 각각 $\triangle ABC$, $\triangle ACD$의 무게중심이다.

$\overline{BO} = 6 \text{ cm}$이므로

$\overline{PO} = \dfrac{1}{3}\overline{BO} = \dfrac{1}{3} \times 6 = 2(cm)$

$\overline{OD} = 6 \text{ cm}$이므로

$\overline{OQ} = \dfrac{1}{3}\overline{OD} = \dfrac{1}{3} \times 6 = 2(cm)$

따라서

$\overline{PQ} = \overline{PO} + \overline{OQ} = 2 + 2 = 4(cm)$

답 4 cm

유제 14

평행사변형의 두 대각선은 서로 다른 것을 이등분하므로

$\overline{AO} = \overline{OC}, \overline{BO} = \overline{OD}$

그러므로 두 점 P, Q는

각각 $\triangle ABC$, $\triangle ACD$의 무게중심이고

$\overline{BD} = 3\overline{PQ} = 3 \times 3 = 9(cm)$

따라서 $\triangle CDB$에서

$\overline{MN} = \dfrac{1}{2}\overline{BD} = \dfrac{1}{2} \times 9 = \dfrac{9}{2}(cm)$

답 $\dfrac{9}{2}$ cm

유제 15

평행사변형의 두 대각선은 서로 다른 것을 이등분하므로 두 대각선의 교점을 O라고 하면

$\overline{AO} = \overline{OC}$

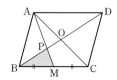

그러므로 점 P는 $\triangle ABC$의 무게중심이다.

또 $\triangle ABM = \dfrac{1}{4}\square ABCD$

$= \dfrac{1}{4} \times 24 = 6(cm^2)$

따라서

$$\begin{aligned}\triangle PBM &= \dfrac{1}{3}\triangle ABM \\ &= \dfrac{1}{3} \times 6 = 2(cm^2)\end{aligned}$$

답 2 cm^2

유제 16

평행사변형의 두 대각선은 서로 다른 것을 이등분하므로

$\overline{AO} = \overline{OC}, \overline{BO} = \overline{OD}$

그러므로 두 점 P, Q는 각각 $\triangle ABC$, $\triangle ACD$의 무게중심이다.

또 $\triangle ABC = \triangle ACD$

$\qquad = \dfrac{1}{2}\square ABCD$

$\qquad = \dfrac{1}{2} \times 36 = 18(\text{cm}^2)$

그런데 삼각형은 세 중선에 의해 넓이가 6등분되므로

$\square PMCO = 2 \times \dfrac{1}{6}\triangle ABC = \dfrac{1}{3} \times 18 = 6(\text{cm}^2)$

$\square OCNQ = 2 \times \dfrac{1}{6}\triangle ACD = \dfrac{1}{3} \times 18 = 6(\text{cm}^2)$

따라서 색칠한 부분의 넓이는

$\square PMCO + \square OCNQ = 6 + 6 = 12(\text{cm}^2)$

🗒 12 cm²

형성평가
본문 89쪽

01 7 cm²	**02** 21	**03** 3 cm²
04 8 cm	**05** 7 cm²	**06** 4 cm

01

$\triangle AMC = \dfrac{1}{2}\triangle ABC = 24(\text{cm}^2)$이고

$\triangle AMC = \triangle APC + \triangle PMC$이므로

$\triangle PMC = 7\ \text{cm}^2$

따라서 $\triangle PBM = \triangle PMC = 7\ \text{cm}^2$

🗒 7 cm²

02

삼각형의 무게중심은 세 중선의 길이를 각 꼭짓점으로부터 각각 2 : 1로 나누므로

$x = \dfrac{1}{2} \times 10 = 5(\text{cm})$

$y = 2 \times 8 = 16(\text{cm})$

따라서 $x + y = 5 + 16 = 21$

🗒 21

03

삼각형의 무게중심에서 세 꼭짓점을 선분으로 연결하면 삼각형의 넓이는 3등분되므로

$\triangle GBC = \dfrac{1}{3}\triangle ABC = \dfrac{1}{3} \times 27 = 9(\text{cm}^2)$

따라서

$\triangle G'BC = \dfrac{1}{3}\triangle GBC = \dfrac{1}{3} \times 9 = 3(\text{cm}^2)$

🗒 3 cm²

04

$\triangle BDA$에서 두 점 E, F는 각각 $\overline{BA}$, $\overline{BD}$의 중점이므로

$\overline{AD} = 2\overline{EF} = 2 \times 6 = 12(\text{cm})$

따라서

$\overline{AG} = \dfrac{2}{3}\overline{AD} = \dfrac{2}{3} \times 12 = 8(\text{cm})$

🗒 8 cm

05

오른쪽 그림과 같이 점 B에서 중선을 그어 $\overline{AC}$와 만나는 점을 F라고 하면 삼각형의 세 중선에 의하여 삼각형의 넓이는 6등분되므로

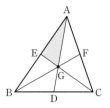

$\triangle AEG = \dfrac{1}{6}\triangle ABC$

$\qquad = \dfrac{1}{6} \times 42 = 7(\text{cm}^2)$

🗒 7 cm²

06

평행사변형의 두 대각선은 서로 다른 것을 이등분하므로

$\overline{OA} = \overline{OC}$

따라서 점 P는 $\triangle ABC$의 무게중심이고

$\overline{OB} = \overline{OD} = 12\ \text{cm}$이므로

$\overline{OP} = \dfrac{1}{3}\overline{OB} = \dfrac{1}{3} \times 12 = 4(\text{cm})$

🗒 4 cm

중단원 마무리
본문 90~93쪽

01 ②	**02** ⑤	**03** ④	**04** ②	**05** ④	**06** ②
07 ③	**08** ③	**09** ②	**10** ②	**11** ③	**12** ⑤
13 ①, ④	**14** 2 cm	**15** ⑤	**16** 12 cm		**17** ②
18 ④	**19** ②	**20** ⑤	**21** ②	**22** $\dfrac{16}{3}$ cm	
23 12π cm		**24** $\dfrac{16}{3}$ cm²			

01

$\triangle ABC$에서

$\overline{AD} : \overline{DB} = \overline{DE} : \overline{BF}$이므로

$6 : 3 = \overline{DE} : 2$

$\overline{DE} = 4\ \text{cm}$

🗒 ②

02

△FAD에서

$\overline{FB}:\overline{FA}=\overline{BE}:\overline{AD}$이므로

$2:8=\overline{BE}:12$

$4\overline{BE}=12$

$\overline{BE}=3\,\text{cm}$

따라서 $\overline{EC}=12-3=9(\text{cm})$

답 ⑤

03

□DBFE는 마름모이므로

$\overline{AD}:\overline{AB}=\overline{DE}:\overline{BC}$

$4:10=6:\overline{BC}$

$2:5=6:\overline{BC}$

$2\overline{BC}=30$

$\overline{BC}=15\,\text{cm}$

$\overline{BF}=\overline{DE}=6\,\text{cm}$

따라서

$\overline{CF}=\overline{BC}-\overline{BF}=15-6=9(\text{cm})$

답 ④

04

$\overline{DE}=\dfrac{1}{2}\overline{AC}=\dfrac{1}{2}\times8=4(\text{cm})$

$\overline{EF}=\dfrac{1}{2}\overline{AB}=\dfrac{1}{2}\times9=\dfrac{9}{2}(\text{cm})$

$\overline{DF}=\dfrac{1}{2}\overline{BC}=\dfrac{1}{2}\times11=\dfrac{11}{2}(\text{cm})$

따라서 △DEF의 둘레의 길이는

$4+\dfrac{9}{2}+\dfrac{11}{2}=14(\text{cm})$

답 ②

05

$4:6=(x-9):9$

$2:3=(x-9):9$

$3\times(x-9)=18$

$x-9=6$

따라서 $x=15$

답 ④

06

삼각형의 무게중심은 세 중선의 교점이므로

$\overline{AP}=\overline{CP}=9\,\text{cm}$

그런데 직각삼각형의 외심은 빗변의 중점이므로

$\overline{BP}=9\,\text{cm}$

또 삼각형의 무게중심은 세 중선의 길이를 각 꼭짓점으로부터 각

각 $2:1$로 나누므로

$\overline{PG}=\dfrac{1}{3}\times9=3(\text{cm})$

답 ②

07

△ABC에서

$x:5=6:3,\ 3x=30$

$x=10$

이므로 △ABG에서

$y:9=10:15$

$3y=18$

$y=6$

따라서 $x+y=10+6=16$

답 ③

08

△EAB∽△ECD (AA 닮음)이므로

$\overline{AB}:\overline{CD}=20:30=2:3$

△BCD에서

$\overline{BE}:\overline{BD}=\overline{EF}:\overline{DC}=2:5$이므로

$\overline{EF}:30=2:5$

$5\overline{EF}=60$

따라서 $\overline{EF}=12\,\text{cm}$

답 ③

09

$\overline{PQ}=\dfrac{1}{2}\overline{AC}=\dfrac{1}{2}\times17=\dfrac{17}{2}(\text{cm})$이고

$\overline{SR}=\dfrac{1}{2}\overline{AC}=\dfrac{1}{2}\times17=\dfrac{17}{2}(\text{cm})$

$\overline{QR}=\dfrac{1}{2}\overline{BD}=\dfrac{1}{2}\times18=9(\text{cm})$이고

$\overline{PS}=\dfrac{1}{2}\overline{BD}=\dfrac{1}{2}\times18=9(\text{cm})$

따라서 □PQRS의 둘레의 길이는

$2\times\left(\dfrac{17}{2}+9\right)=35(\text{cm})$

답 ②

10

△ADE∽△EGC (AA 닮음)이고

□DBGE는 평행사변형이다.

$\overline{AD}:\overline{DB}=3:4$이고 $\overline{DB}=\overline{EG}$이므로

$\overline{DE} : \overline{GC} = 3 : 4$
또 $\overline{BG} = \overline{DE}$이므로
$\overline{BG} : \overline{GC} = 3 : 4$
$\overline{BG} = \dfrac{3}{7}\overline{BC} = \dfrac{3}{7} \times 21$
$\qquad = 9(cm)$
그런데 $\overline{BG} = \overline{DE} = \overline{FC}$이므로
$\overline{GF} = 21 - 2\overline{BG} = 21 - 18$
$\qquad = 3(cm)$

답 ②

11

오른쪽 그림과 같이 점 A를 지나면서 $\overline{DC}$에 평행한 직선이 $\overline{EF}$, $\overline{BC}$와 만나는 점을 각각 G, H라고 하면 □AHCD는 평행사변형이므로
$\overline{GF} = \overline{HC} = \overline{AD} = 10\ cm$이고
$\overline{BH} = 15 - 10 = 5(cm)$
△ABH에서
$\overline{AE} : \overline{AB} = 2 : 5$
$2 : 5 = \overline{EG} : 5$
$5\overline{EG} = 10$
$\overline{EG} = 2\ cm$
따라서 $\overline{EF} = 2 + 10 = 12(cm)$

답 ③

12

$15 : 9 = (x-6) : 6$
$3 \times (x-6) = 30$
$x - 6 = 10$
따라서 $x = 16$

답 ⑤

13

△CFE∽△CAB (SAS 닮음)이므로
$\overline{AB} /\!/ \overline{FE}$ (①)이고
$\angle BAC = \angle CFE$ (④)

답 ①, ④

14

오른쪽 그림과 같이 △DBF에서 점 A를 지나고 $\overline{BF}$에 평행한 직선이 $\overline{DF}$와 만나는 점을 G라고 하면
△EGA≡△EFC (ASA 합동)이므로

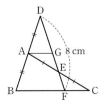

$\overline{EG} = \overline{EF}$이고
$\overline{GF} = \dfrac{1}{2}\overline{DF} = \dfrac{1}{2} \times 8 = 4(cm)$
따라서
$\overline{EF} = \dfrac{1}{2}\overline{GF} = \dfrac{1}{2} \times 4 = 2(cm)$

답 2 cm

15

$\overline{BE} = 2\overline{DF} = 12(cm)$이고
$\overline{GE} = \dfrac{1}{2}\overline{DF} = 3(cm)$
따라서
$\overline{BG} = \overline{BE} - \overline{GE} = 12 - 3 = 9(cm)$

답 ⑤

16

△BDA에서
$\overline{BM} : \overline{BA} = 1 : 4$이고
$\overline{BM} : \overline{BA} = \overline{MP} : \overline{AD}$이므로
$1 : 4 = \overline{MP} : 8$
$4\overline{MP} = 8$
$\overline{MP} = 2\ cm$
그러므로 $\overline{MQ} = 2 + 7 = 9(cm)$
△ABC에서
$\overline{AM} : \overline{AB} = 3 : 4$이고
$\overline{AM} : \overline{AB} = \overline{MQ} : \overline{BC}$이므로
$3 : 4 = 9 : \overline{BC}$
$3\overline{BC} = 36$
따라서 $\overline{BC} = 12\ cm$

답 12 cm

17

점 G가 △ABC의 무게중심이므로
$x = \dfrac{1}{2} \times 6 = 3$
또 $\overline{PR} /\!/ \overline{BC}$이고
$\overline{AG} : \overline{AQ} = 2 : 3$
$\overline{BQ} = \overline{CQ} = 3\ cm$이므로 △AQC에서
$y : 3 = 2 : 3,\ 3y = 6$
$y = 2$
따라서 $x + y = 5$

답 ②

18

오른쪽 그림과 같이 점 B에서 중선을 그어 $\overline{AC}$와 만나는 점을 F라고 하면 삼각형의 세 중선에 의하여 삼각형의 넓이는 6등분되므로

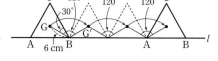

$$\triangle GBD = \frac{1}{6}\triangle ABC$$
$$= \frac{1}{6}\times 36$$
$$= 6\,(\mathrm{cm}^2)$$

그런데 □EBDG의 넓이는 △GBD의 넓이의 2배이므로

$$\square EBDG = 2\triangle GBD$$
$$= 2\times 6$$
$$= 12\,(\mathrm{cm}^2)$$

답 ④

19

$\overline{AG} : \overline{AE} = \overline{AG'} : \overline{AF} = 2 : 3$이므로

$\overline{GG'} : \overline{EF} = 2 : 3$

그런데 $\overline{EF} = \frac{1}{2}\overline{BC} = \frac{1}{2}\times 18 = 9\,(\mathrm{cm})$

따라서

$\overline{GG'} = \frac{2}{3}\overline{EF} = \frac{2}{3}\times 9 = 6\,(\mathrm{cm})$

답 ②

20

삼각형의 무게중심은 세 중선의 길이를 각 꼭짓점으로부터 각각 $2 : 1$로 나누므로

① $\overline{AG} : \overline{GD} = 2 : 1$

② $\overline{GG'} : \overline{G'D} = 2 : 1$

③ $\overline{AG} : \overline{GD} = 2 : 1$이고 $\overline{GG'} : \overline{G'D} = 2 : 1$이므로
  $\overline{AG} : \overline{GG'} = 3 : 1$

삼각형의 세 중선에 의하여 삼각형의 넓이는 6등분되므로

④ $\triangle BG'G = \frac{1}{6}\times (2\triangle GBC) = \frac{1}{3}\triangle GBC = \frac{1}{3}\triangle AGC$

⑤ $\triangle BDG' = \frac{1}{6}\triangle GBC = \frac{1}{6}\times\left(\frac{1}{3}\triangle ABC\right) = \frac{1}{18}\triangle ABC$

답 ⑤

21

오른쪽 그림과 같이 $\overline{AC}$를 그으면 점 G는 △ABC의 무게중심이므로

$\triangle ABC = 6\triangle AEG = 6\times 3 = 18\,(\mathrm{cm}^2)$

따라서

$\square ABCD = 2\triangle ABC = 2\times 18 = 36\,(\mathrm{cm}^2)$

답 ②

22

$\overline{AF} : \overline{FD} = \overline{AE} : \overline{EC} = \overline{AD} : \overline{DB} = 3 : 2$이므로

$\overline{AD} : \overline{DB} = 3 : 2$에서

$8 : \overline{DB} = 3 : 2$

$3\overline{DB} = 16$

따라서 $\overline{DB} = \frac{16}{3}\,\mathrm{cm}$

답 $\frac{16}{3}\,\mathrm{cm}$

23

변 BC가 직선 l 위에 있을 때 점 G의 위치를 G'이라고 하면 △ABC가 정삼각형이므로

$\angle GBC = 30°$이고 $\angle GBG' = 120°$

또 $\overline{GB} = \frac{2}{3}\times 9 = 6\,(\mathrm{cm})$이므로

정삼각형 ABC를 직선 l 위에서 1회전시켰을 때 점 G가 움직인 거리는 반지름의 길이가 $6\,\mathrm{cm}$인 원의 둘레의 길이와 같다.

따라서 점 G가 움직인 거리는

$2\pi\times 6 = 12\pi\,(\mathrm{cm})$

답 $12\pi\,\mathrm{cm}$

24

$\triangle AMD = \frac{1}{2}\triangle ABD$,

$\triangle AND = \frac{1}{2}\triangle ACD$이고

$$\triangle ABC = \triangle ABD + \triangle ACD$$
$$= \frac{1}{2}\times 8\times 6 = 24\,(\mathrm{cm}^2)$$

이므로

$$\triangle AMN = \frac{1}{2}\triangle ABC$$
$$= \frac{1}{2}\times 24 = 12\,(\mathrm{cm}^2)$$

또 △AGG′ ∽ △AMN (SAS 닮음)이고 닮음비가 $2 : 3$이므로

넓이의 비는 $2^2 : 3^2 = 4 : 9$

따라서

$$\triangle AGG' = \frac{4}{9}\triangle AMN$$
$$= \frac{4}{9}\times 12 = \frac{16}{3}\,(\mathrm{cm}^2)$$

답 $\frac{16}{3}\,\mathrm{cm}^2$

서술형 예제	$\frac{1}{2}$, 4, 4, 16
서술형 유제	$\frac{8}{3}$ cm

1 풀이 참조   **2** 8 cm   **3** 4 cm²   **4** 6 cm²

서술형 예제

$\triangle ABC$에서 $\triangle ABC \backsim \triangle PQC$ (SAS 닮음)이므로

$$\overline{PQ}=\overline{AB}\times\boxed{\frac{1}{2}}=\boxed{4}\,(\text{cm}) \qquad \cdots \text{1단계}$$

같은 방법으로 하면

$$\overline{QR}=\overline{RS}=\overline{SP}=\boxed{4}\,(\text{cm}) \qquad \cdots \text{2단계}$$

따라서 □PQRS의 둘레의 길이는 $\boxed{16}$ cm이다. $\cdots$ 3단계

답 풀이 참조

단계	채점 기준	비율
1단계	$\overline{PQ}$의 길이를 구한 경우	50 %
2단계	$\overline{QR}$, $\overline{RS}$, $\overline{SP}$의 길이를 구한 경우	30 %
3단계	□PQRS의 둘레의 길이를 구한 경우	20 %

서술형 유제

$\overline{BD}:\overline{DE}=\overline{BF}:\overline{FA}=\overline{BE}:\overline{EC}$이므로

$\overline{BD}:\overline{DE}=3:1$에서

$6:\overline{DE}=3:1$

$3\overline{DE}=6$

$\overline{DE}=2$ cm $\cdots$ 1단계

$\overline{BE}:\overline{EC}=3:1$에서

$8:\overline{EC}=3:1$

$3\overline{EC}=8$

따라서 $\overline{EC}=\frac{8}{3}\,(\text{cm})$ $\cdots$ 2단계

답 $\frac{8}{3}$ cm

단계	채점 기준	비율
1단계	$\overline{DE}$의 길이를 구한 경우	50 %
2단계	$\overline{EC}$의 길이를 구한 경우	50 %

1

$\overline{EH}=\frac{1}{2}\overline{BD}$이고 $\overline{FG}=\frac{1}{2}\overline{BD}$이므로

$\overline{EH}=\overline{FG}$ $\cdots$ 1단계

$\overline{EH}/\!/\overline{BD}$이고 $\overline{FG}/\!/\overline{BD}$이므로

$\overline{EH}/\!/\overline{FG}$ $\cdots$ 2단계

따라서 한 쌍의 대변이 평행하고 그 길이가 같으므로

□EFGH는 평행사변형이다. $\cdots$ 3단계

답 풀이 참조

단계	채점 기준	비율
1단계	$\overline{EH}=\overline{FG}$임을 설명한 경우	40 %
2단계	$\overline{EH}/\!/\overline{FG}$임을 설명한 경우	40 %
3단계	평행사변형이 되는 조건을 이용하여 □EFGH가 평행사변형임을 설명한 경우	20 %

2

$\triangle ABC$에서

$\overline{AE}:\overline{AB}=\overline{EP}:\overline{BC}$이므로

$3:5=\overline{EP}:10$

$5\overline{EP}=30$

$\overline{EP}=6$ cm $\cdots$ 1단계

$\triangle CDA$에서

$\overline{CF}:\overline{CD}=\overline{PF}:\overline{AD}$이므로

$2:5=\overline{PF}:5$

$5\overline{PF}=10$

$\overline{PF}=2$ cm $\cdots$ 2단계

따라서

$\overline{EF}=\overline{EP}+\overline{PF}=6+2=8\,(\text{cm})$ $\cdots$ 3단계

답 8 cm

단계	채점 기준	비율
1단계	$\overline{EP}$의 길이를 구한 경우	40 %
2단계	$\overline{PF}$의 길이를 구한 경우	40 %
3단계	$\overline{EF}$의 길이를 구한 경우	20 %

3

$\overline{AB}=2\overline{BF}=2\times3=6\,(\text{cm})$이고

$\overline{BC}=2\overline{BD}=2\times4=8\,(\text{cm})$이므로 $\cdots$ 1단계

$\triangle ABC$의 넓이는

$\frac{1}{2}\times6\times8=24\,(\text{cm}^2)$

그런데 삼각형의 넓이는 세 중선에 의하여 6등분되므로

$\triangle GDC=\frac{1}{6}\triangle ABC$

$\qquad\quad=\frac{1}{6}\times24$

$\qquad\quad=4\,(\text{cm}^2)$ $\cdots$ 2단계

답 4 cm²

단계	채점 기준	비율
1단계	$\overline{AB}$와 $\overline{BC}$의 길이를 각각 구한 경우	40 %
2단계	△GDC의 넓이를 구한 경우	60 %

4

$\overline{FE} \mathbin{/\mkern-5mu/} \overline{BC}$이므로

△AFE∽△ABC (AA 닮음)이고

삼각형의 무게중심은 세 중선의 길이를 각 꼭짓점으로부터 각각

2 : 1로 나누므로

닮음비는 2 : 3이고　　　　　　　　　　　　 … 1단계

넓이의 비는 $2^2 : 3^2 = 4 : 9$

그러므로 △AFE의 넓이는

$\dfrac{4}{9} \times 27 = 12(\text{cm}^2)$　　　　　　　 … 2단계

그런데 △DEF는 △AFE와 밑변의 길이가 같고 높이는 $\dfrac{1}{2}$이다.

따라서 △DEF의 넓이는

$\dfrac{1}{2} \times 12 = 6(\text{cm}^2)$　　　　　　　　 … 3단계

🔲 6 cm^2

단계	채점 기준	비율
1단계	△AFE와 △ABC의 닮음비를 구한 경우	20 %
2단계	△AFE의 넓이를 구한 경우	40 %
3단계	△DEF의 넓이를 구한 경우	40 %

3. 피타고라스 정리

① 피타고라스 정리
본문 96~99쪽

개념 확인 문제

1 10

2 $4^2 > 2^2 + 3^2$이므로 $4^2 \neq 2^2 + 3^2$이다. 따라서 이 삼각형은 직각삼각형이 아니다.

유제 1

나머지 한 변의 길이를 x cm라고 하면

피타고라스 정리에 의하여

$x^2 + 24^2 = 25^2$

$x^2 = 49$

그런데 $x > 0$이므로

$x = 7$ cm

🔲 7 cm

유제 2

직각삼각형 ADC에서

피타고라스 정리에 의하여

$\overline{CD}^2 + 12^2 = 13^2$

$\overline{CD}^2 = 25$

그런데 $\overline{CD} > 0$이므로

$\overline{CD} = 5$ cm

또 직각삼각형 ABD에서

$\overline{BD} = \overline{BC} - \overline{CD}$

　　　$= 21 - 5$

　　　$= 16(\text{cm})$

이므로 피타고라스 정리에 의하여

$\overline{AB}^2 = 16^2 + 12^2$

$\overline{AB}^2 = 400$

그런데 $\overline{AB} > 0$이므로

$\overline{AB} = 20$ cm

🔲 20 cm

유제 3

직각삼각형 ABC에서

피타고라스 정리에 의하여

$\overline{AC}^2 + \overline{BC}^2 = \overline{AB}^2$이므로

$\overline{AC}^2 + 17 = 42$

$\overline{AC}^2 = 25$

그런데 $\overline{AC} > 0$이므로

$\overline{AC} = 5$ cm

🔲 5 cm

유제 4

$\overline{AB} : \overline{AC} = 7 : 5$이므로

$\overline{AB}^2 : \overline{AC}^2 = 7^2 : 5^2 = 49 : 25$

직각삼각형 ABC에서

피타고라스 정리에 의하여
$\overline{\text{AB}}^2=\overline{\text{AC}}^2+\overline{\text{BC}}^2$이므로
$\overline{\text{AB}}^2:\overline{\text{AC}}^2:\overline{\text{BC}}^2=49:25:24$
따라서 $P:Q=\overline{\text{AB}}^2:\overline{\text{BC}}^2=49:24$

圍 49 : 24

$16+64=\overline{\text{AC}}^2$
$\overline{\text{AC}}^2=80$
따라서 $\overline{\text{AC}}$를 한 변으로 하는 정사각형의 넓이는 80 cm^{2}이다.

圍 80 cm^2

유제 5

$\square$ABCD가 정사각형이므로
$\overline{\text{AB}}=\overline{\text{BC}}=\overline{\text{AD}}=9\,\text{cm}$이고
직각삼각형 ABE에서
피타고라스 정리에 의하여
$9^2+\overline{\text{BE}}^2=15^2$
$\overline{\text{BE}}^2=144$
그런데 $\overline{\text{BE}}>0$이므로
$\overline{\text{BE}}=12\,\text{cm}$
따라서
$\overline{\text{CE}}=\overline{\text{BE}}-\overline{\text{BC}}$
$\quad=12-9$
$\quad=3(\text{cm})$

圍 3 cm

유제 6

오른쪽 그림과 같이 점 D에서 $\overline{\text{BC}}$에 내린
수선의 발을 E라고 하면
$\overline{\text{EC}}=\overline{\text{BC}}-\overline{\text{BE}}$
$\quad=8-5$
$\quad=3(\text{cm})$

직각삼각형 DEC에서
피타고라스 정리에 의하여
$\overline{\text{DE}}^2+\overline{\text{EC}}^2=\overline{\text{CD}}^2$이므로
$\overline{\text{DE}}^2+9=25$
$\overline{\text{DE}}^2=16$
그런데 $\overline{\text{DE}}>0$이므로
$\overline{\text{DE}}=4\,\text{cm}$
이때 $\square$ABED는 직사각형이고
$\overline{\text{AB}}=\overline{\text{DE}}=4\,\text{cm}$이므로
직각삼각형 ABC에서
피타고라스 정리에 의하여
$\overline{\text{AB}}^2+\overline{\text{BC}}^2=\overline{\text{AC}}^2$이므로

유제 7

두 직각삼각형 BAC와 CDE는 합동이므로
$\overline{\text{BC}}=\overline{\text{CE}}$ ⋯⋯ ㉠
$\angle\text{ABC}=\angle\text{DCE}$ ⋯⋯ ㉡
$\angle\text{ABC}+\angle\text{ACB}=90°$ ⋯⋯ ㉢
㉡, ㉢에 의하여
$\angle\text{DCE}+\angle\text{ACB}=90°$이므로
$\angle\text{BCE}=90°$ ⋯⋯ ㉣
그러므로 ㉠, ㉣에 의하여
△BCE는 직각이등변삼각형이다.
또 직각삼각형 ABC에서
피타고라스 정리에 의하여
$\overline{\text{AB}}^2+\overline{\text{AC}}^2=\overline{\text{BC}}^2$
$4+36=\overline{\text{BC}}^2$
$\overline{\text{BC}}^2=40$
따라서 △BCE의 넓이는
$\dfrac{1}{2}\times\overline{\text{BC}}\times\overline{\text{CE}}$
$=\dfrac{1}{2}\overline{\text{BC}}^2$
$=\dfrac{1}{2}\times40$
$=20(\text{cm}^2)$

圍 20 cm^2

유제 8

직각삼각형 BCD에서
$\overline{\text{BC}}=\overline{\text{AF}}=5\,\text{cm}$이고
피타고라스 정리에 의하여
$\overline{\text{BC}}^2+\overline{\text{CD}}^2=\overline{\text{BD}}^2$이므로
$25+\overline{\text{CD}}^2=74$
$\overline{\text{CD}}^2=49$
그런데 $\overline{\text{CD}}>0$이므로
$\overline{\text{CD}}=7\,\text{cm}$
따라서 △BCD의 넓이는
$\dfrac{1}{2}\times5\times7=\dfrac{35}{2}(\text{cm}^2)$

圍 $\dfrac{35}{2}$ cm^2

유제 9

단면인 원의 반지름의 길이를 x cm라고
하면 피타고라스 정리에 의하여
$7^2 + x^2 = 10^2$
$x^2 = 51$
따라서 단면인 원의 넓이는
$\pi \times x^2 = 51\pi (\text{cm}^2)$

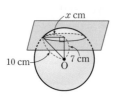

답 51π cm^2

유제 10

선이 지나는 면의 전개도를 그려 보면 다음 그림과 같다.

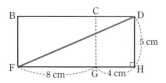

꼭짓점 D에서 겉면을 따라 모서리 CG를 지나 점 F에 이르는
최단 거리는 직각을 낀 두 변의 길이가 각각 12 cm, 5 cm일 때
빗변의 길이, 즉 $\overline{DF}$의 길이와 같으므로
피타고라스 정리에 의하여
$\overline{DF}^2 = 12^2 + 5^2$
$= 169$
그런데 $\overline{DF} > 0$이므로 $\overline{DF} = 13$ cm
따라서 구하는 최단 거리는 13 cm이다.

답 13 cm

유제 11

직각삼각형이 되도록 하는 세 변은 가장 긴 변의 길이의 제곱이
다른 두 변의 길이의 제곱의 합과 같아야 하므로 주어진 막대의
길이를 제곱하면 다음 표와 같다.

막대의 길이	5 cm	6 cm	8 cm	10 cm	12 cm
막대의 길이의 제곱	25 cm^2	36 cm^2	64 cm^2	100 cm^2	144 cm^2

따라서 직각삼각형이 되는 세 변의 길이는
6 cm, 8 cm, 10 cm 뿐이므로
이 직각삼각형의 둘레의 길이는
$6 + 8 + 10 = 24(\text{cm})$

답 24 cm

유제 12

(ⅰ) 길이가 x cm인 빨대가 빗변에 놓인 경우
$x^2 = 4^2 + 5^2 = 41$

(ⅱ) 길이가 5 cm인 빨대가 빗변에 놓인 경우
$5^2 = 4^2 + x^2$
$x^2 = 9$
따라서 길이가 x cm인 빨대를 한 변으로 하는 정사각형의 넓이
는 9 cm^{2}와 41 cm^{2}이다.

답 9 cm^2, 41 cm^2

형성평가

본문 100쪽

01 13	02 7 cm	03 28 cm^2	04 80π cm^2
05 13 cm	06 풀이 참조		

01

직각삼각형 ABC에서
피타고라스 정리에 의하여
$x^2 = 5^2 + 12^2$
$x^2 = 169$
그런데 $x > 0$이므로
$x = 13$

답 13

02

직각삼각형 ABC에서
피타고라스 정리에 의하여
$\overline{AC}^2 + \overline{BC}^2 = \overline{AB}^2$이므로
$\overline{AC}^2 + 16 = 65$
$\overline{AC}^2 = 49$
그런데 $\overline{AC} > 0$이므로
$\overline{AC} = 7$ cm

답 7 cm

03

두 꼭짓점 A, D에서 $\overline{BC}$에 내린 수선
의 발을 각각 E, F라고 하면
$\overline{EF} = \overline{AD} = 4$ cm이므로
$\overline{BE} = \overline{FC} = 3$ cm
직각삼각형 ABE에서
피타고라스 정리에 의하여
$\overline{AE}^2 + \overline{BE}^2 = \overline{AB}^2$이므로

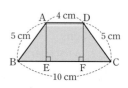

$$\overline{AE}^2 + 3^2 = 5^2$$
$$\overline{AE}^2 = 16$$
그런데 $\overline{AE} > 0$이므로
$$\overline{AE} = 4 \text{ cm}$$
따라서 등변사다리꼴 ABCD의 넓이는
$$\frac{1}{2} \times (4+10) \times 4 = 28(\text{cm}^2)$$

目 28 cm²

04

단면인 원의 반지름의 길이를 x cm라고 하면
피타고라스 정리에 의하여

$$8^2 + x^2 = 12^2$$
$$x^2 = 80$$
따라서 단면인 원의 넓이는
$$\pi \times x^2 = 80\pi(\text{cm}^2)$$

目 80π cm²

05

선이 지나는 면의 전개도를 그려 보면 다음 그림과 같다.

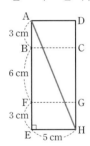

꼭짓점 A에서 겉면을 따라 모서리 BC, FG를 지나 점 H에 이르는 최단 거리는 직각을 낀 두 변의 길이가 각각 12 cm, 5 cm일 때 빗변의 길이, 즉 $\overline{AH}$의 길이와 같으므로
피타고라스 정리에 의하여
$$\overline{AH}^2 = 12^2 + 5^2$$
$$= 169$$
그런데 $\overline{AH} > 0$이므로
$$\overline{AH} = 13 \text{ cm}$$
따라서 구하는 최단 거리는 13 cm이다.

目 13 cm

06

$9^2 < 7^2 + 8^2$이므로 $9^2 \neq 7^2 + 8^2$이다.
따라서 이 삼각형은 직각삼각형이 아니다.

目 풀이 참조

중단원 마무리 본문 101쪽

01 25π cm²	**02** 64 : 55	**03** 15 cm
04 32 cm²	**05** 100π cm³	**06** 5

01

직각삼각형 ABC에서
피타고라스 정리에 의하여
$$\overline{AB}^2 + \overline{AC}^2 = \overline{BC}^2$$
이므로 $S_1 + S_2 = S_3$
$$15\pi + S_2 = 40\pi$$
따라서 $S_2 = 40\pi - 15\pi = 25\pi(\text{cm}^2)$

目 25π cm²

02

$\overline{AB} : \overline{BC} = 8 : 3$이므로
$$\overline{AB}^2 : \overline{BC}^2 = 8^2 : 3^2 = 64 : 9$$
직각삼각형 ABC에서
피타고라스 정리에 의하여
$$\overline{AB}^2 = \overline{AC}^2 + \overline{BC}^2$$이므로
$$\overline{AB}^2 : \overline{AC}^2 : \overline{BC}^2 = 64 : 55 : 9$$
따라서 $P : R = \overline{AB}^2 : \overline{AC}^2 = 64 : 55$

目 64 : 55

03

□ABCD와 □ECGF는 정사각형이므로
$$\overline{BC} = 3 \text{ cm}, \ \overline{CG} = \overline{FG} = 9 \text{ cm}$$
직각삼각형 BGF에서
피타고라스 정리에 의하여
$$\overline{BF}^2 = \overline{BG}^2 + \overline{FG}^2$$
$$\overline{BF}^2 = 12^2 + 9^2 = 225$$
그런데 $\overline{BF} > 0$이므로
$$\overline{BF} = 15 \text{ cm}$$

目 15 cm

04

두 직각삼각형 EAB와 BCD는 합동이므로
$$\overline{EB} = \overline{BD} \quad \cdots\cdots \ ㉠$$
$$\angle AEB = \angle CBD \quad \cdots\cdots \ ㉡$$
$$\angle AEB + \angle ABE = 90° \quad \cdots\cdots \ ㉢$$

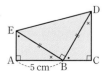

㉡, ㉢에 의하여

정답과 풀이 ● **47**

$\angle CBD + \angle ABE = 90°$이므로

$\angle EBD = 90°$ ...... ㉣

㉠, ㉣에 의하여

$\triangle EBD$는 직각이등변삼각형이다.

즉, $\overline{BE}$를 한 변으로 하는 정사각형의 넓이는 $34\ cm^2$이므로

$\overline{BE}^2 = 34$

직각삼각형 EAB에서

피타고라스 정리에 의하여

$\overline{AE}^2 + \overline{AB}^2 = \overline{BE}^2$

$\overline{AE}^2 + 25 = 34$

$\overline{AE}^2 = 9$

그런데 $\overline{AE} > 0$이므로

$\overline{AE} = 3\ cm$

따라서 □EACD의 넓이는

$\dfrac{1}{2} \times (3+5) \times (5+3) = 32\ (cm^2)$

📋 $32\ cm^2$

05

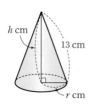

오른쪽 그림과 같이

밑면의 반지름의 길이를 $r\ cm$,

원뿔의 높이를 $h\ cm$라고 하면

밑면의 넓이가 $25\pi\ cm^2$이므로

$\pi r^2 = 25\pi$에서 $r^2 = 25$

$r > 0$이므로 $r = 5$

피타고라스 정리에 의하여

$13^2 = 5^2 + h^2$

$h^2 = 144$

$h > 0$이므로 $h = 12$

따라서 원뿔의 부피는

$\dfrac{1}{3} \times 25\pi \times 12 = 100\pi\ (cm^3)$

📋 $100\pi\ cm^3$

06

(i) 길이가 a인 변이 빗변인 경우

    $a^2 = 3^2 + 4^2 = 25$

    $a > 0$이므로 $a = 5$

(ii) 길이가 4인 변이 빗변인 경우

    $4^2 = 3^2 + a^2$

    $a^2 = 7$

    그런데 $2^2 = 4$이고 $3^2 = 9$이므로

    제곱해서 7이 되는 자연수는 없다.

따라서 직각삼각형이 되도록 하는 a의 값은 5이다.

📋 5

서술형 예제	$25, 5, 5, 5, 5^2, 169, 13, 5, 13, \dfrac{65}{2}$
서술형 유제	$21\ cm$

1 $10\ cm$ **2** 10 **3** 6 **4** $56\ cm^2$

서술형 예제

$\overline{MN} = \overline{AC}$이므로 $\triangle ABC$에서 피타고라스 정리에 의하여

$\overline{AC}^2 = 3^2 + 4^2 = \boxed{25}$

그런데 $\overline{AC} > 0$이므로

$\overline{AC} = \boxed{5}\ cm$, 즉 $\overline{MN} = \boxed{5}\ cm$ ··· 1단계

$\triangle DFH$에서 $\overline{FH} = \boxed{5}\ cm$이고

피타고라스 정리에 의하여

$\overline{DF}^2 = \boxed{5^2} + 12^2 = \boxed{169}$

그런데 $\overline{DF} > 0$이므로

$\overline{DF} = \boxed{13}\ cm$ ··· 2단계

따라서

$\dfrac{1}{2} \times \overline{MN} \times \overline{DF} = \dfrac{1}{2} \times \boxed{5} \times \boxed{13} = \boxed{\dfrac{65}{2}}$ ··· 3단계

📋 풀이 참조

단계	채점 기준	비율
1단계	$\overline{MN}$의 길이를 구한 경우	30 %
2단계	$\overline{DF}$의 길이를 구한 경우	40 %
3단계	$\dfrac{1}{2} \times \overline{MN} \times \overline{DF}$를 구한 경우	30 %

서술형 유제

직각삼각형 ABD에서

피타고라스 정리에 의하여

$\overline{BD}^2 = 17^2 - 8^2 = 225$

그런데 $\overline{BD} > 0$이므로

$\overline{BD} = 15\ cm$ ··· 1단계

또 직각삼각형 ADC에서

피타고라스 정리에 의하여

$\overline{CD}^2 = 10^2 - 8^2 = 36$

그런데 $\overline{CD} > 0$이므로

$\overline{CD} = 6\ cm$ ··· 2단계

따라서 $\overline{BC} = 15 + 6 = 21\ (cm)$ ··· 3단계

📋 $21\ cm$

단계	채점 기준	비율
1단계	$\overline{BD}$의 길이를 구한 경우	40 %
2단계	$\overline{CD}$의 길이를 구한 경우	40 %
3단계	$\overline{BC}$의 길이를 구한 경우	20 %

1

직각삼각형 ABC에서
피타고라스 정리에 의하여
$\overline{BC}^2 = 3^2 + 4^2 = 25$
그런데 $\overline{BC} > 0$이므로
$\overline{BC} = 5$ cm … 1단계
선이 지나는 면의 전개도를 그려 보면 다음 그림과 같다.

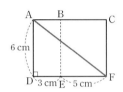

꼭짓점 A에서 출발하여 겉면을 따라 모서리 BE를 지나 점 F에
이르는 최단 거리는 직각을 낀 두 변의 길이가 각각 8 cm, 6 cm
일 때 빗변의 길이, 즉 $\overline{AF}$의 길이와 같으므로
피타고라스 정리에 의하여
$\overline{AF}^2 = 8^2 + 6^2 = 100$ … 2단계
그런데 $\overline{AF} > 0$이므로
$\overline{AF} = 10$ cm
따라서 구하는 최단 거리는 10 cm이다. … 3단계

답 10 cm

단계	채점 기준	비율
1단계	$\overline{BC}$의 길이를 구한 경우	30 %
2단계	$(최단 거리)^2$을 구한 경우	50 %
3단계	최단 거리를 구한 경우	20 %

2

오른쪽 그림은 좌표평면 위에
두 점 A(3, −2), B(−5, 4)와
점 C(−5, −2)를 세 꼭짓점으로 하는
직각삼각형 ABC를 그린 것이다.

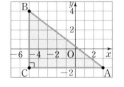

직각삼각형 ABC에서
피타고라스 정리에 의하여
$\overline{AB}^2 = 6^2 + 8^2 = 100$ … 1단계
그런데 $\overline{AB} > 0$이므로
$\overline{AB} = 10$

따라서 두 점 A(3, −2), B(−5, 4) 사이의 거리는
10이다. … 2단계

답 10

단계	채점 기준	비율
1단계	$\overline{AB}^2$에 관한 식을 구한 경우	60 %
2단계	두 점 사이의 거리를 구한 경우	40 %

3

△ABC∽△HBA (AA 닮음)이므로
$\overline{AB} : \overline{HB} = \overline{BC} : \overline{BA}$
$20 : 16 = (16 + y) : 20$
$16 + y = 25$
$y = 9$ … 1단계
직각삼각형 ABC에서
피타고라스 정리에 의하여
$25^2 = 20^2 + x^2$
$x^2 = 225$
그런데 $x > 0$이므로 $x = 15$ … 2단계
따라서 $x - y = 15 - 9 = 6$ … 3단계

답 6

단계	채점 기준	비율
1단계	y의 값을 구한 경우	40 %
2단계	x의 값을 구한 경우	40 %
3단계	$x-y$의 값을 구한 경우	20 %

4

직각삼각형 BCD에서
$\overline{BC} = \overline{FA} = 7$ cm이고 … 1단계
피타고라스 정리에 의하여
$\overline{BC}^2 + \overline{CD}^2 = \overline{BD}^2$이므로
$49 + \overline{CD}^2 = 113$
$\overline{CD}^2 = 64$
그런데 $\overline{CD} > 0$이므로
$\overline{CD} = 8$ cm … 2단계
따라서 색칠한 부분의 넓이는
$\dfrac{1}{2} \times 7 \times 8 + \dfrac{1}{2} \times 7 \times 8 = 56 (cm^2)$ … 3단계

답 56 cm²

단계	채점 기준	비율
1단계	$\overline{BC}$의 길이를 구한 경우	20 %
2단계	$\overline{CD}$의 길이를 구한 경우	50 %
3단계	색칠한 부분의 넓이를 구한 경우	30 %

VI 확률

1. 경우의 수

1 사건과 경우의 수
본문 106~109쪽

개념 확인 문제

1 5   2 12   3 12가지   4 20

1 1부터 12까지의 자연수 중 소수는 2, 3, 5, 7, 11의 5가지이므로 구하는 경우의 수는 5이다.

유제 1

답 (1)

경우	경우의 수
3, 6, 9	3

(2)

경우	경우의 수
1, 2, 4, 8	4

(3)

경우	경우의 수
6, 7, 8	3

유제 2

1부터 15까지의 자연수 중에서 소수는
2, 3, 5, 7, 11, 13
의 6개이므로 소수가 적힌 구슬이 나오는 경우의 수는 6이다.
답 6

유제 3

3의 배수가 나오는 경우는 3, 6, 9, 12의 4가지
5의 배수가 나오는 경우는 5, 10의 2가지
따라서 구하는 경우의 수는
$4+2=6$
답 6

유제 4

짝수가 적힌 공이 나오는 경우는 2, 4, 6, 8의 4가지
2보다 작은 수가 적힌 공이 나오는 경우는 1의 1가지
따라서 구하는 경우의 수는
$4+1=5$
답 5

유제 5

출발 지점에서 휴게소까지 가는 방법은 3가지, 휴게소에서 수학봉까지 가는 방법도 3가지이므로 구하는 경우의 수는
$3\times3=9$
답 9

유제 6

투수를 각각 A, B, C라 하고 포수를 각각 D, E라고 하면 투수와 포수를 짝짓는 경우는 다음과 같다.

A < D E   B < D E   C < D E

따라서 투수 3명의 각각에 대하여 포수를 2명씩 짝지을 수 있으므로 구하는 경우의 수는
$3\times2=6$
답 6

형성평가
본문 110쪽

01 ②   02 ⑤   03 ②   04 14   05 6가지   06 ④

01

600원을 지불하는 경우는 다음 표와 같다.

500원짜리	100원짜리	50원짜리
1개	1개	0개
1개	0개	2개
0개	4개	4개
0개	3개	6개

따라서 구하는 경우의 수는 4
답 ②

02

1부터 25까지의 자연수 중에서 소수는
2, 3, 5, 7, 11, 13, 17, 19, 23
의 9개이므로 소수가 적힌 구슬이 나오는 경우의 수는 9이다.
답 ⑤

03

5의 배수가 나오는 경우는 5의 1가지
6의 약수가 나오는 경우는 1, 2, 3, 6의 4가지

따라서 구하는 경우의 수는

$1+4=5$

답 ②

04

면 6종류와 밥 8종류 중에서 한 가지만 주문하므로
구하는 경우의 수는

$6+8=14$

답 14

05

소셜룸을 나가는 방법은 3가지이고, 각각의 경우에 대하여 스터디룸에 들어가는 방법은 2가지이므로
구하는 방법의 수는

$3\times2=6$

답 6

06

각각의 봉화대는 연기를 피우거나 피우지 않는 2가지의 신호를 낼 수 있으므로 5개의 봉화대에서 표현할 수 있는 신호의 수는

$2\times2\times2\times2\times2=32$(가지)

답 ④

② 여러 가지 경우의 수

본문 111~116쪽

개념 확인 문제

1 8 2 3 3 12개 4 24 5 (1) 6 (2) 3 6 24가지

유제 1

동전 한 개와 주사위 한 개를 동시에 던질 때 일어나는 모든 경우의 수는 $2\times6=12$이므로

$a=12$

동전의 앞면과 주사위의 홀수의 눈이 나오는 경우의 수는

$1\times3=3$이므로

$b=3$

따라서 $a+b=12+3=15$

답 ④

유제 2

두 눈의 수의 차가 4인 경우는

$(1,5)$, $(5,1)$, $(2,6)$, $(6,2)$

의 4가지이므로 구하는 경우의 수는 4이다.

답 4

유제 3

3명의 학생이 가위바위보를 할 때 일어나는 경우의 수는

$3\times3\times3=27$

답 27

유제 4

A가 가위바위보에서 이기는 경우를 순서쌍 (A, B)로 나타내면
(가위, 보), (바위, 가위), (보, 바위)의 3가지
주사위를 던져서 짝수의 눈이 나오는 경우는 2, 4, 6의 3가지
따라서 A가 게임에서 승리하는 경우의 수는

$3\times3=9$

답 ⑤

유제 5

만들 수 있는 두 자리의 자연수는 $5\times5=25$(개)이므로

$a=25$

일의 자리가 될 수 있는 수는
1, 3, 5의 3가지
십의 자리에는 0을 제외한
나머지 4개의 수가 올 수 있으므로

$b=3\times4=12$

따라서 $a-b=25-12=13$

답 13

유제 6

처음 누를 수 있는 수는 9가지, 두 번째 누를 수 있는 수는 9가지이므로 만들 수 있는 비밀번호의 개수는

$9\times9=81$(개)

답 ④

유제 7

세 전시관을 둘러보는 순서를 짜는 경우는 한 줄로 세우는 경우와 같으므로 그 경우의 수는

$3\times2\times1=6$

답 ④

유제 8

B가 맨 앞에 서는 경우는

$3 \times 2 \times 1 = 6$(가지)

B가 맨 뒤에 서는 경우는

$3 \times 2 \times 1 = 6$(가지)

따라서 B가 맨 앞 또는 맨 뒤에 서는 경우의 수는

$6 + 6 = 12$

답 12

유제 9

구의원 2명을 뽑는 경우에는 순서를 고려하지 않는다.

즉, (A, B)와 (B, A)는 같은 경우로 본다.

따라서 5명 중에서 2명을 뽑는 경우의 수는

$\dfrac{5 \times 4}{2} = 10$

답 10

유제 10

남학생 6명 중에서 2명의 환경도우미를 뽑는 경우의 수는

$\dfrac{6 \times 5}{2} = 15$

여학생 4명 중에서 1명의 환경도우미를 뽑는 경우의 수는 4

따라서 구하는 경우의 수는

$15 \times 4 = 60$

답 60

유제 11

체코에 칠할 수 있는 색은 3가지, 오스트리아에 칠할 수 있는 색은 2가지, 슬로바키아에 칠할 수 있는 색은 1가지이다.

헝가리에는 오스트리아와 슬로바키아에 칠한 색을 제외한 1가지의 색을 칠할 수 있다.

따라서 구하는 경우의 수는

$3 \times 2 \times 1 \times 1 = 6$

답 6

유제 12

빨강, 주황이 선택되어 있으므로 빨강, 주황을 제외한 나머지 4가지 색 중에서 2가지 색을 선택하면 된다.

따라서 구하는 경우의 수는

$\dfrac{4 \times 3}{2} = 6$

답 ③

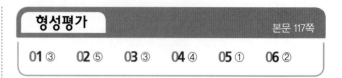

01

짝수의 눈이 나오는 경우는 2, 4, 6의 3가지

소수의 눈이 나오는 경우는 2, 3, 5의 3가지

따라서 구하는 경우의 수는 $3 \times 3 = 9$

답 ③

02

백의 자리에 올 수 있는 숫자는 1, 2, 3, 4의 4개, 십의 자리에 올 수 있는 숫자는 백의 자리의 숫자를 제외한 4개, 일의 자리에 올 수 있는 숫자는 백의 자리, 십의 자리의 숫자를 제외한 3개이다.

따라서 만들 수 있는 세 자리의 자연수의 개수

$4 \times 4 \times 3 = 48$(개)

답 ⑤

03

여학생을 한 줄로 세우는 경우는

$3 \times 2 \times 1 = 6$(가지)

남학생을 한 줄로 세우는 경우는

$3 \times 2 \times 1 = 6$(가지)

이때 남학생이 먼저 오거나 여학생이 먼저 오는 2가지 경우가 있다.

ⓝ ⓨ ⓝ ⓨ ⓝ ⓨ

ⓨ ⓝ ⓨ ⓝ ⓨ ⓝ

따라서 구하는 경우의 수는

$6 \times 6 \times 2 = 72$

답 ③

04

A, B가 이웃하고 A가 B 뒤에 서므로 ⓑⓐ, C, D, E의 4명을 한 줄로 세우는 것과 같다.

따라서 구하는 경우의 수는

$4 \times 3 \times 2 \times 1 = 24$

답 ④

05

5명 중에서 순서와 상관없이 2명을 선택하는 경우의 수는

$\dfrac{5 \times 4}{2} = 10$

답 ①

06

5가지 색을 한 줄로 세우는 경우의 수와 같으므로
구하는 경우의 수는

$5 \times 4 \times 3 \times 2 \times 1 = 120$

답 ②

중단원 마무리

본문 118~121쪽

01 ⑤	02 ③	03 ⑤	04 ②	05 ③	06 ①
07 ②	08 ①	09 ①	10 ②	11 ④	12 ⑤
13 ①	14 ④	15 5	16 ④	17 ⑤	18 ③
19 ②	20 15번	21 ⑤	22 ①	23 ①	24 ③
25 ②	26 ③	27 138장	28 14	29 ②	

01

각각의 경우의 수는 다음과 같다.
① 5   ② 3   ③ 3   ④ 3   ⑤ 2
따라서 이 중 경우의 수가 가장 작은 것은 ⑤이다.

답 ⑤

02

두 눈의 수의 합이 8인 경우를 순서쌍으로 나타내면
$(2, 6), (3, 5), (4, 4), (5, 3), (6, 2)$
의 5가지이므로 구하는 경우의 수는 5

답 ③

03

소설책 또는 만화책 1권을 꺼낼 경우의 수는
$4 + 5 = 9$

답 ⑤

04

남학생 4명 중 대표 1명을 뽑는 경우의 수는 4
여학생 3명 중 대표 1명을 뽑는 경우의 수는 3
따라서 구하는 경우의 수는
$4 \times 3 = 12$

답 ②

05

3종류의 반죽마다 4종류의 소를 고를 수 있으므로
구하는 경우의 수는
$3 \times 4 = 12$

답 ③

06

집에서 학교까지 가는 길이 3가지
학교에서 도서관까지 가는 길이 5가지
따라서 집에서 학교를 거쳐 도서관까지 가는 방법은
$3 \times 5 = 15$(가지)

답 ①

07

처음에 올 수 있는 사람은 6명, 두 번째 올 수 있는 사람은 5명,
세 번째 올 수 있는 사람은 4명이므로 구하는 경우의 수는
$6 \times 5 \times 4 = 120$

답 ②

08

500원	1	1	1	2	2	2
100원	1	2	3	1	2	3
합계	600원	700원	800원	1100원	1200원	1300원

따라서 두 종류의 동전을 각각 한 개 이상씩 사용하여 만들 수 있는
금액은 600원, 700원, 800원, 1100원, 1200원, 1300원의 6가
지이다.

답 ①

09

(i) 일의 자리의 숫자가 0인 경우
    십의 자리에 올 수 있는 수는 1, 2, 3의 3개
(ii) 일의 자리의 숫자가 2인 경우
    십의 자리에 올 수 있는 수는 0을 제외한 1, 3의 2개
(i), (ii)에서 만들 수 있는 두 자리의 짝수는 모두
$3 + 2 = 5$(개)

답 ①

10

3의 배수가 나오는 경우는 3, 6의 2가지
8의 약수가 나오는 경우는 1, 2, 4, 8의 4가지
따라서 구하는 경우의 수는
$2 + 4 = 6$

답 ②

11

동전 1개를 던질 때 일어나는 경우의 수는 2
주사위 1개를 던질 때 일어나는 경우의 수는 6

따라서 동전 2개와 주사위 2개를 동시에 던질 때 일어나는 경우의 수는

$2 \times 2 \times 6 \times 6 = 144$

답 ④

12

4개의 자음마다 2개의 모음을 짝지을 수 있으므로
만들 수 있는 글자의 수는

$4 \times 2 = 8(개)$

답 ⑤

13

A 지점에서 C 지점으로 바로 가는 경우의 수는 4
A 지점에서 B 지점을 거쳐서 C 지점으로 가는 경우의 수는

$3 \times 2 = 6$

따라서 A 지점에서 C 지점으로 가는 경우는

$4 + 6 = 10$

답 ①

14

상의 2종류마다 하의 5종류를 선택할 수 있고, 이때마다 모자
3종류도 선택할 수 있으므로 구하는 경우의 수는

$2 \times 5 \times 3 = 30$

답 ④

15

꺼낸 공에 적힌 수의 합이 4인 경우는
$(1, 3), (2, 2), (3, 1)$의 3가지
꺼낸 공에 적힌 수의 합이 5인 경우는
$(2, 3), (3, 2)$의 2가지
따라서 구하는 경우의 수는

$3 + 2 = 5$

답 5

16

7점인 경우는 $(3, 3, 1), (3, 1, 3), (1, 3, 3), (3, 2, 2),$
$(2, 3, 2), (2, 2, 3)$의 6가지

8점인 경우는 $(3, 3, 2), (3, 2, 3), (2, 3, 3)$의 3가지
9점인 경우는 $(3, 3, 3)$의 1가지
따라서 구하는 경우의 수는

$6 + 3 + 1 = 10$

답 ④

17

학교에서 우체국까지 최단 거리로 가는 방법은 3가지
우체국에서 집까지 최단 거리로 가는 방법은 3가지
따라서 구하는 방법의 수는

$3 \times 3 = 9$

답 ⑤

18

빨간색을 칠할 수 있는 부분은 3개
파란색을 칠할 수 있는 부분은 2개
따라서 구하는 경우의 수는

$3 \times 2 = 6$

답 ③

19

5가지 색을 일렬로 늘어 놓고 다섯 부분에 칠하면 되므로
구하는 경우의 수는

$5 \times 4 \times 3 \times 2 \times 1 = 120$

답 ②

20

모든 반이 서로 한 번씩 경기를 해야 하므로 6개의 반 중에서 순
서에 상관없이 2개의 반을 뽑는 경우의 수는

$\dfrac{6 \times 5}{2} = 15$

따라서 모두 15번의 경기를 해야 한다.

답 15번

21

백의 자리에 올 수 있는 숫자는 0을 제외한 9개,
십의 자리에 올 수 있는 숫자는 10개,
일의 자리에 올 수 있는 숫자는 10개
따라서 만들 수 있는 세 자리의 자연수의 개수는

$9 \times 10 \times 10 = 900(개)$

답 ⑤

22

T가 E 바로 앞에 와야 하므로 (T, E), F, A, H, R의 5개를 한 줄로 세우는 경우와 같다.

따라서 구하는 경우의 수는

$5 \times 4 \times 3 \times 2 \times 1 = 120$

달 ①

23

$x+y=3$이고 $x-y=1$이므로 $x=2$, $y=1$

따라서 앞면이 2개, 뒷면이 1개 나오는 경우는

(앞, 앞, 뒤), (앞, 뒤, 앞), (뒤, 앞, 앞)의 3가지이므로

구하는 경우의 수는 3

달 ①

24

선분의 양 끝점에서 한 끝점이 될 수 있는 점의 개수는 7개, 다른 끝점이 될 수 있는 점의 개수는 6개이고 순서는 생각하지 않으므로 구하는 선분은 모두

$\dfrac{7 \times 6}{2} = 21$(개)

달 ③

25

4개의 티셔츠 중에서 2개를 사는 방법은 $\dfrac{4 \times 3}{2} = 6$(가지)

5개의 바지 중에서 2개를 사는 방법은 $\dfrac{5 \times 4}{2} = 10$(가지)

따라서 티셔츠와 바지를 각각 2개씩 사는 방법은 모두

$6 \times 10 = 60$(가지)

달 ②

26

3의 배수가 되는 경우는

12, 21, 15, 51, 24, 42, 45, 54

의 8가지이므로 구하는 경우의 수는 8

달 ③

27

(i) 일의 자리의 숫자만 3인 경우

103, 113, 123, 143, 153, 163, 173, 183, 193의 9개

203, 213, 223, 243, 253, 263, 273, 283, 293의 9개

(ii) 십의 자리의 숫자가 3인 경우

130~139의 10개, 230~239의 10개

(iii) 백의 자리의 숫자가 3인 경우

300~399의 100개

(i)~(iii)에서 3이 포함된 번호표는 모두

$9+9+10+10+100 = 138$(장)

달 138장

28

$ax=b$의 해가 정수이기 위해서는

$x=\dfrac{b}{a}$에서 b가 a의 배수이어야 한다.

이를 만족하는 순서쌍 (a, b)를 구하면

$(1, 1)$, $(1, 2)$, $(1, 3)$, $(1, 4)$, $(1, 5)$, $(1, 6)$,

$(2, 2)$, $(2, 4)$, $(2, 6)$,

$(3, 3)$, $(3, 6)$,

$(4, 4)$, $(5, 5)$, $(6, 6)$

의 14가지이므로 구하는 경우의 수는 14

달 14

29

D와 E를 연결하는 도로만 빼고 모든 도시가 연결되어 있으므로 A를 출발하여 4개의 도시를 방문하고 돌아오는 방법은 B, C, D, E를 일렬로 나열하는 경우의 수에서 D, E가 이웃하는 경우의 수를 뺀 것과 같다.

B, C, D, E를 일렬로 나열하는 경우의 수는 $4 \times 3 \times 2 \times 1 = 24$

D, E가 이웃하는 경우의 수는 D, E를 묶어서 3개를 일렬로 세우고 D, E의 위치를 바꾸는 경우를 생각하면 되므로

$3 \times 2 \times 1 \times 2 = 12$

따라서 구하는 경우의 수는

$24 - 12 = 12$

달 ②

수행평가 **서술형으로 중단원 마무리** 본문 122~123쪽

| 서술형 예제 | 풀이 참조 |
| 서술형 유제 | 720 |

1 $a=10$, $b=20$ **2** 3 **3** 6 **4** 412

서술형 예제

남학생끼리만 한 줄로 서는 경우의 수는

$\boxed{4} \times \boxed{3} \times \boxed{2} \times \boxed{1} = \boxed{24}$ … 1단계

여학생끼리만 한 줄로 서는 경우의 수는

$\boxed{3} \times \boxed{2} \times \boxed{1} = \boxed{6}$ … 2단계

남학생들과 여학생들을 각각 한 묶음으로 보고 한 줄로 세우는 경우의 수는

$\boxed{2} \times \boxed{1} = \boxed{2}$

따라서 남학생은 남학생끼리, 여학생은 여학생끼리 이웃하여 한 줄로 서는 경우의 수는

$\boxed{24} \times \boxed{6} \times \boxed{2} = \boxed{288}$ ⋯ 3단계

답 풀이 참조

단계	채점 기준	비율
1단계	남학생끼리만 한 줄로 서는 경우의 수를 구한 경우	30 %
2단계	여학생끼리만 한 줄로 서는 경우의 수를 구한 경우	30 %
3단계	남학생은 남학생끼리, 여학생은 여학생끼리 이웃하여 한 줄로 서는 경우의 수를 구한 경우	40 %

서술형 유제

성인 중 2명이 양 끝에 앉게 되는 경우의 수는

$3 \times 2 = 6$ ⋯ 1단계

나머지 성인 1명과 학생 4명을 한 줄로 앉히는 경우의 수는 5명을 한 줄로 세우는 경우의 수와 같으므로

$5 \times 4 \times 3 \times 2 \times 1 = 120$ ⋯ 2단계

따라서 구하는 경우의 수는

$6 \times 120 = 720$ ⋯ 3단계

답 720

단계	채점 기준	비율
1단계	성인 2명이 양 끝에 앉는 경우의 수를 구한 경우	30 %
2단계	나머지 5명을 한 줄로 앉히는 경우의 수를 구한 경우	30 %
3단계	찾는 경우의 수를 구한 경우	40 %

1

5명의 후보 중에서 대표 2명을 뽑는 경우의 수는

$\dfrac{5 \times 4}{2} = 10$이므로 $a = 10$ ⋯ 1단계

5명의 후보 중에서 회장과 부회장을 뽑는 경우의 수는

$5 \times 4 = 20$이므로 $b = 20$ ⋯ 2단계

답 $a = 10, b = 20$

단계	채점 기준	비율
1단계	a의 값을 구한 경우	50 %
2단계	b의 값을 구한 경우	50 %

2

$2x - a - 1 = 0$에서 $2x = a + 1$

$x = \dfrac{a+1}{2}$ ⋯ 1단계

해가 정수가 되기 위해서는

$a + 1$이 2의 배수이어야 하므로

$a + 1 = 2$에서 $a = 1$

$a + 1 = 4$에서 $a = 3$

$a + 1 = 6$에서 $a = 5$ ⋯ 2단계

따라서 구하는 경우의 수는 3 ⋯ 3단계

답 3

단계	채점 기준	비율
1단계	방정식을 푼 경우	40 %
2단계	a의 값을 구한 경우	50 %
3단계	방정식 $2x - a - 1 = 0$의 해가 정수가 되는 경우의 수를 구한 경우	10 %

3

한 개의 동전을 4번 던져서 점 P가 원점에 오기 위해서는 앞면이 2개, 뒷면이 2개 나와야 한다. ⋯ 1단계

앞면 2개, 뒷면 2개가 나오는 경우는

(앞, 앞, 뒤, 뒤), (앞, 뒤, 앞, 뒤), (앞, 뒤, 뒤, 앞),

(뒤, 뒤, 앞, 앞), (뒤, 앞, 뒤, 앞), (뒤, 앞, 앞, 뒤)

의 6가지이므로 구하는 경우의 수는 6 ⋯ 2단계

답 6

단계	채점 기준	비율
1단계	나와야 하는 앞면과 뒷면의 개수를 구한 경우	40 %
2단계	앞면 2개와 뒷면 2개를 배열하는 경우의 수를 구한 경우	60 %

4

백의 자리의 숫자가 1인 세 자리의 자연수의 개수는

$3 \times 2 = 6$(개) ⋯ 1단계

백의 자리의 숫자가 2인 세 자리의 자연수의 개수는

$3 \times 2 = 6$(개) ⋯ 2단계

백의 자리의 숫자가 3인 세 자리의 자연수의 개수는

$3 \times 2 = 6$(개) ⋯ 3단계

따라서 작은 수부터 크기순으로 19번째인 수는 백의 자리의 숫자가 4인 수 중에서 가장 작은 수이므로 412 ⋯ 4단계

답 412

단계	채점 기준	비율
1단계	백의 자리의 숫자가 1인 세 자리의 자연수의 개수를 구한 경우	20 %
2단계	백의 자리의 숫자가 2인 세 자리의 자연수의 개수를 구한 경우	20 %
3단계	백의 자리의 숫자가 3인 세 자리의 자연수의 개수를 구한 경우	20 %
4단계	작은 수부터 크기순으로 19번째인 수를 구한 경우	40 %

2. 확률

확률의 뜻과 기본 성질

본문 124~127쪽

개념 확인 문제

1 $\dfrac{2}{5}$ 2 $\dfrac{1}{5}$ 3 (1) $\dfrac{1}{2}$ (2) 0 (3) 1 4 $\dfrac{7}{10}$

1 1부터 20까지의 자연수 중 소수는

2, 3, 5, 7, 11, 13, 17, 19의 8개이므로

구하는 확률은

$$\dfrac{8}{20} = \dfrac{2}{5}$$

4 1부터 20까지의 자연수 중 20의 약수는

1, 2, 4, 5 10, 20의 6개이므로

20의 약수일 확률은

$$\dfrac{6}{20} = \dfrac{3}{10}$$

따라서 구하는 확률은

$$1 - \dfrac{3}{10} = \dfrac{7}{10}$$

유제 1

(1) 모든 경우의 수는 12

(2) 3의 배수는 3, 6, 9, 12이므로

꺼낸 공이 3의 배수인 경우의 수는 4

(3) 꺼낸 공이 3의 배수일 확률은

$$\dfrac{4}{12} = \dfrac{1}{3}$$

답 (1) 12 (2) 4 (3) $\dfrac{1}{3}$

유제 2

모든 경우의 수는 12이고,

10의 약수는 1, 2, 5, 10의 4가지이므로

구하는 확률은

$$\dfrac{4}{12} = \dfrac{1}{3}$$

답 $\dfrac{1}{3}$

유제 3

모든 경우의 수는 $2 \times 2 = 4$이고,

서로 다른 면이 나오는 경우는

(앞, 뒤), (뒤, 앞)의 2가지이므로

구하는 확률은

$$\dfrac{2}{4} = \dfrac{1}{2}$$

답 $\dfrac{1}{2}$

유제 4

(1) 자연수 17은 하나뿐이므로 구하는 확률은 $\dfrac{1}{32}$

(2) 5의 배수는 5, 10, 15, 20, 25, 30의 6개이므로

구하는 확률은

$$\dfrac{6}{32} = \dfrac{3}{16}$$

(3) 두 자리의 숫자가 같은 수는 11, 22의 2개이므로

구하는 확률은

$$\dfrac{2}{32} = \dfrac{1}{16}$$

답 (1) $\dfrac{1}{32}$ (2) $\dfrac{3}{16}$ (3) $\dfrac{1}{16}$

유제 5

(1) 25개의 제비 중 당첨 제비가 25개이므로 확률은 $\dfrac{25}{25} = 1$

(2) 당첨 제비가 10개이므로 확률은 $\dfrac{10}{25} = \dfrac{2}{5}$

(3) 당첨 제비가 0개이므로 확률은 $\dfrac{0}{25} = 0$

답 (1) 1 (2) $\dfrac{2}{5}$ (3) 0

유제 6

③ 3이 나올 확률은 $\dfrac{1}{10}$이다.

답 ③

유제 7

불량품이 나올 확률은

$$\dfrac{8}{100} = \dfrac{2}{25}$$

따라서 합격품이 나올 확률은

$$1 - \dfrac{2}{25} = \dfrac{23}{25}$$

답 $\dfrac{23}{25}$

유제 8

명중시킬 확률이 $\dfrac{7}{10}$이므로

명중시키지 못할 확률은

$$1 - \dfrac{7}{10} = \dfrac{3}{10}$$

답 $\dfrac{3}{10}$

본문 128쪽

01 ②   **02** ⑤   **03** ②   **04** $\dfrac{15}{28}$ **05** ⑤   **06** ④

07 ④

01

서로 다른 두 개의 주사위를 동시에 던질 때

모든 경우의 수는 $6 \times 6 = 36$

두 눈의 수의 합이 5인 경우는

$(1, 4), (2, 3), (3, 2), (4, 1)$의 4가지

따라서 구하는 확률은

$\dfrac{4}{36} = \dfrac{1}{9}$

답 ②

02

6장의 카드에서 2장을 뽑아 정수를 만드는 경우의 수는

$6 \times 5 = 30$

30보다 큰 두 자리의 정수를 만들기 위해서는

십의 자리에 올 수 있는 숫자는 3, 4, 5, 6의 4개,

일의 자리에 올 수 있는 숫자는 십의 자리에 온 숫자를 제외한 5개이므로 30보다 큰 수는 $4 \times 5 = 20$(개)

따라서 구하는 확률은

$\dfrac{20}{30} = \dfrac{2}{3}$

답 ⑤

03

흰 구슬을 x개 더 넣는다고 하면

전체 구슬의 개수는 $(10 + x)$개

$\dfrac{8}{10 + x} = \dfrac{2}{3}$, $2(10 + x) = 24$

$2x = 4$에서 $x = 2$

따라서 흰 구슬을 2개 더 넣어야 한다.

답 ②

04

동아리 모임의 구성원은 모두 8명이고 이 중에서 2명의 대표를 뽑는 경우의 수는

$\dfrac{8 \times 7}{2} = 28$

남녀 각각 1명씩을 대표로 뽑는 경우의 수는

$3 \times 5 = 15$

따라서 구하는 확률은 $\dfrac{15}{28}$

답 $\dfrac{15}{28}$

05

⑤ 1, 2, 3으로 만든 세 자리의 자연수는 123, 132, 213, 231, 312, 321이고 모두 3의 배수이다.

따라서 만들어진 세 자리의 자연수가 3의 배수일 확률은 1이다.

답 ⑤

06

두 사람이 가위바위보를 할 때, 비길 확률은 $\dfrac{1}{3}$이므로

한 번에 승부가 날 확률은

$1 - \dfrac{1}{3} = \dfrac{2}{3}$

답 ④

07

두 개의 주사위를 던져서 같은 수가 나올 확률은 $\dfrac{6}{36} = \dfrac{1}{6}$

따라서 A가 이기거나 B가 이길 확률은 $1 - \dfrac{1}{6} = \dfrac{5}{6}$

이때 A와 B가 이길 확률은 서로 같으므로 구하는 확률은

$\dfrac{5}{6} \times \dfrac{1}{2} = \dfrac{5}{12}$

답 ④

[다른 풀이]

모든 경우의 수는 $6 \times 6 = 36$

A가 이기는 경우를 순서쌍 (A의 눈의 수, B의 눈의 수)로 나타내면

$(2, 1), (3, 1), (3, 2), (4, 1), (4, 2), (4, 3), (5, 1),$

$(5, 2), (5, 3), (5, 4), (6, 1), (6, 2), (6, 3), (6, 4),$

$(6, 5)$의 15가지

따라서 구하는 확률은 $\dfrac{15}{36} = \dfrac{5}{12}$

② 확률의 계산

본문 129~132쪽

개념 확인 문제

1 $\dfrac{1}{4}$ 2 $\dfrac{1}{6}$ 3 $\dfrac{4}{9}$ 4 $\dfrac{1}{5}$

1 모든 경우의 수는 $6 \times 6 = 36$

두 눈의 수의 합이 5인 경우는

$(1, 4), (2, 3), (3, 2), (4, 1)$의 4가지이므로

두 눈의 수의 합이 5일 확률은 $\dfrac{4}{36}$

두 눈의 수의 합이 8인 경우는

$(2, 6), (3, 5), (4, 4), (5, 3), (6, 2)$의 5가지이므로

두 눈의 수의 합이 8일 확률은 $\dfrac{5}{36}$

따라서 구하는 확률은

$\dfrac{4}{36} + \dfrac{5}{36} = \dfrac{9}{36} = \dfrac{1}{4}$

2 동전의 앞면이 나올 확률은 $\dfrac{1}{2}$

주사위의 눈의 수가 2 이하일 확률은 $\dfrac{2}{6} = \dfrac{1}{3}$

따라서 구하는 확률은

$\dfrac{1}{2} \times \dfrac{1}{3} = \dfrac{1}{6}$

유제 1

3의 배수는 3, 6, 9, 12의 4가지이므로

3의 배수일 확률은 $\dfrac{4}{12}$

5의 배수는 5, 10의 2가지이므로

5의 배수일 확률은 $\dfrac{2}{12}$

따라서 3의 배수 또는 5의 배수일 확률은

$\dfrac{4}{12} + \dfrac{2}{12} = \dfrac{6}{12} = \dfrac{1}{2}$

답 $\dfrac{1}{2}$

유제 2

6의 배수는 6, 12, 18의 3가지이므로

꺼낸 구슬이 6의 배수일 확률은 $\dfrac{3}{20}$

소수는 2, 3, 5, 7, 11, 13, 17, 19의 8가지이므로

꺼낸 구슬이 소수일 확률은 $\dfrac{8}{20}$

따라서 6의 배수이거나 소수가 적힌 구슬을 꺼낼 확률은

$\dfrac{3}{20} + \dfrac{8}{20} = \dfrac{11}{20}$

답 ③

유제 3

1번 문제도 맞히고 2번 문제도 맞혀야 하므로
구하는 확률은

$\dfrac{1}{3} \times \dfrac{1}{5} = \dfrac{1}{15}$

답 ①

유제 4

치즈 샌드위치에 무료 음료 쿠폰이 들어 있을 확률은

$\dfrac{15}{40} = \dfrac{3}{8}$

갈릭 샌드위치에 무료 음료 쿠폰이 들어 있을 확률은

$\dfrac{12}{30} = \dfrac{2}{5}$

따라서 두 샌드위치에 모두 무료 음료 쿠폰이 들어 있을 확률은

$\dfrac{3}{8} \times \dfrac{2}{5} = \dfrac{3}{20}$

답 $\dfrac{3}{20}$

유제 5

은주가 흰 구슬을 꺼낼 확률은 $\dfrac{3}{3+5} = \dfrac{3}{8}$

세창이가 검은 구슬을 꺼낼 확률은 $\dfrac{5}{3+5} = \dfrac{5}{8}$

따라서 구하는 확률은

$\dfrac{3}{8} \times \dfrac{5}{8} = \dfrac{15}{64}$

답 $\dfrac{15}{64}$

유제 6

뽑은 카드가 모두 당첨 카드가 아닐 확률은

$\dfrac{10}{15} \times \dfrac{10}{15} = \dfrac{4}{9}$

따라서 적어도 한 장은 당첨 카드일 확률은

$1 - \dfrac{4}{9} = \dfrac{5}{9}$

답 $\dfrac{5}{9}$

유제 7

전체 8칸 중에서 0이 적힌 부분은 2칸이므로

구하는 확률은 $\dfrac{2}{8} = \dfrac{1}{4}$

답 $\dfrac{1}{4}$

유제 8

처음에 0을 가리킬 확률은 $\dfrac{1}{4}$

두 번째에 1을 가리킬 확률은 $\dfrac{2}{4} = \dfrac{1}{2}$

따라서 구하는 확률은

$\dfrac{1}{4} \times \dfrac{1}{2} = \dfrac{1}{8}$

답 $\dfrac{1}{8}$

본문 133쪽

01 ①   **02** ⑤   **03** ①   **04** ②

05 (1) $\dfrac{9}{100}$ (2) $\dfrac{21}{50}$ (3) $\dfrac{51}{100}$ **06** $\dfrac{3}{10}$

01

모든 경우의 수는 $6 \times 6 = 36$

두 눈의 수의 합이 5인 경우는 $(1, 4)$, $(2, 3)$, $(3, 2)$, $(4, 1)$

의 4가지이므로 두 눈의 수의 합이 5가 될 확률은 $\dfrac{4}{36}$

두 눈의 수의 합이 10인 경우는 $(4, 6)$, $(5, 5)$, $(6, 4)$의 3가지

이므로 두 눈의 수의 합이 10이 될 확률은 $\dfrac{3}{36}$

따라서 구하는 확률은 $\dfrac{4}{36} + \dfrac{3}{36} = \dfrac{7}{36}$

답 ①

02

주사위의 3의 배수의 눈이 나오는 경우는 3, 6의 2가지이므로

3의 배수의 눈이 나올 확률은 $\dfrac{2}{6}$

주사위의 소수의 눈이 나오는 경우는 2, 3, 5의 3가지이므로

소수의 눈이 나올 확률은 $\dfrac{3}{6}$

따라서 구하는 확률은 $\dfrac{2}{6} \times \dfrac{3}{6} = \dfrac{1}{6}$

답 ⑤

03

A가 준결승에서 이기고 C가 준결승에서 이겨야 A와 C가 결승

전에서 경기를 하게 된다.

따라서 구하는 확률은 $\dfrac{1}{2} \times \dfrac{1}{2} = \dfrac{1}{4}$

답 ①

04

한 문제를 맞힐 확률은 $\dfrac{1}{2}$이므로 세 문제를 모두 맞힐 확률은

$\dfrac{1}{2} \times \dfrac{1}{2} \times \dfrac{1}{2} = \dfrac{1}{8}$

답 ②

05

(1) $\dfrac{3}{10} \times \dfrac{3}{10} = \dfrac{9}{100}$

(2) 민주가 파란 공을 꺼내고 정희가 노란 공을 꺼낼 확률은

$\dfrac{3}{10} \times \dfrac{7}{10} = \dfrac{21}{100}$

민주가 노란 공을 꺼내고 정희가 파란 공을 꺼낼 확률은

$\dfrac{7}{10} \times \dfrac{3}{10} = \dfrac{21}{100}$

따라서 두 사람이 서로 다른 색깔의 공을 꺼낼 확률은

$\dfrac{21}{100} + \dfrac{21}{100} = \dfrac{42}{100} = \dfrac{21}{50}$

(3) 모두 노란 공을 꺼낼 확률은 $\dfrac{7}{10} \times \dfrac{7}{10} = \dfrac{49}{100}$

이때 적어도 한 명은 파란 공을 꺼낼 확률은

$1 - ($모두 노란 공을 꺼낼 확률$)$과 같다.

따라서 구하는 확률은 $1 - \dfrac{49}{100} = \dfrac{51}{100}$

답 (1) $\dfrac{9}{100}$ (2) $\dfrac{21}{50}$ (3) $\dfrac{51}{100}$

06

원판 A에서 홀수가 적힌 부분은 1, 3, 5의 3가지이므로

홀수가 적힌 부분을 맞힐 확률은 $\dfrac{3}{5}$

원판 B에서 짝수가 적힌 부분은 2, 4, 6, 8의 4가지이므로

짝수가 적힌 부분을 맞힐 확률은 $\dfrac{4}{8} = \dfrac{1}{2}$

따라서 구하는 확률은 $\dfrac{3}{5} \times \dfrac{1}{2} = \dfrac{3}{10}$

답 $\dfrac{3}{10}$

본문 134~137쪽

01 ④   **02** ⑤   **03** $\dfrac{2}{3}$ **04** ③   **05** $\dfrac{9}{16}$ **06** $\dfrac{7}{8}$

07 ②   **08** ①   **09** ⑤   **10** $\dfrac{3}{5}$ **11** ⑤   **12** $\dfrac{9}{20}$

13 ⑤   **14** 1   **15** ②   **16** $\dfrac{99}{100}$ **17** $\dfrac{7}{36}$ **18** ②

19 $\dfrac{1}{2}$ **20** ㄱ, ㄴ, ㄷ   **21** $\dfrac{23}{100}$ **22** $\dfrac{5}{8}$ **23** $\dfrac{1}{4}$

24 $\dfrac{23}{24}$ **25** $\dfrac{9}{25}$ **26** $\dfrac{1}{6}$ **27** $\dfrac{20}{81}$

01

전체 학생 수는 $40 + 15 + 35 + 10 = 100$(명)이고

그 중 혈액형이 A형인 학생이 40명이므로

구하는 확률은 $\dfrac{40}{100} = \dfrac{2}{5}$

답 ④

02

1부터 20까지의 자연수 중 5로 나누어 떨어지는 수는 5, 10, 15, 20

의 4개이므로 5로 나누어 떨어지는 수가 적힌 카드가 나올 확률은

$\dfrac{4}{20} = \dfrac{1}{5}$

따라서 5로 나누어 떨어지지 않는 수가 적힌 카드가 나올 확률은

$1-\dfrac{1}{5}=\dfrac{4}{5}$

답 ⑤

03

참가자가 상품을 탈 확률이 $\dfrac{2}{6}=\dfrac{1}{3}$이므로

참가자가 상품을 타지 못할 확률은

$1-\dfrac{1}{3}=\dfrac{2}{3}$

답 $\dfrac{2}{3}$

04

K가 나올 확률은 $\dfrac{4}{52}$, Q가 나올 확률은 $\dfrac{4}{52}$

따라서 K 또는 Q가 나올 확률은

$\dfrac{4}{52}+\dfrac{4}{52}=\dfrac{8}{52}=\dfrac{2}{13}$

답 ③

05

처음에 4의 약수가 적힌 카드가 나올 확률은 $\dfrac{3}{4}$

두 번째에 4의 약수가 적힌 카드가 나올 확률은 $\dfrac{3}{4}$

따라서 구하는 확률은 $\dfrac{3}{4}\times\dfrac{3}{4}=\dfrac{9}{16}$

답 $\dfrac{9}{16}$

06

세 문제를 모두 틀릴 확률은 $\dfrac{1}{2}\times\dfrac{1}{2}\times\dfrac{1}{2}=\dfrac{1}{8}$

따라서 적어도 한 문제를 맞힐 확률은 $1-\dfrac{1}{8}=\dfrac{7}{8}$

답 $\dfrac{7}{8}$

07

A형, AB형, B형의 비가 $1:2:1$이므로

자녀의 혈액형이 B형이 될 확률은 $\dfrac{1}{1+2+1}=\dfrac{1}{4}$

답 ②

08

모든 경우의 수는 $4\times3=12$

은진이와 민수가 한 조가 되는 경우는 1가지

따라서 구하는 확률은 $\dfrac{1}{12}$

답 ①

09

모든 경우의 수는 $6\times6=36$

두 눈의 수의 합이 4가 되는 경우는

$(1,3),(2,2),(3,1)$의 3가지이므로

두 눈의 수의 합이 4가 될 확률은 $\dfrac{3}{36}$

두 눈의 수의 합이 11이 되는 경우는

$(5,6),(6,5)$의 2가지이므로

두 눈의 수의 합이 11이 될 확률은 $\dfrac{2}{36}$

따라서 구하는 확률은 $\dfrac{3}{36}+\dfrac{2}{36}=\dfrac{5}{36}$

답 ⑤

10

전체 학생 35명 중 가족 수가 3명 또는 4명일 확률은

$\dfrac{10}{35}+\dfrac{11}{35}=\dfrac{21}{35}=\dfrac{3}{5}$

답 $\dfrac{3}{5}$

11

⑤ 주사위의 눈이 모두 1이 나오면 두 눈의 수의 합이 2이므로

2보다 클 확률은 $1-\dfrac{1}{36}=\dfrac{35}{36}$

답 ⑤

12

A가 예선에 합격하지 못할 확률은 $1-\dfrac{2}{5}=\dfrac{3}{5}$

B가 예선에 합격하지 못할 확률은 $1-\dfrac{1}{4}=\dfrac{3}{4}$

따라서 A, B 모두 예선에 합격하지 못할 확률은

$\dfrac{3}{5}\times\dfrac{3}{4}=\dfrac{9}{20}$

답 $\dfrac{9}{20}$

13

세 개의 동전이 모두 뒷면이 나올 확률은

$\dfrac{1}{2}\times\dfrac{1}{2}\times\dfrac{1}{2}=\dfrac{1}{8}$

따라서 적어도 한 번은 앞면이 나올 확률은

$1-\dfrac{1}{8}=\dfrac{7}{8}$

답 ⑤

14

구슬에 적힌 숫자는 모두 홀수이고, 홀수인 두 수의 합은 항상 짝수이다.

따라서 짝수가 될 확률은 1이다.

답 1

15

A 주머니에서 노란 공이 나올 확률은 $\dfrac{2}{6}=\dfrac{1}{3}$

B 주머니에서 노란 공이 나올 확률은 $\dfrac{4}{8}=\dfrac{1}{2}$

따라서 2개 모두 노란 공일 확률은 $\dfrac{1}{3}\times\dfrac{1}{2}=\dfrac{1}{6}$

답 ②

16

두 자리를 누르는 모든 경우의 수는 $10\times10=100$

비밀번호는 이 중에 하나이므로 자물쇠를 열 확률은 $\dfrac{1}{100}$

따라서 한 번에 자물쇠를 열지 못할 확률은

$1-\dfrac{1}{100}=\dfrac{99}{100}$

답 $\dfrac{99}{100}$

17

민아가 승리하려면 3의 눈이 나와서 윤서의 말을 잡고 다시 던져서 3의 눈이 나오거나 6의 눈이 나와야 한다.

3의 눈이 나오고 다시 3의 눈이 나올 확률은

$\dfrac{1}{6}\times\dfrac{1}{6}=\dfrac{1}{36}$

6의 눈이 나올 확률은 $\dfrac{1}{6}$

따라서 민아가 승리할 확률은

$\dfrac{1}{36}+\dfrac{1}{6}=\dfrac{7}{36}$

답 $\dfrac{7}{36}$

18

모든 경우의 수는 $6\times6=36$

(i) 해가 1인 경우

$a-b=0$에서 $a=b$

즉, 두 주사위의 눈의 수가 같은 경우는 6가지이므로 해가 1일

확률은 $\dfrac{6}{36}=\dfrac{1}{6}$

(ii) 해가 3인 경우

$3a-b=0$에서 $b=3a$

즉, $(1, 3)$, $(2, 6)$의 2가지이므로 해가 3일 확률은

$\dfrac{2}{36}=\dfrac{1}{18}$

(i), (ii)에서 구하는 확률은

$\dfrac{1}{6}+\dfrac{1}{18}=\dfrac{4}{18}=\dfrac{2}{9}$

답 ②

19

승환이만 다트판을 맞힐 확률은

$\dfrac{1}{2}\times\left(1-\dfrac{2}{5}\right)=\dfrac{1}{2}\times\dfrac{3}{5}=\dfrac{3}{10}$

민이만 다트판을 맞힐 확률은

$\left(1-\dfrac{1}{2}\right)\times\dfrac{2}{5}=\dfrac{1}{2}\times\dfrac{2}{5}=\dfrac{2}{10}$

따라서 둘 중 한 명만 다트판을 맞힐 확률은

$\dfrac{3}{10}+\dfrac{2}{10}=\dfrac{5}{10}=\dfrac{1}{2}$

답 $\dfrac{1}{2}$

20

ㄹ. 어떤 사건 A가 일어날 확률을 p라고 하면 $0\le p\le1$이다.

ㅁ. 어떤 사건 A가 일어날 확률을 p라고 하면 사건 A가 일어나지 않을 확률은 $1-p$이다.

따라서 옳은 것은 ㄱ, ㄴ, ㄷ이다.

답 ㄱ, ㄴ, ㄷ

21

내일도 비가 오고 이틀 후에도 비가 올 확률은

$\dfrac{3}{10}\times\dfrac{3}{10}=\dfrac{9}{100}$

내일은 비가 오지 않고 이틀 후에는 비가 올 확률은

$\left(1-\dfrac{3}{10}\right)\times\dfrac{2}{10}=\dfrac{7}{10}\times\dfrac{2}{10}=\dfrac{14}{100}$

따라서 이틀 후에도 비가 올 확률은

$\dfrac{9}{100}+\dfrac{14}{100}=\dfrac{23}{100}$

답 $\dfrac{23}{100}$

22

전구에 불이 들어오기 위해서는 스위치 A, B가 둘 다 닫혀야 하므로 전구에 불이 들어올 확률은

$\dfrac{3}{4}\times\dfrac{1}{2}=\dfrac{3}{8}$

따라서 전구에 불이 들어오지 않을 확률은

$1-\dfrac{3}{8}=\dfrac{5}{8}$

답 $\dfrac{5}{8}$

23

색칠된 부분을 옮기면 4등분된 부분 중에서 1개의 부분만이 색칠되게 된다.

따라서 색칠한 부분을 맞힐 확률은 $\dfrac{1}{4}$

답 $\dfrac{1}{4}$

24

풍선이 터지지 않을 확률은 세 사람 모두 명중시키지 못할 확률이므로

$$\left(1-\frac{1}{2}\right)\times\left(1-\frac{2}{3}\right)\times\left(1-\frac{3}{4}\right)=\frac{1}{2}\times\frac{1}{3}\times\frac{1}{4}=\frac{1}{24}$$

따라서 풍선이 터질 확률은

$$1-\frac{1}{24}=\frac{23}{24}$$

답 $\dfrac{23}{24}$

25

모든 경우의 수는 $10\times10=100$

$\dfrac{1}{ab}$ 이 자연수이거나 유한소수가 되려면

a의 값이 될 수 있는 수는 1, 2, 4, 5, 8, 10의 6가지,

b의 값이 될 수 있는 수는 1, 2, 4, 5, 8, 10의 6가지이므로

a와 b를 뽑는 경우의 수는 $6\times6=36$

따라서 $\dfrac{1}{ab}$ 이 자연수이거나 유한소수로 나타낼 수 있는 분수일

확률은 $\dfrac{36}{100}=\dfrac{9}{25}$

답 $\dfrac{9}{25}$

26

모든 경우의 수는 $6\times6=36$

(i) 점 $\mathrm{P}(a,\ b)$가 함수 $y=2x-1$의 그래프 위의 점인 경우

$b=2a-1$에서 $(1,\ 1)$, $(2,\ 3)$, $(3,\ 5)$의 3가지이므로

함수 $y=2x-1$의 그래프 위의 점일 확률은 $\dfrac{3}{36}=\dfrac{1}{12}$

(ii) 점 $\mathrm{P}(a,\ b)$가 함수 $y=x+3$의 그래프 위의 점인 경우

$b=a+3$에서 $(1,\ 4)$, $(2,\ 5)$, $(3,\ 6)$의 3가지이므로

함수 $y=x+3$의 그래프 위의 점일 확률은 $\dfrac{3}{36}=\dfrac{1}{12}$

(i), (ii)에서 구하는 확률은

$$\frac{1}{12}+\frac{1}{12}=\frac{2}{12}=\frac{1}{6}$$

답 $\dfrac{1}{6}$

27

주사위를 한 번 던져서 6의 약수의 눈이 나올 확률은 $\dfrac{4}{6}=\dfrac{2}{3}$ 이고

6의 약수의 눈이 나오지 않을 확률은 $\dfrac{2}{6}=\dfrac{1}{3}$

이때 서진이가 먼저 주사위를 던져서 4회 이내에 창희가 이길 경우는 2회에 이기거나 4회에 이기는 경우이다.

6의 약수가 나오는 경우를 ○, 나오지 않는 경우를 ×라고 하면

(i) 창희가 2회에 이기는 경우는 (×, ○)이므로 그 확률은

$$\frac{1}{3}\times\frac{2}{3}=\frac{2}{9}$$

(ii) 창희가 4회에 이기는 경우는 (×, ×, ×, ○)이므로 그 확률은

$$\frac{1}{3}\times\frac{1}{3}\times\frac{1}{3}\times\frac{2}{3}=\frac{2}{81}$$

(i), (ii)에서 구하는 확률은

$$\frac{2}{9}+\frac{2}{81}=\frac{20}{81}$$

답 $\dfrac{20}{81}$

수행평가 서술형으로 중단원 마무리 본문 138~139쪽

| 서술형 예제 | $\dfrac{1}{2},\ \dfrac{1}{2},\ \dfrac{1}{3},\ \dfrac{2}{3},\ \dfrac{1}{2},\ \dfrac{2}{3},\ \dfrac{1}{3}$ |
| 서술형 유제 | $\dfrac{7}{12}$ |

1 $\dfrac{1}{16}$ 2 $\dfrac{1}{3}$ 3 $\dfrac{5}{36}$ 4 $\dfrac{84}{169}$

서술형 예제

첫 번째 종류의 알이 부화되지 않을 확률은

$$1-\boxed{\frac{1}{2}}=\boxed{\frac{1}{2}}\qquad\cdots\boxed{\text{1단계}}$$

두 번째 종류의 알이 부화되지 않을 확률은

$$1-\boxed{\frac{1}{3}}=\boxed{\frac{2}{3}}\qquad\cdots\boxed{\text{2단계}}$$

따라서 두 종류의 알이 모두 부화되지 않을 확률은

$$\boxed{\frac{1}{2}}\times\boxed{\frac{2}{3}}=\boxed{\frac{1}{3}}\qquad\cdots\boxed{\text{3단계}}$$

답 풀이 참조

단계	채점 기준	비율
1단계	첫 번째 알이 부화되지 않을 확률을 구한 경우	30 %
2단계	두 번째 알이 부화되지 않을 확률을 구한 경우	30 %
3단계	두 종류의 알이 모두 부화되지 않을 확률을 구한 경우	40 %

서술형 유제

A가 맞히고 B는 못 맞힐 확률은

$$\frac{1}{4}\times\left(1-\frac{2}{3}\right)=\frac{1}{4}\times\frac{1}{3}=\frac{1}{12}\qquad\cdots\boxed{\text{1단계}}$$

A는 못 맞히고 B가 맞힐 확률은

$$\left(1-\frac{1}{4}\right)\times\frac{2}{3}=\frac{3}{4}\times\frac{2}{3}=\frac{6}{12}\qquad\cdots\boxed{\text{2단계}}$$

따라서 한 사람만 표적을 맞힐 확률은

$$\frac{1}{12}+\frac{6}{12}=\frac{7}{12}$$ ··· 3단계

답 $\frac{7}{12}$

단계	채점 기준	비율
1단계	A가 맞히고 B가 못 맞힐 확률을 구한 경우	30 %
2단계	A는 못 맞히고 B가 맞힐 확률을 구한 경우	30 %
3단계	한 사람만이 표적을 맞힐 확률을 구한 경우	40 %

1

첫 번째 제비를 뽑았을 때 당첨 제비일 확률은

$$\frac{5}{20}=\frac{1}{4}$$ ··· 1단계

두 번째 제비를 뽑았을 때 당첨 제비일 확률은

$$\frac{5}{20}=\frac{1}{4}$$ ··· 2단계

따라서 2개 모두 당첨 제비일 확률은

$$\frac{1}{4}\times\frac{1}{4}=\frac{1}{16}$$ ··· 3단계

답 $\frac{1}{16}$

단계	채점 기준	비율
1단계	첫 번째 제비가 당첨 제비일 확률을 구한 경우	30 %
2단계	두 번째 제비가 당첨 제비일 확률을 구한 경우	30 %
3단계	2개 모두 당첨 제비일 확률을 구한 경우	40 %

2

서로 다른 두 개의 주사위를 동시에 던졌을 때
모든 경우의 수는 $6\times6=36$
두 눈의 수의 합이 9인 경우는
$(3, 6), (4, 5), (5, 4), (6, 3)$의 4가지이므로
두 눈의 수의 합이 9일 확률은 $\frac{4}{36}$ ··· 1단계
두 눈의 수의 차가 2인 경우는
$(1, 3), (2, 4), (3, 1), (3, 5), (4, 2), (4, 6), (5, 3), (6, 4)$
의 8가지이므로 두 눈의 수의 차가 2일 확률은 $\frac{8}{36}$ ··· 2단계
따라서 구하는 확률은

$$\frac{4}{36}+\frac{8}{36}=\frac{12}{36}=\frac{1}{3}$$ ··· 3단계

답 $\frac{1}{3}$

단계	채점 기준	비율
1단계	두 눈의 수의 합이 9일 확률을 구한 경우	30 %
2단계	두 눈의 수의 차가 2일 확률을 구한 경우	30 %
3단계	두 눈의 수의 합이 9이거나 두 눈의 수의 차가 2일 확률을 구한 경우	40 %

3

연못이 아닌 곳에서 만나는 경우는 A 지점
또는 B 지점에서 만나는 경우이다.

(ⅰ) A 지점에서 만날 확률
  혜정이는 2번 모두 3의 배수의 눈이
  나와야 하고, 창국이는 2번 모두 홀수의 눈이 나와야 하므로
  구하는 확률은

$$\left(\frac{2}{6}\times\frac{2}{6}\right)\times\left(\frac{3}{6}\times\frac{3}{6}\right)=\frac{1}{36}$$ ··· 1단계

(ⅱ) B 지점에서 만날 확률
  혜정이는 2번 모두 3의 배수가 아닌 눈이 나와야 하고, 창국
  이는 2번 모두 짝수의 눈이 나와야 하므로 구하는 확률은

$$\left(\frac{4}{6}\times\frac{4}{6}\right)\times\left(\frac{3}{6}\times\frac{3}{6}\right)=\frac{1}{9}$$ ··· 2단계

(ⅰ), (ⅱ)에서 두 사람의 말이 연못이 아닌 곳에서 서로 만날 확률은

$$\frac{1}{36}+\frac{1}{9}=\frac{5}{36}$$ ··· 3단계

답 $\frac{5}{36}$

단계	채점 기준	비율
1단계	A 지점에서 만날 확률을 구한 경우	40 %
2단계	B 지점에서 만날 확률을 구한 경우	40 %
3단계	두 사람의 말이 연못이 아닌 곳에서 서로 만날 확률을 구한 경우	20 %

4

두 수의 합이 홀수이기 위해서는
(짝수)＋(홀수)이거나 (홀수)＋(짝수)이어야 한다. ··· 1단계

(ⅰ) A 상자에서는 짝수, B 상자에서는 홀수가 나올 확률은

$$\frac{6}{13}\times\frac{7}{13}=\frac{42}{169}$$

(ⅱ) A 상자에서는 홀수, B 상자에서는 짝수가 나올 확률은

$$\frac{7}{13}\times\frac{6}{13}=\frac{42}{169}$$ ··· 2단계

(ⅰ), (ⅱ)에서 카드에 적힌 두 수의 합이 홀수일 확률은

$$\frac{42}{169}+\frac{42}{169}=\frac{84}{169}$$ ··· 3단계

답 $\frac{84}{169}$

단계	채점 기준	비율
1단계	두 수의 합이 홀수가 될 조건을 찾은 경우	30 %
2단계	각 경우의 확률을 구한 경우	50 %
3단계	꺼낸 카드에 적힌 두 수의 합이 홀수일 확률을 구한 경우	20 %

EBS 중학

뉴런

| 수학 2(하) |

정답과 풀이 <실전책>

중단원 실전 테스트

Ⅳ. 도형의 성질

Ⅳ-1 삼각형의 성질

본문 4~8쪽

01 ③	**02** ③	**03** ④	**04** ⑤	**05** ③	**06** ③	**07** ②
08 ①	**09** ④	**10** ③	**11** ⑤	**12** ③	**13** ②	**14** ②
15 ①	**16** ②	**17** ①	**18** 7 cm	**19** 3 cm	**20** 38°	
21 6 cm	**22** 5 cm	**23** 4 cm	**24** $\frac{8}{3}$ cm	**25** 6 cm		

01

$\overline{AC}=\overline{AB}=6$ cm
이등변삼각형의 꼭지각의 이등분선은 밑변을 수직이등분하므로
$\overline{BD}=\overline{CD}=4$ cm
따라서 △ABC의 둘레의 길이는
$6+(4+4)+6=20$(cm)

답 ③

02

△ABC는 $\overline{AB}=\overline{BC}$인 이등변삼각형이므로
$\angle BAC=\angle C=\frac{1}{2}\times(180°-40°)=70°$
△ADC는 $\overline{AD}=\overline{AC}$인 이등변삼각형이므로
$\angle DAC=180°-2\times70°=40°$
따라서
$\angle BAD=\angle BAC-\angle DAC$
　　　　$=70°-40°=30°$

답 ③

03

이등변삼각형의 꼭지각의 이등분선은 밑변을 수직이등분하므로
$\overline{AD}\perp\overline{BC}$에서
$\angle y=90°$
$\angle BAD=\frac{1}{2}\times40°=20°$이므로
$\angle x=180°-(90°+20°)=70°$
따라서
$\angle x+\angle y=70°+90°=160°$

답 ④

04

이등변삼각형의 두 밑각의 크기는 서로 같으므로
$\angle ABC=\angle ACB$
즉, $\angle DBC=\frac{1}{2}\angle ABC=\frac{1}{2}\angle ACB=\angle DCB$
이때 △DBC는 두 내각의 크기가 같으므로 $\overline{DB}=\overline{DC}$인 이등변삼각형이다.

답 ⑤

05

△ABC에서 두 밑각의 크기가 같으므로 △ABC는 이등변삼각형이다.
$\overline{AB}=\overline{AC}=10$ cm
또한 △ABC의 세 내각의 크기의 합은 180°이므로
$26°+\angle BAD+51°+26°=180°$에서
$\angle BAD=77°$
한편 $\angle BDA$는 △ADC의 한 외각이므로
$\angle BDA=51°+26°$
　　　　$=77°$
△BDA에서 $\angle BDA=\angle BAD$
즉, 두 내각의 크기가 같으므로 △BDA는 이등변삼각형이다.
이때 $\overline{BD}=\overline{BA}=10$ cm
따라서
$\overline{CD}=\overline{BC}-\overline{BD}$
　　$=18-10$
　　$=8$(cm)

답 ③

06

$\angle ACB=40°-20°=20°$이므로
$\overline{AB}=\overline{AC}$
$\angle CDA=60°-20°=40°$이므로
$\overline{AC}=\overline{CD}$
$\angle DEC=80°-20°=60°$이므로
$\overline{DC}=\overline{DE}$
따라서 $\overline{AB}=\overline{AC}=\overline{CD}=\overline{DE}$

답 ③

07

$\overline{AD}\,/\!/\,\overline{BC}$에서
$\angle EFC=\angle AEF=40°$(엇각),

∠EFG=∠GFC=20°(접은 각)이므로
∠EGF=∠GFC=20°(엇각)
따라서 △EFG는 $\overline{EF}=\overline{EG}=6$ cm인 이등변삼각형이다.

답 ②

08

△BCF와 △EDG에서
∠BFC=∠EGD=90°,
$\overline{BC}=\overline{ED}$(정오각형의 한 변의 길이),
∠BCF=∠EDG(정오각형의 한 외각의 크기)
이므로 △BCF≡△EDG (RHA 합동)
따라서 $\overline{BF}=\overline{EG}$임을 알 수 있다.

답 ①

09

△ADM과 △MEC에서
$\overline{AM}=\overline{MC}$,
∠ADM=∠MEC=90°,
∠DAM=∠EMC(동위각)
이므로 △ADM≡△MEC (RHA 합동)
따라서 $\overline{AD}=\overline{ME}$, $\overline{DM}=\overline{EC}$, ∠AMD=∠MCE이다.

답 ④

10

△ACD와 △AED에서
∠ACD=∠AED=90°,
$\overline{AD}$는 공통,
$\overline{AC}=\overline{AE}$
이므로 △ACD≡△AED(RHS 합동)
즉, ∠DAC=∠DAE
△BDE에서 ∠B=90°−66°=24°이므로
△ABC에서
∠BAC=180°−(24°+90°)
＝66°
따라서
$\angle DAC=\dfrac{1}{2}\angle BAC$
$=\dfrac{1}{2}\times 66°$
$=33°$

답 ③

11

∠OAB=∠x라고 하면
△CAB는 이등변삼각형이므로
∠CBA=∠x이고

∠OCB=2∠x
또 △OCB도 이등변삼각형이므로
∠OBC=2∠x
그런데 ∠OBA=90°이고
∠OBA=∠CBA+∠OBC=3∠x이므로
3∠x=90°, ∠x=30°
따라서 △OAB에서
∠AOB=180°−(30°+90°)
＝60°

답 ⑤

12

∠B=∠x라고 하면
∠AOC=2∠x
∠B+∠AOC=126°에서
∠x+2∠x=126°
3∠x=126°
따라서 ∠x=42°

답 ③

13

∠OAB=∠OBA=27°
∠OAC=∠OCA=33°
∠A=∠OAB+∠OAC
＝27°+33°=60°
∠BOC=2∠A
＝2×60°
＝120°
또 점 O가 △ABC의 외심이므로
$\overline{OA}=\overline{OB}=\overline{OC}=6$ cm
따라서 ∠BOC를 중심각으로 하는 부채꼴 OBC의 넓이는
$\pi \times 6^2 \times \dfrac{120}{360}=12\pi\,(\text{cm}^2)$

답 ②

14

삼각형의 내심은 세 내각의 이등분선의 교점이다. 또한 삼각형의 내심에서 세 변에 이르는 거리는 같다.
따라서 점 I가 삼각형 ABC의 내심이 되는 것은 ㄱ, ㄷ이다.

답 ②

15

점 I가 △ABC의 내심이므로
∠BAC=2×35°=70°

△ABC는 이등변삼각형이므로

∠BCA＝∠BAC＝70°

△ABC의 세 내각의 크기의 합은 180°이므로

∠ABC＝180°−2×70°

＝40°

따라서

$\angle x=\dfrac{1}{2}\angle ABC=\dfrac{1}{2}\times40°=20°$

답 ①

16

내접원 I의 반지름의 길이를 r cm라고 하면

(삼각형의 넓이)

$=\dfrac{1}{2}\times$ (내접원의 반지름)×(삼각형의 둘레의 길이)

이므로 $24=\dfrac{1}{2}\times r\times32$에서

$r=\dfrac{3}{2}$

따라서 내접원 I의 반지름의 길이는 $\dfrac{3}{2}$ cm이다.

답 ②

17

$\angle BIC=90°+\dfrac{1}{2}\angle A=125°$에서

$\dfrac{1}{2}\angle A=35°$, ∠A＝70°

∠BOC＝2∠A＝2×70°＝140°

△OBC는 $\overline{OB}=\overline{OC}$(외접원의 반지름)인 이등변삼각형이므로

$\angle OBC=\angle OCB=\dfrac{1}{2}\times(180°−140°)=20°$

답 ①

18

$\angle B=\angle C=\dfrac{1}{2}\times(180°−60°)=60°$이므로

△ABC는 정삼각형이다.

따라서 $\overline{BC}=\overline{AB}=7$ cm

답 7 cm

19

△BMD와 △CME에서

∠MDB＝∠MEC＝90°,

$\overline{BM}=\overline{CM}$,

∠B＝∠C

이므로 △BMD≡△CME (RHA 합동)

이때 $\overline{BD}=\overline{CE}=5$ cm

따라서

$\overline{AD}=\overline{AB}−\overline{BD}$

＝8−5

＝3(cm)

답 3 cm

20

오른쪽 그림과 같이 $\overline{OA}$, $\overline{OB}$를 그으면

∠OAB＋∠OAC＋∠OCB＝90°

이므로

52°＋∠OCB＝90°에서

∠OCB＝38°

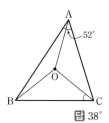

답 38°

[다른 풀이]

$\overline{OB}$를 그으면

∠BOC＝2∠A＝104°

$\overline{OB}=\overline{OC}$이므로

∠OCB＝∠OBC

$=\dfrac{1}{2}\times(180°−104°)$

＝38°

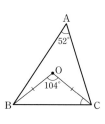

21

내접원의 중심을 I라고 하면

△ADI≡△AFI (RHA 합동),

△BDI≡△BEI (RHA 합동),

△CEI≡△CFI (RHA 합동)이다.

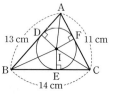

이때 $\overline{CF}=x$ cm라고 하면

$\overline{CE}=\overline{CF}=x$ cm이고

$\overline{BE}=\overline{BD}=14−x$(cm)

$\overline{AF}=\overline{AD}=11−x$(cm)

$\overline{AB}=\overline{AD}+\overline{DB}=(11−x)+(14−x)=13$에서

$25−2x=13$

$x=6$

따라서 $\overline{CF}$의 길이는 6 cm이다.

답 6 cm

22

내접원의 반지름의 길이가 1 cm이므로

$\overline{AC}=x$ cm라고 하면

△ABC의 넓이에서

$\dfrac{1}{2}\times4\times3=\dfrac{1}{2}\times1\times(3+4+x)$

$6=\dfrac{1}{2}\times(7+x)$

$7+x=12$

$x=5$

따라서 $\overline{\mathrm{AC}}=5\ \mathrm{cm}$

답 5 cm

[다른 풀이]

$\overline{\mathrm{AB}}$, $\overline{\mathrm{BC}}$, $\overline{\mathrm{AC}}$가 내접원 I와 만나는 점을 각각 D, E, F라고 하면
$\overline{\mathrm{BD}}=\overline{\mathrm{BE}}=1\ \mathrm{cm}$이므로
$\overline{\mathrm{AD}}=2\ \mathrm{cm}$, $\overline{\mathrm{CE}}=3\ \mathrm{cm}$이다.
한편 $\overline{\mathrm{AD}}=\overline{\mathrm{AF}}$, $\overline{\mathrm{CE}}=\overline{\mathrm{CF}}$이므로

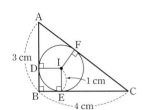

$\begin{aligned}\overline{\mathrm{AC}}&=\overline{\mathrm{AF}}+\overline{\mathrm{CF}}\\&=\overline{\mathrm{AD}}+\overline{\mathrm{CE}}\\&=2+3\\&=5\,(\mathrm{cm})\end{aligned}$

23

$l \ /\!/\ m$이므로
$\angle\mathrm{DAB}=\angle\mathrm{ABC}$(엇각) …… ㉠
$\overline{\mathrm{AB}}$가 $\angle\mathrm{DAC}$의 이등분선이므로
$\angle\mathrm{DAB}=\angle\mathrm{BAC}$ …… ㉡
㉠, ㉡에서
$\angle\mathrm{ABC}=\angle\mathrm{BAC}$ ··· 1단계
즉, 두 내각의 크기가 같으므로 △ABC는 $\overline{\mathrm{CA}}=\overline{\mathrm{CB}}$인 이등변
삼각형이다.   ··· 2단계
따라서 $\overline{\mathrm{AC}}=\overline{\mathrm{BC}}=4\ \mathrm{cm}$ ··· 3단계

답 4 cm

단계	채점 기준	비율
1단계	$\angle\mathrm{ABC}=\angle\mathrm{BAC}$임을 설명한 경우	40 %
2단계	이등변삼각형이 될 조건을 설명한 경우	40 %
3단계	$\overline{\mathrm{AC}}$의 길이를 구한 경우	20 %

24

△ADC와 △ADE에서
$\angle\mathrm{DCA}=\angle\mathrm{DEA}=90°$,
$\overline{\mathrm{AD}}$는 공통,
$\angle\mathrm{DAC}=\angle\mathrm{DAE}$
이므로 △ADC≡△ADE(RHA 합동)   ··· 1단계
즉, $\overline{\mathrm{DC}}=\overline{\mathrm{DE}}$이므로 $\overline{\mathrm{DE}}=x\ \mathrm{cm}$라고 하면

△ABC=△ABD+△ADC이므로

$\triangle\mathrm{ABD}=\dfrac{1}{2}\times10\times x=5x\,(\mathrm{cm}^2)$

$\triangle\mathrm{ADC}=\dfrac{1}{2}\times x\times8=4x\,(\mathrm{cm}^2)$

$\triangle\mathrm{ABC}=\dfrac{1}{2}\times6\times8=24\,(\mathrm{cm}^2)$ ··· 2단계

$5x+4x=24$에서

$x=\dfrac{24}{9}=\dfrac{8}{3}$

따라서 $\overline{\mathrm{DE}}$의 길이는 $\dfrac{8}{3}\ \mathrm{cm}$이다.   ··· 3단계

답 $\dfrac{8}{3}$ cm

단계	채점 기준	비율
1단계	△ADC와 △ADE가 합동임을 설명한 경우	50 %
2단계	$\overline{\mathrm{DE}}=x\ \mathrm{cm}$로 놓고 △ABD, △ADC, △ABC의 넓이를 각각 구한 경우	30 %
3단계	$\overline{\mathrm{DE}}$의 길이를 구한 경우	20 %

25

점 I가 △ABC의 내심이므로
$\angle\mathrm{IBC}=\angle\mathrm{DBI}$
$\overline{\mathrm{DE}}\ /\!/\ \overline{\mathrm{BC}}$이므로
$\angle\mathrm{IBC}=\angle\mathrm{DIB}$(엇각)
즉, $\angle\mathrm{DBI}=\angle\mathrm{DIB}$이므로
$\overline{\mathrm{DI}}=\overline{\mathrm{DB}}$
같은 방법으로 하면
$\angle\mathrm{ICE}=\angle\mathrm{ICB}=\angle\mathrm{CIE}$이므로
$\overline{\mathrm{IE}}=\overline{\mathrm{EC}}$ ··· 1단계
이때

$\begin{aligned}\overline{\mathrm{AB}}+\overline{\mathrm{AC}}&=(\overline{\mathrm{AD}}+\overline{\mathrm{DB}})+(\overline{\mathrm{EC}}+\overline{\mathrm{AE}})\\&=(\overline{\mathrm{AD}}+\overline{\mathrm{DI}})+(\overline{\mathrm{EI}}+\overline{\mathrm{AE}})\\&=\overline{\mathrm{AD}}+(\overline{\mathrm{DI}}+\overline{\mathrm{IE}})+\overline{\mathrm{AE}}\\&=(\triangle\mathrm{ADE}의\ 둘레의\ 길이)\\&=15\ \mathrm{cm}\end{aligned}$ ··· 2단계

따라서 △ABC의 둘레의 길이는 21 cm이므로
$\overline{\mathrm{AB}}+\overline{\mathrm{AC}}+\overline{\mathrm{BC}}=15+\overline{\mathrm{BC}}=21\,(\mathrm{cm})$에서
$\overline{\mathrm{BC}}=6\ \mathrm{cm}$ ··· 3단계

답 6 cm

단계	채점 기준	비율
1단계	내심과 엇각을 이용하여 $\overline{\mathrm{DI}}=\overline{\mathrm{DB}}$, $\overline{\mathrm{IE}}=\overline{\mathrm{EC}}$임을 설명한 경우	40 %
2단계	△ADE의 둘레의 길이와 같은 선분을 제시한 경우	30 %
3단계	$\overline{\mathrm{BC}}$의 길이를 구한 경우	30 %

01 ② **02** ① **03** ③ **04** ④ **05** ⑤ **06** ① **07** ②
08 ③, ⑤ **09** ③ **10** ④ **11** ① **12** ② **13** ③
14 ② **15** ① **16** ② **17** ③ **18** 11 **19** 26 cm
20 60° **21** 12 cm **22** 50 cm² **23** 9 **24** 77° **25** 52 cm²

01

$\overline{AB} /\!/ \overline{DC}$이므로

∠BAE=∠AED=75°(엇각)

평행사변형의 대각의 크기는 같으므로

∠BAD=∠C=115°

따라서

∠x=∠BAD−∠BAE

    =115°−75°

    =40°

답 ②

02

∠A+∠B=180°이므로

$\angle A = 180° \times \dfrac{17}{17+3} = 153°$

$\angle B = 180° \times \dfrac{3}{17+3} = 27°$

따라서 ∠D=∠B=27°

답 ①

03

∠BAO=∠COD이고 ∠BAO=∠OCD(엇각)이므로

∠COD=∠OCD

△DOC는 두 밑각의 크기가 같으므로 $\overline{DO}=\overline{DC}$인 이등변삼각형이다.

또 평행사변형의 두 대각선은 서로 다른 것을 이등분하므로

$\overline{OC}=\overline{OA}=4$ cm, $\overline{DC}=\overline{DO}=\overline{BO}=5$ cm

따라서 △OCD의 둘레의 길이는

4+5+5=14(cm)

답 ③

04

ㄴ. 두 쌍의 대각의 크기가 각각 같으므로 평행사변형이다.

ㄷ. 두 대각선이 서로 다른 것을 이등분하므로 평행사변형이다.

ㄹ. 두 쌍의 대변의 길이가 각각 같으므로 평행사변형이다.

따라서 평행사변형인 것은 ㄴ, ㄷ, ㄹ이다.

답 ④

05

$\overline{MD}=\overline{NC}$이고 $\overline{MD} /\!/ \overline{NC}$이므로 한 쌍의 대변이 평행하고 그 길이가 같다.

따라서 사각형 MNCD는 평행사변형이다.

답 ⑤

06

평행사변형의 넓이는 한 대각선에 의해 이등분되고, 두 대각선에 의해 사등분된다.

따라서

$\triangle OBC = \dfrac{1}{4} \square ABCD$

        $= \dfrac{1}{4} \times 64 = 16 \, (cm^2)$

답 ①

07

△PAB+△PCD=△PAD+△PBC이므로

15+△PCD=18+17

따라서 △PCD=35−15=20(cm²)

답 ②

08

평행사변형이 직사각형이 되려면 한 내각이 직각(①)이거나 이웃하는 두 각의 크기가 같으면 된다. (②)

또 평행사변형의 두 대각선의 길이가 같으면 직사각형이 된다. (④)

답 ③, ⑤

09

① 마름모에서 두 대각선은 서로 다른 것을 수직이등분한다.
   즉, ∠BOC=90°이므로 △OBC는 직각삼각형이다.

② $\overline{AB}=\overline{AD}$이므로 △ABD는 이등변삼각형이다.

④ 평행사변형의 넓이는 대각선에 의해 이등분되므로

   $\triangle ACD = \triangle BCD = \dfrac{1}{2} \square ABCD$

⑤ △OAB와 △OCB에서

   $\overline{AB}=\overline{CB}$, $\overline{OA}=\overline{OC}$, $\overline{OB}$는 공통이므로

   △OAB≡△OCB (SSS 합동)

답 ③

10

이웃하는 두 변의 길이가 같은 평행사변형은 마름모이므로
$\overline{AD}=\overline{AB}=4$ cm
또 두 대각선이 서로 수직인 평행사변형은 마름모가 되므로
$\angle AOD=90°$, $\angle ADB=\angle CBD=35°$ (엇각)이므로
$\angle x=180°-(90°+35°)=55°$

답 ④

11

ㄷ. 네 내각의 크기가 모두 같은 등변사다리꼴은 직사각형이다.
ㄹ. 네 변의 길이가 모두 같은 평행사변형은 마름모이다.
따라서 정사각형인 것은 ㄱ, ㄴ이다.

답 ①

12

다음 그림과 같이 점 A에서 $\overline{BC}$에 내린 수선의 발을 F라고 하자.

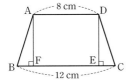

□AFED의 네 내각의 크기는 모두 같으므로 직사각형이다.
그러므로 $\overline{FE}=\overline{AD}=8$ cm
또 △ABF와 △DCE에서
$\angle AFB=\angle DEC=90°$, $\overline{AB}=\overline{DC}$, $\angle B=\angle C$이므로
△ABF≡△DCE (RHA 합동)
그러므로 $\overline{BF}=\overline{CE}$
따라서 $\overline{BC}=\overline{BF}+\overline{FE}+\overline{EC}=2\overline{CE}+8$이므로
$2\overline{CE}+8=12$에서
$\overline{CE}=2$ cm

답 ②

13

① 두 대각선의 길이가 같은 평행사변형은 직사각형이다.
② 두 대각선이 수직인 평행사변형은 마름모이다.
④ 이웃하는 두 변의 길이가 같은 평행사변형은 마름모이다.
⑤ 한 내각이 직각인 등변사다리꼴은 직사각형이다.

답 ③

14

② 평행사변형은 두 대각선이 서로 다른 것을 이등분한다.
　그러나 두 대각선의 길이가 같지 않을 수도 있다.

답 ②

15

△ABC와 △DBC는 밑변 BC가 공통이고
높이가 같으므로 그 넓이가 서로 같다.
△ABC=△ABE+△EBC이고
△DBC=△DEC+△EBC이므로
△ABE=△DEC
따라서 △DEC의 넓이는 27 cm²이다.

답 ①

16

$\overline{AC}/\!/\overline{DE}$이므로 △ACD=△ACE
□ABCD=△ABC+△ACD
　　　　=△ABC+△ACE
　　　　=△ABE
즉, $\triangle ABE=\dfrac{1}{2}\times(8+\overline{CE})\times8=40$(cm²)이므로
$8+\overline{CE}=10$에서
$\overline{CE}=2$(cm)

답 ②

17

$\triangle BCD=\dfrac{1}{2}$□ABCD
　　　　$=\dfrac{1}{2}\times96=48$(cm²)
$\overline{BE}=\overline{EF}=\overline{FD}$이므로 오른쪽 그림과
같이 $\overline{EC}$를 그으면
$\triangle BEC=\triangle EFC=\triangle FDC=\dfrac{1}{3}\triangle BCD=16$(cm²)
또 $\triangle ENC=\dfrac{1}{2}\triangle BEC=\dfrac{1}{2}\times16=8$(cm²)
따라서
□ENCF=△ENC+△EFC
　　　　=8+16
　　　　=24(cm²)

답 ③

18

평행사변형에서 두 쌍의 대변의 길이는 각각 같으므로
$2x+5=x+8$에서 $x=3$
따라서 $\overline{BC}=x+8=11$

답 11

19

$\overline{\mathrm{CE}}$가 ∠BCD의 이등분선이므로

∠BCE=∠DCE

$\overline{\mathrm{AD}}/\!/\overline{\mathrm{BC}}$이므로

∠BCE=∠DEC(엇각)

즉, ∠DCE=∠DEC이고 △DEC는 $\overline{\mathrm{DE}}=\overline{\mathrm{DC}}$인 이등변삼각형이므로

$\overline{\mathrm{DC}}=\overline{\mathrm{DE}}=5\,\mathrm{cm}$

같은 방법으로 하면

∠CDF=∠ADF=∠CFD이고

△CDF는 $\overline{\mathrm{CD}}=\overline{\mathrm{CF}}$인 이등변삼각형이므로

$\overline{\mathrm{CF}}=\overline{\mathrm{CD}}=5\,\mathrm{cm}$

$\overline{\mathrm{BC}}=\overline{\mathrm{BF}}+\overline{\mathrm{CF}}$
$\quad=3+5=8(\mathrm{cm})$

따라서 평행사변형 ABCD의 둘레의 길이는

$2(\overline{\mathrm{BC}}+\overline{\mathrm{DC}})=2\times(8+5)$
$\qquad\qquad\quad=2\times13$
$\qquad\qquad\quad=26(\mathrm{cm})$

답 26 cm

20

∠C′BD=180°−(90°+75°)=15°이고

∠DBC=∠C′BD=15°(접은 각)이므로

∠C′BC=15°+15°=30°

∠ABC=90°이므로

∠ABC′=∠ABC−∠C′BC
$\qquad\quad=90°−30°$
$\qquad\quad=60°$

따라서 ∠x=60°

답 60°

[다른 풀이]

△ABD와 △C′DB에서

$\overline{\mathrm{AB}}=\overline{\mathrm{C'D}}$,

∠BAD=∠DC′B,

$\overline{\mathrm{AD}}=\overline{\mathrm{C'B}}$

이므로 △ABD≡△C′DB (SAS 합동)

∠ABD=∠C′DB=75°이고

∠C′BD=180°−(90°+75°)=15°이므로

∠ABC′=∠ABD−∠C′BD
$\qquad\quad=75°−15°$
$\qquad\quad=60°$

따라서 ∠x=60°

21

□AECD는 평행사변형이므로

$\overline{\mathrm{AE}}=\overline{\mathrm{DC}}$, $\overline{\mathrm{AD}}=\overline{\mathrm{EC}}$

즉, $\overline{\mathrm{AE}}=5\,\mathrm{cm}$, $\overline{\mathrm{BE}}=8−6=2(\mathrm{cm})$

또 ∠ABE=∠DCE=∠AEB(동위각)이므로

△ABE는 $\overline{\mathrm{AB}}=\overline{\mathrm{AE}}$인 이등변삼각형이다.

따라서 △ABE의 둘레의 길이는

5+5+2=12(cm)

답 12 cm

22

$\triangle\mathrm{ABD}=\dfrac{1}{2}\square\mathrm{ABCD}$
$\qquad\quad=\dfrac{1}{2}\times60=30(\mathrm{cm}^2)$

$\triangle\mathrm{ABE}=\triangle\mathrm{CDF}=\dfrac{1}{3}\triangle\mathrm{ABD}$
$\qquad\qquad\qquad=\dfrac{1}{3}\times30=10(\mathrm{cm}^2)$

$\triangle\mathrm{AOD}=\triangle\mathrm{BOC}=\dfrac{1}{2}\triangle\mathrm{ABD}$
$\qquad\qquad\qquad=\dfrac{1}{2}\times30=15(\mathrm{cm}^2)$

따라서 색칠한 부분의 넓이는

△ABE+△AOD+△BOC+△CDF
=10+15+15+10
=50(cm^2)

답 50 cm²

23

□ABCD에서

∠C=360°−(125°+55°+55°)
$\quad=125°$

이므로

∠A=∠C, ∠B=∠D

즉, 두 쌍의 대각의 크기가 각각 같으므로

□ABCD는 평행사변형이다. ··· 1단계

평행사변형의 두 쌍의 대변의 길이는 각각 같으므로

3x+3=12에서

x=3

3y−2=2y+4에서

y=6 ··· 2단계

따라서 $x+y$=3+6=9 ··· 3단계

답 9

단계	채점 기준	비율
1단계	평행사변형이 되는 조건을 이용하여 □ABCD가 평행사변형임을 보인 경우	30 %
2단계	평행사변형의 성질을 이용하여 x, y의 값을 각각 구한 경우	50 %
3단계	$x+y$의 값을 구한 경우	20 %

24

$\triangle DAE$에서 $\overline{AD}=\overline{DE}$이므로

$\angle DAE=\angle DEA$

$\quad\quad\quad\;\;=90°-32°$

$\quad\quad\quad\;\;=58°$ ··· 1단계

또 $\angle ADE=180°-(58°+58°)=64°$이므로

$\angle EDC=90°-64°$

$\quad\quad\quad\;\;=26°$ ··· 2단계

$\triangle DEC$에서 $\overline{DE}=\overline{DC}$이므로

$\angle DCE=\angle DEC$

$\quad\quad\quad\;\;=\dfrac{1}{2}\times(180°-26°)$

$\quad\quad\quad\;\;=\dfrac{1}{2}\times154°$

$\quad\quad\quad\;\;=77°$ ··· 3단계

답 $77°$

단계	채점 기준	비율
1단계	$\triangle DAE$가 이등변삼각형임을 이용하여 $\angle DAE$, $\angle DEA$의 크기를 구한 경우	30 %
2단계	$\angle EDC$의 크기를 구한 경우	30 %
3단계	$\angle DCE$의 크기를 구한 경우	40 %

25

$\triangle ABD:\triangle BCD=5:8$이므로

$\triangle ABD:32=5:8$에서

$\triangle ABD=20\ \mathrm{cm}^2$ ··· 1단계

따라서 사다리꼴 ABCD의 넓이는

$\triangle ABD+\triangle BCD=20+32$

$\quad\quad\quad\quad\quad\quad\quad\;=52(\mathrm{cm}^2)$ ··· 2단계

답 $52\ \mathrm{cm}^2$

단계	채점 기준	비율
1단계	변의 길이의 비를 이용하여 $\triangle ABD$의 넓이를 구한 경우	50 %
2단계	사다리꼴 ABCD의 넓이를 구한 경우	50 %

Ⅴ. 도형의 닮음과 피타고라스 정리

Ⅴ-1 도형의 닮음 본문 14~18쪽

01 ③ **02** ①, ⑤ **03** ② **04** ② **05** ③ **06** ⑤
07 ②, ③ **08** ④ **09** ③ **10** ② **11** ②
12 ③ **13** ③ **14** ② **15** ② **16** ④ **17** ②
18 $144\pi\ \mathrm{cm}^3$ **19** $3\ \mathrm{cm}$ **20** $\dfrac{15}{4}\ \mathrm{cm}$ **21** $4\ \mathrm{cm}$
22 $57\ \mathrm{cm}^3$ **23** $153\ \mathrm{cm}^2$ **24** $\dfrac{7}{2}\ \mathrm{cm}$ **25** $\dfrac{24}{5}\ \mathrm{cm}$

01

□ABCD∽□EFGH이므로

$\overline{AB}$의 대응변은 $\overline{EF}$이고

$\angle G$의 대응각은 $\angle C$이다.

답 ③

02

① 마름모는 한 내각의 크기가 정해지면 그 모양이 하나로 정해지므로 한 내각의 크기가 같은 두 마름모는 닮은 도형이다.

⑤ 직각이등변삼각형의 세 내각의 크기는 45°, 45°, 90°이므로 두 직각이등변삼각형은 항상 닮은 도형이다.

답 ①, ⑤

03

두 입체도형의 닮음비는 3 : 4이므로

$x:6=3:4$

$4x=18$

$x=\dfrac{9}{2}$

$9:y=3:4$

$3y=36$

$y=12$

따라서 $xy=54$

답 ②

04

닮음비가 3 : 4이므로

$\overline{AC}=3\ \mathrm{cm}$이고 $\overline{BC}=6\ \mathrm{cm}$

따라서 $\triangle ABC$의 둘레의 길이는

$4+3+6=13(\mathrm{cm})$

답 ②

05

두 원기둥 A, B의 닮음비는 2 : 3이므로
원기둥 B의 밑면인 원의 반지름의 길이는 3 cm이다.
따라서 원기둥 B의 밑면의 둘레의 길이는
$2\pi \times 3 = 6\pi$(cm)

답 ③

06

닮음비가 5 : 1인 두 입체도형의 부피의 비는
$5^3 : 1^3 = 125 : 1$이므로
만들 수 있는 양초의 개수는 125개이다.

답 ⑤

07

② $\angle C = \angle H = 30°$,
　$\angle A = \angle G = 90°$
　이므로 $\triangle ABC \backsim \triangle GIH$ (AA 닮음)
③ $\overline{AB} : \overline{KJ} = 3 : 5$,
　$\overline{BC} : \overline{JL} = 3 : 5$,
　$\angle B = \angle J$
　이므로 $\triangle ABC \backsim \triangle KJL$ (SAS 닮음)

답 ②, ③

08

④ $\angle C = 60°$, $\angle D = 70°$이면
　두 쌍의 대응각의 크기가 같으므로
　$\triangle ABC \backsim \triangle DEF$ (AA 닮음)

답 ④

09

$\triangle ABC$와 $\triangle AED$에서
$\overline{AB} : \overline{AE} = 15 : 10 = 3 : 2$,
$\overline{AC} : \overline{AD} = 18 : 12 = 3 : 2$,
$\angle A$는 공통
이므로 $\triangle ABC \backsim \triangle AED$ (SAS 닮음)
$\overline{AB} : \overline{AE} = \overline{BC} : \overline{ED}$
$3 : 2 = 14 : \overline{ED}$
$3\overline{ED} = 28$
따라서 $\overline{ED} = \dfrac{28}{3}$ cm

답 ③

10

$\triangle ABC \backsim \triangle ACD$ (AA 닮음)이므로
$\overline{AB} : \overline{AC} = \overline{AC} : \overline{AD}$
$\overline{AB} : 8 = 8 : 6$
$3\overline{AB} = 32$
$\overline{AB} = \dfrac{32}{3}$(cm)

따라서
$\overline{BD} = \overline{AB} - \overline{AD}$
　$= \dfrac{32}{3} - 6$
　$= \dfrac{14}{3}$(cm)

답 ②

11

$\overline{AB} /\!/ \overline{DE}$이므로
$\triangle CBA \backsim \triangle CDE$ (AA 닮음)
$\overline{AC} : \overline{EC} = \overline{AB} : \overline{ED}$
$4 : 6 = 8 : \overline{ED}$
$2\overline{ED} = 24$
따라서 $\overline{ED} = 12$ cm

답 ②

12

$\triangle ADB \backsim \triangle AEC$ (AA 닮음)이므로
$\overline{AD} : \overline{AE} = \overline{BD} : \overline{CE}$
$4 : 6 = 8 : \overline{CE}$
$2\overline{CE} = 24$
$\overline{CE} = 12$ cm
따라서 $\triangle AEC$의 넓이는
$\dfrac{1}{2} \times 12 \times 6 = 36$(cm^2)

답 ③

13

$\triangle ABE \backsim \triangle FCE$ (AA 닮음)이므로
$\overline{AB} : \overline{FC} = \overline{BE} : \overline{CE}$
$8 : \overline{FC} = 6 : 2$
$3\overline{FC} = 8$
따라서 $\overline{FC} = \dfrac{8}{3}$ cm

답 ③

14

$\angle BAC = \angle EDF$,

$\angle ABC = \angle DEF$

이므로 $\triangle ABC \backsim \triangle DEF$ (AA 닮음)

$\overline{BC} : \overline{EF} = 6 : 4 = 3 : 2$이므로

$\overline{AB} : \overline{DE} = 3 : 2$

$\overline{AB} : 3 = 3 : 2$

$2\overline{AB} = 9$

따라서 $\overline{AB} = \dfrac{9}{2}$ cm

답 ②

15

$\triangle ABC \backsim \triangle DAC$ (AA 닮음)이므로

$\overline{AC}^2 = \overline{CD} \times \overline{CB}$

$16 = 2 \times \overline{CB}$

$\overline{CB} = 8$ cm

따라서

$\overline{BD} = \overline{BC} - \overline{DC}$

$\quad = 8 - 2$

$\quad = 6(cm)$

답 ②

16

$\triangle DAB \backsim \triangle DCA$이므로

$\overline{AD}^2 = \overline{BD} \times \overline{CD}$

$144 = 9 \times \overline{CD}$

따라서 $\overline{CD} = 16$ cm

답 ④

17

$\overline{AD} = \overline{ED} = 7$ cm이므로

$\overline{AB} = 7 + 8 = 15(cm)$

정삼각형 ABC의 한 변의 길이는

15 cm이므로

$\overline{BC} = 15$ cm이고

$\overline{EC} = 15 - 5 = 10(cm)$

$\triangle BED$와 $\triangle CFE$에서

$\angle B = \angle C = 60°$ ······ ㉠

$\angle BDE + \angle BED = 120°$이고

$\angle BED + \angle CEF = 120°$이므로

$\angle BDE = \angle CEF$ ······ ㉡

㉠, ㉡에 의하여

$\triangle BED \backsim \triangle CFE$ (AA 닮음)이므로

$\overline{BD} : \overline{CE} = \overline{BE} : \overline{CF}$

$8 : 10 = 5 : \overline{CF}$

$4\overline{CF} = 25$

따라서 $\overline{CF} = \dfrac{25}{4}$ cm

답 ②

18

그릇의 모양과 채워진 물의 모양은 닮은 도형이고 닮음비는

$4 : 3$이므로 부피비는 $4^3 : 3^3 = 64 : 27$이다.

그런데 그릇의 부피는

$\dfrac{1}{3} \times 64\pi \times 16 = 64 \times \dfrac{16\pi}{3}(cm^3)$이므로

물의 부피는

$27 \times \dfrac{16\pi}{3} = 144\pi(cm^3)$

답 144π cm³

19

$\triangle ABC$와 $\triangle DAC$에서

$\overline{BC} : \overline{AC} = \overline{AC} : \overline{DC} = 2 : 1$,

$\angle C$는 공통

이므로 $\triangle ABC \backsim \triangle DAC$ (SAS 닮음)이고

닮음비는 $2 : 1$이다.

$\overline{AB} : \overline{DA} = 2 : 1$

$6 : \overline{DA} = 2 : 1$

$2\overline{DA} = 6$

따라서 $\overline{DA} = 3$ cm

답 3 cm

20

$\triangle DBC \backsim \triangle QBO$ (AA 닮음)이므로

$\overline{BC} : \overline{BO} = \overline{CD} : \overline{OQ}$

$8 : 5 = 6 : \overline{OQ}$

$8\overline{OQ} = 30$

따라서 $\overline{OQ} = \dfrac{15}{4}$ cm

답 $\dfrac{15}{4}$ cm

21

정삼각형의 한 내각의 크기는 $60°$이므로

$\overline{AE} /\!/ \overline{BF} /\!/ \overline{CG}$

평행선의 성질에 의하여

$\triangle HEA \backsim \triangle HFB$ (AA 닮음)이므로

$\overline{AH} : \overline{BH} = \overline{AE} : \overline{BF}$

$27 : 18 = 9 : \overline{BF}$

$3\overline{BF} = 18$

$\overline{BF} = 6 \text{ cm}$

또 $\triangle HFB \backsim \triangle HGC$ (AA 닮음)이므로

$\overline{BH} : \overline{CH} = \overline{BF} : \overline{CG}$

$18 : 12 = 6 : \overline{CG}$

$3\overline{CG} = 12$

따라서 $\overline{CG} = 4 \text{ cm}$

답 4 cm

22

닮은 입체도형에서 닮음비가 $1 : 2 : 3$이면

부피의 비는 $1^3 : 2^3 : 3^3 = 1 : 8 : 27$이므로

세 입체도형 A, B, C의 부피의 비는

$1 : 7 : 19$이다. ··· 1단계

그러므로 입체도형 A의 부피를 $x \text{ cm}^3$라고 하면

입체도형 B의 부피는

$8x - x = 7x(\text{cm}^3)$

그런데 입체도형 B의 부피가 21 cm^3이므로

$7x = 21$

$x = 3$ ··· 2단계

따라서 입체도형 C의 부피는

$27x - 8x = 19x$

$= 19 \times 3$

$= 57(\text{cm}^3)$ ··· 3단계

답 57 cm^3

단계	채점 기준	비율
1단계	입체도형 A, B, C의 부피의 비를 구한 경우	40 %
2단계	입체도형 A의 부피를 구한 경우	30 %
3단계	입체도형 C의 부피를 구한 경우	30 %

23

$\triangle ADB \backsim \triangle BEC$ (AA 닮음)이므로 ··· 1단계

$\overline{AD} : \overline{BE} = \overline{DB} : \overline{EC}$

$12 : \overline{BE} = 8 : 6$

$4\overline{BE} = 36$

$\overline{BE} = 9 \text{ cm}$ ··· 2단계

따라서 □ADEC의 넓이는

$\frac{1}{2} \times (12+6) \times (8+9) = 153(\text{cm}^2)$ ··· 3단계

답 153 cm^2

단계	채점 기준	비율
1단계	$\triangle ADB \backsim \triangle BEC$임을 찾은 경우	40 %
2단계	$\overline{BE}$의 길이를 구한 경우	40 %
3단계	□ADEC의 넓이를 구한 경우	20 %

24

$\overline{AD} /\!/ \overline{BC}$이므로

$\angle PDB = \angle DBC$이고

$\angle DBC = \angle PBD$이므로

$\angle PDB = \angle PBD$

$\triangle PBD$는 $\overline{BP} = \overline{DP}$인 이등변삼각형

이므로 ··· 1단계

$\overline{BQ} = \overline{DQ} = 10 \text{ cm}$

따라서 $\triangle BQP \backsim \triangle BCD$ (AA 닮음)이므로 ··· 2단계

$\overline{BP} : \overline{BD} = \overline{BQ} : \overline{BC}$

$\overline{BP} : 20 = 10 : 16$

$8\overline{BP} = 100$

$\overline{BP} = \frac{25}{2} \text{ cm}$

그런데 $\overline{DP} = \overline{BP} = \frac{25}{2} \text{ cm}$

따라서

$\overline{AP} = 16 - \frac{25}{2} = \frac{7}{2}(\text{cm})$ ··· 3단계

답 $\frac{7}{2} \text{ cm}$

단계	채점 기준	비율
1단계	$\triangle PBD$가 이등변삼각형임을 설명한 경우	30 %
2단계	$\triangle BQP \backsim \triangle BCD$임을 찾은 경우	30 %
3단계	$\overline{AP}$의 길이를 구한 경우	40 %

25

$\overline{AD}^2 = \overline{BD} \times \overline{CD} = 4 \times 16 = 64$이므로

$\overline{AD} = 8 \text{ cm}$ ··· 1단계

점 M은 직각삼각형 ABC의 외심이므로

$\overline{AM} = \overline{BM} = \overline{CM} = \frac{20}{2} = 10(\text{cm})$

그러므로 $\overline{DM} = 10 - 4 = 6(\text{cm})$ ··· 2단계

직각삼각형 ADM에서

$\overline{AD} \times \overline{DM} = \overline{AM} \times \overline{DE}$

$8 \times 6 = 10 \times \overline{DE}$

$10\overline{DE} = 48$

따라서 $\overline{DE} = \frac{24}{5} \text{ cm}$ ··· 3단계

답 $\frac{24}{5} \text{ cm}$

단계	채점 기준	비율
1단계	$\overline{AD}$의 길이를 구한 경우	30 %
2단계	$\overline{DM}$의 길이를 구한 경우	30 %
3단계	$\overline{DE}$의 길이를 구한 경우	40 %

01 ②	**02** ③	**03** ⑤	**04** ③	**05** ③	**06** ②	**07** ②
08 ②	**09** ③	**10** ②	**11** ⑤	**12** ⑤	**13** ②	**14** ⑤
15 ④	**16** ②	**17** ④	**18** 8 cm		**19** 24 cm	
20 12 cm²		**21** 4 cm²		**22** 12 cm		
23 $\dfrac{9}{2}$ cm		**24** 12 cm²		**25** 36 cm		

01

$\overline{AB} : \overline{BD} = \overline{AC} : \overline{CE}$이므로

$(2x+1) : 6 = (x+2) : 4$

$6x+12 = 8x+4$

$2x = 8$

$x = 4$

답 ②

02

$\triangle ADE \backsim \triangle ABC$ (AA 닮음)이므로

$\overline{AD} : \overline{AB} = \overline{DE} : \overline{BC}$

$6 : 10 = \overline{DE} : a$

$5\overline{DE} = 3a$

따라서 $\overline{DE} = \dfrac{3}{5}a$ cm

답 ③

03

⑤ $\overline{AE} : \overline{AC} = \overline{DE} : \overline{CB}$이므로

$2 : 6 = \overline{DE} : 4$

$3\overline{DE} = 4$

따라서 $\overline{DE} = \dfrac{4}{3}$ cm

답 ⑤

04

$\overline{DG} : \overline{BF} = \overline{AG} : \overline{AF} = \overline{GE} : \overline{FC}$이므로

$\overline{DG} : \overline{BF} = \overline{GE} : \overline{FC}$

$3 : 4 = \overline{GE} : 8$

$4\overline{GE} = 24$

따라서 $\overline{GE} = 6$ cm

답 ③

05

ㄱ. $\overline{AD} : \overline{AB} = \overline{AF} : \overline{AC} = 3 : 7$,

∠A는 공통

이므로 $\triangle ADF \backsim \triangle ABC$ (SAS 닮음)

따라서 $\overline{DF} : \overline{BC} = 3 : 7$

ㄴ. $\overline{CF} : \overline{FA} = 4 : 3$,

$\overline{CE} : \overline{EB} = 3 : 4$

이므로 $\overline{AB}$와 $\overline{FE}$는 평행이 아니다.

ㄷ. $\overline{BD} : \overline{BA} = \overline{BE} : \overline{BC} = 4 : 7$,

∠B는 공통

이므로 $\triangle DBE \backsim \triangle ABC$ (SAS 닮음)

답 ③

06

$\overline{AC} = 2\overline{DE}$, $\overline{AB} = 2\overline{EF}$, $\overline{BC} = 2\overline{DF}$

이므로 $\triangle ABC \backsim \triangle EFD$ (SSS 닮음)이고

닮음비는 2 : 1이다.

따라서 $\triangle DEF$의 넓이는

$12 \times \dfrac{1}{4} = 3$ (cm²)

답 ②

07

$\overline{AF} : \overline{FD} = \overline{AE} : \overline{EC} = \overline{AD} : \overline{DB}$이므로

$\overline{AF} : \overline{FD} = 4 : 1$에서

$8 : \overline{FD} = 4 : 1$

$4\overline{FD} = 8$

$\overline{FD} = 2$ cm

즉 $\overline{AD} : \overline{DB} = 4 : 1$에서

$10 : \overline{DB} = 4 : 1$

$4\overline{DB} = 10$

따라서 $\overline{DB} = \dfrac{5}{2}$ cm

답 ②

08

$6 : x = 8 : 4$

$2x = 6$

$x = 3$

$13.5 : y = 12 : 8$

$3y = 27$

$y = 9$

따라서 $x + y = 3 + 9 = 12$

답 ②

09

$\overline{AC}$와 $\overline{EF}$의 교점을 P라고 하면

△ABC에서

$\overline{AE} : \overline{AB} = \overline{EP} : \overline{BC}$이므로

$3 : 7 = \overline{EP} : 14$

$7\overline{EP} = 42$

$\overline{EP} = 6$ cm

△CDA에서

$\overline{CF} : \overline{CD} = \overline{PF} : \overline{AD}$이므로

$4 : 7 = 4 : \overline{AD}$

$4\overline{AD} = 28$

따라서 $\overline{AD} = 7$ cm

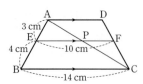

답 ③

10

△ODA∽△OBC (AA 닮음)이므로

$\overline{AO} : \overline{CO} = 10 : 15 = 2 : 3$

△ABC에서

$\overline{AO} : \overline{AC} = \overline{EO} : \overline{BC}$이고

$\overline{AO} : \overline{AC} = 2 : 5$이므로

$2 : 5 = \overline{EO} : 15$

$5\overline{EO} = 30$

따라서 $\overline{EO} = 6$ cm

답 ②

11

$\overline{AB} /\!/ \overline{CD}$이므로

△EAB∽△ECD (AA 닮음)이고

닮음비는 $1 : 2$이다.

△CAB에서

$\overline{CE} : \overline{CA} = x : 6$

$2 : 3 = x : 6$

$3x = 12$

$x = 4$

$\overline{CE} : \overline{CA} = y : 18$

$2 : 3 = y : 18$

$3y = 36$

$y = 12$

따라서 $x + y = 4 + 12 = 16$

답 ⑤

12

삼각형의 무게중심은 세 중선의 길이를 각 꼭짓점으로부터 각각 $2 : 1$로 나누므로

$x = 3 \times 3 = 9$

$y = 10 \times \dfrac{1}{2} = 5$

따라서 $x + y = 9 + 5 = 14$

답 ⑤

13

직각삼각형의 외심은 빗변의 중점이므로

$\overline{AD} = \overline{BD} = \overline{CD} = 9$ cm이고

삼각형의 무게중심은 세 중선의 길이를 각 꼭짓점으로부터 각각 $2 : 1$로 나누므로

$\overline{DG} = \dfrac{1}{3} \times 9 = 3$ (cm)

답 ②

14

삼각형의 무게중심은 세 중선의 길이를 각 꼭짓점으로부터 각각 $2 : 1$로 나누므로

△EG′G와 △EDA에서

$\overline{AG} : \overline{GE} = 2 : 1$,

$\overline{DG'} : \overline{G'E} = 2 : 1$,

∠E는 공통

이므로 △EG′G∽△EDA (SAS 닮음)

△EDA에서 $\overline{EG} : \overline{AE} = \overline{GG'} : \overline{AD}$이므로

$1 : 3 = 3 : \overline{AD}$

따라서 $\overline{AD} = 9$ cm

답 ⑤

15

삼각형의 무게중심은 세 중선의 길이를 각 꼭짓점으로부터 각각 $2 : 1$로 나누므로

$x : 4 = 2 : 1$

$x = 8$

$6 : y = 2 : 1$

$2y = 6$

$y = 3$

$z : 6 = 2 : 3$

$3z = 12$

$z = 4$

따라서

$$x+y+z=8+3+4$$
$$=15$$

답 ④

16

$\overline{\text{FE}} /\!/ \overline{\text{BC}}$이므로

$\triangle \text{AFE} \backsim \triangle \text{ABC}$ (SAS 닮음)이고,

삼각형의 무게중심은 세 중선의 길이를 각 꼭짓점으로부터

각각 2 : 1로 나누므로

닮음비는 2 : 3이고

넓이의 비는 $2^2 : 3^2 = 4 : 9$

그러므로 $\triangle \text{AFE}$의 넓이는

$$\frac{4}{9}\triangle \text{ABC} = \frac{4}{9} \times 45$$
$$= 20(\text{cm}^2)$$

그런데 $\triangle \text{DEF}$는 $\triangle \text{AFE}$와 밑변의 길이가 같고 높이는 $\frac{1}{2}$이다.

따라서 $\triangle \text{DEF}$의 넓이는

$$\frac{1}{2} \times 20 = 10(\text{cm}^2)$$

답 ②

17

오른쪽 그림과 같이 $\overline{\text{AC}}$를 긋고 $\overline{\text{BD}}$ 와의 교점을 O라고 하면 평행사변형 의 두 대각선은 서로 다른 것을 이등분 하므로

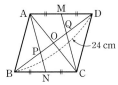

$\overline{\text{AO}} = \overline{\text{OC}}$, $\overline{\text{BO}} = \overline{\text{OD}}$

그러므로 두 점 P, Q는 각각 $\triangle \text{ABC}$, $\triangle \text{ACD}$의 무게중심이다.

$\overline{\text{BO}} = 12$ cm이므로

$$\overline{\text{PO}} = \frac{1}{3}\overline{\text{BO}}$$
$$= \frac{1}{3} \times 12$$
$$= 4(\text{cm})$$

$\overline{\text{OD}} = 12$ cm이므로

$$\overline{\text{OQ}} = \frac{1}{3}\overline{\text{OD}}$$
$$= \frac{1}{3} \times 12$$
$$= 4(\text{cm})$$

따라서

$$\overline{\text{PQ}} = \overline{\text{OP}} + \overline{\text{OQ}}$$
$$= 4 + 4$$
$$= 8(\text{cm})$$

답 ④

18

$\overline{\text{AD}} = \overline{\text{DF}}$, $\overline{\text{AE}} = \overline{\text{EG}}$이므로

$\overline{\text{DE}} /\!/ \overline{\text{FG}}$이고

$\overline{\text{FG}} = 2\overline{\text{DE}} = 2 \times 8 = 16(\text{cm})$

$\overline{\text{DE}} /\!/ \overline{\text{FG}}$이므로

$\triangle \text{BED}$에서

$$\overline{\text{FP}} = \frac{1}{2}\overline{\text{DE}}$$
$$= \frac{1}{2} \times 8$$
$$= 4(\text{cm})$$

$\triangle \text{CED}$에서

$$\overline{\text{QG}} = \frac{1}{2}\overline{\text{DE}}$$
$$= \frac{1}{2} \times 8$$
$$= 4(\text{cm})$$

따라서

$$\overline{\text{PQ}} = \overline{\text{FG}} - \overline{\text{FP}} - \overline{\text{QG}}$$
$$= 16 - 4 - 4$$
$$= 8(\text{cm})$$

답 8 cm

19

$\overline{\text{PQ}} = \frac{1}{2}\overline{\text{AB}}$, $\overline{\text{SR}} = \frac{1}{2}\overline{\text{AB}}$이므로

$$\overline{\text{PQ}} = \overline{\text{SR}} = \frac{13}{2}(\text{cm})$$

$\overline{\text{QR}} = \frac{1}{2}\overline{\text{CD}}$, $\overline{\text{PS}} = \frac{1}{2}\overline{\text{CD}}$이므로

$$\overline{\text{QR}} = \overline{\text{PS}} = \frac{11}{2}(\text{cm})$$

따라서 □PQRS의 둘레의 길이는

$$2 \times \left(\frac{13}{2} + \frac{11}{2}\right) = 24(\text{cm})$$

답 24 cm

20

점 G는 두 중선의 교점이므로

$\triangle \text{ABC}$의 무게중심이고

$\overline{\text{MG}} : \overline{\text{GC}} = 1 : 2$

또 $\overline{\text{MN}} /\!/ \overline{\text{BC}}$이므로

$\triangle \text{GMN} \backsim \triangle \text{GBC}$이고

닮음비는 1 : 2이다.

△GMN와 △GBC의 넓이의 비는

$1^2 : 2^2 = 1 : 4$

따라서 △GBC의 넓이는

$3 \times 4 = 12 (cm^2)$

답 $12\ cm^2$

21

평행사변형의 두 대각선은 서로 다른 것을 이등분하므로 오른쪽 그림과 같이 두 대각선의 교점을 O라고 하면

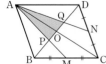

$\overline{AO} = \overline{OC}, \overline{BO} = \overline{OD}$

그러므로 두 점 P, Q는 각각

△ABC, △ACD의 무게중심이다.

$\overline{BP} = 2\overline{PO} = 2\overline{OQ} = \overline{QD}$

그런데 $\overline{PO} + \overline{OQ} = 2\overline{PO} = \overline{PQ}$이므로

$\overline{BP} = \overline{PQ} = \overline{QD}$

따라서

$\triangle APQ = \dfrac{1}{6} \square ABCD$

$= \dfrac{1}{6} \times 24$

$= 4(cm^2)$

답 $4\ cm^2$

22

△AFD에서

$\overline{FD} = 2\overline{EG}$

$= 2 \times 4$

$= 8(cm)$ ··· 1단계

△BCE에서

$\overline{EC} = 2\overline{FD}$

$= 2 \times 8$

$= 16(cm)$ ··· 2단계

따라서

$\overline{CG} = \overline{EC} - \overline{EG}$

$= 16 - 4$

$= 12(cm)$ ··· 3단계

답 $12\ cm$

단계	채점 기준	비율
1단계	$\overline{FD}$의 길이를 구한 경우	40 %
2단계	$\overline{EC}$의 길이를 구한 경우	30 %
3단계	$\overline{CG}$의 길이를 구한 경우	30 %

23

△ABC에서

$\overline{AE} : \overline{AB} = 3 : 4$이고

$\overline{AE} : \overline{AB} = \overline{EN} : \overline{BC}$이므로

$3 : 4 = \overline{EN} : 8$

$4\overline{EN} = 24$

$\overline{EN} = 6\ cm$ ··· 1단계

또 △BDA에서

$\overline{BE} : \overline{BA} = 1 : 4$이고

$\overline{BE} : \overline{BA} = \overline{EM} : \overline{AD}$이므로

$1 : 4 = \overline{EM} : 6$

$4\overline{EM} = 6$

$\overline{EM} = \dfrac{3}{2}\ cm$ ··· 2단계

따라서

$\overline{MN} = \overline{EN} - \overline{EM}$

$= 6 - \dfrac{3}{2} = \dfrac{9}{2}(cm)$ ··· 3단계

답 $\dfrac{9}{2}\ cm$

단계	채점 기준	비율
1단계	$\overline{EN}$의 길이를 구한 경우	40 %
2단계	$\overline{EM}$의 길이를 구한 경우	40 %
3단계	$\overline{MN}$의 길이를 구한 경우	20 %

24

△PAB∽△PCD (AA 닮음)이므로

$\overline{AP} : \overline{CP} = \overline{AB} : \overline{CD} = 3 : 6 = 1 : 2$ ··· 1단계

오른쪽 그림과 같이 점 P에서 $\overline{BC}$에 내린 수선의 발을 H라고 하면

$\overline{CP} : \overline{PA} = 2 : 1$이므로

△ABC에서

$\overline{CP} : \overline{CA} = \overline{PH} : \overline{AB}$

$2 : 3 = \overline{PH} : 3$

$3\overline{PH} = 6$

$\overline{PH} = 2\ cm$ ··· 2단계

따라서 △PBC의 넓이는

$\dfrac{1}{2} \times 12 \times 2 = 12(cm^2)$ ··· 3단계

답 $12\ cm^2$

단계	채점 기준	비율
1단계	$\overline{AP} : \overline{CP} = \overline{AB} : \overline{CD} = 1 : 2$임을 구한 경우	40 %
2단계	$\overline{PH}$의 길이를 구한 경우	40 %
3단계	△PBC의 넓이를 구한 경우	20 %

25

삼각형의 무게중심은 세 중선의 길이를 각 꼭짓점으로부터 각각
$2 : 1$로 나누므로

$$\overline{GD} = \frac{3}{2}\overline{GG'}$$
$$= \frac{3}{2} \times 4$$
$$= 6(\text{cm}) \qquad \cdots \boxed{1단계}$$

$$\overline{AD} = 3\overline{GD}$$
$$= 3 \times 6$$
$$= 18(\text{cm}) \qquad \cdots \boxed{2단계}$$

그런데 직각삼각형의 외심은 빗변의 중점이므로
$$\overline{BD} = \overline{CD} = \overline{AD} = 18 \text{ cm}$$
따라서
$$\overline{BC} = 2\overline{BD}$$
$$= 2 \times 18$$
$$= 36(\text{cm}) \qquad \cdots \boxed{3단계}$$

답 36 cm

단계	채점 기준	비율
1단계	$\overline{GD}$의 길이를 구한 경우	30 %
2단계	$\overline{AD}$의 길이를 구한 경우	30 %
3단계	$\overline{BC}$의 길이를 구한 경우	40 %

V-3 피타고라스 정리 본문 24~25쪽

01 ⑤ **02** ③ **03** ③ **04** ① **05** $90\pi \text{ cm}^3$ **06** 풀이 참조
07 20 cm **08** 25, 313

01

직각삼각형 ADC에서
피타고라스 정리에 의하여
$$x^2 + 5^2 = 13^2$$
$$x^2 = 144$$
그런데 $x > 0$이므로
$$x = 12$$
또 직각삼각형 ABD에서
피타고라스 정리에 의하여
$$y^2 + 12^2 = 20^2$$
$$y^2 = 256$$

그런데 $y > 0$이므로
$$y = 16$$
따라서 $x + y = 12 + 16 = 28$

답 ⑤

02

직각삼각형 ABC에서
피타고라스 정리에 의하여
$$\overline{AC}^2 + \overline{BC}^2 = \overline{AB}^2$$이므로
$$\overline{AC}^2 + 49 = 113$$
$$\overline{AC}^2 = 64$$
그런데 $\overline{AC} > 0$이므로
$$\overline{AC} = 8 \text{ cm}$$

답 ③

03

오른쪽 그림과 같이 꼭짓점 D에서 $\overline{BC}$에
내린 수선의 발을 E라고 하면
□ABED는 직사각형이므로
$$\overline{BE} = \overline{AD} = 6 \text{ cm}$$이고
$$\overline{EC} = \overline{BC} - \overline{BE} = 11 - 6 = 5(\text{cm})$$
직각삼각형 DEC에서
피타고라스 정리에 의하여
$$\overline{DE}^2 + \overline{EC}^2 = \overline{CD}^2$$이므로
$$\overline{DE}^2 + 5^2 = 13^2$$
$$\overline{DE}^2 + 25 = 169$$
$$\overline{DE}^2 = 144$$
그런데 $\overline{DE} > 0$이므로
$$\overline{DE} = 12 \text{ cm}$$
이때 □ABED는 직사각형이므로
$$\overline{AB} = \overline{DE} = 12 \text{ cm}$$
직각삼각형 ABD에서
피타고라스 정리에 의하여
$$\overline{AB}^2 + \overline{AD}^2 = \overline{BD}^2$$이므로
$$12^2 + 6^2 = \overline{BD}^2$$
$$144 + 36 = \overline{BD}^2$$
$$\overline{BD}^2 = 180$$
따라서 $\overline{BD}$를 한 변으로 하는 정사각형의 넓이는
180 cm^2이다.

답 ③

04

단면인 원의 반지름의 길이를 x cm라고
하면 피타고라스 정리에 의하여

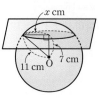

$7^2+x^2=11^2$

$49+x^2=121$

$x^2=72$

따라서 단면인 원의 넓이는

$\pi \times x^2 = 72\pi \,(\text{cm}^2)$

답 ①

05

직선 l을 축으로 하여 1회전시킬 때 생
기는 입체도형은 오른쪽 그림과 같은
원뿔이다. 원뿔의 밑면의 반지름의 길
이를 x cm라고 하면

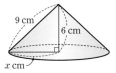

피타고라스 정리에 의하여

$x^2+6^2=9^2$

$x^2+36=81$

$x^2=45$

따라서 회전하여 얻는 원뿔의 부피는

$\dfrac{1}{3} \times 45\pi \times 6 = 90\pi\,(\text{cm}^3)$

답 90π cm³

06

주어진 삼각형은 직각삼각형이다.

왜냐하면 $25^2=7^2+24^2$이 성립하기 때문이다.

답 풀이 참조

07

직각삼각형 ABC에서

피타고라스 정리에 의하여

$\overline{AC}^2=8^2+6^2=100$

그런데 $\overline{AC}>0$이므로

$\overline{AC}=10$ cm

··· 1단계

선이 지나는 면의 전개도를 그려 보면 다음 그림과 같다.

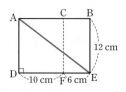

꼭짓점 A에서 출발하여 겉면을 따라 모서리 CF를 지나
점 E에 이르는 최단 거리는

직각을 낀 두 변의 길이가 각각 12 cm, 16 cm일 때
빗변의 길이, 즉 $\overline{AE}$의 길이와 같으므로

피타고라스 정리에 의하여

$\overline{AE}^2=12^2+16^2$

$\qquad =400$

그런데 $\overline{AE}>0$이므로

$\overline{AE}=20$ cm

따라서 구하는 최단 거리는 20 cm이다. ··· 2단계

답 20 cm

단계	채점 기준	비율
1단계	$\overline{AC}$의 길이를 구한 경우	40 %
2단계	최단 거리를 구한 경우	60 %

08

(i) 길이가 a인 변이 빗변인 경우

$a^2=12^2+13^2=313$ ··· 1단계

(ii) 길이가 13인 변이 빗변인 경우

$13^2=12^2+a^2$

$a^2=25$ ··· 2단계

답 25, 313

단계	채점 기준	비율
1단계	길이가 a인 변이 빗변일 때 a^2의 값을 구한 경우	50 %
2단계	길이가 13인 변이 빗변일 때 a^2의 값을 구한 경우	50 %

Ⅵ. 확률

Ⅵ-1 경우의 수
본문 26~30쪽

01 ②	**02** ②	**03** ③	**04** ⑤	**05** ④	**06** ①	**07** ③
08 ②	**09** ④	**10** ⑤	**11** ⑤	**12** ③	**13** ⑤	**14** ①
15 ②	**16** ④	**17** ③	**18** ①	**19** ④	**20** 540	**21** 26개
22 12	**23** 81개	**24** 24개	**25** 34	**26** 8	**27** 31	**28** 45

01

빨간 모자 소녀가 늑대를 피해 할머니 댁에 최단 거리로 가는 방법은 다음과 같다.

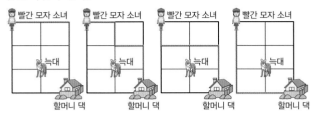

따라서 최단 거리로 가는 방법은 4가지이다.

답 ②

02

짝수가 나오는 경우는 2, 4, 6, 8의 4가지이므로
구하는 경우의 수는 4이다.

답 ②

03

세 개의 동전을 던져 앞면이 2개 이상 나오는 경우는
(앞, 앞, 뒤), (앞, 뒤, 앞), (뒤, 앞, 앞), (앞, 앞, 앞)의 4가지이므로 구하는 경우의 수는 4이다.

답 ③

04

두 눈의 수의 차가 2인 경우는
$(1, 3), (3, 1), (2, 4), (4, 2), (3, 5), (5, 3), (4, 6), (6, 4)$
의 8가지이므로 구하는 경우의 수는 8이다.

답 ⑤

05

버스 또는 지하철을 이용하여 국립박물관에 가는 방법은
$5+6=11$(가지)

답 ④

06

올레길 코스 또는 한라산 등반 코스 중에서 한 코스만을 선택하여 걷게 되므로 코스를 고를 수 있는 경우의 수는
$21+3=24$

답 ①

07

나온 두 눈의 수의 합이 3이 되는 경우는
$(1, 2), (2, 1)$의 2가지이므로 그 경우의 수는 2이다.
나온 두 눈의 수의 합이 8이 되는 경우는
$(2, 6), (3, 5), (4, 4), (5, 3), (6, 2)$의 5가지이므로
그 경우의 수는 5이다.
따라서 구하는 경우의 수는
$2+5=7$

답 ③

08

두 수의 차가 3이 되는 경우는
$(1, 4), (4, 1), (2, 5), (5, 2), (3, 6), (6, 3)$의 6가지이므로
그 경우의 수는 6이다.
두 수의 차가 4가 되는 경우는
$(1, 5), (5, 1), (2, 6), (6, 2)$의 4가지이므로
그 경우의 수는 4이다.
따라서 구하는 경우의 수는
$6+4=10$

답 ②

09

백의 자리에 올 수 있는 숫자는 4개,
십의 자리에 올 수 있는 숫자는 3개,
일의 자리에 올 수 있는 숫자는 2개
이므로 만들 수 있는 세 자리의 정수의 개수는
$4 \times 3 \times 2 = 24$(개)

답 ④

10

자음 3개에 각각 모음 5개를 짝지을 수 있으므로
만들 수 있는 글자의 개수는
$3 \times 5 = 15$(개)

답 ⑤

11

5명을 한 줄로 세우므로 구하는 경우의 수는
$5 \times 4 \times 3 \times 2 \times 1 = 120$

답 ⑤

12

5명의 학생 중에서 2명의 대표를 뽑으므로 순서는 생각하지 않는다.
따라서 구하는 경우의 수는
$\frac{5\times4}{2}=10$

답 ③

13

집에서 버스정류장까지 가는 길은 2가지, 버스정류장에서 버스를 타고 학교에 가는 버스 노선은 5가지이므로 구하는 경우의 수는
$2\times5=10$

답 ⑤

14

4가지 김밥 중에서 한 가지를 고르고 그 각각에 대하여 4가지 만두를 고를 수 있으므로 구하는 경우의 수는
$4\times4=16$

답 ①

15

아버지와 어머니를 하나로 묶으면 4명을 한 줄로 배열하는 경우의 수와 같고 각각에 대해 아버지와 어머니의 위치를 바꾸는 경우가 2가지 있으므로 구하는 경우의 수는
$(4\times3\times2\times1)\times2=48$

답 ②

16

A 도시에서 C 도시까지 가는 경우의 수는
B 도시를 거쳐 가는 경우의 수가
$3\times2=6$
B 도시를 거치지 않고 가는 경우의 수가 1
이므로 경우의 수는 $6+1=7$
A 도시에서 D 도시까지 가는 경우의 수는
C 도시를 거쳐 가는 경우의 수가 $7\times3=21$
C 도시를 거치지 않고 가는 경우의 수가 2
이므로 구하는 경우의 수는
$21+2=23$

답 ④

17

악수하는 두 사람을 뽑을 때 순서를 생각하지 않으므로
$\frac{6\times5}{2}=15$
따라서 모두 15번의 악수를 해야 한다.

답 ③

18

세 점을 이어 삼각형을 만들 때, 점 A를 한 꼭짓점으로 하므로 나머지 2개의 꼭짓점만 고르면 된다.
따라서 구하는 삼각형의 개수는
$\frac{4\times3}{2}=6$(개)

답 ①

19

각각의 경우의 수를 구하면 다음과 같다.
① 2　② 3　③ 3　④ 4　⑤ 3
따라서 이 중 경우의 수가 가장 큰 사건은 ④이다.

답 ④

20

(i) A에 칠할 수 있는 색은 5가지
(ii) B에 칠할 수 있는 색은
A에 칠한 색을 제외한 4가지
(iii) C에 칠할 수 있는 색은
A와 B에 칠한 색을 제외한 3가지
(iv) D에 칠할 수 있는 색은
A와 C에 칠한 색을 제외한 3가지
(v) E에 칠할 수 있는 색은
A와 D에 칠한 색을 제외한 3가지
(i) ~ (v)에서 구하는 경우의 수는
$5\times4\times3\times3\times3=540$

답 540

21

서로 다른 8개의 점 중에서 2개의 점을 연결하여 만들 수 있는 직선의 개수는
$\frac{8\times7}{2}=28$(개)
지름 위의 세 점은 한 직선 위에 있으므로
1개의 직선만을 만들 수 있게 되어

세 점으로 만든 직선 $\dfrac{3\times 2}{2}=3$(개)는 1개로 보아야 한다.

따라서 구하는 직선의 개수는

$28-3+1=26$(개)

답 26개

단계	채점 기준	비율
1단계	a의 값을 구한 경우	40 %
2단계	b의 값을 구한 경우	40 %
3단계	$a+b$의 값을 구한 경우	20 %

22

A와 E가 양 끝에 서는 경우는 2가지,

B, C, D 세 명을 한 줄로 세우는 경우는

$3\times 2\times 1=6$(가지)

따라서 구하는 경우의 수는

$2\times 6=12$

답 12

23

같은 기호를 여러 번 사용해서 각 칸을 채울 수 있으므로 맨 윗칸부터 모두 3개의 기호를 사용할 수 있다.

따라서 만들 수 있는 암호의 개수는

$3\times 3\times 3\times 3=81$(개)

답 81개

24

두 자리의 자연수 중 40 이상인 자연수는

(ⅰ) 십의 자리의 숫자가 4인 경우: 8개

(ⅱ) 십의 자리의 숫자가 5인 경우: 8개

(ⅲ) 십의 자리의 숫자가 6인 경우: 8개

(ⅰ) ~ (ⅲ)에서

40 이상인 자연수의 개수는

$8\times 3=24$(개)

답 24개

25

연필 또는 볼펜 중에서 한 종류를 고르는 경우의 수는

$4+6=10$이므로 $a=10$ ··· 1단계

연필과 볼펜을 각각 한 종류씩 고르는 경우의 수는

$4\times 6=24$이므로 $b=24$ ··· 2단계

따라서 $a+b=10+24=34$ ··· 3단계

답 34

26

민지네 집에서 병원까지 가는 길은 4가지 ··· 1단계

병원에서 약국까지 가는 길은 2가지이므로 ··· 2단계

민지가 집에서 출발하여 병원을 들러서 약국까지 최단 거리로 가는 경우의 수는

$4\times 2=8$ ··· 3단계

답 8

단계	채점 기준	비율
1단계	민지네 집에서 병원까지 가는 경우의 수를 구한 경우	40 %
2단계	병원에서 약국까지 가는 경우의 수를 구한 경우	40 %
3단계	집에서 병원을 들러서 약국까지 최단 거리로 가는 경우의 수를 구한 경우	20 %

27

각 깃발을 올리거나 올리지 않은 것으로 신호를 만들게 되므로

5개의 깃발로 신호를 만드는 경우의 수는

$2\times 2\times 2\times 2\times 2=32$ ··· 1단계

깃발을 모두 올리지 않는 경우는 신호가 아니므로

구하는 경우의 수는

$32-1=31$ ··· 2단계

답 31

단계	채점 기준	비율
1단계	깃발을 올리거나 올리지 않는 선택을 하는 경우의 수를 찾은 경우	60 %
2단계	신호를 만드는 경우의 수를 구한 경우	40 %

28

첫 번째 자리에는 1부터 9까지 9개의 숫자가 올 수 있고, ··· 1단계

두 번째 자리에는 1, 3, 5, 7, 9의 5개의 숫자가 올 수 있으므로 ··· 2단계

구하는 경우의 수는

$9\times 5=45$ ··· 3단계

답 45

단계	채점 기준	비율
1단계	첫 번째 자리에 올 수 있는 수를 찾은 경우	40 %
2단계	두 번째 자리에 올 수 있는 수를 찾은 경우	40 %
3단계	만들어진 두 자리의 비밀번호가 홀수인 경우의 수를 구한 경우	20 %

VI-2 확률

본문 31~35쪽

01 ① 02 ④ 03 ② 04 ② 05 ① 06 ④ 07 ③
08 ③ 09 ② 10 ③ 11 ④ 12 ① 13 ② 14 ②
15 ④ 16 ③ 17 ⑤ 18 ④ 19 ② 20 $\frac{25}{28}$ 21 $\frac{1}{2}$
22 $\frac{7}{18}$ 23 $\frac{17}{20}$ 24 $\frac{1}{9}$ 25 $\frac{41}{30}$ 26 $\frac{5}{6}$ 27 $\frac{6}{7}$ 28 $\frac{2}{9}$

01

모든 경우의 수는 6이고
4의 약수는 1, 2, 4의 3가지이므로
나오는 눈의 수가 4의 약수인 경우의 수는 3이다.
따라서 구하는 확률은
$\frac{3}{6} = \frac{1}{2}$

답 ①

02

모든 경우의 수는 2+8=10이고
빨간 공은 8개이므로 꺼낸 공이 빨간 공인 경우의 수는 8이다.
따라서 구하는 확률은
$\frac{8}{10} = \frac{4}{5}$

답 ④

03

창희네 반 학생 30명 중 A형 또는 B형인 학생의 수는
4+8=12(명)이므로
구하는 확률은
$\frac{12}{30} = \frac{2}{5}$

답 ②

04

두 개의 주사위를 던질 때 나오는 경우의 수는
$6 \times 6 = 36$
두 눈의 수의 합이 두 눈의 수의 차의 2배인 경우는 다음과 같다.
(i) 두 눈의 수의 합이 2이고 두 눈의 수의 차가 1인 경우는 없다.
(ii) 두 눈의 수의 합이 4이고 두 눈의 수의 차가 2인 경우는
(1, 3), (3, 1)의 2가지이다.
(iii) 두 눈의 수의 합이 6이고 두 눈의 수의 차가 3인 경우는 없다.
(iv) 두 눈의 수의 합이 8이고 두 눈의 수의 차가 4인 경우는
(2, 6), (6, 2)의 2가지이다.
(v) 두 눈의 수의 합이 10이고 두 눈의 수의 차가 5인 경우는 없다.
(vi) 두 눈의 수의 합이 12이고 두 눈의 수의 차가 6인 경우는 없다.
(i) ~ (vi)에서
구하는 확률은
$\frac{4}{36} = \frac{1}{9}$

답 ②

05

정십이면체 모양의 주사위의 각 면에 1부터 12까지의 자연수가 각각 하나씩 적혀 있으므로 13의 눈이 나올 확률은 0이다.

답 ①

06

확률이 1인 사건은 반드시 일어나는 사건이다.
④ 1부터 4까지의 자연수가 각각 하나씩 적힌 4장의 카드 중 임의로 한 장을 뽑을 때, 4 이하의 숫자가 나오는 것은 반드시 일어나는 사건이므로 그 확률이 1이다.

답 ④

07

20개의 제품 중 불량품이 5개 포함되어 있으므로 불량품이 나올 확률은 $\frac{5}{20} = \frac{1}{4}$
따라서 불량품이 아닌 제품이 나올 확률은
$1 - \frac{1}{4} = \frac{3}{4}$

답 ③

08

2019년 9월의 달력에서 수요일은 4일이므로 봉사활동을 하는 날이 수요일일 확률은
$\frac{4}{30} = \frac{2}{15}$

따라서 봉사활동을 하는 날이 수요일이 아닐 확률은

$1-\dfrac{2}{15}=\dfrac{13}{15}$

답 ③

09

나온 두 눈의 수의 합이 4인 경우는

$(1, 3), (2, 2), (3, 1)$의 3가지이므로

그 확률은 $\dfrac{3}{36}$

나온 두 눈의 수의 합이 8인 경우는

$(2, 6), (3, 5), (4, 4), (5, 3), (6, 2)$의 5가지이므로

그 확률은 $\dfrac{5}{36}$

따라서 나온 두 눈의 수의 합이 4 또는 8이 될 확률은

$\dfrac{3}{36}+\dfrac{5}{36}=\dfrac{8}{36}=\dfrac{2}{9}$

답 ②

10

동전 한 개를 던져서 앞면이 나올 확률은 $\dfrac{1}{2}$

주사위 한 개를 던져서 소수의 눈이 나올 확률은 $\dfrac{3}{6}=\dfrac{1}{2}$

따라서 구하는 확률은

$\dfrac{1}{2}\times\dfrac{1}{2}=\dfrac{1}{4}$

답 ③

11

A 주머니에서 흰 공이 나올 확률은 $\dfrac{3}{5}$

B 주머니에서 검은 공이 나올 확률은 $\dfrac{4}{6}=\dfrac{2}{3}$

따라서 구하는 확률은

$\dfrac{3}{5}\times\dfrac{2}{3}=\dfrac{2}{5}$

답 ④

12

두 타자가 모두 타석에서 안타를 칠 확률은

$0.3\times0.25=\dfrac{3}{10}\times\dfrac{25}{100}$

$\qquad\qquad\quad=\dfrac{3}{40}$

답 ①

13

처음에 흰 돌이 나올 확률은

$\dfrac{4}{10}=\dfrac{2}{5}$

꺼낸 돌을 다시 넣어서 두 번째 흰 돌이 나올 확률은

$\dfrac{4}{10}=\dfrac{2}{5}$

따라서 구하는 확률은

$\dfrac{2}{5}\times\dfrac{2}{5}=\dfrac{4}{25}$

답 ②

14

모든 경우의 수는 $3\times3\times3=27$이고

세 사람이 가위바위보를 해서 승부가 나지 않는 경우는

모두 다른 것을 내거나 모두 같은 것을 내는 경우이다.

모두 다른 것을 내는 경우는

$3\times2\times1=6$(가지)이므로 그 확률은 $\dfrac{6}{27}$

모두 같은 것을 내는 경우는

(가위, 가위, 가위), (바위, 바위, 바위), (보, 보, 보)의 3가지이

므로 그 확률은 $\dfrac{3}{27}$

따라서 구하는 확률은

$\dfrac{6}{27}+\dfrac{3}{27}=\dfrac{9}{27}=\dfrac{1}{3}$

답 ②

15

각각의 확률을 구해 보면 다음과 같다.

① 0   ② $\dfrac{1}{6}$ ③ $\dfrac{1}{2}$ ④ $1-\dfrac{1}{6}=\dfrac{5}{6}$ ⑤ $\dfrac{1}{4}$

따라서 그 확률이 가장 큰 것은 ④이다.

답 ④

16

A 선수만 과녁을 맞힐 확률은

A 선수는 과녁을 맞히고 B 선수는 과녁을 맞히지 못할 확률과

같다.

따라서 구하는 확률은

$\dfrac{3}{5}\times\left(1-\dfrac{7}{9}\right)=\dfrac{3}{5}\times\dfrac{2}{9}=\dfrac{2}{15}$

답 ③

17

5명 중에서 2명의 대표를 뽑는 경우의 수는

$$\frac{5 \times 4}{2} = 10$$

이때 남학생 2명 중에서 대표 2명을 뽑을 확률은 $\frac{1}{10}$

따라서 여학생이 적어도 한 명 뽑힐 확률은

$$1 - \frac{1}{10} = \frac{9}{10}$$

답 ⑤

18

직선 $ax + by - 5 = 0$이 점 $(1, 1)$을 지나는 경우는
$a + b - 5 = 0$, 즉 $a + b = 5$인 경우이므로
$(1, 4), (2, 3), (3, 2), (4, 1)$의 4가지
점 $(1, 1)$을 지날 확률은

$$\frac{4}{36} = \frac{1}{9}$$

따라서 점 $(1, 1)$을 지나지 않을 확률은

$$1 - \frac{1}{9} = \frac{8}{9}$$

답 ④

19

통학 시간이 30분 이상 40분 미만일 확률은

$$\frac{5}{20 + x} = \frac{1}{5}$$이므로

$20 + x = 25$

$x = 5$

답 ②

20

세 사람 모두 슛을 성공시키지 못할 확률은

$$\left(1 - \frac{4}{7}\right) \times \left(1 - \frac{2}{3}\right) \times \left(1 - \frac{1}{4}\right) = \frac{3}{7} \times \frac{1}{3} \times \frac{3}{4} = \frac{3}{28}$$

따라서 적어도 한 사람은 슛을 성공시킬 확률은

$$1 - \frac{3}{28} = \frac{25}{28}$$

답 $\frac{25}{28}$

21

모든 경우의 수는

$4 \times 6 = 24$

이때 A 회전판의 화살표가 가리키는 수가 B 회전판의 화살표가 가리키는 수의 약수인 경우는

$(1, 1), (1, 2), (1, 3), (1, 4), (1, 5), (1, 6),$
$(2, 2), (2, 4), (2, 6),$
$(3, 3), (3, 6),$
$(4, 4)$
의 12가지이므로 구하는 확률은

$$\frac{12}{24} = \frac{1}{2}$$

답 $\frac{1}{2}$

22

모든 경우의 수는
$6 \times 6 = 36$
두 자리의 자연수가 45 이상일 경우는
45, 46,
50, 51, 52, 53, 54, 56,
60, 61, 62, 63, 64, 65
의 14가지이다.
따라서 구하는 확률은

$$\frac{14}{36} = \frac{7}{18}$$

답 $\frac{7}{18}$

23

두 자연수의 곱은 (홀수)×(홀수)인 경우만 홀수가 되므로
두 자연수의 곱이 홀수가 될 확률은

$$\left(1 - \frac{3}{5}\right) \times \left(1 - \frac{5}{8}\right) = \frac{2}{5} \times \frac{3}{8} = \frac{3}{20}$$

따라서 두 자연수의 곱이 짝수일 확률은

$$1 - \frac{3}{20} = \frac{17}{20}$$

답 $\frac{17}{20}$

24

주사위 2개를 던져서 나오는 모든 경우의 수는
$6 \times 6 = 36$
점 P가 -1의 위치에 있기 위해서는
$(2, 3), (3, 2), (4, 5), (5, 4)$가 나와야 하므로
점 P가 -1의 위치에 있는 경우의 수는 4이다.
따라서 구하는 확률은

$$\frac{4}{36} = \frac{1}{9}$$

답 $\frac{1}{9}$

25

세 선수가 모두 명중시킬 확률은

$p = \dfrac{3}{4} \times \dfrac{2}{3} \times \dfrac{4}{5}$

$\quad = \dfrac{2}{5}$ ··· 1단계

세 선수가 모두 명중시키지 못할 확률은

$q = \left(1 - \dfrac{3}{4}\right) \times \left(1 - \dfrac{2}{3}\right) \times \left(1 - \dfrac{4}{5}\right)$

$\quad = \dfrac{1}{4} \times \dfrac{1}{3} \times \dfrac{1}{5}$

$\quad = \dfrac{1}{60}$ ··· 2단계

세 선수 중 적어도 한 명 이상이 명중시킬 확률은

$r = 1 - \dfrac{1}{60} = \dfrac{59}{60}$ ··· 3단계

따라서

$p - q + r = \dfrac{2}{5} - \dfrac{1}{60} + \dfrac{59}{60}$

$\qquad = \dfrac{82}{60} = \dfrac{41}{30}$ ··· 4단계

답 $\dfrac{41}{30}$

단계	채점 기준	비율
1단계	p의 값을 구한 경우	30 %
2단계	q의 값을 구한 경우	30 %
3단계	r의 값을 구한 경우	30 %
4단계	$p - q + r$의 값을 구한 경우	10 %

26

주사위 2개를 던져서 나오는 모든 경우의 수는

$6 \times 6 = 36$ ··· 1단계

$2x + y < 7$인 경우를 순서쌍 (x, y)로 나타내면
$(1, 1), (1, 2), (1, 3), (1, 4), (2, 1), (2, 2)$의
6가지이므로

$2x + y < 7$일 확률은

$\dfrac{6}{36} = \dfrac{1}{6}$ ··· 2단계

따라서 $2x + y \geq 7$일 확률은

$1 - \dfrac{1}{6} = \dfrac{5}{6}$ ··· 3단계

답 $\dfrac{5}{6}$

단계	채점 기준	비율
1단계	모든 경우의 수를 구한 경우	30 %
2단계	$2x + y < 7$일 확률을 구한 경우	40 %
3단계	$2x + y \geq 7$일 확률을 구한 경우	30 %

27

7명 중에서 대표 2명을 뽑는 경우의 수는

$\dfrac{7 \times 6}{2} = 21$ ··· 1단계

모두 남학생이 대표로 뽑힐 경우의 수는

$\dfrac{3 \times 2}{2} = 3$이므로

모두 남학생이 대표로 뽑힐 확률은

$\dfrac{3}{21} = \dfrac{1}{7}$ ··· 2단계

따라서 적어도 한 명은 여학생이 대표로 뽑힐 확률은

$1 - \dfrac{1}{7} = \dfrac{6}{7}$ ··· 3단계

답 $\dfrac{6}{7}$

단계	채점 기준	비율
1단계	모든 경우의 수를 구한 경우	30 %
2단계	모두 남학생이 대표로 뽑힐 확률을 구한 경우	50 %
3단계	적어도 한 명은 여학생이 대표로 뽑힐 확률을 구한 경우	20 %

28

주사위 2개를 던져서 나오는 모든 경우의 수는

$6 \times 6 = 36$ ··· 1단계

점 C의 위치에 있기 위해서는 두 번 던져서 나온 두 눈의 수의
합이 2, 7, 12가 되어야 한다. ··· 2단계

(ⅰ) 두 눈의 수의 합이 2인 경우: $(1, 1)$의 1가지

(ⅱ) 두 눈의 수의 합이 7인 경우:
$\quad (1, 6), (2, 5), (3, 4), (4, 3), (5, 2), (6, 1)$의 6가지

(ⅲ) 두 눈의 수의 합이 12인 경우: $(6, 6)$의 1가지

(ⅰ) ~ (ⅲ)에서
점 P가 꼭짓점 C에 위치하는 경우는

$1 + 6 + 1 = 8 (가지)$ ··· 3단계

따라서 구하는 확률은

$\dfrac{8}{36} = \dfrac{2}{9}$ ··· 4단계

답 $\dfrac{2}{9}$

단계	채점 기준	비율
1단계	모든 경우의 수를 구한 경우	30 %
2단계	두 눈의 수의 합이 2, 7, 12인 것을 구한 경우	30 %
3단계	두 눈의 수의 합이 2, 7, 12인 각 경우를 구한 경우	30 %
4단계	꼭짓점 C에 위치할 확률을 구한 경우	10 %

중단원 서술형 대비

Ⅳ. 도형의 성질

Ⅳ-1 삼각형의 성질
본문 36~39쪽

01 풀이 참조	**02** 풀이 참조	**03** 풀이 참조	**04** 풀이 참조
05 75°	**06** 75°	**07** 25°	**08** 32 cm²
09 22 cm²	**10** 36 cm	**11** 65°	**12** 25°
13 50°	**14** 24 cm	**15** 65°	**16** 30°
17 16 cm²	**18** 125°	**19** 5 cm	

01

△ABC는 $\overline{AB}=\overline{AC}$인 이등변삼각형이므로 두 밑각의 크기가 같다.

$\angle \boxed{ABC}=\angle ACB=\angle a$라고 하면

$20°+\angle a+\angle a=\boxed{180°}$이므로

$\angle a=\boxed{80°}$ ··· 1단계

또 △DCE도 $\overline{DC}=\overline{DE}$인 이등변삼각형이므로 두 밑각의 크기가 같다.

$\angle DCE=\angle \boxed{DEC}=\angle b$라고 하면

$50°+\angle b+\angle b=\boxed{180°}$이므로

$\angle b=\boxed{65°}$ ··· 2단계

이때 $\angle a+\angle x+\angle b=180°$이므로

$\boxed{80°}+\angle x+65°=\boxed{180°}$

따라서 $\angle x=\boxed{35°}$ ··· 3단계

답 풀이 참조

단계	채점 기준	비율
1단계	이등변삼각형의 성질을 이용하여 △ABC의 두 밑각의 크기를 구한 경우	40 %
2단계	이등변삼각형의 성질을 이용하여 △DCE의 두 밑각의 크기를 구한 경우	40 %
3단계	$\angle x$의 크기를 구한 경우	20 %

02

△AOP와 △BOP에서

$\angle \boxed{PAO}=\angle PBO=90°$, $\overline{OP}$는 공통,

$\overline{PA}=\boxed{PB}$이므로

$△AOP≡△BOP(\boxed{RHS}$ 합동) ··· 1단계

즉, $\angle AOP=\angle BOP=\dfrac{1}{2}\angle AOB=\boxed{25°}$이므로 ··· 2단계

$\angle APO=180°-(90°+\boxed{25°})$

$=\boxed{65°}$ ··· 3단계

답 풀이 참조

단계	채점 기준	비율
1단계	△AOP와 △BOP가 합동임을 보인 경우	50 %
2단계	$\angle AOP$의 크기를 구한 경우	25 %
3단계	$\angle APO$의 크기를 구한 경우	25 %

03

△OAB에서 $\overline{OA}=\overline{OB}$이므로

$\boxed{\angle OBA}=\angle OAB=33°$

△OBC에서 $\overline{OB}=\overline{OC}$이므로

$\boxed{\angle OCB}=\angle OBC=\angle x$

△OCA에서 $\overline{OA}=\overline{OC}$이므로

$\boxed{\angle OAC}=\angle OCA=31°$ ··· 1단계

△ABC의 세 내각의 크기의 합은 180°이므로

$2\times(33°+\angle x+31°)=180°$, $\angle x+64°=\boxed{90°}$

따라서 $\angle x=\boxed{26°}$ ··· 2단계

답 풀이 참조

단계	채점 기준	비율
1단계	삼각형의 외심의 성질을 이용하여 $\angle OBA$, $\angle OCB$, $\angle OAC$의 크기를 각각 구한 경우	60 %
2단계	$\angle x$의 크기를 구한 경우	40 %

04

$\overline{AB}=x$ cm라고 하면

$△IAB=\dfrac{1}{2}\times x\times\boxed{2}=x\,(cm^2)$

$△IBC=\dfrac{1}{2}\times\boxed{14}\times2=\boxed{14}\,(cm^2)$

$△ICA=\dfrac{1}{2}\times\boxed{15}\times2=\boxed{15}\,(cm^2)$ ··· 1단계

$△ABC=△IAB+△IBC+△ICA$이므로

$42=x+\boxed{14}+\boxed{15}$, $x=\boxed{13}$

따라서 $\overline{AB}$의 길이는 $\boxed{13}$ cm이다. ··· 2단계

답 풀이 참조

단계	채점 기준	비율
1단계	내접원의 반지름을 이용하여 △IAB, △IBC, △ICA의 넓이를 각각 구한 경우	60 %
2단계	△ABC의 넓이를 이용하여 $\overline{AB}$의 길이를 구한 경우	40 %

05

정사각형의 한 내각의 크기는 $90°$이고 정삼각형의 한 내각의 크기는 $60°$이므로

$\angle ABE = 90° - 60°$
$\qquad = 30°$ ··· **1단계**

한편 $\overline{AB} = \overline{BC} = \overline{BE}$이므로

$\triangle ABE$는 이등변삼각형이다. ··· **2단계**

이때 $\angle BAE = \angle BEA = \angle a$라고 하면

$\triangle ABE$에서

$30° + \angle a + \angle a = 180°$이므로

$\angle a = 75°$

따라서 $\angle BAE = 75°$ ··· **3단계**

답 $75°$

단계	채점 기준	비율
1단계	정사각형과 정삼각형의 한 내각의 크기를 이용하여 $\angle ABE$의 크기를 구한 경우	30 %
2단계	정사각형과 정삼각형의 변의 길이가 같음을 이용하여 $\triangle ABE$가 이등변삼각형임을 설명한 경우	40 %
3단계	$\angle BAE$의 크기를 구한 경우	30 %

06

$\triangle CAB$는 $\overline{CA} = \overline{CB}$인 이등변삼각형이므로 두 밑각의 크기가 같다.

즉, $\angle CAB = \angle CBA = 25°$ ··· **1단계**

$\triangle CAB$에서 삼각형의 외각의 성질에 의해

$\angle ACD = 25° + 25°$
$\qquad = 50°$ ··· **2단계**

$\triangle ACD$는 $\overline{AC} = \overline{AD}$인 이등변삼각형이므로 두 밑각의 크기가 같다.

즉, $\angle ADC = \angle ACD = 50°$ ··· **3단계**

$\triangle ABD$에서 삼각형의 외각의 성질에 의해

$\angle DAE = 25° + 50°$
$\qquad = 75°$ ··· **4단계**

답 $75°$

단계	채점 기준	비율
1단계	이등변삼각형의 성질을 이용하여 $\angle CAB$의 크기를 구한 경우	20 %
2단계	삼각형의 외각의 성질을 이용하여 $\angle ACD$의 크기를 구한 경우	30 %
3단계	이등변삼각형의 성질을 이용하여 $\angle ADC$의 크기를 구한 경우	20 %
4단계	삼각형의 외각의 성질을 이용하여 $\angle DAE$의 크기를 구한 경우	30 %

07

$\triangle AMD$와 $\triangle BME$에서

$\angle MDA = \angle MEB = 90°$,
$\overline{AM} = \overline{BM}$,
$\overline{MD} = \overline{ME}$

이므로

$\triangle AMD \equiv \triangle BME$ (RHS 합동) ··· **1단계**

따라서 $\triangle ABC$에서 $\angle A = \angle B$이므로

$\angle A = \dfrac{1}{2} \times (180° - 130°)$
$\qquad = 25°$ ··· **2단계**

답 $25°$

단계	채점 기준	비율
1단계	$\triangle AMD$와 $\triangle BME$가 합동임을 보인 경우	60 %
2단계	$\angle A$의 크기를 구한 경우	40 %

08

$\angle GEF = \angle FEC$(접은 각)이고
$\angle FEC = \angle GFE$ (엇각)이므로
$\angle GEF = \angle GFE$

$\triangle GEF$는 두 내각의 크기가 서로 같으므로
$\overline{GE} = \overline{GF}$이고,
$\angle EGF = 90°$인 직각이등변삼각형이다. ··· **1단계**

즉, $\overline{GF} = \overline{GE} = \overline{AB} = 8$ cm ··· **2단계**

따라서 $\triangle GEF$의 넓이는

$\dfrac{1}{2} \times 8 \times 8 = 32(\text{cm}^2)$ ··· **3단계**

답 32 cm²

단계	채점 기준	비율
1단계	이등변삼각형이 되는 조건을 이용하여 $\triangle GEF$가 직각이등변삼각형임을 알아낸 경우	50 %
2단계	$\overline{GE}$, $\overline{GF}$의 길이를 각각 구한 경우	20 %
3단계	$\triangle GEF$의 넓이를 구한 경우	30 %

09

$\triangle ABD$와 $\triangle AED$에서

$\angle ABD = \angle AED = 90°$, $\overline{AD}$는 공통,
$\angle DAB = \angle DAE$이므로
$\triangle ABD \equiv \triangle AED$(RHA 합동) ··· **1단계**

즉, $\overline{DE} = \overline{DB} = 4$ cm ··· **2단계**

정답과 풀이 실전책

따라서 △ADC의 넓이는

$$\frac{1}{2} \times \overline{AC} \times \overline{DE} = \frac{1}{2} \times 11 \times 4 = 22(cm^2)$$ ··· 3단계

답 22 cm²

단계	채점 기준	비율
1단계	△ABD와 △AED가 합동임을 보인 경우	50 %
2단계	$\overline{DE}$의 길이를 구한 경우	20 %
3단계	△ADC의 넓이를 구한 경우	30 %

10

삼각형의 외심은 삼각형의 세 변의 수직이등분선의 교점이므로
$$\overline{BD} = \overline{AD} = 5\ cm,\ \overline{CE} = \overline{BE} = 6\ cm$$
$$\overline{AF} = \overline{CF} = 7\ cm$$ ··· 1단계
따라서 △ABC의 둘레의 길이는
$$(5+5)+(6+6)+(7+7) = 10+12+14$$
$$= 36(cm)$$ ··· 2단계

답 36 cm

단계	채점 기준	비율
1단계	삼각형의 외심의 성질을 이용하여 $\overline{BD}$, $\overline{CE}$, $\overline{AF}$의 길이를 각각 구한 경우	70 %
2단계	△ABC의 둘레의 길이를 구한 경우	30 %

11

△OAC에서 $\overline{OA} = \overline{OC}$이므로
$$\angle OAC = \angle OCA = 15°$$
△OAB에서 $\overline{OA} = \overline{OB}$이므로
$$\angle OBA = \angle OAB = 40°$$ ··· 1단계
삼각형의 외각의 성질에 의해
△OAC에서 $\angle COD = 15° + 15° = 30°$
△OAB에서 $\angle BOD = 40° + 40° = 80°$
즉, $\angle BOC = 80° + 30° = 110°$이므로
$\overline{OB} = \overline{OC}$인 △OBC에서
$$\angle OBC = \frac{1}{2} \times (180° - 110°) = 35°$$ ··· 2단계
따라서 △OBD에서 $35° + 80° + \angle ODB = 180°$이므로
$$\angle ADB = \angle ODB = 65°$$ ··· 3단계

답 65°

단계	채점 기준	비율
1단계	삼각형의 외심의 성질을 이용하여 ∠OAC, ∠OBA의 크기를 각각 구한 경우	30 %
2단계	삼각형의 외각의 성질과 삼각형의 외심의 성질을 이용하여 ∠BOC, ∠OBC의 크기를 각각 구한 경우	40 %
3단계	∠ADB의 크기를 구한 경우	30 %

[다른 풀이]
$\angle OBC = \angle OCB = \angle x$라고 하면
△ABC의 세 내각의 크기의 합은 180°이므로
$2 \times (40° + \angle x + 15°) = 180°$에서
$$\angle x = 35°$$
△DAC에서 삼각형의 외각의 성질에 의해
$$\angle ODB = \angle DAC + \angle DCA$$
$$= 15° + (35° + 15°)$$
$$= 65°$$

12

꼭짓점 A와 내심 I를 연결한 선분 AD는 ∠BAC의 이등분선이므로 $\angle BAD = \angle CAD = \angle x$이다. ··· 1단계
한편 이등변삼각형은 두 밑각의 크기가 같으므로
$$\angle C = \angle B = 65°$$이다. ··· 2단계
△ABC의 세 내각의 크기의 합은 180°이므로
$$2 \angle x + 65° + 65° = 180°$$
$$\angle x = 25°$$ ··· 3단계

답 25°

단계	채점 기준	비율
1단계	내심의 성질을 이용하여 ∠BAD를 ∠x로 나타낸 경우	40 %
2단계	이등변삼각형의 성질을 이용하여 ∠C의 크기를 구한 경우	30 %
3단계	∠x의 크기를 구한 경우	30 %

13

삼각형의 내심은 세 내각의 이등분선의 교점이므로
$$\angle IAB = \angle IAC = \angle x$$
$$\angle IBA = \angle IBC = 40°$$
$$\angle ICA = \angle ICB = \angle y$$ ··· 1단계
삼각형 ABC의 세 내각의 크기의 합은 180°이므로
$$2 \times (\angle x + 40° + \angle y) = 180°$$ ··· 2단계
$$40° + \angle x + \angle y = 90°$$
따라서 $\angle x + \angle y = 50°$ ··· 3단계

답 50°

단계	채점 기준	비율
1단계	삼각형의 내심의 성질을 이용하여 크기가 같은 각을 모두 찾아낸 경우	50 %
2단계	△ABC의 세 내각의 크기의 합이 180°임을 이용하여 식을 세운 경우	20 %
3단계	∠x + ∠y의 크기를 구한 경우	30 %

14

삼각형의 내심은 세 내각의 이등분선의 교점이므로
$\angle DBI = \angle IBC$이고 $\angle DIB = \angle IBC$(엇각)이므로
$\angle DBI = \angle DIB$이다.

즉, $\triangle DBI$는 두 내각의 크기가 서로 같으므로 $\overline{DB} = \overline{DI}$인 이등
변삼각형이다. ··· **1단계**

마찬가지로 $\angle ECI = \angle ICB = \angle EIC$이므로
$\triangle EIC$도 $\overline{EI} = \overline{EC}$인 이등변삼각형이다. ··· **2단계**

따라서 $\triangle ADE$의 둘레의 길이는

$$\overline{AD} + \overline{DE} + \overline{AE} = \overline{AD} + \overline{DI} + \overline{EI} + \overline{AE}$$
$$= \overline{AD} + \overline{DB} + \overline{EC} + \overline{AE}$$
$$= (\overline{AD} + \overline{DB}) + (\overline{AE} + \overline{EC})$$
$$= \overline{AB} + \overline{AC}$$
$$= 11 + 13$$
$$= 24(\text{cm}) \qquad \cdots \text{3단계}$$

답 24 cm

단계	채점 기준	비율
1단계	삼각형의 내심의 성질과 평행선의 성질을 이용하여 크기가 같은 각을 찾아낸 경우	40 %
2단계	이등변삼각형이 될 조건을 이용하여 $\triangle DBI$, $\triangle EIC$가 이등변삼각형임을 설명한 경우	40 %
3단계	$\triangle ADE$의 둘레의 길이를 구한 경우	20 %

15

$\angle DBE = 180° - 115° = 65°$ ··· **1단계**
$\angle DBA = \angle DBE = 65°$이므로
$\angle ABC = 180° - 2 \times 65° = 50°$ ··· **2단계**
$\triangle ABC$는 $\overline{BA} = \overline{BC}$인 이등변삼각형이므로 두 밑각의 크기가
같다.

따라서 $\angle x = \dfrac{1}{2} \times (180° - 50°) = 65°$ ··· **3단계**

답 65°

단계	채점 기준	비율
1단계	$\angle DBE$의 크기를 구한 경우	20 %
2단계	$\angle ABC$의 크기를 구한 경우	40 %
3단계	$\angle x$의 크기를 구한 경우	40 %

16

$\overline{OA} = \overline{OB} = \overline{OC}$(반지름)이므로 $\triangle OAB$와 $\triangle OAC$는 모두 이등변삼각형이다. ··· **1단계**

즉, $\angle OAB = \angle OBA$, $\angle OAC = \angle OCA$

이때 $\angle AOB = \angle a$라고 하면

$$\angle OAB = \angle OBA = \dfrac{1}{2} \times (180° - \angle a)$$
$$= 90° - \dfrac{1}{2}\angle a \qquad \cdots \text{2단계}$$

$\angle AOC = \angle a + 60°$이므로

$$\angle OAC = \angle OCA = \dfrac{1}{2} \times \{180° - (\angle a + 60°)\}$$
$$= 60° - \dfrac{1}{2}\angle a \qquad \cdots \text{3단계}$$

$$\angle x = \angle OAB - \angle OAC$$
$$= 90° - \dfrac{1}{2}\angle a - \left(60° - \dfrac{1}{2}\angle a\right)$$
$$= 30° \qquad \cdots \text{4단계}$$

답 30°

단계	채점 기준	비율
1단계	이등변삼각형을 모두 찾은 경우	20 %
2단계	$\angle OAB$의 크기를 $\angle AOB$의 크기를 이용하여 나타낸 경우	30 %
3단계	$\angle OAC$의 크기를 $\angle AOB$의 크기를 이용하여 나타낸 경우	30 %
4단계	$\angle x$의 크기를 구한 경우	20 %

17

$\triangle ABC$와 $\triangle DEA$에서
$\angle ABC = \angle DEA = 90°$,
$\overline{AC} = \overline{AD} = 5$ cm,
$\angle BAC = 90° - \angle DAE = \angle EDA$
이므로 $\triangle ABC \equiv \triangle DEA$(RHA 합동) ··· **1단계**
즉, $\overline{AB} = \overline{DE} = 4$ cm, $\overline{BC} = \overline{EA} = 3$ cm ··· **2단계**
따라서 $\square ABCD$의 넓이는

$$\dfrac{1}{2} \times (5 + 3) \times 4 = 16(\text{cm}^2) \qquad \cdots \text{3단계}$$

답 16 cm^2

단계	채점 기준	비율
1단계	$\triangle ABC$와 $\triangle DEA$가 합동임을 보인 경우	50 %
2단계	$\overline{AB}$, $\overline{BC}$의 길이를 각각 구한 경우	20 %
3단계	$\square ABCD$의 넓이를 구한 경우	30 %

18

오른쪽 그림과 같이 두 점 O와 A를 이으면 점 O는 $\triangle ABC$의 외심이므로
$\overline{OA} = \overline{OB} = \overline{OC}$이고
$\triangle OBC$, $\triangle OAC$, $\triangle OAB$는 모두 이등변삼각형이다. ··· **1단계**

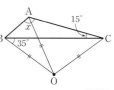

△OBC에서 ∠OCB=∠OBC=35°

△OAC에서

∠OCA=∠OCB+∠ACB

$\qquad$ =35°+15°=50°

이므로 ∠OAC=∠OCA=50°

∠AOC=180°-2×50°=80°

이때 ∠BOC=180°-2×35°=110°이고

∠AOB=∠BOC-∠AOC

$\qquad$ =110°-80°=30°

이므로

∠OAB=∠OBA

$\qquad$ $=\frac{1}{2}\times(180°-30°)=75°$ … 2단계

∠A=∠OAB+∠OAC

$\qquad$ =75°+50°=125° … 3단계

답 125°

단계	채점 기준	비율
1단계	삼각형의 외심의 성질을 이용하여 이등변삼각형을 모두 찾은 경우	20 %
2단계	이등변삼각형의 성질을 이용하여 ∠OAC, ∠OAB 의 크기를 각각 구한 경우	60 %
3단계	∠A의 크기를 구한 경우	20 %

19

△ABC는 $\overline{AB}=\overline{AC}$인 이등변삼각형이고

$\overline{AD}$는 ∠BAC의 이등분선이므로 밑변을 수직이등분한다.

그러므로 $\overline{AD}\perp\overline{BC}$

따라서 점 D는 △ABC의 내접원과 $\overline{BC}$의 접점이고

$\overline{ID}$는 △ABC의 내접원의 반지름이다. … 1단계

$\frac{1}{2}\times\overline{ID}\times(\overline{AB}+\overline{BC}+\overline{CA})=\triangle ABC$에서

$\frac{1}{2}\times\overline{ID}\times(10+12+10)=\frac{1}{2}\times 12\times 8$

$16\times\overline{ID}=48$

$\overline{ID}=3$ cm … 2단계

따라서

$\overline{AI}=\overline{AD}-\overline{ID}$

$\qquad$ =8-3=5(cm) … 3단계

답 5 cm

단계	채점 기준	비율
1단계	$\overline{ID}$가 △ABC의 내접원의 반지름임을 보인 경우	30 %
2단계	$\overline{ID}$의 길이를 구한 경우	50 %
3단계	$\overline{AI}$의 길이를 구한 경우	20 %

IV-2 사각형의 성질

본문 40~43쪽

01 풀이 참조 **02** 풀이 참조 **03** 풀이 참조 **04** 풀이 참조

05 21 cm **06** 105° **07** 30 cm **08** 2 cm

09 10 cm² **10** 72° **11** 90° **12** 45°

13 10 cm **14** 45 cm² **15** 64° **16** 110°

17 10 cm **18** $\frac{10}{3}$ cm **19** 6 cm

01

평행사변형의 두 쌍의 대각 의 크기는 각각 같으므로 … 1단계

∠A=∠C , ∠CDA=∠B =55° … 2단계

따라서 ∠CDE=180°-∠CDA

$\qquad$ =180°- 55°

$\qquad$ = 125° … 3단계

답 풀이 참조

단계	채점 기준	비율
1단계	평행사변형의 성질을 말한 경우	30 %
2단계	대각의 크기를 각각 찾은 경우	40 %
3단계	∠CDE의 크기를 구한 경우	30 %

02

∠CDA=360°-(2×40°+140°)= 140°

□ABCD는 두 쌍의 대각 의 크기가 각각 같으므로

평행사변형 이다. … 1단계

평행사변형 에서 두 대각선이 서로 다른 것을 이등분 하므로

$\overline{OB}=\frac{1}{2}\times\overline{DB}=\frac{1}{2}\times 8= 4 $ (cm) … 2단계

$\overline{AC}=2\times\overline{OA}=2\times 8= 16 $ (cm) … 3단계

답 풀이 참조

단계	채점 기준	비율
1단계	□ABCD가 평행사변형임을 설명한 경우	40 %
2단계	$\overline{OB}$의 길이를 구한 경우	30 %
3단계	$\overline{AC}$의 길이를 구한 경우	30 %

03

△CDB에서 $\overline{CB}=\overline{CD}$ 이므로

∠CBD=∠CDB =26°, ∠x= 26° … 1단계

□ABCD는 네 변의 길이가 같으므로 마름모이다.

마름모의 두 대각선은 서로 수직이므로 ∠BOC= 90° 이고

∠BCO=180°-(90°+26°)= 64° … 2단계

△BAC에서 $\boxed{\overline{\text{BA}}}=\overline{\text{BC}}$이므로

∠BAC=∠BCA=$\boxed{64°}$, ∠y=$\boxed{64°}$ ··· **3단계**

🔒 풀이 참조

단계	채점 기준	비율
1단계	이등변삼각형의 성질을 이용하여 ∠x의 크기를 구한 경우	30 %
2단계	마름모의 성질을 이용하여 ∠BOC와 ∠BCO의 크기를 각각 구한 경우	40 %
3단계	∠y의 크기를 구한 경우	30 %

04

$\overline{\text{AC}}/\!/\overline{\text{DE}}$이므로 △ACD=$\boxed{\text{△ACE}}$이다. ··· **1단계**

□ABCD=△ABC+△ACD

$\qquad$ =△ABC+$\boxed{\text{△ACE}}$

$\qquad$ =△ABE ··· **2단계**

따라서 △ABE=$\frac{1}{2}\times\boxed{8}\times7=\boxed{28}$(cm²)이므로

□ABCD의 넓이는 $\boxed{28}$ cm²이다. ··· **3단계**

🔒 풀이 참조

단계	채점 기준	비율
1단계	△ACD=△ACE임을 보인 경우	30 %
2단계	□ABCD=△ABE임을 설명한 경우	40 %
3단계	□ABCD의 넓이를 구한 경우	30 %

05

$\overline{\text{AB}}/\!/\overline{\text{DC}}$이므로 ∠BDC=∠ABD(엇각)

∠DAB=∠DBA이고 두 내각의 크기가 같으므로

△DAB는 $\overline{\text{DA}}=\overline{\text{DB}}$인 이등변삼각형이다.

즉, $\overline{\text{DB}}=\overline{\text{DA}}=8$ cm ··· **1단계**

평행사변형의 두 쌍의 대변의 길이는 각각 같으므로

$\overline{\text{BC}}=\overline{\text{AD}}=8$ cm, $\overline{\text{DC}}=\overline{\text{AB}}=5$ cm ··· **2단계**

따라서 △BCD의 둘레의 길이는

8+8+5=21(cm) ··· **3단계**

🔒 21 cm

단계	채점 기준	비율
1단계	△DAB가 이등변삼각형임을 설명하고 $\overline{\text{DB}}$의 길이를 구한 경우	40 %
2단계	평행사변형의 성질을 이용하여 $\overline{\text{BC}}$, $\overline{\text{DC}}$의 길이를 각각 구한 경우	30 %
3단계	△BCD의 둘레의 길이를 구한 경우	30 %

06

∠A=5∠x라고 하면

∠B=7∠x

평행사변형의 두 쌍의 대각의 크기는 같으므로

∠C=∠A=5∠x

∠D=∠B=7∠x ··· **1단계**

사각형의 네 내각의 크기의 합은 360°이므로

∠A+∠B+∠C+∠D=360°에서

5∠x+7∠x+5∠x+7∠x=360° ··· **2단계**

24∠x=360°

∠x=15°

따라서

∠D=7∠x=7×15°=105° ··· **3단계**

🔒 105°

단계	채점 기준	비율
1단계	평행사변형의 성질을 이용하여 □ABCD의 네 각의 크기를 미지수로 나타낸 경우	40 %
2단계	사각형의 내각의 크기의 합을 이용하여 식을 세운 경우	30 %
3단계	∠D의 크기를 구한 경우	30 %

07

$\overline{\text{OD}}/\!/\overline{\text{CE}}$이고 $\overline{\text{OC}}/\!/\overline{\text{DE}}$이므로 □OCED는 평행사변형이다. ··· **1단계**

평행사변형 ABCD에서 두 대각선은 서로 다른 것을 이등분하므로

$\overline{\text{OC}}=\frac{1}{2}\overline{\text{AC}}=\frac{1}{2}\times14=7$(cm)

$\overline{\text{OD}}=\frac{1}{2}\overline{\text{BD}}=\frac{1}{2}\times16=8$(cm) ··· **2단계**

□OCED에서

$\overline{\text{CE}}=\overline{\text{OD}}=8$ cm, $\overline{\text{DE}}=\overline{\text{OC}}=7$ cm

따라서 □OCED의 둘레의 길이는

$\overline{\text{OC}}+\overline{\text{CE}}+\overline{\text{ED}}+\overline{\text{DO}}=7+8+7+8$

$\qquad\qquad\qquad\quad =30$(cm) ··· **3단계**

🔒 30 cm

단계	채점 기준	비율
1단계	□OCED가 평행사변형임을 설명한 경우	30 %
2단계	평행사변형의 성질을 이용하여 $\overline{\text{OC}}$, $\overline{\text{OD}}$의 길이를 각각 구한 경우	40 %
3단계	□OCED의 둘레의 길이를 구한 경우	30 %

08

$\angle ABE = \angle EBC$이고 $\angle ABE = \angle BEC$(엇각)이므로
$\angle EBC = \angle BEC$이다.

$\triangle CBE$는 두 내각의 크기가 같으므로 $\overline{CE} = \overline{BC} = 7$ cm인 이등변삼각형이다. … **1단계**

한편 평행사변형에서 대변의 길이는 같으므로
$\overline{DC} = \overline{AB} = 5$ cm … **2단계**

따라서
$\overline{DE} = \overline{CE} - \overline{CD} = 7 - 5 = 2\,(\text{cm})$ … **3단계**

답 2 cm

단계	채점 기준	비율
1단계	평행선의 성질을 이용하여 $\triangle CBE$가 이등변삼각형임을 설명하고 $\overline{CE}$의 길이를 구한 경우	50 %
2단계	평행사변형의 성질을 이용하여 $\overline{DC}$의 길이를 구한 경우	30 %
3단계	$\overline{DE}$의 길이를 구한 경우	20 %

09

$\square ABCD = 7 \times 6 = 42\,(\text{cm}^2)$이고 … **1단계**

$\triangle PAB + \triangle PCD = \frac{1}{2}\square ABCD$
$= \frac{1}{2} \times 42 = 21\,(\text{cm}^2)$ … **2단계**

이므로 $11 + \triangle PCD = 21$
따라서 $\triangle PCD = 10$ cm^2 … **3단계**

답 10 cm^2

단계	채점 기준	비율
1단계	$\square ABCD$의 넓이를 구한 경우	30 %
2단계	$\triangle PAB + \triangle PCD$의 넓이를 구한 경우	40 %
3단계	$\triangle PCD$의 넓이를 구한 경우	30 %

10

직사각형의 두 대각선의 길이는 서로 같으므로
$\overline{AC} = \overline{BD}$

즉, $\overline{OD} = \frac{1}{2}\overline{BD} = \frac{1}{2}\overline{AC} = \overline{OC}$

이때 $\triangle OCD$는 $\overline{OC} = \overline{OD}$인 이등변삼각형이므로
$\angle OCD = \angle ODC$ … **1단계**

또 $\angle DOC = 180° - 144° = 36°$ … **2단계**

$\triangle OCD$의 세 내각의 크기의 합은 $180°$이므로
$\angle ODC = \frac{1}{2} \times (180° - 36°) = 72°$ … **3단계**

답 72°

단계	채점 기준	비율
1단계	직사각형의 성질을 이용하여 $\triangle OCD$가 이등변삼각형임을 설명한 경우	40 %
2단계	$\angle DOC$의 크기를 구한 경우	20 %
3단계	$\angle ODC$의 크기를 구한 경우	40 %

11

$\angle ADC = \angle a$라고 하면
$\angle DCB = 180° - \angle a$

$\triangle DGH$에서 $\overline{DG} = \overline{DH}$이므로
$\angle DHG = \angle DGH = \frac{1}{2} \times (180° - \angle a)$
$= 90° - \frac{1}{2}\angle a$ … **1단계**

$\triangle CFG$에서 $\overline{CF} = \overline{CG}$이므로
$\angle CFG = \angle CGF = \frac{1}{2} \times \{180° - (180° - \angle a)\}$
$= \frac{1}{2}\angle a$ … **2단계**

$\angle FGH + \angle DGH + \angle CGF = 180°$이므로
$\angle FGH + \left(90° - \frac{1}{2}\angle a\right) + \frac{1}{2}\angle a = 180°$
$\angle FGH + 90° = 180°$
$\angle FGH = 90°$ … **3단계**

답 90°

단계	채점 기준	비율
1단계	$\angle ADC$의 크기를 이용하여 $\angle DHG$의 크기를 나타낸 경우	40 %
2단계	$\angle ADC$의 크기를 이용하여 $\angle CFG$의 크기를 나타낸 경우	40 %
3단계	$\angle FGH$의 크기를 구한 경우	20 %

12

$\overline{AB} = \overline{AD}$이고 $\overline{AD} = \overline{AE}$이므로
$\overline{AB} = \overline{AE}$

즉, $\triangle ABE$는 $\overline{AB} = \overline{AE}$인 이등변삼각형이므로
$\angle AEB = \angle ABE = 35°$
$\angle BAE = 180° - (35° + 35°) = 110°$
$\angle EAD = \angle BAE - \angle BAD$
$= 110° - 90° = 20°$ … **1단계**

$\triangle ADE$에서 $\overline{AD} = \overline{AE}$이므로
$\angle ADE = \angle AED$
$\angle AED = \frac{1}{2} \times (180° - 20°) = 80°$ … **2단계**

따라서

$\angle x = \angle AED - \angle AEB$

$\quad = 80° - 35°$

$\quad = 45°$ ⋯ **3단계**

답 45°

단계	채점 기준	비율
1단계	△ABE가 이등변삼각형임을 보이고 ∠AEB, ∠BAE, ∠EAD의 크기를 각각 구한 경우	50 %
2단계	이등변삼각형의 성질을 이용하여 ∠AED의 크기를 구한 경우	30 %
3단계	∠x의 크기를 구한 경우	20 %

13

다음 그림과 같이 점 D에서 $\overline{BC}$에 내린 수선의 발을 F라고 하자.

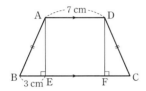

△ABE와 △DCF에서

$\angle AEB = \angle DFC = 90°$, $\overline{AB} = \overline{DC}$, $\angle B = \angle C$이므로

△ABE ≡ △DCF (RHA 합동)이다. ⋯ **1단계**

그러므로 $\overline{CF} = \overline{BE} = 3$ cm ⋯ **2단계**

한편 □AEFD의 네 각의 크기는 모두 같으므로 직사각형이다.

그러므로 $\overline{EF} = \overline{AD} = 7$ cm ⋯ **3단계**

따라서

$\overline{EC} = \overline{EF} + \overline{FC}$

$\quad = 7 + 3$

$\quad = 10$(cm) ⋯ **4단계**

답 10 cm

단계	채점 기준	비율
1단계	합동인 삼각형을 찾아 이유를 설명한 경우	40 %
2단계	$\overline{CF}$의 길이를 구한 경우	20 %
3단계	$\overline{EF}$의 길이를 구한 경우	20 %
4단계	$\overline{EC}$의 길이를 구한 경우	20 %

14

△ABC와 △DBC에서 밑변 BC가 공통이고

$\overline{AD} /\!/ \overline{BC}$에서 높이도 같으므로

△ABC = △DBC이다. ⋯ **1단계**

이때

$\triangle ABC = \triangle OAB + \triangle OBC$

$\quad = 15 + 30$

$\quad = 45$(cm²) ⋯ **2단계**

따라서 △DBC의 넓이는 45 cm²이다. ⋯ **3단계**

답 45 cm²

단계	채점 기준	비율
1단계	△ABC = △DBC임을 보인 경우	50 %
2단계	△ABC의 넓이를 구한 경우	30 %
3단계	△DBC의 넓이를 구한 경우	20 %

15

$\angle EBD = \angle DBC = 32°$ (접은 각) ⋯ **1단계**

△BDE에서 ∠BED = 90°이므로

$\angle EDB = 90° - \angle EBD$

$\quad = 90° - 32° = 58°$ ⋯ **2단계**

한편

$\angle FBD = 90° - \angle DBC$

$\quad = 90° - 32°$

$\quad = 58°$ ⋯ **3단계**

△FBD에서

$\angle x = 180° - (58° + 58°)$

$\quad = 64°$ ⋯ **4단계**

답 64°

단계	채점 기준	비율
1단계	∠EBD의 크기를 구한 경우	20 %
2단계	∠EDB의 크기를 구한 경우	30 %
3단계	∠FBD의 크기를 구한 경우	30 %
4단계	∠x의 크기를 구한 경우	20 %

16

$\angle EAD = \angle x$라고 하면

$\overline{EA} = \overline{ED}$이므로

$\angle EDA = \angle EAD = \angle x$

이고 $\angle AED = 180° - 2\angle x$ ⋯⋯ ㉠ ⋯ **1단계**

$\angle ABC = \angle EAD = \angle x$ (동위각)이고

$\angle ABD = \angle x - 30°$ ⋯ **2단계**

$\overline{DB} = \overline{DE}$이므로

$\angle AED = \angle ABD = \angle x - 30°$ ⋯⋯ ㉡

㉠, ㉡에서

$180° - 2\angle x = \angle x - 30°$

$3\angle x = 210°$

$\angle x = 70°$ ⋯ **3단계**

따라서

$$\angle BAD = 180° - \angle x$$
$$= 180° - 70°$$
$$= 110°$$ ··· **4단계**

답 $110°$

단계	채점 기준	비율
1단계	△EAD에서 ∠AED의 크기를 ∠EAD의 크기로 나타낸 경우	30 %
2단계	△DEB에서 ∠ABD의 크기를 ∠EAD의 크기로 나타낸 경우	30 %
3단계	∠AED의 크기를 이용하여 ∠EAD의 크기를 구한 경우	30 %
4단계	∠BAD의 크기를 구한 경우	10 %

17

△OBF와 △ODE에서
∠BOF = ∠DOE (맞꼭지각),
∠OBF = ∠ODE (엇각),
$\overline{OB} = \overline{OD}$ (점 O가 대각선 BD의 중점)
이므로 △OBF ≡ △ODE (ASA 합동) ··· **1단계**
즉, $\overline{OF} = \overline{OE}$
□EBFD는 두 대각선이 서로 다른 것을 이등분하므로 평행사변형이면서 두 대각선이 서로 수직으로 만나므로 마름모이다. ··· **2단계**

따라서 $\overline{EB} = \overline{BF} = \overline{DF} = \overline{DE}$
이때 $\overline{BC} = \overline{BF} + \overline{FC} = \overline{DF} + \overline{FC}$이므로
(□ABCD의 둘레의 길이)
$= \overline{AB} + \overline{BC} + \overline{CD} + \overline{DA}$
$= 2(\overline{BC} + \overline{CD})$
$= 2(\overline{DF} + \overline{FC} + \overline{CD})$
$= 2 \times (△DFC의 둘레의 길이)$
따라서
(△DFC의 둘레의 길이)
$= \frac{1}{2} \times (□ABCD의 둘레의 길이)$
$= \frac{1}{2} \times 20$
$= 10(cm)$ ··· **3단계**

답 10 cm

단계	채점 기준	비율
1단계	합동인 삼각형을 찾아 이유를 설명한 경우	30 %
2단계	□EBFD가 마름모인 이유를 설명한 경우	30 %
3단계	△DFC의 둘레의 길이를 구한 경우	40 %

18

$\overline{EC} = \overline{EF} = a$ cm라고 하면
△BCD = △BDE + △BCE에서
$△BDE = \frac{1}{2} \times 10 \times a = 5a(cm^2)$,
$△BCE = \frac{1}{2} \times 8 \times a = 4a(cm^2)$ ··· **1단계**
이므로
$5a + 4a = \frac{1}{2} \times 8 \times 6$
$9a = 24$
$a = \frac{8}{3}(cm)$ ··· **2단계**
따라서 $\overline{DE} = \overline{DC} - \overline{EC}$
$= 6 - \frac{8}{3} = \frac{10}{3}$ (cm) ··· **3단계**

답 $\frac{10}{3}$ cm

단계	채점 기준	비율
1단계	△BDE와 △BCE의 넓이를 $\overline{EC}$의 길이를 이용하여 각각 나타낸 경우	40 %
2단계	$\overline{EC}$의 길이를 구한 경우	30 %
3단계	$\overline{DE}$의 길이를 구한 경우	30 %

19

$\overline{AE} \,/\!/\, \overline{DC}$에서 △ADC = △DCE이므로
△ABC = △DBC + △ADC
$= △DBC + △DCE$
$= △DBE$ ··· **1단계**
$\overline{BC} = x$ cm라고 하면
$△ABC = \frac{1}{2} \times x \times (2+4)$
$= 3x(cm^2)$
$△DBE = \frac{1}{2} \times (x+3) \times 4$
$= 2(x+3)$
$= 2x+6(cm^2)$ ··· **2단계**
$3x = 2x + 6$에서 $x = 6$
따라서 $\overline{BC}$의 길이는 6 cm이다. ··· **3단계**

답 6 cm

단계	채점 기준	비율
1단계	△ABC = △DBE임을 설명한 경우	20 %
2단계	△ABC, △DBE의 넓이를 $\overline{BC}$의 길이를 이용하여 각각 나타낸 경우	50 %
3단계	$\overline{BC}$의 길이를 구한 경우	30 %

V. 도형의 닮음과 피타고라스 정리

V-1 도형의 닮음   본문 44~47쪽

01 풀이 참조	**02** 풀이 참조	**03** 풀이 참조	**04** 풀이 참조
05 $\frac{80}{9}\pi$ cm³	**06** 5 cm	**07** 12 cm	**08** $\frac{20}{3}$ cm
09 12 cm	**10** 2 : 1	**11** 55 cm²	**12** $\frac{7}{4}$ cm
13 14번	**14** $\frac{16}{3}$ cm	**15** $\frac{64}{5}$ cm	**16** $\frac{60}{13}$ cm

01

두 입체도형의 닮음비는

$\overline{CD} : \boxed{\overline{GH}} = 2 : \boxed{1}$ 이므로 ··· 1단계

$x : 5 = 2 : \boxed{1}$, $x = \boxed{10}$ ··· 2단계

$6 : y = 2 : \boxed{1}$, $y = \boxed{3}$ ··· 3단계

따라서 $x + y = \boxed{13}$ ··· 4단계

답 풀이 참조

단계	채점 기준	비율
1단계	두 입체도형의 닮음비를 구한 경우	30 %
2단계	x의 값을 구한 경우	30 %
3단계	y의 값을 구한 경우	30 %
4단계	$x + y$의 값을 구한 경우	10 %

02

$\triangle ABC$와 $\triangle CBD$에서

$\angle CAB = \angle DCB$이고 $\boxed{\angle B}$는 공통

이므로 $\triangle ABC \backsim \triangle CBD$ (AA 닮음) ··· 1단계

그러므로 $\overline{AB} : \overline{CB} = \overline{AC} : \boxed{\overline{CD}}$ ··· 2단계

$\overline{AB} : 9 = 12 : \boxed{6}$

따라서 $\overline{AB} = \boxed{18}$ cm ··· 3단계

답 풀이 참조

단계	채점 기준	비율
1단계	$\triangle ABC \backsim \triangle CBD$임을 설명한 경우	30 %
2단계	$\overline{AB} : \overline{CB} = \overline{AC} : \overline{CD}$임을 구한 경우	30 %
3단계	$\overline{AB}$의 길이를 구한 경우	40 %

03

$\overline{AB} /\!/ \overline{CD}$이므로 $\triangle ABE$와 $\triangle CDE$에서

$\angle ABE = \boxed{\angle CDE}$, $\angle BAE = \boxed{\angle DCE}$

이므로 $\triangle ABE \backsim \triangle CDE$ (AA 닮음) ··· 1단계

그러므로 $\overline{AB} : \overline{CD} = \overline{AE} : \boxed{\overline{CE}}$ ··· 2단계

$10 : 14 = \overline{AE} : \boxed{6}$

따라서 $\overline{AE} = \boxed{\dfrac{30}{7}}$ cm ··· 3단계

답 풀이 참조

단계	채점 기준	비율
1단계	$\triangle ABE \backsim \triangle CDE$임을 설명한 경우	40 %
2단계	$\overline{AB} : \overline{CD} = \overline{AE} : \overline{CE}$임을 구한 경우	30 %
3단계	$\overline{AE}$의 길이를 구한 경우	30 %

04

$\triangle ABC$와 $\triangle DAC$에서

$\angle BAC = \boxed{\angle ADC}$,

$\angle C$는 공통

이므로 $\triangle ABC \backsim \triangle DAC$ (AA 닮음) ··· 1단계

그러므로 $\overline{AC}^2 = \boxed{\overline{CD}} \times \overline{CB}$ ··· 2단계

$36 = \boxed{4} \times \overline{CB}$

$\overline{CB} = \boxed{9}$ cm ··· 3단계

따라서 $\overline{BD} = \overline{BC} - \overline{DC} = \boxed{5}$ (cm) ··· 4단계

답 풀이 참조

단계	채점 기준	비율
1단계	$\triangle ABC \backsim \triangle DAC$임을 설명한 경우	20 %
2단계	$\overline{AC}^2 = \overline{CD} \times \overline{CB}$임을 구한 경우	40 %
3단계	$\overline{CB}$의 길이를 구한 경우	20 %
4단계	$\overline{BD}$의 길이를 구한 경우	20 %

05

그릇의 모양과 채워진 물의 모양은 닮은 도형이고

닮음비는 3 : 2이므로

부피의 비는 $3^3 : 2^3 = 27 : 8$ ··· 1단계

그런데 그릇의 부피는

$\frac{1}{3} \times 9\pi \times 10 = 30\pi$ (cm³)이므로 ··· 2단계

물의 부피는

$30\pi \times \frac{8}{27} = \frac{80}{9}\pi$ (cm³) ··· 3단계

답 $\frac{80}{9}\pi$ cm³

단계	채점 기준	비율
1단계	그릇과 채워진 물의 부피의 비를 구한 경우	40 %
2단계	그릇의 부피를 구한 경우	40 %
3단계	물의 부피를 구한 경우	20 %

06

$\triangle ABC$와 $\triangle DBA$에서
$\overline{AB} : \overline{DB} = 6 : 3 = 2 : 1$,
$\overline{BC} : \overline{BA} = 12 : 6 = 2 : 1$,
$\angle B$는 공통
이므로 $\triangle ABC \backsim \triangle DBA$ (SAS 닮음) ··· 1단계
$\overline{AC} : \overline{DA} = 2 : 1$이므로 ··· 2단계
$10 : \overline{DA} = 2 : 1$
$2\overline{DA} = 10$
따라서 $\overline{AD} = 5$ cm ··· 3단계

답 5 cm

단계	채점 기준	비율
1단계	$\triangle ABC \backsim \triangle DBA$임을 설명한 경우	50 %
2단계	$\overline{AC} : \overline{DA} = 2 : 1$임을 구한 경우	30 %
3단계	$\overline{AD}$의 길이를 구한 경우	20 %

07

$\triangle ABC$와 $\triangle EDC$에서
$\angle C$는 공통,
$\angle BAC = \angle DEC$
이므로 $\triangle ABC \backsim \triangle EDC$ (AA 닮음) ··· 1단계
$\overline{AC} : \overline{EC} = \overline{BC} : \overline{DC}$ ··· 2단계
$12 : 6 = \overline{BC} : 9$
$\overline{BC} = 18$ cm ··· 3단계
따라서
$\overline{BE} = \overline{BC} - \overline{EC}$
$\quad = 18 - 6$
$\quad = 12$(cm) ··· 4단계

답 12 cm

단계	채점 기준	비율
1단계	$\triangle ABC \backsim \triangle EDC$임을 설명한 경우	40 %
2단계	$\overline{AC} : \overline{EC} = \overline{BC} : \overline{DC}$임을 구한 경우	30 %
3단계	$\overline{BC}$의 길이를 구한 경우	20 %
4단계	$\overline{BE}$의 길이를 구한 경우	10 %

08

$\triangle ABC$와 $\triangle DEF$에서
$\angle BAC = \angle EDF$,
$\angle ABC = \angle DEF$
이므로 $\triangle ABC \backsim \triangle DEF$ (AA 닮음) ··· 1단계
$\overline{BC} : \overline{EF} = 8 : 6 = 4 : 3$이므로

$\overline{AC} : \overline{DF} = 4 : 3$ ··· 2단계
$\overline{AC} : 5 = 4 : 3$
$3\overline{AC} = 20$
따라서 $\overline{AC} = \dfrac{20}{3}$ cm ··· 3단계

답 $\dfrac{20}{3}$ cm

단계	채점 기준	비율
1단계	$\triangle ABC \backsim \triangle DEF$임을 설명한 경우	50 %
2단계	$\overline{AC} : \overline{DF} = 4 : 3$임을 구한 경우	30 %
3단계	$\overline{AC}$의 길이를 구한 경우	20 %

09

직각삼각형 ABD에서
$\overline{AD}^2 = \overline{DH} \times \overline{BD}$
$20^2 = 16 \times \overline{BD}$
$\overline{BD} = 25$ cm ··· 1단계
따라서 $\overline{BH} = 9$ cm ··· 2단계
또 $\overline{AH}^2 = \overline{BH} \times \overline{DH}$
$\overline{AH}^2 = 9 \times 16 = 144$
그런데 $\overline{AH} > 0$이므로
$\overline{AH} = 12$ cm ··· 3단계

답 12 cm

단계	채점 기준	비율
1단계	$\overline{BD}$의 길이를 구한 경우	40 %
2단계	$\overline{BH}$의 길이를 구한 경우	20 %
3단계	$\overline{AH}$의 길이를 구한 경우	40 %

10

$\overline{AD} /\!/ \overline{BC}$이고
$\triangle ABE$와 $\triangle DFC$는 이등변삼각형이므로
$\overline{BE} = 9$ cm ··· 1단계
$\overline{CF} = 9$ cm ··· 2단계
그런데 $\overline{BC} = \overline{BF} + \overline{EF} + \overline{CE}$
$12 = 9 + 9 - \overline{EF}$
$\overline{EF} = 18 - 12 = 6$(cm) ··· 3단계
따라서 $\triangle AOD$와 $\triangle EOF$의 닮음비는
$12 : 6 = 2 : 1$ ··· 4단계

답 $2 : 1$

단계	채점 기준	비율
1단계	$\overline{BE}$의 길이를 구한 경우	20 %
2단계	$\overline{CF}$의 길이를 구한 경우	20 %
3단계	$\overline{EF}$의 길이를 구한 경우	40 %
4단계	$\triangle AOD$와 $\triangle EOF$의 닮음비를 구한 경우	20 %

11

△ADB와 △BEC에서

$\angle D = \angle E = 90°$ ...... ㉠

$\angle DAB + \angle ABD = 90°$,

$\angle CBE + \angle ABD = 90°$

이므로 $\angle DAB = \angle CBE$ ...... ㉡

㉠, ㉡에 의하여

△ADB∽△BEC (AA 닮음) ··· 1단계

$\overline{AD} : \overline{BE} = \overline{DB} : \overline{EC}$

$8 : \overline{BE} = 6 : 3$

$2\overline{BE} = 8$

$\overline{BE} = 4\ cm$ ··· 2단계

따라서 □ADEC의 넓이는

$\dfrac{1}{2} \times (8+3) \times 10 = 55(cm^2)$ ··· 3단계

답 $55\ cm^2$

단계	채점 기준	비율
1단계	△ADB∽△BEC임을 설명한 경우	50 %
2단계	$\overline{BE}$의 길이를 구한 경우	30 %
3단계	□ADEC의 넓이를 구한 경우	20 %

12

$\overline{AD} /\!/ \overline{BC}$이므로

$\angle PDB = \angle DBC$(엇각)이고

$\angle DBC = \angle PBD$(접은 각)이므로

$\angle PDB = \angle PBD$

즉, △PBD는 $\overline{BP} = \overline{DP}$인 이등변삼각형이므로

$\overline{BQ} = \overline{DQ} = 5\ cm$ ··· 1단계

△BQP와 △BCD에서

$\angle PBQ = \angle DBC$,

$\angle BQP = \angle BCD$

$\qquad = 90°$

이므로

△BQP∽△BCD (AA 닮음) ··· 2단계

따라서 $\overline{BP} : \overline{BD} = \overline{BQ} : \overline{BC}$

$\overline{BP} : 10 = 5 : 8$

$8\overline{BP} = 50$

$\overline{BP} = \dfrac{25}{4}\ cm$

그런데 $\overline{DP} = \overline{BP} = \dfrac{25}{4}\ cm$ ··· 3단계

따라서

$\overline{AP} = \overline{AD} - \overline{DP}$

$\qquad = 8 - \dfrac{25}{4} = \dfrac{7}{4}(cm)$ ··· 4단계

답 $\dfrac{7}{4}\ cm$

단계	채점 기준	비율
1단계	$\overline{BQ}$ 또는 $\overline{DQ}$의 길이를 구한 경우	20 %
2단계	△BQP∽△BCD임을 설명한 경우	40 %
3단계	$\overline{BP}$ 또는 $\overline{DP}$의 길이를 구한 경우	30 %
4단계	$\overline{AP}$의 길이를 구한 경우	10 %

13

닮음비가 3 : 5이므로

부피의 비는 $3^3 : 5^3 = 27 : 125$ ··· 1단계

작은 그릇으로 큰 그릇 3개를 가득 채우려고 할 때

물을 붓는 횟수는

$(125 \times 3) \times \dfrac{1}{27} = \dfrac{125}{9} = 13.88 \cdots$

따라서 최소한 14번을 부어야 한다. ··· 2단계

답 14번

단계	채점 기준	비율
1단계	두 그릇의 부피의 비를 구한 경우	40 %
2단계	물을 붓는 최소 횟수를 구한 경우	60 %

14

△ABC∽△DCE이므로

$\overline{AB} : \overline{DC} = \overline{BC} : \overline{CE}$

$7 : \overline{DC} = 6 : 8$, $3\overline{DC} = 28$

$\overline{DC} = \dfrac{28}{3}\ cm$ ··· 1단계

또 △ABE와 △FCE에서

$\angle ABC = \angle DCE$, $\angle E$는 공통

이므로 △ABE∽△FCE (AA 닮음) ··· 2단계

$\overline{BE} : \overline{CE} = \overline{AB} : \overline{CF}$

$14 : 8 = 7 : \overline{CF}$, $7\overline{CF} = 28$

$\overline{CF} = 4\ cm$ ··· 3단계

따라서

$\overline{DF} = \overline{DC} - \overline{CF}$

$\qquad = \dfrac{28}{3} - 4 = \dfrac{16}{3}(cm)$ ··· 4단계

답 $\dfrac{16}{3}\ cm$

단계	채점 기준	비율
1단계	$\overline{DC}$의 길이를 구한 경우	30 %
2단계	△ABE∽△FCE임을 설명한 경우	30 %
3단계	$\overline{CF}$의 길이를 구한 경우	30 %
4단계	$\overline{DF}$의 길이를 구한 경우	10 %

단계	채점 기준	비율
1단계	$\overline{CD}$의 길이를 구한 경우	30 %
2단계	$\overline{MD}$의 길이를 구한 경우	20 %
3단계	$\overline{DE}$의 길이를 구한 경우	50 %

15

△BDE와 △CEF에서

∠B=∠C=60° ······ ㉠

∠BDE+∠DEB=120°이고

∠DEB+∠FEC=120°이므로

∠BDE=∠CEF ······ ㉡

㉠, ㉡에 의하여

△BDE∽△CEF (AA 닮음) ··· 1단계

$\overline{CF}=10$ cm, ··· 2단계

$\overline{CE}=16$ cm이므로 ··· 3단계

$\overline{BD}:\overline{CE}=\overline{BE}:\overline{CF}$

$\overline{BD}:16=8:10$

$5\overline{BD}=64$

따라서 $\overline{BD}=\dfrac{64}{5}$ cm ··· 4단계

답 $\dfrac{64}{5}$ cm

단계	채점 기준	비율
1단계	△BDE∽△CEF임을 설명한 경우	50 %
2단계	$\overline{CF}$의 길이를 구한 경우	10 %
3단계	$\overline{CE}$의 길이를 구한 경우	10 %
4단계	$\overline{BD}$의 길이를 구한 경우	30 %

16

$12^2=18\times\overline{CD}$

$18\overline{CD}=144$

$\overline{CD}=8$ cm ··· 1단계

점 M은 △ABC의 외심이므로

$\overline{AM}=\overline{BM}=\overline{CM}=\dfrac{26}{2}=13(cm)$

이고 $\overline{MD}=13-8=5(cm)$이므로 ··· 2단계

△AMD에서

$\overline{AD}\times\overline{MD}=\overline{AM}\times\overline{DE}$

$12\times5=13\times\overline{DE}$

따라서 $\overline{DE}=\dfrac{60}{13}$ cm ··· 3단계

답 $\dfrac{60}{13}$ cm

V-2 평행선 사이의 선분의 길이의 비 본문 48~51쪽

01 풀이 참조   02 풀이 참조   03 풀이 참조   04 풀이 참조

05 $\dfrac{24}{5}$ cm   06 $\dfrac{8}{3}$ cm   07 18 cm   08 12 cm

09 $\dfrac{20}{3}$ cm   10 $\dfrac{48}{7}$ cm   11 24 cm   12 2 cm²

13 2   14 28 cm   15 16 cm²   16 6 cm²

01

$\overline{DE}/\!/\overline{BC}$이므로

$\overline{AD}:\overline{DB}=\overline{AE}:\boxed{\overline{EC}}$

$4:8=\overline{AE}:\boxed{12}$

$\overline{AE}=\boxed{6}$ cm ··· 1단계

또 $\overline{AD}:\overline{AB}=\boxed{\overline{DE}}:\overline{BC}$

$4:12=\boxed{6}:\overline{BC}$

$\overline{BC}=\boxed{18}$ cm ··· 2단계

따라서 △ABC의 둘레의 길이는 $\boxed{48}$ cm이다. ··· 3단계

답 풀이 참조

단계	채점 기준	비율
1단계	$\overline{AE}$의 길이를 구한 경우	40 %
2단계	$\overline{BC}$의 길이를 구한 경우	40 %
3단계	△ABC의 둘레의 길이를 구한 경우	20 %

02

$x:5=6:\boxed{4}$, $x=\boxed{\dfrac{15}{2}}$ ··· 1단계

또 $y:9=10:\boxed{6}$, $y=\boxed{15}$ ··· 2단계

따라서 $x+y=\boxed{\dfrac{45}{2}}$ ··· 3단계

답 풀이 참조

단계	채점 기준	비율
1단계	x의 값을 구한 경우	40 %
2단계	y의 값을 구한 경우	40 %
3단계	$x+y$의 값을 구한 경우	20 %

03

$\overline{AC}=\overline{DE}\times\boxed{2}$, $\overline{AB}=\overline{EF}\times\boxed{2}$, $\overline{BC}=\overline{DF}\times\boxed{2}$

이므로 $\triangle ABC \backsim \triangle EFD$ (SSS 닮음) ··· **1단계**

$\triangle ABC$와 $\triangle EFD$의 닮음비는 $\boxed{2}:\boxed{1}$이므로

넓이의 비는 $\boxed{4}:\boxed{1}$이다. ··· **2단계**

따라서 $\triangle DEF$의 넓이는 $\boxed{5}$ cm²이다. ··· **3단계**

🔲 풀이 참조

단계	채점 기준	비율
1단계	$\triangle ABC \backsim \triangle EFD$임을 설명한 경우	40 %
2단계	$\triangle ABC$와 $\triangle EFD$의 넓이의 비를 구한 경우	40 %
3단계	$\triangle DEF$의 넓이를 구한 경우	20 %

04

삼각형의 무게중심은 세 중선의 길이를 각 꼭짓점으로부터 각각

$\boxed{2}:\boxed{1}$로 나누므로 ··· **1단계**

$x=\boxed{15}$ ··· **2단계**

이고 $y=\boxed{4}$ ··· **3단계**

따라서 $x+y=\boxed{19}$ ··· **4단계**

🔲 풀이 참조

단계	채점 기준	비율
1단계	$2:1$을 구한 경우	40 %
2단계	x의 값을 구한 경우	20 %
3단계	y의 값을 구한 경우	20 %
4단계	$x+y$의 값을 구한 경우	20 %

05

$\overline{DG}:\overline{BF}=\overline{AG}:\overline{AF}=\overline{GE}:\overline{FC}$이므로

$\overline{DG}:\overline{BF}=\overline{GE}:\overline{FC}$ ··· **1단계**

$\overline{DG}:6=8:10$

$5\overline{DG}=24$

따라서 $\overline{DG}=\dfrac{24}{5}$ cm ··· **2단계**

🔲 $\dfrac{24}{5}$ cm

단계	채점 기준	비율
1단계	$\overline{DG}:\overline{BF}=\overline{GE}:\overline{FC}$임을 구한 경우	60 %
2단계	$\overline{DG}$의 길이를 구한 경우	40 %

06

$\overline{AF}:\overline{FD}=\overline{AE}:\overline{EC}=\overline{AD}:\overline{DB}$이므로

$\overline{AF}:\overline{FD}=3:1$에서 ··· **1단계**

$6:\overline{FD}=3:1$

$\overline{FD}=2$ cm ··· **2단계**

즉, $\overline{AD}:\overline{DB}=3:1$에서 ··· **3단계**

$8:\overline{DB}=3:1$

$3\overline{DB}=8$

따라서 $\overline{DB}=\dfrac{8}{3}$ cm ··· **4단계**

🔲 $\dfrac{8}{3}$ cm

단계	채점 기준	비율
1단계	$\overline{AF}:\overline{FD}=3:1$임을 구한 경우	30 %
2단계	$\overline{FD}$의 길이를 구한 경우	20 %
3단계	$\overline{AD}:\overline{DB}=3:1$임을 구한 경우	30 %
4단계	$\overline{DB}$의 길이를 구한 경우	20 %

07

$\triangle AFD$에서

$\overline{FD}=2\overline{EG}$

　$=2\times6$

　$=12\,(\text{cm})$ ··· **1단계**

$\triangle BCE$에서

$\overline{EC}=2\overline{FD}$

　$=2\times12$

　$=24\,(\text{cm})$ ··· **2단계**

따라서

$\overline{CG}=\overline{EC}-\overline{EG}$

　$=24-6$

　$=18\,(\text{cm})$ ··· **3단계**

🔲 18 cm

단계	채점 기준	비율
1단계	$\overline{FD}$의 길이를 구한 경우	40 %
2단계	$\overline{EC}$의 길이를 구한 경우	40 %
3단계	$\overline{CG}$의 길이를 구한 경우	20 %

08

$\overline{EH}=\dfrac{1}{2}\overline{BD}$, $\overline{FG}=\dfrac{1}{2}\overline{BD}$이고

$\overline{EH}/\!/\overline{BD}/\!/\overline{FG}$ ······ ㉠

$\triangle AEH \equiv \triangle DGH$ ······ ㉡

⊙, ⓛ에 의하여

□EFGH는 마름모이다. ··· 1단계

그런데 □EFGH의 둘레의 길이가 24 cm이므로

$\overline{EH}=6$ cm ··· 2단계

따라서 $\overline{BD}=12$ cm ··· 3단계

답 12 cm

단계	채점 기준	비율
1단계	□EFGH가 마름모임을 설명한 경우	50 %
2단계	□EFGH의 한 변의 길이를 구한 경우	20 %
3단계	$\overline{BD}$의 길이를 구한 경우	30 %

09

△ODA∽△OBC (AA 닮음)이므로

$\overline{AO}:\overline{CO}=12:15=4:5$ ··· 1단계

△ABC에서

$\overline{AO}:\overline{AC}=\overline{EO}:\overline{BC}$이고

$\overline{AO}:\overline{AC}=4:9$이므로 ··· 2단계

$4:9=\overline{EO}:15$

$9\overline{EO}=60$

따라서 $\overline{EO}=\dfrac{20}{3}$ cm ··· 3단계

답 $\dfrac{20}{3}$ cm

단계	채점 기준	비율
1단계	$\overline{AO}:\overline{CO}=4:5$임을 구한 경우	50 %
2단계	$\overline{AO}:\overline{AC}=4:9$임을 구한 경우	30 %
3단계	$\overline{EO}$의 길이를 구한 경우	20 %

10

$\overline{AB}/\!/\overline{CD}$이므로

△EAB∽△ECD (AA 닮음)이고

닮음비는 $12:16=3:4$이다. ··· 1단계

△CAB에서

$\overline{CE}:\overline{CA}=\overline{EF}:\overline{AB}$ ··· 2단계

$4:7=\overline{EF}:12$

$7\overline{EF}=48$

따라서 $\overline{EF}=\dfrac{48}{7}$ cm ··· 3단계

답 $\dfrac{48}{7}$ cm

단계	채점 기준	비율
1단계	△EAB와 △ECD의 닮음비를 구한 경우	30 %
2단계	$\overline{CE}:\overline{CA}=\overline{EF}:\overline{AB}$임을 구한 경우	50 %
3단계	$\overline{EF}$의 길이를 구한 경우	20 %

11

삼각형의 무게중심은 세 중선의 길이를 각 꼭짓점으로부터 각각 $2:1$로 나누므로

$\begin{aligned}\overline{GD}&=3\overline{G'D}\\&=3\times4\\&=12\,(\text{cm})\end{aligned}$ ··· 1단계

따라서

$\begin{aligned}\overline{AG}&=2\overline{GD}\\&=2\times12\\&=24\,(\text{cm})\end{aligned}$ ··· 2단계

답 24 cm

단계	채점 기준	비율
1단계	$\overline{GD}$의 길이를 구한 경우	60 %
2단계	$\overline{AG}$의 길이를 구한 경우	40 %

12

삼각형의 넓이는 무게중심에서 세 꼭짓점에 이르는 선분에 의해 3등분되므로

$\begin{aligned}\triangle GBC&=\dfrac{1}{3}\triangle ABC\\&=\dfrac{1}{3}\times36\\&=12\,(\text{cm}^2)\end{aligned}$ ··· 1단계

또 삼각형의 넓이는 세 중선에 의해 6등분되므로

$\begin{aligned}\triangle G'BD&=\dfrac{1}{6}\triangle GBC\\&=\dfrac{1}{6}\times12\\&=2\,(\text{cm}^2)\end{aligned}$ ··· 2단계

답 2 cm²

단계	채점 기준	비율
1단계	△GBC의 넓이를 구한 경우	50 %
2단계	△G'BD의 넓이를 구한 경우	50 %

13

△ABF에서

점 D를 지나면서 $\overline{BF}$에 평행한 직선이

$\overline{AF}$와 만나는 점을 G라고 하면 ··· 1단계

△EGD≡△EFC (ASA 합동)이므로

$\overline{DG}=\overline{CF}$ ··· 2단계

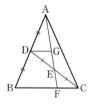

그런데 △ABF에서
$\overline{DG} /\!/ \overline{BF}$이므로
$\overline{BF} = 2\overline{DG} = 2\overline{CF}$
따라서 $\dfrac{\overline{BF}}{\overline{CF}} = 2$ ··· 3단계

답 2

단계	채점 기준	비율
1단계	점 D를 지나고 $\overline{BF}$에 평행한 직선을 그은 경우	30 %
2단계	$\overline{DG} = \overline{CF}$임을 구한 경우	30 %
3단계	$\dfrac{\overline{BF}}{\overline{CF}}$의 값을 구한 경우	40 %

14

△BDA에서
$\overline{BE} : \overline{BA} = 3 : 7$이고
$\overline{BE} : \overline{BA} = \overline{EM} : \overline{AD}$이므로
$3 : 7 = \overline{EM} : 14$
$7\overline{EM} = 42$
따라서 $\overline{EM} = 6 \text{ cm}$ ··· 1단계
△ABD에서
$\overline{AE} : \overline{AB} = 4 : 7$이고
$\overline{AE} : \overline{AB} = \overline{EN} : \overline{BC}$이므로
$4 : 7 = 16 : \overline{BC}$
$4\overline{BC} = 112$
따라서 $\overline{BC} = 28 \text{ cm}$ ··· 2단계

답 28 cm

단계	채점 기준	비율
1단계	$\overline{EM}$의 길이를 구한 경우	50 %
2단계	$\overline{BC}$의 길이를 구한 경우	50 %

15

평행사변형의 두 대각선은 서로 다른 것을 이등분하므로 두 대각선의 교점을 O 라고 하면
$\overline{AO} = \overline{OC}$, $\overline{BO} = \overline{OD}$
그러므로 두 점 P, Q는 각각 △ABC, △ACD의 무게중심이다.

$\triangle ABC = \dfrac{1}{2} \square ABCD$
$= \dfrac{1}{2} \times 48$
$= 24 (\text{cm}^2)$ ··· 1단계

이고 삼각형의 넓이는 세 중선에 의해 6등분되므로
$\triangle PMC = \triangle PCO$
$= \dfrac{1}{6} \triangle ABC$
$= \dfrac{1}{6} \times 24$
$= 4 (\text{cm}^2)$
같은 방법으로 하면
$\triangle QNC = \triangle QCO$
$= \dfrac{1}{6} \triangle ACD$
$= \dfrac{1}{6} \times 24$
$= 4 (\text{cm}^2)$ ··· 2단계
따라서 색칠한 부분의 넓이는
$4 \times 2 + 4 \times 2 = 8 + 8 = 16 (\text{cm}^2)$ ··· 3단계

답 16 cm²

단계	채점 기준	비율
1단계	△ABC의 넓이를 구한 경우	30 %
2단계	△PMC와 △QNC의 넓이를 구한 경우	40 %
3단계	색칠한 부분의 넓이를 구한 경우	30 %

16

$\overline{EF} /\!/ \overline{BC}$이므로
△AEF∽△ABC이고,
삼각형의 무게중심은 세 중선의 길이를 각 꼭짓점으로부터 각각
2 : 1로 나누므로
닮음비는 2 : 3이고 ··· 1단계
넓이의 비는 $2^2 : 3^2 = 4 : 9$
그러므로 △AEF의 넓이는
$\triangle AEF = \dfrac{4}{9} \triangle ABC$
$= \dfrac{4}{9} \times 27$
$= 12 (\text{cm}^2)$ ··· 2단계
그런데 △DEF는
△AEF와 밑변의 길이가 같고 높이는 $\dfrac{1}{2}$이다.
따라서 △DEF의 넓이는
$\dfrac{1}{2} \times 12 = 6 (\text{cm}^2)$ ··· 3단계

답 6 cm²

단계	채점 기준	비율
1단계	△AEF와 △ABC의 닮음비를 구한 경우	40 %
2단계	△AEF의 넓이를 구한 경우	40 %
3단계	△DEF의 넓이를 구한 경우	20 %

V-3 피타고라스 정리

본문 52~53쪽

01 풀이 참조	**02** 풀이 참조	**03** 49 : 33	**04** 24 cm^2
05 13	**06** 128 cm^2	**07** 281 cm^2	**08** 25 cm

01

직각삼각형 ABC에서
피타고라스 정리에 의하여
$\overline{AC}^2 + \overline{BC}^2 = \boxed{\overline{AB}^2}$
$\overline{AC}^2 + 25 = \boxed{74}$
$\overline{AC}^2 = \boxed{49}$ ··· 1단계
그런데 $\overline{AC} > 0$이므로
$\overline{AC} = \boxed{7}$ cm ··· 2단계

답 풀이 참조

단계	채점 기준	비율
1단계	$\overline{AC}^2$의 값을 구한 경우	60 %
2단계	$\overline{AC}$의 길이를 구한 경우	40 %

02

직각삼각형 ADC에서
피타고라스 정리에 의하여
$\overline{AD}^2 + \overline{CD}^2 = \boxed{\overline{AC}^2}$, $144 + \overline{CD}^2 = \boxed{169}$
$\overline{CD}^2 = \boxed{25}$ ··· 1단계
그런데 $\overline{CD} > 0$이므로
$\overline{CD} = \boxed{5}$ cm
그러므로 $\overline{BD} = \boxed{16}$ cm ··· 2단계
또 직각삼각형 ABD에서 피타고라스 정리에 의하여
$\overline{AB}^2 = \overline{AD}^2 + \boxed{\overline{BD}^2}$
$\overline{AB}^2 = 144 + \boxed{256}$
$\overline{AB}^2 = \boxed{400}$ ··· 3단계
그런데 $\overline{AB} > 0$이므로
$\overline{AB} = \boxed{20}$ cm ··· 4단계

답 풀이 참조

단계	채점 기준	비율
1단계	$\overline{CD}^2$의 값을 구한 경우	30 %
2단계	$\overline{BD}$의 길이를 구한 경우	20 %
3단계	$\overline{AB}^2$의 값을 구한 경우	30 %
4단계	$\overline{AB}$의 길이를 구한 경우	20 %

03

$\overline{AB} : \overline{BC} = 7 : 4$이므로
$\overline{AB}^2 : \overline{BC}^2 = 7^2 : 4^2 = 49 : 16$ ··· 1단계
직각삼각형 ABC에서
피타고라스 정리에 의하여
$\overline{AB}^2 = \overline{AC}^2 + \overline{BC}^2$이므로
$\overline{AB}^2 : \overline{AC}^2 : \overline{BC}^2 = 49 : 33 : 16$
따라서
$P : R = \overline{AB}^2 : \overline{AC}^2$
$\qquad = 49 : 33$ ··· 2단계

답 49 : 33

단계	채점 기준	비율
1단계	$\overline{AB}^2 : \overline{BC}^2 = 49 : 16$임을 구한 경우	40 %
2단계	$P : R$을 구한 경우	60 %

04

직각삼각형 ABC에서
피타고라스 정리에 의하여
$\overline{AC}^2 + 8^2 = 10^2$, $\overline{AC}^2 = 36$
그런데 $\overline{AC} > 0$이므로
$\overline{AC} = 6$ cm ··· 1단계
따라서 색칠한 부분의 넓이는
$\frac{1}{2} \times 4^2 \times \pi + \frac{1}{2} \times 3^2 \times \pi + \frac{1}{2} \times 8 \times 6 - \frac{1}{2} \times 5^2 \times \pi$
$= 8\pi + \frac{9}{2}\pi + 24 - \frac{25}{2}\pi$
$= 24 (\text{cm}^2)$ ··· 2단계

답 24 cm^2

단계	채점 기준	비율
1단계	$\overline{AC}$의 길이를 구한 경우	40 %
2단계	색칠한 부분의 넓이를 구한 경우	60 %

05

$\overline{AB}$를 빗변으로 하는 직각삼각형 AOB에서 ··· 1단계
피타고라스 정리에 의하여
$\overline{AB}^2 = 12^2 + 5^2 = 169$ ··· 2단계
그런데 $\overline{AB} > 0$이므로
$\overline{AB} = 13$ ··· 3단계

답 13

단계	채점 기준	비율
1단계	$\overline{AB}$를 빗변으로 하는 직각삼각형을 찾은 경우	40 %
2단계	$\overline{AB}^2$의 값을 구한 경우	40 %
3단계	$\overline{AB}$의 길이를 구한 경우	20 %

06

두 직각삼각형 EAB와 BCD는 합동
이므로

$\overline{EB}=\overline{BD}$ ...... ㉠

$\angle AEB=\angle CBD$ ...... ㉡

$\angle AEB+\angle ABE=90°$ ...... ㉢

㉡, ㉢에 의하여

$\angle CBD+\angle ABE=90°$

이므로 $\angle EBD=90°$ ...... ㉣

그러므로 ㉠, ㉣에 의하여

△EBD는 직각이등변삼각형이다. ··· [1단계]

즉, $\overline{BE}$를 한 변으로 하는 정사각형의 넓이는 130 cm²이므로

$\overline{BE}^2=130$ ··· [2단계]

직각삼각형 EAB에서

피타고라스 정리에 의하여

$\overline{AE}^2+\overline{AB}^2=\overline{BE}^2$

$\overline{AE}^2+81=130$

$\overline{AE}^2=49$

그런데 $\overline{AE}>0$이므로

$\overline{AE}=7$ cm ··· [3단계]

따라서 □EACD의 넓이는

$\frac{1}{2}\times(7+9)\times(7+9)=128(cm^2)$ ··· [4단계]

답 128 cm²

단계	채점 기준	비율
1단계	△EBD가 직각이등변삼각형임을 설명한 경우	30 %
2단계	$\overline{BE}^2$의 값을 구한 경우	20 %
3단계	$\overline{AE}$의 길이를 구한 경우	30 %
4단계	□EACD의 넓이를 구한 경우	20 %

07

오른쪽 그림과 같이 점 D에서 $\overline{BC}$에 내
린 수선의 발을 E라고 하면

□ABED는 직사각형이므로

$\overline{BE}=\overline{AD}=8$ cm이고

$\overline{EC}=\overline{BC}-\overline{BE}$

$=14-8$

$=6(cm)$ ··· [1단계]

직각삼각형 DEC에서

피타고라스 정리에 의하여

$\overline{DE}^2+\overline{EC}^2=\overline{CD}^2$이므로

$\overline{DE}^2+6^2=11^2$

$\overline{DE}^2+36=121$

$\overline{DE}^2=85$

그러므로 $\overline{AB}^2=\overline{DE}^2=85$ ··· [2단계]

직각삼각형 ABC에서

피타고라스 정리에 의하여

$\overline{AB}^2+\overline{BC}^2=\overline{AC}^2$

$85+196=\overline{AC}^2$

$\overline{AC}^2=281$

따라서 $\overline{AC}$를 한 변으로 하는 정사각형의 넓이는 281 cm²이다.

··· [3단계]

답 281 cm²

단계	채점 기준	비율
1단계	$\overline{EC}$의 길이를 구한 경우	30 %
2단계	$\overline{AB}^2$의 값을 구한 경우	40 %
3단계	$\overline{AC}$를 한 변으로 하는 정사각형의 넓이를 구한 경우	30 %

08

다음 그림은 직육면체의 옆면을 펼친 모양이다.

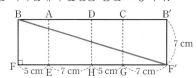

꼭짓점 B에서 겉면을 따라 모서리 AE, DH, CG를 지나 점 F
에 이르는 최단 거리는 직각을 낀 두 변의 길이가 각각 24 cm,
7 cm일 때 빗변의 길이, 즉 $\overline{BF'}$의 길이와 같으므로

피타고라스 정리에 의하여

$\overline{BF'}^2=24^2+7^2$

$=625$ ··· [1단계]

그런데 $\overline{BF'}>0$이므로

$\overline{BF'}=25$ cm

따라서 구하는 최단 거리는 25 cm이다. ··· [2단계]

답 25 cm

단계	채점 기준	비율
1단계	$\overline{BF'}^2$의 값을 구한 경우	80 %
2단계	최단 거리를 구한 경우	20 %

Ⅵ. 확률

Ⅵ-1 경우의 수
본문 54~57쪽

01 풀이 참조   **02** 풀이 참조   **03** 풀이 참조   **04** 풀이 참조
05 45   **06** 100개   **07** 30개   **08** 64   **09** 84   **10** 6
11 21   **12** 3   **13** 60   **14** 144   **15** 28   **16** 31
17 480주   **18** 20

01

A 역에서 C 역으로 바로 가는 경우: $\boxed{1}$ 가지 … **1단계**

A 역에서 B 역을 거쳐서 C 역으로 가는 경우:

$\boxed{4} \times \boxed{2} = \boxed{8}$ (가지) … **2단계**

따라서 A 역에서 C 역까지 가는 방법은

$\boxed{1} + \boxed{8} = \boxed{9}$ (가지) … **3단계**

답 풀이 참조

단계	채점 기준	비율
1단계	A 역에서 바로 C 역까지 가는 경우의 수를 구한 경우	30 %
2단계	A 역에서 B 역을 거쳐서 C 역까지 가는 경우의 수를 구한 경우	40 %
3단계	A 역에서 C 역까지 가는 방법이 몇 가지인지 구한 경우	30 %

02

3의 배수가 나오는 경우는

$\boxed{3}$, $\boxed{6}$, $\boxed{9}$, $\boxed{12}$, $\boxed{15}$, $\boxed{18}$ 의 $\boxed{6}$ 가지이다. … **1단계**

7의 배수가 나오는 경우는 $\boxed{7}$, $\boxed{14}$ 의 $\boxed{2}$ 가지이다. … **2단계**

따라서 구하는 경우의 수는

$\boxed{6} + \boxed{2} = \boxed{8}$ … **3단계**

답 풀이 참조

단계	채점 기준	비율
1단계	3의 배수가 나오는 경우를 구한 경우	40 %
2단계	7의 배수가 나오는 경우를 구한 경우	40 %
3단계	3의 배수 또는 7의 배수가 나오는 경우의 수를 구한 경우	20 %

03

A 주머니에서 흰 공이 나오고 B 주머니에서 검은 공이 나오는

경우의 수는 $\boxed{5} \times \boxed{2} = \boxed{10}$ … **1단계**

A 주머니에서 검은 공이 나오고 B 주머니에서 흰 공이 나오는

경우의 수는 $\boxed{4} \times \boxed{3} = \boxed{12}$ … **2단계**

따라서 서로 다른 색의 공이 나오는 경우의 수는

$\boxed{10} + \boxed{12} = \boxed{22}$ … **3단계**

답 풀이 참조

단계	채점 기준	비율
1단계	A 주머니에서 흰 공, B 주머니에서 검은 공이 나오는 경우의 수를 구한 경우	40 %
2단계	A 주머니에서 검은 공, B 주머니에서 흰 공이 나오는 경우의 수를 구한 경우	40 %
3단계	서로 다른 색의 공이 나올 경우의 수를 구한 경우	20 %

04

순서를 정하는 모든 경우의 수는 5명을 한 줄로 세우는 경우의 수를 구하는 것과 같으므로

$a = \boxed{5} \times \boxed{4} \times \boxed{3} \times \boxed{2} \times \boxed{1} = \boxed{120}$ … **1단계**

성준이가 가장 나중에 소견 발표를 하는 경우의 수는

$b = \boxed{4} \times \boxed{3} \times \boxed{2} \times \boxed{1} = \boxed{24}$ … **2단계**

따라서 $a + b = \boxed{120} + \boxed{24} = \boxed{144}$ … **3단계**

답 풀이 참조

단계	채점 기준	비율
1단계	a의 값을 구한 경우	40 %
2단계	b의 값을 구한 경우	40 %
3단계	$a+b$의 값을 구한 경우	20 %

05

만들 수 있는 직선을 구하는 경우는 6개의 점 중에서 순서에 상관없이 2개의 점을 뽑는 경우와 같으므로

$a = \dfrac{6 \times 5}{2} = 15$ … **1단계**

만들 수 있는 반직선을 구하는 경우는 6개의 점 중에서 순서를 고려하여 2개의 점을 뽑는 경우와 같으므로

$b = 6 \times 5 = 30$ … **2단계**

따라서 $a + b = 15 + 30 = 45$ … **3단계**

답 45

단계	채점 기준	비율
1단계	a의 값을 구한 경우	40 %
2단계	b의 값을 구한 경우	40 %
3단계	$a+b$의 값을 구한 경우	20 %

06

백의 자리에 올 수 있는 숫자는 5개,
십의 자리에 올 수 있는 숫자는 5개,
일의 자리에 올 수 있는 숫자는 4개
이므로 세 자리의 정수는 모두 ··· 1단계
$5 \times 5 \times 4 = 100$(개) ··· 2단계

답 100개

단계	채점 기준	비율
1단계	각 자리에 올 수 있는 숫자의 개수를 구한 경우	50 %
2단계	세 자리의 정수의 개수를 구한 경우	50 %

07

세 자리의 정수가 짝수가 되기 위해서는 일의 자리의 숫자가
0, 2, 4 중 하나이어야 한다.
(ⅰ) 일의 자리에 0이 오는 경우는

☐ ☐ 0

백의 자리에 올 수 있는 숫자는 4개,
십의 자리에 올 수 있는 숫자는 3개이므로
$4 \times 3 = 12$(가지) ··· 1단계
(ⅱ) 일의 자리에 2가 오는 경우는

☐ ☐ 2

백의 자리에 올 수 있는 숫자는 3개,
십의 자리에 올 수 있는 숫자는 3개이므로
$3 \times 3 = 9$(가지) ··· 2단계
(ⅲ) 일의 자리에 4가 오는 경우는

☐ ☐ 4

백의 자리에 올 수 있는 숫자는 3개,
십의 자리에 올 수 있는 숫자는 3개이므로
$3 \times 3 = 9$(가지) ··· 3단계
(ⅰ) ~ (ⅲ)에서 만들 수 있는 세 자리의 짝수의 개수는
$12 + 9 + 9 = 30$(개) ··· 4단계

답 30개

단계	채점 기준	비율
1단계	일의 자리에 0이 오는 경우를 구한 경우	30 %
2단계	일의 자리에 2가 오는 경우를 구한 경우	30 %
3단계	일의 자리에 4가 오는 경우를 구한 경우	30 %
4단계	세 자리의 정수가 짝수가 되는 경우의 수를 구한 경우	10 %

08

리그전 각 조에서의 경기의 수는
$\dfrac{4 \times 3}{2} = 6$이므로

8개조 전체 리그전의 경기의 수는
$6 \times 8 = 48$ ··· 1단계
16강에 진출한 팀의 토너먼트전의 경기의 수는
$8 + 4 + 2 + 1 = 15$ ··· 2단계
3, 4위 전의 경기의 수는 1이므로
전체 경기의 수는
$48 + 15 + 1 = 64$ ··· 3단계

답 64

단계	채점 기준	비율
1단계	전체 리그전의 경기 수를 구한 경우	50 %
2단계	16강 토너먼트전의 경기 수를 구한 경우	30 %
3단계	전체 경기의 수를 구한 경우	20 %

09

(ⅰ) A와 C에 같은 색을 칠할 경우:
　　A에 칠할 수 있는 색은 4가지,
　　B에 칠할 수 있는 색은 3가지,
　　C에 칠할 수 있는 색은 1가지,
　　D에 칠할 수 있는 색은 3가지에서
　　$4 \times 3 \times 1 \times 3 = 36$(가지)
(ⅱ) A와 C에 다른 색을 칠할 경우:
　　A에 칠할 수 있는 색은 4가지,
　　B에 칠할 수 있는 색은 3가지,
　　C에 칠할 수 있는 색은 2가지,
　　D에 칠할 수 있는 색은 2가지에서
　　$4 \times 3 \times 2 \times 2 = 48$(가지) ··· 1단계
(ⅰ), (ⅱ)에서 구하는 경우의 수는 $36 + 48 = 84$(가지)이다.
··· 2단계

답 84

단계	채점 기준	비율
1단계	각 부분에 색칠할 수 있는 경우의 수를 구한 경우	60 %
2단계	서로 다른 색으로 칠하는 경우의 수를 구한 경우	40 %

10

두 직선 $y = ax$와 $y = x + b$의 교점의 x좌표가 2이므로
$ax = x + b$에 $x = 2$를 대입하면
$2a = 2 + b$가 된다. ··· 1단계
(ⅰ) $a = 2$이면 $4 = 2 + b$에서 $b = 2$
(ⅱ) $a = 3$이면 $6 = 2 + b$에서 $b = 4$
(ⅲ) $a = 4$이면 $8 = 2 + b$에서 $b = 6$
(ⅳ) $a = 5$이면 $10 = 2 + b$에서 $b = 8$
(ⅴ) $a = 6$이면 $12 = 2 + b$에서 $b = 10$

(vi) $a=7$이면

$14=2+b$에서 $b=12$ … **2단계**

(i)~(vi)에서 구하는 경우의 수는 6이다. … **3단계**

답 6

단계	채점 기준	비율
1단계	a와 b의 관계식을 구한 경우	30 %
2단계	조건을 만족하는 a와 b의 값을 각각 구한 경우	50 %
3단계	찾는 경우의 수를 구한 경우	20 %

11

여학생 중에서 2명을 뽑는 경우의 수는

$\dfrac{6\times5}{2}=15$ … **1단계**

남학생 중에서 2명을 뽑는 경우의 수는

$\dfrac{4\times3}{2}=6$ … **2단계**

따라서 2명의 성별이 같은 경우의 수는

$15+6=21$

답 21

단계	채점 기준	비율
1단계	여학생 중에서 2명을 뽑는 경우의 수를 구한 경우	40 %
2단계	남학생 중에서 2명을 뽑는 경우의 수를 구한 경우	40 %
3단계	성별이 같은 경우의 수를 구한 경우	20 %

12

$y=ax+b$가 점 $(-2, -4)$를 지나므로 $x=-2$, $y=-4$를 대입하면

$-4=-2a+b$에서 $2a-4=b$ … **1단계**

(i) $a=3$이면 $b=2$

(ii) $a=4$이면 $b=4$

(iii) $a=5$이면 $b=6$ … **2단계**

(i)~(iii)에서 구하는 경우의 수는 3이다. … **3단계**

답 3

단계	채점 기준	비율
1단계	a와 b의 관계식을 구한 경우	30 %
2단계	조건을 만족하는 a와 b의 값을 각각 구한 경우	50 %
3단계	찾는 경우의 수를 구한 경우	20 %

13

회장으로 여학생이 뽑힌 경우의 수는

$4\times3\times3=36$ … **1단계**

회장으로 남학생이 뽑힌 경우의 수는

$3\times4\times2=24$ … **2단계**

따라서 회장 1명과 여자 부회장 1명, 남자 부회장 1명을 뽑는 경우의 수는

$36+24=60$ … **3단계**

답 60

단계	채점 기준	비율
1단계	회장으로 여학생이 뽑혔을 때의 경우의 수를 구한 경우	40 %
2단계	회장으로 남학생이 뽑혔을 때의 경우의 수를 구한 경우	40 %
3단계	회장 1명과 여자 부회장 1명, 남자 부회장 1명을 뽑는 경우의 수를 구한 경우	20 %

14

1부터 6까지의 자연수 중 짝수는 2, 4, 6의 3개이고

양 끝에 짝수를 배열하는 경우의 수는

$3\times2=6$ … **1단계**

양 끝의 짝수를 제외한 4개의 수를 가운데 배열하는 경우의 수는

$4\times3\times2\times1=24$ … **2단계**

따라서 구하는 경우의 수는

$6\times24=144$ … **3단계**

답 144

단계	채점 기준	비율
1단계	양 끝에 짝수를 배열하는 경우의 수를 구한 경우	40 %
2단계	가운데 4개의 수를 배열하는 경우의 수를 구한 경우	40 %
3단계	찾는 경우의 수를 구한 경우	20 %

15

뽑은 카드 중에 두 번째로 큰 수가 9이므로 가장 큰 수는 10이다.

… **1단계**

따라서 나머지 2개는 1부터 8까지의 자연수 중에서 선택하면 되므로 구하는 경우의 수는

$\dfrac{8\times7}{2\times1}=28$ … **2단계**

답 28

단계	채점 기준	비율
1단계	두 번째로 큰 수가 9인 경우를 찾은 경우	50 %
2단계	찾는 경우의 수를 구한 경우	50 %

16

A 지점에서 D 지점까지 가는 경로는 다음과 같다.

(i) A → B → D로 가는 방법의 수: $4\times2=8$

(ii) A → C → D로 가는 방법의 수: $3\times1=3$

(iii) $A \to B \to C \to D$로 가는 방법의 수: $4 \times 2 \times 1 = 8$

(iv) $A \to C \to B \to D$로 가는 방법의 수: $3 \times 2 \times 2 = 12$

··· 1단계

(i) ~ (iv)에서 A 지점에서 D지점으로 가는 경우의 수는

$8 + 3 + 8 + 12 = 31$

··· 2단계

답 31

단계	채점 기준	비율
1단계	A 지점에서 D 지점까지 가는 각 경로를 나누어 각 경우의 수를 찾은 경우	80 %
2단계	A 지점에서 D 지점으로 가는 경우의 수를 구한 경우	20 %

17

아동 마네킹 2개는 항상 이웃하게 세우므로

모든 경우의 수는

$(5 \times 4 \times 3 \times 2 \times 1) \times 2 = 240$

··· 1단계

2주일마다 진열 순서를 바꾸므로 모두

$240 \times 2 = 480(주)$

동안 서로 같지 않게 진열할 수 있다.

··· 2단계

답 480주

단계	채점 기준	비율
1단계	조건에 맞게 마네킹을 배열하는 모든 경우의 수를 구한 경우	70 %
2단계	몇 주 동안 다르게 배열할 수 있는지를 구한 경우	30 %

18

5명의 학생 중에서 본인의 선물을 선택하는 2명을 뽑는 경우의 수는

$\dfrac{5 \times 4}{2} = 10$

··· 1단계

만약 A, B, C, D, E 5명의 학생이 선물을 선택할 때, A, B는 본인의 선물을 선택하고 나머지 C, D, E 3명은 다른 학생이 가져온 선물을 선택한다고 하면 그 경우의 수는

(D, E, C), (E, C, D)의 2이다.

··· 2단계

따라서 구하는 경우의 수는

$10 \times 2 = 20$

··· 3단계

답 20

단계	채점 기준	비율
1단계	본인의 선물을 선택하는 2명을 뽑는 경우의 수를 구한 경우	40 %
2단계	본인의 선물을 선택하지 않는 경우의 수를 구한 경우	40 %
3단계	찾는 경우의 수를 구한 경우	20 %

VI-2 확률

01 풀이 참조   **02** 풀이 참조   **03** 풀이 참조   **04** 풀이 참조

05 $\dfrac{5}{12}$ **06** $\dfrac{9}{16}$ **07** $\dfrac{51}{88}$ **08** $\dfrac{18}{25}$ **09** $\dfrac{1}{12}$ **10** $\dfrac{81}{125}$

11 $\dfrac{4}{9}$ **12** $\dfrac{24}{49}$ **13** $\dfrac{11}{15}$ **14** 9개   **15** $\dfrac{3}{8}$ **16** $\dfrac{3}{5}$

17 $\dfrac{1}{4}$ **18** $\dfrac{1}{3}$ **19** $\dfrac{24}{25}$

01

서로 다른 두 개의 주사위를 동시에 던졌을 때 일어나는 모든 경우의 수는 $\boxed{6} \times \boxed{6} = \boxed{36}$

··· 1단계

두 눈의 수의 합이 5인 경우를 순서쌍으로 나타내면

$(\boxed{1}, \boxed{4})$, $(\boxed{2}, \boxed{3})$, $(\boxed{3}, \boxed{2})$, $(\boxed{4}, \boxed{1})$의

$\boxed{4}$ 가지이므로

··· 2단계

두 눈의 수의 합이 5일 확률은

$\dfrac{\boxed{4}}{36} = \dfrac{1}{9}$

··· 3단계

답 풀이 참조

단계	채점 기준	비율
1단계	모든 경우의 수를 구한 경우	30 %
2단계	두 눈의 수의 합이 5일 경우를 구한 경우	50 %
3단계	두 눈의 수의 합이 5일 확률을 구한 경우	20 %

02

두 번 쏘아 만들 수 있는 두 자리의 정수는

$\boxed{8} \times \boxed{8} = \boxed{64}$ (개)

··· 1단계

30 미만인 자연수가 나오는 경우는 십의 자리에 올 수 있는 숫자는 $\boxed{2}$ 개, 일의 자리에 올 수 있는 숫자는 $\boxed{8}$ 개이므로

$\boxed{2} \times \boxed{8} = \boxed{16}$ (개)

··· 2단계

따라서 구하는 확률은 $\dfrac{\boxed{16}}{64} = \dfrac{1}{4}$

··· 3단계

답 풀이 참조

단계	채점 기준	비율
1단계	전체 경우의 개수를 구한 경우	30 %
2단계	30 미만인 자연수의 개수를 구한 경우	50 %
3단계	30 미만인 자연수가 나오는 확률을 구한 경우	20 %

03

A 주머니에서 흰 공을 꺼내고, B 주머니에서도 흰 공을 꺼낼 확률은

$\dfrac{4}{8} \times \dfrac{7}{8} = \dfrac{7}{16}$

··· 1단계

A 주머니에서 검은 공을 꺼내고, B 주머니에서도 검은 공을 꺼낼 확률은

$$\boxed{\dfrac{4}{8}}\times\boxed{\dfrac{1}{8}}=\boxed{\dfrac{1}{16}}$$ … 2단계

따라서 꺼낸 두 공이 서로 같은 색일 확률은

$$\boxed{\dfrac{7}{16}}+\boxed{\dfrac{1}{16}}=\boxed{\dfrac{8}{16}}=\boxed{\dfrac{1}{2}}$$ … 3단계

답 풀이 참조

단계	채점 기준	비율
1단계	두 주머니 A, B에서 모두 흰 공을 꺼낼 확률을 구한 경우	40 %
2단계	두 주머니 A, B에서 모두 검은 공을 꺼낼 확률을 구한 경우	40 %
3단계	꺼낸 두 공이 서로 같은 색일 확률을 구한 경우	20 %

04

A, B 두 상자에서 홀수가 적힌 카드가 각각 뽑힐 확률은

$$1-\boxed{\dfrac{1}{3}}=\boxed{\dfrac{2}{3}},\ 1-\boxed{\dfrac{3}{5}}=\boxed{\dfrac{2}{5}}$$ … 1단계

카드에 적힌 두 자연수의 곱이 홀수일 확률은

$$\boxed{\dfrac{2}{3}}\times\boxed{\dfrac{2}{5}}=\boxed{\dfrac{4}{15}}$$ … 2단계

따라서 카드에 적힌 두 자연수의 곱이 짝수일 확률은

$$1-\boxed{\dfrac{4}{15}}=\boxed{\dfrac{11}{15}}$$ … 3단계

답 풀이 참조

단계	채점 기준	비율
1단계	A, B 두 상자에서 홀수가 적힌 카드가 각각 뽑힐 확률을 구한 경우	30 %
2단계	두 자연수의 곱이 홀수일 확률을 구한 경우	40 %
3단계	두 자연수의 곱이 짝수일 확률을 구한 경우	30 %

05

주사위 2개를 던져서 나오는 모든 경우의 수는

$6\times6=36$ … 1단계

나온 두 눈의 수의 합이 소수인 경우는

2, 3, 5, 7, 11일 때이다.

각각의 경우를 순서쌍으로 나타내면

$(1, 1)$

$(1, 2), (2, 1)$

$(1, 4), (2, 3), (3, 2), (4, 1)$

$(1, 6), (2, 5), (3, 4), (4, 3), (5, 2), (6, 1)$

$(5, 6), (6, 5)$

나온 두 눈의 수의 합이 소수인 경우의 수는

$1+2+4+6+2=15$ … 2단계

따라서 두 눈의 수의 합이 소수일 확률은

$$\dfrac{15}{36}=\dfrac{5}{12}$$ … 3단계

답 $\dfrac{5}{12}$

단계	채점 기준	비율
1단계	모든 경우의 수를 구한 경우	30 %
2단계	두 눈의 수의 합이 소수인 경우의 수를 구한 경우	50 %
3단계	두 눈의 수의 합이 소수일 확률을 구한 경우	20 %

06

두 자리의 정수가 만들어지는 모든 경우의 수는

$4\times4=16$ … 1단계

(i) 소수인 경우: 13, 23, 31, 41, 43의 5가지

(ii) 10의 배수인 경우: 10, 20, 30, 40의 4가지

(i), (ii)에서 두 자리의 정수가 소수 또는 10의 배수일 경우의 수는

$5+4=9$ … 2단계

따라서 구하는 확률은 $\dfrac{9}{16}$ … 3단계

답 $\dfrac{9}{16}$

단계	채점 기준	비율
1단계	두 자리의 정수가 만들어지는 경우의 수를 구한 경우	20 %
2단계	소수 또는 10의 배수일 경우의 수를 구한 경우	50 %
3단계	소수 또는 10의 배수일 확률을 구한 경우	30 %

07

(i) A 주머니에서 빨간 구슬을 꺼내어 B 주머니에 넣은 경우

$$\dfrac{3}{8}\times\dfrac{7}{11}=\dfrac{21}{88}$$ … 1단계

(ii) A 주머니에서 흰 구슬을 꺼내어 B 주머니에 넣은 경우

$$\dfrac{5}{8}\times\dfrac{6}{11}=\dfrac{30}{88}$$ … 2단계

(i), (ii)에서 빨간 구슬을 꺼낼 확률은

$$\dfrac{21}{88}+\dfrac{30}{88}=\dfrac{51}{88}$$ … 3단계

답 $\dfrac{51}{88}$

단계	채점 기준	비율
1단계	A 주머니에서 빨간 구슬을 꺼내어 B 주머니에 넣은 후 B 주머니에서 빨간 구슬을 꺼낼 확률을 구한 경우	40 %
2단계	A 주머니에서 흰 구슬을 꺼내어 B 주머니에 넣은 후 B 주머니에서 빨간 구슬을 꺼낼 확률을 구한 경우	40 %
3단계	빨간 구슬을 꺼낼 확률을 구한 경우	20 %

08

이 프로야구팀이 주말에 모두 질 확률은

$$\left(1-\frac{30}{100}\right) \times \left(1-\frac{60}{100}\right) = \frac{70}{100} \times \frac{40}{100}$$

$$= \frac{28}{100} = \frac{7}{25} \qquad \cdots \text{1단계}$$

따라서 이 프로야구팀이 주말에 적어도 한 번은 이길 확률은

$$1 - \frac{7}{25} = \frac{18}{25} \qquad \cdots \text{2단계}$$

답 $\dfrac{18}{25}$

단계	채점 기준	비율
1단계	이 프로야구팀이 주말에 모두 질 확률을 구한 경우	50 %
2단계	이 프로야구팀이 주말에 적어도 한 번은 이길 확률을 구한 경우	50 %

09

주사위 한 개를 두 번 던질 때, 모든 경우의 수는

$6 \times 6 = 36$ $\qquad \cdots \text{1단계}$

이때 $2x - y = 2$를 만족하는 경우를 순서쌍 (x, y)로 나타내면
$(2, 2)$, $(3, 4)$, $(4, 6)$의

3가지 경우가 있다. $\qquad \cdots \text{2단계}$

따라서 구하는 확률은

$$\frac{3}{36} = \frac{1}{12} \qquad \cdots \text{3단계}$$

답 $\dfrac{1}{12}$

단계	채점 기준	비율
1단계	모든 경우의 수를 구한 경우	30 %
2단계	조건을 만족하는 경우를 구한 경우	50 %
3단계	찾는 확률을 구한 경우	20 %

10

비기는 경우는 없고

B팀이 A팀을 이길 확률이 $\dfrac{2}{5}$이므로

A팀이 B팀을 이길 확률은 $\dfrac{3}{5}$이다. $\qquad \cdots \text{1단계}$

각 경기에서 A팀이 이기는 것을 ○, A팀이 지는 것을 ×라고 하면 이 게임에서 A팀이 승리하는 경우는
(○, ○) 또는 (○, ×, ○) 또는 (×, ○, ○)이다. $\qquad \cdots \text{2단계}$

(ⅰ) (○, ○)의 확률: $\dfrac{3}{5} \times \dfrac{3}{5} = \dfrac{9}{25}$

(ⅱ) (○, ×, ○)의 확률: $\dfrac{3}{5} \times \dfrac{2}{5} \times \dfrac{3}{5} = \dfrac{18}{125}$

(ⅲ) (×, ○, ○)의 확률: $\dfrac{2}{5} \times \dfrac{3}{5} \times \dfrac{3}{5} = \dfrac{18}{125}$

따라서 구하는 확률은

$$\frac{9}{25} + \frac{18}{125} + \frac{18}{125} = \frac{81}{125} \qquad \cdots \text{3단계}$$

답 $\dfrac{81}{125}$

단계	채점 기준	비율
1단계	A팀이 B팀을 이길 확률을 구한 경우	30 %
2단계	A팀이 이 게임에서 승리하는 경우를 구한 경우	30 %
3단계	A팀이 이 게임에서 승리할 확률을 구한 경우	40 %

11

은지가 아침 운동을 할 확률이 $\dfrac{1}{3}$이므로

아침 운동을 안 할 확률은 $1 - \dfrac{1}{3} = \dfrac{2}{3}$ $\qquad \cdots \text{1단계}$

은지가 아침 운동을 하는 것을 ○, 하지 않는 것을 ×라고 하면
주말 이틀 중 하루만 아침 운동을 하므로
(○, ×), (×, ○)의 두 가지 경우가 있다. $\qquad \cdots \text{2단계}$

(ⅰ) (○, ×)의 확률: $\dfrac{1}{3} \times \dfrac{2}{3} = \dfrac{2}{9}$

(ⅱ) (×, ○)의 확률: $\dfrac{2}{3} \times \dfrac{1}{3} = \dfrac{2}{9}$

따라서 구하는 확률은

$$\frac{2}{9} + \frac{2}{9} = \frac{4}{9} \qquad \cdots \text{3단계}$$

답 $\dfrac{4}{9}$

단계	채점 기준	비율
1단계	아침 운동을 안 할 확률을 구한 경우	30 %
2단계	주말 이틀 중 하루만 아침 운동을 하는 경우를 구한 경우	30 %
3단계	찾는 확률을 구한 경우	40 %

12

한 개의 공을 꺼낼 때 파란 공이 나올 확률은 $\dfrac{5}{7}$이므로 $\cdots \text{1단계}$
꺼낸 두 개의 공이 모두 파란 공일 확률은

$$\frac{5}{7} \times \frac{5}{7} = \frac{25}{49} \qquad \cdots \text{2단계}$$

따라서 적어도 한 개는 빨간 공이 나올 확률은

$$1 - \frac{25}{49} = \frac{24}{49} \qquad \cdots \text{3단계}$$

답 $\dfrac{24}{49}$

단계	채점 기준	비율
1단계	한 개를 꺼낼 때 파란 공이 나올 확률을 구한 경우	30 %
2단계	꺼낸 두 개의 공이 모두 파란 공일 확률을 구한 경우	40 %
3단계	적어도 한 개는 빨간 공이 나올 확률을 구한 경우	30 %

13

목요일에 비가 올 확률은 $\dfrac{2}{3}$이고

금요일에 비가 올 확률은 $\dfrac{2}{5}$이므로

목요일과 금요일 모두 비가 올 확률은

$\dfrac{2}{3} \times \dfrac{2}{5} = \dfrac{4}{15}$ ··· **1단계**

따라서 적어도 하루는 야외활동을 할 수 있을 확률은

$1 - \dfrac{4}{15} = \dfrac{11}{15}$ ··· **2단계**

답 $\dfrac{11}{15}$

단계	채점 기준	비율
1단계	목요일과 금요일 모두 비가 올 확률을 구한 경우	50 %
2단계	적어도 하루는 야외활동을 할 수 있는 확률을 구한 경우	50 %

14

주머니 속에 들어 있는 전체 공의 수는 $(9+x)$개이므로
흰 공 또는 노란 공이 나올 확률은

$\dfrac{3}{9+x} + \dfrac{6}{9+x} = \dfrac{9}{9+x}$ ··· **1단계**

이때 $\dfrac{9}{9+x} = \dfrac{1}{2}$이므로

$9+x=18$에서 $x=9$

따라서 주머니 속에 들어 있는 빨간 공은 9개이다. ··· **2단계**

답 9개

단계	채점 기준	비율
1단계	흰 공 또는 노란 공이 나올 확률을 x에 대한 식으로 나타낸 경우	40 %
2단계	빨간 공의 개수를 구한 경우	60 %

15

동전을 3번 던졌을 때 나올 수 있는 모든 경우의 수는

$2^3=8$ ··· **1단계**

이때 처음 위치보다 1칸 위에 있는 경우는
앞면이 2번, 뒷면이 1번 나오는 경우이다.
즉, (앞, 앞, 뒤), (앞, 뒤, 앞), (뒤, 앞, 앞)의 3가지이다.

··· **2단계**

따라서 구하는 확률은 $\dfrac{3}{8}$이다. ··· **3단계**

답 $\dfrac{3}{8}$

단계	채점 기준	비율
1단계	동전 3개를 던졌을 때의 모든 경우의 수를 구한 경우	30 %
2단계	처음 위치보다 1칸 위에 있는 경우를 구한 경우	50 %
3단계	찾는 확률을 구한 경우	20 %

16

만들 수 있는 직사각형은

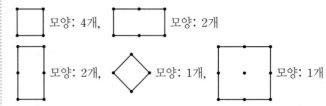

의 10개이다. ··· **1단계**

이 중 정사각형은 $4+1+1=6$(개)이므로 ··· **2단계**

구하는 확률은 $\dfrac{6}{10} = \dfrac{3}{5}$ ··· **3단계**

답 $\dfrac{3}{5}$

단계	채점 기준	비율
1단계	만들 수 있는 직사각형의 개수를 구한 경우	50 %
2단계	정사각형의 개수를 구한 경우	30 %
3단계	찾는 확률을 구한 경우	20 %

17

주사위 한 개를 던졌을 때 짝수의 눈이 나올 확률은 $\dfrac{3}{6} = \dfrac{1}{2}$,

홀수의 눈이 나올 확률은 $\dfrac{3}{6} = \dfrac{1}{2}$ ··· **1단계**

주사위를 4번 던졌을 때 점 P가 1의 위치에 있는 경우는
짝수가 3번, 홀수가 1번 나오는 경우이다.
즉, (짝, 짝, 짝, 홀), (짝, 짝, 홀, 짝), (짝, 홀, 짝, 짝),
(홀, 짝, 짝, 짝)의 4가지이다. ··· **2단계**

(i) (짝, 짝, 짝, 홀)일 확률: $\dfrac{1}{2} \times \dfrac{1}{2} \times \dfrac{1}{2} \times \dfrac{1}{2} = \dfrac{1}{16}$

(ii) (짝, 짝, 홀, 짝)일 확률: $\dfrac{1}{2} \times \dfrac{1}{2} \times \dfrac{1}{2} \times \dfrac{1}{2} = \dfrac{1}{16}$

(iii) (짝, 홀, 짝, 짝)일 확률: $\dfrac{1}{2} \times \dfrac{1}{2} \times \dfrac{1}{2} \times \dfrac{1}{2} = \dfrac{1}{16}$

(iv) (홀, 짝, 짝, 짝)일 확률: $\dfrac{1}{2} \times \dfrac{1}{2} \times \dfrac{1}{2} \times \dfrac{1}{2} = \dfrac{1}{16}$

따라서 구하는 확률은

$\dfrac{1}{16} \times 4 = \dfrac{1}{4}$ ··· **3단계**

답 $\dfrac{1}{4}$

단계	채점 기준	비율
1단계	주사위 한 개를 던졌을 때의 짝수의 눈과 홀수의 눈이 나올 확률을 구한 경우	20 %
2단계	점 P가 1의 위치에 있는 경우를 구한 경우	40 %
3단계	찾는 확률을 구한 경우	40 %

18

주사위를 연속해서 두 번 던질 때 나오는 모든 경우의 수는

$6 \times 6 = 36$ ··· **1단계**

점 A의 위치에 오기 위해서는 두 주사위의 눈의 수의 합이 3의 배수이어야 한다.

(ⅰ) 두 눈의 수의 합이 3인 경우

$(1, 2), (2, 1)$의 2가지

(ⅱ) 두 눈의 수의 합이 6인 경우

$(1, 5), (2, 4), (3, 3), (4, 2), (5, 1)$의 5가지

(ⅲ) 두 눈의 수의 합이 9인 경우

$(3, 6), (4, 5), (5, 4), (6, 3)$의 4가지

(ⅳ) 두 눈의 수의 합이 12인 경우

$(6, 6)$의 1가지

(ⅰ)~(ⅳ)에서 점 A의 위치에 오는 경우의 수는

$2+5+4+1=12$ ··· **2단계**

따라서 구하는 확률은

$\dfrac{12}{36} = \dfrac{1}{3}$ ··· **3단계**

답 $\dfrac{1}{3}$

단계	채점 기준	비율
1단계	모든 경우의 수를 구한 경우	20 %
2단계	점 A의 위치에 오는 경우의 수를 구한 경우	50 %
3단계	찾는 확률을 구한 경우	30 %

19

$336 = 3 \times 7 \times 2^4$이며 유한소수가 되기 위해서는 기약분수로 나타낼 때 분모에 있는 수의 소인수가 2나 5이어야 한다. ··· **1단계**

뽑은 카드에 적힌 수를 336으로 나눌 때, 그 수가 유한소수가 되기 위해서는 카드에 적힌 수가 21의 배수가 되어야 한다.

21의 배수는 21, 42, 63, 84의 4개이므로

유한소수가 될 확률은

$\dfrac{4}{100} = \dfrac{1}{25}$ ··· **2단계**

따라서 유한소수가 될 수 없을 확률은

$1 - \dfrac{1}{25} = \dfrac{24}{25}$ ··· **3단계**

답 $\dfrac{24}{25}$

단계	채점 기준	비율
1단계	유한소수가 될 조건을 쓴 경우	30 %
2단계	유한소수가 될 확률을 구한 경우	50 %
3단계	유한소수가 될 수 없을 확률을 구한 경우	20 %

대단원 실전 테스트

Ⅳ. 도형의 성질 1회

본문 62~65쪽

01 ②	**02** ②	**03** 14°	**04** ②	**05** ②	**06** 24 cm²
07 ⑤	**08** ②	**09** ④	**10** ③	**11** 12 cm²	
12 ①	**13** ②	**14** ⑤	**15** ④	**16** 64 cm²	
17 ④	**18** ③	**19** 32 cm²	**20** ⑤		
21 90°	**22** ①	**23** ⑤	**24** $\dfrac{8}{3}\pi$ cm²	**25** 63 cm²	

01

∠ACE는 △ABC의 한 외각이므로

$\angle ABC = \angle BAC = \dfrac{1}{2} \times 136° = 68°$

△DBC에서 $\angle DBC = \angle DCB = 180° - 136° = 44°$

따라서 $\angle x = \angle ABC - \angle DBC = 68° - 44° = 24°$

답 ②

02

이등변삼각형의 꼭지각의 이등분선은 밑변을 수직이등분한다.

즉, $\overline{AD} = 13$ cm는 △ABC의 높이가 되고 그 넓이는 52 cm²이므로

$\dfrac{1}{2} \times \overline{BC} \times 13 = 52$에서 $\overline{BC} = 8$ cm

또 $\overline{BD} = \overline{CD}$이므로

$\overline{CD} = \dfrac{1}{2}\overline{BC} = \dfrac{1}{2} \times 8 = 4(\text{cm})$

답 ②

03

△ABC는 $\overline{AB} = \overline{AC}$인 이등변삼각형이므로

$\angle ABC = \angle ACB = \dfrac{1}{2} \times (180° - 28°) = 76°$

$\angle EBC = \dfrac{1}{2}\angle ABC = \dfrac{1}{2} \times 76° = 38°$

$\angle ACD = 180° - \angle ACB = 180° - 76° = 104°$이므로

$\angle BCE = \angle ACB + \dfrac{1}{2}\angle ACD = 76° + 52° = 128°$

따라서 △BCE에서

$\angle BEC = 180° - (\angle EBC + \angle BCE)$

$= 180° - (38° + 128°)$

$= 14°$

답 14°

04

$\angle GEF = \angle FEC$ (접은 각)이고
$\angle FEC = \angle GFE$ (엇각)이므로
$\angle GEF = \angle GFE$이다.
따라서 $\triangle GEF$는 $\overline{GE} = \overline{GF} = 11$ cm인 이등변삼각형이므로
$\triangle GEF = \dfrac{1}{2} \times 11 \times 8$
$= 44 (\text{cm}^2)$

답 ②

05

ㄱ. 나머지 한 각의 크기가 $180° - (90° + 50°) = 40°$이므로 직각삼각형에서 빗변의 길이와 직각이 아닌 한 각의 크기가 같다. (RHA 합동)
ㄷ. 직각삼각형에서 빗변의 길이와 직각이 아닌 각의 크기가 같다. (RHA 합동)

답 ②

06

$\triangle ABD$와 $\triangle CBD$에서
$\angle BAD = \angle BCD = 90°$, $\overline{BD}$는 공통, $\overline{AD} = \overline{CD}$
이므로 $\triangle ABD \equiv \triangle CBD$(RHS 합동) ··· 1단계
$\triangle BDC = \triangle ABD = \dfrac{1}{2} \times 6 \times 4 = 12 (\text{cm}^2)$ ··· 2단계
따라서 $\square ABCD$의 넓이는
$12 \times 2 = 24 (\text{cm}^2)$ ··· 3단계

답 24 cm²

단계	채점 기준	비율
1단계	합동인 삼각형을 찾아 이유를 설명한 경우	50 %
2단계	$\triangle ABD$, $\triangle BDC$의 넓이를 각각 구한 경우	30 %
3단계	$\square ABCD$의 넓이를 구한 경우	20 %

07

삼각형의 외심에서 각 꼭짓점까지 이르는 거리는 같으므로
$\overline{OA} = \overline{OB} = \overline{OC}$ (ㄱ)
이 세 변 중 두 변을 포함한 삼각형은 모두 이등변삼각형이다.
즉, $\triangle OAB$, $\triangle OBC$, $\triangle OCA$는 모두 이등변삼각형이다.
따라서 이 삼각형의 두 밑각의 크기는 같고 (ㄹ) 이 이등변삼각형을 밑변의 수직이등분선으로 나눈 두 삼각형은 서로 합동이다.(ㅁ)

답 ⑤

08

점 O는 $\triangle ABC$의 외심이므로 $\overline{OA} = \overline{OB} = \overline{OC}$이다.
$(\triangle OAB$의 둘레의 길이$) = \overline{AB} + \overline{OA} + \overline{OB}$
$= 5 + 2\overline{OA} = 18 (\text{cm})$
이므로 $2\overline{OA} = 13$에서 $\overline{OA} = \dfrac{13}{2}$ cm
따라서
$(\triangle ABC$의 둘레의 길이$) = \overline{AB} + \overline{BC} + \overline{CA}$
$= \overline{AB} + \overline{BC} + (\overline{OA} + \overline{OC})$
$= \overline{AB} + \overline{BC} + 2\overline{OA}$
$= 5 + 12 + 2 \times \dfrac{13}{2} = 30 (\text{cm})$

답 ②

09

점 O가 $\triangle ABC$의 외심이므로
$\angle a + \angle b + \angle c = 90°$이고 $\angle a + \angle b = \angle c$에서
$2\angle c = 90°$, $\angle c = 45°$
$\triangle OAB$는 $\overline{OA} = \overline{OB}$인 이등변삼각형이므로
$\angle OAB = \angle OBA = \angle c$
$\triangle OAB$에서 $\angle x + 2\angle c = 180°$
$\angle x + 2 \times 45° = 180°$
따라서 $\angle x = 90°$

답 ④

10

$35° + 40° + \angle ICA = 90°$이므로
$\angle ICA = 15°$
$\angle ACB = 2\angle ICA = 2 \times 15° = 30°$
따라서 $\triangle BCD$에서
$\angle IDC = 180° - (40° + 30°)$
$= 110°$

답 ③

11

$\triangle ABC$의 내접원의 반지름의 길이를 r cm라고 하면

$\triangle IAB = \dfrac{1}{2} r \times 6 = 3r (\text{cm}^2)$
$\triangle IBC = \dfrac{1}{2} r \times 8 = 4r (\text{cm}^2)$
$\triangle ICA = \dfrac{1}{2} r \times 7 = \dfrac{7}{2} r (\text{cm}^2)$
이므로 $\triangle IAB : \triangle IBC : \triangle ICA = 6 : 8 : 7$
따라서 $\triangle ICA = \dfrac{7}{21} \triangle ABC = \dfrac{7}{21} \times 36 = 12 (\text{cm}^2)$

답 12 cm²

12

ㄱ. 평행사변형은 두 쌍의 대변의 길이가 각각 같으므로
$\overline{AB}=\overline{DC}$, $\overline{AD}=\overline{BC}$

ㄴ. 평행사변형은 두 쌍의 대각의 크기가 각각 같으므로
$\angle BAD=\angle BCD$, $\angle ABC=\angle CDA$

ㄷ. 평행사변형은 두 대각선이 서로 다른 것을 이등분하므로
$\overline{OA}=\overline{OC}$, $\overline{OB}=\overline{OD}$

따라서 항상 참인 것은 ㄱ, ㄴ, ㄷ이다.

目 ①

13

$\overline{AB}/\!/\overline{DC}$이므로 $\angle ABE=\angle BEC$(엇각)

$\triangle CEB$는 $\angle CBE=\angle CEB$인 이등변삼각형이므로
$\overline{CE}=\overline{BC}=4\ \text{cm}$

$\overline{AB}=\overline{DC}=3+4=7(\text{cm})$, $\overline{AD}=\overline{BC}=4\ \text{cm}$

따라서 □ABCD의 둘레의 길이는
$7+4+7+4=22(\text{cm})$

目 ②

14

① 두 대각선이 서로 다른 것을 이등분하므로 평행사변형이다.

② 두 쌍의 대변의 길이가 각각 같으므로 평행사변형이다.

③ 두 쌍의 대각의 크기가 각각 같으므로 평행사변형이다.

④ 두 쌍의 대변이 서로 평행하므로 평행사변형이다.

目 ⑤

15

$\overline{AB}/\!/\overline{DC}$이므로
$\angle ABD=\angle CDB=65°$

$\angle C=\angle A=65°$

따라서 $\angle A=\angle ABD$, $\angle C=\angle BDC$이므로
$\triangle ABD$와 $\triangle BCD$는 각각 $\overline{AD}=\overline{BD}$, $\overline{BC}=\overline{BD}$인 이등변삼각형이다.

③, ④ $\angle ADB=\angle DBC=180°-(65°+65°)=50°$

目 ④

16

$\overline{AD}=\overline{BC}$이므로 $\triangle PAD : \triangle PBC=\overline{PE} : \overline{PF}=3 : 5$이다.

$\triangle PAD=20\times\dfrac{3}{5}=12(\text{cm}^2)$

$\triangle PAD+\triangle PBC=\dfrac{1}{2}$□ABCD이므로

□ABCD$=2(\triangle PAD+\triangle PBC)$
$\qquad\quad=2\times(12+20)$
$\qquad\quad=64(\text{cm}^2)$

目 $64\ \text{cm}^2$

17

$\overline{OA}=\overline{OB}$이므로 $\triangle OAB$는 이등변삼각형이고
$\angle OAB=\angle OBA=60°$에서
$\angle AOB=60°$

즉, $\triangle OAB$는 정삼각형이다.

따라서 $\overline{OC}=\overline{OD}=\overline{AB}=\overline{DC}=12\ \text{cm}$이므로
$\triangle OCD$의 둘레의 길이는
$3\times12=36(\text{cm})$

目 ④

18

평행사변형이 마름모가 되기 위해서는

ㄴ. 이웃하는 두 변의 길이가 같아야 하므로
$\overline{BC}=\overline{AB}=3\ \text{cm}$

ㄷ. 두 대각선이 서로 수직이어야 하므로
$\angle COD=90°$

目 ③

19

$\overline{OB}=\overline{OA}=4\ \text{cm}$이고 $\angle AOB=90°$이므로
$\triangle OAB=\dfrac{1}{2}\times4\times4=8(\text{cm}^2)$

이때 $\triangle OAB=\triangle OBC=\triangle OCD=\triangle ODA$이므로
□ABCD$=8\times4=32(\text{cm}^2)$

目 $32\ \text{cm}^2$

20

① $\angle ABC=90°$이면 마름모 ABCD는 정사각형이 된다.

② $\angle OBC=45°$이면 $\overline{CB}=\overline{CD}$인 $\triangle CBD$에서
$\angle CDB=\angle CBD=45°$이므로
$\angle BCD=180°-(45°+45°)=90°$
따라서 마름모 ABCD는 정사각형이 된다.

③ 이웃하는 두 내각의 크기의 합은 180°이므로 이웃하는 두 내각의 크기가 같으면 두 내각의 크기는 각각 90°이다.
따라서 마름모 ABCD는 정사각형이 된다.

④ $\overline{OA}=\overline{OD}$이면 $\overline{AC}=2\overline{OA}=2\overline{OD}=\overline{BD}$이므로 마름모 ABCD는 정사각형이 된다.

目 ⑤

21

$\overline{AD} /\!/ \overline{BC}$이므로

$\angle ADB = \angle DBC = 30°$ (엇각)

$\triangle ABD$에서 $\overline{AB} = \overline{AD}$이므로

$\angle ABD = \angle ADB = 30°$ ··· 1단계

$\angle ABC = 30° + 30° = 60°$

$\angle BCD = \angle ABC = 60°$ ··· 2단계

$\angle ADC = 180° - \angle BCD$

$= 180° - 60°$

$= 120°$ ··· 3단계

따라서

$\angle x = \angle ADC - \angle ADB$

$= 120° - 30°$

$= 90°$ ··· 4단계

답 90°

단계	채점 기준	비율
1단계	$\angle ABD$의 크기를 구한 경우	30 %
2단계	$\angle BCD$의 크기를 구한 경우	30 %
3단계	$\angle ADC$의 크기를 구한 경우	20 %
4단계	$\angle x$의 크기를 구한 경우	20 %

[다른 풀이]

$\overline{AD} /\!/ \overline{BC}$이므로

$\angle ADB = \angle DBC = 30°$ (엇각)

$\triangle ABD$에서 $\overline{AB} = \overline{AD}$이므로

$\angle ABD = \angle ADB = 30°$

$\angle ABC = 30° + 30° = 60°$

$\angle BCD = \angle ABC = 60°$

$\triangle DBC$에서

$\angle x + 30° + 60° = 180°$

따라서 $\angle x = 90°$

22

$\triangle ABC$와 $\triangle DCB$에서

$\overline{AB} = \overline{DC}$, $\overline{BC}$는 공통, $\angle ABC = \boxed{\angle DCB}$

이므로 $\triangle ABC \equiv \triangle DCB (\boxed{SAS}$ 합동)

따라서 OBC에서 $\angle OBC = \boxed{\angle OCB}$이고 두 밑각의 크기가

같으면 이등변삼각형이므로 $\overline{OB} = \overline{OC}$이다.

답 ①

23

직사각형은 두 대각선의 길이가 같고 두 대각선이 서로 다른 것을 이등분한다.

정사각형은 직사각형의 성질을 모두 만족하므로 직사각형이다.

따라서 □ABCD가 될 수 있는 사각형은 직사각형, 정사각형이다.

답 ⑤

24

오른쪽 그림과 같이 $\overline{OC}$를 그으면

$\overline{OA} = \overline{OB} = \overline{OC}$이다.

평행사변형의 성질에 의해 $\overline{OA} = \overline{BC}$이므로 $\triangle OBC$는 정삼각형이고

$\angle COB = 60°$

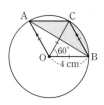

$\overline{OA} /\!/ \overline{BC}$이므로 $\triangle ABC$와 $\triangle OBC$는 밑변 BC가 공통이고 높이가 같으므로 그 넓이가 같다. 즉, 색칠한 부분의 넓이는 반지름의 길이가 4 cm이고 중심각의 크기가 60°인 부채꼴 OBC의 넓이와 같다.

따라서 색칠한 부분의 넓이는

$\pi \times 4^2 \times \dfrac{60}{360} = \dfrac{8}{3}\pi \,(\text{cm}^2)$

답 $\dfrac{8}{3}\pi \text{ cm}^2$

25

$\overline{AC} /\!/ \overline{DE}$이므로 $\triangle ACD = \triangle ACE$

$\triangle ABE = \triangle ABC + \triangle ACE$

$= \triangle ABC + \triangle ACD$

$= \square ABCD$ ··· 1단계

이때

$\square ABCD = \triangle ABD + \triangle BCD$

$= \dfrac{1}{2} \times 14 \times 5 + \dfrac{1}{2} \times 14 \times 4$

$= 35 + 28$

$= 63\,(\text{cm}^2)$ ··· 2단계

따라서 $\triangle ABE$의 넓이는 63 cm²이다. ··· 3단계

답 63 cm²

단계	채점 기준	비율
1단계	평행선 사이의 삼각형의 넓이가 같음을 이용하여 $\triangle ABE = \square ABCD$임을 알아낸 경우	50 %
2단계	$\square ABCD$의 넓이를 구한 경우	40 %
3단계	$\triangle ABE$의 넓이를 구한 경우	10 %

01 ③	02 ④	03 ④	04 6 cm²	05 2 cm	06 ①
07 ③	08 ④	09 ①	10 ④	11 ③	12 ③
13 2 cm	14 ①	15 ⑤	16 16 cm²	17 28	18 135°
19 ㄱ, ㄹ	20 70°	21 ㄱ, ㄷ	22 ③, ⑤	23 ⑤	24 56 cm²

01

정오각형의 한 내각의 크기는 108°이므로 ∠A=108°이다.

또 △ABE는 $\overline{AB}=\overline{AE}$인 이등변삼각형이므로

∠AEB=∠ABE=∠x

△ABE에서 108°+∠x+∠x=180°

따라서 ∠x=36°

답 ③

02

이등변삼각형의 두 밑각의 크기는 서로 같다. (①)

또 이등변삼각형의 꼭지각의 이등분선은 밑변을 수직이등분한다. (②, ③)

이등변삼각형에서 꼭지각의 이등분선으로 나누어진 두 삼각형은 서로 합동이다. (⑤)

답 ④

03

∠ABC=∠EDF=∠x라고 하면

∠BCA=$\frac{1}{2}$×(180°−∠x)=∠AEC

△AEC는 두 내각의 크기가 같으므로 $\overline{AE}=\overline{AC}$=5 cm인 이등변삼각형이다.

따라서 $\overline{AD}=\overline{DE}-\overline{AE}$=7−5=2(cm)

답 ④

04

∠DFE=∠EFB (접은 각)이고

∠EFB=∠FED (엇각)

이므로 △DEF는 $\overline{DE}=\overline{DF}$인 이등변삼각형이다.

따라서 $\overline{DE}=\overline{DF}$=5 cm   ··· 1단계

△DA′E와 △DCF에서

∠A′=∠C=90°,

$\overline{DE}=\overline{DF}$,

$\overline{DA'}=\overline{DC}$

이므로 △DA′E≡△DCF (RHS 합동)   ··· 2단계

따라서 △DA′E=△DCF=$\frac{1}{2}$×4×3=6(cm²)   ··· 3단계

답 6 cm²

단계	채점 기준	비율
1단계	$\overline{DE}$의 길이를 구한 경우	40 %
2단계	합동인 삼각형을 찾아 이유를 설명한 경우	40 %
3단계	△DA′E의 넓이를 구한 경우	20 %

05

△ABC와 △DAE에서

∠BCA=∠AED=90°, $\overline{AB}=\overline{DA}$,

∠ABC=90°−∠BAC=∠DAE이므로

△ABC≡△DAE (RHA 합동)이다.

그러므로 $\overline{AC}=\overline{DE}$=3 cm

따라서

$\overline{CD}=\overline{AD}-\overline{AC}$=5−3=2(cm)

답 2 cm

06

△OAB, △OBC, △OCA의 둘레의 길이의 합은

$(\overline{OA}+\overline{OB}+\overline{AB})+(\overline{OB}+\overline{OC}+\overline{BC})+(\overline{OC}+\overline{OA}+\overline{CA})$

$=\overline{AB}+\overline{BC}+\overline{CA}+2(\overline{OA}+\overline{OB}+\overline{OC})$

이때 $\overline{OA}=\overline{OB}=\overline{OC}$이므로

36+6$\overline{OA}$=66에서 $\overline{OA}$=5 cm

따라서 △ABC의 외접원의 둘레의 길이는

2×π×5=10π(cm)

답 ①

07

오른쪽 그림과 같이 $\overline{OB}$를 그으면

∠OBA=∠OAB=24°,

∠OBC=∠OCB=∠x이므로

∠ABC=24°+∠x에서

∠AOC=2∠ABC=48°+2∠x=100°

따라서 ∠x=26°

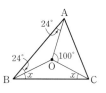

답 ③

[다른 풀이]

∠OAC=∠OCA=$\frac{1}{2}$×(180°−100°)=40°,

∠OAC+∠OAB+∠OCB=90°이므로

40°+24°+∠x=90°

따라서 ∠x=26°

08

점 I에서 삼각형의 세 변에 이르는 거리가 같으므로 점 I는 △ABC의 내심이다.

따라서 $\overline{\rm IA}$, $\overline{\rm IB}$, $\overline{\rm IC}$는 각각 ∠A, ∠B, ∠C의 이등분선이다.

ㄴ. △IBD≡△IBE이므로 $\overline{\rm BD}=\overline{\rm BE}$

ㄹ. $\overline{\rm IC}$는 ∠ACB의 이등분선이므로 ∠ICE=∠ICF

ㅂ. △IAD≡△IAF (RHS 합동)

따라서 옳은 것은 ㄴ, ㄹ, ㅂ이다.

답 ④

09

∠IBC=∠ABI=∠x이므로

∠ABC=2∠x

∠ACI=∠ICB=∠y이므로

∠ACB=2∠y

2∠x+2∠y=180°−90°=90°이므로

∠x+∠y=45°

답 ①

[다른 풀이]

∠BIC=90°+$\dfrac{1}{2}$×90°=135°

∠IBC=∠ABI=∠x이므로

∠x+∠y=∠IBC+∠ICB

$\qquad\qquad$=180°−∠BIC

$\qquad\qquad$=180°−135°=45°

10

∠DBI=∠IBC=∠DIB이므로 $\overline{\rm DB}=\overline{\rm DI}$

∠ECI=∠ICB=∠EIC이므로 $\overline{\rm EC}=\overline{\rm EI}$

$\overline{\rm CE}=\overline{\rm IE}=\overline{\rm DE}-\overline{\rm DI}$

$\qquad\quad=\overline{\rm DE}-\overline{\rm DB}$

$\qquad\quad=7-3=4({\rm cm})$

답 ④

11

∠BAC=$\dfrac{1}{2}$∠BOC=$\dfrac{1}{2}$×80°=40°

따라서

∠BIC=90°+$\dfrac{1}{2}$∠BAC

$\qquad\quad$=90°+$\dfrac{1}{2}$×40°

$\qquad\quad$=110°

답 ③

12

평행사변형에서 두 쌍의 대변의 길이는 각각 같고 두 쌍의 대각의 크기도 각각 같으므로

$\overline{\rm AD}=\overline{\rm BC}=4$ cm, 즉 $x=4$

$\overline{\rm DC}=\overline{\rm AB}=5$ cm, 즉 $y=5$

또한 이웃하는 두 내각의 크기의 합은 180°이므로

∠D=180°−∠C=180°−100°=80°, 즉 $z=80$

답 ③

13

∠DAE=∠AEB(엇각)이므로 ∠BAE=∠BEA

즉, △BAE는 이등변삼각형이므로

$\overline{\rm BE}=\overline{\rm BA}=4$ cm $\qquad$ ··· 1단계

∠ADF=∠DFC(엇각)이므로 ∠CDF=∠CFD

즉, △CDF는 이등변삼각형이므로

$\overline{\rm CF}=\overline{\rm CD}=4$ cm $\qquad$ ··· 2단계

$\overline{\rm BC}=\overline{\rm AD}=6$ cm이고 $\overline{\rm BF}=\overline{\rm BC}-\overline{\rm CF}=6-4=2({\rm cm})$

따라서 $\overline{\rm EF}=\overline{\rm BE}-\overline{\rm BF}=4-2=2({\rm cm})$ $\qquad$ ··· 3단계

답 2 cm

단계	채점 기준	비율
1단계	$\overline{\rm BE}$의 길이를 구한 경우	40 %
2단계	$\overline{\rm CF}$의 길이를 구한 경우	40 %
3단계	$\overline{\rm EF}$의 길이를 구한 경우	20 %

14

$\overline{\rm OD}/\!/\overline{\rm CE}$이고 $\overline{\rm OC}/\!/\overline{\rm DE}$이므로

□OCED는 평행사변형이다.

평행사변형 OCED에서

$\overline{\rm OC}=\overline{\rm DE}$, $\overline{\rm OD}=\overline{\rm CE}$이고

평행사변형 ABCD에서

$\overline{\rm OA}=\overline{\rm OC}=\overline{\rm DE}$, $\overline{\rm OB}=\overline{\rm OD}=\overline{\rm CE}$

따라서 □OCED의 둘레의 길이는

$(\overline{\rm OC}+\overline{\rm DE})+(\overline{\rm OD}+\overline{\rm CE})=\overline{\rm AC}+\overline{\rm BD}$

$\qquad\qquad\qquad\qquad\qquad\qquad=6+8=14({\rm cm})$

답 ①

15

∠CAD=∠ACB(엇각)이므로 $\overline{\rm AD}/\!/\overline{\rm BC}$

즉, ∠ODA=∠OBC(엇각) (ㄷ)

이때 $\overline{\rm AD}/\!/\overline{\rm BC}$, $\overline{\rm AD}=\overline{\rm BC}$이므로 □ABCD는 평행사변형이다.

평행사변형은 두 쌍의 대변의 길이가 각각 같고 (ㄱ)

두 쌍의 대각의 크기가 각각 같다. (ㄹ)

또한 두 대각선이 서로 다른 것을 이등분한다. (ㄴ)
따라서 옳은 것은 ㄱ, ㄴ, ㄷ, ㄹ이다.

답 ⑤

16

평행사변형의 넓이는 한 대각선에 의해 이등분되므로
$\triangle ABC = \triangle ACD$
$\triangle ABC = \triangle PAB + \triangle PBC$
$\qquad = 12 + 30 = 42 (cm^2)$ ··· **1단계**
$\triangle DQC$의 넓이를 $x \, cm^2$라고 하면
$\triangle ACD = \triangle QAD + \triangle DQC$
$\qquad = 26 + x (cm^2)$ ··· **2단계**
$26 + x = 42$에서 $x = 16$ ··· **3단계**
따라서 $\triangle DQC$의 넓이는 $16 \, cm^2$이다.

답 $16 \, cm^2$

단계	채점 기준	비율
1단계	$\triangle ABC$의 넓이를 구한 경우	40 %
2단계	$\triangle ACD$의 넓이를 $\triangle DQC$의 넓이를 이용하여 나타낸 경우	30 %
3단계	$\triangle DQC$의 넓이를 구한 경우	30 %

17

직사각형의 두 대각선은 서로 다른 것을 이등분하므로
$\overline{OA} = \overline{OC}$에서
$4x + 2 = 5x - 1$, $x = 3$
또 직사각형의 두 대각선의 길이는 같으므로
$\overline{BD} = \overline{AC} = (4x + 2) + (5x - 1) = 9x + 1 = 28$

답 28

18

$\angle APC = \angle x$라고 하면
$\triangle ABP \equiv \triangle CBP$ (SAS 합동)에서
$\angle BPA = \angle BPC = \frac{1}{2} \angle x$
$\triangle ABP$는 $\overline{BA} = \overline{BP}$인 이등변삼각형이므로
$\angle BAP = \angle BPA = \frac{1}{2} \angle x$
또 $\triangle BCP$는 $\overline{BP} = \overline{BC}$인 이등변삼각형이므로
$\angle BCP = \angle BPC = \frac{1}{2} \angle x$
$\square ABCP$의 네 내각의 크기의 합은 360°이므로
$90° + 4 \times \frac{1}{2} \angle x = 360°$에서
$90° + 2 \angle x = 360°$
따라서 $\angle x = 135°$

답 135°

[다른 풀이]
$\angle ABC = 90°$이므로 $\angle ABP = 45°$
$\angle BPA = \frac{1}{2} \times (180° - 45°) = 67.5°$
또한 $\angle PBC = 45°$이므로
$\angle BPC = \frac{1}{2} \times (180° - 45°) = 67.5°$
따라서 $\angle x = 67.5° + 67.5° = 135°$

19

직사각형이 되는 조건과 마름모가 되는 조건을 모두 만족하는 평행사변형은 정사각형이다.
(i) 평행사변형 ABCD가 직사각형이 되는 조건
$\Rightarrow \overline{AC} = \overline{BD}$, $\angle A = 90°$
$\qquad \angle C = 90°$
(ii) 평행사변형 ABCD가 마름모가 되는 조건
$\Rightarrow \overline{AB} = \overline{BC}$, $\angle BOC = 90°$, $\angle AOD = 90°$
따라서 평행사변형 ABCD가 정사각형이 되는 조건은 ㄱ, ㄹ이다.

답 ㄱ, ㄹ

20

$\overline{AD} \, / / \, \overline{BC}$이므로
$\angle DBC = \angle ADB = 45°$
$\angle ABC = 20° + 45° = 65°$이고 $\angle C = \angle ABC = 65°$
$\triangle DBC$의 세 내각의 크기의 합은 180°이므로
$45° + 65° + \angle BDC = 180°$
따라서 $\angle BDC = 70°$

답 70°

[다른 풀이]
$\overline{AD} \, / / \, \overline{BC}$이므로 $\angle DBC = \angle ADB = 45°$
$\angle ABC = 20° + 45° = 65°$이고 $\angle C = \angle ABC = 65°$
$\angle ADC = 180° - 65° = 115°$
따라서
$\angle BDC = 115° - 45° = 70°$

21

$\triangle AEH \equiv \triangle CGF$ (SAS 합동),
$\triangle BEF \equiv \triangle DGH$ (SAS 합동)
이므로 $\square EFGH$는 평행사변형이다.

한편

$\angle BFE = \frac{1}{2} \times (180° - \angle B) = 90° - \frac{1}{2}\angle B$,

$\angle CFG = \frac{1}{2} \times (180° - \angle C) = 90° - \frac{1}{2}\angle C$이므로

$\angle BFE + \angle CFG = 180° - \frac{1}{2}(\angle B + \angle C)$이다.

이때 $\angle B + \angle C = 180°$이므로

$\angle BFE + \angle CFG = 180° - \frac{1}{2} \times 180° = 90°$

즉, $\angle EFG = 90°$

그러므로 □EFGH는 한 내각의 크기가 90°인 평행사변형이므로 직사각형이다.

따라서 보기 중 옳은 것은 ㄱ, ㄷ이다.

답 ㄱ, ㄷ

22

두 대각선이 서로 다른 것을 수직이등분하는 사각형은 마름모와 정사각형이다.

답 ③, ⑤

23

두 쌍의 대변의 길이가 각각 같은 사각형은 평행사변형, 마름모, 직사각형, 정사각형이므로 $a=4$

네 내각의 크기가 모두 같은 사각형은 직사각형, 정사각형이므로 $b=2$

따라서 $a+b=4+2=6$

답 ⑤

24

$\overline{AE} = \overline{EF} = \overline{FC}$이므로

$\triangle BAE = \triangle BEF = \triangle BFC$

$\qquad = \frac{1}{3}\triangle ABC = \frac{1}{6}\square ABCD$

$\triangle DAE = \triangle DEF = \triangle DFC$

$\qquad = \frac{1}{3}\triangle ACD = \frac{1}{6}\square ABCD$

따라서 색칠한 부분의 넓이는

$\square ABCD \times \frac{4}{6} = 84 \times \frac{2}{3}$

$\qquad = 56(\text{cm}^2)$

답 56 cm²

Ⅴ. 도형의 닮음과 피타고라스 정리 [1회] 본문 70~73쪽

01 ⑤	**02** ⑤	**03** ②	**04** 108 cm³	**05** ④
06 ⑤	**07** ①	**08** ⑤	**09** 5 cm	**10** 4 cm **11** ②
12 $\frac{35}{4}$ cm		**13** 6 cm	**14** 6 cm	**15** ④ **16** ④
17 15	**18** ②	**19** ④	**20** ③	**21** 9 cm **22** 8 cm²
23 ⑤	**24** 4 cm			

01

⑤ 반원은 지름의 길이로 크기가 결정되고 그 모양이 항상 같으므로 두 반원은 항상 닮음이다.

답 ⑤

02

$\angle A = \angle E$, $\angle B = \angle F$이므로

$\triangle ABC \backsim \triangle EFD$ (AA 닮음)

따라서 닮음비는

$a:e = b:f = c:d$

답 ⑤

03

두 원뿔 A, B의 닮음비는 3 : 4이므로

원뿔 A의 밑면의 반지름의 길이를 r cm라고 하면

$3:4 = r:3$, $4r = 9$

$r = \frac{9}{4}$

따라서 원뿔 A의 밑면의 둘레의 길이는

$2\pi \times \frac{9}{4} = \frac{9}{2}\pi(\text{cm})$

답 ②

04

닮은 두 입체도형 A, B의 겉넓이의 비가

$24:54 = 4:9 = 2^2:3^2$이므로

부피의 비는 $2^3:3^3 = 8:27$

입체도형 B의 부피를 x cm³라고 하면

$8:27 = 32:x$

$x = 108$

따라서 입체도형 B의 부피는 108 cm³이다.

답 108 cm³

05

닮은 입체도형에서

닮음비가 1 : 2 : 3이면

부피의 비는 $1^3 : 2^3 : 3^3 = 1 : 8 : 27$

따라서 △ADE, □DFGE, □FBCG에 의해 생기는

입체도형의 부피의 비는

$1 : (8-1) : (27-8) = 1 : 7 : 19$

답 ④

06

△ABC∽△ADE (AA 닮음)이므로

$\overline{AB} : \overline{AD} = \overline{AC} : \overline{AE}$

$(x+3) : 5 = 9 : 3$

$3x+9 = 45$

$3x = 36$

따라서 $x = 12$

답 ⑤

07

△ABD∽△CAD (AA 닮음)이므로

$\overline{AD}^2 = \overline{BD} \times \overline{CD}$

$64 = 10 \times \overline{CD}$

따라서 $\overline{CD} = \dfrac{32}{5}$ cm

답 ①

08

△ABC∽△ADE (AA 닮음)이고

닮음비가 3 : 2이므로

넓이의 비는 $3^2 : 2^2 = 9 : 4$

그런데 △ABC$= 12$ cm²이므로

△ADE의 넓이는

$12 \times \dfrac{4}{9} = \dfrac{16}{3}$ (cm²)

따라서 □DBCE의 넓이는

$12 - \dfrac{16}{3} = \dfrac{20}{3}$ (cm²)

답 ⑤

09

△ABD와 △ACE에서

$\angle ADB = \angle AEC = 90°$,

$\angle A$가 공통이므로

△ABD∽△ACE (AA 닮음)

그러므로 $\overline{AB} : \overline{AC} = \overline{AD} : \overline{AE}$

$\overline{AB} : 22 = 8 : 11$

$11\overline{AB} = 176$

$\overline{AB} = 16$ cm

따라서

$\overline{BE} = \overline{AB} - \overline{AE}$

$= 16 - 11$

$= 5$(cm)

답 5 cm

10

□ABCD가 평행사변형이므로

$\angle B = \angle D$ ⋯⋯ ㉠

$\angle BEA = \angle DFA = 90°$ ⋯⋯ ㉡

㉠, ㉡에 의하여

△ABE∽△ADF (AA 닮음)이고 ⋯ 1단계

$\overline{BE} = \overline{BC} - \overline{EC} = 16 - 10 = 6$(cm)이므로

$\overline{AB} : \overline{AD} = \overline{BE} : \overline{DF}$

$12 : 16 = 6 : \overline{DF}$

$3 : 4 = 6 : \overline{DF}$

$3\overline{DF} = 24$

$\overline{DF} = 8$ cm ⋯ 2단계

따라서

$\overline{CF} = \overline{CD} - \overline{DF}$

$= 12 - 8$

$= 4$(cm) ⋯ 3단계

답 4 cm

단계	채점 기준	비율
1단계	△ABE∽△ADF임을 설명한 경우	30 %
2단계	$\overline{DF}$의 길이를 구한 경우	50 %
3단계	$\overline{CF}$의 길이를 구한 경우	20 %

11

$\overline{AD} /\!/ \overline{BC}$이므로

$\angle PDB = \angle DBC$(엇각)이고

$\angle DBC = \angle PBD$(접은 각)이므로

$\angle PDB = \angle PBD$

즉, △PBD는 $\overline{BP} = \overline{DP}$인 이등변삼

각형이므로

$\overline{BQ} = \overline{DQ} = 5$ cm

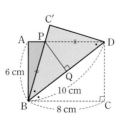

△BQP∽△BCD (AA 닮음)이므로

$\overline{BP} : \overline{BD} = \overline{BQ} : \overline{BC}$

$\overline{BP} : 10 = 5 : 8$

$8\overline{BP} = 50$

$\overline{BP} = \dfrac{25}{4}$ cm

따라서

$\overline{PC'} = \overline{BC'} - \overline{BP}$

$= 8 - \dfrac{25}{4}$

$= \dfrac{7}{4}(cm)$

답 ②

12

$\overline{AD} = \overline{ED} = 7$ cm이므로

$\overline{AB} = 7 + 8 = 15(cm)$

정삼각형 ABC의 한 변의 길이는

15 cm이므로

$\overline{BC} = 15$ cm이고

$\overline{CE} = 15 - 5 = 10(cm)$

△BED와 △CFE에서

∠B = ∠C = 60° ······ ㉠

∠BDE + ∠BED = 120°이고

∠BED + ∠CEF = 120°이므로

∠BDE = ∠CEF ······ ㉡

㉠, ㉡에 의하여

△BED∽△CFE (AA 닮음)이므로

$\overline{BD} : \overline{CE} = \overline{DE} : \overline{EF}$ ····· 2단계

$8 : 10 = 7 : \overline{EF}$

$8\overline{EF} = 70$

$\overline{EF} = \dfrac{70}{8} = \dfrac{35}{4}$ (cm) ····· 3단계

답 $\dfrac{35}{4}$ cm

단계	채점 기준	비율
1단계	$\overline{CE}$의 길이를 구한 경우	30 %
2단계	△BED∽△CFE임을 구한 경우	50 %
3단계	$\overline{EF}$의 길이를 구한 경우	20 %

13

△EBF∽△EAD (AA 닮음)이므로

$\overline{EB} : \overline{EA} = \overline{BF} : \overline{AD}$

$2 : 6 = \overline{BF} : 9$

$3\overline{BF} = 9$

$\overline{BF} = 3$ cm

따라서 $\overline{CF} = 9 - 3 = 6(cm)$

답 6 cm

14

$\overline{BD} : \overline{DA} = \overline{BF} : \overline{FC}$이므로

$9 : 6 = \overline{BF} : 10$

$2\overline{BF} = 30$

$\overline{BF} = 15$ cm ····· 1단계

그런데 $\overline{BE} : \overline{EF} = \overline{BD} : \overline{DA}$이므로

$\overline{BE} : \overline{EF} = 9 : 6 = 3 : 2$ ····· 2단계

따라서

$\overline{EF} = \dfrac{2}{5}\overline{BF}$

$= \dfrac{2}{5} \times 15$

$= 6(cm)$ ····· 3단계

답 6 cm

단계	채점 기준	비율
1단계	$\overline{BF}$의 길이를 구한 경우	40 %
2단계	$\overline{BE} : \overline{EF}$를 구한 경우	30 %
3단계	$\overline{EF}$의 길이를 구한 경우	30 %

15

$\overline{DE} = \dfrac{1}{2}\overline{AC} = \dfrac{1}{2} \times 8 = 4(cm)$

$\overline{EF} = \dfrac{1}{2}\overline{AB} = \dfrac{1}{2} \times 10 = 5(cm)$

$\overline{DF} = \dfrac{1}{2}\overline{BC} = \dfrac{1}{2} \times 12 = 6(cm)$

따라서 △DEF의 둘레의 길이는

$4 + 5 + 6 = 15(cm)$

답 ④

16

△ABF에서

점 D를 지나면서 $\overline{BF}$에 평행한 직선이 $\overline{AF}$

와 만나는 점을 G라고 하면

△EGD≡△EFC (ASA 합동)이므로

$\overline{DG} = \overline{CF} = 3$ cm

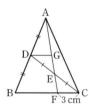

따라서

$\overline{\text{BF}} = 2\overline{\text{DG}}$
$\quad = 2 \times 3$
$\quad = 6 \text{(cm)}$

답 ④

17

$x : 3 = 6 : 4$

$2x = 9$

$x = \dfrac{9}{2}$

$y : 5 = 4 : 6$

$3y = 10$

$y = \dfrac{10}{3}$

따라서 $xy = \dfrac{9}{2} \times \dfrac{10}{3} = 15$

답 15

18

$\overline{\text{AB}} /\!/ \overline{\text{EF}}$이므로

$\triangle\text{CAB} \backsim \triangle\text{CFE}$ (AA 닮음)이고

닮음비는 $2 : 3$

그러므로 $\overline{\text{CA}} : \overline{\text{CF}} = \overline{\text{CB}} : \overline{\text{CE}} = 2 : 3$

$\triangle\text{FAB}$에서

$\overline{\text{FC}} : \overline{\text{FA}} = \overline{\text{CD}} : \overline{\text{AB}}$이므로

$3 : 5 = \overline{\text{CD}} : 8$, $5\overline{\text{CD}} = 24$

따라서 $\overline{\text{CD}} = \dfrac{24}{5}$ cm

답 ②

19

삼각형의 무게중심은 세 중선의 교점이므로

$\overline{\text{BD}} = \overline{\text{CD}}$

그런데 직각삼각형의 외심은 빗변의 중점이므로

$\overline{\text{AD}} = \overline{\text{BD}} = \overline{\text{CD}}$

삼각형의 무게중심은 세 중선의 길이를 각 꼭짓점으로부터 각각
$2 : 1$로 나누므로

$\overline{\text{AD}} = \dfrac{3}{2}\overline{\text{AG}}$

$\quad = \dfrac{3}{2} \times 6$

$\quad = 9 \text{(cm)}$

따라서

$\overline{\text{BC}} = 2\overline{\text{AD}}$
$\quad = 2 \times 9$
$\quad = 18 \text{(cm)}$

답 ④

20

$\overline{\text{GD}} = \dfrac{1}{3}\overline{\text{AD}} = \dfrac{1}{3} \times 12 = 4 \text{(cm)}$

이고 $\overline{\text{EF}} /\!/ \overline{\text{BC}}$이므로

$\triangle\text{GBD} \backsim \triangle\text{GFE}$ (AA 닮음)

$\overline{\text{GD}} : \overline{\text{GE}} = \overline{\text{GB}} : \overline{\text{GF}} = 2 : 1$

따라서

$\overline{\text{GE}} = \dfrac{1}{2}\overline{\text{GD}}$

$\quad = \dfrac{1}{2} \times 4$

$\quad = 2 \text{(cm)}$

답 ③

21

오른쪽 그림과 같이 $\overline{\text{AC}}$를 그은 후
$\overline{\text{AC}}$와 $\overline{\text{BD}}$의 교점을 O라고 하면
평행사변형의 두 대각선은 서로 다른
것을 이등분하므로

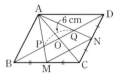

$\overline{\text{AO}} = \overline{\text{CO}}$, $\overline{\text{BO}} = \overline{\text{DO}}$

따라서 두 점 P, Q는 각각 $\triangle\text{ABC}$, $\triangle\text{ACD}$의 무게중심이므로

$\overline{\text{BD}} = 3\overline{\text{PQ}}$

$\quad = 3 \times 6$

$\quad = 18 \text{(cm)}$

그런데 $\triangle\text{CDB}$에서

두 점 M, N은 각각 $\overline{\text{BC}}$, $\overline{\text{CD}}$의 중점이므로

$\overline{\text{MN}} = \dfrac{1}{2}\overline{\text{BD}}$

$\quad = \dfrac{1}{2} \times 18$

$\quad = 9 \text{(cm)}$

답 9 cm

22

삼각형의 넓이는 세 중선에 의해 6등분되므로

$$\triangle GDC = \frac{1}{6}\triangle ABC$$
$$= \frac{1}{6}\times 72$$
$$= 12(cm^2)$$

그런데 $\overline{GG'} : \overline{G'D} = 2 : 1$이므로

$$\triangle GG'C = \frac{2}{3}\triangle GDC$$
$$= \frac{2}{3}\times 12$$
$$= 8(cm^2)$$

■ $8\ cm^2$

23

밑면의 반지름의 길이를 r cm라고 하면
밑면의 둘레의 길이가 14π cm이므로

$2\pi r = 14\pi$

$r = 7$

원뿔의 높이를 h cm라고 하면
피타고라스 정리에 의하여

$25^2 = 7^2 + h^2$

$h^2 = 576$

그런데 $h > 0$이므로

$h = 24$

따라서 원뿔의 높이는 24 cm이다.

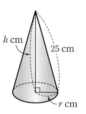

■ ⑤

24

직각삼각형 ABC에서
피타고라스 정리에 의하여

$\overline{AB}^2 + \overline{BC}^2 = \overline{CA}^2$

$18 + \overline{BC}^2 = 34$

$\overline{BC}^2 = 16$

그런데 $\overline{BC} > 0$이므로

$\overline{BC} = 4\ cm$

■ $4\ cm$

V. 도형의 닮음과 피타고라스 정리 2회 본문 74~77쪽

01 ①, ④	**02** ③	**03** ⑤	**04** 117분	**05** ②	**06** ④
07 180 cm²	**08** ③	**09** $\triangle ABC \backsim \triangle DAC$ (SAS 닮음)			
10 ②	**11** 20 cm²	**12** ③	**13** ②	**14** ④	
15 ①	**16** 4	**17** ②	**18** ⑤	**19** $\frac{39}{5}$ cm	
20 ⑤	**21** $\frac{1}{3}a$ cm²	**22** ③	**23** ④	**24** 72 cm²	

01

② 모든 직육면체가 닮은 도형인 것은 아니다.

③ 모든 마름모가 닮은 도형인 것은 아니다.

⑤ 꼭지각의 크기가 같은 두 이등변삼각형은 닮은 도형이지만 한 내각의 크기가 같은 두 이등변삼각형이 항상 닮은 도형인 것은 아니다.

■ ①, ④

02

$\overline{BE} : \overline{B'E'} = 8 : 6 = 4 : 3$이므로

$x : 3 = 4 : 3$에서

$3x = 12$

$x = 4$

$12 : y = 4 : 3$에서

$4y = 36$

$y = 9$

따라서 $x + y = 4 + 9 = 13$

■ ③

03

쇠공과 쇠구슬의 닮음비는 $10 : 2 = 5 : 1$이므로
부피의 비는 $5^3 : 1^3 = 125 : 1$

따라서 만들 수 있는 쇠구슬은 125개이다.

■ ⑤

04

물이 담긴 모양과 그릇의 모양의 닮음비는 $2 : 5$이므로
부피의 비는

$2^3 : 5^3 = 8 : 125$

그런데 물을 넣은 시간이 8분이므로 이 그릇에 물을 가득 채우는 데 걸리는 시간은 125분이다.

따라서 이 그릇에 물을 가득 채우려면 117분이 더 걸린다.

■ 117분

05

$\overline{BC} : \overline{EF} = 4 : 9$이고

$\angle B = 25°$, $\angle F = 50°$이므로

(i) $\overline{AB} : \overline{DE} = 4 : 9$, $\angle E = 25°$이면 SAS 닮음

(ii) $\overline{AC} : \overline{DF} = 4 : 9$, $\angle C = 50°$이면 SAS 닮음

(iii) $\angle C = 50°$, $\angle E = 25°$이면 AA 닮음

답 ②

06

$\triangle ABC \varpropto \triangle DBA$ (AA 닮음)이므로

$\overline{AB} : \overline{DB} = \overline{BC} : \overline{BA}$

$9 : \overline{DB} = 15 : 9$

$5\overline{DB} = 27$

따라서 $\overline{DB} = \dfrac{27}{5}$ cm

답 ④

07

$\triangle ABD \varpropto \triangle CAD$ (AA 닮음)이므로

$\overline{BD} : \overline{AD} = \overline{AD} : \overline{CD}$

$24 : \overline{AD} = \overline{AD} : 6$

$\overline{AD}^2 = 144$

$\overline{AD} > 0$이므로

$\overline{AD} = 12$ cm

따라서 $\triangle ABC$의 넓이는

$\dfrac{1}{2} \times 30 \times 12 = 180 (\text{cm}^2)$

답 180 cm^2

08

$\triangle AFD \varpropto \triangle EFB$ (AA 닮음)이므로

$\overline{DF} : \overline{BF} = \overline{AD} : \overline{EB}$

$\overline{DF} : \overline{BF} = 8 : 4 = 2 : 1$

따라서 $\overline{BF} = 12 \times \dfrac{1}{3} = 4 (\text{cm})$

답 ③

09

$\triangle ABC$와 $\triangle DAC$에서

$\overline{AC} : \overline{DC} = 12 : 9 = 4 : 3$

$\overline{BC} : \overline{AC} = 16 : 12 = 4 : 3$

$\angle C$는 공통

따라서 $\triangle ABC \varpropto \triangle DAC$ (SAS 닮음)이다.

답 $\triangle ABC \varpropto \triangle DAC$ (SAS 닮음)

10

$\square DBEF$의 한 변의 길이를 x cm라고 하면

$\triangle ABC \varpropto \triangle FEC$ (AA 닮음)이므로

$\overline{AB} : \overline{FE} = \overline{BC} : \overline{EC}$

$3 : x = 6 : (6-x)$

$6x = 18 - 3x$

$9x = 18$

$x = 2$

따라서 $\triangle FEC$의 넓이는

$\dfrac{1}{2} \times 4 \times 2 = 4 (\text{cm}^2)$

답 ②

11

$\triangle ABC \varpropto \triangle EBD$ (AA 닮음)이고

닮음비는 $3 : 2$이므로   ··· 1단계

넓이의 비는 $3^2 : 2^2 = 9 : 4$

따라서 $\triangle EBD$의 넓이는

$36 \times \dfrac{4}{9} = 16 (\text{cm}^2)$이므로   ··· 2단계

$\square DECA$의 넓이는

$36 - 16 = 20 (\text{cm}^2)$ ··· 3단계

답 20 cm^2

단계	채점 기준	비율
1단계	$\triangle ABC$와 $\triangle EBD$의 닮음비를 구한 경우	30 %
2단계	$\triangle EBD$의 넓이를 구한 경우	30 %
3단계	$\square DECA$의 넓이를 구한 경우	40 %

12

$\triangle ADF \varpropto \triangle AEG$ (AA 닮음)이고

닮음비는 $1 : 2$이므로

넓이의 비는 $1^2 : 2^2 = 1 : 4$

그런데 $\square DEGF = 12 \text{ cm}^2$이므로

$\triangle ADF = 4 \text{ cm}^2$, $\triangle AEG = 16 \text{ cm}^2$

$\triangle ADF \varpropto \triangle ABC$ (AA 닮음)이고

닮음비는 $1 : 3$이므로

넓이의 비는 $1^2 : 3^2 = 1 : 9$

따라서 $\triangle ABC = 36 \text{ cm}^2$이므로

$\square EBCG$의 넓이는

$\triangle ABC - \triangle AEG = 36 - 16 = 20 (\text{cm}^2)$

답 ③

13

① △ABC와 △DBA에서
∠BAC=∠BDA=90°,
∠B는 공통
이므로 △ABC∽△DBA (AA 닮음)
③ △ABC와 △EDC에서
$\overline{AB}$∥$\overline{ED}$이므로
∠ABC=∠EDC,
∠C는 공통
따라서 △ABC∽△EDC (AA 닮음)
④ △ABC와 △EAD에서
∠ABC=∠EDC이므로 ∠C=∠ADE,
∠A=∠E=90°
따라서 △ABC∽△EAD (AA 닮음)
⑤ △ABC와 △DAC에서
∠BAC=∠ADC=90°,
∠C는 공통
이므로 △ABC∽△DAC (AA 닮음)

답 ②

14

$\overline{BA}$: $\overline{AD}$=$\overline{BC}$: $\overline{CE}$=$\overline{BD}$: $\overline{DF}$이므로
$\overline{BA}$: $\overline{AD}$=$\overline{BD}$: $\overline{DF}$에서
8 : 6=14 : $\overline{DF}$
따라서 $\overline{DF}=\dfrac{21}{2}$ cm

답 ④

15

$\overline{PQ}=\dfrac{1}{2}\overline{AC}$이고 $\overline{SR}=\dfrac{1}{2}\overline{AC}$이므로
$\overline{PQ}=\overline{SR}$
또 $\overline{PS}=\dfrac{1}{2}\overline{BD}$이고 $\overline{QR}=\dfrac{1}{2}\overline{BD}$이므로
$\overline{PS}=\overline{QR}$
따라서 □PQRS는 두 쌍의 대응하는 변의 길이가 각각 같으므로 평행사변형이다.

답 ①

16

오른쪽 그림과 같이
$\overline{MN}$과 $\overline{AQ}$의 교점을 P라고 하면
$\overline{MP}$=4 cm이므로
$\overline{PN}$=6−4=2(cm)
따라서 $x=2\overline{PN}=2\times2=4$

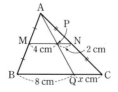

답 4

17

오른쪽 그림과 같이 점 C를 지나면서 $\overline{AD}$와 평행한 직선이 $\overline{AB}$의 연장선과 만나는 점을 E라고 하면
∠AEC=∠BAD (동위각),
∠ACE=∠DAC (엇각)
즉, △ACE에서 $\overline{AE}$=$\overline{AC}$=6 cm
△BCE에서
$\overline{BA}$: $\overline{AE}$=$\overline{BD}$: $\overline{DC}$이므로
9 : 6=(8−$\overline{DC}$) : $\overline{DC}$
9$\overline{DC}$=6(8−$\overline{DC}$)
15$\overline{DC}$=48
따라서 $\overline{DC}=\dfrac{16}{5}$(cm)

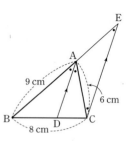

답 ②

18

□ABCD는 평행사변형이고
$\overline{AD}$∥$\overline{BC}$이므로
평행선의 성질에 의하여
△ABE와 △CDF는 이등변삼각형이다.
$\overline{BE}$=$\overline{BA}$=10 cm, $\overline{CF}$=$\overline{CD}$=10 cm이고
$\overline{AD}$=$\overline{BE}$+$\overline{CF}$−$\overline{EF}$
15=10+10−$\overline{EF}$
$\overline{EF}$=20−15=5(cm)
$\overline{AD}$∥$\overline{BC}$이므로
△ODA∽△OFE (AA 닮음)이고
닮음비는 $\overline{AD}$: $\overline{EF}$=15 : 5=3 : 1이므로
$\overline{OA}$: $\overline{OE}$=3 : 1

답 ⑤

19

△ABC에서
$\overline{AE}$: $\overline{AB}$=3 : 5이므로
$\overline{EP}$: $\overline{BC}$=3 : 5
$\overline{EP}$: 9=3 : 5
5$\overline{EP}$=27
$\overline{EP}=\dfrac{27}{5}$ cm

… 1단계

또 △CDA에서
$\overline{CF}$: $\overline{CD}$=2 : 5이므로
$\overline{PF}$: $\overline{AD}$=2 : 5
$\overline{PF}$: 6=2 : 5
5$\overline{PF}$=12

$\overline{PF}=\dfrac{12}{5}$ cm ··· 2단계

따라서

$\overline{EF}=\overline{EP}+\overline{PF}$

$\quad=\dfrac{27}{5}+\dfrac{12}{5}$

$\quad=\dfrac{39}{5}$ (cm) ··· 3단계

달 $\dfrac{39}{5}$ cm

단계	채점 기준	비율
1단계	$\overline{EP}$의 길이를 구한 경우	40 %
2단계	$\overline{PF}$의 길이를 구한 경우	40 %
3단계	$\overline{EF}$의 길이를 구한 경우	20 %

20

$\overline{AM}=\dfrac{1}{2}\overline{AD}$이고

$\overline{AG}=\dfrac{2}{3}\overline{AD}$이므로

$\overline{MG}=\overline{AG}-\overline{AM}$

$\quad=\dfrac{2}{3}\overline{AD}-\dfrac{1}{2}\overline{AD}$

$\quad=\dfrac{1}{6}\overline{AD}$

그런데 $\overline{MG}=3$ cm이므로

$\dfrac{1}{6}\overline{AD}=3$

따라서 $\overline{AD}=18$ cm

달 ⑤

21

오른쪽 그림과 같이 $\overline{AG}$를 그으면 삼각형의 무게중심에서 세 꼭짓점을 선분으로 연결하면 삼각형의 넓이는 3등분되므로

$\triangle ABG=\dfrac{1}{3}\triangle ABC$

$\quad=\dfrac{1}{3}a(\text{cm}^2)$

이고

$\triangle ADG=\dfrac{1}{2}\triangle ABG$

$\quad=\dfrac{1}{2}\times\dfrac{1}{3}a$

$\quad=\dfrac{1}{6}a(\text{cm}^2)$ ··· 1단계

$\triangle ACG=\dfrac{1}{3}\triangle ABC$

$\quad=\dfrac{1}{3}a(\text{cm}^2)$

이고

$\triangle AEG=\dfrac{1}{2}\triangle ACG$

$\quad=\dfrac{1}{2}\times\dfrac{1}{3}a$

$\quad=\dfrac{1}{6}a(\text{cm}^2)$ ··· 2단계

따라서 색칠한 부분의 넓이는

$\triangle ADG+\triangle AEG=\dfrac{1}{6}a+\dfrac{1}{6}a$

$\quad=\dfrac{1}{3}a(\text{cm}^2)$ ··· 3단계

달 $\dfrac{1}{3}a$ cm²

단계	채점 기준	비율
1단계	$\triangle ADG$의 넓이를 구한 경우	40 %
2단계	$\triangle AEG$의 넓이를 구한 경우	40 %
3단계	색칠한 부분의 넓이를 구한 경우	20 %

22

$\triangle ACD$에서

피타고라스 정리에 의하여

$x^2+12^2=13^2$

$x^2=25$

$x>0$이므로

$x=5$

같은 방법으로 $\triangle ABC$에서

$9^2+12^2=y^2$

$y^2=225$

$y>0$이므로

$y=15$

따라서 $x+y=5+15=20$

달 ③

23

① $2^2\ne2^2+1^2$

② $6^2\ne3^2+4^2$

③ $9^2\ne6^2+8^2$

④ $13^2=5^2+12^2$

⑤ $12^2\ne7^2+9^2$

따라서 직각삼각형인 것은 ④이다.

달 ④

24

두 직각삼각형 EAB와 BCD는 합동
이므로

$\overline{EB}=\overline{BD}$ ...... ㉠

$\angle AEB=\angle CBD$ ...... ㉡

$\angle AEB+\angle ABE=90°$ ...... ㉢

㉡, ㉢에 의하여

$\angle CBD+\angle ABE=90°$이므로

$\angle EBD=90°$ ...... ㉣

그러므로 ㉠, ㉣에 의하여

△EBD는 직각이등변삼각형이다.

따라서 △EBD의 넓이가 40 cm²이므로 $\overline{BE}$를 한 변으로 하는
정사각형의 넓이는 80 cm²이다.

즉, $\overline{BE}^2=80$

직각삼각형 EAB에서
피타고라스 정리에 의하여

$\overline{AE}^2+\overline{AB}^2=\overline{BE}^2$

$\overline{AE}^2+64=80$

$\overline{AE}^2=16$

그런데 $\overline{AE}>0$이므로 $\overline{AE}=4$ cm

따라서 □EACD의 넓이는

$\dfrac{1}{2}\times(4+8)\times(8+4)=72(cm^2)$

답 72 cm²

VI. 확률 1회

본문 78~81쪽

01 ②	02 ③	03 ②	04 ⑤	05 ①	06 ①	07 24
08 ①	09 ②	10 15	11 ①	12 16	13 ③	14 ②
15 $\dfrac{1}{2}$	16 ④	17 ③	18 $\dfrac{1}{4}$	19 $\dfrac{1}{2}$	20 $\dfrac{3}{16}$	21 ①
22 ④	23 $\dfrac{2}{25}$	24 $\dfrac{3}{50}$	25 $\dfrac{2}{9}$	26 48가지		

01

소설책 또는 만화책을 꺼낼 경우의 수는

$5+3=8$

답 ②

02

모자, 티셔츠, 바지를 각각 하나씩 짝지어 입는 경우의 수는

$3\times2\times5=30$

답 ③

03

(ⅰ) 두 눈의 수의 합이 4인 경우
  (1, 3), (2, 2), (3, 1)의 3가지

(ⅱ) 두 눈의 수의 합이 6인 경우
  (1, 5), (2, 4), (3, 3), (4, 2), (5, 1)의 5가지

(ⅰ), (ⅱ)에서

두 눈의 수의 합이 4 또는 6이 되는 경우의 수는

$3+5=8$

답 ②

04

한 개의 동전을 던질 때 일어나는 경우는 2가지이므로
네 번 던질 때 일어날 수 있는 경우의 수는

$2\times2\times2\times2=16$

답 ⑤

05

남학생을 한 줄로 세우는 경우의 수는

$3\times2\times1=6$

여학생을 한 줄로 세우는 경우의 수는

$2\times1=2$

남학생과 여학생이 교대로 서는 경우는 [남][여][남][여][남] 의
1가지 밖에 없으므로 구하는 경우의 수는

$6\times2=12$

답 ①

06

두 자리의 자연수를 만들 때
십의 자리에 올 수 있는 숫자는 4개,
일의 자리에 올 수 있는 숫자는 3개이므로
만들 수 있는 두 자리의 자연수는 모두

$4\times3=12$(개)

답 ①

07

양 끝에 O가 오는 경우는 다음과 같다.

[O][ ][ ][ ][ ][O]

안 쪽에 오는 S, C, H, L을 한 줄로 배열하는 경우의 수를 구하
면 되므로 구하는 경우의 수는

$4\times3\times2\times1=24$

답 24

08

30 이상의 정수가 되기 위해

십의 자리에 올 수 있는 숫자는 3, 4의 2가지

일의 자리에 올 수 있는 숫자는 십의 자리에 온 숫자를 제외한 4가지

따라서 30 이상인 정수의 개수는

$2 \times 4 = 8$(개)

답 ①

09

8개의 축구팀이 서로 한 번씩 빠짐없이 경기해야 하므로

경기하는 두 팀을 선택하되 순서는 생각하지 않아도 된다.

따라서 구하는 경기는

$\dfrac{8 \times 7}{2} = 28$(번)

답 ②

10

두 자리의 자연수 중 홀수가 되기 위해서는

일의 자리에 올 수 있는 숫자가 1, 3, 5이어야 하고

십의 자리에는 일의 자리에 온 숫자를 제외한 나머지 5개의 숫자가 올 수 있으므로 구하는 경우의 수는

$3 \times 5 = 15$

답 15

11

(i) 미소가 두 번째 자리에 서게 되는 경우

현주, 미소, ○, ○이므로

$2 \times 1 = 2$

(ii) 미소가 세 번째 자리에 서게 되는 경우

○, ○, 미소, ○이므로

현주가 올 수 있는 곳은 앞의 2자리이고 나머지 자리에 진영, 은주를 세울 수 있으므로 구하는 경우의 수는

$2 \times 2 = 4$

(iii) 미소가 네 번째 자리에 서게 되는 경우

○, ○, ○, 미소이므로

앞의 세 자리에 현주, 진영, 은주가 서면 되므로

$3 \times 2 \times 1 = 6$

(i) ~ (iii)에서 구하는 경우의 수는

$2 + 4 + 6 = 12$

답 ①

12

전체 9명의 후보 중에서 순서를 고려하지 않고 2명을 뽑으면 되므로

$a = \dfrac{9 \times 8}{2} = 36$ ··· 1단계

남자 대표 1명과 여자 대표 1명을 뽑는 경우는 남자 4명 중 1명, 여자 5명 중 1명을 뽑으면 되므로

$b = 4 \times 5 = 20$ ··· 2단계

따라서 $a - b = 36 - 20 = 16$ ··· 3단계

답 16

단계	채점 기준	비율
1단계	a의 값을 구한 경우	40 %
2단계	b의 값을 구한 경우	40 %
3단계	$a - b$의 값을 구한 경우	20 %

13

ㄱ. $p = 1 - q$

ㄹ. $0 \leq q \leq 1$

따라서 〈보기〉에서 옳은 것은 ㄴ, ㄷ이다.

답 ③

14

전체 11장의 카드 중에서 모음이 적힌 카드가 4개이므로

구하는 확률은 $\dfrac{4}{11}$

답 ②

15

네 사람을 한 줄로 세우는 경우의 수는

$4 \times 3 \times 2 \times 1 = 24$

맨 앞 또는 맨 뒤에 B가 서는 경우는 2가지이고

나머지 세 사람만 한 줄로 세우면 되므로

$(3 \times 2 \times 1) \times 2 = 12$

따라서 구하는 확률은

$\dfrac{12}{24} = \dfrac{1}{2}$

답 $\dfrac{1}{2}$

16

두 눈의 수의 차가 3 이하인 경우는

$(1, 1), (1, 2), (1, 3), (1, 4),$

$(2, 1), (2, 2), (2, 3), (2, 4), (2, 5),$

$(3, 1), (3, 2), (3, 3), (3, 4), (3, 5), (3, 6),$
$(4, 1), (4, 2), (4, 3), (4, 4), (4, 5), (4, 6),$
$(5, 2), (5, 3), (5, 4), (5, 5), (5, 6),$
$(6, 3), (6, 4), (6, 5), (6, 6)$
의 30가지이므로 구하는 확률은

$$\frac{30}{36} = \frac{5}{6}$$

[다른 풀이]
두 눈의 수의 차가 4 이상인 경우는
$(1, 5), (1, 6), (2, 6), (5, 1), (6, 1), (6, 2)$의 6가지이므로
두 눈의 수의 차가 4 이상일 확률은 $\frac{6}{36} = \frac{1}{6}$
따라서 구하는 확률은

$$1 - \frac{1}{6} = \frac{5}{6}$$

답 ④

17

카드에 적힌 수가 짝수일 확률은 $\frac{3}{7}$
카드에 적힌 수가 5의 배수일 확률은 $\frac{1}{7}$
따라서 구하는 확률은

$$\frac{3}{7} + \frac{1}{7} = \frac{4}{7}$$

답 ③

18

말이 점 C에 놓이기 위해서는 주사위를 두 번 던져서 나온 두 눈의 수의 합이 2, 6, 10이 되어야 한다.
(ⅰ) 두 눈의 수의 합이 2인 경우
  $(1, 1)$의 1가지
(ⅱ) 두 눈의 수의 합이 6인 경우
  $(1, 5), (2, 4), (3, 3), (4, 2), (5, 1)$의 5가지
(ⅲ) 두 눈의 수의 합이 10인 경우
  $(4, 6), (5, 5), (6, 4)$의 3가지
(ⅰ)~(ⅲ)에서 말이 점 C에 놓이게 되는 경우는
$1 + 5 + 3 = 9$(가지)이므로
구하는 확률은

$$\frac{9}{36} = \frac{1}{4}$$

답 $\frac{1}{4}$

19

두 수의 합이 짝수이기 위해서는
(홀수) + (홀수)이거나 (짝수) + (짝수)이어야 한다.

(ⅰ) a, b가 모두 홀수일 확률은

$$\frac{1}{3} \times \frac{1}{2} = \frac{1}{6}$$

(ⅱ) a, b가 모두 짝수일 확률은

$$\left(1 - \frac{1}{3}\right) \times \left(1 - \frac{1}{2}\right) = \frac{2}{3} \times \frac{1}{2} = \frac{1}{3}$$

(ⅰ), (ⅱ)에서 구하는 확률은

$$\frac{1}{6} + \frac{1}{3} = \frac{3}{6} = \frac{1}{2}$$

답 $\frac{1}{2}$

20

정사면체를 두 번 던질 때 나오는 모든 경우의 수는
$4 \times 4 = 16$
바닥에 닿은 면에 적힌 두 수의 합이 0이 되는 경우는
$(-1, 1), (0, 0), (1, -1)$의 3가지이고 그 경우의 수는 3이다.
따라서 구하는 확률은 $\frac{3}{16}$

답 $\frac{3}{16}$

21

두 사람이 가위바위보를 할 때,
비길 확률은 $\frac{1}{3}$이고
B가 이길 확률은 $\frac{1}{3}$
따라서 구하는 확률은

$$\frac{1}{3} \times \frac{1}{3} = \frac{1}{9}$$

답 ①

22

각 경우의 확률을 구하면 다음과 같다.
① $\frac{1}{3}$ ② $\frac{1}{6}$ ③ $\frac{6}{36} = \frac{1}{6}$ ④ $\frac{1}{2}$ ⑤ $\frac{1}{4}$
따라서 확률이 가장 큰 것은 ④이다.

답 ④

23

직선이 두 점 $(0, -6), (2, 0)$을 지나므로
일차함수의 식은 $y = 3x - 6$이다.
이를 만족하는 (x, y)의 순서쌍은
$(3, 3), (4, 6)$의 2가지이므로

구하는 확률은

$$\frac{2}{5\times 5}=\frac{2}{25}$$

탭 $\frac{2}{25}$

24

두 선수 모두 실패할 확률이므로

$$\left(1-\frac{4}{5}\right)\times\left(1-\frac{7}{10}\right)=\frac{1}{5}\times\frac{3}{10}=\frac{3}{50}$$

탭 $\frac{3}{50}$

25

(ⅰ) 방정식 $ax-b=0$의 해가 1인 경우

$a-b=0$에서 $a=b$이므로

$(1,1), (2,2), (3,3), (4,4), (5,5), (6,6)$의 6가지가 되어

그 확률은 $\frac{6}{36}$ ··· 1단계

(ⅱ) 방정식 $ax-b=0$의 해가 3인 경우

$3a-b=0$에서 $3a=b$이므로

$(1,3), (2,6)$의 2가지가 되어

그 확률은 $\frac{2}{36}$ ··· 2단계

(ⅰ), (ⅱ)에서 구하는 확률은

$$\frac{6}{36}+\frac{2}{36}=\frac{8}{36}=\frac{2}{9}$$ ··· 3단계

탭 $\frac{2}{9}$

단계	채점 기준	비율
1단계	해가 1이 될 확률을 구한 경우	40 %
2단계	해가 3이 될 확률을 구한 경우	40 %
3단계	해가 1 또는 3이 될 확률을 구한 경우	20 %

26

A에 칠할 수 있는 색은 4가지

B에 칠할 수 있는 색은

A에 칠한 색을 제외하고 3가지

D에 칠할 수 있는 색은

A와 B에 칠한 색을 제외하고 2가지

C에 칠할 수 있는 색은

A와 D에 칠한 색을 제외하고 2가지

따라서 색을 칠하는 방법은 모두

$4\times 3\times 2\times 2=48$(가지)

탭 48가지

01 ①	**02** ④	**03** 8가지	**04** ②	**05** ⑤	**06** ⑤	**07** 48
08 ④	**09** ③	**10** ①	**11** ①	**12** ④	**13** ③	**14** ②
15 ③	**16** ②	**17** ④	**18** ⑤	**19** $\frac{657}{1000}$		**20** ⑤
21 $\frac{21}{40}$	**22** ②	**23** ④	**24** $\frac{11}{12}$	**25** ④	**26** $\frac{5}{12}$	

01

② 주사위를 한 번 던질 때,

2보다 작거나 같은 수의 눈이 나오는 경우는 1, 2의 2가지이

므로 경우의 수는 2이다.

③ 주사위를 한 번 던질 때,

6보다 큰 수의 눈이 나오는 경우는 없으므로

경우의 수는 0이다.

④ 한 개의 동전을 던질 때,

앞면이 나오는 경우는 1가지이므로

경우의 수는 1이다.

⑤ 1부터 10까지의 자연수 중에서

소수는 2, 3, 5, 7의 4개이므로

소수가 적힌 카드를 뽑는 경우의 수는 4이다.

탭 ①

02

역사 체험 또는 문화 체험 프로그램 중 한 가지를 선택하므로

구하는 경우의 수는

$2+3=5$

탭 ④

03

A 마을에서 C 마을까지 가는 방법은 다음과 같다.

(ⅰ) A → C로 가는 방법: 2가지

(ⅱ) A → B → C로 가는 방법: $2\times 3=6$(가지)

(ⅰ), (ⅱ)에서 A 마을에서 C 마을로 가는 방법은

$2+6=8$(가지)

탭 8가지

04

빨간 공이 5개, 파란 공이 4개 있으므로

빨간 공 또는 파란 공이 나오는 경우의 수는

$5+4=9$

탭 ②

05

5명 중 회장 1명, 부회장 1을 뽑는 경우의 수는

$5 \times 4 = 20$

🔲 ⑤

06

햄버거 3개마다 음료 4개씩 선택할 수 있으므로
구하는 경우의 수는

$3 \times 4 = 12$

🔲 ⑤

07

A 운전석에 앉을 수 있는 사람은 2명이고
나머지는 순서대로 배열해서 앉으면 되므로
구하는 경우의 수는

$2 \times (4 \times 3 \times 2 \times 1) = 48$

🔲 48

08

$2x + y = 8$이 되는 경우는

$(1, 6), (2, 4), (3, 2)$의 3가지이므로

구하는 확률은 $\dfrac{3}{36} = \dfrac{1}{12}$

🔲 ④

09

1부터 15까지의 자연수 중에서 3의 배수는 3, 6, 9, 12, 15의 5개
이므로 구하는 확률은

$\dfrac{5}{15} = \dfrac{1}{3}$

🔲 ③

10

① 3의 약수는 1, 3의 2가지이므로
한 개의 주사위를 던질 때, 3의 약수의 눈이 나올 확률은

$\dfrac{2}{6} = \dfrac{1}{3}$

🔲 ①

11

동전 한 개를 던졌을 때, 앞면이 나올 확률은 $\dfrac{1}{2}$

주사위 한 개를 던졌을 때, 6의 약수의 눈이 나올 확률은 $\dfrac{2}{3}$

따라서 구하는 확률은

$\dfrac{1}{2} \times \dfrac{2}{3} = \dfrac{1}{3}$

🔲 ①

12

각각의 확률을 구하면 다음과 같다.

① $\dfrac{4}{10} = \dfrac{2}{5}$ 　　② $\dfrac{3}{10}$ 　　③ $\dfrac{4}{10} = \dfrac{2}{5}$

④ $\dfrac{5}{10} = \dfrac{1}{2}$ 　　⑤ $\dfrac{4}{10} = \dfrac{2}{5}$

따라서 확률이 가장 큰 것은 ④이다.

🔲 ④

13

한 개의 주사위를 던져서 소수의 눈이 나올 확률은

$\dfrac{3}{6} = \dfrac{1}{2}$

한 개의 주사위를 던져서 짝수의 눈이 나올 확률은

$\dfrac{3}{6} = \dfrac{1}{2}$

따라서 구하는 확률은

$\dfrac{1}{2} \times \dfrac{1}{2} = \dfrac{1}{4}$

🔲 ③

14

ㄷ. 앞면이 적어도 1개 이상 나올 경우는
　(앞, 앞), (앞, 뒤), (뒤, 앞)
　의 3가지이므로 그 경우의 수는 3이다.
따라서 〈보기〉에서 옳은 것은 ㄱ, ㄴ이다.

🔲 ②

15

네 사람이 이어달리기 순서를 정하는 경우의 수는

$4 \times 3 \times 2 \times 1 = 24$

병연이가 마지막 주자로 달리는 경우의 수는

$3 \times 2 \times 1 = 6$

따라서 구하는 확률은

$\dfrac{6}{24} = \dfrac{1}{4}$

🔲 ③

16

ㄱ. $0 \le p \le 1$

ㄹ. 사건 A가 일어나지 않을 확률은 $1-p$이다.

따라서 〈보기〉에서 옳은 것은 ㄴ, ㄷ이다.

답 ②

17

2명의 대표를 뽑을 때, 전체 경우의 수는

$$\frac{5 \times 4}{2} = 10$$

대표를 남학생으로만 뽑는 경우의 수는

$$\frac{3 \times 2}{2} = 3$$

남학생으로만 뽑는 확률은 $\dfrac{3}{10}$

따라서 여학생이 적어도 한 명 뽑힐 확률은

$$1 - \frac{3}{10} = \frac{7}{10}$$

답 ④

18

6장의 카드 중에서

2장을 뽑아 만들 수 있는

두 자리의 정수는

$5 \times 5 = 25$(가지)

5의 배수가 되는 경우는

(i) 십의 자리에 1, 2, 3, 4가 오는 경우

일의 자리에 0, 5가 오면 되므로

$4 \times 2 = 8$(가지)

(ii) 십의 자리에 5가 오는 경우

일의 자리에 0이 오면 되므로 1가지

(i), (ii)에서 구하는 확률은 $\dfrac{9}{25}$

답 ⑤

19

세 번 모두 안타를 치지 못할 확률은

$$\frac{7}{10} \times \frac{7}{10} \times \frac{7}{10} = \frac{343}{1000}$$

··· **1단계**

따라서 적어도 한 번은 안타를 칠 확률은

$$1 - \frac{343}{1000} = \frac{657}{1000}$$

··· **2단계**

답 $\dfrac{657}{1000}$

단계	채점 기준	비율
1단계	세 번 모두 안타를 치지 못할 확률을 구한 경우	60 %
2단계	적어도 한 번은 안타를 칠 확률을 구한 경우	40 %

20

A가 당첨 제비를 뽑지 못할 확률은 $\dfrac{5}{8}$

뽑은 제비를 다시 넣으므로 B도 당첨 제비를 뽑지 못할 확률은 $\dfrac{5}{8}$

따라서 두 사람 모두 당첨 제비를 뽑지 못할 확률은

$\dfrac{5}{8} \times \dfrac{5}{8} = \dfrac{25}{64}$이므로

적어도 한 사람이 당첨될 확률은 $1 - \dfrac{25}{64} = \dfrac{39}{64}$

답 ⑤

21

A, B의 두 주머니에서 꺼낸 공의 색깔이 서로 다른 경우는

(빨간 공, 파란 공), (파란 공, 빨간 공)인 경우이다.

(i) A 주머니에서 빨간 공을 꺼내고 B 주머니에서 파란 공을 꺼낼 확률은

$$\frac{3}{8} \times \frac{4}{10} = \frac{3}{20}$$

(ii) A 주머니에서 파란 공을 꺼내고 B 주머니에서 빨간 공을 꺼낼 확률은

$$\frac{5}{8} \times \frac{6}{10} = \frac{3}{8}$$

(i), (ii)에서

두 공의 색깔이 서로 다를 확률은

$$\frac{3}{20} + \frac{3}{8} = \frac{21}{40}$$

답 $\dfrac{21}{40}$

22

모든 경우의 수는 $6 \times 6 = 36$

(i) $y = 5$인 경우

$x + 15 > 18$이므로

$x = 4, 5, 6$의 3가지

(ii) $y = 6$인 경우

$x + 18 > 18$이므로

$x = 1, 2, 3, 4, 5, 6$의 6가지

(i), (ii)에서

$x + 3y > 18$인 경우의 수는 $3 + 6 = 9$

따라서 구하는 확률은 $\dfrac{9}{36} = \dfrac{1}{4}$

답 ②

23

첫 번째에 짝수가 나올 확률은

$$\frac{5}{10}=\frac{1}{2}$$

두 번째에 홀수가 나올 확률은 $\frac{5}{10}=\frac{1}{2}$

따라서 첫 번째에 짝수가 나오고 두 번째에 홀수가 나올 확률은

$$\frac{1}{2}\times\frac{1}{2}=\frac{1}{4}$$

답 ④

24

$\frac{y}{x}=2$, 즉 $y=2x$인 경우는

$(1, 2)$, $(2, 4)$, $(3, 6)$의 3가지이므로

$\frac{y}{x}$의 값이 2일 확률은

$$\frac{3}{36}=\frac{1}{12}$$

··· 1단계

따라서 $\frac{y}{x}$의 값이 2가 아닐 확률은

$$1-\frac{1}{12}=\frac{11}{12}$$

··· 2단계

답 $\frac{11}{12}$

단계	채점 기준	비율
1단계	$\frac{y}{x}$의 값이 2일 확률을 구한 경우	60 %
2단계	$\frac{y}{x}$의 값이 2가 아닐 확률을 구한 경우	40 %

25

동매는 정답을 맞히고 윤아는 정답을 못 맞힐 확률은

$$\frac{1}{2}\times\left(1-\frac{1}{3}\right)=\frac{1}{2}\times\frac{2}{3}=\frac{1}{3}$$

동매는 정답을 못 맞히고 윤아는 정답을 맞힐 확률은

$$\left(1-\frac{1}{2}\right)\times\frac{1}{3}=\frac{1}{2}\times\frac{1}{3}=\frac{1}{6}$$

따라서 둘 중 한 명만 정답을 맞힐 확률은

$$\frac{1}{3}+\frac{1}{6}=\frac{3}{6}=\frac{1}{2}$$

답 ④

[다른 풀이]

둘 다 정답을 맞힐 확률은

$$\frac{1}{2}\times\frac{1}{3}=\frac{1}{6}$$

둘 다 정답을 못 맞힐 확률은

$$\left(1-\frac{1}{2}\right)\times\left(1-\frac{1}{3}\right)=\frac{1}{2}\times\frac{2}{3}=\frac{1}{3}$$

따라서 둘 중 한 명만 정답을 맞힐 확률은

$$1-\left(\frac{1}{6}+\frac{1}{3}\right)=\frac{1}{2}$$

26

모든 경우의 수는 $6\times6=36$

(ⅰ) $b=1$인 경우

기울기가 $-a<0$이므로 □ABCD와 만나지 않는다.

(ⅱ) $b=2$인 경우

기울기가 $-a<0$이므로

a의 값이 될 수 있는 경우는

점 $(1, 1)$을 지날 때인 $a=1$일 때이다.

(ⅲ) $b=3$인 경우

기울기가 $-a<0$이므로

a의 값이 될 수 있는 경우는

점 $(1, 2)$, $(1, 1)$을 지날 때이므로

$a=1, 2$

(ⅳ) $b=4$인 경우

a의 값이 될 수 있는 경우는

점 $(1, 3)$, $(1, 2)$, $(1, 1)$을 지날 때이므로

$a=1, 2, 3$

(ⅴ) $b=5$인 경우

a의 값이 될 수 있는 경우는

점 $(1, 4)$, $(1, 3)$, $(1, 2)$, $(1, 1)$을 지날 때이므로

$a=1, 2, 3, 4$

(ⅵ) $b=6$인 경우

a의 값이 될 수 있는 경우는

점 $(1, 5)$, $(1, 4)$, $(1, 3)$, $(1, 2)$, $(1, 1)$을 지날 때이므로

$a=1, 2, 3, 4, 5$

(ⅰ) ~ (ⅵ)에서

일차함수 $y=-ax+b$의 그래프가 □ABCD와 만나는 경우의 수는

$$1+2+3+4+5=15$$

따라서 구하는 확률은

$$\frac{15}{36}=\frac{5}{12}$$

답 $\frac{5}{12}$

EBS 중학

뉴런

| 수학 2(하) |

미니북

Ⅳ 도형의 성질

① 이등변삼각형

1. 이등변삼각형

(1) **❶**[ ] : 두 변의 길이가 같은 삼각형

(2) **❷**[ ] : 길이가 같은 두 변이 이루는 각

(3) **❸**[ ] : 꼭지각의 대변

(4) **❹**[ ] : 밑변의 양 끝 각

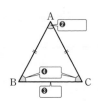

2. 이등변삼각형의 성질

(1) 이등변삼각형의 두 **❺**[ ]의 크기는 서로 같다.

➡ $\overline{AB} = \overline{AC}$이면 ∠B = **❻**[ ]

(2) 이등변삼각형의 꼭지각의 이등분선은 밑변을

❼[ ]한다.

➡ $\overline{AB} = \overline{AC}$, ∠BAD = ∠CAD이면

$\overline{AD} \perp$ **❽**[ ], $\overline{BD} =$ **❾**[ ]

3. 이등변삼각형이 될 조건

두 내각의 크기가 같은 삼각형은 이등변
삼각형이다.

➡ ∠B = ∠C이면 $\overline{AB} =$ **❿**[ ]

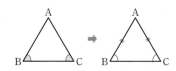

📖 ❶ 이등변삼각형 ❷ 꼭지각 ❸ 밑변 ❹ 밑각 ❺ 밑각 ❻ ∠C ❼ 수직이등분 ❽ $\overline{BC}$ ❾ $\overline{CD}$ ❿ $\overline{AC}$

01

다음 그림과 같이 $\overline{AB}=\overline{AC}$인 이등변삼
각형에서 $\angle A=50°$일 때, $\angle B$의 크기를
구하시오.

03

다음 그림에서 $\overline{DB}=\overline{DC}=\overline{AC}$이고,
$\angle B=40°$일 때, $\angle ACE$의 크기를 구하
시오.

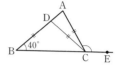

02

다음 그림에서 $\overline{AB}=\overline{AC}$,
$\angle BAD=\angle CAD$일 때, x, y의 값을
각각 구하시오.

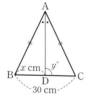

04

다음 그림과 같이 $\overline{AB}=\overline{AC}$인 이등변삼
각형에서 $\overline{BD}$는 $\angle B$의 이등분선이고,
$\angle A=36°$, $\overline{BC}=8\ cm$일 때, $x+y$의
값을 구하시오.

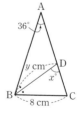

2 직각삼각형의 합동 조건

1. 직각삼각형: 한 내각의 크기가 ❶[   ]인 삼각형

2. 직각삼각형의 합동 조건
두 직각삼각형은 다음의 각 경우에 서로 합동이다.

(1) 두 직각삼각형의 ❷[   ]의 길이와
한 예각의 크기가 각각 같을 때

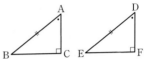

(2) 두 직각삼각형의 빗변의 길이와
다른 한 ❸[ ]의 길이가 각각 같을 때

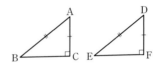

3. 직각삼각형의 합동 조건의 활용

(1) 각의 이등분선 위의 한 점에서
그 각을 이루는 두 변까지의 거리
는 ❹[   ].
➡ ∠XOP=∠YOP이면
$\overline{PA}$=❺[   ]

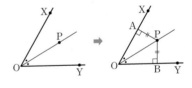

(2) 각을 이루는 두 변에서 같은 거리
에 있는 점은 그 각의 ❻[   ]
위에 있다.
➡ $\overline{AP}$=$\overline{BP}$이면
∠AOP=❼[   ]

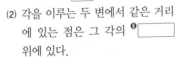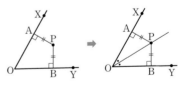

📖 ❶ 직각 ❷ 빗변 ❸ 변 ❹ 같다 ❺ $\overline{PB}$ ❻ 이등분선 ❼ ∠BOP

05

다음 중 오른쪽 삼각형과 합동인 삼각형은?

①

②

③

④

⑤

06

다음 그림과 같이 $\overline{AB}=\overline{AC}$인 이등변삼각형 ABC에서 $\overline{BC}$의 중점을 M, 점 M에서 $\overline{AB}$, $\overline{AC}$에 내린 수선의 발을 각각 D, E라고 하자. $\overline{DM}=6$ cm일 때, $\overline{EM}$의 길이를 구하시오.

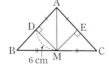

07

다음 그림과 같이 $\angle C=90°$인 직각삼각형 ABC에서 $\overline{BC}=\overline{BE}$, $\angle EBD=20°$일 때, $\angle BDC$의 크기를 구하시오.

08

다음 그림과 같이 $\angle B=90°$인 직각이등변삼각형 ABC에서 $\overline{AB}=\overline{AE}$이고, $\overline{BD}=4$ cm일 때, $\triangle EDC$의 넓이를 구하시오.

3 삼각형의 외심과 내심

1. 삼각형의 외접원과 외심

(1) 한 다각형의 모든 꼭짓점이 한 원 위에 있을 때, 이 원을 **❶**☐, 외접원의 중심을 **❷**☐이라고 한다.

(2) 삼각형의 세 변의 **❸**☐은 한 점 O에서 만나고, 이 점 O는 △ABC의 외심이 된다.
➡ $\overline{OA}=\overline{OB}=$**❹**☐

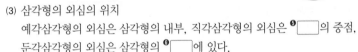

(3) 삼각형의 외심의 위치
예각삼각형의 외심은 삼각형의 내부, 직각삼각형의 외심은 **❺**☐의 중점, 둔각삼각형의 외심은 삼각형의 **❻**☐에 있다.

2. 접선과 접점

원과 직선이 한 점에서 만날 때, 이 직선은 원 O에 **❼**☐고 한다. 이때 이 직선을 원 O의 **❽**☐이라 하고, 접선과 원이 만나는 점을 **❾**☐이라고 한다.

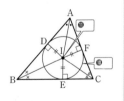

3. 삼각형의 내접원과 내심

(1) 원이 다각형의 모든 변에 접할 때, 이 원을 **❿**☐이라 하고 내접원의 중심을 **⓫**☐이라고 한다.

(2) 삼각형의 세 내각의 **⓬**☐은 한 점 I에서 만나고, 이 점 I는 △ABC의 내심이 된다.
➡ $\overline{ID}=\overline{IE}=$**⓭**☐

09

다음 그림에서 점 O는 △ABC의 외심이
고 ∠OAC=26°일 때, ∠AOC의 크기
를 구하시오.

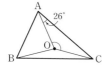

11

다음 그림에서 점 I는 △ABC의 내심이
고 ∠BIC=114°일 때, ∠A의 크기를
구하시오.

10

다음 그림과 같이 ∠B=90°인 직각삼각
형 ABC에서 점 O는 △ABC의 외심이
고 $\overline{AB}$=5 cm, $\overline{BC}$=12 cm,
$\overline{AC}$=13 cm일 때, △OAB의 둘레의
길이를 구하시오.

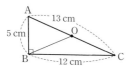

12

다음 그림과 같이 점 I는 △ABC의 내심
이고 △ABC의 넓이가 60 cm², 내접원
의 반지름의 길이가 3 cm일 때, △ABC
의 둘레의 길이를 구하시오.

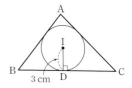

4 평행사변형

1. 평행사변형

두 쌍의 대변이 각각 **❶**☐한 사각형

➡ □ABCD에서

$\overline{AB}$ // **❷**☐, $\overline{AD}$ // **❸**☐

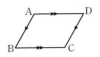

2. 평행사변형의 성질

(1) 두 쌍의 대변의 길이가 각각 같다.

➡ $\overline{AB}=$ **❹**☐, $\overline{AD}=$ **❺**☐

(2) 두 쌍의 대각의 크기가 각각 같다.

➡ $\angle A=$ **❻**☐, $\angle B=$ **❼**☐

참고 이웃하는 두 내각의 크기의 합은 180°이다.

(3) 두 대각선은 서로 다른 것을 이등분한다.

➡ $\overline{OA}=$ **❽**☐, $\overline{OB}=$ **❾**☐

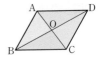

3. 평행사변형과 넓이

(1) 평행사변형의 넓이는 두 대각선에 의하여 사등분
된다.

➡ $\triangle OAB = \triangle OBC = \triangle OCD =$ **❿**☐

$= $ **⓫**☐ $\times$ □ABCD

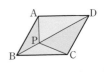

(2) 평행사변형 내부의 임의의 한 점 P에 대하여

$\triangle PAB + \triangle PCD = \triangle PAD +$ **⓬**☐

$= $ **⓭**☐ $\times$ □ABCD

13

다음 그림의 평행사변형 ABCD에서 $\overline{\text{CE}}$ 는 ∠C의 이등분선이고, $\overline{\text{AB}}=6$ cm, $\overline{\text{BC}}=8$ cm일 때, $\overline{\text{AE}}$의 길이를 구하시오.

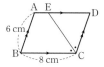

15

다음 그림의 평행사변형 ABCD에서 점 O는 두 대각선의 교점이다. $\overline{\text{AB}}=10$, $\overline{\text{BC}}=8$이고, △OBC의 둘레의 길이가 20일 때, $\overline{\text{AC}}+\overline{\text{BD}}$의 값을 구하시오.

14

다음 그림의 평행사변형 ABCD에서 $\overline{\text{AE}}$는 ∠BAD의 이등분선이고 ∠B=112°일 때, ∠AEC의 크기를 구하시오.

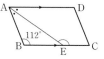

16

다음 그림의 평행사변형 ABCD에서 점 O는 두 대각선의 교점이다. 색칠한 부분의 넓이가 20 cm²일 때, □ABCD의 넓이를 구하시오.

5 평행사변형이 되는 조건

□ABCD가 다음의 어느 한 조건을 만족시키면 평행사변형이 된다.

(1) 두 쌍의 **❶**[　　] 이 각각 평행하다.
   ➡ $\overline{AB} /\!/ \overline{DC}$, $\overline{AD} /\!/$ **❷**[　　]

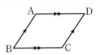

(2) 두 쌍의 **❸**[　　] 의 길이가 각각 같다.
   ➡ $\overline{AB} =$ **❹**[　　], $\overline{AD} = \overline{BC}$

(3) 두 쌍의 **❺**[　　] 의 크기가 각각 같다.
   ➡ $\angle A = \angle C$, $\angle B =$ **❻**[　　]

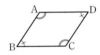

(4) 두 대각선은 서로 다른 것을 **❼**[　　] 한다.
   ➡ $\overline{OA} =$ **❽**[　　], $\overline{OB} =$ **❾**[　　]

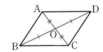

(5) 한 쌍의 대변이 평행하고, 그 **❿**[　　] 가 같다.
   ➡ $\overline{AD} /\!/ \overline{BC}$, $\overline{AD} =$ **⓫**[　　]

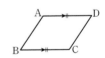

답 ❶ 대변 ❷ $\overline{BC}$ ❸ 대변 ❹ $\overline{DC}$ ❺ 대각 ❻ $\angle D$ ❼ 이등분 ❽ $\overline{OC}$ ❾ $\overline{OD}$ ❿ 길이 ⓫ $\overline{BC}$

17

다음 그림과 같은 □ABCD가 평행사변형이 되기 위한 x, y의 값을 각각 구하시오.

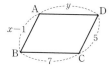

18

다음 그림과 같은 □ABCD가 평행사변형이 되기 위한 $\angle x$와 $\angle y$의 크기를 각각 구하시오.

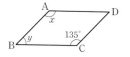

19

다음 그림의 □ABCD가 평행사변형이 되도록 하는 $\angle x + \angle y$의 크기를 구하시오. (단, 점 O는 두 대각선의 교점이다.)

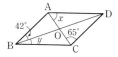

20

다음 그림과 같이 평행사변형 ABCD의 두 점 A, C에서 대각선 BD에 내린 수선의 발을 각각 E, F라고 하자.
$\angle EAF = 30°$일 때, $\angle ECF$의 크기를 구하시오.

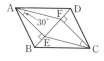

6 여러 가지 사각형

1. 여러 가지 사각형의 뜻

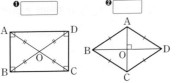

❶ [   ]

❷ [   ]

❸ [   ]

❹ [   ]

네 내각의 크기가
같은 사각형

네 변의 길이가
같은 사각형

네 변의 길이가 같고,
네 내각의 크기가
같은 사각형

밑변의 양 끝 각의
크기가 같은
사다리꼴

2. 여러 가지 사각형의 성질

(1) 직사각형은 두 대각선의 길이가 ❺[   ].

(2) 마름모는 두 대각선이 서로 다른 것을 ❻[   ]한다.

(3) 정사각형은 두 대각선의 길이가 같고 서로 다른 것을 ❼[   ]한다.

(4) 등변사다리꼴은 평행하지 않은 한 쌍의 대변의 길이가 같고, 두 대각선의
길이가 ❽[   ].

3. 여러 가지 사각형 사이의 관계

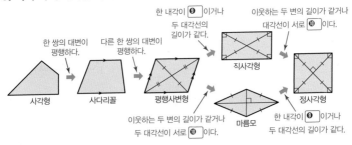

한 내각이 ❾[ ]이거나
두 대각선의
길이가 같다.

이웃하는 두 변의 길이가 같거나
대각선이 서로 ❿[ ]이다.

한 쌍의 대변이
평행하다.

다른 한 쌍의 대변이
평행하다.

사각형 ➡ 사다리꼴 ➡ 평행사변형

직사각형

정사각형

이웃하는 두 변의 길이가 같거나
두 대각선이 서로 ❿[ ]이다.

마름모

한 내각이 ❾[ ]이거나
두 대각선의 길이가 같다.

📋 ❶ 직사각형 ❷ 마름모 ❸ 정사각형 ❹ 등변사다리꼴 ❺ 같다

❻ 수직이등분 ❼ 수직이등분 ❽ 같다 ❾ 직각 ❿ 수직

21

다음 그림과 같은 직사각형 ABCD에서 점 O는 대각선의 교점이고 $\overline{AB}=6$ cm, $\angle OAD=30°$일 때, $x+y$의 값을 구하시오.

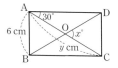

22

다음 그림과 같은 마름모 ABCD에서 점 O는 두 대각선의 교점이고 $\angle BDC=35°$일 때, $\angle OCD$의 크기를 구하시오.

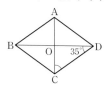

23

다음 그림과 같이 한 변의 길이가 10 cm인 정사각형 ABCD에서 두 대각선 AC, BD의 교점을 O, 점 O를 지나는 직선이 $\overline{AD}$, $\overline{BC}$와 만나는 점을 각각 E, F라고 하자. $\overline{BF}=4$ cm일 때, $\overline{AE}$의 길이를 구하시오.

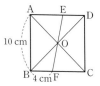

24

다음 그림과 같이 $\overline{AD}\,/\!/\,\overline{BC}$인 등변사다리꼴 ABCD에서 $\overline{BD}$는 $\angle B$의 이등분선이고 $\angle C=70°$일 때, $\angle BDC$의 크기를 구하시오.

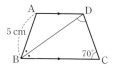

1 닮은 도형

1. 닮은 도형

(1) 한 도형을 일정한 비율로 확대하거나 축소한 도형이 다른 도형과 합동일 때, 그 두 도형을 ❶[　]인 관계에 있다고 한다.

(2) **닮은 도형**: ❷[　]인 관계에 있는 두 도형

(3) △ABC와 △DEF가 닮은 도형임을 기호로 나타내면

➡ △ABC ❸[　] △DEF

주의 두 도형이 닮음임을 기호로 나타낼 때에는 두 도형의 ❹[　]이 대응하는 순서대로 쓴다.

(4) ❺[　]: 닮은 두 도형에서 대응변의 길이의 비

2. 닮은 도형의 성질

(1) 닮은 두 평면도형에서

① 대응변의 길이의 비는 ❻[　]하다.

② 대응각의 크기는 각각 ❼[　].

③ 닮음비가 $m : n$이면 넓이의 비는 ❽[　]이다.

(2) 닮은 두 입체도형에서

① 대응하는 모서리의 길이의 비는 ❾[　]하다.

② 대응하는 면은 ❿[　]이다.

③ 닮음비가 $m : n$이면 부피의 비는 ⓫[　]이다.

답 ❶ 닮음 ❷ 닮음 ❸ ∽ ❹ 꼭짓점 ❺ 닮음비 ❻ 일정 ❼ 같다 ❽ $m^2 : n^2$ ❾ 일정 ❿ 닮은 도형 ⓫ $m^3 : n^3$

01

다음 그림에서 두 삼각기둥은 서로 닮은 도형이고, $\overline{AC}$와 $\overline{GI}$가 대응하는 모서리일 때, $x+y+z$의 값을 구하시오.

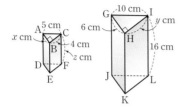

02

다음 그림에서 □ABCD∽□EFCG이고, □ABCD의 둘레의 길이가 35 cm일 때, □EFCG의 둘레의 길이를 구하시오.

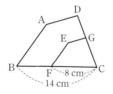

03

다음 그림과 같이 중심이 같은 두 원의 반지름의 비가 2:5이고 큰 원의 넓이가 125π cm²일 때, 색칠한 부분의 넓이를 구하시오.

04

닮은 두 사면체 A와 B의 겉넓이의 비가 25 : 16이고, 사면체 A의 부피가 375 cm³일 때, 사면체 B의 부피를 구하시오.

② 삼각형의 닮음 조건

1. 삼각형의 닮음 조건

두 삼각형 ABC와 A′B′C′이 다음 세 조건 중 하나를 만족하면 서로 닮은 도형이다.

(1) 세 쌍의 **❶**[　　]의 길이의 비가 같을 때

➡ $a :$ **❷**[　　] $= b :$ **❸**[　　] $= c :$ **❹**[　　]

(SSS 닮음)

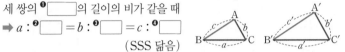

(2) 두 쌍의 **❺**[　　]의 길이의 비가 같고

그 **❻**[　　]의 크기가 같을 때

➡ $a :$ **❼**[　　] $= c :$ **❽**[　　],

$\angle B =$ **❾**[　　] (SAS 닮음)

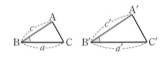

(3) 두 쌍의 **❿**[　　]의 크기가 각각 같을 때

➡ $\angle B =$ **⓫**[　　], $\angle C =$ **⓬**[　　]

(AA 닮음)

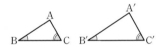

2. 직각삼각형의 닮음

$\angle A = 90°$인 직각삼각형 ABC의 꼭짓점 A에서 빗변 BC에 내린 수선의 발을 D라고 할 때

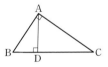

(1) $\overline{AB}^2 =$ **⓭**[　　] $\times \overline{BC}$

(2) $\overline{AC}^2 =$ **⓮**[　　] $\times \overline{BC}$

(3) $\overline{AD}^2 = \overline{BD} \times$ **⓯**[　　]

📖 ❶ 대응변 ❷ a' ❸ b' ❹ c' ❺ 대응변 ❻ 끼인각 ❼ a' ❽ c'
❾ $\angle B'$ ❿ 대응각 ⓫ $\angle B'$ ⓬ $\angle C'$ ⓭ $\overline{BD}$ ⓮ $\overline{CD}$ ⓯ $\overline{CD}$

16 • EBS 중학 뉴런 수학 2(하)

05

다음 그림의 △ABC에서 두 점 D, E는 각각 $\overline{AB}$, $\overline{AC}$ 위의 점이다. $\overline{AD}=\overline{DE}=5$ cm, $\overline{AE}=4$ cm, $\overline{BD}=3$ cm, $\overline{CE}=6$ cm일 때, $\overline{BC}$의 길이를 구하시오.

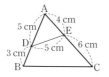

07

다음 그림과 같은 평행사변형 ABCD의 점 A에서 $\overline{BC}$, $\overline{CD}$에 내린 수선의 발을 각각 E, F라고 하자. $\overline{AB}=10$ cm, $\overline{AD}=12$ cm, $\overline{AF}=8$ cm일 때, $\overline{AE}$의 길이를 구하시오.

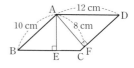

06

다음 그림과 같은 △ABC의 점 B, C에서 $\overline{AC}$, $\overline{AB}$에 내린 수선의 발을 각각 D, E라고 하자. $\overline{AE}=6$ cm, $\overline{BE}=4$ cm, $\overline{AD}=5$ cm일 때, $\overline{CD}$의 길이를 구하시오.

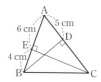

08

다음 그림과 같이 ∠A=90°인 직각삼각형 ABC의 꼭짓점 A에서 $\overline{BC}$에 내린 수선의 발을 D라고 하자. $\overline{AC}=15$ cm, $\overline{BC}=25$ cm일 때, x, y의 값을 각각 구하시오.

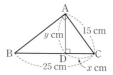

3 삼각형의 한 변에 평행한 선분의 길이의 비

1. 삼각형에서 평행선에 의하여 생기는 선분의 길이의 비

(1) $\triangle ABC$에서 $\overline{BC}$에 평행한 직선과 $\overline{AB}$, $\overline{AC}$ 또는 그 연장선의 교점을 각각 D, E라고 할 때,

① $\overline{AB} : \overline{AD} = \overline{AC} : $ **❶**☐

  $= \overline{BC} : $ **❷**☐

② $\overline{AD} : \overline{DB} = \overline{AE} : $ **❸**☐

(2) $\triangle ABC$에서 두 점 D, E가 각각 $\overline{AB}$, $\overline{AC}$ 또는 그 연장선 위의 점일 때,

① $\overline{AB} : \overline{AD} = \overline{AC} : \overline{AE} = \overline{BC} : \overline{DE}$이면 $\overline{BC}$ **❹**☐ $\overline{DE}$

② $\overline{AD} : \overline{DB} = \overline{AE} : \overline{EC}$이면 $\overline{BC}$ **❺**☐ $\overline{DE}$

2. 삼각형의 두 변의 중점을 연결한 선분의 성질

(1) 삼각형의 두 변의 중점을 연결한 선분은 나머지 한 변과

  ❻☐하고, 그 길이는 나머지 한 변의 길이의 **❼**☐과

  같다.

  ➡ $\overline{AM} = \overline{BM}$, $\overline{AN} = \overline{CN}$이면

  $\overline{BC}$ **❽**☐ $\overline{MN}$, $\overline{MN} = $ **❾**☐ $\times \overline{BC}$

(2) 삼각형의 한 변의 중점을 지나고 다른 한 변에 평행한 직선은

  나머지 한 변의 **❿**☐을 지난다.

  ➡ $\overline{AM} = \overline{BM}$, $\overline{BC} /\!/ \overline{MN}$이면 $\overline{AN} = $ **⓫**☐

🗒 ❶ $\overline{AE}$ ❷ $\overline{DE}$ ❸ $\overline{EC}$ ❹ $/\!/$ ❺ $/\!/$ ❻ 평행 ❼ $\frac{1}{2}$ ❽ $/\!/$ ❾ $\frac{1}{2}$ ❿ 중점 ⓫ $\overline{CN}$

09

다음 그림의 $\triangle ABC$에서 $\overline{BC}\,/\!/\,\overline{DE}$일 때, $7x-5y$의 값을 구하시오.

10

다음 그림에서 $\overline{ED}\,/\!/\,\overline{FG}\,/\!/\,\overline{BC}$일 때, $y-x$의 값을 구하시오.

11

다음 그림의 $\triangle ABC$와 $\triangle DBC$에서 네 점 M, N, P, Q는 각각 $\overline{AB}$, $\overline{AC}$, $\overline{DB}$, $\overline{DC}$의 중점이다. $\overline{PQ}=6\ \text{cm}$일 때, $\overline{MN}$의 길이를 구하시오.

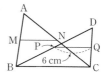

12

다음 그림의 $\triangle ABC$에서 $\overline{AB}$, $\overline{BC}$의 중점을 각각 D, E라고 하자. $\overline{AB}\,/\!/\,\overline{FE}$, $\overline{AC}\,/\!/\,\overline{DE}$이고 $\overline{AB}=10\ \text{cm}$, $\overline{AC}=12\ \text{cm}$일 때, $\square ADEF$의 둘레의 길이를 구하시오.

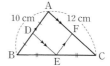

4 평행선 사이의 선분의 길이의 비

1. 평행선 사이의 선분의 길이의 비

세 개 이상의 평행선이 다른 두 직선과 만날 때, 평행선 사이에 생기는 선분의
길이의 비는 **❶**☐.

➡ 오른쪽 그림에서 $l /\!/ m /\!/ n$일 때,

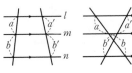

(1) $a : $ **❷**☐ $= a' : b'$

(2) $a : $ **❸**☐ $= b : b'$

2. 평행선 사이의 선분의 길이의 비의 응용

오른쪽 그림에서 $\overline{AB}=a$, $\overline{CD}=b$이고,
$\overline{AB} /\!/ \overline{EF} /\!/ \overline{DC}$일 때,

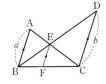

(1) $\triangle AEB$ **❹**☐ $\triangle CED$이므로

$\overline{AE} : \overline{CE} = \overline{AB} : $ **❺**☐ $= a : b$

$\triangle CAB$에서 $\overline{BF} : \overline{FC} = \overline{AE} : $ **❻**☐ $= a : b$

(2) $\triangle CAB \backsim$ **❼**☐ 이므로 $\overline{CA} : \overline{CE} = $ **❽**☐ $: \overline{EF}$

❾☐ $: b = a : \overline{EF}$에서 $\overline{EF} = $ **❿**☐

📘 ❶같다 ❷b ❸a' ❹$\backsim$ ❺$\overline{CD}$ ❻$\overline{EC}$ ❼$\triangle CEF$ ❽$\overline{AB}$ ❾$(a+b)$ ❿$\dfrac{ab}{a+b}$

20 ● EBS 중학 뉴런 수학 2(하)

13

다음 그림에서 $l /\!/ m /\!/ n$일 때, x, y의 값을 각각 구하시오.

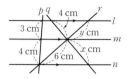

14

다음 그림에서 $\overline{AD} /\!/ \overline{EF} /\!/ \overline{BC}$이고 $\overline{AD}=10$ cm, $\overline{EF}=14$ cm, $\overline{DF} : \overline{FC}=2 : 3$일 때, $\overline{BC}$의 길이를 구하시오.

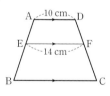

15

다음 그림과 같은 사다리꼴 ABCD에서 $\overline{AB}$, $\overline{DC}$의 중점을 각각 E, F라 하고, $\overline{BD}$, $\overline{AC}$가 각각 $\overline{EF}$와 만나는 점을 각각 G, H라고 하자. $\overline{AD} /\!/ \overline{EF} /\!/ \overline{BC}$이고, $\overline{AD}=9$ cm, $\overline{GH}=2$ cm일 때, $\overline{BC}$의 길이를 구하시오.

16

다음 그림에서 $\overline{AB}$, $\overline{EF}$, $\overline{DC}$는 모두 $\overline{BC}$에 수직이고, $\overline{AB}=5$ cm, $\overline{BC}=12$ cm 이다. $\triangle EBC$의 넓이가 18 cm²일 때, $\overline{DC}$의 길이를 구하시오.

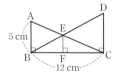

⑤ 삼각형의 무게중심

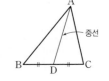

1. 삼각형의 중선

(1) **삼각형의 중선** : 삼각형에서 한 꼭짓점과 그 대변의
　❶□□을 이은 선분

(2) **삼각형의 중선의 성질**

삼각형의 한 중선은 그 삼각형의 넓이를 ❷□□
한다.

➡ $\overline{AD}$가 △ABC의 중선일 때,

$$△ABD=△ACD=\boxed{❸}×△ABC$$

2. 삼각형의 무게중심

(1) 삼각형의 세 중선은 한 점에서 만나고, 그 교점을
　❹□□□□이라고 한다.

(2) **삼각형의 무게중심의 성질**

삼각형의 무게중심은 세 중선의 길이를 각각 꼭짓점
으로부터 ❺□□로 나눈다.

➡ 점 G가 △ABC의 무게중심일 때,

$$\overline{AG} : \overline{GD}=\overline{BG} : ❻\boxed{}=\overline{CG} : ❼\boxed{}=❽\boxed{} : 1$$

(3) 삼각형의 세 중선에 의하여 삼각형의 넓이는 ❾□등분된다.

➡ 점 G가 △ABC의 무게중심일 때,

$$△GAF=△GBF=△GBD=△GCD=△GCE=△GAE$$

$$=\boxed{❿}×△ABC$$

17

다음 그림에서 점 G는 △ABC의 무게중심이고 $\overline{GD}=4\ cm$일 때, $\overline{AG}$의 길이를 구하시오.

18

다음 그림에서 두 점 G, G'은 각각 △ABC, △ADC의 무게중심이고 $\overline{BC}=12\ cm$일 때, $\overline{GG'}$의 길이를 구하시오.

19

다음 그림에서 점 G는 △ABC의 무게중심이고 $\overline{EF}/\!/\overline{BC}$이다. △ABC의 넓이가 $72\ cm^2$일 때, △GDF의 넓이를 구하시오.

20

다음 그림의 평행사변형 ABCD에서 $\overline{AD}$, $\overline{BC}$의 중점을 각각 E, F라 하고, $\overline{BE}$, $\overline{FD}$가 $\overline{AC}$와 만나는 점을 각각 P, Q라고 하자. $\overline{AC}=24\ cm$일 때, $\overline{PQ}$의 길이를 구하시오.

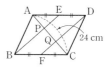

6 피타고라스 정리

1. 피타고라스 정리

직각삼각형에서 직각을 낀 두 변의 길이의 제곱의 합은
❶☐☐의 길이의 제곱과 같다.

➡ 직각삼각형에서 직각을 낀 두 변의 길이를 각각
a, b라 하고, 빗변의 길이를 c라고 하면
$a^2 + b^2 =$ ❷☐☐이 성립한다.

2. 직각삼각형이 되는 조건

세 변의 길이가 a, b, c인 삼각형에서
$$a^2 + b^2 = c^2$$
이 성립하면 이 삼각형은 빗변의 길이가 ❸☐인 ❹☐☐삼각형이다.

3. 피타고라스 정리의 응용

(1) 직각삼각형 ABC의 세 변 AB, BC, CA를 각각 한 변
으로 하는 세 정사각형의 넓이를 각각 P, Q, R라고
하면
$$Q + R = ❺☐$$

(2) 직육면체의 꼭짓점 D에서 겉면을 따라 모서리 CG를
지나 점 F에 이르는 최단 거리는
아래 그림과 같이 옆면을 전개하여 얻은 직사각형
BFHD의 ❻☐☐의 길이와 같다.

➡ $\overline{DF}^2 = \overline{FH}^2 + ❼☐☐$

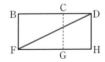

21

다음 그림과 같이 $\angle A = \angle B = 90°$인 사각형 ABCD에서 $\overline{AB}=12$ cm, $\overline{AD}=10$ cm, $\overline{CD}=13$ cm일 때, $\overline{BC}$의 길이를 구하시오.

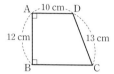

22

다음 그림은 $\angle A = 90°$인 직각삼각형 ABC에서 $\overline{AB}=\overline{AD}$, $\overline{AC}=\overline{AE}$인 두 점 D, E를 잡아 두 직각이등변삼각형 ABD, ACE를 그린 것이다. $\triangle ABD = 19$ cm^2, $\triangle ACE = 13$ cm^{2}일 때, $\overline{BC}$의 길이를 구하시오.

23

다음 그림과 같이 반지름의 길이가 9 cm인 구를 점 A를 지나는 평면으로 잘라 얻은 단면의 넓이가 45π cm^{2}일 때, $\overline{OB}$의 길이를 구하시오.

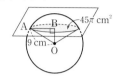

24

세 변의 길이가 각각 x, 15, 17인 삼각형이 직각삼각형이 되도록 하는 자연수 x의 값을 구하시오. (단, $0 < x < 15$)

Ⅵ 확률

① 사건과 경우의 수

1. 사건과 경우의 수

(1) ❶ ⬜ : 동일한 조건 아래에서 여러 번 반복할 수 있는 실험이나 관찰에 의하여 나타나는 결과

(2) ❷ ⬜ : 어떤 사건에 대하여 일어날 수 있는 모든 경우에 대한 가짓수

2. 사건 A 또는 사건 B가 일어나는 경우의 수

두 사건 A, B가 동시에 일어나지 않을 때, 사건 A가 일어나는 경우의 수를 m, 사건 B가 일어나는 경우의 수를 n이라고 하면

(사건 A 또는 사건 B가 일어나는 경우의 수)=❸ ⬜

3. 사건 A와 사건 B가 동시에 일어나는 경우의 수

두 사건 A와 B가 서로 영향을 주지 않을 때, 사건 A가 일어나는 경우의 수가 m이고, 그 각각에 대하여 사건 B가 일어나는 경우의 수가 n이면

(사건 A와 사건 B가 동시에 일어나는 경우의 수)=❹ ⬜

예 동전 또는 주사위를 동시에 던질 때 일어나는 모든 경우의 수

사건	동전	주사위
1개 던질 때	❺ ⬜	❻ ⬜
2개 던질 때	$2 \times 2 = 2^2$	$6 \times 6 = 6^2$
⋮	⋮	⋮
n개 던질 때	❼ ⬜	❽ ⬜

📋 ❶사건 ❷경우의 수 ❸$m+n$ ❹$m \times n$ ❺2 ❻6 ❼$2^n$ ❽$6^n$

01

100원, 50원짜리 동전을 각각 4개씩 가지고 있을 때, 이 돈으로 400원을 지불하는 모든 경우의 수를 구하시오.(단, 지불하는 개수는 상관없다.)

02

바구니 속에 1부터 15까지의 자연수가 각각 하나씩 적혀 있는 공 15개가 들어있다. 이 바구니에서 한 개의 공을 꺼낼 때, 소수 또는 4의 배수인 숫자가 적힌 공이 나오는 경우의 수를 구하시오.

03

서로 다른 동전 3개와 주사위 2개를 동시에 던질 때, 동전은 앞면이 한 개만 나오고, 주사위는 모두 홀수가 나오는 경우의 수를 구하시오.

04

A 지점에서 C 지점으로 가는 길이 다음 그림과 같을 때, A 지점에서 출발하여 C 지점으로 가는 경우의 수를 구하시오.(단, 같은 지점을 두 번 지나지 않는다.)

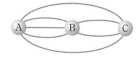

② 여러 가지 경우의 수

1. 두 사람 A, B가 가위바위보를 할 때, 일어나는 모든 경우의 수는 **❶**☐이며, 이 중 A가 이기는(B가 지는) 경우의 수는 **❷**☐, B가 이기는(A가 지는) 경우의 수는 **❸**☐, 비기는 경우의 수는 **❹**☐이다.

2. 숫자 카드로 수 만들기

(1) 0이 아닌 서로 다른 한 자리 숫자가 각각 하나씩 적힌 n장의 카드 중에서

① 2장을 뽑아 만들 수 있는 두 자리 자연수의 개수는 $n \times$ **❺**☐

② 3장을 뽑아 만들 수 있는 세 자리 자연수의 개수는

$n \times (n-1) \times$ **❻**☐

(2) 0을 포함하여 서로 다른 한 자리 숫자가 각각 하나씩 적힌 n장의 카드 중에서

① 2장을 뽑아 만들 수 있는 두 자리 자연수의 개수는

❼☐$\times (n-1)$

② 3장을 뽑아 만들 수 있는 세 자리 자연수의 개수는

❽☐$\times (n-1) \times (n-2)$

3. 한 줄로 세우기

(1) 서로 다른 n개를 한 줄로 세우는 경우의 수는

❾☐$\times (n-1) \times (n-2) \times \cdots \times 3 \times 2 \times 1$

(2) 이웃하여 세우는 경우의 수는

(이웃하는 것을 하나로 묶어서 세우는 경우의 수)

$\times$ (묶음 안에서 일렬로 세우는 경우의 수)

4. 대표 뽑기

(1) n명 중에서 자격이 다른 2명의 대표를 뽑는 경우의 수는 $n \times$ **❿**☐

(2) n명 중에서 자격이 같은 2명의 대표를 뽑는 경우의 수는 $\dfrac{n \times (n-1)}{⓫☐}$

답 ❶ 9 ❷ 3 ❸ 3 ❹ 3 ❺ $(n-1)$ ❻ $(n-2)$ ❼ $(n-1)$ ❽ $(n-1)$ ❾ n ❿ $(n-1)$ ⓫ 2

05

0부터 6까지의 정수가 각각 하나씩 적힌 7장의 카드 중에서 2장을 뽑아 만들 수 있는 두 자리의 정수 중 5의 배수의 개수를 구하시오.

07

남학생 5명, 여학생 3명으로 이루어진 어느 동아리에서 회장 1명, 부회장 1명을 뽑는 경우의 수를 구하시오.

06

부모님 두 분과 자녀 3명이 가족사진을 찍으려고 한다. 5명이 일렬로 나란히 설 때, 부모님이 이웃하여 서는 경우의 수를 구하시오.

08

6개의 학급이 축구시합을 하려고 하는데 모든 학급이 모두 서로 한 번씩 시합을 하려고 할 때, 해야 하는 경기의 수를 구하시오.

3 확률

1. 확률의 뜻

어떤 실험이나 관찰에서 각 경우가 일어날 가능성이 같을 때, 일어날 수 있는 모든 경우의 수에 대한 사건 A가 일어나는 경우의 수의 비율을 사건 A가 일어날 **❶**☐이라고 한다.

즉, 일어날 수 있는 모든 경우의 수를 n, 사건 A가 일어나는 경우의 수를 a라고 하면 사건 A가 일어날 확률 p는

$$p = \dfrac{\overset{❷}{\boxed{}}}{\underset{❸}{\boxed{}}}$$

2. 확률의 성질

(1) 어떤 사건이 일어날 확률을 p라고 하면 **❹**☐$\leq p \leq$**❺**☐

(2) 절대로 일어나지 않는 사건의 확률은 **❻**☐이다.

(3) 반드시 일어나는 사건의 확률은 **❼**☐이다.

3. 사건 A가 일어나지 않을 확률

사건 A가 일어날 확률이 p일 때,

(사건 A가 일어나지 않을 확률)=**❽**☐

4. 사건 A 또는 사건 B가 일어날 확률

두 사건 A, B가 동시에 일어나지 않을 때,

사건 A가 일어날 확률을 p, 사건 B가 일어날 확률을 q라고 하면

(사건 A 또는 사건 B가 일어날 확률)=**❾**☐

5. 사건 A와 사건 B가 동시에 일어날 확률

두 사건 A와 B가 서로 영향을 주지 않을 때,

사건 A가 일어날 확률을 p, 사건 B가 일어날 확률을 q라고 하면

(사건 A와 사건 B가 동시에 일어날 확률)=**❿**☐

답 ❶확률 ❷a ❸n ❹0 ❺1 ❻0 ❼1 ❽$1-p$ ❾$p+q$ ❿$p \times q$

09

서로 다른 두 개의 주사위를 동시에 던질 때, 두 눈의 수가 같을 확률을 구하시오.

10

1부터 6까지의 자연수가 각각 하나씩 적힌 6장의 카드 중에서 두 장을 뽑아 두 자리 정수를 만들 때, 65 이하인 수가 될 확률을 p, 11 이하인 수가 될 확률을 q라고 할 때, $p+q$의 값을 구하시오.

11

서로 다른 2개의 주사위를 던질 때, 나오는 두 눈의 수의 차가 2 또는 4일 확률을 구하시오.

12

한 개의 주사위를 두 번 던질 때, 3의 배수가 적힌 눈이 적어도 한 번은 나올 확률을 구하시오.

2~13쪽

01

$\angle B = \angle C = \dfrac{180° - 50°}{2} = 65°$

答 65°

02

$x = \dfrac{1}{2}\overline{BC} = \dfrac{1}{2} \times 30 = 15$

$\angle ADC = 90°$이므로 $y = 90$

答 $x = 15$, $y = 90$

03

$\triangle DBC$에서 $\angle DCB = \angle B = 40°$

$\angle ADC = \angle B + \angle DCB = 80°$

$\triangle CAD$에서 $\angle A = \angle ADC = 80°$

따라서 $\angle ACE = \angle B + \angle A = 120°$

答 120°

04

$\angle ABC = \angle C$

$= \dfrac{180° - 36°}{2}$

$= \dfrac{144°}{2}$

$= 72°$

$\angle ABD = \angle DBC = \dfrac{1}{2} \times 72° = 36°$

$\angle BDC = 180° - (36° + 72°) = 72°$

이므로 $x = 72$

즉, $\angle BDC = \angle C = 72°$

$\triangle BCD$는 $\overline{BD} = \overline{BC} = 8$ cm인 이등변

삼각형이므로 $y = 8$

따라서 $x + y = 72 + 8 = 80$

答 80

05

④ 빗변의 길이와 다른 한 변의 길이가

각각 같은 두 직각삼각형은 합동이다.

答 ④

06

$\overline{AB} = \overline{AC}$이므로 $\angle B = \angle C$

즉, $\triangle MBD \equiv \triangle MCE$ (RHA 합동)이

므로

$\overline{EM} = \overline{DM} = 6$ cm

答 6 cm

07

$\triangle DBE \equiv \triangle DBC$ (RHS 합동)이므로

$\angle BDC = \angle BDE = 90° - 20° = 70°$

答 70°

08

$\triangle ABD \equiv \triangle AED$ (RHS 합동)이므로

$\overline{ED} = \overline{BD} = 4$ cm

또 $\angle C = \angle BAC = \dfrac{180° - 90°}{2} = 45°$

이므로 $\angle EDC = 90° - 45° = 45°$

즉, $\angle C = \angle EDC = 45°$이므로

$\overline{EC} = \overline{ED} = 4$ cm

따라서

$\triangle EDC = \dfrac{1}{2} \times 4 \times 4 = 8 (\text{cm}^2)$

答 8 cm²

09

$\overline{OA}=\overline{OC}$이므로

$\angle OCA = \angle OAC = 26°$

△OAC에서

$\angle AOC = 180° - (26° + 26°)$
$\qquad = 180° - 52°$
$\qquad = 128°$

답 128°

10

$\overline{OA}=\overline{OB}=\overline{OC}=\dfrac{1}{2}\overline{AC}=\dfrac{13}{2}(cm)$

따라서 △OAB의 둘레의 길이는

$\dfrac{13}{2}+5+\dfrac{13}{2}=18(cm)$

답 18 cm

11

$\angle BIC = 90° + \dfrac{1}{2}\angle A$이므로

$114° = 90° + \dfrac{1}{2}\angle A$에서

$\dfrac{1}{2}\angle A = 24°$

따라서 $\angle A = 48°$

답 48°

12

△ABC의 둘레의 길이를 l cm라고 하면

$\dfrac{1}{2}\times 3 \times l = 60$에서 $l=40$ cm

답 40 cm

13

$\overline{AD}\,/\!/\,\overline{BC}$이므로

$\angle DEC = \angle ECB = \angle DCE$에서

△DEC는 $\overline{DE}=\overline{DC}=6$ cm인 이등변

삼각형이므로

$\overline{AE}=\overline{AD}-\overline{ED}=8-6=2(cm)$

답 2 cm

14

$\angle BAD = 180° - \angle B = 68°$

$\angle BAE = \dfrac{1}{2}\times 68° = 34°$

따라서 △ABE에서

$\angle AEC = 34° + 112° = 146°$

답 146°

15

$\overline{OB}+8+\overline{OC}=20$에서 $\overline{OB}+\overline{OC}=12$

$\overline{AC}+\overline{BD}=2\overline{OC}+2\overline{OB}$
$\qquad\qquad\quad = 2\times 12 = 24$

답 24

16

$△OAD + △OBC$

$=\dfrac{1}{4}\square ABCD + \dfrac{1}{4}\square ABCD$

$=\dfrac{1}{2}\square ABCD$

이므로

$\square ABCD = 2(△OAD + △OBC)$
$\qquad\qquad = 2\times 20 = 40(cm^2)$

답 40 cm²

17

두 쌍의 대변의 길이가 각각 같은 사각형
은 평행사변형이 되므로

$x-1=5$에서 $x=6$

$y=7$

目 $x=6$, $y=7$

18

두 쌍의 대각의 크기가 각각 같은 사각형은 평행사변형이 되므로

$\angle A = \angle C$에서 $\angle x = 135°$

$\angle B + \angle C = 180°$에서

$\angle y + 135° = 180°$

따라서 $\angle y = 45°$

目 $\angle x = 135°$, $\angle y = 45°$

19

$\angle ACB = \angle DAC = \angle x$

$\angle x + 65° + \angle y + 42° = 180°$

따라서 $\angle x + \angle y = 180° - 107° = 73°$

目 $73°$

20

$\triangle ABE \equiv \triangle CDF$ (RHA 합동)

이므로 $\overline{AE} = \overline{CF}$

이때 $\overline{AE} /\!/ \overline{CF}$이므로

□AECF는 평행사변형이다.

따라서 $\angle ECF = \angle EAF = 30°$

目 $30°$

21

$\overline{OA} = \frac{1}{2}\overline{AC} = \frac{1}{2}\overline{BD} = \overline{OB}$이므로

$\angle ABO = \angle BAO = 90° - 30° = 60°$

$\angle AOB = 180° - (60° + 60°)$

$= 180° - 120°$

$= 60°$

따라서 $\angle DOC = \angle AOB = 60°$

이므로 $x = 60$

$\triangle OAB$는 정삼각형이므로

$\overline{OA} = \overline{AB} = 6$ cm에서

$\overline{AC} = 2\overline{OA} = 2 \times 6 = 12$(cm), 즉 $y = 12$

따라서 $x + y = 60 + 12 = 72$

目 72

22

$\angle COD = 90°$이므로

$\angle OCD = 90° - 35° = 55°$

目 $55°$

23

$\triangle AOE \equiv \triangle COF$ (ASA 합동)이므로

$\overline{AE} = \overline{CF} = \overline{BC} - \overline{BF}$

$= 10 - 4 = 6$(cm)

目 6 cm

24

$\overline{AD} /\!/ \overline{BC}$인 등변사다리꼴이므로

$\angle ABC = \angle C = 70°$

이때 $\angle DBC = \frac{1}{2}\angle ABC$

$= \frac{1}{2} \times 70°$

$= 35°$

따라서 $\triangle DBC$에서

$\angle BDC = 180° - (35° + 70°)$

$= 180° - 105°$

$= 75°$

目 $75°$

01

두 삼각기둥의 닮음비는 1 : 2이다.

$x : 6 = 1 : 2$에서 $x = 3$

$4 : y = 1 : 2$에서 $y = 8$

$z : 16 = 1 : 2$에서 $z = 8$

따라서 $x + y + z = 3 + 8 + 8 = 19$

目 19

02

닮음비는 $\overline{BC} : \overline{FC} = 14 : 8 = 7 : 4$

$35 : (\square EFCG의 둘레의 길이) = 7 : 4$

따라서

$(\square EFCG의 둘레의 길이) = 20$ cm

目 20 cm

03

작은 원과 큰 원의 넓이의 비는 $2^2 : 5^2$

$(작은 원의 넓이) : 125\pi = 4 : 25$

$(작은 원의 넓이) = 20\pi$ cm^2

따라서

$(색칠한 부분의 넓이) = 125\pi - 20\pi$

$= 105\pi(\text{cm}^2)$

目 105π cm^2

04

닮은 두 사면체 A와 B의 닮음비는 5 : 4

이므로 부피의 비는 $5^3 : 4^3$

$375 : (사면체 B의 부피) = 125 : 64$

따라서

$(사면체 B의 부피) = 192$ cm^3

目 192 cm^3

05

$\triangle ABC \backsim \triangle AED$ (SAS 닮음)

$\overline{BC} : \overline{ED} = \overline{AB} : \overline{AE} = 4 : 2 = 2 : 1$

$\overline{BC} : 5 = 2 : 1$이므로

$\overline{BC} = 10$ cm

目 10 cm

06

$\triangle ABD \backsim \triangle ACE$ (AA 닮음)

$\overline{AB} : \overline{AC} = \overline{DA} : \overline{EA}$

$(6+4) : \overline{AC} = 5 : 6$에서 $\overline{AC} = 12$ cm

따라서

$\overline{DC} = \overline{AC} - \overline{AD}$

$= 12 - 5 = 7(\text{cm})$

目 7 cm

07

$\triangle ABE \backsim \triangle ADF$ (AA 닮음)

$\overline{AB} : \overline{AD} = \overline{AE} : \overline{AF}$

$10 : 12 = \overline{AE} : 8$에서

$\overline{AE} = \dfrac{20}{3}$ cm

目 $\dfrac{20}{3}$ cm

08

$15^2 = 25x$에서 $x = 9$

$y^2 = 16 \times 9 = 144$에서

$y > 0$이므로 $y = 12$

目 $x = 9, y = 12$

09

$(3x-2) : (3y+2) = 5 : 7$

$15y + 10 = 21x - 14$

$21x-15y=24$

따라서 $7x-5y=8$

目 8

10

$x:5=3:4$에서 $4x=15$

$x=\dfrac{15}{4}$

$5:y=4:6$에서 $4y=30$

$y=\dfrac{15}{2}$

따라서

$y-x=\dfrac{15}{2}-\dfrac{15}{4}=\dfrac{15}{4}$

目 $\dfrac{15}{4}$

11

$\overline{BC}=2\overline{PQ}=2\times6=12(cm)$

$\overline{MN}=\dfrac{1}{2}\overline{BC}=\dfrac{1}{2}\times12=6(cm)$

目 6 cm

12

$\overline{DE}=\dfrac{1}{2}\overline{AC}=\dfrac{1}{2}\times12=6(cm)$

$\overline{EF}=\dfrac{1}{2}\overline{AB}=\dfrac{1}{2}\times10=5(cm)$

$\overline{AF}=\dfrac{1}{2}\overline{AC}=\dfrac{1}{2}\times12=6(cm)$

$\overline{AD}=\dfrac{1}{2}\overline{AB}=\dfrac{1}{2}\times10=5(cm)$

따라서 □ADEF의 둘레의 길이는

$6+5+6+5=22(cm)$

目 22 cm

13

$3:4=4:x$에서 $3x=16$

$x=\dfrac{16}{3}$

$3:4=y:6$에서 $4y=18$

$y=\dfrac{9}{2}$

目 $x=\dfrac{16}{3}$, $y=\dfrac{9}{2}$

14

$\overline{AB}/\!/\overline{DH}$가 되
도록 $\overline{DH}$를 그
으면
$\overline{BH}=\overline{EG}$
$\quad=\overline{AD}$
$\quad=10\ cm$

$\overline{GF}=14-10=4(cm)$

$\overline{GF}:\overline{HC}=\overline{DF}:\overline{DC}=2:(2+3)$

$4:\overline{HC}=2:5$에서 $2\overline{HC}=20$

$\overline{HC}=10\ cm$

따라서

$\overline{BC}=\overline{BH}+\overline{HC}=10+10=20(cm)$

目 20 cm

15

△ABD에서

$\overline{EG}=\dfrac{1}{2}\overline{AD}=\dfrac{1}{2}\times9=\dfrac{9}{2}(cm)$

$\overline{EH}=\overline{EG}+\overline{GH}=\dfrac{9}{2}+2=\dfrac{13}{2}(cm)$

△ABC에서

$\overline{BC}=2\overline{EH}=2\times\dfrac{13}{2}=13(cm)$

目 13 cm

16

$\triangle EBC = \dfrac{1}{2} \times 12 \times \overline{EF} = 18$

$6\overline{EF} = 18$에서 $\overline{EF} = 3\,cm$

$\overline{BC} : \overline{FC} = \overline{AB} : \overline{EF} = 5 : 3$에서

$\overline{EF} : \overline{DC} = \overline{BF} : \overline{BC} = 2 : 5$

$3 : \overline{DC} = 2 : 5$에서 $2\overline{DC} = 15$

따라서 $\overline{DC} = \dfrac{15}{2}\,(cm)$

目 $\dfrac{15}{2}\,cm$

17

$\overline{AG} : \overline{GD} = 2 : 1$이므로

$\overline{AG} : 4 = 2 : 1$에서

$\overline{AG} = 8\,cm$

目 $8\,cm$

18

$\overline{DE} = \dfrac{1}{2}\overline{DC} = \dfrac{1}{2} \times \dfrac{1}{2}\overline{BC}$

$\qquad = \dfrac{1}{4} \times 12 = 3(cm)$

$\overline{GG'} : \overline{DE} = \overline{AG} : \overline{AD} = 2 : 3$이므로

$\overline{GG'} : 3 = 2 : 3$에서

$\overline{GG'} = 2\,cm$

目 $2\,cm$

19

$\overline{AF} : \overline{FC} = \overline{AG} : \overline{GD} = 2 : 1$

$\triangle GDF = \dfrac{1}{3}\triangle ADF$

$\qquad = \dfrac{1}{3} \times \dfrac{2}{3}\triangle ADC$

$\qquad = \dfrac{2}{9} \times \dfrac{1}{2}\triangle ABC$

$\qquad = \dfrac{1}{9} \times 72 = 8(cm^2)$

目 $8\,cm^2$

20

$\overline{BD}$를 그으면
두 점 P, Q는
각각 $\triangle ABD$,
$\triangle DBC$의 무게
중심이다.
즉,

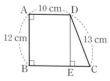

$\overline{PO} = \dfrac{1}{3}\overline{AO} = \dfrac{1}{3} \times \dfrac{1}{2}\overline{AC}$

$\qquad = \dfrac{1}{6} \times 24$

$\qquad = 4(cm)$

$\overline{QO} = \dfrac{1}{3}\overline{CO} = \dfrac{1}{3} \times \dfrac{1}{2}\overline{AC}$

$\qquad = \dfrac{1}{6} \times 24$

$\qquad = 4(cm)$

따라서 $\overline{PQ} = \overline{PO} + \overline{QO} = 4 + 4 = 8(cm)$

目 $8\,cm$

21

점 D에서 $\overline{BC}$에 내린 수선의 발을 E라
고 하면

$\triangle DEC$에서

$\overline{DE} = \overline{AB} = 12\,cm$

$\overline{EC}^2 + 12^2 = 13^2$에서 $\overline{EC}^2 = 25$

$\overline{EC} > 0$이므로 $\overline{EC} = 5\,cm$

또 $\overline{BE} = \overline{AD} = 10$ cm이므로
$\overline{BC} = \overline{BE} + \overline{EC} = 10 + 5 = 15$(cm)

目 15 cm

22

$\dfrac{1}{2}\overline{AB}^2 = 19$이므로 $\overline{AB}^2 = 38$

$\dfrac{1}{2}\overline{AC}^2 = 13$이므로 $\overline{AC}^2 = 26$

$\overline{BC}^2 = \overline{AB}^2 + \overline{AC}^2 = 38 + 26 = 64$

$\overline{BC} > 0$이므로 $\overline{BC} = 8$ cm

目 8 cm

23

$\pi\overline{AB}^2 = 45\pi$이므로 $\overline{AB}^2 = 45$

$\overline{AB}^2 + \overline{OB}^2 = \overline{OA}^2$, $45 + \overline{OB}^2 = 9^2$

$\overline{OB}^2 = 36$

$\overline{OB} > 0$이므로 $\overline{OB} = 6$ cm

目 6 cm

24

$x^2 + 15^2 = 17^2$에서 $x^2 = 64$

x는 자연수이므로 $x = 8$

目 8

01

지불하는 경우를 표로 나타내면 다음과
같다.

100원	50원	총 금액
4	0	$100 \times 4 = 400$
3	2	$100 \times 3 + 50 \times 2 = 400$
2	4	$100 \times 2 + 50 \times 4 = 400$

따라서 지불하는 모든 경우의 수는 3이다.

目 3

02

소수는 2, 3, 5, 7, 11, 13의 6가지
4의 배수는 4, 8, 12의 3가지
따라서 구하는 경우의 수는
$6 + 3 = 9$

目 9

03

서로 다른 동전 3개를 동시에 던질 때 앞
면이 한 개만 나오는 경우는
(앞면, 뒷면, 뒷면), (뒷면, 앞면, 뒷면),
(뒷면, 뒷면, 앞면)의 3가지
주사위 2개를 동시에 던질 때 모두 홀수
가 나오는 경우는 $3 \times 3 = 9$(가지)
따라서 구하는 경우의 수는
$3 \times 9 = 27$

目 27

04

A 지점에서 C 지점으로 가는 길 중에서 A 지점에서 B 지점을 거쳐서 C 지점으로 가는 경우의 수는 $3 \times 2 = 6$

A 지점에서 B 지점을 거치지 않고 C 지점으로 곧장 가는 경우의 수는 2

따라서 A 지점에서 C 지점으로 가는 경우의 수는

$6 + 2 = 8$

답 8

05

5의 배수가 되려면 일의 자리에 올 수 있는 숫자는 0, 5의 2가지이므로

(i) 일의 자리의 숫자가 0인 경우

  십의 자리에 올 수 있는 숫자는 6가지

(ii) 일의 자리의 숫자가 5인 경우

  십의 자리에 올 수 있는 숫자는 5가지

(i), (ii)에서 구하는 개수는

$6 + 5 = 11$(개)

답 11개

06

부모님이 이웃하여 서는 경우의 수는

$2 \times 1 = 2$

부모님을 하나로 묶어 한 사람으로 생각하고, 4명이 일렬로 서는 경우의 수는

$4 \times 3 \times 2 \times 1 = 24$

따라서 구하는 경우의 수는

$2 \times 24 = 48$

답 48

07

자격이 다른 두 명의 대표를 뽑는 경우이므로 $8 \times 7 = 56$

답 56

08

$\dfrac{6 \times 5}{2} = 15$

답 15

09

모든 경우의 수는 $6 \times 6 = 36$

두 눈의 수가 같은 경우는

$(1, 1), (2, 2), (3, 3), (4, 4), (5, 5),$
$(6, 6)$의 6가지

따라서 구하는 확률은

$\dfrac{6}{36} = \dfrac{1}{6}$

답 $\dfrac{1}{6}$

10

65 이하인 수가 되는 사건은 반드시 일어나는 사건이므로 $p = 1$

11 이하인 수가 되는 사건은 절대로 일어나지 않는 사건이므로 $q = 0$

따라서 $p + q = 1 + 0 = 1$

답 1

11

모든 경우의 수는 $6 \times 6 = 36$

두 눈의 수의 차가 2인 경우는

$(1, 3), (2, 4), (3, 5), (4, 6),$
$(3, 1), (4, 2), (5, 3), (6, 4)$의 8가지

두 눈의 수의 차가 4인 경우는

(1, 5), (2, 6), (5, 1), (6, 2)의 4가지

따라서 구하는 확률은

$$\frac{8}{36} + \frac{4}{36} = \frac{12}{36} = \frac{1}{3}$$

🖪 $\frac{1}{3}$

12

3의 배수가 적힌 눈이 나올 확률은

$$\frac{2}{6} = \frac{1}{3}$$

3의 배수가 적힌 눈이 나오지 않을 확률은

$$1 - \frac{1}{3} = \frac{2}{3}$$

따라서 3의 배수가 적힌 눈이 적어도 한 번은 나올 확률은

$$1 - \left(\frac{2}{3} \times \frac{2}{3}\right)$$

$$= 1 - \frac{4}{9}$$

$$= \frac{5}{9}$$

🖪 $\frac{5}{9}$

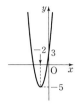

따라서 제4사분면을 지나지 않는다.

답 ④

13

$y=-2x^2+8x+3$
$\quad=-2(x^2-4x+4-4)+3$
$\quad=-2(x-2)^2+11$

$a=-2$, $p=2$, $q=11$

따라서 $a+p+q=-2+2+11=11$

답 ①

14

$y=\dfrac{1}{2}x^2+3x+m$

$\quad=\dfrac{1}{2}(x^2+6x+9-9)+m$

$\quad=\dfrac{1}{2}(x+3)^2-\dfrac{9}{2}+m$

꼭짓점의 좌표가 $\left(-3,\ -\dfrac{9}{2}+m\right)$이므로

$-\dfrac{9}{2}+m=2$, $m=\dfrac{13}{2}$

답 ④

15

$y=0$을 대입하면 $x^2-2x-8=0$

$(x+2)(x-4)=0$

$x=-2$ 또는 $x=4$

$p=-2$, $q=4$ 또는 $p=4$, $q=-2$

$x=0$을 대입하면 $y=-8$이므로

$r=-8$

따라서
$p+q+r=-2+4+(-8)=-6$

답 ④

16

$y=2x^2-12x+8$
$\quad=2(x^2-6x+9-9)+8$
$\quad=2(x-3)^2-10$

꼭짓점의 좌표는 $(3,\ -10)$

$x=0$을 대입하면 $y=8$이므로

y축과 만나는 점의 좌표는 $(0,\ 8)$

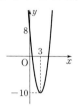

따라서 제3사분면을 지나지 않는다.

답 ③

17

꼭짓점의 좌표가 $(2,\ 1)$이므로 구하는 이차함수의 식은

$y=a(x-2)^2+1$

$y=a(x-2)^2+1$에 $x=1$, $y=2$를 대입하면

$2=a\times(1-2)^2+1$, $a=1$

따라서 구하는 이차함수의 식은

$y=(x-2)^2+1=x^2-4x+5$

답 $y=x^2-4x+5$

18

축의 방정식이 $x=1$이므로 구하는 이차함수의 식은

$y=a(x-1)^2+q$

$y=a(x-1)^2+q$에 두 점의 좌표를 각각 대입하면

$2=4a+q$ $\cdots\cdots$ ㉠

$-1=a+q$ $\cdots\cdots$ ㉡

㉠, ㉡을 연립하여 풀면

$a=1$, $q=-2$

따라서 구하는 이차함수의 식은

$y=(x-1)^2-2=x^2-2x-1$

         🖪 $y=x^2-2x-1$

19

구하는 이차함수의 식을
$y=ax^2+bx+c$라고 하자.

$y=ax^2+bx+c$에 세 점의 좌표를 각각 대입하면

$-5=c$ $\cdots\cdots$ ㉠

$-1=a+b+c$ $\cdots\cdots$ ㉡

$5=4a+2b+c$ $\cdots\cdots$ ㉢

㉠, ㉡, ㉢을 연립하여 풀면

$a=1$, $b=3$, $c=-5$

$y=x^2+3x-5$

         🖪 $y=x^2+3x-5$

20

x축과 만나는 점의 x좌표가 2, 4이므로 구하는 이차함수의 식은

$y=a(x-2)(x-4)$

$y=a(x-2)(x-4)$에 $x=0$, $y=8$을 대입하면

$8=a\times(0-2)\times(0-4)$, $a=1$

따라서 구하는 이차함수의 식은

$y=(x-2)(x-4)=x^2-6x+8$

         🖪 $y=x^2-6x+8$